Homère

Iliade

Préface de
Pierre Vidal-Naquet

Traduction de
Paul Mazon

Gallimard

Cette traduction a été publiée par la Société d'édition Les Belles Lettres dans la collection des Universités de France, sous le patronage de l'Association Guillaume Budé.

L'ILIADE SANS TRAVESTI

pour René Char.

I. LES PÈLERINS DU LIVRE

En 1462, neuf ans après la prise de Constantinople, le sultan ottoman Mehmed II (Mahomet II), en route pour l'île de Lesbos qu'il comptait débarrasser des pirates catalans qui occupaient Mytilène, traversa la Troade. Le chroniqueur grec Critoboulos d'Imbros, qui s'était rallié au conquérant turc, sans doute par haine des « Latins », raconte ainsi cet épisode [1] : « Arrivé à Ilion, le sultan en contemplait les restes et la trace de l'antique cité de Troie, son étendue, sa situation et les autres avantages de la contrée, sa position favorable par rapport à la mer et au continent. Puis, le voici qui visite les tombeaux des héros (je veux parler d'Achille, d'Ajax et des autres); il les glorifia en les félicitant de leur renommée, de leurs exploits, et d'avoir trouvé le poète Homère pour les célébrer. Alors, à ce que l'on dit, en hochant la tête, il prononça ces mots : " C'est à moi que Dieu réservait de

---

1. Je reproduis la traduction de P. Villard, dans son excellent article « Mehmed II et la guerre de Troie (1462) » *Provence historique*, 93-94 (1974), pp. 361-373.

*venger cette cité et ses habitants : j'ai dompté leurs ennemis,
ravagé leurs cités et fait de leurs richesses une proie
mysienne* [2]. *En effet, c'étaient des Grecs, des Macédoniens,
des Thessaliens, des Péloponnésiens qui jadis avaient ravagé
cette cité, et ce sont leurs descendants qui, après tant d'années,
m'ont payé la dette que leur démesure impie* (hybris) *avait
contractée alors, et souvent par la suite, envers nous, les
Asiatiques.* " » *Épisode en vérité singulier, car il s'agit tout à
la fois d'un* récit *qui répète d'autres récits, et d'un pèlerinage,
très vraisemblablement authentique, qui répète d'autres pèlerinages. Franchissant l'Hellespont en 334 av. J.-C., près de
dix-huit siècles avant Mêhmed II, Alexandre avait lui aussi
honoré le souvenir d'Achille,* « *le proclamant heureux, puisqu'il avait rencontré Homère comme héraut de ses hauts
faits* » (Arrien, Plutarque). *César et, bien sûr, le dernier
empereur païen, Julien l'Apostat, s'étaient succédé sur les
lieux. Avant César, en 85 av. J.-C., le questeur romain
Fimbria avait, au cours d'un épisode de guerre civile, assiégé
la ville grecque d'Ilion et l'avait prise en dix jours.* « *En
fanfaron qu'il était, il se glorifiait bien haut qu'une ville,
qu'Agamemnon, avec ses mille vaisseaux et le secours de la
Grèce entière confédérée, avait eu de la peine à prendre en dix
ans, eût été réduite par lui en dix jours ; mais un Iliéen
l'interrompant : " Hector n'était plus là pour défendre la
ville* [3]. " » *L'interlocuteur anonyme de Fimbria, un Grec,
s'assimile donc aux anciens Troyens. Mehmed II en fait
autant, tout en glorifiant Homère. Et le comble est qu'il ne
s'agit sans doute pas d'un épisode inventé, d'après les
historiens grecs, par Critoboulos. Le sultan avait une culture
grecque. Les Byzantins, qu'il venait de vaincre, étaient des
Grecs, même s'ils s'appelaient des* « *Romains* ». *Les chroni-
queurs qui, en latin, chantaient la gloire du sultan ottoman
appelaient les Turcs,* Teucri, *c'est-à-dire Troyens. Les*

2. Les Mysiens étaient, dans l'Antiquité, un peuple d'Asie Mineure
dont la réputation était médiocre.

3. Strabon, *Géographie*, 13, 27.

candidats troyens n'ont pas manqué au cours des siècles : à la légende troyenne des origines de Rome ont succédé au Moyen Age des légendes analogues pour les familles royales de France, voire, au XVIe siècle, pour les Tudor britanniques. Pour un peu, la légende troyenne aurait pu tout à la fois sceller l'alliance de François Ier et de Soliman le Magnifique, et servir de symbole à la rencontre du « Camp du Drap d'Or » entre le même François Ier et Henry VIII Tudor...

Et sans doute s'agit-il de créations d'érudits plus que de mythes populaires. Mais qui donc osera dire qu'un Romain moyen, contemporain de César, se sentait descendant des compagnons d'Énée ?

Un peu plus de quatre siècles après la visite de Mehmed II, c'est un autre pèlerin qui se rend sur l'emplacement présumé de Troie. Heinrich Schliemann connaît mieux Homère que ne le faisait Mehmed II ou même Critoboulos. Persuadé que Troie se trouvait à Hissarlik, là même où l'Ilion grecque avait vécu, il entreprit en 1870 de fouiller cette médiocre butte. Le 14 juillet 1873, à la veille de clore sa campagne, il découvrit un objet d'or, puis beaucoup d'objets d'or, diadème, boucles d'oreilles, bagues et bracelets. C'était le « Trésor de Priam », et dans un geste célèbre, Schliemann para sa femme, une Grecque, des bijoux d'Hécube que les conquérants danaens avaient apparemment laissés sur place. L'archéologie s'est, depuis Schliemann, singulièrement raffinée et l'on place aujourd'hui le trésor découvert par l'enthousiaste commerçant allemand dans la période dite de Troie II (2500-2200 av. J.-C.), un bon millénaire avant la « date » de la « guerre de Troie ». Mais il s'agit toujours, pour nombre d'archéologues modernes, comme pour Schliemann, comme pour Critoboulos, comme pour Julien, comme pour César, comme pour Alexandre, de faire coïncider un texte avec un site. Le dernier des successeurs de Schliemann, le grand archéologue américain Carl W. Blegen, écrivait ceci, en 1963 : « Il n'est plus possible désormais, dans l'état actuel de nos connaissances, de douter qu'il y ait eu effectivement une guerre de Troie, au

cours de laquelle une coalition d'Achéens, ou de Mycéniens,
sous le commandement d'un roi dont la suzeraineté était
reconnue, combattit contre le peuple de Troie et ses alliés [4]. »
Que signifie cette phrase? Entre les différentes « Troie » qui se
sont succédé sur la colline d'Hissarlik (il y en a onze dont la
dixième est grecque et la onzième romaine), les archéologues
de Cincinnati en ont identifié une, qu'ils ont baptisée
Troie VII a, qui fut détruite par des hommes dans le dernier
quart du second millénaire avant notre ère. Détruite exactement quand? Une controverse existe qui n'a pas encore été
tranchée. Selon qu'on réponde : vers 1275 av. J.-C. ou vers
1190, on admettra ou on refusera la possibilité d'un siège de
Troie par des Mycéniens du continent. En 1190, Mycènes et
Pylos étaient tombées, et aucun Agamemnon ne pouvait plus
s'embarquer à Aulis. La guerre de Troie, si elle eut lieu, ne
serait plus qu'un épisode local, auquel, peut-être, auraient
participé des contingents parlant le grec et installés en Asie
Mineure. Mais Troie VII a, en tout état de cause, était une
cité d'importance médiocre, qui ne vécut qu'une génération et
dont les remparts ne paraissent pas tels qu'ils aient pu résister
dix ans. Aussi d'autres archéologues (par exemple le Turc
E. Akurgal) placent-ils la « Troie de Priam » et donc la
Troie d'Agamemnon, d'Achille, d'Ajax, à la fin de la période
dite de Troie VI (1800-1275) dont les restes sont autrement
impressionnants. Sans doute les murailles en ont été détruites
« par un tremblement de terre, mais Poséidon est l'ébranleur
du sol ». Profitant de l'occasion qui leur était offerte, les
Achéens ont pénétré dans la ville. Ils ont dû, par reconnaissance, offrir à Poséidon un ex-voto en forme de cheval (n'y
avait-il pas à Athènes un Poséidon Hippios?), d'où la légende
du cheval de Troie [5]...

4. *Troy and the Trojans*, New York, 1963, p. 20; voir M. I. Finley,
J. L. Caskey, G. S. Kirk, D. L. Page, « The Trojan War », *Journal of
Hellenic Studies*, 1964, pp. 1-20 et M. I. Finley, « Schliemann's Troy »,
Proceedings of the British Academy, LX (1974).

5. E. Akurgal, *Ancient Civilizations and Ruins of Turkey*, Istanbul, 1970,
p. 60.

Il faut pourtant le dire : l'archéologie ne prouve pas, et ne peut pas prouver, qu'une armée de coalition a assiégé Troie, et encore moins que cette armée avait un chef unique et reconnu. Autant chercher à Roncevaux le cor de Roland et le sépulcre des douze pairs de Charlemagne. Entre la Troie des archéologues et la Troie d'Homère, il n'y a pas de terrain commun. Il est aussi raisonnable d'évoquer, à Hissarlik, Hélène et ses trésors, que d'espérer trouver à Jérusalem la trace de chacun des pas du Christ. Et c'est pourtant ce que l'on fait. Les Évangiles décrivent la vie de Jésus dans un espace déjà en partie symbolisé en fonction de l'Ancien Testament. Quand Jésus quitte la Judée pour la Galilée, en passant par la Samarie, il s'assoit au bord de la fontaine de Jacob. C'est en fonction des pèlerinages, du IVe siècle à nos jours, que les lieux seront précisés, non sans traditions rivales, et qu'ils deviendront « sacrés ». Comme l'écrivait Maurice Halbwachs : « Les lieux sacrés commémorent... non pas des faits certifiés par des témoins contemporains, mais des croyances nées peut-être non loin de ces lieux, et qui se sont fortifiées en s'y enracinant [6]. » Que la naissance d'un dogme soit liée à un lieu n'est pas réservé au seul christianisme. On pourrait faire un raisonnement analogue à propos d'un événement beaucoup plus proche de nous : la fondation, en juillet 1921, du parti communiste chinois. Les hommes qui se réunirent alors n'eurent probablement pas une conscience plus claire de ce qu'ils faisaient que n'en avaient eu les apôtres. Leurs témoignages ne permettent pas de connaître avec une quelconque certitude les données les plus élémentaires : la date, le lieu précis, le nombre exact des participants, l'identité des fondateurs. Tout cela n'en a pas moins donné naissance à un pèlerinage bien organisé : « On montre au rez-de-chaussée, une pièce meublée sobrement d'une table entourée de douze chaises ; sur la table, une théière et douze tasses ; au mur, un portrait de Mao jeune. Le guide explique que c'est ici que se

6. M. Halbwachs, *La Topographie légendaire des Évangiles*, Paris, 1941, p. 157.

réunirent le 1er juillet 1921 les douze participants du Premier
Congrès [7]. » Autant qu'il y avait d'apôtres...

Revenons maintenant au Ier siècle de notre ère, au temps de
Strabon. Il y avait alors plusieurs siècles que les hommes
politiques, les pèlerins, voire les touristes « visitaient » Troie et
se faisaient montrer les lieux de la guerre et le tombeau des
héros. Une partie du livre XIII de la Géographie de
Strabon, le premier livre de ce genre qui nous ait été conservé,
est consacré à la Troade. Les gens d'Ilion, dit Strabon, disent
que leur ville n'est autre que Troie (et les archéologues leur
donnent raison). Ils ont des titres d'ancienneté, en particulier
cette curieuse coutume qui voulait que, en commémoration
d'une agression commise par Ajax fils d'Oïlée sur la personne
de Cassandre, au moment de la chute de la ville, deux jeunes
filles locriennes, compatriotes d'Ajax, viennent chaque année
servir d'esclaves à la grande divinité de la ville, Athéna.
Strabon, qui s'appuie sur l'œuvre des érudits des autres cités
de Troade, n'est pas d'accord. Il estime que la Troie dont
parle Homère se situait ailleurs, à quelque cinq kilomètres de
là, et, à lire Critoboulos, le débat existait encore, en 1462 de
notre ère. « Mais, dira-t-on, comment ne reste-t-il plus trace
de l'ancienne Ilion ? Rien de plus naturel, répond Strabon, car
toutes les villes environnantes n'ayant été que dévastées, sans
être complètement détruites, tandis qu'Ilion avait été ruinée
de fond en comble, on dut enlever de celle-ci jusqu'à la
dernière pierre pour pouvoir réparer les autres. » Qui donc a
créé le mythe d'Ilion-Troie, c'est Alexandre, qu'une parenté
(syngeneia) unissait aux Iliéens et qui, surtout, était « ami
d'Homère » (philhoméros) comme Platon était ami de la
sagesse (philosophos). Voilà le mot essentiel lâché. Car toute
cette énorme méditation autour du destin de Troie qui s'est
exprimée à travers les tragiques grecs, Virgile, les romans du
Moyen Age, Racine et Shakespeare, Giraudoux et Sartre, les
mythes troyens de Rome, de France et d'Angleterre, les

---

7. Cf. S. Leys, *Ombres chinoises*, Paris, 1974, p. 138.

pèlerinages d'Alexandre, de César, de Julien, de Mehmed II, les fouilles de Schliemann, de Dörpfeld, de Blegen, tout cela se rattache, en dernière analyse, non à une ville dont nous ignorons le nom que lui donnaient ses habitants et la langue que ceux-ci parlaient, même si nous savons qu'elle était « admirablement située », comme toutes les villes qui se respectent, sur les Dardanelles, c'est-à-dire, bien sûr, sur une voie commerciale importante, mais à l'Iliade, un poème épique datant d'environ 725 av. J.-C. et dont l'auteur ne nous est connu que par son nom : Homère. Là est le « scandale » dont on se refuse à prendre la mesure et qui est effectivement énorme. L'Iliade n'est pas le départ d'une religion, même s'il y a eu un culte d'Homère, ce n'est pas le commencement d'un mouvement politique, même si l'on y a cherché des leçons de politique. C'est un livre. Encore faut-il préciser tout de suite que ce livre ne raconte pas la chute de Troie, mais quelques journées de la dixième année du siège de la ville, entre la colère d'Achille et les funérailles d'Hector...

II. L'HISTOIRE

Laissons la géographie de côté et abordons l'histoire. Celle-ci paraît, au premier abord, singulièrement écartelée. Les poèmes homériques sont rédigés, sous leur forme actuelle, vers la fin de l'époque dite « géométrique », d'après la céramique alors la plus courante, au moment où les cités eubéennes de Chalcis et d'Érétrie installent de nouvelles cités grecques en Italie du Sud et en Sicile. L'Odyssée fait peut-être une allusion discrète à cette colonisation occidentale, mais le monde de l'Iliade est, plus spécifiquement, celui, asiatique, de l'Ionie. Parmi les cités qui prétendaient à la gloire d'être la patrie d'Homère figuraient au premier rang Chios où les « Homérides » se disaient les descendants du poète et récitaient ses œuvres, et Smyrne où il passait pour être né. Et Chios et Smyrne se trouvent en bordure de l'Éolide ; Smyrne est même, à l'origine, une ville éolienne, et la langue homérique, à base ionienne, comprend de très nombreux éolismes. Parmi les rares indications que le poète donne sur les paysages d'Asie, en dehors de la Troade, figure la fameuse image du chant II, évocatrice d'une plaine immense : « Comme on voit, par troupes nombreuses, des oiseaux ailés, oies ou grues ou cygnes au long cou, dans la prairie asiate, sur les deux rives du Caÿstre, voler en tous sens, battant fièrement des ailes, et les uns devant les autres, se poser avec des cris dont toute la prairie bruit... » Nous connaissons très mal l'Ionie du VIIIᵉ siècle, mais les fouilles de la « vieille Smyrne », à Bayrakli, nous ont restitué une ville grecque remontant au Xᵉ siècle, avec un plan géométrique et des maisons de brique crue. Ce n'est pourtant pas ce monde-là que veut évoquer Homère, mais un monde bien antérieur, dont les centres principaux se situaient en Grèce propre, notamment à Mycènes « riche en or », capitale d'Agamemnon et de cette civilisation que nous appelons « mycénienne » et qui s'effondra près de quatre siècles avant Homère, vers 1200 av. J.-C. Ainsi le poète de la Chanson de Roland, au XIᵉ siècle, entend-il évoquer la cour de Charlemagne.

La civilisation mycénienne constitue un ensemble dont l'implantation dans l'espace se révèle chaque jour un peu plus vaste, mais dont l'insertion dans le temps est connue avec une exceptionnelle précision. C'est vers 1600 av. J.-C. qu'elle surgit, avec le plus ancien des deux cercles de tombes royales de Mycènes. Les premiers documents écrits, les fameuses « tablettes » dont Michael Ventris a montré, en 1952, qu'elles notaient du grec, datent de la fin du troisième palais de Cnossos (vers 1400), les derniers, à Pylos, de la fin du XIIIᵉ siècle. Entre ces deux séries de documents, toutes deux conservées accidentellement par l'incendie des palais, il n'y a, pour ainsi dire, rien.

La thèse qui fait d'Homère un historien du monde mycénien est un cadavre qu'il faut régulièrement tuer. Sur quoi repose-t-elle ? La langue est du grec, bien sûr, mais singulièrement *évolué par rapport au grec des tablettes. Les objets propre-ment mycéniens décrits par le poète ne dépassent pas la demi-douzaine (au premier rang figure le fameux casque en défenses de sanglier que Mérion remet à Ulysse au chant X de l'*Iliade*). Beaucoup de sites décrits par le poète ont certes été occupés à date mycénienne, mais, même la géographie du monde grec esquissée au chant II dans le « catalogue des vaisseaux » n'est pas intégralement mycénienne. Les palais qui figurent essentiellement dans l'*Odyssée ne peuvent, en dépit de multiples efforts, être identifiés avec ceux de Cnossos, de Pylos ou de Gla, ni du reste avec quelque palais grec que ce soit. Surtout, la société bureaucratique, centrée sur le palais du* wanax, *société dans laquelle les scribes notent avec précision les entrées et les sorties, a si bien disparu que les aèdes ne peuvent la concevoir. La place que tient l'écriture dans l'*Iliade *est remarquablement réduite. Elle se limite aux « signes funestes » (*VI, 168*) que Proetos, roi d'Argos, avait gravés sur des tablettes pour perdre Bellérophon, et, à l'extrême rigueur, aux marques que les héros mettent sur leurs « sorts » avant de tirer le nom de l'adversaire d'Hector (*VII, 175, 187, 189*).*

Qu'il y ait eu, plusieurs siècles avant Homère, une épopée mycénienne n'est pas impossible, mais la preuve manque, et rien, dans l'art créto-mycénien, ne paraît illustrer une quelconque légende épique du type de celles que nous connaissons.

Il faut donc renoncer à l'absurde Homère historien auquel s'accrochent certains hellénistes. Mais un Homère journaliste est-il beaucoup plus vraisemblable? Car la tentation inverse existe, et a ses adeptes, qui veut qu'Homère soit, avant tout, le témoin du monde ionien de la deuxième moitié du VIIIe siècle. L'idée est certes, au premier coup d'œil, moins absurde. Au niveau le moins immédiatement conscient de son discours, tout poète est peintre de son temps. Ses valeurs doivent être comprises par son auditoire. Sous les apparences du bronze il est parfois possible de deviner le fer; entre les « formules »

*homériques et la peinture des vases de l'époque géométrique on
a pu faire des rapprochements intéressants. Cela dit, Homère
n'était « ni un disque, ni une machine Xérox » (M. I. Finley).
Le fait majeur du monde contemporain d'Homère, l'émergence
de la cité grecque comme centre autonome de décision, fait
dont témoigne la colonisation, est, pour l'essentiel, absent des
poèmes homériques qui ne connaissent que des rois, doublés
certes d'un conseil et même d'une assemblée, mais dont
l'autorité est infiniment plus forte que celle des magistrats
contemporains d'Homère. Des villes, Homère ne décrit que le
palais et les murailles. Les quartiers résidentiels que les
fouilles de Smyrne nous ont appris à connaître sont entièrement absents. La comparaison avec d'autres poèmes épiques ne
plaide pas en faveur d'une telle thèse. Qui tenterait de voir
dans la* Chanson de Roland *un tableau de la société féodale
de la fin du* XIᵉ *siècle, comme cela a parfois été fait, se
tromperait lourdement.*

Une théorie en apparence *intermédiaire a été soutenue par
l'historien anglais M. I. Finley* [8]. *La société évoquée par
Homère ne correspond ni au monde mycénien, ni à celui de la
jeune cité grecque, mais à un temps déjà lointain pour les
aèdes, celui des « siècles obscurs » qui séparent la chute de
Mycènes du grand démarrage de l'époque archaïque. S'il faut
absolument être précis, disons, en gros, le* Xᵉ *siècle. Cette
solution a l'immense avantage, par rapport à toutes celles qui
l'ont précédée, de rendre compte à la fois de la communication
qui caractérise le récit épique, et dont témoignent dans
l'*Odyssée *les moments où entrent en scène les aèdes, et de la
distance poétique, propre à l'*épos, *qui sépare le monde décrit
de celui des auditeurs du poète. C'est sur ce terrain qu'elle
peut et doit être complétée et nuancée. Personne ne peut nier,
en effet, que la société épique forme un tout cohérent,
nullement fantaisiste, et dans lequel les rapports entre les*

8. *Le Monde d'Ulysse*, trad. Cl. Vernant-Blanc, Paris, 1969; « The world
of Odysseus revisited », *Proceedings of the Classical Association in the
University of Newcastle-upon-Tyne*, 71 (1974) pp. 13-31.

hommes sont réglés par des lois. M. I. Finley s'est appuyé à bon droit, par exemple, sur l'essai fameux de Marcel Mauss, « Le don, forme primitive de l'échange », pour montrer que les mécanismes du don et du contre-don éclairaient tout à la fois les rapports entre eux des guerriers grecs, ceux qu'ils ont parfois avec leurs adversaires troyens, et les règles du mariage. Cela ne signifie pas, bien entendu, et M. I. Finley n'a jamais soutenu pareille absurdité, que cette description soit « réaliste ». Il est possible et légitime d'étudier la « famille homérique », parce que les poèmes en parlent suffisamment, il serait aberrant de l'étudier sur le plan démographique, et de tirer des conséquences du fait qu'Ulysse et Pénélope n'ont qu'un fils. Les poèmes ne nous renseignent ni sur le taux de la nuptialité ni sur celui de la mortalité infantile. Il n'y a aucune naissance dans l'Iliade. N'en déduisons pas qu'Achille et Briséis pratiquaient une forme de contraception. La vraie difficulté, dans l'interprétation historique de l'Iliade, consiste à faire la part de ce qui est idéologique, c'est-à-dire choix orientant la description, de ce qui va de soi et constitue, par là même, le témoignage le plus précieux, de ce qui enfin relève de la magnification poétique. « Alors le fils de Tydée dans sa main prend une pierre. L'exploit est merveilleux : deux hommes, deux hommes d'aujourd'hui ne la porteraient pas » (V, 302-304). Au chant II, dans un passage célèbre, Thersite est brutalement traité par Ulysse : « Assez! ne prétends pas tout seul prendre à parti les rois. » Le poète donne de cet adversaire des rois une description féroce et caricaturale. Il ne parle pas, il « piaille ». Il est bancroche, boiteux, chauve. Mais au chant I, c'est la voix divine de Calchas, « qui connaît le présent, le futur, le passé », qui dit : « Un roi a toujours l'avantage quand il s'en prend à un vilain. » Les valeurs homériques ne sont pas toujours aisées à cerner.

Je reviendrai plus loin sur ces rapports entre monde poétique et ce monde que l'on dit « réel », rapports qui ne sont jamais ceux du simple « reflet ». Peut-on dire pourtant, dès maintenant, ce à quoi l'étude d'un texte poétique oblige l'historien ? A se débarrasser sans doute à jamais des tentations positivistes qu'expriment si bien, à leur manière, autant la thèse « mycénienne » que la thèse « contemporaine ». John Chadwick qui collabora de façon décisive avec Michael Ventris au déchiffrement du linéaire B et qui avait d'abord cru que le monde des tablettes pourrait éclairer celui d'Homère, est revenu de cette illusion. Homère est pour lui un « menteur » [9]. *Il écrivait récemment à l'auteur de cet avant-propos : « Homère n'appartient pas au royaume de l'histoire, les tablettes mycéniennes y appartiennent. » Mais n'y a-t-il pas là confusion entre deux au moins des sens du mot histoire : celle qui s'écrit et celle qui se déroule ? Les tablettes mycéniennes sont des documents comptables qui n'ont été écrits que pour leurs utilisateurs immédiats : les hommes de l'administration royale. Dira-t-on qu'elles ne « mentent » pas ? C'est là faire preuve de beaucoup d'optimisme. Entre les ressources réelles et les ressources comptabilisées des royaumes de Pylos et de Cnossos il pouvait y avoir bien des distorsions que nous sommes évidemment incapables d'apprécier. Les tablettes sont un document pour l'histoire, s'ensuit-il que les poèmes ne le soient pas ? Le dire serait avoir une conception bien étroite et bien mesquine du travail historique. Dira-t-on que l'œuvre d'André Breton n'appartient pas à l'histoire parce que le mouvement dont il a été le fondateur s'appelle le « surréalisme » ? Nous devons avoir du « monde réel » une conception assez large pour y intégrer le discours, y compris la poésie épique, y compris la philosophie, y compris le « discours sur le peu de réalité »*, *ce qui ne doit pas nous empêcher d'étudier la très difficile question du rapport entre l'*Iliade *et les relations sociales que vivaient les hommes, en Grèce, au début du premier millénaire. Question d'autant moins facile à poser que les termes de référence ne sont pas très nombreux. L'archéologie des temps « géométriques » est encore relativement pauvre, celle des « siècles obscurs » l'est encore bien davantage*

---

9. J. Chadwick, « Homère le menteur », *Diogène,* 77 (1972).

en dépit de méritoires efforts récents de synthèse[10], et le
passage d'un type de documents à un autre, d'un type de
langage à un autre, pose des problèmes dont l'ampleur même
n'apparaît pas encore très clairement. C'est souvent à
l'intérieur d'Homère qu'il faut tenter de se mouvoir. Mais
pour cela il faut se demander d'abord ce qu'est ce texte
poétique que nous lisons aujourd'hui.

III. LE POÈTE

J'ai parlé tout à l'heure d'un livre, et cette expression
exacte aujourd'hui, exacte déjà pour ceux qui faisaient le
pèlerinage de Troie et pour tous ceux, innombrables, qui dans
l'Antiquité ont déchiffré Homère d'abord dans les Volumina,
les rouleaux de papyrus, puis dans des codices, des livres, à la
fin de l'époque romaine, suppose trop facilement résolue la
fameuse « question homérique » soulevée au XVIIᵉ siècle par
l'abbé d'Aubignac, inlassablement ressassée depuis, celle de
l'unité du poème. Cette unité me paraît personnellement très
réelle, en dépit des disparités de détail, mais il n'est que juste
de dire que d'autres pensaient très différemment, à commencer
par Paul Mazon dont cette édition reproduit la traduction :
« Imaginer un aède composant successivement les vingt-quatre
chants de notre Iliade dans l'ordre où nous les lisons
aujourd'hui... est une rêverie qui ne résiste pas à l'examen du
texte[11]. »

Disons d'abord un mot de ce texte. Les manuscrits les plus
anciens datent du Xᵉ siècle de notre ère. Les papyrus, sans
nous restituer, à beaucoup près, le texte tout entier, permettent de remonter jusqu'au début du IIIᵉ siècle avant notre
ère, c'est-à-dire avant le grand travail philologique des
érudits hellénistiques que symbolisent les noms d'Aristarque de

10. Voir surtout A. M. Snodgrass, *The Dark Age of Greece*, Edinburgh,
1971, livre dans l'ensemble admirable.
11. P. Mazon, *Introduction à l'Iliade*, Paris, 1943, p. 231.

Samothrace (celui-ci meurt vers 145 av. J.-C.) et d'Aristophane de Byzance. Les scolies de nos manuscrits médiévaux permettent parfois d'atteindre un autre état du texte, et il en est de même de la tradition indirecte qui est ininterrompue depuis la littérature grecque archaïque. Toute édition est un choix et il suffit de jeter un coup d'œil sur l'apparat critique d'une édition savante pour constater que les variantes orthographiques sont extrêmement nombreuses, que tel ou tel vers a été « condamné » par tel critique ancien ou moderne et que certaines variantes engagent le sens d'un ou plusieurs vers. Qu'il y ait eu selon les cités et les patriotismes locaux des éditions différentes, que les éditeurs aient proposé ici ou là des variantes, des additions ou des suppressions est parfaitement bien établi. Cela dit aucune de ces variantes n'engage le sens d'un épisode, aucune ne modifie l'ordre où les épisodes se succèdent, aucune n'introduit un épisode nouveau, aucune ne modifie la figure d'un personnage. Un texte de Cicéron affirme que l'Iliade a été mise en ordre au temps de Pisistrate (VIᵉ siècle av. J.-C.). Selon d'autres informations il faudrait remonter au temps de Solon, au début de ce même VIᵉ siècle, à Athènes. La critique externe ne permet pas de trancher.

Comme il arrive toujours, ce qu'on appelle la « question homérique » a été renouvelée non en agitant une fois de plus le kaléidoscope philologique mais par un déplacement du terrain même de l'enquête. Ce fut d'abord, à la fin des années vingt et pendant les années trente de ce siècle, l'œuvre du savant américain Milman Parry[12]. Parry est parti de l'étude systématique d'un fait qui frappe toujours le lecteur d'Homère : l'usage de formules et d'épithètes répétitives. Des vers entiers sont répétés en introduction d'un développement ou au cours d'un développement. Les personnages sont caractérisés par des épithètes que chacun mémorise aisément. Tout le

---

12. Ses études ont été rassemblées en volume par son fils Adam Parry, avec une très utile introduction : *The Making of Homeric Verse*, Oxford, 1971. Les premiers travaux importants de Parry ont été ses thèses françaises : *L'Épithète traditionnelle dans Homère ; Les Formules et la métrique d'Homère*, Paris, 1928.

monde a entendu parler du « vieux meneur de char Nestor ».
La poésie homérique est donc définie comme une poésie orale.
Épithètes et formules ont notamment pour fonction de reposer
l'aède dans sa récitation et lui donnent un jeu qui lui
permette, à volonté, d'étendre ou de restreindre sa récitation.
Et de fait, dans les papyrus, la majorité des vers supplémen-
taires par rapport à la tradition manuscrite sont des vers qui
figurent ailleurs dans le texte homérique.

Quelques années après son étude du texte, Milman Parry
croyait pouvoir donner la preuve expérimentale du bien-fondé
de ses thèses. Car des poètes de tradition orale existaient
toujours dans le monde méditerranéen. Les bardes yougoslaves
qui, dans les cafés de la région de Novi Pazar, récitaient des
vers par milliers, connaissaient par cœur d'immenses épopées
mettant en scène la lutte des Serbes contre les Turcs. Ces
poètes étaient illettrés et l'expérience a montré que dès lors
qu'ils apprenaient à lire, ils perdaient leurs facultés poétiques.
Entre leur diction et celle de l'Iliade, les analogies étaient
frappantes. Formules et épithètes jouaient bien le rôle
qu'avait défini Milman Parry.

Au centre des poèmes homériques, il y avait donc la
Mémoire, la Mnemosynè divinisée par les Grecs. Les Muses
sont filles de Mémoire. Le poète, comme le devin, est celui qui
sait, parce qu'il se souvient et qu'il témoigne du passé parmi
les hommes. Ainsi l'adresse aux Muses qui ouvre le catalogue
des vaisseaux : « Et maintenant, dites-moi, Muses, habitantes
de l'Olympe — car vous êtes, vous, des déesses : partout
présentes, vous savez tout ; nous n'entendons qu'un bruit,
nous, et ne savons rien — dites-moi quels étaient les guides, les
chefs des Danaens. »

Les comparaisons avec les bardes yougoslaves fournissaient
des arguments à ceux qui estimaient que les poèmes étaient
plus anciens que leurs premières formes écrites. Elles permet-
taient aussi de plaider tant pour l'unité que pour la diversité
de l'œuvre. D'une récitation à l'autre, des variantes s'intro-
duisaient, guère plus nombreuses après dix-sept ans qu'après

quatre mois. Des épisodes apparaissaient ou disparaissaient suivant le goût du public ou celui de l'interprète. Un noyau subsistait, à peu près identique. N'était-il pas possible alors de supposer qu'un ordonnateur avait composé oralement, un siècle peut-être avant la fixation par écrit du texte, l'essentiel de l'Iliade et de l'Odyssée, quitte à ce que des épisodes adventices et peut-être postérieurs viennent s'y greffer ? Ainsi, pour l'Iliade, le chant X, la Dolonie [13]. *Que l'auteur principal de l'Iliade ait eu beaucoup plus de « talent » que les bardes yougoslaves ne paraissait guère douteux. Mais, ceux qui n'évoquaient pas tout simplement les vertus de l'âme hellénique pouvaient toujours se dire qu'entre tant d'aèdes grecs qui avaient dû exister, on avait dû choisir de conserver, quand l'écriture fut venue, celui ou ceux qui avaient du génie.*

Mais justement, en quoi résidait ce génie ? Quelques chercheurs de la génération qui a suivi Milman Parry, avec, au premier rang, le propre fils de celui-ci, Adam Parry (les généalogies offrent de ces accidents admirables), ont cherché à l'établir par une étude minutieuse du style formulaire, des limites et des variétés de son emploi, quitte à nuancer, et parfois à inverser les conclusions du chercheur américain et de ses disciples trop fidèles. Ainsi Achille, au chant IX, répondant à Ulysse et à Ajax qui viennent lui demander de reprendre le combat annonce d'emblée : « Je dois vous signifier brutalement la chose, comme j'entends la faire, comme elle se fera. De la sorte vous n'aurez pas à roucouler l'un après l'autre, assis là, à mes côtés. » Mais comment va s'exprimer cette franchise ? L'étude du texte grec montre ce qui en est. Achille utilise le langage formulaire de l'épopée, mais ce langage, il le biaise, il l'emploie à contresens. De minuscules variations font que son discours n'appartient qu'à lui [14]. Une analyse des comparaisons intervenant à propos du même personnage donnerait des résultats analogues. Tout le détail,

13. G. S. Kirk, *The Songs of Homer,* Cambridge, 1962.

14. A. Parry, « The Language of Achilles », in G. S. Kirk (éd.), *Language and Background of Homer,* Cambridge, 1964, pp. 48-54.

ou presque, appartient au stock du répertoire épique mais la combinaison est unique. C'est à Achille qu'Homère fait poser la question décisive, la seule question qui ne peut pas avoir de réponse : « Pourquoi alors faut-il que les Argiens fassent, eux, la guerre aux Troyens ? » Ces analyses que l'on ne peut que mentionner ici, faute de pouvoir recourir au texte original, soulèvent en réalité ce qui est la vraie question homérique, celle du rapport entre un style qui fut, indiscutablement, celui de la poésie orale, et l'œuvre que nous avons qui n'est pas seulement écrite au sens matériel du terme, mais qui porte partout la marque de l'écriture : cohérence des personnages d'un chant à l'autre, appels à très longue distance, absence totale de toute contradiction sérieuse.

Ainsi, le vers 7 du chant I oppose le « divin Achille » et Agamemnon, le « Roi (anax) des guerriers » (ce que P. Mazon traduit par « protecteur de son peuple »), c'est-à-dire un personnage et une fonction. Rien jusqu'à la fin du chant XXIV ne viendra démentir cette opposition. Or il est un fait que toute une partie de la critique s'obstine à tenir délibérément pour secondaire, c'est, tout simplement, la réapparition, dans le monde grec, de l'écriture, mais d'une écriture alphabétique, empruntée non sans modifications aux Phéniciens. Que l'usage de l'écriture et la fixation du texte homérique soient contemporains, s'agit-il vraiment d'un hasard ? Ces deux séries ont-elles simplement coïncidé ? Homère fait allusion, dans l'Odyssée, au papyrus qui sert à fabriquer les câbles des navires, ce byblinos qui vient de Byblos en Phénicie, d'où vient aussi le mot grec qui signifie « livre [15] ». Dira-t-on que l'écriture n'a pas été empruntée pour noter des poèmes ? Cette thèse n'est plus soutenable depuis qu'a été découvert, à Ischia, il y a vingt ans, un « skyphos » de la seconde moitié du VIIIᵉ siècle, portant trois vers qui affirment que cette coupe est celle de Nestor.

Si vraiment l'Iliade a été couchée sur papyrus dès le

---

15. Voir B. Hemmerdinger, « Wolf, Homère et le papyrus », *Archiv für Papyrusforschung*, 17 (1962) pp. 186-187.

dernier quart du VIIIe siècle, alors il n'y a aucune raison pour
que le texte ait subi des modifications fondamentales, aucune
objection à ce que notre Iliade soit celle d'Homère. Et le
« génie » d'Homère a précisément été celui du passage d'une
tradition poétique orale à l'organisation d'un texte écrit [16].

IV. LA GUERRE

L'Iliade est le poème de la guerre. Ce n'est pas qu'elle
ignore totalement la paix. Au chant XVIII, le bouclier
d'Achille, forgé par Héphaïstos, oppose deux cités, celle de la
paix, du mariage, des danses, des débats judiciaires, celle de la
guerre, assiégée et préparant une embuscade. Vieux thème au
demeurant qui figure déjà sur l'étendard d'Ur au troisième
millénaire avant notre ère. Étrange guerre en vérité que celle
de l'Iliade, et plus étranges encore les considérations
« réalistes » qu'elle a fait naître. Quelques décennies après
Homère une forme de guerre nouvelle s'est répandue dans
l'ensemble du monde grec. Les cités s'affrontent désormais sous
la forme de deux phalanges, deux lignes d'hoplites qui courent
l'une contre l'autre, au chant des flûtes. Chacun, tenant son
bouclier de la main gauche, est protégé par le bouclier de son
voisin de droite. La solidarité des combattants traduit la
solidarité des citoyens et contribue peut-être à l'imposer. On
peut, si l'on veut, trouver dans l'Iliade quelques anticipations
de ce mode de combat. Ainsi, au chant XI : « A cette heure,
par leur vaillance, les Danaens, de rang en rang, s'exhortant
entre camarades, enfoncent brusquement les bataillons
troyens » (mot à mot, « les phalanges troyennes »), ou encore
au chant XIII, cette évocation de l'élite-anonyme-de guerriers autour des deux Ajax : « La lance fait un rempart à
la lance, le bouclier au bouclier, chacun étayant l'autre ; l'écu
s'appuie sur l'écu, le casque sur le casque, le guerrier sur le

16. Cf. A. Parry, « Have we Homer's Iliad ? », *Yale Classical Studies*, 20
(1966), pp. 177-216.

guerrier. » *Beaucoup d'historiens s'imaginent pourtant qu'avant la phalange, une forme de combat, qui serait marquée par l'affrontement individuel des héros, est attestée par les poèmes homériques. C'est là confondre la guerre avec le discours sur la guerre, c'est-à-dire, en dernière analyse, avec l'idéologie véhiculée par le poète.*

Toute l'Iliade est une préparation au duel — truqué par Athéna — entre Achille et Hector, au chant XXIII, mais les duels sont rares dans le poème et peu sanglants. Parmi les chefs troyens, seul Sarpédon, en dehors d'Hector, meurt à la suite d'un affrontement en règle. Du côté grec, Patrocle est frappé dans le dos avant d'être tué par Hector. Les grands duels : Hector-Ajax, Énée-Achille, Pâris-Ménélas, constituent des épisodes spectaculaires mais inefficaces, assez impressionnants pourtant pour avoir créé la légende du duel homérique. Ils n'appartiennent pas plus au réalisme guerrier que le hurlement d'Achille qui, au chant XVIII, sème la panique parmi les Troyens vainqueurs. L'immense majorité des morts de l'Iliade n'interviennent pas au cours d'un duel, mais pendant une aristeia, *une série d'exploits au cours desquels le guerrier, saisi par la fureur, acquiert une force surhumaine et abat tout sur son passage. L'aristeia suprême est celle d'Achille, aux chants XX et XXI.*

Il ne s'agit pas là non plus d'un reportage. Personne ne s'est jamais battu comme le font les héros d'Homère. Ceux-ci sont conduits à la bataille en char. Ils en descendent pour affronter l'ennemi. Tout ce que nous savons sur le char de combat dans la Méditerranée orientale proteste contre cette vision des choses. L'aède savait que jadis le char avait été un instrument de guerre, ce qu'il n'était plus de son temps. Il a donc associé ses héros à leurs chars, mais ceux-ci ne servent plus au combat.

Toutes les mêlées, les duels, les combats autour du cadavre d'un guerrier ont lieu de jour. La nuit est faite pour le repos. Il n'y a qu'une exception et décisive : le chant X, la Dolonie, est marqué par l'exploit de Diomède, revêtu d'une peau de *lion et d'Ulysse portant le fameux casque à défenses de sanglier. Ils tuent Dolon, l'espion vêtu en loup — une guerre animale se superpose à la guerre humaine — et massacrent Rhésos et ses compagnons. Cet étonnant nocturne est souvent déclaré, sans preuve sérieuse, interpolé. Homère parle peu des formes « inférieures » de la guerre. Pandare, l'archer lycien, frappe en traître. Teucros, l'archer achéen, est le frère bâtard d'Ajax fils de Télamon. Un seul peuple, les Locriens, use normalement de l'arc. Mais s'ensuit-il que la* métis, *la ruse de l'intelligence* [17], *dont Antiloque, fils de Nestor, fait usage au chant XXIII, dans la course de chars, soit absente des jeux de la guerre? On le croirait au premier abord. Pourtant, Idoménée, au chant XIII, répond à Mérion, qui se vante d'être toujours au premier rang de la bataille, par ceci :* « Imaginons qu'aujourd'hui, près des nefs, on nous rassemble, nous tous, les preux, pour aller à un aguet, c'est là surtout que se fait voir le courage des guerriers; c'est là que se révèlent et le lâche et le brave. » *Le bouclier d'Achille porte une telle embuscade sur sa décoration. Mais, en dehors de la Dolonie, Homère ne nous montre directement rien de tel. Les guerriers n'affrontent que des guerriers, au grand jour. Nestor avait pourtant commencé sa carrière guerrière autrement : par un rapt de vaches dont les défenseurs n'étaient que des paysans. A quelques vers d'intervalle, il parle de cette opération comme d'une* guerre, *dit la joie de son père devant ce premier exploit, explique ensuite que, lorsqu'il s'agit pour lui d'un affrontement direct, son père s'y opposa :* « Je voulais prendre les armes : Nélée s'y opposa et cacha mes chevaux. J'ignorais tout encore, disait-il, des œuvres de guerre. Je sus pourtant me distinguer entre nos bons meneurs de chars, même en demeurant fantassin* [18]. » « *Meneur de char* », *c'est précisément dans l'*Iliade, *sous une autre forme, l'épithète de Nestor.*

17. Cf. M. Detienne et J.-P. Vernant, *Les Ruses de l'intelligence, la Métis des Grecs,* Paris, 1974.

18. XI, 684; 717-727; je résume ici des remarques de mon ami Benedetto Bravo.

Ravir le bétail, rencontrer, à pied, les guerriers d'en face, combattre en char, dénotent dans le texte trois étapes de la vie guerrière, dont la première est spécifiquement juvénile. Le vieux Nestor qui « combat » sur son char, contrairement aux autres héros, est le seul Achéen qui ne tue personne.

Le rapt du bétail n'est donc pas l'activité normale des guerriers. Abordons pourtant le monde des comparaisons. Tout héros digne de ce nom est un lion et le lion est une des figures clés de l'Iliade : « Symétrique du héros, il est son double idéal, celui qui incarne en permanence le summum des vertus guerrières auxquelles aucun homme ne peut jamais prétendre totalement [19]. *» Mais ce lion, dans toute l'Iliade, n'affronte qu'une seule fois, au chant XVI, son semblable, et la comparaison illustre le combat d'Hector et de Patrocle, autour du cadavre de Cébrion. Le lion normal, le lion majoritaire, si je puis dire, est un ravisseur de troupeaux dont les seuls ennemis sont les bergers et les chiens, ainsi, au chant XVII : « Comme on voit un lion nourri dans les montagnes, et sûr de sa force, au milieu d'un troupeau qui paît, ravir la vache la plus belle, et, la prenant entre ses crocs puissants, lui broyer d'abord le col, pour la déchirer ensuite et lui humer le sang et les entrailles, tandis qu'autour de lui chiens et bergers vont poussant de grands cris, mais restent à distance et se refusent à l'affronter — une peur livide les tient. » Parfois aussi, plus rarement, le lion est battu par la force collective des paysans. Deux fois seulement il meurt. Pour lui, en tout cas, il n'est pas de distinction entre la nuit et le jour, pas de règles du combat, pas de défi lancé à voix haute à l'adversaire, pas d'échange de présents comme entre Glaucos et Diomède, au chant VI. La force seule compte. Dans toute une partie de l'Orient méditerranéen le lion, qui avait été l'emblème des souverains et, en même temps, l'animal que seuls ils étaient autorisés à chasser, était, il y a encore peu de temps, l'épithète de petits chefs locaux, au*

---

19. Annie Schnapp, *Monde animal et monde des hommes dans l' « Iliade » et l' « Odyssée »*, thèse inédite, Caen, 1975.

niveau du village ou de la tribu. Dans cet univers plus marqué
par la rareté que par l'abondance, s'emparer des troupeaux du
voisin est plus fréquent que d'assiéger une grande ville. Il n'est
pas absurde de dire que sous les vaillants exploits des fils des
Achéens, il faille lire, en filigrane, les razzias de ces « lions ».
Les images ouvrent sans doute la voie à plus de « réalités » que
les récits.

Mais laissons très provisoirement le monde des comparaisons, et revenons au discours sur la guerre. Celle-ci oppose des
Achéens et des Troyens. S'agit-il de ce qui deviendra, par la
suite, l'opposition des Grecs et des Barbares? La réponse ne
peut être que nuancée. Les Tragiques, Hérodote, Thucydide,
et encore, nous l'avons vu, Mehmed II, verront dans le siège
de Troie la première grande manifestation du conflit entre
l'Europe et l'Asie. Il y eut toujours, pourtant, dans le monde
grec lui-même, des faits pour contester cette vision des choses.
Un roi de Chios s'est appelé Hector. Sappho chanta les noces
de l'époux d'Andromaque ; il y eut un culte d'Hector à
Thèbes et une des phratries de Thasos, au Ve siècle avant
notre ère, s'appelait les Priamides. Près de huit siècles plus
tard, visitant Ilion, l'empereur Julien décrivit ce qu'il vit,
sous la conduite de l'évêque local (il s'appelait Pégase) : « Il
y a là un hérôon d'Hector avec sa statue de bronze dressée
dans une petite chapelle. En face, on a placé le grand Achille
à ciel ouvert... Je trouvai des autels encore allumés, je dirais
presque encore flamboyants, et la statue d'Hector brillait,
toute frottée d'huile [20]. » Chez Homère, face aux Achéens, les
Troyens en guerre forment, contrairement à leurs ennemis,
une société complète. Il n'y a pas une seule épouse légitime,
pas un seul enfant, dans le camp danaen. Qui pourra jamais
oublier les adieux d'Hector et d'Andromaque?

Les dieux se partagent, presque équitablement, entre les
deux adversaires. Apollon est « Troyen ». Zeus a de la
sympathie pour Ilion que combattent impitoyablement Poséi-

___

20. Julien, *Lettre 79*, trad. J. Bidez.

don, Athéna et Héra. Enée est fils d'une déesse d'un rang plus
élevé que la mère d'Achille. Cet équilibre est pourtant
trompeur, même s'il est admirable. Voyons le chiffre des
individus tués : cent cinquante du côté troyen, dont Hector,
Sarpédon et nombre de fils de Priam, quarante-quatre du côté
achéen, dont un seul a quelque réputation : Patrocle. Voyons
le nombre de ceux que tuent les héros des deux camps : Hector
fait vingt-huit victimes, la grande majorité de ceux qui
tombent du côté grec, Enée six, Pâris trois, Sarpédon une, et
aussi un cheval. En face, si Achille est un tueur de moindre
portée qu'Hector (il n'abat que vingt-quatre individus),
Diomède fait seize morts, Agamemnon onze, Ajax fils de
Télamon dix, Ménélas huit. Le passé d'Achille, lors des
épisodes évoqués, non racontés directement par le poète, fait
pencher plus lourdement encore un des plateaux de la balance.

Mais ce sont, sans doute, les comparaisons qui fournissent
l'argument décisif, les comparaisons collectives, s'entend. Les
Achéens sont des abeilles, quand les Troyens sont des
sauterelles [21]. *On chercherait en vain, à propos des Achéens,*
une comparaison avec des moutons bêlants, comme celle qui est
faite, au chant IV, au détriment de leurs ennemis. Jamais les
Achéens ne sont, non plus, des biches effarées ou des faons
apeurés. D'une façon générale, c'est l'ordre et l'efficacité
militaire qui caractérisent les assiégeants, le désordre et la
confusion qui sont incarnés chez les Troyens [22]. *Il peut y*
avoir, pour nous, *une certaine ambiguïté dans cette constata-*
tion, car les Troyens sont des civils, des « dompteurs de
cavales » et les Achéens « aux belles jambières » sont des
soldats. Mais la cité grecque débutante est trop profondément
liée aux vertus militaires pour qu'il y ait lieu d'hésiter
beaucoup. Belle ambiguïté pourtant que celle qui permit très
tôt au lecteur de faire d'Hector le héros de l'Iliade.

---

21. II, 87-89; XXI, 12-14.
22. Voir A. Schnapp, *op. cit.* et le bel article de S. Benardete, Achilles and the Iliad », *Hermes*, 91 (1963) pp. 1-16.

V. LES HÉROS

*Au chant V, Diomède qui vient de blesser Aphrodite,
s'élance contre Enée, le seul héros troyen destiné à survivre
(ses « descendants » régneront sur un petit secteur de la
Troade). Enée est protégé par Apollon qui s'écrie : « Prends
garde à toi, fils de Tydée : arrière! et ne prétends pas égaler
tes desseins aux dieux : ce seront toujours deux races distinctes
que celle des dieux immortels et celle des humains qui
marchent sur la terre. » Par rapport aux dieux, Diomède est
un* anthrôpos, *un humain. Par rapport aux autres hommes, il
est « pareil à un dieu ». C'est cette double relation qui permet
de définir le statut du héros.*

Le héros est un être humain, un anthrôpos *dans ses
rapports avec les dieux; partout ailleurs il est un* anèr, *un
guerrier, et les deux mots* hérôs *et* anèr *sont pratiquement
synonymes. Zeus est le « père des guerriers et des dieux », il
est le Roi (*anax*) des dieux et des hommes. Ainsi est précisée la
parenté des héros et des dieux, parenté qui peut s'exprimer
aussi directement par des rapports de filiation : Sarpédon est
le fils de Zeus, bien que celui-ci renonce à le sauver. A la
troisième ou à la quatrième génération, tout héros descend
d'un Olympien.*

*En dessous des héros, les femmes, bien sûr, auxquelles sont
comparés les guerriers ordinaires, lorsque leur chef entend les
insulter. Ainsi Ménélas, au chant II : « Ah! bravaches!
Achéennes — je ne peux plus dire Achéens! ce serait bien là,
cette fois, une honte affreuse, affreuse entre toutes, si nul
Danaen à cette heure ne tenait tête à Hector. » L'espion
troyen Dolon a cinq sœurs, et il est fils unique. Ce détail n'est
sans doute pas le fait du hasard.*

*Des catégories inférieures, non guerrières, de la population,
il n'est que peu fait mention, directement, dans l'Iliade,
contrairement à ce qui se passe dans l'Odyssée. Mais
certaines interférences sont curieuses, ainsi, au chant V, la*

mort, sous les coups de Mérion, du Troyen Phérècle, fils de
Tectôn (le charpentier) lui-même fils d'Harmôn (l'ajusteur)
« dont les mains savaient faire des chefs-d'œuvre de toute
espèce », et qui était pour cela, protégé d'Athéna.

La société divine est parallèle à la société humaine. Il y a
deux scènes d'amour en plein jour (faire l'amour le jour est
aussi anormal que combattre la nuit), l'une concerne Zeus et
Héra, l'autre Pâris et Hélène. Parallèle ? Le mot est peut-être
employé trop rapidement. Les relations des hommes et des
dieux constituent un réseau d'une très grande complication
dont le « merveilleux » épique n'est qu'une des facettes. Au
chant I, Achille tire son épée puis la rengaine, il ne tuera pas
Agamemnon. La succession « irrationnelle » des faits trouve
son explication non dans une quelconque évolution psycholo-
gique, mais dans l'intervention d'Athéna qui lui touche les
cheveux. Seul Achille la voit, seul le poète le sait. Le meurtre
préparé se transforme en langage. Achille insulte Agamemnon
au lieu de le tuer. Mais les dieux ne sont pas des machines qui
tirent les ficelles et qui pèsent le sort de chacun. Car avant
même la venue d'Athéna, Achille hésite : « Tirera-t-il le
glaive aigu pendu le long de sa cuisse ?... Ou calmera-t-il son
dépit et domptera-t-il sa colère ? » Depuis bien des siècles on
s'est penché, comme on dit si laidement, sur la « psychologie »
des héros d'Homère, en l'adaptant, au besoin, à ce que chaque
époque croyait savoir de la psychologie ou de la psychè. Il
s'est trouvé des modernes pour nier que le problème même
existe : le héros homérique serait un agrégat de « facultés »
non coordonnées, un groupe de « membres » qui ne forment pas
un corps, au demeurant simple jouet entre les mains des
immortels [23].

Les pièges tendus à l'analyste sont si nombreux qu'on hésite
à indiquer, même sommairement, quelques directions d'enquête. Confondre un personnage épique et un homme vivant,
contemporain du poète, en est un dans lequel on est souvent

23. Cf. B. Snell, *Die Entdeckung des Geistes*, Hambourg, 1946.

*tombé. Lire en fonction de la suite en est un autre. Parce que
la pensée grecque élaborera peu à peu le concept de* psychè *et
sondera jusqu'aux « frontières de l'âme », suivant le mot
d'Héraclite, faut-il croire que les aèdes étaient des débutants
dans l'art de la connaissance?*

L'art de la connaissance, c'est l'épos lui-même. Le poète ne
fait pas de « portraits », il associe, oppose, distingue ses
personnages, tantôt par le jeu de l'action, tantôt par celui du
discours, tantôt par le biais de la comparaison. Le poème
commence par la colère d'Achille et il se termine par la
douceur d'Achille, quand celui-ci rend à Priam le corps
d'Hector. Osera-t-on dire que ce retournement n'est pas
préparé? C'est Ulysse qui, dans la scène de l'ambassade, au
chant IX, rappelait à Achille les mots de son père Pélée :
« C'est à toi qu'il appartient de maîtriser ton cœur superbe en
ta poitrine : la douceur toujours est le bon parti. »

Ces relations entre les personnages, et chez les personnages,
vont du plus simple au plus complexe : opposition des jeunes et
des vieux, des rois et des non-rois, du sage conseiller et du
guerrier enragé (comme dans le couple Polydamas-Hector),
du courageux et du lâche (Hector et Pâris), de l'homme à
métis et du gue.·rier sans ruse.

Certains personnages s'identifient à une fonction, militaire
ou politique. Ainsi Teucros représente les valeurs positives de
l'archer dont Pandare incarne les valeurs négatives. Le
premier n'intervient qu'en relation avec son frère Ajax, le
second est un isolé. Au chant II, il est dit que son arc est un
don d'Apollon lui-même. Mais, au chant IV, une autre
version est donnée. Pandare est un chasseur et l'arc vient des
cornes d'un chamois (ou d'un isard), abattu au cours d'un
affût. Contrairement à Teucros, Pandare ne tue aucun
ennemi; il blesse Diomède et est tué par lui. Dans l'ultime
scène où il apparaît, au chant V, l'inversion des rôles se
manifeste de façon saisissante. Enée, « chef des Troyens », lui
propose ce qui serait sa place légitime : conducteur de son char
et un objectif clair : « marcher tous deux ouvertement contre

cet homme » *(Diomède). Pandare renverse cette proposition :
c'est Enée qui conduira le char. Lui-même joue les guerriers.
C'est avec une javeline qu'il tente de tuer Diomède et c'est
une javeline qui le tue. Il avait pourtant lié son destin à celui
de son arc :* « *En mon arc seul, j'ai mis ma confiance. Il ne
devait guère me servir, je le vois... Ah! que seulement je
rentre un jour chez moi... je veux que, ce même jour, un autre
me tranche la tête, si, cet arc-là, je ne le jette pas au feu
flamboyant, après l'avoir brisé de mes propres mains, puisqu'il
me suit partout, sans m'être bon à rien.* »

*La fonction d'Agamemnon est la fonction royale. Son passé
est d'être un héritier. Son sceptre, œuvre d'Héphaïstos, a
transité par Zeus, Hermès, Pélops, Atrée et Thyeste, Hermès
jouant son rôle normal d'intermédiaire entre les dieux et les
hommes. C'est cette fonction qui lui vaut, dans le partage du
butin, la principale* « *part d'honneur* », *et lui permet de
s'emparer de Briséis après avoir rendu Chryséis. C'est par le
sceptre d'Agamemnon qu'Achille prononce le serment qui
l'isole du combat.*

*Dans le camp des Achéens deux personnages ne se
rencontrent pas. Ni dans l'action, ni au conseil, Diomède n'a
d'échange avec Achille. Quand il emporte le prix de la course
de chars, aux jeux funèbres donnés en l'honneur de Patrocle
(chant XXIII), il ne reçoit pas son prix des mains d'Achille,
son écuyer s'en empare pour son compte. Dans ce monde
guerrier, Diomède est le seul qui ne soit que guerrier, le
guerrier de la réussite totale,* « *lion* » *s'il en fut jamais, à la
limite de la sauvagerie, à la fois le plus jeune et le plus brave
des Achéens, le seul à affronter une déesse, le seul aussi à être
constamment protégé par une déesse, Athéna.*

*Achille a un passé qu'incarne en son royaume son père
Pélée. Comme Hector, il est un fils et un père tout à la fois.
Seul Ulysse, dans le camp grec est dans la même situation.
Mais contrairement à Hector et à Ulysse, il connaît aussi
son avenir. Il l'a choisi et le rechoisira. Hector espère tuer
Achille. Achille sait qu'il ne reviendra pas vivant de Troie.*

Hector connaît bien l'avenir d'Achille, mais il n'est prophète qu'au moment de mourir. Achille lui-même fait des prévisions erronées, ainsi au moment de la mort d'Hector : « *Quand bien même Priam le Dardanide ferait dans la balance mettre ton pesant d'or ; non, quoi qu'on fasse, ta digne mère ne te placera pas sur un lit funèbre... et les chiens, les oiseaux te dévoreront tout entier.* » *Seul le devin connaît le passé, le présent et l'avenir, le devin et la Muse, dont l'aède n'est que l'auxiliaire imparfait :* « *La foule, je n'en puis parler, je n'y puis mettre des noms, eussé-je dix langues, eussé-je dix bouches, une voix que rien ne brise, un cœur de bronze en ma poitrine, à moins que les filles de Zeus qui tient l'égide, les Muses de l'Olympe, ne me nomment alors elles-mêmes ceux qui étaient venus sur Ilion.* »

L'Odyssée connaîtra deux personnages d'aèdes, chez Alcinoos et au palais d'Ulysse. L'Iliade n'en a pas, mais Achille est un aède, ce que n'est aucun autre guerrier. Les ambassadeurs du chant IX le trouvent en train de jouer de la cithare : « *Son cœur se plaît à en toucher, tandis qu'il chante les exploits des héros.* » *Il n'y a qu'un autre personnage dans l'Iliade qui relaie ainsi le poète. Hélène de Lacédémone, qui est aussi de Troie, trace sur une tapisserie* « *les épreuves des Troyens dompteurs de cavales et des Achéens à cotte de bronze* ». *Elle partage avec le poète, dans la scène fameuse où, au chant III, elle monte sur le rempart pendant la trêve, le privilège de nommer les chefs des Achéens : Agamemnon, Ulysse, Ajax.*

La fonction suprême de l'Iliade serait-elle la poésie ?

À cette question, le poète auquel ces pages sont dédiées apporte la réponse que voici : « *Homère, dieu pluriel, avait œuvré sans ratures, en amont et en aval à la fois, nous donnant à voir l'entier Pays de l'homme et des dieux.* »

Pierre Vidal-Naquet

Iliade

CHANT I

Chante, déesse, la colère d'Achille, le fils de Pélée;
détestable colère, qui aux Achéens valut des souffrances
sans nombre et jeta en pâture à Hadès tant d'âmes fières
de héros, tandis que de ces héros mêmes elle faisait la
proie des chiens et de tous les oiseaux du ciel — pour
l'achèvement du dessein de Zeus. Pars du jour où une
querelle tout d'abord divisa le fils d'Atrée, protecteur de
son peuple, et le divin Achille.

Qui des dieux les mit donc aux prises en telle querelle et
bataille? Le fils de Létô et de Zeus. C'est lui qui,
courroucé contre le roi, fit par toute l'armée grandir un
mal cruel, dont les hommes allaient mourant; cela, parce
que le fils d'Atrée avait fait affront à Chrysès, son prêtre.
Chrysès était venu aux fines nefs des Achéens, pour
racheter sa fille, porteur d'une immense rançon et tenant
en main, sur son bâton d'or, les bandelettes de l'archer
Apollon; et il suppliait tous les Achéens, mais surtout les
deux fils d'Atrée, bons rangeurs de guerriers :

« Atrides, et vous aussi, Achéens aux bonnes jambières,
puissent les dieux, habitants de l'Olympe, vous donner de
détruire la ville de Priam, puis de rentrer sans mal dans
vos foyers! Mais, à moi, puissiez-vous aussi rendre ma
fille! et, pour ce, agréez la rançon que voici, par égard
pour le fils de Zeus, pour l'archer Apollon. »

Lors tous les Achéens en rumeur d'acquiescer : qu'on
ait respect du prêtre! que l'on agrée la splendide rançon!

Mais cela n'est point du goût d'Agamemnon, le fils
d'Atrée. Brutalement il congédie Chrysès, avec rudesse il
ordonne :

« Prends garde, vieux, que je ne te rencontre encore
près des nefs creuses, soit à y traîner aujourd'hui, ou à y
revenir demain. Ton bâton, la parure même du dieu
pourraient alors ne te servir de rien. Celle que tu veux, je
ne la rendrai pas. La vieillesse l'atteindra auparavant dans
mon palais, en Argos, loin de sa patrie, allant et venant
devant le métier et, quand je l'y appelle, accourant à mon
lit. Va, et plus ne m'irrite, si tu veux partir sans
dommage. »

Il dit, et le vieux, à sa voix, prend peur et obéit. Il s'en
va en silence, le long de la grève où bruit la mer, et, quand
il est seul, instamment le vieillard implore sire Apollon,
fils de Létô aux beaux cheveux :

« Entends-moi, dieu à l'arc d'argent, qui protèges
Chrysé et Cilla la divine, et sur Ténédos règnes souverain!
O Sminthée, si jamais j'ai élevé pour toi un temple qui
t'ait plu, si jamais j'ai pour toi brûlé de gras cuisseaux de
taureaux et de chèvres, accomplis mon désir : fassent tes
traits payer mes pleurs aux Danaens! »

Il dit; Phœbos Apollon entend sa prière, et il descend
des cimes de l'Olympe, le cœur en courroux, ayant à
l'épaule, avec l'arc, le carquois aux deux bouts bien clos;
et les flèches sonnent sur l'épaule du dieu courroucé, au
moment où il s'ébranle et s'en va, pareil à la nuit. Il vient
se poster à l'écart des nefs, puis lâche son trait. Un son
terrible jaillit de l'arc d'argent. Il s'en prend aux mulets
d'abord, ainsi qu'aux chiens rapides. Après quoi, c'est sur
les hommes qu'il tire et décoche sa flèche aiguë; et les
bûchers funèbres, sans relâche, brûlent par centaines.

Neuf jours durant, les traits du dieu s'envolent ainsi à
travers l'armée. Le dixième jour, Achille appelle les gens à
l'assemblée. La déesse aux bras blancs, Héré, vient de lui
mettre au cœur cette pensée. Elle a souci des Danaens à
les voir mourir de la sorte. Lors donc que tous sont là,
formés en assemblée, Achille aux pieds rapides se lève et
leur dit :

« Fils d'Atrée, j'imagine que nous allons bientôt, rejetés

loin du but, retourner sur nos pas — du moins si nous
pouvons échapper à la mort : guerre et peste frappant
ensemble finiront par avoir raison des Achéens! Allons,
interrogeons un devin ou un prêtre — voire un interprète
de songes : le songe aussi est message de Zeus. C'est lui
qui nous dira d'où vient ce grand courroux de Phœbos
Apollon, s'il se plaint pour un vœu, une hécatombe omise;
et nous verrons alors s'il répond à l'appel du fumet des
agneaux et des chèvres sans tache, et s'il veut bien, de
nous, écarter le fléau. »

Il dit et se rassied. Et voici que se lève Calchas, fils de
Thestor, de beaucoup le meilleur des devins, qui connaît
le présent, le futur, le passé, et qui a su conduire les nefs
des Achéens jusques à Ilion par l'art divinatoire qu'il doit
à Phœbos Apollon. Sagement il prend la parole et dit :

« Achille, cher à Zeus, tu veux qu'ici j'explique le
courroux d'Apollon, le seigneur Archer : eh bien! je
parlerai. Mais toi, comprends-moi bien, et jure-moi
d'abord de m'être un franc appui, en paroles et en actes.
Je vais, j'imagine, irriter quelqu'un dont la puissance est
grande parmi les Argiens, à qui obéissent tous les
Achéens. Un roi a toujours l'avantage, quand il s'en prend
à un vilain. Il peut bien pour un jour digérer sa colère : il
n'en garde pas moins pour plus tard sa rancune au fond de
sa poitrine, jusqu'à l'heure propice à la satisfaire. Vois
donc si tu es prêt à garantir ma vie. »

Achille aux pieds rapides alors lui répond :

« Rassure-toi, et, en toute franchise, dis-nous ce que tu
sais être l'arrêt des dieux. Non, par Apollon cher à Zeus, à
qui, Calchas, va ta prière, lorsque tu veux aux Danaens
révéler les arrêts du Ciel, non, tant que je vivrai, tant
qu'ici-bas j'aurai les yeux ouverts, nul, près de nos nefs
creuses, ne portera sur toi sa lourde main, nul entre tous
les Danaens, quand tu nommerais même ici Agamemnon,
qui aujourd'hui se flatte d'être de beaucoup le premier
dans ce camp. »

Le devin sans reproche lors se rassure et dit :

« Ce n'est pas pour un vœu, une hécatombe omise,
qu'ici se plaint le dieu. C'est pour son prêtre, à qui
Agamemnon a fait affront naguère, en refusant de délivrer

sa fille et d'agréer une rançon. Voilà pourquoi l'Archer
vous a octroyé des souffrances et vous en octroiera encore.
Des Danaens il n'écartera pas le fléau outrageux, avant
qu'ils n'aient à son père rendu la vierge aux yeux vifs, sans
marché, sans rançon, et mené à Chrysé une sainte
hécatombe. Ce jour-là seulement, nous le pourrons apaiser
et convaincre. »

Il dit et se rassied. Et voici que se lève le héros, fils
d'Atrée, le puissant prince Agamemnon. Il est des plus
chagrins ; terriblement ses entrailles se gonflent d'une
noire fureur ; ses yeux paraissent un feu étincelant. Et,
d'abord, sur Calchas dardant un œil mauvais, il dit :

« Prophète de malheur, jamais tu n'as rien dit qui fût
fait pour me plaire. En toute occasion, ton cœur trouve sa
joie à prédire le malheur. Mais, de bonheur, jamais tu
n'en annonces, jamais tu n'en amènes. Et tu viens encore
aujourd'hui déclarer, au nom des dieux, à la face des
Danaens, que, si l'Archer leur cause des souffrances, c'est
parce que j'ai, moi, refusé d'agréer la splendide rançon de
cette fille, Chryséis. Il est vrai : j'aime mieux, de
beaucoup, la garder chez moi. Je la préfère à Clytemnestre
même, ma légitime épouse. Non, elle ne lui cède en rien,
pour la stature ni le port, pour l'esprit ni pour l'adresse.
Et, malgré tout cela, je consens à la rendre, si c'est le bon
parti : j'aime mieux voir mon armée saine et sauve que
perdue ! Mais alors, sans retard, préparez-moi une autre
part d'honneur, pour que je ne sois pas, seul des Argiens,
privé de telle part : ce serait malséant. Et — vous le voyez
tous — ma part, à moi, s'en va ailleurs. »

Lors le divin Achille aux pieds infatigables dit :

« Illustre fils d'Atrée, pour la cupidité, tu n'as pas ton
pareil ! Et comment les Achéens magnanimes pourraient-
ils te donner semblable part d'honneur ? Nous n'avons
pas, que je sache, de trésor commun en réserve. Tout ce
que nous avons tiré du sac des villes a été partagé : sied-il
que les gens de nouveau le rapportent à la masse ? Quitte,
pour l'instant, cette femme au dieu, et nous, les Achéens,
nous te la revaudrons au triple et au quadruple, si Zeus
nous donne un jour de ravager Troie aux bonnes
murailles. »

Le roi Agamemnon en réponse lui dit :

« Non, non, ne cherche pas, pour brave que tu sois,
Achille pareil aux dieux, à me dérober ta pensée : je ne me
laisserai surprendre ni séduire. Prétends-tu donc, quand
toi, tu garderas ta part, qu'ainsi je me morfonde, moi,
privé de la mienne ? et est-ce là pourquoi tu m'invites à
rendre celle dont il s'agit ? Si les Achéens magnanimes me
donnent une part d'honneur en rapport avec mes désirs et
égale à ce que je perds, soit ! Mais, s'ils me la refusent,
c'est moi qui irai alors prendre la tienne, ou celle d'Ajax,
ou celle d'Ulysse — la prendre et l'emmener. Et l'on verra
la fureur de celui chez qui j'irai... Mais à cela nous
songerons plus tard. Pour l'instant, allons ! à la mer divine
tirons la nef noire ; formons une équipe choisie de
rameurs ; puis embarquons une hécatombe ; faisons monter à bord la jolie Chryséis ; enfin qu'un chef soit pris
parmi ceux qui ont voix au conseil, Ajax, Idoménée, ou le
divin Ulysse — ou toi-même, toi, le fils de Pélée,
l'homme entre tous terrible, pour accomplir le sacrifice
par lequel tu sauras apaiser le Préservateur. »

Achille aux pieds rapides sur lui lève un œil sombre et
dit :

« Ah ! cœur vêtu d'effronterie et qui ne sais songer
qu'au gain ! Comment veux-tu qu'un Achéen puisse obéir
de bon cœur à tes ordres, qu'il doive aller en mission ou
marcher à un franc combat ? Car, enfin, ce n'est pas à
cause de ces Troyens belliqueux que je suis venu, moi, me
battre ici. A moi, ils n'ont rien fait. Jamais ils n'ont ravi
mes vaches ou mes cavales ; jamais ils n'ont saccagé les
moissons de notre Phthie fertile et nourricière : il est entre
nous trop de monts ombreux, et la mer sonore ! C'est toi,
toi, l'effronté, que nous avons suivi, pour te plaire, pour
vous obtenir aux frais des Troyens une récompense à
vous, Ménélas et toi, face de chien ! Et de cela tu n'as cure
ni souci ! et tu viens, de ton chef, me menacer maintenant
de m'enlever ma part d'honneur, la part que j'ai gagnée au
prix de tant de peines et que m'ont octroyée les fils des
Achéens ! Jamais pourtant ma part n'est égale à la tienne,
lorsque les Achéens ravagent quelque bonne ville
troyenne. Dans la bataille bondissante, ce sont mes bras

qui font le principal; mais, vienne le partage, la meilleure
part est pour toi. Elle est mince au contraire — et j'y tiens
d'autant plus — la part, que, moi, je rapporte à mes nefs,
quand j'ai assez peiné à la bataille. Mais, cette fois, je
repars pour la Phthie. Mieux vaut cent fois rentrer chez
moi avec mes nefs recourbées. Je me vois mal restant ici,
humilié, à t'amasser opulence et fortune! »

Agamemnon, protecteur de son peuple, répond :

« Eh! fuis donc, si ton cœur en a telle envie. Ce n'est
pas moi qui te supplie de rester ici pour me plaire. J'en ai
bien d'autres prêts à me rendre hommage et, avant tous,
le prudent Zeus. Tu es bien pour moi le plus odieux de
tous les rois issus de Zeus. Ton plaisir toujours, c'est la
querelle, la guerre et les combats. Pourtant, si tu es fort,
ce n'est qu'au Ciel que tu le dois... Va-t'en chez toi, avec
tes nefs, tes camarades; va régner sur tes Myrmidons : de
toi je n'ai cure et me moque de ta rancune. Entends
pourtant ma menace. Si Phœbos Apollon m'enlève Chryséis, je la ferai mener par une nef et des hommes à moi;
mais, à mon tour, en personne, j'irai jusqu'à ta baraque et
j'en emmènerai la jolie Briséis, ta part, à toi, pour que tu
saches combien je suis plus fort que toi, et que tout autre à
l'avenir hésite à me parler comme on parle à un pair et à
s'égaler à moi devant moi. »

Il dit, et le chagrin prend le fils de Pélée, et, dans sa
poitrine virile, son cœur balance entre deux desseins.
Tirera-t-il le glaive aigu pendu le long de sa cuisse? du
même coup, il fait lever les autres, et lui, il tue l'Atride.
Ou calmera-t-il son dépit et domptera-t-il sa colère? Mais,
tandis qu'en son âme et son cœur il remue ces pensées et
qu'il tire déjà du fourreau sa grande épée, Athéné vient du
ciel. C'est Héré qui la dépêche, la déesse aux bras blancs,
qui en son cœur les aime et les protège également tous
deux. Elle s'arrête derrière le Péléide et lui met la main
sur ses blonds cheveux — visible pour lui seul : nul autre
ne la voit. Achille est saisi de stupeur; il se retourne et
aussitôt reconnaît Pallas Athéné. Une lueur terrible
s'allume dans ses yeux, et, s'adressant à elle, il dit ces
mots ailés :

« Que viens-tu faire encore, fille de Zeus qui tient

l'égide ? Viens-tu donc voir l'insolence d'Agamemnon, le fils d'Atrée ? Eh bien ! je te le déclare, et c'est là ce qui sera ; son arrogance lui coûtera bientôt la vie. »

La déesse aux yeux pers, Athéné, lui répond :

« Je suis venue du ciel pour calmer ta fureur : me veux-tu obéir ? La déesse aux bras blancs, Héré, m'a dépêchée, qui, en son cœur, vous aime et vous protège également tous deux. Allons ! clos ce débat, et que ta main ne tire pas l'épée. Contente-toi de mots, et, pour l'humilier, dis-lui ce qui l'attend. Va, je te le déclare, et c'est là ce qui sera : on t'offrira un jour trois fois autant de splendides présents pour prix de cette insolence. Contiens-toi et obéis-nous. »

Achille aux pieds rapides lors lui répond ainsi :

« Un ordre de vous deux, déesse, est de ceux qu'on observe. Quelque courroux que je garde en mon cœur, c'est là le bon parti. Qui obéit aux dieux, des dieux est écouté. »

Il dit, et, sur la poignée d'argent, il retient sa lourde main, puis repousse la grande épée dans son fourreau, docile à la voix d'Athéné, tandis que la déesse s'en va vers l'Olympe et vers le palais de Zeus porte-égide retrouver les autres dieux.

Cependant, le fils de Pélée de nouveau, en mots insultants, interpelle le fils d'Atrée et laisse aller sa colère :

« Sac à vin ! œil de chien et cœur de cerf ! Jamais tu n'as eu le courage de t'armer pour la guerre avec tes gens, ni de partir pour un aguet avec l'élite achéenne : tout cela te semble la mort ! Certes il est plus avantageux, sans s'éloigner du vaste camp des Achéens, d'arracher les présents qu'il a reçus à quiconque te parle en face. Ah ! le beau roi, dévoreur de son peuple ! il faut qu'il commande à des gens de rien : sans quoi, fils d'Atrée, tu aurais aujourd'hui lancé ton dernier outrage. Eh bien ! je te le déclare, et j'en jure un grand serment. — Ce bâton m'en soit témoin, qui jamais plus ne poussera ni de feuilles ni de rameaux, et, maintenant qu'il a quitté l'arbre où il fut coupé dans la montagne, jamais plus ne refleurira ! Le bronze en a rasé le feuillage et l'écorce, et le voici maintenant entre les mains des fils des Achéens qui rendent la justice et, au nom de Zeus, maintiennent le

droit. Ce sera là pour toi le plus sûr des serments. — Un
jour viendra où tous les fils des Achéens sentiront en eux
le regret d'Achille; de ce moment-là, malgré ton déplaisir,
tu ne pourras plus leur être en rien utile, quand, par
centaines, ils tomberont mourants sous les coups d'Hector
meurtrier. Alors, au fond de toi, tu te déchireras le cœur,
dans ton dépit d'avoir refusé tout égard au plus brave des
Achéens. »

Ainsi dit le fils de Pélée et, jetant à terre le bâton percé
de clous d'or, il s'assied. De son côté, l'Atride est rempli
de colère. Mais voici que Nestor se lève, Nestor au doux
langage, l'orateur sonore de Pylos. De sa bouche ses
accents coulent plus doux que le miel. Il a déjà vu passer
deux générations de mortels, qui jadis, avec lui, sont nées
et ont grandi dans Pylos la divine, et il règne sur la
troisième. Sagement il prend la parole et dit :

« Las! le grand deuil qui vient à la terre achéenne! Quel
plaisir pour Priam et les fils de Priam! et quelle joie au
cœur pour les autres Troyens, s'ils savaient tout ce qui en
est de cette lutte entre vous, vous, les premiers des
Danaens au Conseil comme à la bataille! Allons! écoutez-
moi tous deux : aussi bien suis-je votre aîné. J'ai déjà été,
moi, le compagnon d'hommes plus braves encore que
nous, et jamais ils ne firent fi de moi. Pourtant, je n'ai pas
vu encore — et jamais je ne verrai — d'hommes tels que
Pirithoos, ou Dryas, le pasteur d'hommes, — Cénée,
Exadios, le divin Polyphème, — ou Thésée, fils d'Egée,
semblable aux Immortels! C'étaient des hommes forts,
entre tous ceux qui ont grandi sur cette terre, et, forts entre
tous, ils luttaient contre adversaires forts entre tous, les
Monstres de la montagne — et ils en firent un horrible
massacre. Pour les rejoindre, j'avais quitté Pylos, là-bas,
terre lointaine. Ils m'avaient appelé et je me battais pour
mon compte. Ah! contre ceux-là nul aujourd'hui ne
pourrait plus lutter des mortels d'ici-bas. Eh bien! ces
hommes-là méditaient mes avis et écoutaient ma voix.
Allons! écoutez-la aussi : qui l'écoute prend le bon parti.
Pour brave que tu sois, renonce donc, toi, à lui prendre la
fille. Quitte-la lui, comme la part d'honneur que lui ont
tout d'emblée donnée les fils des Achéens. Et toi, fils de

Pélée, ne t'obstine donc pas à quereller un roi en face :
l'honneur n'est pas égal, que possède un roi porte-sceptre,
à qui Zeus a donné la gloire. Tu es fort, une déesse fut ta
mère ; mais il est, lui, plus encore, puisqu'il commande à
plus d'hommes. Toi, fils d'Atrée, arrête ta fureur ; c'est
moi qui t'en supplie, relâche ton courroux, aie égard à
Achille : les Achéens n'ont pas de plus ferme rempart
contre la guerre cruelle. »

Le roi Agamemnon lors lui répond ainsi :

« Tout ce que tu dis là, vieillard, est fort bien dit. Mais
cet homme prétend être au-dessus de tous, de tous être le
maître, de tous être le roi, à tous donner des ordres : je
crois savoir quelqu'un qui n'obéira pas. Si les dieux
toujours vivants ont fait de lui un guerrier, lui donnent-ils
donc mission pour cela de ne s'exprimer qu'en injures ? »

Et le divin Achille brusquement lui réplique :

« On me dirait vraiment lâche et homme de rien, si je
t'allais céder en tout au premier mot. Commande ainsi à
d'autres, et ne viens pas me donner d'ordres, à moi : car je
crois que, de ce jour, je ne t'obéirai plus. Mais j'ai encore
quelque chose à te dire : mets-le-toi bien en tête. Pour la
fille, mes bras ne se battront pas, ni contre toi ni contre un
autre : vous me l'aviez donnée, vous me la reprenez...
Mais, de tout le reste de ce que j'ai à moi, près de ma
rapide nef noire, tu n'emporteras rien, en me l'enlevant
malgré moi. Tiens ! fais-en donc l'épreuve, et ceux-ci
verront : le sang noir giclera tout autour de ma javeline. »

Cet assaut terminé de brutales répliques, ils se lèvent
tous deux, rompant l'assemblée, près des nefs achéennes
et, tandis que le fils de Pélée regagne ses baraques et ses
bonnes nefs, escorté du fils de Ménœtios et de ses
compagnons, le fils d'Atrée fait tirer à la mer une fine nef ;
il y met vingt rameurs choisis, il y embarque une
hécatombe au dieu, il y conduit et installe lui-même la
jolie Chryséis. Enfin, montant à bord, l'industrieux Ulysse
prend le commandement.

C'est ainsi qu'on embarque, et l'on vogue bientôt sur
les routes humides. L'Atride cependant ordonne à ses
guerriers de purifier leurs corps. Ils se purifient donc, puis
vont jeter leurs souillures aux flots. Ils sacrifient ensuite à

Apollon des hécatombes sans défaut de taureaux et de
chèvres, au bord de la mer infinie; et la graisse en monte
au ciel dans des spirales de fumée.

Voilà comme on s'occupe au camp. Mais Agamemnon
ne révoque pas pour cela le défi qu'il a dès l'abord lancé à
Achille. Il s'adresse donc à Talthybios et à Eurybate qui
lui servent de hérauts et de diligents écuyers :

« Allez tous deux à la baraque d'Achille, le fils de Pélée,
puis prenez par la main la jolie Briséis et emmenez-la. S'il
vous la refuse, j'irai la lui prendre moi-même, en plus
nombreuse compagnie, et il lui en coûtera plus cher! »

Sur ces mots, il les congédie, avec rudesse il ordonne.
Ils s'en vont à regret et, suivant le rivage de la mer infinie,
ils arrivent aux baraques et aux nefs des Myrmidons. Ils
trouvent là Achille, près de sa baraque et de sa nef noire,
assis; et la vue des hérauts ne le réjouit guère. Tous deux,
devant le roi, pris de crainte et pleins de respect,
s'arrêtent, sans un mot, sans une question. Mais, en son
âme, il comprend et il dit :

« Salut! hérauts, messagers de Zeus et des hommes.
Approchez : vous ne m'avez rien fait. Agamemnon est
seul en cause, qui vous envoie quérir la jeune Briséis.
Allons! divin Patrocle, fais sortir la fille et donne-la-leur :
qu'ils l'emmènent! Mais qu'eux-mêmes en revanche me
servent de témoins, devant les Bienheureux, et devant les
mortels, et devant ce roi intraitable, si une fois encore on a
besoin de moi pour écarter des autres le fléau outrageux!
Son cœur maudit est en fureur, et il n'est pas capable de
voir, en rapprochant l'avenir du passé, comment les
Achéens pourront près de leurs nefs combattre sans
dommage. »

Il dit; Patrocle obéit à son compagnon. De la baraque il
fait sortir la jolie Briséis; il la leur donne : qu'ils
l'emmènent! Et ils s'en vont le long des nefs des Achéens.
La femme les suit à regret. Lors Achille brusquement se
met à pleurer, et, s'écartant des siens, il va s'asseoir au
bord de la blanche mer, les yeux sur le large aux teintes
lie-de-vin; et, instamment, il implore sa mère, mains
tendues :

« O mère, si tu m'as enfanté pour une vie trop brève,

que Zeus Olympien qui tonne sur les cimes m'eût au moins dû donner la gloire! Or, à cette heure, pour moi, il n'a pas le moindre égard; car voici le fils d'Atrée, le puissant prince Agamemnon, qui vient de me faire affront : il m'a pris, il me retient ma part d'honneur; de son chef, il m'a dépouillé. »

Ainsi dit-il, tout en larmes, et sa mère auguste l'entend, du fond des abîmes marins, où elle reste assise auprès de son vieux père. Vite, de la blanche mer, elle émerge, telle une vapeur; elle s'assied face à son fils en larmes, elle le flatte de la main, elle lui parle, en l'appelant de tous ses noms :

« Mon enfant, pourquoi pleures-tu? quel deuil est venu à ton cœur? Parle, ne me cache pas ta pensée; que nous sachions tout tous les deux! »

Avec un lourd sanglot, Achille aux pieds rapides dit :

« Tu le sais; à quoi bon te dire ce qui t'est connu? Nous nous en sommes allés à Thèbe, la ville sainte d'Éétion, et, après l'avoir détruite, nous en avons tout emmené. Les fils des Achéens se sont ensuite, ainsi qu'il convenait, partagé le butin, et ils ont mis à part, pour le fils d'Atrée, la jolie Chryséis. Mais alors Chrysès, prêtre de l'archer Apollon, est venu jusqu'aux fines nefs des Achéens à la cotte de bronze. Pour délivrer sa fille, il apportait une immense rançon et tenait en main, sur son bâton d'or, les bandelettes de l'archer Apollon; et il suppliait tous les Achéens, mais surtout les deux fils d'Atrée, bons rangeurs de guerriers. Lors tous les Achéens en rumeur d'acquiescer : qu'on eût respect du prêtre! qu'on agréât la splendide rançon! Mais cela n'était pas du goût d'Agamemnon, le fils d'Atrée. Il congédiait brutalement Chrysès, avec rudesse il ordonnait. Le vieillard est parti en courroux, et Apollon, qui l'aime chèrement, a entendu sa prière. Il a, sur les Argiens, décoché un trait cruel, et, les uns sur les autres, les hommes ont péri, tandis que les flèches du dieu partaient ainsi de tous côtés par la vaste armée achéenne. Le devin qui sait tout nous expliquait alors les arrêts divins de l'Archer; et c'est moi, le premier, qui ai, sans retard, donné le conseil d'apaiser le dieu. Là-dessus, la colère s'empare de l'Atride; brusquement il se lève et lance une menace aujourd'hui accomplie : à cette heure, les Achéens aux yeux vifs, à bord d'une fine nef, mènent Chryséis à Chrysé et portent des offrandes à sire Apollon ; cependant que des hérauts viennent de quitter ma baraque, emmenant avec eux la fille de Brisès, que m'avaient octroyée les fils des Achéens. A toi donc, si tu peux, de venir en aide à ton vaillant fils. Va vers l'Olympe et supplie Zeus, si aussi bien tu as jadis, par parole ou par acte, servi ses désirs. Dans le palais de mon père, souvent je t'ai ouïe t'en glorifier. Tu disais comment, seule entre les Immortels, tu avais, du Cronide à la nuée noire, écarté le désastre outrageux. C'était au temps où les dieux de l'Olympe prétendaient tous l'enchaîner — Héré et Poseidon et Pallas Athéné. Mais toi, tu vins à lui, tu sus, toi, déesse, le soustraire à ces chaînes. Vite, tu mandas sur les cimes de l'Olympe l'être aux cent bras que les dieux nomment Briarée et tous les mortels Egéon, et qui, pour la force, surpasse son père même. Il vint s'asseoir aux côtés du Cronide, dans l'orgueil de sa gloire. Les Bienheureux, à sa vue, prirent peur, et plus ne fut question de chaînes. Rappelle-lui tout cela aujourd'hui, en t'asseyant à ses côtés, en pressant ses genoux : ne daignera-t-il pas porter aide aux Troyens, et acculer à leurs poupes, à la mer, les Achéens décimés, afin qu'ils jouissent, tous, de leur roi et que le fils d'Atrée lui-même, le puissant prince Agamemnon, comprenne enfin ce que fut sa folie, le jour qu'il a refusé tout égard au plus brave des Achéens ? »

Thétis alors, pleurante, lui répond :

« Ah ! mon enfant, pourquoi t'ai-je élevé, mère infortunée ? Que n'es-tu donc resté, assis près de tes nefs, ignorant des pleurs et des peines, puisque ton destin, au lieu de longs jours, ne t'accorde qu'une vie trop brève. Te voilà aujourd'hui non seulement voué à une prompte mort, mais encore misérable entre tous. Ah ! pour quel triste destin t'aurai-je donc jadis donné le jour en ma demeure ! Eh bien ! j'irai moi-même vers l'Olympe neigeux porter ta plainte à Zeus Tonnant ; je verrai s'il l'écoute. Garde donc ta colère contre les Achéens, et assis près des nefs rapides, sans réserve, renonce au combat.

Zeus est parti hier du côté de l'Océan prendre part à un banquet chez les Éthiopiens sans reproche, et tous les dieux l'ont suivi. Dans douze jours il retournera dans l'Olympe. Je prendrai alors la route de son palais au seuil de bronze, j'embrasserai ses genoux et je crois qu'il m'écoutera. »

Elle dit, et s'en va, et le laisse là, l'âme en courroux, pensant à la captive à la belle ceinture qu'on vient de lui ravir, de force, malgré lui. Ulysse cependant arrive à Chrysé conduisant la sainte hécatombe. Sitôt franchie l'entrée du port aux eaux profondes, on plie les voiles, on les range dans la nef noire ; vite on lâche les étais, on amène le mât jusqu'à son chevalet, et on se met aux rames, pour gagner le mouillage. On jette les grappins et on noue les amarres. Après quoi, on descend sur la grève ; on y débarque l'hécatombe que l'on destine à l'archer Apollon, et Chryséis sort de la nef marine. L'industrieux Ulysse la conduit à l'autel et la remet aux mains de son père, en disant :

« Chrysès, Agamemnon, protecteur de son peuple, ici m'a dépêché pour te mener ta fille et offrir à Phœbos une sainte hécatombe au nom des Danaens. Nous voulons apaiser le dieu, qui vient de lâcher sur les Argiens des angoisses lourdes de sanglots. »

Il dit et met la fille aux mains de son père ; et celui-ci la reçoit avec joie. Alors, sans retard et en ordre, pour le dieu, ils disposent l'illustre hécatombe, autour d'un bel autel. Ils se lavent les mains, ils prennent les grains d'orge, et Chrysès, à voix haute, prie pour eux, mains tendues au ciel :

« Entends-moi, dieu à l'arc d'argent, qui protèges Chrysé et Cilla la divine, et sur Ténédos règnes souverain ; tu as déjà naguère entendu mes vœux ; tu m'as rendu hommage, en frappant lourdement l'armée des Achéens. Cette fois donc encore, accomplis mon désir : des Danaens écarte le fléau outrageux. »

Il dit ; Phœbos Apollon entend sa prière. La prière achevée, les orges répandues, on relève les mufles, on égorge, on dépèce ; on découpe les cuisses ; des deux côtés on les couvre de graisse ; on dispose au-dessus les

morceaux de chair crue; après quoi, le vieillard les brûle
sur des bûches, et sur elles répand le vin aux sombres
feux, tandis qu'à ses côtés des jeunes ont en main les
fourchettes à cinq dents. Puis, les cuisseaux brûlés, on
mange la fressure; le reste, on le débite en menus
morceaux; on enfile ensuite ceux-ci sur des broches, on les
rôtit avec grand soin, on les tire enfin tous du feu.
L'ouvrage terminé, le banquet apprêté, on festoie, les
cœurs n'ont pas à se plaindre d'un repas où tous ont leur
part. Lors donc qu'on a chassé la soif et l'appétit, les
jeunes gens remplissent jusqu'au bord les cratères, puis à
chacun, dans sa coupe, ils versent de quoi faire libation
aux dieux. Et, tout le jour, en chœur, les fils des Achéens,
pour apaiser le dieu, chantent le beau péan et célèbrent le
Préservateur. Et lui, se plaît à les ouïr.

Le soleil plonge et l'ombre vient. On s'étend le long des
amarres; puis, quand, au matin, paraît Aurore aux doigts
de rose, on prend le large, pour regagner le vaste camp des
Achéens. Apollon le Préservateur envoie la brise favorable.
On dresse alors le mât, on déploie la voilure blanche. Le
vent gonfle la toile en plein, et, tandis qu'autour de
l'étrave en marche, le flot bouillonne et siffle bruyamment, la nef va son chemin, courant au fil du flot. Ils
arrivent ainsi au vaste camp des Achéens; là, pour mettre
à sec la nef noire, ils la halent, puis, sur le sable, la
redressent, enfin l'étaient de longs accores. Après quoi, ils
se dispersent par les baraques et les nefs.

Pendant ce temps, assis près de ses nefs agiles, le divin
Péléide, Achille aux pieds rapides, est toujours en courroux. Il ne hante ni l'assemblée, où l'homme acquiert la
gloire, ni le combat : il consume son cœur à demeurer là,
dans le regret de la huée, de la bataille!

Mais quand, après cela vient la douzième aurore, alors
les dieux toujours vivants s'en retournent dans l'Olympe,
tous ensemble, et Zeus à leur tête. Thétis alors n'a garde
d'oublier les instances de son fils. Elle émerge du flot
marin et, à l'aube, monte vers l'Olympe et le vaste ciel.
Elle y trouve le Cronide à la grande voix, assis à l'écart sur
le plus haut sommet de l'Olympe aux cimes sans nombre.

Elle s'accroupit à ses pieds, de sa gauche saisit ses genoux,
de sa droite le prend au menton, et, suppliante, parle ainsi
à sire Zeus, fils de Cronos :

« O Zeus Père! si je t'ai jamais, entre les Immortels,
servi par acte ou parole, accomplis ici mon désir. Honore
mon enfant, entre tous voué à une prompte mort. A cette
heure, Agamemnon, protecteur de son peuple, lui a fait un
affront : il lui a pris, il lui retient sa part d'honneur; de
son chef, il l'a dépouillé. A toi de lui rendre hommage, ô
sage Zeus Olympien : donne la victoire aux Troyens,
jusqu'au jour où les Achéens rendront hommage à mon
enfant et le feront croître en renom. »

Elle dit; l'assembleur de nuées, Zeus, ne réplique rien.
Il reste toujours muet sur son trône. Thétis, qui, dès
l'abord, a saisi ses genoux, insistante, les presse et de
nouveau supplie :

« Ah! je t'en conjure, donne-moi une véridique promesse, et appuie-la d'un signe de ton front. Ou dis-moi
non : tu n'as, toi, rien à craindre; et je saurai, moi, à quel
point je suis méprisée entre tous les dieux. »

L'assembleur de nuées, Zeus, alors violemment s'irrite
et répond :

« Ah! la fâcheuse affaire, si tu me dois induire à un
conflit avec Héré, le jour qu'elle me viendra provoquer
avec des mots injurieux! Même sans cause, elle est
toujours à me chercher querelle en présence des dieux
immortels, prétendant que je porte aide aux Troyens dans
les combats. Mais, pour l'instant, retire-toi : qu'Héré ne te
voie pas. C'est à moi de veiller à accomplir ton vœu.
Allons! pour toi, j'appuierai ma promesse d'un signe de
mon front. Ainsi tu me croiras : c'est le plus puissant gage
que je puisse donner parmi les Immortels. Il n'est ni
révocable ni trompeur ni vain, l'arrêt qu'a confirmé un
signe de mon front. »

Il dit, et, de ses sourcils sombres, le fils de Cronos fait
oui. Les cheveux divins du Seigneur voltigent un instant
sur son front éternel, et le vaste Olympe en frémit.

S'étant concertés, ils se quittent. Elle, du haut de
l'Olympe éclatant, saute dans la mer profonde; Zeus s'en

va vers sa demeure. Tous les dieux de leurs sièges se
lèvent ensemble, afin d'aller au-devant de leur père :
aucun n'ose attendre sa venue sur place : il les trouve tous
debout devant lui. Sur son trône il s'assied ; mais Héré ne
s'y méprend pas : elle voit le plan qu'avec lui a comploté
Thétis aux pieds d'argent, la fille du Vieux de la mer ; et,
aussitôt, à Zeus, fils de Cronos, elle adresse ces mots
mordants :

« Avec quel dieu encore viens-tu de comploter, perfide ?
Tu te plais toujours, loin de moi, à décider d'un cœur
secret ; et jamais encore tu n'as daigné me dire de toi-
même à quoi tu songeais. »

Le Père des dieux et des hommes lors lui répond ainsi :

« Héré, n'espère pas connaître tous mes desseins. Même
toi, mon épouse, tu auras fort à faire pour y parvenir. S'il
en est qu'il sied que tu saches, nul dieu, nul homme ne les
connaîtra avant toi. Sur ceux, en revanche, à qui je veux
songer à l'écart des dieux, ne fais jamais de question ni
d'enquête. »

L'auguste Héré aux grands yeux lui répond :

« Terrible Cronide, quels mots as-tu dits là ? Certes,
jusqu'à ce jour, tu n'as de moi subi ni question ni enquête,
et je te laisse en paix méditer tout ce qu'il te plaît. Mais
aujourd'hui j'ai terriblement peur dans le fond de mon
âme que la fille du Vieux de la mer, Thétis aux pieds
d'argent, ne t'ait su séduire. Elle est venue, à l'aube,
s'accroupir à tes pieds ; elle a pris tes genoux, et j'imagine
que, d'un signe de tête, tu lui auras donné l'infaillible
promesse d'honorer Achille et d'immoler près de leurs
nefs les Achéens par milliers. »

L'assembleur de nuées, Zeus, ainsi lui réplique :

« Ah ! pauvre folle, toujours prête à imaginer ! De moi
rien ne t'échappe. Mais tu auras beau faire : tu n'obtiendras rien, si ce n'est d'être de plus en plus loin de mon
cœur, et il t'en coûtera plus cher. S'il en est comme tu le
dis, c'est sans doute que tel est mon bon plaisir. Assieds-
toi donc en silence, et obéis à ma voix. Tous les dieux de
l'Olympe ne te serviront guère, si je m'approche et si sur
toi j'étends mes mains redoutables. »

Il dit, et l'auguste Héré aux grands yeux prend peur et s'assied, muette, faisant violence à son cœur. Dans le palais de Zeus, les dieux issus de Ciel commencent à s'irriter. Alors Héphæstos, l'illustre Artisan, se met à leur parler; il veut plaire à sa mère, Héré aux bras blancs :

« Ah! la fâcheuse, l'insupportable affaire, si, pour des mortels vous disputez tous deux ainsi, et menez tel tumulte au milieu des dieux! Plus de plaisir au bon festin, si le mauvais parti l'emporte! Moi, à ma mère, pour sage qu'elle soit, j'offre ici un conseil : qu'elle cherche à plaire à Zeus, afin que notre père n'aille plus, en la querellant, troubler notre festin. Et si l'Olympien qui lance l'éclair éprouvait seulement l'envie de la précipiter à bas de son siège!... Il est de beaucoup le plus fort. Allons! va, cherche à le toucher avec des mots apaisants; et aussitôt l'Olympien nous redeviendra favorable. »

Il dit et, sautant sur ses pieds, il met la coupe à deux anses aux mains de sa mère, en disant :

« Subis l'épreuve, mère; résigne-toi, quoi qu'il t'en coûte. Que je ne te voie pas de mes yeux, toi que j'aime, recevoir des coups! je ne pourrais lors t'être utile, en dépit de mon déplaisir. Il est malaisé de lutter avec le dieu de l'Olympe. Une fois déjà, j'ai voulu te défendre : il m'a pris par le pied et lancé loin du seuil sacré. Tout le jour je voguai; au coucher du soleil, je tombai à Lemnos : il ne me restait plus qu'un souffle. Là, les Sintiens me recueillirent, à peine arrivé au sol. »

Il dit et fait sourire Héré, la déesse aux bras blancs; et, souriante, elle reçoit la coupe que lui offre son fils. Lui, cependant, à tous les autres dieux, va sur sa droite versant le doux nectar, qu'il puise dans le cratère. Et, brusquement, un rire inextinguible jaillit parmi les Bienheureux, à la vue d'Héphæstos s'affairant par la salle!

Ainsi donc, toute la journée et jusqu'au coucher du soleil, ils demeurent au festin; et leur cœur n'a pas à se plaindre du repas où tous ont leur part, ni de la cithare superbe, que tiennent les mains d'Apollon, ni des Muses, dont les belles voix résonnent en chants alternés.

Et, quand enfin est couché le brillant éclat du soleil, désireux de dormir, chacun rentre chez soi, au logis que lui a construit l'illustre Boiteux, Héphæstos aux savants pensers. Et Zeus Olympien qui lance l'éclair prend le chemin du lit où sa coutume est de dormir, à l'heure où vient le doux sommeil. Il y monte et il y repose, ayant à ses côtés Héré au trône d'or.

Dieux et hommes aux bons chars de guerre dorment ainsi toute la nuit. Seul Zeus n'est pas la proie du doux sommeil. En son cœur il médite : comment, pour honorer Achille, détruira-t-il, près de leurs nefs, les Achéens par milliers ? A la fin, ce parti lui paraît le meilleur en son âme : à Agamemnon, fils d'Atrée, dépêcher le funeste Songe. Il s'adresse donc à Songe et lui dit ces mots ailés :

« Pars, Songe funeste, et va-t'en aux fines nefs des Achéens. Une fois dans la baraque d'Agamemnon, le fils d'Atrée, dis tout exactement comme je te l'ordonne. Enjoins-lui d'appeler aux armes les Achéens chevelus — vite, en masse ! L'heure est venue où il peut prendre la vaste cité des Troyens. Les Immortels, habitants de l'Olympe, n'ont plus sur ce point d'avis qui divergent. Tous se sont laissé fléchir à la prière d'Héré. Les Troyens désormais sont voués aux chagrins. »

Il dit, et Songe va, sitôt l'ordre entendu ; promptement il arrive aux fines nefs des Achéens. Il se dirige alors vers Agamemnon, fils d'Atrée, et il le trouve endormi dans sa baraque, le sommeil divin épandu sur lui. Il s'arrête donc au-dessus de son front, sous l'aspect du fils de Nélée, de ce Nestor qu'Agamemnon honore entre tous les vieillards. C'est sous ses traits que le céleste Songe lors s'adresse à Agamemnon :

« Quoi ! tu dors, fils d'Atrée, le brave dompteur de cavales ! Un héros ne doit pas dormir la nuit entière, alors

qu'il est de ceux qui ont voix au Conseil, que tant
d'hommes lui sont commis et tant de soins réservés. Voici
l'heure de me comprendre promptement. Je suis, sache-
le, messager de Zeus — Zeus qui, pour toi, de loin,
terriblement s'inquiète et s'apitoie. Il t'enjoint d'appeler
aux armes tous les Achéens chevelus — vite, en masse!
L'heure est venue où tu peux prendre la vaste cité des
Troyens. Les Immortels, habitants de l'Olympe, n'ont
plus sur ce point d'avis qui divergent. Tous se sont laissé
fléchir à la prière d'Héré. Les Troyens désormais sont
voués aux chagrins. Zeus le veut. Garde bien la chose en
ta tête, et que l'oubli n'ait pas prise sur toi, lorsque t'aura
quitté le suave sommeil. »

Il dit, et s'en va, et le laisse là songer en son cœur à un
avenir qui jamais ne doit se réaliser. Il croit qu'il va ce
jour même prendre la cité de Priam : le pauvre sot! il ne
sait pas l'œuvre que médite Zeus, ni ce qu'il entend
infliger encore et de peines et de sanglots aux Danaens
comme aux Troyens, au milieu des mêlées brutales. Il
s'éveille de son sommeil, mais la voix divine demeure
épandue tout autour de lui. Il se soulève, se met sur son
séant ; il passe une tunique molle, belle et neuve, et revêt
un ample manteau. A ses pieds luisants il attache de belles
sandales ; autour de ses épaules il jette son épée à clous
d'argent ; enfin il prend le sceptre héréditaire, le sceptre
indestructible, et, sceptre en main, il s'en va vers les nefs
des Achéens à la cotte de bronze.

C'est le moment où la divine Aurore s'en vient vers le
haut Olympe pour annoncer le jour à Zeus ainsi qu'à tous
les Immortels. Agamemnon donne l'ordre aux hérauts à la
voix sonore de convoquer à l'assemblée les Achéens
chevelus. Et les hérauts, vite, de convoquer, et les autres
de s'assembler.

Mais, tout d'abord, Agamemnon invite le Conseil des
vieillards magnanimes à siéger à côté de la nef de Nestor,
le roi pylien. Il les réunit, combinant un subtil dessein.

« Amis, écoutez-moi. Le céleste Songe est venu à moi,
dans mon somme, à travers la nuit sainte, tout à fait pareil
au divin Nestor pour les traits, la taille, le port ; et,
s'arrêtant au-dessus de mon front, il m'a parlé ainsi :

« Quoi ! tu dors, fils d'Atrée, le brave dompteur de
cavales ! Un héros ne doit pas dormir la nuit entière, alors
qu'il est de ceux qui ont voix au Conseil, que tant
d'hommes lui sont commis et tant de soins réservés. Voici
l'heure de me comprendre promptement. Je suis, sache-
le, messager de Zeus — Zeus qui, pour toi, de loin,
terriblement s'inquiète et s'apitoie. Il t'enjoint d'appeler
aux armes les Achéens chevelus — vite, en masse !
L'heure est venue où tu peux prendre la vaste cité des
Troyens. Les Immortels, habitants de l'Olympe, n'ont
plus sur ce point d'avis qui divergent. Tous se sont laissé
fléchir à la prière d'Héré. Les Troyens désormais sont
voués aux chagrins. Zeus le veut. Garde bien la chose en
ta tête. » Il a dit ; puis il a pris son vol et il a disparu,
tandis que le doux sommeil me quittait. Eh bien, allons !
voyons si l'on peut appeler aux armes les fils des Achéens.
Mais j'userai d'abord de mots pour les tâter, ainsi qu'il est
normal : je les inviterai à fuir sur leurs nefs bien garnies de
rames. Vous, chacun de votre côté, trouvez des mots qui
les retiennent. »

Cela dit, il s'assied. Alors Nestor se lève, Nestor, le
souverain de la Pylos des Sables. Sagement il prend la
parole et dit :

« Amis, guides et chefs des Argiens, si tout autre
Achéen nous eût conté ce songe, nous n'y verrions qu'un
piège, nous n'en aurions que plus de méfiance. Mais, en
fait, celui qui l'a vu se flatte aussi d'être le tout premier
parmi les Achéens. Eh bien, allons ! voyons si l'on peut
appeler aux armes les fils des Achéens. »

Cela dit, il quitte le premier le Conseil. Sur quoi les
autres se lèvent : tous les rois porteurs de sceptre obéissent
au pasteur d'hommes. Les hommes déjà accourent.
Comme on voit les abeilles, par troupes compactes, sortir
d'un antre creux, à flots toujours nouveaux, pour former
une grappe, qui bientôt voltige au-dessus des fleurs du
printemps, tandis que beaucoup d'autres s'en vont voletant, les unes par-ci, les autres par-là ; ainsi, des nefs et des
baraques, des troupes sans nombre viennent se ranger, par
groupes serrés, en avant du rivage bas, pour prendre part à
l'assemblée. Parmi elles, Rumeur, messagère de Zeus, est

là qui flambe et les pousse à marcher, jusqu'au moment
où tous se trouvent réunis. L'assemblée est houleuse; le
sol gémit sous les guerriers occupés à s'asseoir; le tumulte
règne. Neuf hérauts, en criant, tâchent à contenir la foule :
ne pourrait-elle arrêter sa clameur, pour écouter les rois
issus de Zeus! Ce n'est pas sans peine que les hommes
s'assoient et qu'enfin ils consentent à demeurer en place,
tous cris cessant. Alors se lève le roi Agamemnon. Il tient
le sceptre que jadis a ouvré le labeur d'Héphæstos. Celui-
ci l'a remis à sire Zeus, fils de Cronos. Zeus alors l'a remis
au Messager, tueur d'Argos. Sire Hermès l'a remis à
Pélops, piqueur de cavales. A son tour, Pélops l'a remis à
Atrée, le pasteur d'hommes. Atrée mourant l'a laissé à
Thyeste riche en troupeaux. Et Thyeste, à son tour, le
laisse aux mains d'Agamemnon, désigné pour régner sur
d'innombrables îles et l'Argolide entière. Agamemnon
s'appuie sur lui pour parler aux Argiens en ces termes :

« Héros danaens, serviteurs d'Arès, mes amis! Zeus, fils
de Cronos, m'a terriblement su prendre dans les rets d'un
lourd désastre. Le cruel! il m'avait promis, garanti
naguère que je ne m'en retournerais qu'une fois détruite
Ilion aux bonnes murailles; il m'avait, en fait, préparé un
vilain piège : le voilà qui m'invite à rentrer à Argos chargé
du déshonneur d'avoir fait périr tant d'hommes! Quoi!
c'est donc là le bon plaisir de Zeus, Zeus tout-puissant,
qui a déjà découronné tant de cités et en découronnera
plus d'une encore, car il a la force suprême! Quelle honte
à faire connaître aux générations à venir! Ainsi c'est pour
rien qu'une si nombreuse et si belle armée achéenne mène
guerre et bataille vaines contre un ennemi inférieur en
nombre, sans que l'issue s'en montre encore! Oui,
supposez que nous voulions, tous, Achéens comme
Troyens, après un pacte loyal, nous dénombrer également; et, tout d'abord, rassembler les Troyens — ceux
qui ont ici un foyer — tandis que nous, les Achéens, nous
nous grouperions par dizaines, pour prendre ensuite, dans
chaque groupe, un Troyen comme échanson : eh bien!
l'on verrait alors plus d'une dizaine se trouver sans un
échanson; tant, je le répète, les fils des Achéens sont plus
nombreux que les Troyens qui résident dans cette cité!

Mais ceux-ci en revanche ont des alliés, bons lanceurs de javelines, venus de tous les pays ; et ce sont eux qui me rejettent terriblement loin de mon but en entravant l'envie que j'ai de détruire la bonne ville d'Ilion. Voici déjà passées neuf années du grand Zeus ; le bois de nos nefs est pourri ; leurs préceintes sont détendues ; et, tandis que, chez nous, femmes, jeunes enfants en nos manoirs attendent, la tâche reste inachevée, pour laquelle justement nous sommes arrivés ici. Eh bien, allons ! suivons tous l'avis que je donne : fuyons avec nos nefs vers les rives de la patrie. L'heure est passée : nous n'aurons pas la vaste Troie. »

Il dit, et il émeut les cœurs dans les poitrines, chez tous ceux de la foule, ceux qui n'ont pas assisté au Conseil. Et l'assemblée est toute secouée, comme une mer aux hautes lames, comme la mer Icarienne, quand Euros et Notos, pour la mettre en branle, sortent en bondissant des nuées de Zeus Père ; ou, de même encore que Zéphyr s'en vient secouer la haute moisson et sous son vol puissant fait ployer les épis, de même est secouée toute l'assemblée. A grands cris ils courent aux nefs ; sous leurs pieds la poussière soulevée monte. A l'envi, ils s'exhortent à mettre la main aux nefs, à les tirer jusqu'à la mer divine. Déjà, ils curent les fossés de halage. Leur clameur va jusques au ciel, disant leur désir de retour. Et, de dessous les nefs, ils tirent les accores.

Lors le retour des Argiens se fût achevé avant l'heure, si Héré n'avait alors parlé ainsi à Athéné :

« Eh quoi ! fille de Zeus qui tient l'égide, Infatigable ! c'est donc ainsi que les Argiens s'en vont fuir vers leurs foyers, vers les rives de leur patrie, sur le large dos de la mer, laissant à Priam, aux Troyens, comme un signe de leur triomphe, Hélène l'Argienne, pour qui tant d'Achéens ont péri en Troade, loin des rives de leur patrie ! Allons ! l'heure presse, va vers l'armée des Achéens à la cotte de bronze ; par des mots apaisants retiens chaque guerrier, et ne leur permets pas de tirer à la mer leurs nefs à double courbure. »

Elle dit ; Athéné, la déesse aux yeux pers, n'a garde de dire non. D'un bond elle descend des cimes de l'Olympe.

Promptement elle atteint les fines nefs des Achéens. Elle trouve là Ulysse, que sa pensée égale à Zeus. Il est immobile ; il n'a garde de toucher à sa nef noire aux bons gaillards : le chagrin envahit son âme et son courage. Athéné aux yeux pers s'approche et lui dit :

« Divin fils de Laërte, industrieux Ulysse, c'est donc ainsi pour fuir vers vos foyers, vers les rives de la patrie, que vous vous jetez sur vos nefs bien garnies de rames, laissant à Priam, aux Troyens, comme un signe de leur triomphe, Hélène l'Argienne, pour qui tant d'Achéens ont péri en Troade, loin des rives de leur patrie ! Allons ! l'heure presse, va vers l'armée des Achéens ; ne tarde plus : par des mots apaisants retiens chaque guerrier, et ne leur permets pas de tirer à la mer leurs nefs à double courbure. »

Elle dit ; dans la voix qui lui parle Ulysse reconnaît la voix de la déesse. Il se met à courir et jette son manteau. Son héraut en prend soin, Eurybate d'Ithaque, qui marche sur ses pas. Il va, lui, au-devant d'Agamemnon, le fils d'Atrée ; de ses mains il reçoit le sceptre héréditaire, le sceptre indestructible ; puis, sceptre en main, il s'en va vers les nefs des Achéens à la cotte de bronze.

Alors, quand il rencontre un roi ou un héros de marque, il s'approche et, avec des mots apaisants, il cherche à le retenir :

« Pauvre fou ! il n'est pas séant que je tâche à te faire peur, ainsi qu'on ferait à un lâche ; mais, crois-moi, assieds-toi et fais asseoir les autres. Tu ne sais pas encore exactement la pensée de l'Atride. Pour l'instant, il les tâte ; mais l'heure n'est pas loin où il les frappera, les fils des Achéens. Nous n'étions pas tous au Conseil pour entendre ce qu'il y a dit. Gare qu'il ne se fâche et n'aille malmener les fils des Achéens ! La colère est terrible des rois issus de Zeus. A tel roi, l'honneur vient de Zeus ; pour lui le prudent Zeus est plein de complaisance. »

Qu'il voie en revanche un homme du peuple et qu'il le surprenne à crier, il le frappe alors de son sceptre et il le gourmande en ces termes :

« Grand fou ! demeure en place et tiens-toi tranquille ; puis écoute l'avis des autres, de ceux qui valent mieux que

toi : tu n'es, toi, qu'un pleutre, un couard ; tu ne comptes
pas plus au Conseil qu'au combat. Chacun ne va pas
devenir roi ici, parmi nous, les Achéens. Avoir trop de
chefs ne vaut rien : qu'un seul soit chef, qu'un seul soit roi
— celui à qui le fils de Cronos le Fourbe aura octroyé de
l'être. »

Ainsi il parle en chef et remet l'ordre au camp ; et, de
nouveau, des nefs et des baraques, l'armée accourt à
l'assemblée. Le fracas en est tout pareil à celui des flots
d'une mer bruyante, qui mugit au long d'un rivage
immense, cependant que gronde le large.

Les autres donc s'assoient et consentent enfin à demeurer en place. Thersite, seul, persiste à piailler sans mesure.
Son cœur connaît des mots malséants, à foison, et,
pour s'en prendre aux rois, à tort et à travers, tout lui
est bon, pourvu qu'il pense faire rire les Argiens. C'est
l'homme le plus laid qui soit venu sous Ilion. Bancroche
et boiteux d'un pied, il a de plus les épaules voûtées,
ramassées en dedans. Sur son crâne pointu s'étale un poil
rare. Il fait horreur surtout à Achille et Ulysse, qu'il
querelle sans répit. Cette fois, c'est le tour du divin
Agamemnon. Avec des cris aigus, il s'en va débitant
contre lui force injures. Il est vrai que les Achéens gardent
contre le roi, dans le fond de leur cœur, une rancune, un
dépit furieux. Mais lui, c'est à grands cris qu'il cherche
querelle à Agamemnon, disant :

« Allons ! fils d'Atrée, de quoi te plains-tu ? de quoi as-
tu besoin encore ? Tes baraques sont pleines de bronze, tes
baraques regorgent de femmes, butin de choix, que nous,
les Achéens, nous t'accordons, à toi, avant tout autre,
chaque fois qu'une ville est prise. Ou, encore un coup, as-
tu besoin d'or ? — d'un or venu d'Ilion, que t'apportera
un Troyen dompteur de cavales, pour racheter son fils,
pris et lié par moi ou quelque autre Achéen. — Ou bien
encore d'une jeune captive, pour goûter l'amour dans ses
bras et la garder pour toi seul, loin de tous ? Non, il ne sied
pas à un chef de mener au malheur les fils des Achéens.
Ah ! poltrons ! lâches infâmes ! Achéennes ! — je ne peux
plus dire Achéens — retournons donc chez nous avec nos
nefs, et laissons-le là, en Troade, à cuver ses privilèges. Il

verra si nous sommes, ou non, disposés à lui prêter aide —
lui qui vient encore de faire affront à Achille, un guerrier
bien meilleur que lui. Il lui a pris, il lui retient sa part
d'honneur ; de son chef, il l'a dépouillé. Achille n'a
vraiment pas de rancune au cœur : il est longanime ! Sans
quoi, fils d'Atrée, tu eusses ce jour-là lancé ton dernier
outrage. »

Ainsi parle Thersite. Il cherche querelle à Agamemnon,
pasteur d'hommes. Mais le divin Ulysse, vite, est près de
lui ; sur lui il lève un œil sombre, il le tance avec des mots
durs :

« Thersite, tu peux être un orateur sonore ; mais tu
parles sans fin. Assez ! ne prétends pas tout seul prendre à
parti les rois. Je te dis ceci, moi, il n'y a pas pire lâche que
toi parmi tous ceux qui sont venus sous Ilion avec les fils
d'Atrée. Tu pourrais donc, quand tu discours, avoir moins
les rois à la bouche, et leur lancer moins d'outrages, et
moins t'occuper de notre retour. Nous savons mal encore
la façon dont iront les choses, si c'est triomphants ou
vaincus que s'en retourneront les fils des Achéens. Tu te
complais à insulter l'Atride, Agamemnon, le pasteur
d'hommes, parce qu'il reçoit quantité de présents de tous
les héros danaens ; et tu discours, et tu persifles !... Eh
bien ! je te le déclare, et c'est là ce qui sera : que je te
trouve encore à faire l'idiot, comme tu le fais, et je veux
que cette tête cesse de surmonter les épaules d'Ulysse, je
veux même cesser d'être appelé père de Télémaque, si je
ne te prends, ne t'enlève tes hardes, le manteau et la
tunique qui couvrent ta virilité, et ne te renvoie de
l'assemblée aux fines nefs, tout en larmes, honteusement
roué de coups. »

Il dit, et, de son sceptre, il le frappe au dos, aux épaules.
L'autre ploie l'échine, et de grosses larmes coulent de ses
yeux : une bosse sanguinolente a sailli sur son dos au choc
du sceptre d'or. Il s'assied, pris de peur, et, sous la
souffrance, le regard éperdu, il essuie ses larmes. Et,
malgré tout leur déplaisir, les autres à le voir ont un rire
content ; et chacun alors de dire en regardant son voisin :

« Ah ! Ulysse nous a souvent rendu d'utiles services, en
ouvrant de bons avis, ou en menant le combat. Mais voilà

bien, cette fois, ce qu'il a jamais fait de mieux en présence des Argiens : il a clos la bouche à cet insulteur, toujours à déblatérer. Son noble cœur ne le poussera plus, je pense, à prendre les rois à partie avec des mots injurieux. »

Ainsi dit la foule. Mais le preneur de villes, Ulysse, alors se lève, tenant le sceptre en main. Près de lui, Athéné aux yeux pers, sous les traits d'un héraut, invite le peuple au silence, pour que les fils des Achéens, au premier comme au dernier rang, puissent entendre ses paroles et méditer ses avis. Sagement il prend la parole et dit :

« Fils d'Atrée, les Achéens en ce moment veulent faire de toi, seigneur, le plus humilié des hommes, au regard de tous les mortels. Ils se refusent à tenir la promesse qu'ils t'ont faite, au moment même où ils quittaient pour cette terre Argos, nourricière de cavales. Ils ne devaient y revenir qu'une fois détruite Ilion aux bonnes murailles : et les voilà à geindre maintenant entre eux, à la manière des jeunes enfants ou des veuves, dans leur désir de s'en retourner chez eux ! Certes la tâche est assez dure pour qu'à bout de peine on s'en aille. Déjà celui qui demeure un seul mois loin de sa femme, avec sa nef à robuste ossature, maugrée de se voir retenu par les bourrasques de l'hiver et par la mer qu'elles soulèvent. Et, pour nous, voici que s'achève la neuvième année où nous demeurons ici. Je n'en puis donc vouloir aux Achéens, s'ils maugréent à côté de leurs nefs recourbées. Et cependant il est honteux, après si longue demeure, de s'en revenir les mains vides. Ayez donc le courage, amis, de demeurer un peu de temps encore, que nous sachions si Calchas est un vrai prophète, ou non. Il est un fait dont nos cœurs se souviennent et dont, tous, vous pouvez témoigner, vous du moins que n'ont point enlevés les déesses du trépas. C'était le lendemain ou le surlendemain du jour où à Aulis s'étaient assemblées les nefs achéennes, pour porter le malheur à Priam et aux Troyens. Tout autour d'une source, auprès de saints autels, nous sacrifiions aux dieux immortels des hécatombes sans défaut, au pied d'un beau platane, où coulait une eau claire. Alors nous apparut un terrible présage. Un serpent, au dos rutilant, effroyable, appelé à la lumière par le dieu même de l'Olympe,

jaillissant de dessous un autel, s'élança vers le platane.
Une couvée était là, de tout petits passereaux juchés sur la
plus haute branche et blottis sous le feuillage — huit
petits ; neuf, en comptant la mère dont ils étaient nés. Le
serpent les mangea tous, malgré leurs pauvres petits cris.
Autour de lui la mère voletait, se lamentant sur sa couvée :
il se love et soudain la saisit par l'aile, toute piaillante.
Mais, à peine eut-il mangé les petits passereaux et leur
mère avec eux, que le dieu qui l'avait fait paraître le
déroba à nos yeux : le fils de Cronos le Fourbe l'avait
soudain changé en pierre. Nous restions là, immobiles, à
admirer l'événement, comment de si terribles monstres
étaient venus troubler l'hécatombe des dieux. Mais
aussitôt Calchas, au nom du Ciel, disait : « Pourquoi rester
sans voix, Achéens chevelus ? Celui qui à nos yeux a fait
paraître ce terrible présage, c'est le prudent Zeus —
présage éloigné, à longue échéance, dont le renom jamais
ne périra. Tout de même que ce serpent a dévoré les petits
passereaux et leur mère avec eux — huit petits ; neuf, en
comptant la mère dont ils étaient nés — de même nous
devons rester à guerroyer un nombre tout pareil d'années ;
puis, la dixième, nous prendrons la vaste cité. » Voilà ce
qu'il disait, et aujourd'hui tout s'accomplit. Allons ! demeurez tous, Achéens aux bonnes jambières, demeurez ici
jusqu'au jour où nous prendrons la vaste cité de Priam. »

Il dit ; les Argiens poussent un grand cri, et les nefs, à
l'entour, terriblement résonnent de la clameur des
Achéens, qui applaudissent tous à l'avis du divin Ulysse.
Sur quoi, Nestor, le vieux meneur de chars, à son tour
leur dit :

« Ah ! vous discourez là comme des enfants, de très
jeunes enfants, qui n'ont point à songer aux besognes de
guerre. Et que vont donc devenir, dites-moi, et les traités
et les serments ? Au feu alors tous les desseins, tous les
projets des hommes, et le vin pur des libations, et les
mains qui se sont serrées, tout ce en quoi nous avions foi !
Nous voilà bataillant, à coups de mots, pour rien, et nous
ne savons pas trouver le moindre plan, depuis tout le
temps que nous sommes là. A toi donc, fils d'Atrée, de
montrer, comme avant, ton vouloir inflexible. Guide les

Argiens dans les mêlées brutales. Laisse ceux-là — un ou
deux au plus — se morfondre à leur gré, qui se mettent à
part des autres Achéens et forment des projets — dont
rien ne sortira — de partir pour Argos, avant de savoir si
une promesse de Zeus porte-égide est mensonge, ou non.
Je dis, moi, que le Cronide tout-puissant nous a donné
une assurance, le jour où les Argiens s'en allaient sur leurs
nefs rapides porter chez les Troyens le massacre et le
trépas : il a tonné sur la droite, nous donnant ainsi
favorable signe. Que chacun dès lors n'ait point tant de
hâte à rentrer chez lui. Qu'il attende d'avoir dormi avec la
femme d'un Troyen, et d'avoir ainsi vengé les sursauts de
révolte et les sanglots d'Hélène. Et, s'il en est un parmi
vous qui se sente si folle envie de s'en retourner au logis,
qu'il porte seulement la main sur sa nef noire aux bons
gaillards, et il arrivera, avant tous les autres, à la mort et
au terme de son destin. Allons! seigneur, sache être bien
inspiré, sache écouter aussi ceux qui le sont. L'avis que je
te donne n'est pas à rejeter. Groupe les hommes,
Agamemnon, par pays et par clan, pour que le clan serve
d'appui au clan, le pays au pays. Si tu agis ainsi et si les
Achéens te suivent, tu sauras qui, des chefs et des
hommes, est un brave ou un lâche, puisqu'ils iront par
groupes à la bataille; tu sauras enfin si ce sont les dieux
qui doivent t'empêcher d'enlever la ville, ou les hommes,
par lâcheté et ignorance de la guerre. »

Le roi Agamemnon lui réplique en ces termes :

« Une fois de plus, vieillard, tu l'emportes à l'assemblée
sur tous les fils des Achéens. Ah! Zeus Père! Athéné!
Apollon! si j'avais seulement dix conseillers pareils parmi
les Achéens! Elle ploierait vite le front, la ville de sire
Priam, prise et détruite par nos bras. Mais le fils de
Cronos, Zeus qui porte l'égide, ne m'a octroyé que
souffrances. Il me lance dans des disputes et dans des
querelles vaines. Achille et moi, pour une fille, nous avons
fait assaut de brutales répliques — n'ai-je pas été moi-
même le premier à m'emporter? Que seulement nous
arrivions un jour à n'avoir qu'une volonté, et la ruine de
Troie alors ne souffrira plus le moindre délai. Pour
l'instant, tous, allez à votre repas; après quoi, nous

engagerons la bataille. Et que chacun aiguise bien sa
javeline, apprête bien son bouclier, donne bien leur repas à
ses chevaux rapides, examine bien en tous sens son char,
en songeant au combat, afin que tout le jour nous prenions
pour arbitre le cruel Arès. Car, désormais, pas le moindre
répit, jusqu'à l'heure où la nuit, arrêtant leur élan, viendra
séparer les guerriers. Le baudrier suera autour de la
poitrine, sous le poids de l'écu qui couvre l'homme entier ;
la main se lassera autour du javelot ; le cheval suera à tirer
le char bien poli. Et celui que j'apercevrai disposé à traîner
à l'écart du combat, près des nefs recourbées, celui-là aura
peine à trouver le moyen d'échapper aux chiens, aux
oiseaux ! »

Il dit : les Argiens poussent un grand cri — tel le flot
qui, quand le Notos le vient mettre en branle, crie en
heurtant une haute falaise, promontoire rocheux, que les
lames jamais ne laissent en repos, le vent soufflât-il aussi
bien d'ici que de là. Ils sont déjà debout, s'élancent et se
dispersent à travers les nefs ; dans les baraques ils allument
les feux, ils prennent leur repas. Tous sacrifient aux dieux
toujours vivants, mais chacun à un dieu différent, lui
demandant d'échapper à la mort, à la mêlée d'Arès.
Agamemnon, protecteur de son peuple, s'adresse, lui, au
tout-puissant fils de Cronos : il lui immole un bœuf gras
de cinq ans. Il invite les Anciens, élite des Panachéens :
Nestor, le tout premier, et sire Idoménée ; les deux Ajax
ensuite, et le fils de Tydée ; et, en sixième, Ulysse, que sa
pensée égale à Zeus. Ménélas au puissant cri de guerre
arrive sans qu'on l'appelle : son cœur sait que son frère a
de la besogne. Et, quand ils ont tous entouré le bœuf et
pris les grains d'orge, le roi Agamemnon, au milieu d'eux,
prend la parole et prie :

« O Zeus très glorieux, très grand ! Zeus à la nuée noire,
qui habites l'éther ! ne laisse pas le soleil se coucher et
l'ombre survenir, que je n'aie d'abord jeté bas, la face en
avant, le palais de Priam, noirci par la flamme, et livré ses
portes au feu dévorant ; que je n'aie aussi, au moyen du
bronze, déchiré, mis en pièces autour de sa poitrine, la
cotte d'Hector, et vu, à ses côtés, ses compagnons, en

foule, tomber le front dans la poussière, prenant la terre entre leurs dents ! »

Il dit ; mais le fils de Cronos ne se dispose pas à accomplir ses vœux : tout en agréant ses offrandes, il ajoute à sa peine amère. La prière achevée, les orges répandues on relève les mufles, on égorge, on dépèce ; on découpe les cuisses, des deux côtés on les couvre de graisse ; on dispose au-dessus des morceaux de chair crue ; après quoi, on les brûle sur des bûches bien sèches. On met la fressure à la broche ; on la tient au-dessus du feu. Puis les cuisseaux brûlés, on mange la fressure. Le reste, on le débite en menus morceaux ; on enfile ensuite ceux-ci sur des broches, on les rôtit avec grand soin ; on les tire enfin tous du feu. L'ouvrage terminé, le banquet apprêté, on festoie, et les cœurs n'ont pas à se plaindre du repas où tous ont leur part. Quand on a satisfait la soif et l'appétit, le vieux meneur de chars, Nestor, prend la parole le premier :

« Très glorieux Atride, Agamemnon, protecteur de ton peuple, ne demeurons pas ici à parler. Ne renvoyons pas plus longtemps la tâche que le Ciel nous met en main. Allons ! que les hérauts fassent leur office et aillent par les nefs assembler le peuple des Achéens à la cotte de bronze. Et nous, tous ensemble, ainsi que nous sommes, allons par la vaste armée achéenne : il s'agit d'éveiller au plus tôt l'ardent Arès. »

Il dit ; Agamemnon, protecteur de son peuple, n'a garde de dire non. Sans retard il donne l'ordre aux hérauts à la voix sonore de convoquer à la bataille les Achéens chevelus. Et les hérauts vite de convoquer et les autres de s'assembler. Les rois issus de Zeus, autour de l'Atride, s'évertuent à les ranger. Athéné aux yeux pers s'y emploie avec eux. Elle a l'égide vénérée, l'égide que ne touchent ni l'âge ni la mort, et dont les cent franges voltigent au vent, les franges tressées, tout en or, dont chacune vaut cent bœufs. L'égide en main, partout présente, elle va à travers l'armée des Achéens, les poussant tous de l'avant ; et, au cœur de chacun, elle fait se lever la force nécessaire pour batailler et guerroyer sans trêve ; et à tous aussitôt la bataille devient plus douce que le retour sur les nefs creuses vers les rives de la patrie.

Quand le feu destructeur à la cime d'un mont embrase une immense forêt, sa clarté brille au loin. De même, quand ils marchent, l'éclat resplendissant du bronze innombrable, traversant l'éther, monte jusqu'aux cieux.

Comme on voit, par troupes nombreuses, des oiseaux ailés, oies ou grues ou cygnes au long cou, dans la prairie asiate, sur les deux rives du Caÿstre, voler en tout sens, battant fièrement des ailes, et, les uns devant les autres, se poser avec des cris, dont toute la prairie bruit; ainsi, des nefs et des baraques, des troupes sans nombre se répandent dans la plaine du Scamandre; le sol terriblement résonne sous les pas et des guerriers et des chevaux. Elles font halte dans la prairie fleurie qu'arrose le Scamandre, innombrables comme feuilles et fleurs au printemps.

Aussi nombreux que les mouches en troupes compactes, voletant à travers une étable à brebis, dans les jours du printemps, quand le lait remplit les vases, les Achéens chevelus s'installent, face aux Troyens, dans la plaine, avides de les détruire.

De même que des chevriers menant d'amples troupeaux de chèvres n'ont nulle peine à reformer chacun le sien, lorsqu'ils se sont mêlés en pâturant, de même les chefs rangent leurs hommes, les uns ici, les autres là, pour marcher à la mêlée. Le roi Agamemnon s'y emploie avec eux. Pour les yeux et le front, il est pareil à Zeus Tonnant, pour la ceinture à Arès, pour la poitrine à Poseidon. Tel le taureau qui prime au milieu du troupeau entre les autres bêtes et se détache nettement des vaches autour de lui groupées, tel Zeus a fait l'Atride en ce jour-là, se détachant et primant entre des milliers de héros.

Et maintenant, dites-moi, Muses, habitantes de l'Olympe — car vous êtes, vous, des déesses : partout présentes, vous savez tout; nous n'entendons qu'un bruit, nous, et ne savons rien — dites-moi quels étaient les guides, les chefs des Danaens. La foule, je n'en puis parler, je n'y puis mettre des noms, eussé-je dix langues, eussé-je dix bouches, une voix que rien ne brise, un cœur de bronze en ma poitrine, à moins que les filles de Zeus qui tient l'égide, les Muses de l'Olympe, ne me nomment alors elles-mêmes ceux qui étaient venus sous Ilion. Je dirai en revanche les commandants des nefs et le total des nefs.

Les Béotiens ont à leur tête Pénéléôs et Léite, — Arcésilas, Prothoénôr et Clonios. Ce sont les gens d'Hyrie et d'Aulis la rocheuse, — de Schène, de Scôle, de la montueuse Etéone, — de Thespie, de Grée, de la vaste Mycalesse, — les gens du pays d'Harme, d'Ilésie et d'Erythres; — ceux d'Éléon, aussi, d'Hylé, de Pétéon, — d'Ocalée et de Médéon, la belle cité, — de Copes, d'Eutrésis, de Thisbé riche en colombes; — et ceux de Coronée, de l'herbeuse Haliarte; — ceux de Platée encore, et les gens de Glisas; — ceux d'Hypothèbe, aussi, la belle cité, — et de la sainte Onchestе, magnifique pourpris voué à Poseidon; — ceux d'Arné riche en grappes; ceux de Midée enfin, — de Nise la divine et d'Anthédon, tout au bout du pays. Ils sont arrivés sur cinquante nefs, et, montés à bord de chacune, sont cent vingt jeunes Béotiens.

Les habitants d'Asplédon, comme ceux d'Orchomène la Minyenne, ont à leur tête Ascalaphe et Ialmène, fils d'Arès. Astyoché les a, au palais d'Actor l'Azéide, enfantés à Arès le Fort. La noble vierge était montée à l'étage, et Arès vint, furtif, s'étendre à ses côtés. Ceux-là mettent trente nefs creuses en ligne.

Les Phocidiens ont à leur tête Schédios et Épistrophe, tous deux fils d'Iphite, le Naubolide magnanime. Ce sont les gens de Cyparisse, et ceux de Pythô la rocheuse, — de Crisa la divine, de Daulis et de Panopée; — ceux aussi du pays d'Anémorée et d'Hyampolis; — et les riverains du divin Céphise; — et les gens de Lilée au bord des mêmes eaux. Leurs chefs ont sous leurs ordres quarante nefs noires. Ils s'occupent à ranger les Phocidiens et se forment à côté des Béotiens, sur leur gauche.

Les Locriens obéissent au fils d'Oïlée, Ajax le Rapide. Il n'a pas la taille du fils de Télamon; il est moins grand que lui, beaucoup moins grand même. Mais, en dépit de sa petite taille et de sa cuirasse de lin, pour lancer la javeline, il n'a pas de rival parmi les Panhellènes ou les Achéens.

Ce sont les gens de Cyne, et d'Oponte, et de Calliare, — ceux de Besse, de Scarphe et de l'aimable Augées, — de Tarphe et de Thronie sur le Boagrios. Il a sous ses ordres quarante nefs noires, envoi des Locriens, dont le pays fait face à la sainte Eubée.

Puis viennent ceux d'Eubée, les Abantes, respirant la fureur : gens de Chalcis et d'Érétrie et d'Hestiée riche en grappes, — de Cérinthe au bord des flots, de la haute cité de Dion ; — gens de Caryste aussi, et habitants de Styres. Ceux-là obéissent à Éléphénor, rejeton d'Arès, fils de Chalcodon capitaine des Abantes magnanimes. Il a sous ses ordres les Abantes impétueux, à cheveux longs sur la nuque, guerriers ardents à rompre sous le jet de leur javeline les cuirasses dont s'entourent les poitrines de leurs ennemis. Il a sous ses ordres quarante nefs noires.

Ensuite ceux d'Athènes, la belle cité, peuple d'Érechthée au grand cœur, Érechthée, enfant de la glèbe féconde, qu'Athéné, fille de Zeus, jadis éleva, puis installa à Athènes dans son riche sanctuaire. Aussi les fils des Athéniens lui offrent-ils là taureaux et agneaux à chaque retour de l'année. Ceux-là obéissent au fils de Pétéôs, Ménesthée, qui n'a point encore trouvé son égal parmi les mortels d'ici-bas pour ranger les chars et les hommes d'armes. Nestor, seul, peut lutter avec lui, parce qu'il est son aîné. Il a sous ses ordres cinquante nefs noires.

De Salamine, Ajax amène douze nefs ; il les a conduites et postées où sont postés déjà les bataillons d'Athènes.

Puis ceux d'Argos et de Tirynthe aux bons remparts, — d'Hermione et d'Asiné, chacune sise aux bords de sa rade profonde, — de Trézène, d'Eiones, d'Épidaure aux bons vignobles, — et les enfants des Achéens qui tiennent Égine et Masès. Ceux-là obéissent à Diomède au puissant cri de guerre, ainsi qu'à Sthénélos, le fils du fameux Capanée. En troisième, avec eux, marche aussi Euryale, mortel égal aux dieux, fils de sire Mécistée, lui-même né de Talaos. Mais le chef suprême est Diomède au puissant cri de guerre. Il a sous ses ordres quatre-vingts nefs noires.

Puis ceux de Mycènes, la belle cité, — de la riche Corinthe, de la belle Cléones ; — les gens d'Ornées, d'Aréthyrée l'aimable, — de Sicyone, aussi, où, d'abord, Adraste fut roi; — ceux d'Hypérésie, de la haute Gonoesse; — ceux de Pellène encore, et les gens d'Égion; — et ceux de tout le pays d'Égiale, et des alentours de la vaste Hélice. Leurs cent nefs ont pour chef le roi Agamemnon, fils d'Atrée. Il a sous ses ordres les guerriers de beaucoup les plus nombreux et les plus braves. Lui-même a revêtu le bronze éblouissant. Il éclate d'orgueil et se fait remarquer, entre tous les héros, à la fois comme le plus brave et comme le meneur du plus grand nombre d'hommes.

Puis les gens de Lacédémone et de ses profondes vallées — ceux de Pharis, de Sparte, de Messé riche en colombes; — les gens de Brysées, de l'aimable Augées; — ceux d'Amycles, et d'Hélos, cité au bord des flots; — les gens de la région de Laas et d'Œtyle. Ils ont pour chef de leurs soixante nefs le frère d'Agamemnon, Ménélas au puissant cri de guerre, et se forment à part. Ménélas marche avec eux, s'assurant en son ardeur et les poussant au combat. Plus que tout autre, au fond du cœur, il désire venger les sursauts de révolte et les sanglots d'Hélène.

Puis les gens de Pylos et de l'aimable Arène, — de Thrye, où l'on passe l'Alphée, de la ville d'Epy; — et ceux qui habitent Cyparesséis et Amphigénée, — Ptéléos, Hélos, Dorion, où les Muses jadis vinrent mettre fin au chant de Thamyris le Thrace. Il arrivait d'Œchalie, de chez Euryte d'Œchalie, et, vantard, il se faisait fort de vaincre dans leurs chants les Muses elles-mêmes, filles de Zeus qui tient l'égide. Courroucées, elles firent de lui un infirme; elles lui ravirent l'art du chant divin, elles lui firent oublier la cithare. Ceux-là obéissent au vieux meneur de chars, Nestor. Il met, lui, en ligne quatre-vingt-dix nefs creuses.

Puis les gens d'Arcadie, au pied du haut Cyllène, près du tombeau d'Epyte, pays des hommes experts au corps à corps. Ce sont ceux de Phénée, d'Orchomène riche en brebis, — de Rhipé et de Stratié, d'Énispé battue des vents; — ceux de Tégée et de l'aimable Mantinée; — ceux de Stymphale et ceux de Parrhasie. Ils ont pour chef de leurs soixante nefs un roi, fils d'Ancée, Agapénor, et, montés nombreux à bord de chacune, sont des gens d'Arcadie instruits à la bataille. C'est le protecteur de son peuple, Agamemnon, fils d'Atrée, qui leur a lui-même fait don de ces nefs aux bons gaillards, pour traverser la mer aux teintes lie-de-vin; car, pour eux, des besognes marines, ils n'avaient cure jusque-là.

Puis les gens de Bouprasion, et ceux de l'Élide divine, — de la région que limitent Hyrminé et Myrsine, tout au bout du pays, — la roche Olénienne ainsi qu'Alésie. Ils ont, eux, quatre chefs; chacun sous ses ordres a dix fines nefs, comptant de nombreux Epéens à bord. Ceux-là pour capitaines ont Amphimaque et Thalpios, fils, l'un de Ctéate, et l'autre d'Euryte, et tous deux petits-fils d'Actor. Les autres ont à leur tête Diôrès le Fort, fils d'Amaryncée, et, pour le dernier quart, Polyxène, pareil aux dieux, fils de sire Agasthène, l'Augéiade.

Puis ceux de Doulichion et ceux de ces îles saintes des Échines, qui font face à l'Élide au-delà de la mer. Ceux-là obéissent à Mégès, émule d'Arès, le Phyléide né du bon meneur de chars, Phylée, aimé de Zeus, émigré jadis à Doulichion par courroux contre son père. Il a sous ses ordres quarante nefs noires.

Ulysse, lui, conduit les Céphallènes magnanimes, — ceux d'Ithaque, du Nérite au mouvant feuillage, — les gens de Crocylée, ceux de l'âpre Egilips, — ceux de Zante et Samos, — ceux du continent aussi et des rives qui sont en face de ces îles. Ceux-là pour chef ont Ulysse, que sa pensée égale à Zeus. Il a sous ses ordres douze nefs aux joues vermillonnées.

Les Etoliens obéissent à Thoas, le fils d'Andrémon. Ce sont ceux de Pleuron, d'Olène, de Pyléné, — de Chalcis sur la mer et de Calydon la rocheuse. Les fils du magnanime Œnée ne sont plus, ni Œnée lui-même, et le blond Méléagre est mort. C'est à Thoas seul qu'a été remis le pouvoir suprême sur les Étoliens. Il a sous ses ordres quarante nefs noires.

Les Crétois ont pour chef Idoménée, l'illustre guerrier. Ce sont les gens de Cnosse, de Gortyne aux beaux remparts, — de Lycte, de Milet, de la blanche Lycaste, — des bonnes villes de Pheste et de Rhytie, — et bien d'autres encore de la Crète aux cent villes. Ceux-là obéissent à Idoménée, l'illustre guerrier, et à Mérion, qui s'égale à Enyale meurtrier. Ils ont sous leurs ordres quatre-vingts nefs noires.

Tlépolème, le noble et grand Héraclide, amène de Rhodes neuf nefs de Rhodiens altiers. Ce sont les gens de Rhodes, ordonnés en trois groupes : de Lindos, d'Iélyse, de la blanche Camire. Ceux-là obéissent à Tlépolème, l'illustre guerrier, qu'Astyochée a mis au monde pour le puissant Héraclès. Héraclès l'avait ramenée des bords du Selléis, d'Éphyre, après avoir détruit plus d'une autre cité de jeunes hommes issus des dieux. Mais Tlépolème, en son manoir solide, n'était pas plus tôt devenu un homme qu'il tuait l'oncle de son père, Licymnios, le rejeton d'Arès, déjà vieillissant. Bien vite alors il construisait des nefs, puis, rassemblant un fort parti, prenait le large et s'exilait, sous les menaces des fils et petits-fils du puissant Héraclès. Sa course errante ainsi le mène à Rhodes, à travers bien des peines. Ils s'y installent, formés en trois tribus. Ils y gagnent l'amour de Zeus, qui règne sur les dieux autant que sur les hommes; et le fils de Cronos a épandu sur eux une merveilleuse opulence.

Nirée aussi amène de Symé trois bonnes nefs, Nirée, fils d'Aglaié et de sire Charops, Nirée, le plus beau de tous les Danaens venus sous Ilion, après le Péléide sans reproche. Mais il n'a pas grande puissance : il a trop peu de monde sous ses ordres.

Puis viennent ceux de Nisyre, de Crapathe et de Case; — ceux de Cos, ville d'Eurypyle, et des îles Calydnes. Ceux-là ont pour capitaines Phidippe et Antiphe, fils tous deux de sire Thessalos, l'Héraclide. Ils mettent, eux, trente nefs creuses en ligne.

Voici encore les gens de l'Argos Pélasgique, — ceux d'Ale, d'Alopé, de Tréchis, — ceux de la Phthie aussi et de l'Hellade aux belles femmes. On leur donne les noms de Myrmidons, Hellènes, Achéens. Achille commande à leurs cinquante nefs. Mais ils ne songent plus au combat douloureux. Ils n'ont plus personne pour marcher devant leurs lignes. Le divin Achille aux pieds infatigables demeure au repos au milieu de ses nefs, tout à sa colère

pour Briséis, la fille aux beaux cheveux qu'il s'était
réservée au retour de Lyrnesse, après avoir longtemps
peiné pour détruire et Lyrnesse et les murs de Thèbe,
pour abattre Mynès et Épistrophe, guerriers aux bonnes
lances, fils de sire Évène, le Sélépiade. Pour elle il s'afflige
et demeure au repos. Mais l'heure est proche où il se
lèvera.

Puis ceux de Phylaque, de Pyrase fleurie, pourpris de
Déméter, d'Itôn, mère des brebis, d'Antrôn au bord des
flots, de Ptéléon sur son lit d'herbe. Ceux-là obéissaient au
belliqueux Protésilas, quand il vivait encore; mais la terre
noire désormais le tient. Il ne reste plus de lui à Phylaque
qu'une épouse aux joues déchirées et un palais inachevé :
un Dardanien l'a tué, alors qu'il sautait de sa nef, le tout
premier des Achéens. Ils ne sont pas néanmoins sans chef,
quelque regret qu'ils aient de celui-là. L'homme qui les a
rangés en bataille, c'est Podarcès, le rejeton d'Arès, fils
d'Iphicle, le Phylacide riche en brebis. Il est le propre
frère de Protésilas magnanime, son frère cadet : Protésilas,
le héros belliqueux, était son aîné comme son modèle.
Mais ses hommes ne manquent pas pour cela d'un chef,
quelque regret qu'ils gardent du héros. Il a sous ses ordres
quarante nefs noires.

Puis ceux de Phères, près du lac Bœbéis, — de Bœbé,
de Glaphyres, de la belle ville d'Iolque. Ceux-là ont pour
chef de leurs onze nefs le fils chéri d'Admète, Eumèle,
que jadis a conçu, dans les bras d'Admète, Alceste, divine
entre toutes les femmes, la première pour la beauté des
filles nées de Pélias.

Puis les gens de Méthone et de Thaumacie, — et ceux
de Mélibée et de l'âpre Olizôn. Ceux-là, pour chef de leurs
sept nefs, ont Philoctète expert à l'arc; et, montés à bord
de chacune, sont cinquante rameurs, également experts
aux durs combats de l'arc. Cependant Philoctète est
couché dans son île en proie à de dures souffrances. Il est
à Lemnos la divine, où l'ont abandonné les fils des
Achéens; il y souffre de la plaie cruelle qu'il doit à une
hydre maudite. Il est là, couché, dans l'affliction. Mais
l'heure est proche, où les Argiens, près de leurs nefs vont
se ressouvenir de sire Philoctète. Ils ne demeurent pas

néanmoins sans chef, quelque regret qu'ils aient de celui-là. L'homme qui les a rangés en bataille, c'est Médon, le bâtard d'Oïlée, que Rhéné a conçu dans les bras d'Oïlée, le bon preneur de villes.

Puis les gens de Trikké, ceux d'Ithome l'escarpée, — ceux d'Œchalie, cité d'Euryte d'Œchalie. Ils ont à leur tête deux fils d'Asclépios, les deux bons guérisseurs, Podalire et Machaon. Ils mettent, eux, trente nefs creuses en ligne.

Puis ceux d'Orménion, de la source Hypérée, — ceux d'Astérion aussi, du Titane aux blancs sommets. Ils ont à leur tête Eurypyle, le brillant fils d'Evémon. Il a sous ses ordres quarante nefs noires.

Puis ceux d'Argisse et de Gyrtone, — ceux d'Orthé, d'Elône, et d'Oloossôn, la blanche cité. Ceux-là ont pour chef un guerrier valeureux, Polypœtès, fils de Pirithoos, dont le père est Zeus Immortel. L'illustre Hippodamie l'a conçu dans les bras de Pirithoos, le jour où il venait de tirer vengeance des Monstres velus, de les chasser du Pélion, de les pousser vers les Ethices. Il n'est pas seul : un autre l'accompagne, Léontée, rejeton d'Arès, né du fils de Cénée, le bouillant Corône. Ils ont sous leurs ordres quarante nefs noires.

Puis Gounée, qui amène vingt-deux nefs de Cyphe. Il a sous ses ordres, avec les Enniènes, les Perrhèbes, guerriers valeureux, établis au pays inclément de Dodone ; — et ceux qui cultivent les terres situées au bord du Titarésios charmant, dont l'onde claire va se jeter dans le Pénée, sans pour cela se mélanger à ses tourbillons d'argent, mais en coulant à sa surface, tel un flot d'huile ; c'est qu'il est une branche du Styx, fleuve terrible du serment.

Puis les Magnètes, que commande Prothoos, fils de Tenthrédon. Ce sont ceux qui habitent aux rives du Pénée, ou sur le Pélion au feuillage mouvant. Ceux-là obéissent à l'impétueux Prothoos. Il a sous ses ordres quarante nefs noires.

Tels sont les guides et chefs des Danaens. Et maintenant, dites-moi, Muses, quels sont les meilleurs — entre tous les hommes et tous les coursiers — de ceux qui suivent les Atrides.

Les coursiers les meilleurs, de beaucoup, ce sont ceux

du fils de Phérès, ceux que conduit Eumèle. Ils sont vites comme des oiseaux. Ils ont même robe, même âge ; leurs deux dos sont strictement de niveau. Apollon à l'arc d'argent les a élevés lui-même en Piérie. Ce sont deux juments. Elles portent partout la déroute guerrière. — Des hommes, en revanche, le meilleur, de beaucoup, est Ajax, fils de Télamon, aussi longtemps que dure la colère d'Achille : Achille est en effet bien au-dessus de lui. Et il en est de même des coursiers qui emportent le fils de Pélée sans reproche. Mais Achille reste en repos au milieu de ses nefs marines, de ses bonnes nefs recourbées. Il en veut à l'Atride, à Agamemnon, pasteur d'hommes, et il boude. Et ses gens, sur la grève, s'amusent à lancer disques et javelots, ou à tirer de l'arc. Leurs chevaux sont là, chacun près de son char, à paître le lotus ou l'ache des marais, tandis que les chars solidement ajustés de leurs maîtres sont par terre dans les baraques. Et ces maîtres, eux, dans leur regret du chef chéri d'Arès, au lieu d'être au combat vont et viennent à travers le camp.

Ils vont, et l'on dirait que toute la terre est la proie du feu. Le sol sourdement gémit, comme jadis, sous le courroux de Zeus Tonnant, alors que celui-ci allait cinglant la terre tout autour de Typhée, dans ce pays des Arimes, où l'on dit que gîte Typhée. Ainsi, sous leurs pas, le sol gémit terriblement, cependant qu'ils avancent et qu'à grand-hâte ils dévorent la plaine.

Un messager vient alors aux Troyens : c'est la rapide Iris, aux pieds vites comme les vents. Zeus qui tient l'égide l'a chargée d'un triste message. Les Troyens tiennent séance devant les portes de Priam, tous réunis en assemblée, jeunes et vieux également. Iris aux pieds rapides s'approche pour leur parler. Elle s'est donné la voix de Politès, fils de Priam, qui s'est posté, en éclaireur des Troyens, confiant en ses pieds agiles, au sommet de la tombe du vieil Esyète ; il épie de là le moment où, quittant leurs nefs, les Achéens passeront à l'attaque. C'est sous ses traits qu'Iris aux pieds rapides s'adresse à Priam et dit :

« Ah ! vieillard, tu n'as donc plaisir qu'aux propos sans fin ? Tu te crois au temps de la paix, quand s'est levée déjà une lutte acharnée ! Certes j'ai souvent pris part à des batailles entre guerriers. Mais jamais encore je n'ai vu d'armée si forte et si belle. On dirait vraiment des feuilles ou des grains de sable, à les voir ainsi à travers la plaine marcher au combat contre notre ville. Hector, c'est à toi surtout que je m'adresse : fais comme je te le dis. Les alliés sont nombreux dans la grand-ville de Priam. Chacune a sa langue à soi parmi les multiples races humaines. Que chaque héros donne donc ses ordres aux hommes à qui il commande, puis, après les avoir rangés, se mette à la tête des siens. »

Elle dit, et Hector ne s'y méprend pas : l'avis vient d'une déesse. Sans retard il rompt l'assemblée. Aussitôt on court aux armes. Toutes les portes s'ouvrent ; l'armée s'élance au-dehors, les gens de pied comme les chars. Un tumulte immense s'élève.

Il est devant la ville une haute butte, à l'écart, dans la plaine, accessible sur tout son pourtour. Les hommes lui donnent le nom de Batiée ; pour les Immortels, c'est la « Tombe de la bondissante Myrhine ». C'est là que s'organisent les Troyens et leurs alliés.

En tête des Troyens marche le grand Hector au casque étincelant, le fils de Priam. On voit, à ses côtés, se former pour la bataille les guerriers de beaucoup les plus nombreux et les plus braves, ardents à jouer de la javeline.

Les Dardaniens, eux, ont à leur tête le noble fils d'Anchise, Enée, conçu aux bras d'Anchise par la divine Aphrodite, déesse unie à un mortel, dans les gorges de l'Ida. Il n'est pas seul. On voit, à ses côtés, les deux fils d'Anténor, Archéloque, Acamas, experts à tous les combats.

Puis viennent ceux qui habitent Zélée, tout au pied de l'Ida, Troyens opulents qui boivent les eaux noires de l'Esèpe. Ceux-là ont à leur tête le glorieux fils de Lycaon, Pandare, dont l'arc est un don d'Apollon lui-même.

Puis les gens d'Adrastée et du pays d'Apèse, — et ceux de Pitye, et ceux de Téréié, la haute montagne. Ceux-là ont à leur tête Adraste et Amphios, combattants à cuirasse de lin, les deux fils de Mérops, de Percote. Mérops, mieux que personne, connaissait l'art divinatoire ; il ne voulait pas voir ses fils partir pour la bataille meurtrière. Mais ils ne l'écoutaient pas : les déesses du noir trépas les conduisaient tous les deux.

Puis ceux de la région de Percote et Practie — ceux de Seste et d'Abydos, ceux de la divine Arisbé. Ceux-là ont à leur tête Asios, l'Hyrtacide, commandeur de guerriers, Asios l'Hyrtacide, que de puissants coursiers à la robe de feu amènent d'Arisbé, des bords du Selléis.

Hippothoos, lui, conduit les tribus des Pélasges aux bonnes lances, des Pélasges habitants de la plantureuse Larisse. Ceux-là ont à leur tête Hippothoos et Pylée, rejeton d'Arès, fils tous deux du Pélasge Lèthe, fils de Teutame.

Les Thraces sont conduits par Acamas et le héros Piroos, les Thraces que borne l'Hellespont aux flots puissants.

Euphème commande aux Cicônes belliqueux, Euphème fils de Trézène, le Céade issu des dieux.

Pyræchmès conduit les Péoniens à l'arc recourbé. Ils viennent de la lointaine Amydon, sur les rives de l'Axios au large cours, l'Axios, qui sur la terre répand la plus belle des ondes.

Les Paphlagoniens obéissent à Pylémène au cœur viril. Ils viennent de chez les Enètes, du pays des mules sauvages. Ce sont les gens de Cytôre et ceux du pays de Sésame, et ceux qui ont leurs illustres demeures sur les bords du Parthénios, et ceux de Crômne et d'Egiale et de la haute Erythines.

Les Alizones ont à leur tête Odios et Epistrophe. Ils arrivent de la lointaine Alybé, du pays où naît l'argent.

Les Mysiens, eux, ont à leur tête Chromis et Ennome, interprète de présages. Mais les présages n'auront pas su le préserver du noir trépas. Il succombera sous les coups de l'Eacide aux pieds rapides, près du fleuve où Achille abattra bien d'autres Troyens.

Phorcys conduit les Phrygiens, avec Ascagne pareil aux dieux. Ils viennent de la lointaine Ascanie, et ils brûlent de se battre dans la mêlée.

Les Méoniens, pour capitaines, ont Mesthlès et Antiphe, les fils de Talémène, qu'a enfantés la déesse du lac Gygée. Ils conduisent les Méoniens, qui sont nés au pied du Tmôle.

Nastès marche à la tête de ses Cariens au parler barbare. Ce sont ceux de Milet, et du mont Phthires au feuillage infini, — ceux du fleuve Méandre et du Mycale aux hautes cimes. Ceux-là ont pour capitaines Amphimaque et Nastès, Nastès et Amphimaque, les brillants fils de Nomion, dont le second marche au combat couvert d'or, comme une fille. Le pauvre sot! l'or n'écartera pas de lui le cruel trépas : il tombera près du fleuve sous les coups de l'Eacide aux pieds rapides, et c'est le belliqueux Achille qui rapportera tout cet or.

Sarpédon, lui, commande aux Lyciens, ainsi que Glaucos sans reproche. Ils viennent de loin, de la Lycie et des bords de son Xanthe tourbillonnant.

CHANT III

Les armées une fois rangées, chaque troupe autour de son chef, voici les Troyens qui avancent, avec des cris, des appels pareils à ceux des oiseaux. On croirait entendre le cri qui s'élève devant le ciel, lorsque les grues, fuyant l'hiver et ses averses de déluge, à grands cris prennent leur vol vers le cours de l'Océan. Elles vont porter aux Pygmées le massacre et le trépas, et leur offrir, à l'aube, un combat sans merci. Les Achéens avancent, eux, en silence, respirant la fureur et brûlant en leur âme de se prêter mutuel appui.

Sur les cimes d'un mont, le Notos souvent répand un brouillard, odieux aux bergers, au voleur en revanche plus favorable que la nuit, et qui ne permet pas de voir plus loin que le jet d'une pierre. Tout pareil est le flot poudreux qui s'élève, compact, sous les pas des guerriers en marche, cependant qu'à grand-hâte ils dévorent la plaine.

Les deux armées marchent l'une sur l'autre et entrent en contact. Du côté des Troyens, un champion se présente, Alexandre pareil aux dieux. Il a sur les épaules une peau de panthère, un arc recourbé, une épée ; il brandit deux piques à coiffe de bronze ; il défie tous les preux d'Argos : qui veut lui tenir tête et lutter avec lui dans l'atroce carnage ?

Ménélas chéri d'Arès l'aperçoit sortant des lignes, marchant à grandes enjambées. Aussitôt, on dirait un lion

plein de joie, qui vient de tomber sur un gros cadavre —
un cerf ramé, une chèvre sauvage — trouvé à l'heure
même où il avait faim ; à belles dents il le dévore, malgré
les assauts que lui livrent chiens rapides et gars robustes.
Telle est la joie de Ménélas, lorsque ses yeux aperçoivent
Alexandre pareil aux dieux. Il pense qu'il va punir le
coupable ; brusquement, de son char, il saute à terre, en
armes.

Alexandre pareil aux dieux le voit paraître entre les
champions hors des lignes. Son cœur aussitôt est frappé
d'effroi ; il se replie sur le groupe des siens, pour se
dérober au trépas. Comme un homme qui voit un serpent,
dans les gorges de la montagne, vite se redresse et s'écarte,
un frisson prend ses membres, et il bat en retraite, tandis
que la pâleur envahit ses joues ; tout de même se replonge
dans la masse des Troyens altiers, saisi de peur devant
l'Atride, Alexandre pareil aux dieux.

Mais Hector, qui le voit, lors le prend à partie en termes
infamants :

« Ah ! Pâris de malheur ! ah ! le bellâtre, coureur de
femmes et suborneur ! Pourquoi donc es-tu né ? pourquoi
n'es-tu pas mort avant d'avoir pris femme ? Que j'eusse
mieux aimé cela ! et que cela eût mieux valu que de te voir
aujourd'hui notre honte et l'objet du mépris de tous ! Ah !
qu'ils doivent rire à cette heure tous les Achéens chevelus,
eux qui se figuraient tel champion comme un preux, à
voir la beauté sur ses membres, alors qu'au fond de lui il
n'est force ni vaillance. Et c'est toi, ainsi fait, qui t'en vas
rassembler de gentils compagnons, afin de courir le large
avec eux sur des nefs marines, de lier commerce avec des
étrangers et de nous ramener d'une terre lointaine une
belle épouse, entrée déjà en jeune mariée dans une famille
guerrière, pour le malheur de ton père, de ta cité, de tout
ton peuple, pour la joie de nos ennemis et pour ton
opprobre à toi-même ! Tu ne veux donc pas affronter
Ménélas chéri d'Arès ? Ce serait le moyen de savoir ce
qu'il vaut, l'homme dont tu détiens la jeune et belle
épouse. De quoi te serviront et ta cithare et les dons
d'Aphrodite — tes cheveux, ta beauté — quand tu auras
roulé dans la poussière ? Ah ! les Troyens sont trop

timides; sans quoi, ils t'eussent déjà passé la tunique de pierre, pour tout le mal que tu as fait. »

Alexandre pareil aux dieux répond :

« Hector, tu as raison de me prendre à partie : c'est de stricte justice. Ton cœur, à toi, toujours est inflexible : on croirait voir la hache qui entre dans le bois, quand, aux mains de l'artisan taillant la quille d'une nef, elle aide à l'effort de l'homme. Ton cœur est aussi ferme au fond de ta poitrine. Ne me reproche pas pourtant les dons charmants de l'Aphrodite d'or. Il ne faut pas mépriser, tu le sais, les dons glorieux du Ciel. C'est lui qui nous les octroie, et nous n'avons pas les moyens de faire notre choix nous-mêmes. Tu veux en revanche qu'aujourd'hui je me donne à la guerre et à la bataille? Eh bien! fais seoir tous les autres, Troyens ou Achéens : après quoi, entre les lignes, mettez-nous tous les deux aux prises, Ménélas chéri d'Arès et moi. Hélène et tous les trésors seront l'enjeu de ce combat. Celui qui l'emportera et se montrera le plus fort prendra, comme il est juste, pour l'emmener chez lui, la femme avec tous les trésors. Et vous, ayant conclu un pacte loyal de bonne amitié, vous demeurerez dans votre Troade fertile, tandis qu'ils reprendront la route de leur Argos nourricière de cavales, de l'Achaïe aux belles femmes. »

Il dit, et Hector a grand-joie à ouïr ses paroles. Il s'avance entre les lignes, afin de contenir les bataillons troyens de sa javeline tenue à mi-hampe. Tous alors de s'asseoir. Mais les Achéens chevelus vers lui déjà tendent leurs arcs, le visent de leurs flèches, s'apprêtent à lui lancer des pierres, quand sire Agamemnon, d'une voix puissante, leur crie :

« Arrêtez, Argiens; ne tirez pas, ô fils des Achéens! Hector au casque étincelant se propose de nous parler. »

Il dit; tous arrêtent le combat; brusquement, ils sont muets. Et Hector dit aux deux armées :

« Écoutez-moi, Troyens, Achéens aux bonnes jambières; écoutez bien ce que dit Alexandre, l'auteur même de cette querelle. Il invite ici tous les autres, Troyens ou Achéens, à déposer leurs belles armes sur la terre nourricière, afin qu'entre les lignes, Ménélas chéri d'Arès combatte avec lui seul à seul. Hélène et tous les trésors seront l'enjeu de ce combat. Celui qui l'emportera et se montrera le plus fort prendra, comme il est juste, pour l'emmener chez lui, la femme avec tous les trésors. Nous conclurons, nous, un pacte loyal de bonne amitié. »

Il dit ; et tous demeurent silencieux, sans voix. Ménélas au puissant cri de guerre alors prend la parole :

« Écoutez-moi maintenant à mon tour, car c'est dans mon cœur, à moi, que le chagrin entre le plus à fond. J'entends que, sans retard, Argiens et Troyens soient départagés. Vous avez souffert trop de maux pour ma querelle et pour Alexandre qui l'a commencée. Quel que soit celui de nous à qui sont préparés la mort et le destin, qu'il meure ! mais que vous soyez, vous du moins, départagés au plus tôt. Apportez deux agneaux — agneau blanc et agnelle noire — pour la Terre et pour le Soleil. Nous en apporterons, nous, un autre pour Zeus. Et amenez ici le puissant Priam : il faut qu'il conclue le pacte en personne, puisque ses fils sont arrogants et déloyaux. Il ne convient pas qu'une extravagance fasse tort au pacte de Zeus. L'esprit des jeunes hommes toujours flotte à tout vent. Quand un vieillard est avec eux, il voit, en rapprochant l'avenir du passé, comment il est possible d'arranger tout au mieux, à la fois pour les deux parties. »

Il dit ; Achéens et Troyens sont en joie à l'espoir de voir enfin cesser la guerre désastreuse. Ils arrêtent leurs chars sur toutes les lignes, et ils en descendent ; puis ils dépouillent leurs armes, et les déposent sur le sol, assez près les uns des autres : l'espace n'est pas grand qui sépare les fronts. Hector alors vers la ville expédie deux hérauts en hâte, pour en rapporter des agneaux, ainsi que pour mander Priam. Le roi Agamemnon, de son côté, dépêche Talthybios vers les nefs creuses, avec l'ordre d'en rapporter un agneau. Et Talthybios n'a garde de désobéir au divin Agamemnon.

Mais Iris, à son tour, vient en messagère trouver Hélène aux bras blancs. Elle a pris les traits de sa belle-sœur, l'épouse du fils d'Anténor, celle que s'est donnée pour femme Hélicaon, le roi fils d'Anténor, Laodice, la première pour la beauté des filles du roi Priam. Et elle trouve Hélène en son palais en train de tisser une large pièce, un manteau doublé de pourpre. Elle y trace les épreuves des Troyens dompteurs de cavales et des Achéens à cotte de bronze, les multiples épreuves qu'ils ont subies pour elle sous les coups d'Arès. Iris aux pieds rapides s'approche d'elle et dit :

« Viens, ma chère, viens voir : l'histoire est incroyable ! Les Troyens dompteurs de cavales et les Achéens à cotte de bronze jusqu'ici, dans la plaine, allaient portant les uns contre les autres l'Arès, source de pleurs ; ils ne songeaient qu'à la guerre exécrable : les voilà maintenant assis et muets. La bataille a pris fin ; ils s'appuient à leurs boucliers ; leurs longues javelines, près d'eux, sont fichées en terre. Alexandre et Ménélas chéri d'Arès vont ensemble, pour t'avoir, combattre de leurs longues piques, et l'on t'appellera la femme de celui qui aura vaincu. »

Ainsi dit la déesse, et elle met au cœur d'Hélène le doux désir de son premier époux, de sa ville, de ses parents. Vite, elle se couvre d'un long voile blanc, et elle sort de sa chambre en versant de tendres pleurs. Elle n'est pas seule : deux suivantes l'accompagnent, Ethré, fille de Pitthée, ainsi que Clymène aux grands yeux. Bientôt elles arrivent où sont les portes Scées.

Or Priam, Panthoos et Thymoïtès, — Lampos et Clytios et Hikétaon, rejeton d'Arès, — Oucalégon et Anténor, deux sages, — sont là qui siègent, en Conseil des Anciens, près des portes Scées. L'âge pour eux a mis fin à la guerre. Mais ce sont de beaux discoureurs : on dirait des cigales, qui, dans le bois, sur un arbre, font entendre leur voix charmante. Tels sont les chefs troyens siégeant sur le rempart. Ils voient Hélène monter sur le rempart, et, à voix basse, ils échangent des mots ailés :

« Non, il n'y a pas lieu de blâmer les Troyens ni les Achéens aux bonnes jambières, si, pour telle femme, ils souffrent si longs maux. Elle a terriblement l'air, quand on l'a devant soi, des déesses immortelles... Mais, malgré tout, telle qu'elle est, qu'elle s'embarque et qu'elle parte ! qu'on ne la laisse pas ici, comme un fléau pour nous et pour nos fils plus tard ! »

Voilà comment ils parlent. Mais élevant la voix, Priam appelle Hélène :

« Avance ici, ma fille, assieds-toi devant moi. Tu vas voir ton premier époux, tes alliés et tes amis. — Tu n'es, pour moi, cause de rien : les dieux seuls sont cause de tout ; ce sont eux qui ont déchaîné cette guerre, source de pleurs, avec les Achéens. — Je voudrais, par exemple, connaître le nom de ce guerrier prodigieux. Quel Achéen est-ce donc que ce héros si noble et grand ? Il en est de plus grands, sans doute, qui le dépassent de la tête. D'aussi beau en revanche, jamais mes yeux n'en ont vu, ni d'aussi imposant. Il a tout l'air d'un roi. »

Et la toute divine, Hélène, ainsi répond :

« J'ai devant toi, père, autant de respect que de crainte. Ah ! comme j'aurais dû préférer le trépas cruel, le jour où j'ai suivi ton fils jusqu'ici, abandonnant ma chambre nuptiale, mes proches, ma fille si choyée, mes aimables compagnes. Il n'en a pas été ainsi ; et c'est pourquoi je me consume dans les pleurs. Mais je te répondrai, puisque tu questionnes et enquêtes. Cet homme est le fils d'Atrée, le puissant prince Agamemnon, noble roi et puissant guerrier tout ensemble. Jadis il était aussi mon beau-frère, à moi, la face de chienne — si ce passé a jamais été vrai. »

Elle dit ; de nouveau, le vieillard s'émerveille et s'écrie :

« Ah ! heureux Atride, mortel fortuné, favori des dieux ! ils sont nombreux, je vois, les fils des Achéens, que tu as ployés sous ta loi. Une fois déjà, venu en Phrygie, terre de vignobles, j'ai vu là de grandes masses de Phrygiens aux coursiers frémissants. C'étaient les gens d'Otrée, ceux de Mygdon égal aux dieux, alors en campagne aux bords du Sangarios. Je fus moi-même parmi eux enrôlé comme allié, le jour où apparurent les mâles Amazones. Mais les Phrygiens mêmes étaient moins nombreux qu'ici ne le sont les Achéens aux yeux vifs. »

Puis, voyant Ulysse, le vieillard demande :

« Mais, dis-moi, celui-ci encore, mon enfant, qui est-il ? Il a bien la tête de moins que l'Atride Agamemnon. Mais il est plus large en revanche de la poitrine et des épaules. Tandis que ses armes reposent sur la terre nourricière, il va, lui, tout comme un bélier, parcourant les rangs de ses hommes. Il m'a tout l'air du mâle à l'épaisse toison en train de passer en revue son grand troupeau de brebis blanches. »

Et la fille de Zeus, Hélène, lui répond :

« Celui-là, c'est le fils de Laërte, l'industrieux Ulysse. Il a grandi dans le pays d'Ithaque et sur son sol rocheux. Il est expert en ruses de tout genre autant qu'en subtils pensers. »

Lors le sage Anténor la regarde et lui dit :

« Ah! femme, qu'il est vrai le mot que tu dis là! Un jour déjà il est venu ici, le divin Ulysse. Il portait un message qui te concernait; et Ménélas chéri d'Arès l'accompagnait. C'est moi qui les hébergeai et qui leur fis accueil en ma maison. Je pus juger de leur stature comme de leurs subtils pensers. Bientôt ils pénétraient dans l'assemblée troyenne. Tant qu'ils étaient debout, Ménélas dépassait l'autre de toutes ses larges épaules; quand ils s'asseyaient en revanche, Ulysse était plus imposant. Mais, l'heure venue d'ourdir pour le public les idées et les mots, Ménélas sans doute parlait aisément; peu de paroles, mais sonnant bien; il n'était ni prolixe certes, ni maladroit — il était moins âgé aussi. Mais quand l'industrieux Ulysse, à son tour, se dressait, il restait là, debout, sans lever les yeux, qu'il gardait fixés à terre; il n'agitait le sceptre ni en avant ni en arrière, il le tenait immobile et semblait lui-même ne savoir que dire. Tu aurais cru voir un homme qui boude ou, tout bonnement, a perdu l'esprit. Mais à peine avait-il laissé sa grande voix sortir de sa poitrine, avec des mots tombant pareils aux flocons de neige en hiver, qu'aucun mortel alors ne pouvait plus lutter avec Ulysse, et nous songions moins désormais à admirer sa beauté. »

A la troisième fois, apercevant Ajax, le vieillard demande :

« Quel est encore ce guerrier achéen, noble et grand, qui dépasse les Argiens de sa tête et de ses larges épaules? »

Et la toute divine, Hélène aux longs voiles, répond :

« Celui-là est Ajax; le prodigieux Ajax, rempart des Achéens. De l'autre côté, comme un dieu, Idoménée se dresse parmi ses Crétois. Autour de lui s'assemblent les chefs de la Crète. C'est bien souvent que Ménélas chéri d'Arès l'hébergea dans notre palais, quand il venait de Crète. — Oui, je les vois maintenant, tous, les Achéens aux yeux vifs ; tous, je pourrais les reconnaître et de tous te dire les noms. Il est cependant deux bons rangeurs de guerriers que je n'arrive pas à voir : Castor, le dompteur de cavales, Pollux, habile au pugilat, les deux frères que ma mère m'avait donnés. N'ont-ils donc pas quitté, pour suivre l'armée, l'aimable Lacédémone ? Ou, après l'avoir suivie jusqu'ici sur ses nefs marines, serait-ce qu'ils se refusent maintenant à s'enfoncer dans la mêlée, par peur des mots ignominieux et infamants qui sont mon lot désormais ? »

Elle dit ; mais ceux-là, dès cette heure, c'est la glèbe, source de vie, qui les retient dans leur Lacédémone, au sol même de leur patrie.

Les hérauts cependant portent par la ville ce qui doit servir au pacte loyal, deux agneaux, et, dans une outre en peau de chèvre, le vin joyeux, fruit de la terre. Le héraut Idée porte, lui, un brillant cratère, ainsi que des coupes d'or. S'approchant du vieillard, il le pousse à partir en ces termes :

« Debout ! fils de Laomédon : les chefs là-bas t'appellent, et ceux des Troyens dompteurs de cavales et ceux des Achéens à la cotte de bronze ; descends donc dans la plaine, pour conclure un pacte loyal. Alexandre et Ménélas chéri d'Arès, pour la femme, vont lutter de leurs longues piques. Au vainqueur iront la femme et les trésors. Et nous, après avoir conclu un pacte loyal de bonne amitié, nous resterons dans notre Troade fertile, tandis qu'ils reprendront la route de leur Argos nourricière de cavales, de l'Achaïe aux belles femmes. »

Il dit et le vieillard s'effraie. Il donne l'ordre aux siens de lui atteler un char ; avec zèle ils lui obéissent. Priam y monte et tire à lui les rênes. Anténor, à ses côtés, monte sur le char splendide. Puis tous deux, franchissant les portes Scées, dirigent vers la plaine leurs chevaux rapides.

Aussitôt arrivés parmi les Troyens et les Achéens, ils descendent de leur char sur la terre nourricière et se rangent entre les lignes des Troyens et des Achéens. Et, sans retard, se lève Agamemnon, protecteur de son peuple; en même temps se lève l'industrieux Ulysse. Les superbes hérauts rassemblent cependant ce qui doit servir au pacte loyal. Ils font dans le cratère le mélange du vin, et ils versent l'eau sur les mains des rois. L'Atride, de ses mains, alors tire le coutelas, toujours pendu à côté du long fourreau de son épée, et il coupe les poils sur le front des agneaux. Les hérauts des Troyens et des Achéens les répartissent entre les chefs, et l'Atride, à voix haute, au nom de tous, ainsi prie, mains tendues au ciel :

« Zeus Père, maître de l'Ida, très glorieux, très grand ! et toi, Soleil, toi qui vois tout et entends tout ! et vous, Fleuves, et toi, Terre, et vous qui, sous ce sol, châtiez les morts parjures à un pacte ! servez-nous de témoins et veillez au pacte loyal. Si c'est Alexandre qui tue Ménélas, qu'il ait, seul, Hélène et tous les trésors; nous nous en irons, nous, sur nos nefs marines. Mais, si c'est au contraire le blond Ménélas qui tue Alexandre, aux Troyens alors de nous rendre Hélène et tous les trésors, et de verser aux Argiens une récompense décente, qui profite aux générations à venir. Et si Priam et les fils de Priam se refusent à nous la verser, Alexandre une fois tombé, alors c'est moi qui combattrai pour obtenir satisfaction et ne quitterai pas la place avant d'avoir mené la guerre jusqu'au bout. »

Il dit, et, d'un bronze implacable, il tranche la gorge aux agneaux; puis il les couche à terre, palpitants et sans vie : le bronze a pris leur force. Alors, avec les coupes, ils puisent le vin au cratère, pour le répandre d'un seul coup, en faisant leur prière aux dieux toujours vivants. Et chacun de dire, Achéen ou Troyen :

« O Zeus très glorieux, très grand ! et vous tous, dieux immortels ! quel que soit celui des deux peuples qui le premier viole ce pacte, tout comme je répands ce vin, que soit répandue à terre la cervelle de tous les siens, pères et enfants, tandis que leurs femmes subiront un maître étranger ! »

Ainsi s'expriment-ils; mais le fils de Cronos ne se dispose pas à accomplir leurs vœux. Priam le Dardanide leur fait alors entendre ce langage :

« Écoutez-moi, Troyens, Achéens aux bonnes jambières. Je m'en vais regagner Ilion battue des vents : je n'aurai vraiment pas le cœur de voir de mes yeux mon fils combattre Ménélas chéri d'Arès. Zeus sait, seul, avec les autres Immortels, à qui des deux est destinée la mort, qui tout achève. »

Ainsi parle ce mortel égal aux dieux ; puis il met les agneaux sur le char ; lui-même y monte et tire à lui les rênes : Anténor à ses côtés monte sur le char splendide, et, tandis que, tournant bride, ils s'en retournent à Ilion, Hector, fils de Priam, et le divin Ulysse commencent, eux, par mesurer le champ ; puis, choisissant des sorts, ils les secouent dans un casque de bronze, pour savoir qui des deux, le premier, lancera la pique de bronze. Les hommes alors de prier, en tendant les mains vers les dieux ; et chacun de dire, Achéen ou Troyen :

« Zeus Père, maître de l'Ida, très glorieux, très grand ! fais que celui des deux qui à nos peuples apporta ces soucis meure et entre chez Hadès, tandis que nous, nous conclurons un pacte loyal de bonne amitié ! »

Ainsi disent-ils. Le grand Hector au casque étincelant secoue donc les sorts, en détournant la tête. Celui de Pâris, prestement, saute au-dehors. Les hommes alors de s'asseoir, en rangs, chacun près de ses coursiers aux pieds prompts, à côté de ses armes qui scintillent à terre. Et aussitôt le divin Alexandre, époux d'Hélène aux beaux cheveux, autour de ses épaules passe ses belles armes. A ses jambes, d'abord, il met ses jambières, où s'adaptent des couvre-chevilles d'argent. Il vêt ensuite sa poitrine de la cuirasse de son frère Lycaon, qu'il ajuste à sa mesure. Autour de ses épaules il jette une épée de bronze à clous d'argent, ensuite un écu grand et fort. Sur sa tête fière il met un bon casque à crins de cheval, dont le panache en l'air oscille, effrayant. Enfin il prend sa brave pique, bien adaptée à sa main. — Et, de son côté, l'ardent Ménélas, tout de même, passe son armure.

Dès qu'ils se sont armés, chacun de son côté, à l'écart de la foule, ils se rangent entre les lignes des Troyens et des Achéens. Leur regard est terrible, et la stupeur saisit ceux qui les voient, Troyens dompteurs de cavales,

Achéens aux bonnes jambières. Ils s'arrêtent l'un près de l'autre dans le champ mesuré, agitant leurs piques et pleins de mutuelle rancune. Alexandre, d'abord, lance sa longue javeline et atteint l'Atride à son bouclier bien équilibré. Mais le bronze ne le fend pas, et la pointe au contraire s'en rebrousse sur le puissant bouclier. A son tour alors, le bronze à la main, l'Atride Ménélas s'élance, en priant Zeus Père :

« Sire Zeus ! donne-moi de punir celui qui m'a, le premier, fait tort, le divin Alexandre, et dompte-le sous mon bras. Ainsi chacun désormais, jusque chez les hommes à naître, redoutera de faire tort à l'hôte qui lui a montré amitié. »

Il dit, et, brandissant sa longue javeline, il la lance et atteint le fils de Priam à son bouclier bien équilibré. La robuste pique pénètre l'écu éclatant ; elle enfonce la cuirasse ouvragée ; droit devant elle, le long du flanc, elle déchire la cotte. Mais le guerrier ploie le corps et de la sorte échappe au noir trépas. L'Atride tire alors son épée à clous d'argent ; il la lève, il frappe le cimier du casque. Mais l'épée, tout autour de lui, tombe de sa main, brisée en trois, quatre tronçons. L'Atride alors gémit, les yeux levés au vaste ciel :

« Ah ! Zeus Père ! il n'est pas de dieu plus exécrable que toi. Je pensais punir Alexandre de sa vilenie, et voici mon épée brisée dans mes mains ! et c'est pour rien que ma pique s'est envolée de mon poing : je ne l'ai pas touché ! »

Il dit, et, d'un bond, saisit Alexandre par son casque à l'épaisse crinière, le fait pivoter, puis tâche à le tirer vers les Achéens aux bonnes jambières. La courroie ouvragée — verrou du casque tendu sous le menton — étrangle le cou délicat. Et il l'eût entraîné et se fût ainsi acquis une gloire infinie, si la fille de Zeus, Aphrodite, ne l'eût vu de son œil perçant. Elle rompt la courroie, taillée dans le cuir d'un bœuf abattu, si bien qu'un casque vide maintenant se trouve seul à suivre la forte main. Le héros alors fait tournoyer ce casque et le jette vers les Achéens aux bonnes jambières. Ses gentils compagnons l'emportent, tandis que le héros, lui, fait demi-tour et s'élance, brûlant de tuer son adversaire avec la pique de bronze. Mais Aphrodite alors le lui ravit; ce n'est qu'un jeu pour la déesse : elle le dérobe derrière une épaisse vapeur et le dépose dans sa chambre odorante et parfumée.

Elle ne s'en tient pas là : elle va appeler elle-même Hélène. Elle la rejoint sur le haut rempart; des Troyennes en nombre l'entourent. La main de la déesse saisit et secoue un coin de son voile parfumé. Pour parler à Hélène elle a pris l'aspect d'une vieille d'autrefois, d'une fileuse qui, lorsqu'elle habitait à Lacédémone, exécutait pour elle de beaux ouvrages en laine et qu'elle aimait chèrement. Sous ces traits la divine Aphrodite lui dit :

« Viens avec moi : Alexandre t'invite à rentrer chez toi. Il est dans sa chambre, sur le lit fait au tour. Sa beauté luit autant que sa parure. Tu ne pourrais croire qu'il vient de livrer un combat singulier, mais plutôt qu'il se rend au bal, ou que, revenu à l'instant du bal, il repose. »

Elle dit et émeut le cœur d'Hélène en sa poitrine. Elle a reconnu la gorge merveilleuse de la déesse, sa poitrine désirable, ses yeux de lumière, et, saisie de stupeur, elle lui parle en l'appelant de tous ses noms :

« Ah! folle! pourquoi ce besoin de me séduire? Prétends-tu donc m'emmener plus loin encore, dans quelque bonne cité de la Phrygie ou de l'aimable Méonie, parce que, là aussi, tu as un favori parmi les mortels? Alors, parce que Ménélas a aujourd'hui vaincu le divin Alexandre, et parce qu'il souhaite de ramener à son foyer la misérable que je suis, te voilà aujourd'hui encore à mes côtés, pleine de desseins perfides! Mais va donc t'installer chez lui, abandonne les routes des dieux; ne permets plus à tes pas de te ramener dans l'Olympe, et apprends à te tourmenter pour lui, à veiller sur lui sans répit, jusqu'au moment où il fera de toi sa femme, voire son esclave!

« Non, je n'irai pas — on trouverait la chose trop mauvaise — je n'irai pas là-bas préparer son lit. Les Troyennes désormais se railleraient toutes de moi, et j'ai déjà au cœur des peines infinies. »

La divine Aphrodite en courroux lui répond :

« Ne me provoque pas, insolente, et prends garde que je ne me fâche et ne t'abandonne. Je t'aurai alors en haine autant qu'aujourd'hui je t'ai en prodigieuse affection. Je te susciterai des haines sinistres parmi les deux peuples, troyen et danaen, et tu périras d'une mort cruelle. »

Elle dit ; la fille de Zeus, Hélène prend peur. Elle met sur elle un voile d'un blanc éclatant, et s'en va en silence, sans être aperçue d'aucune Troyenne : la déesse guide ses pas.

Dès qu'elles sont arrivées dans le palais splendide d'Alexandre, les servantes se remettent promptement à leurs travaux, cependant qu'Hélène, la toute divine, va dans sa chambre aux hauts lambris. La déesse aux sourires, Aphrodite, prend un siège, qu'elle lui apporte et place juste en face d'Alexandre. Hélène s'y assied, fille de Zeus qui tient l'égide, et, tout en détournant les yeux de son époux, le semonce en ces termes :

« Te voilà donc de retour du combat ! Ah ! que tu aurais donc mieux fait d'y périr sous les coups du puissant guerrier qui fut mon premier époux ! Ne le nie pas : tu te vantais de l'emporter sur Ménélas chéri d'Arès par ta force, tes bras, ta pique ? Allons ! provoque donc une seconde fois Ménélas chéri d'Arès et tiens-lui tête au combat... Moi, je te conseille de t'en tenir là ; cesse de mener guerre ouverte et de te battre étourdiment contre le blond Ménélas, si tu ne veux bientôt succomber sous sa lance. »

Mais Pâris ainsi lui répond :

« Ne poursuis pas mon cœur, femme, de durs outrages. Si aujourd'hui Ménélas a vaincu, c'est grâce à Athéné ; une autre fois j'aurai mon tour : nous aussi, nous avons des dieux pour nous. Allons ! couchons-nous et goûtons le plaisir d'amour. Jamais encore le désir n'a à ce point enveloppé mon âme, pas même le jour où, pour t'enlever de l'aimable Lacédémone, je pris le large avec mes nefs marines et, dans l'îlot de Cranaé, je partageai ton lit et ton amour — non, non, jamais autant que je t'aime à cette heure et que me tient le doux désir. »

Il dit, et se dirige le premier vers le lit ; son épouse l'y suit.

Et cependant qu'ils dorment dans le lit ajouré, l'Atride va et vient à travers la foule, tout pareil à un fauve : n'arrivera-t-il pas à apercevoir Alexandre pareil aux dieux? Mais personne vraiment parmi les Troyens ni leurs illustres alliés n'est en mesure de montrer Alexandre à Ménélas chéri d'Arès — car, si aucun l'eût vu, il ne l'eût pas caché par amitié pour lui : à tous il est odieux autant que le noir trépas! Agamemnon, protecteur de son peuple, alors leur parle ainsi :

« Écoutez-moi, Troyens, Dardaniens, alliés! La victoire appartient sans conteste à Ménélas chéri d'Arès. A vous donc de nous rendre Hélène l'Argienne et les trésors avec elle, puis de nous donner une récompense décente, dont le souvenir subsiste dans les siècles. »

Ainsi parle l'Atride, et les Achéens d'approuver.

CHANT IV

Assis aux côtés de Zeus, les dieux tiennent assemblée sur le parvis d'or. Au milieu d'eux, l'auguste Hébé leur verse le nectar ; eux, l'un vers l'autre, lèvent leurs coupes d'or, en contemplant la cité des Troyens. Soudain, le fils de Cronos tâche de piquer Héré avec des mots mordants ; malicieusement, il dit :

« Ménélas, pour le défendre, a deux déesses, Héré d'Argos et Athéné d'Alalcomènes. Mais, loin de lui assises, elles se plaisent simplement à le contempler. L'autre a pour lui la déesse aux sourires, Aphrodite, qui toujours vole à son secours et sait de lui écarter le trépas. Une fois encore, elle l'a sauvé, à l'heure où il pensait périr. Mais, puisque la victoire en tout cas appartient à Ménélas chéri d'Arès, à nous de voir la façon dont iront les choses. Allons-nous de nouveau susciter la guerre cruelle, l'atroce mêlée ? ou mettre entre les deux peuples une mutuelle amitié ? Si c'était là chose qui plût et qui agréât franchement à tous, la ville de sire Priam conserverait ses habitants, tandis que Ménélas ramènerait Hélène l'Argienne. »

Il dit ; Athéné et Héré murmurent. Assises à ses côtés, elles méditent le malheur des Troyens. Mais Athéné reste muette, sans mot dire, quel que soit son dépit à l'égard de Zeus Père et le courroux féroce qui déjà la saisit. Héré, elle, ne peut en sa poitrine contenir sa colère, et elle parle ainsi :

« Terrible Cronide, quels mots as-tu dits là? Se peut-il qu'ainsi tu veuilles rendre mon labeur vain et sans effet, et la sueur que j'ai à grand ahan suée, et la fatigue qu'ont connue mes cavales, quand j'assemblai l'armée destinée au malheur de Priam et de ses enfants? A ta guise! mais nous, les autres dieux, nous ne sommes pas tous d'accord pour t'approuver. »

L'assembleur de nuées, Zeus, alors violemment s'irrite et lui dit :

« Pauvre folle! en quoi donc Priam et les fils de Priam te font-ils tant de mal, que tu t'obstines avec fureur à détruire la belle cité d'Ilion? Eh quoi! franchir les portes, les hauts murs d'Ilion, puis dévorer vivants et Priam et les fils de Priam et tous les Troyens, il ne te faut pas moins pour guérir ton courroux! Fais comme il te plaît : je ne veux pas que ce débat entre nous deux plus tard devienne un sujet de grave discord. Mais j'ai encore quelque chose à te dire : mets-le-toi bien en tête. Quand j'éprouverai à mon tour l'envie de détruire une ville où tu auras des protégés, ne t'avise pas alors de retenir ma colère; laisse-lui libre cours, puisque je t'aurai ici exaucée — volontairement, sinon volontiers. Entre toutes les villes qui sont, sous le soleil et le ciel étoilé, habitées des mortels sur terre, il n'en était point de plus prisée de moi que la sainte Ilion, avec Priam et le peuple de Priam à la bonne pique. Jamais mon autel n'y manqua d'un repas où tous ont leur part, des libations ni du fumet de graisse qui sont notre apanage à nous. »

L'auguste Héré aux grands yeux lui répond :

« Trois villes, à moi, me sont chères entre toutes, Argos et Sparte et la vaste Mycènes : détruis-les, le jour même où ton cœur les aura prises en haine. Je ne me mets pas entre elles et toi, je ne te les dispute pas. Aussi bien, que je m'y refuse et fasse obstacle à leur ruine, mon refus est sans portée, puisque tu es cent fois plus fort que moi. Mais mon labeur, à moi, il ne faut pas non plus le rendre sans effet. Moi aussi, je suis déesse, et je sors d'où tu sors; Cronos le Fourbe m'engendra, auguste entre toutes à la fois par ma naissance et par le nom que j'ai de ton épouse,

à toi qui règnes sur tous les Immortels. Allons! cédons-
nous ici l'un à l'autre, toi à moi, comme moi à toi; les
autres Immortels suivront. Donne donc promptement
l'ordre à Athéné d'aller vers l'atroce mêlée des Troyens et
des Achéens : elle essaiera de faire en sorte que les
Troyens portent un mauvais coup aux Achéens superbes
et commencent ainsi à violer le pacte les premiers. »

Elle dit; le Père des dieux et des hommes n'a garde de
dire non. Aussitôt à Athéné il adresse ces mots ailés :

« Vite, va donc dans leurs lignes trouver Troyens et
Achéens : tu essaieras de faire en sorte que les Troyens
portent un mauvais coup aux Achéens superbes et
commencent ainsi à violer le pacte les premiers. »

Il dit et avive l'ardeur déjà brûlante d'Athéné. D'un
bond elle descend des cimes de l'Olympe. Tel un astre
que le fils de Cronos le Fourbe envoie en présage ou à des
marins ou aux combattants d'une vaste armée, astre
éclatant d'où jaillissent des étincelles par milliers. Toute
pareille, sur la terre, s'élance Pallas Athéné, et elle vient,
en fin de course, s'abattre entre les lignes; et la stupeur
saisit ceux qui la voient, Troyens dompteurs de cavales,
Achéens aux bonnes jambières; et chacun alors de dire en
regardant son voisin :

« Est-ce là encore la guerre cruelle, l'atroce mêlée? Ou
Zeus entre nos deux peuples voudrait-il établir une bonne
amitié, Zeus, seul arbitre de tous les combats humains? »

Ainsi parle chacun, Achéen ou Troyen. Cependant la
déesse, ayant pris forme d'homme, plonge dans la masse
troyenne. Sous les traits du fils d'Anténor, Laodoque,
puissant guerrier, elle part en quête de Pandare égal aux
dieux — où le trouver? — et elle trouve le fils de Lycaon,
puissant et sans reproche, debout, ayant autour de lui les
puissantes files des guerriers en armes venus à sa suite des
bords de l'Esèpe. Elle s'approche et lui dit ces mots ailés :

« Voudrais-tu m'en croire, brave fils de Lycaon? Ose-
rais-tu à Ménélas décocher un trait rapide, et acquérir la
faveur et la gloire auprès des Troyens, et, avant tout autre,
du roi Alexandre? C'est de lui, d'abord, que tu obtiendras
splendides présents, le jour où il verra Ménélas, le preux
fils d'Atrée, dompté par ta flèche et monté au bûcher

funèbre. Allons! va, tire donc sur l'illustre Ménélas, et, en
même temps, à l'Archer glorieux, Apollon Lycien, fais
vœu d'immoler une insigne hécatombe d'agneaux premiers-nés, une fois de retour chez toi, à Zélée, la ville
sainte. »

Ainsi parle Athéné; le pauvre sot l'en croit! Vite, il
saisit son arc poli. L'arc vient d'un isard sauvage, qu'il a
naguère atteint d'en dessous, au poitrail. La bête quittait
un rocher; lui, à l'affût, épiait. Frappée au cœur, elle a chu
à la renverse sur le roc. Les cornes de son front
mesuraient seize palmes. Un artisan, un polisseur de
cornes, les a travaillées, puis ajustées ensemble. Une fois le
tout bien lissé, il y a monté un bec d'or. Pandare tend
l'arc, en le ployant contre le sol, puis avec soin le pose à
terre. Devant lui, ses vaillants compagnons tiennent leurs
boucliers : il ne faut pas que les preux fils des Achéens
passent à l'attaque, avant que le coup ait atteint Ménélas,
le preux fils d'Atrée. Il saisit alors le couvercle du
carquois; il fait choix d'une flèche ailée, jamais lancée
encore et lourde de noires douleurs. Vite, sur la corde il
dispose le trait amer; à l'Archer glorieux, Apollon Lycien,
il fait vœu d'immoler une insigne hécatombe d'agneaux
premiers-nés, une fois de retour chez lui, à Zélée, la ville
sainte. Il saisit ensemble l'encoche de la flèche et la corde
en boyau de bœuf, les tire à lui et amène la corde jusqu'à
sa poitrine, le fer jusqu'à l'arc. Le grand arc tendu prend
forme de cercle. Soudain il crisse, la corde sonne
bruyamment, et la flèche aiguë s'élance, ardente à voler
vers la masse.

Mais toi aussi, Ménélas, les Immortels bienheureux
sont loin de t'avoir oublié, et d'abord, la fille de Zeus, la
Ramasseuse de butin; elle se dresse devant toi et écarte le
trait aigu. Elle l'éloigne de ton corps — tout comme une
mère éloigne une mouche d'un fils qui s'étend pour un
doux sommeil — et elle le dirige à l'endroit où se
rejoignent les fermoirs d'or du ceinturon et où s'offre au
coup une double cuirasse. La flèche amère vient s'abattre
sur le ceinturon ajusté; elle traverse le ceinturon travaillé;
elle enfonce la cuirasse ouvragée, voire le couvre-ventre
qu'on porte sur la peau afin de la défendre et d'en écarter

les traits — suprême défense, qu'elle franchit encore. Elle
égratigne enfin légèrement la peau même de l'homme. Le
sang noir aussitôt coule de la blessure. Comme on voit une
femme, de Méonie ou de Carie, teindre de pourpre un
ivoire, qui doit devenir bossette de mors pour une cavale
— pièce en réserve au magasin, que plus d'un cavalier
appelle de ses vœux, mais qui est le joyau réservé pour le
roi, parce qu'en même temps qu'il pare un coursier, il fait
l'orgueil de celui qui le mène — ainsi, Ménélas, se
teignent de sang tes nobles cuisses, et tes jambes, et, plus
bas encore, tes belles chevilles.

Un frisson prend Agamemnon, protecteur de son
peuple, à la vue du sang noir coulant de la blessure. Même
frisson prend aussi Ménélas chéri d'Arès. Mais, quand il
voit que l'attache et les barbes sont demeurées hors de la
plaie, le courage lui revient et se reforme en sa poitrine.
Alors, avec de lourds sanglots, le roi Agamemnon se met à
parler. Il tient la main de Ménélas, et ses compagnons
répondent à ses sanglots par leurs sanglots.

« Mon bon frère ! c'est donc pour ta mort que j'ai conclu
ce pacte et t'ai placé tout seul devant les Achéens, pour
lutter en leur nom contre les Troyens : les Troyens ont
tiré sur toi et foulé aux pieds le pacte loyal ! Non, le pacte
juré n'est pas encore réduit à rien, pas plus que le sang des
agneaux, le vin pur des libations, les mains qui se sont
serrées, tout ce en quoi nous avions foi ! L'Olympien
certes peut ne pas agir sur l'heure : il agit toujours, si
longtemps qu'il ait tardé, et les coupables paient leur dette
— avec un gros intérêt — de leur propre vie, de la vie de
leurs femmes et de leurs enfants. Sans doute, je le sais en
mon âme et en mon cœur : un jour viendra où elle périra,
la sainte Ilion, et Priam, et le peuple de Priam à la bonne
pique, et où Zeus, fils de Cronos, là-haut assis, dans sa
demeure éthérée, saura se charger d'agiter sur tous son
égide noire, dans sa colère de telle félonie. Rien de tout
cela qui ne doive s'accomplir. Mais moi, quel triste
chagrin tu me laisseras, Ménélas, si tu meurs, si tu
achèves la vie que t'a accordée le destin ! Je rentrerai la
honte au front dans l'Argolide altérée. Les Achéens vont
aussitôt se rappeler la terre de la patrie ; et nous allons

laisser à Priam, aux Troyens, comme un signe de leur triomphe, Hélène l'Argienne, tandis que tes os pourriront dans la terre et que tu resteras gisant en Troade sur ta tâche inachevée! Et, parmi les Troyens orgueilleux, tel ou tel dira en sautant sur la tombe du glorieux Ménélas : « Ah! puisse donc Agamemnon toujours décharger son courroux de la même manière qu'il a mené ici l'armée des Achéens — pour rien! Le voilà qui rentre chez lui, aux rives de sa patrie, avec ses nefs vides, et abandonne ici le vaillant Ménélas! » C'est là ce que chacun dira. Ah! que pour moi s'ouvre alors la vaste terre! »

Mais le blond Ménélas le rassure et lui dit :

« N'aie crainte et ne va pas si vite effrayer l'armée achéenne. Le trait aigu n'est pas entré au bon endroit. Il s'est heurté d'abord au ceinturon étincelant, puis, en dessous, à la ceinture, au couvre-ventre ouvré par de bons forgerons. »

Le roi Agamemnon lui réplique en disant :

« Puisses-tu dire vrai, cher Ménélas! Mais un médecin va palper ta plaie et y appliquer des remèdes qui sachent mettre fin à tes noires douleurs. »

Il dit et s'adresse à Talthybios, le héraut divin :

« Talthybios, en toute hâte, appelle Machaon, le fils d'Asclépios, guérisseur sans reproche : qu'il vienne voir Ménélas, le preux fils d'Atrée. Quelqu'un l'a blessé d'une flèche, un guerrier expert à l'arc, un Troyen ou un Lycien, pour sa gloire, à lui, pour notre deuil, à nous. »

Il dit; le héraut l'entend et n'a garde de dire non. Il s'en va par l'armée des Achéens à la cotte de bronze; ses yeux anxieusement cherchent le héros Machaon. Et il l'aperçoit, debout, ayant autour de lui les puissantes files des guerriers en armes venus à sa suite de Trikké, nourricière de cavales. Il s'approche et lui dit ces mots ailés :

« Or sus! fils d'Asclépios, le roi Agamemnon t'appelle : viens voir Ménélas, le preux chef des Achéens. Quelqu'un l'a blessé d'une flèche, un guerrier expert à l'arc, un Troyen ou un Lycien, pour sa gloire, à lui, pour notre deuil, à nous. »

Il dit et lui émeut le cœur dans la poitrine. Ils se mettent donc en route, à travers la masse, par la vaste armée achéenne, et ils arrivent à l'endroit où se trouve le blond Ménélas blessé. Autour de lui, les chefs assemblés font cercle. Le mortel égal aux dieux au milieu d'eux s'arrête. En hâte, il tire la flèche du ceinturon ajusté ; et, tandis qu'il la retire, les barbes pointues se brisent. Il dénoue le ceinturon étincelant, puis, en dessous, la ceinture et le couvre-ventre ouvré par de bons forgerons. Dès qu'il voit la plaie, à l'endroit même où a frappé la flèche amère, il suce le sang ; puis, savamment, il verse dessus des poudres calmantes que Chiron, en sa bonté, a jadis données à son père.

Mais cependant qu'ils s'empressent autour de Ménélas au puissant cri de guerre, la ligne des guerriers troyens est en marche. Ils revêtent donc de nouveau leurs armes et ils songent au combat.

Vous ne verriez pas alors dormir le divin Agamemnon, encore moins se terrer de peur ou se refuser au combat. Il s'empresse au contraire vers la bataille, où l'homme acquiert la gloire. Il laisse là ses cavales, avec son char de bronze scintillant. Son écuyer les retient à l'écart, haletantes. C'est Eurymédon, fils de Ptolémée, petit-fils de Piras. Avec instance Agamemnon lui donne l'ordre de les tenir à sa portée, pour l'heure où il sentira la fatigue envahir ses membres, à se montrer en chef à travers tant de troupes. C'est à pied qu'il parcourt les rangs de ses guerriers. Et tous ceux qu'il voit s'empresser, parmi les Danaens aux prompts coursiers, il s'approche d'eux, il les encourage en ces termes :

« Argiens, ne laissez pas mollir votre valeur ardente. Ce n'est pas à la félonie que Zeus Père va prêter secours. Ce sont eux qui les premiers ont violé le pacte par un mauvais coup : eh bien ! les vautours dévoreront leurs tendres corps, et nous, sur nos nefs, nous emmènerons leurs épouses, leurs jeunes enfants, lorsque nous aurons emporté la ville. »

Ceux qu'il voit en revanche mollir au féroce combat, il les prend vertement à partie en termes courroucés :

« Argiens criards, infâmes ! n'avez-vous donc pas de respect humain ? Pourquoi rester là, stupides ? On croirait voir des biches qui se sont lassées à courir par la vaste plaine et qui, quand elles s'arrêtent, n'ont plus aucune force au cœur. Voilà de quoi vous avez l'air, lorsque vous restez là, stupides, sans combattre ! Attendez-vous que les Troyens atteignent la rive où ont été halées nos nefs aux bonnes poupes sur la grève de la blanche mer, pour le seul plaisir de voir si le fils de Cronos veut alors sur nous étendre sa main ? »

C'est ainsi qu'il va parcourant en chef les rangs de ses hommes. A travers la foule guerrière, il arrive près des Crétois. Ceux-ci se forment autour du belliqueux Idoménée. Idoménée se tient devant leurs lignes, pareil pour la vaillance à un sanglier, cependant que Mérion presse les derniers bataillons. Agamemnon, protecteur de son peuple, a plaisir à le voir. Aussitôt, à Idoménée, il adresse ces mots de miel :

« Idoménée, il n'est personne que je prise autant que toi, parmi les Danaens aux prompts coursiers, que ce soit à la guerre ou à toute autre tâche — ou même au festin, quand les chefs argiens mélangent dans les cratères un vin d'honneur aux sombres feux. Alors, si tous les autres Achéens chevelus boivent la part qui leur est faite, ta coupe à toi, comme ma propre coupe, est toujours tenue pleine, de façon que tu puisses boire aussi souvent que ton cœur t'y invite. Or sus ! marche au combat et montre-toi tel que depuis longtemps tu te flattes d'être. »

Idoménée, chef des Crétois, à son tour le regarde et dit :

« Fils d'Atrée, sois-en sûr, pour toi je serai le gentil compagnon que je t'ai d'emblée promis et garanti. Va-t'en presser les autres Achéens chevelus. Nous devons engager la bataille au plus vite, dès lors que les Troyens ont jeté bas le pacte. L'avenir pour eux ne sera que mort et que deuils, puisqu'ils ont les premiers violé leurs serments par un mauvais coup. »

Il dit ; le fils d'Atrée passe, le cœur joyeux ; à travers la foule guerrière, il arrive aux deux Ajax. Ils s'apprêtent au combat : une nuée de gens de pied les suit. Ainsi, du haut de sa guette, un chevrier voit un nuage qui s'en vient sur la mer, poussé par le Zéphyr. De loin, il lui apparaît aussi noir que la poix, cependant qu'il avance sur la mer et amène avec lui une immense tourmente. A le voir, il frémit et pousse ses ouailles à l'abri d'une grotte. Ainsi, avec les deux Ajax, s'ébranlent au féroce combat des bataillons de jeunes hommes issus de Zeus, masses sombres, où frissonnent piques et écus. Le roi Agamemnon à les voir a grand-joie, et, prenant la parole, il dit ces mots ailés :

« A vous, les deux Ajax, guides des Achéens à la cotte de bronze, je ne donne point d'ordre. Il serait malséant, vous, de vous presser. Vous n'avez besoin de personne pour inviter votre monde à se battre en franc combat. Ah! Zeus Père! Athéné! Apollon! ah! si pareil courage pouvait se rencontrer dans toutes les poitrines! Elle ploierait vite le front, la ville de sire Priam, prise et détruite par nos bras. »

Il dit, et les laisse, pour passer à d'autres. Il rencontre alors Nestor, l'orateur sonore de Pylos, qui ordonne les siens et les presse au combat. Ils sont groupés autour du grand Pélagon, d'Alastor, et de Chromios, — du roi Hémon, et de Bias, le pasteur d'hommes. En tête il a placé ses meneurs de chars, avec leurs chevaux et leurs chars ; en arrière, ses gens de pied, braves et nombreux : pour lui, ils doivent être le rempart du combat. Il a poussé les pleutres au centre, afin que, même à contrecœur, chacun soit forcé de se battre. C'est aux meneurs de chars que d'abord il donne ses ordres ; il les invite à tenir leurs chevaux, à ne pas provoquer de bousculade dans la masse :

« Que nul ne cède à l'envie, parce qu'il se sait un bon conducteur et un brave, d'aller seul, en avant des autres, se battre avec les Troyens — pas plus que de reculer. Vous en seriez moins forts. En revanche, si l'un de vous peut, de son char, atteindre un char ennemi, qu'il tende sa lance. Cela vaudra cent fois mieux. C'est ainsi que nos ancêtres abattaient villes et remparts, c'est avec tel vouloir, tel cœur en leur poitrine. »

Voilà comment, depuis longtemps, le vieillard expert aux combats va pressant les siens. Le roi Agamemnon, à le voir, a grand-joie, et, prenant la parole, il dit ces mots ailés :

« Ah! que n'as-tu, vieillard, des jarrets qui puissent obéir au cœur qu'enferme ta poitrine, et une vigueur intacte! Mais sur toi l'âge pèse, qui n'épargne personne. Ah! que n'est-il le lot d'un autre, tandis que tu resterais, toi, dans les rangs de nos jeunes hommes!»

Le vieux meneur de chars, Nestor, lui répond :

« Atride, moi aussi, certes je voudrais bien être encore le même qu'aux jours où je tuai le divin Ereuthalion. Mais les dieux aux hommes n'octroient pas tout à la fois. Si j'étais jeune alors, je sens maintenant l'atteinte de l'âge. Je n'en compte pas moins rester dans les rangs des meneurs de chars afin de les guider de mon conseil et de ma voix. C'est le privilège des vieux. Les jeunes joueront de la javeline, puisqu'ils sont plus aptes à se battre et s'assurent en leurs propres forces. »

Il dit; et le fils d'Atrée passe le cœur joyeux. Il trouve ensuite le fils de Pétéôs, Ménesthée, toucheur de cavales. Il est là au milieu de ses Athéniens, maîtres de bataille. Non loin de lui est l'ingénieux Ulysse, et, près d'Ulysse, en rangs solides, se tiennent arrêtés ses Céphalléniens. Ces troupes-là n'ont pas encore ouï le signal du combat. Leurs bataillons commencent seulement à se mettre en branle pour se rassembler, aussi bien du côté des Troyens dompteurs de cavales que de celui des Achéens. Ils sont là à attendre qu'une autre colonne achéenne parte à l'attaque des Troyens et qu'ainsi s'ouvre le combat. Agamemnon, protecteur de son peuple, à cette vue, se met à les quereller, et, prenant la parole, il dit ces mots ailés :

« O fils de Pétéôs, roi issu de Zeus! et toi aussi, maître en ruses méchantes, cœur avide de gain! pourquoi vous terrer ainsi à l'écart? pourquoi attendre les autres? C'est à vous qu'il revient de prendre place à la première ligne pour affronter le combat dévorant! N'êtes-vous donc pas les premiers à écouter mon appel au festin, quand nos Achéens préparent un festin pour leurs Anciens? Vous avez plaisir alors à manger des viandes rôties et à vider des coupes de vin délicieux, tout autant que vous en voulez : et maintenant vous verriez volontiers dix colonnes achéennes passer devant vous, pour aller se battre, le bronze implacable à la main! »

L'ingénieux Ulysse sur lui lève un œil sombre et dit :

« Atride, quel mot s'est échappé de l'enclos de tes

dents ? Comment peux-tu donc prétendre que nous mollissons au combat, quand nos Achéens, contre les Troyens dompteurs de cavales, éveillent l'ardent Arès ? Tu pourras voir, si tu le veux et si la chose t'intéresse, le père de Télémaque aux prises devant les lignes avec les champions des Troyens dompteurs de cavales. Tu ne dis là que des mots vains. »

Le roi Agamemnon sourit en répliquant. Il voit Ulysse en colère, et il retire son propos :

« Divin fils de Laërte, industrieux Ulysse, je ne veux te chercher querelle indûment ni te donner d'ordre. Je sais qu'en ta poitrine ton cœur ne connaît rien que pensers débonnaires ; car tes sentiments sont les miens. Allons ! nous réglerons plus tard l'affaire à l'amiable si quelque mot fâcheux a été prononcé. Mais, bien plutôt, fassent les dieux que tout cela s'en aille au vent ! »

Il dit, et les quitte pour passer à d'autres. Et il trouve alors le fils de Tydée, le bouillant Diomède, debout, derrière ses cavales, sur son char solide. Près de lui se tient Sthénélos, fils de Capanée. Dès qu'il voit Diomède, le roi Agamemnon se met à le quereller et, prenant la parole, lui dit ces mots ailés :

« Hélas ! fils de Tydée, le brave dompteur de cavales, qu'as-tu à te terrer, les yeux braqués sur le champ du combat ? Tydée n'aimait guère à se terrer, lui, mais bien à se battre avec l'ennemi, loin en avant des camarades. Ainsi disait du moins qui l'avait vu à l'œuvre : moi, je ne l'ai ni rencontré ni vu ; mais on assure qu'il était sans pareil. C'est lui qui un jour entra dans Mycènes, non point après un combat, mais en hôte, accompagnant Polynice semblable aux dieux, en quête d'une armée. Ils faisaient campagne contre les murs sacrés de Thèbes, et vivement ils suppliaient qu'on leur fournît quelques illustres alliés. Les autres étaient prêts à les leur fournir et à répondre à leur prière : Zeus les en détourna, en manifestant des signes funestes. L'expédition pourtant se mit en route. Elle avait fait déjà un long bout de chemin et atteint l'Asope, ses joncs touffus et son lit d'herbe épaisse, quand les Achéens une fois encore envoyèrent en mission Tydée. Il partit et trouva les Cadméens en nombre, banquetant

au palais du puissant Etéocle. Mais, même alors, simple
étranger, Tydée, le bon meneur de chars, demeurait, sans
trembler, seul, au milieu de tant de Cadméens. Il les
défiait à la lutte et de tous aisément triomphait — tant
Athéné lui prêtait d'aide! Alors, pleins de courroux, les
Cadméens, bons piqueurs de cavales, sur sa route de
retour, disposaient un habile aguet avec cinquante jeunes
hommes. Deux chefs les guidaient, Méon, le fils
d'Hémon, pareil aux Immortels, et le fils d'Autophone, le
valeureux Polyphonte. Tydée leur décocha un destin
outrageux; tous, il les tua. A un seul il permit de revenir
chez lui. Ce fut Méon qu'il renvoya ainsi, en s'assurant
aux présages des dieux. Voilà ce qu'était Tydée l'Etolien.
Mais le fils qu'il a engendré vaut bien moins que lui au
combat, s'il est meilleur à l'assemblée! »

Il dit; Diomède le Fort ne réplique rien; il reçoit avec
respect la semonce du roi respecté. Le fils du noble
Capanée, en revanche, lui répond :

« Atride, ne mens pas, quand tu en sais assez pour
parler vrai. Nous nous flattons, nous, de valoir bien mieux
que nos pères. C'est nous qui avons pris Thèbes, la ville
aux sept portes. Pourtant nous amenions une armée moins
nombreuse devant des murs plus forts. Mais nous nous
assurions aux présages du Ciel et au secours de Zeus. Ils
ont péri, eux, par leur propre sottise. Garde-toi dès lors de
mettre nos pères aussi haut que nous. »

Diomède le Fort sur lui lève un œil sombre et dit :

« Paix! l'ami, et silence! obéis à ma voix. Je ne puis en
vouloir à Agamemnon, pasteur d'hommes, de presser au
combat tous les Achéens aux bonnes jambières : c'est à lui
qu'ira la gloire, si les Achéens détruisent les Troyens et
prennent la sainte Ilion, tout comme ce sera pour lui un
deuil immense, si les Achéens sont détruits. Allons!
rappelons-nous tous deux notre valeur ardente. »

Il dit, et de son char, il saute à terre, en armes. Le
bronze rend un son terrible sur la poitrine du héros
bondissant : le plus ferme guerrier en serait pris de peur.

Ainsi, sur la rive sonore, la houle de la mer, en vagues
pressées, bondit au branle de Zéphyr; elle se soulève au
large d'abord, puis s'en vient briser sur la terre, dans un

immense fracas, dressant sa crête en volute autour de
chaque promontoire et crachant l'écume marine. Tels les
bataillons danaens, en vagues pressées, sans trêve,
s'ébranlent vers le combat. Chacun des chefs encourage sa
troupe, et celle-ci marche en silence. On ne croirait jamais
qu'ils aient derrière eux une aussi grande armée, avec une
voix dans chaque poitrine. Ils vont muets, dociles à des
chefs redoutés. Sur tous étincellent les armes scintillantes
qu'ils ont revêtues pour entrer en ligne. Les Troyens au
contraire ressemblent aux brebis que l'on voit, innombrables, dans l'enclos d'un homme opulent, quand on trait
leur lait blanc et que sans répit elles bêlent à l'appel de
leurs agneaux. Pareille est la clameur qui monte de la
vaste armée des Troyens. Tous n'ont pas même accent ni
semblable parler : les langues sont mélangées ; ce sont gens
venus de tant de pays ! Des deux armées, l'une est poussée
par Arès, l'autre par Athéné, la déesse aux yeux pers, par
Crainte et Déroute, par Lutte aux fureurs sans mesure, la
sœur et compagne d'Arès meurtrier, qui se dresse, petite
d'abord, puis bientôt de son front s'en va heurter le ciel,
tandis que ses pieds toujours foulent le sol. Une fois de
plus, elle vient jeter au milieu de tous l'esprit de querelle,
qui n'épargne personne, allant et venant à travers la foule,
partout faisant grandir la plainte humaine.

Bientôt ils se rencontrent, et les voilà aux prises,
heurtant leurs boucliers, leurs piques, leurs fureurs de
guerriers à l'armure de bronze. Les écus bombés entrent
en contact ; un tumulte immense s'élève. Gémissement et
clameur de triomphe montent à la fois : les uns tuent, les
autres sont tués. Des flots de sang couvrent la terre. Tels
des torrents, dévalant du haut des montagnes, au
confluent de deux vallées, réunissent leurs eaux puissantes, jaillies de sources copieuses dans le fond d'un ravin
creux — et le berger dans la montagne en perçoit le fracas
au loin. Telles sont la clameur, l'épouvante, qui sortent de
cette mêlée.

Le premier, Antiloque fait sa proie d'un guerrier
troyen, un brave parmi les champions hors des lignes,
Echépole fils de Thalysios. Le premier, il l'atteint au
cimier de son casque à l'épaisse crinière ; il lui plante son

arme au front. La pointe de bronze s'enfonce et traverse
l'os : l'ombre couvre ses yeux. Il croule comme un mur
dans la mêlée brutale.

Il est à peine à terre que le roi Eléphénor le saisit par les
pieds, Eléphénor, fils de Chalcodon, capitaine des Abantes
magnanimes. Il cherche à le tirer de dessous les traits,
avide de le dépouiller au plus vite de ses armes. Mais son
élan est bref. Le magnanime Agénor, le voyant tirer le
cadavre et, en se courbant, découvrir son flanc hors du
bouclier, le frappe là de sa pique de bronze et lui rompt
les membres. La vie le quitte, et, sur son corps, un dur
combat s'engage entre Troyens et Achéens. Comme des
loups, ils se ruent les uns sur les autres, et chaque homme
abat son homme.

Alors Ajax, le fils de Télamon, frappe le fils d'Anthémion, jeune guerrier en pleine force, Simoïsios, que sa
mère, descendue de l'Ida, a naguère conçu aux bords du
Simoïs. Elle était venue là, avec ses parents, veiller sur des
troupeaux, et c'est pourquoi on l'appelait, lui, Simoïsios.
Il n'aura pas à ses parents payé le prix de leurs soins : sa
vie aura été brève ; le magnanime Ajax l'a dompté sous sa
lance. Il marchait le premier à l'attaque, lorsque Ajax le
frappe en pleine poitrine, près de la mamelle droite. La
lance de bronze suit sa route, tout droit, à travers l'épaule,
et l'homme choit au sol dans la poussière. Il semble un
peuplier poussé au sol herbeux d'un vaste marécage : si
son fût est lisse, sa cime porte des rameaux ; et, dans son
bois, le charron a taillé avec un fer luisant de quoi faire, en
le cintrant, la jante d'un char magnifique ; et il gît là, se
desséchant, aux bords du fleuve. Tel est maintenant
Simoïsios, fils d'Anthémion, tué par le divin Ajax. Mais
sur Ajax à son tour, Antiphe, fils de Priam, à la cuirasse
étincelante, lance à travers la masse sa javeline aiguë. Il le
manque, et, en revanche, il atteint Leucos, le vaillant
compagnon d'Ulysse, qu'il blesse à l'aine, au moment
même où il cherche à tirer le corps de l'autre côté. Leucos
s'écroule sur le mort, qui lui glisse des bras.

Ulysse, à le voir tué, a le cœur en courroux. Il s'en va à
travers les champions hors des lignes, casqué de bronze
éclatant. Il vient se placer près du mort et lance sa pique

éclatante, après un regard prudent autour de lui. Les Troyens se dérobent, tandis que l'homme tire. Mais le trait n'aura pas été lancé pour rien. Il frappe un bâtard de Priam, Démocoon, qui lui vient d'Abydos, où il gardait les cavales rapides. Ulysse, que courrouce la mort d'un compagnon, avec sa javeline l'atteint à une tempe, et la pointe de bronze, s'enfonçant, sort par l'autre : l'ombre couvre ses yeux. Il tombe avec fracas, et ses armes sonnent sur lui. Les champions hors des lignes reculent et, avec eux, l'illustre Hector. Les Argiens alors poussent un grand cri et tirent leurs morts ; puis ils font un large bond en avant. Apollon en est indigné, qui le voit du haut de Pergame. En criant, il lance un appel aux Troyens :

« Or sus ! Troyens, dompteurs de cavales. Ne cédez rien de la bataille aux Argiens. Leur peau n'est pas de pierre ni de fer, pour résister au bronze qui entaille la chair, quand ils sont touchés. Et puis Achille, fils de Thétis aux beaux cheveux, Achille ne combat pas. Il reste près de ses nefs à cuver un cruel dépit. »

Ainsi, du haut de l'Acropole, parle le dieu terrible. Mais les Achéens, pour les exciter, ont la fille de Zeus, la glorieuse Tritogénie, qui va et vient à travers la mêlée, partout où elle voit un guerrier mollir.

Lors le destin prend dans sa trame Diôrès, fils d'Amaryncée. Il vient d'être atteint d'un caillou rugueux, près du talon, à la jambe droite. Celui qui l'a atteint, c'est le chef des Thraces, Pirôs, l'Imbraside, arrivé d'Énos. La pierre implacable a entièrement broyé les deux tendons et les os. L'homme choit dans la poussière, sur le dos, tendant les deux bras vers les siens, expirant. Son vainqueur, Pirôs, accourt et, de sa lance, le frappe tout près du nombril ; ses entrailles s'épandent toutes à terre, et l'ombre couvre ses yeux.

Mais alors, sur Pirôs, Thoas l'Étolien s'élance et, de sa pique, le frappe à la poitrine, au-dessus du sein, et le bronze va se planter dans le poumon. Thoas s'approche et, de la poitrine, retire la puissante lance ; puis, dégainant l'épée aiguë, il frappe Pirôs en plein milieu du ventre et lui ravit le souffle. Mais il ne peut lui enlever ses armes : les compagnons du mort, les Thraces, aux cheveux en touffe sur le crâne, aussitôt l'entourent, ayant en main leurs longues javelines, et, quelque grand et fier et superbe qu'il soit, le repoussent. Ébranlé, il recule. Ainsi tous deux, dans la poussière, côte à côte sont étendus : chef des Thraces et chef des Épéens à la cotte de bronze! Autour d'eux, par centaines, les autres se massacrent.

Alors il n'aurait plus rien eu à critiquer dans l'action, l'homme qui, sans être encore atteint ni meurtri par le bronze aigu, serait venu à ce moment circuler en pleine bataille, et que Pallas Athéné eût pris et conduit par la main, en détournant de lui l'élan des traits : c'est par centaines qu'en ce jour, Troyens et Achéens, le front dans la poussière, côte à côte étaient étendus!

CHANT V

Alors c'est à Diomède, au fils de Tydée, que Pallas Athéné donne cette fois la fougue et l'audace. Elle veut qu'il se distingue entre tous les Argiens et remporte une noble gloire. Sur son casque et son bouclier elle allume un feu vivace. On dirait l'astre de l'arrière-saison, qui resplendit d'un éclat sans rival, quand il sort de son bain dans les eaux d'Océan. Tout pareil est le feu que Pallas lui allume sur le chef et sur les épaules. Elle le lance ensuite au cœur de la bataille, au point où les gens sont le plus nombreux à se bousculer.

Il est chez les Troyens un prêtre d'Héphæstos, Darès, opulent, sans reproche. Il a deux fils, Phégée, Idée, bien instruits à tous les combats. Ils se détachent des lignes et s'élancent à la rencontre du héros. Ils attaquent, eux, sur leur char ; lui, sur le sol, à pied. Ils marchent ainsi les uns contre les autres et entrent en contact. Le premier, Phégée lance sa longue javeline. Mais la pointe de l'arme, filant par-dessus son épaule gauche, n'atteint pas le fils de Tydée, qui, à son tour, attaque, bronze au poing ; et ce n'est pas un vain trait qui lors s'échappe de sa main : il atteint Phégée en pleine poitrine, entre les mamelles, et le renverse de son char. Idée, d'un bond, est à terre, laissant là le char magnifique ; mais ensuite il n'a pas le cœur de monter la garde autour du corps de son frère. Aussi bien n'eût-il pas lui-même échappé au noir trépas, sans Héphæstos, qui, à ce moment, lui sauva la vie, en l'enveloppant de ténèbres, et voulut épargner un deuil total au vieux. Le fils de Tydée magnanime pousse alors l'attelage hors de ses traits et le donne à ses camarades, pour qu'ils l'emmènent aux nefs creuses.

Dès que les Troyens magnanimes voient les deux fils de Darès, l'un, il est vrai, hors de danger, mais l'autre tué près de son char, leur cœur, à tous, s'émeut. Lors Athéné aux yeux pers prend la main de l'ardent Arès et lui adresse ces mots :

« Arès, Arès, fléau des hommes, buveur de sang, assailleur de remparts ! ne pourrions-nous laisser Troyens et Achéens combattre à qui Zeus Père offrira la gloire, tandis que, nous deux, nous nous éloignerions et éviterions le courroux de Zeus ? »

Elle dit, et, emmenant l'ardent Arès loin du combat, elle le fait asseoir sur les bords herbeux du Scamandre. Les Troyens aussitôt plient sous les Danaens. Chacun des chefs fait sa proie d'un guerrier. Le tout premier, Agamemnon, protecteur de son peuple, jette à bas de son char le grand Odios, le chef des Alizones, le premier aussi qui ait tourné bride. Il lui plante sa pique au dos, entre les épaules, et lui transperce la poitrine. L'homme tombe avec fracas, et ses armes sonnent sur lui.

Idoménée abat Pheste, fils de Bôre le Méonien. Il est venu de Tarne au sol fertile. L'illustre guerrier, Idoménée, de sa longue lance, le pique à l'épaule droite, au moment même où il s'apprête à escalader son char. L'homme croule de son char, et l'ombre horrible le saisit.

Et, tandis que les écuyers d'Idoménée s'occupent à le dépouiller, le fils de Strophios si habile à la chasse, Scamandrios, devient la proie de l'Atride Ménélas et de sa javeline aiguë. C'est un vaillant chasseur, qu'Artémis elle-même a instruit à frapper les multiples gibiers que la forêt nourrit sur les montagnes. Mais Artémis la Sagittaire ne lui sert de rien aujourd'hui, pas plus que l'art du lancer, auquel il excellait naguère. L'Atride Ménélas, l'illustre guerrier, alors qu'il fuit devant lui, le frappe de sa pique, au dos, entre les épaules, et lui transperce la poitrine. L'homme croule, front en avant, et ses armes sonnent sur lui.

Mérion abat Phérècle, fils de Tecton, lui-même fils d'Harmon, dont les mains savaient faire des chefs-d'œuvre de toute espèce : Pallas Athéné l'avait entre tous pris en affection. C'est lui qui justement avait, pour Alexandre, construit les bonnes nefs, cause de tant de maux, fléau pour tous les Troyens — fléau pour lui-même, qui ne savait rien des décrets des dieux! Mérion, qui le poursuivait, le rejoint et le frappe à la fesse droite. La pointe se fraie un chemin tout droit, par la vessie, sous l'os. L'homme croule, gémissant, sur les genoux, et la mort l'enveloppe.

Mégès tue Pédée, le fils d'Anténor. Ce n'est qu'un bâtard mais que Théanô la divine a élevé avec grand soin tout comme ses enfants pour plaire à son époux. Le fils de Phylée, illustre guerrier, s'approche, et de sa lance aiguë, le frappe à la tête, du côté de la nuque. Le bronze passe droit à travers les dents et coupe la racine de la langue. L'homme croule dans la poussière, et ses dents se ferment sur le bronze froid.

Eurypyle, fils d'Evémon, tue le divin Hypsénor, fils du bouillant Dolopion, jadis prêtre du Scamandre, et par le peuple honoré comme un dieu. Comme il fuit devant lui, Eurypyle, le glorieux fils d'Evémon, s'élance à sa poursuite et, de sa courte épée, le frappant à l'épaule, tranche le bras pesant. Le bras tombe à terre, sanglant, et dans les yeux de l'homme entrent en maîtres la mort rouge et l'impérieux destin.

C'est ainsi qu'on besogne dans la mêlée brutale; et, du fils de Tydée, vous ne pourriez savoir dans lequel des deux camps est sa place, s'il a partie liée avec les Troyens ou les Achéens. Il va, furieux, par la plaine, pareil au fleuve débordé, grossi des pluies d'orage, dont les eaux ont tôt fait de renverser toute levée de terre. Les levées formant digue ne l'arrêtent pas plus que les clôtures des vergers florissants, quand il arrive tout à coup, aux jours où la pluie de Zeus s'abat lourdement sur la terre. Partout, sous lui, s'écroule le bon travail des gars. Ainsi sont bousculés, sous le choc du fils de Tydée, les bataillons compacts des Troyens, et, pour nombreux qu'ils soient, devant lui ils ne tiennent pas.

Mais l'illustre fils de Lycaon l'a vu, allant, furieux, ainsi
par la plaine, et devant lui bousculant les bataillons.
Contre le fils de Tydée, vite, il tend son arc recourbé, et il
le frappe, en plein élan, à l'épaule droite, au plastron de sa
cuirasse. La flèche amère poursuit son vol au travers, se
frayant tout droit sa route ; la cuirasse est toute aspergée
de sang. Sur quoi, à grande voix, le glorieux fils de Lycaon
s'exclame :

« Or, sus ! Troyens magnanimes, piqueurs de cavales. Il
est touché, le plus brave des Achéens, et je prétends, moi,
qu'il ne tiendra pas bien longtemps sous mon trait
puissant, si c'est vraiment le seigneur fils de Zeus qui m'a
mis en route, le jour où je suis parti de Lycie. »

Il dit, triomphant ; mais le trait rapide n'a pas maîtrisé
Diomède : il recule et fait halte devant ses chevaux et son
char, pour dire à Sthénélos, le fils de Capanée :

« Sus donc ! descends du char, doux fils de Capanée : il
s'agit de me tirer un trait amer de l'épaule. »

Il dit, et Sthénélos saute du char à terre ; il s'approche
et, de l'épaule, il lui tire le trait rapide, dans le sens où il
est entré ; le sang gicle à travers la souple tunique. Et
Diomède au puissant cri de guerre alors prie en ces
termes :

« Entends-moi, fille de Zeus qui tient l'égide, Infatigable ! si jamais, clémente à mon père, tu l'assistas au
combat meurtrier, aujourd'hui, à mon tour, aime-moi,
Athéné ! Accorde-moi de tuer cet homme et, pour ce, fais
qu'il vienne sous le jet de ma lance, lui qui m'a touché le
premier, qui en triomphe et qui prétend que je ne dois
plus longtemps voir le brillant éclat du soleil. »

Il dit ; Pallas Athéné entend sa prière. Elle assouplit ses
membres, ses jambes d'abord, puis, plus haut, ses bras ;
après quoi, elle s'approche et lui dit ces mots ailés :

« Maintenant combats sans crainte les Troyens, Diomède ; je mets en ta poitrine la fougue de ton père, cette
fougue intrépide qu'en brandissant son bouclier montrait
Tydée, le bon meneur de chars. J'écarte aussi de tes yeux
le nuage qui jusqu'ici les recouvrait. Tu sauras de la sorte
distinguer un dieu d'un homme. Si quelque dieu dès lors
te vient ici tâter, garde-toi de combattre en face les

divinités immortelles — sauf une : si la fille de Zeus, si Aphrodite entre dans la bataille, elle, frappe-la de ton bronze aigu. »

Ainsi dit — puis s'en va — Athéné aux yeux pers ; et le fils de Tydée retourne se mêler aux champions hors des lignes. Son ardeur était déjà grande à lutter contre les Troyens ; mais, de cette heure, une fougue trois fois égale a pris possession de lui. On dirait un lion qu'un berger, aux champs, veillant sur des brebis laineuses, a blessé, à l'instant même où il sautait dans l'enclos. Au lieu de le maîtriser, le berger n'a fait qu'exciter sa force. Il renonce alors à la lutte ; il plonge dans sa cabane, et ses bêtes abandonnées fuient. Elles sont là, qui se serrent, épandues par tas, sur le sol, tandis que le fauve en fureur bondit hors de l'enclos profond. C'est avec une fureur pareille que Diomède le Fort va se mêler aux Troyens.

Alors il fait sa proie d'Astynoos et d'Hypeiron, pasteur d'hommes. Il touche le premier de sa lance de bronze, au-dessus de la mamelle, l'autre de sa grande épée, tout près de l'épaule, à la clavicule, et le coup sépare l'épaule de la nuque et du dos. Puis il les laisse là et part sur la piste d'Abas et Polyidos, les fils d'Eurydamas, le vieil interprète des songes. Mais le jour où ils sont partis, le vieux n'a pas pour eux interprété les songes : Diomède le Fort les lui tue tous les deux. Il marche ensuite sur Xanthe et sur Thoôn, les fils de Phénops, tendrement choyés tous les deux. La triste vieillesse l'accable ; il n'a donné le jour à aucun autre fils qu'il puisse laisser sur ses biens. Et voici que Diomède les lui tue, arrache à tous deux la vie, et ne laisse à leur père que plaintes et tristes chagrins. Phénops ne les accueillera pas, rentrant vivants du combat, et ce sont des collatéraux qui vont se partager ses biens.

Puis il s'en prend à deux fils de Priam le Dardanide, montés tous deux sur un seul char, Echemmon, Chromios. Comme un lion saute sur un troupeau et rompt le col d'une vache, ou d'une génisse, qui broutait dans un taillis, ainsi le fils de Tydée les contraint à quitter, piteusement et malgré eux, leur char, puis les dépouille de leurs armes. Leurs chevaux, il les donne à ses camarades pour qu'ils les poussent vers les nefs.

Quand Enée le voit ainsi porter ses ravages aux rangs
des guerriers, il part à travers la bataille et le fracas des
javelines, en quête de Pandare égal aux dieux : où le
trouver? Et, quand il a trouvé le fils de Lycaon, puissant
et sans reproche, devant lui il s'arrête, le regarde et lui
dit :

« Pandare, qu'as-tu fait de ton arc, de tes flèches ailées
et de ton renom? Nul ne te le dispute des gens de cette
terre, et, en Lycie, personne qui se flatte de l'emporter sur
toi. Va, tends les mains vers Zeus; puis décoche ton trait
contre l'homme qui triomphe ici et qui a fait déjà tant de
mal aux Troyens, en rompant les genoux de tant de héros
— à moins que ce ne soit là quelque dieu en courroux
contre les Troyens, qui leur en veut d'un sacrifice omis.
Lourd à porter est le courroux d'un dieu. »

Le glorieux fils de Lycaon réplique :

« Enée, bon conseiller des Troyens à cotte de bronze,
tout ce que je vois là me laisse reconnaître le brave fils de
Tydée : je le retrouve à son écu, à son casque, qu'orne un
long cimier, aux coursiers que voient mes yeux. Et,
malgré tout, je ne suis pas bien sûr qu'il ne s'agisse pas
d'un dieu... En tout cas, s'il est l'homme que je pense, le
brave fils de Tydée, ce n'est pas sans l'aide d'un dieu qu'il
montre ici telle fureur. Un Immortel doit être à ses côtés,
les épaules vêtues d'un nuage, et c'est lui qui aura
détourné mon trait rapide, à l'instant qu'il touchait le but.
Mon trait était parti : je l'avais atteint à l'épaule droite,
bien en face, à travers le plastron de sa cuirasse : je croyais
le jeter en pâture à Hadès — et je ne l'ai pas abattu! Il faut
qu'un dieu m'en veuille. Me voici là, sans chevaux, sans
char où monter. Et, cependant, dans le palais de Lycaon,
j'ai onze beaux chars, frais bâtis, tout neufs, avec de larges
housses déployées sur eux. Chacun a près de lui un couple
de cavales paissant l'orge blanche et l'épeautre. Avec
quelle insistance, en son manoir solide, Lycaon, le vieux
guerrier, me le recommandait à l'heure du départ : que je
fusse toujours monté sur un char muni de bons chevaux,
pour guider les Troyens dans les mêlées brutales! Et je ne
l'ai pas cru : comme cela eût mieux valu pourtant! Mais je
voulais épargner mes chevaux; j'ai eu peur qu'ils n'aient à

souffrir de la faim, dans une ville soumise à un blocus, habitués qu'ils étaient à manger largement. Je les ai laissés, là, je suis venu à Ilion en fantassin; en mon arc seul j'ai mis ma confiance. Il ne devait guère me servir, je le vois. J'ai déjà décoché mon trait sur deux héros, le fils de Tydée et le fils d'Atrée; ma flèche a, de tous deux, fait jaillir de vrai sang — et je n'ai su que les exciter davantage! Point de doute, c'est pour mon malheur que j'ai de son clou détaché cet arc recourbé, le jour où j'ai pris la route de l'aimable Ilion, à la tête de mes Troyens, pour plaire au divin Hector. Ah! que seulement je rentre un jour chez moi, que, de mes yeux, je revoie ma patrie, mon épouse, ma vaste et haute demeure, et je veux que ce même jour, un autre me tranche la tête, si, cet arc-là, je ne le jette pas au feu flamboyant, après l'avoir brisé de mes propres mains, puisqu'il me suit partout, sans m'être bon à rien. »

Énée, chef des Troyens, le regarde et lui dit :

« Ne parle pas ainsi. A tout cela il n'est qu'un seul remède : marcher tous deux ouvertement contre cet homme, avec mon char et mes chevaux, et le tâter les armes à la main. Allons! monte sur mon char. Tu verras ce que valent les chevaux de Trós et comme ils savent par la plaine, en tous sens et vite, poursuivre aussi bien que fuir. Ils sauront aussi nous ramener tous les deux vers la ville, si Zeus octroie encore la gloire à Diomède, fils de Tydée. Allons! sans tarder, prends de moi le fouet, les rênes brillantes, et je descendrai du char pour combattre. Ou bien reçois le choc de l'homme, tandis que moi, je m'occuperai des chevaux. »

Le glorieux fils de Lycaon réplique :

« Énée, prends les rênes toi-même et conduis tes chevaux : ils écouteront mieux leur guide habituel, au moment d'emporter le char recourbé, s'il nous faut une fois de plus fuir devant le fils de Tydée. Je crains, sans cela, qu'ils ne prennent peur et ne nous servent à rien, parce qu'ils se refuseront à nous porter hors du combat, attendant en vain le son de ta voix, et qu'alors le fils de Tydée magnanime, fondant sur nous, ne nous massacre tous les deux et n'emmène nos chevaux aux sabots

massifs. Conduis plutôt toi-même ton char et tes chevaux : je recevrai, moi, l'attaque de l'homme avec sa
javeline aiguë. »

Ces mots dits, ils montent sur le char scintillant et,
pleins d'ardeur, vers le fils de Tydée dirigent leurs
chevaux rapides. Le glorieux fils de Capanée, Sthénélos,
les voit, et au fils de Tydée, vite, il dit ces mots ailés :

« Fils de Tydée, Diomède cher à mon cœur, je vois
deux forts guerriers avides de lutter contre toi. Leur force
est sans limites. L'un est expert à l'arc : c'est Pandare, qui
se flatte aussi d'être le fils de Lycaon. L'autre, Énée, se
flatte à la fois d'être né d'Anchise, héros sans reproche, et
d'avoir pour mère Aphrodite. Crois-moi, reculons sur
notre char, et ne te lance pas ainsi en furieux parmi les
champions hors des lignes, si tu ne veux perdre la vie. »

Diomède le Fort sur lui lève un œil sombre et dit :

« Ne parle pas de fuir : aussi bien j'imagine que je ne
t'écouterai pas. Il n'est pas de mon sang de combattre en
se dérobant, encore moins de se terrer ; ma fougue est
toujours intacte. Mais je répugne à monter sur un char.
Non, non, j'irai à eux ainsi, comme je suis : Pallas Athéné
m'interdit la peur. Et ce ne sont pas eux que leurs chevaux
rapides ramèneront tous les deux à l'arrière, hors de notre
atteinte, en admettant même qu'un deux arrive à fuir. —
Mais j'ai encore quelque chose à te dire : mets-le-toi bien
en tête. Si la vigilante Athéné m'octroie la gloire de les
tuer tous les deux, toi, retiens en place nos chevaux
rapides, en accrochant les rênes à la rampe du siège ; mais
n'oublie pas ensuite de sauter sur ceux d'Énée, ni de les
pousser, bien loin des Troyens, vers les Achéens aux
bonnes jambières. Leur race est celle dont Zeus, le dieu à
la grande voix, donna jadis les rejetons à Trôs en rançon
de son Ganymède, parce que c'était celle des meilleurs
coursiers qui soient sous l'aube et le soleil. De ce sang-là,
Anchise, protecteur de son peuple, a su dérober un peu : à
l'insu de Laomédon, il a fait saillir ses juments par eux.
Six poulains lui en sont nés dans son manoir : il en garde
pour lui quatre, qu'il a nourris à la crèche ; il a donné à
Énée les deux autres ; ce sont des maîtres de déroute. S'en
emparer serait pour nous conquérir une noble gloire. »

Tels sont les propos qu'ils échangent. Les autres cependant s'approchent, pressant leurs chevaux rapides; et, le premier, le glorieux fils de Lycaon prend la parole en ces termes :

« Brave au cœur brutal, fils de l'illustre Tydée! mon trait rapide, flèche amère, ne t'a donc pas abattu? Eh bien! cette fois, je te tâterai de ma pique; nous verrons si je te touche. »

Il dit, et, brandissant sa longue javeline, il la lance contre le fils de Tydée et l'atteint à son bouclier. La pointe de bronze, en son vol, le traverse et vient tout près de la cuirasse. Sur quoi, à grande voix, le glorieux fils de Lycaon s'exclame :

« Tu es blessé au flanc de part en part. J'imagine que tu ne tiendras pas longtemps désormais; et tu m'auras donné une immense gloire. »

Diomède le Fort, sans frémir, répond :

« Tu m'as manqué, au lieu de me toucher. J'imagine, moi, que vous n'en resterez pas là, sans que l'un de vous aille à terre et rassasie de son sang Arès, l'endurant guerrier. »

Il dit et lance son trait : Athéné le dirige vers le nez, à côté de l'œil. Il passe les dents blanches : le bronze impitoyable tranche la base de la langue, et la pointe en ressort au plus bas du menton. Il croule de son char, et ses armes sonnent sur lui — étincelantes, resplendissantes. Ses cavales rapides font un écart d'effroi; il reste, lui, sur place, sa vie, sa fougue brisées.

Enée saute à terre, avec sa longue pique et son bouclier. La terreur le prend que les Achéens ne lui viennent tirer le cadavre, et il se place à ses côtés, pour le défendre. On dirait un lion qui s'assure en sa force. Il tient sa lance en avant ainsi que son écu bien équilibré, avide de tuer qui marchera sur lui et poussant des cris effroyables. Alors le fils de Tydée, dans sa main, prend une pierre. L'exploit est merveilleux : deux hommes, deux hommes d'aujourd'hui, ne la porteraient pas. Il la brandit, lui, seul, et sans effort. Il en frappe Enée à la hanche, à l'endroit où la cuisse tourne dans la hanche et qu'on nomme « cotyle ». Il lui broie le cotyle et lui brise les deux tendons; la pierre

rugueuse déchire la peau; et le héros est là, écroulé, à
genoux, s'appuyant au sol de sa forte main; une nuit
sombre enveloppe ses yeux.

Il eût péri alors, Enée, protecteur de son peuple, si la
fille de Zeus ne l'eût vu de son œil perçant, Aphrodite, sa
mère, qui jadis l'avait conçu aux bras du bouvier Anchise.
Autour de son fils elle épand ses bras blancs; devant lui,
elle déploie un pan de sa robe éclatante, pour le préserver
des traits : elle redoute tant qu'un Danaen aux prompts
coursiers ne lui vienne enfoncer le bronze en la poitrine et
lui ravir la vie!

Mais, cependant qu'elle cherche à soustraire son fils au
combat, le fils de Capanée n'a garde d'oublier l'ordre qu'il
a reçu de Diomède au puissant cri de guerre : il retient
loin du tumulte ses chevaux aux sabots massifs, il
accroche les rênes à la rampe du siège, il saute sur les
chevaux aux belles crinières d'Enée; il les pousse des rangs
des Troyens vers les Achéens aux bonnes jambières et les
remet à Déipyle, l'ami qu'il prise le plus parmi tous ceux
de son âge, cela parce que son cœur ne connaît qu'hon-
nêtes pensers : à celui-ci de les pousser vers les nefs
creuses. Pour lui, il monte sur le char, il prend les rênes
brillantes, et vite lance ses coursiers aux sabots massifs sur
les pas de Diomède, plein d'ardeur. Mais Diomède, lui,
poursuit Cypris d'un bronze impitoyable. Il la sait déesse
sans force; elle n'est pas de ces divinités qui président aux
combats humains; elle n'est ni Athéné, ni Enyô dévasta-
trice; et, au moment même où, en la suivant à travers la
foule innombrable, il arrive à la rejoindre, le fils de Tydée
magnanime brusquement se fend et, dans un bond,
accompagnant sa javeline aiguë, il la touche à l'extrémité
du bras délicat. L'arme aussitôt va pénétrant la peau à
travers la robe divine, ouvrée des Grâces elles-mêmes, et,
au-dessus du poignet de la déesse, jaillit son sang
immortel : c'est l' « ichôr », tel qu'il coule aux veines des
divinités bienheureuses : ne mangeant pas le pain, ne
buvant pas le vin aux sombres feux, elles n'ont point de
sang et sont appelées immortelles. Alors, dans un grand
cri, elle laisse choir son fils de ses bras. Phœbos Apollon le
prend dans les siens et lui donne l'abri d'une vapeur

sombre, dans la crainte qu'un Danaen aux prompts
coursiers, en le frappant du bronze à la poitrine, ne lui
vienne ravir la vie. Sur quoi, Diomède au puissant cri de
guerre, à grande voix, s'exclame :

« Arrière ! fille de Zeus ; laisse là combat et carnage.
Ne te suffit-il pas de suborner de faibles femmes ?
Prétends-tu encore courir les combats ! J'imagine, moi,
que tu frémiras désormais devant tout combat, même à le
savoir livré loin de toi. »

Il dit ; elle part, éperdue. Sa peine est terrible. Iris aux
pieds vites comme les vents la prend et l'emmène hors de
la foule. Elle souffre mille douleurs, et sa belle peau
noircit. Elle trouve enfin l'ardent Arès, au repos, à la
gauche du combat ; sa javeline et son char rapide reposent
contre une nuée. Elle croule sur les genoux ; instamment
elle implore son frère et lui demande ses coursiers au
frontal d'or :

« Mon bon frère, viens à mon aide et donne-moi tes
coursiers, pour que je regagne l'Olympe, où séjournent les
Immortels. Je souffre trop du coup qu'un mortel vient de
me porter. C'est le fils de Tydée : à cette heure il
combattrait Zeus Père même ! »

Elle dit ; Arès lui donne ses coursiers au frontal d'or.
Elle monte sur le char, le cœur affligé. Iris monte à ses
côtés, et, prenant les rênes en main, d'un coup de fouet
enlève les chevaux ; ceux-ci, pleins d'ardeur, s'envolent. Ils
ont vite atteint le séjour des dieux, l'Olympe escarpé. Là,
la rapide Iris aux pieds vites comme les vents arrête les
chevaux, les dételle du char et place devant eux leur
céleste pâture. La divine Aphrodite est cependant tombée
aux genoux de sa mère. Dioné serre sa fille dans ses bras,
elle la flatte de la main, elle lui parle, en l'appelant de tous
ses noms :

« Qui des fils du Ciel, mon enfant, t'a ainsi traitée, sans
raison, comme pour te punir d'un méfait notoire ? »

Et Aphrodite qui aime les sourires répond :

« C'est le fils de Tydée, le bouillant Diomède, qui vient
de me frapper, parce que je voulais soustraire à la bataille
Énée, mon fils, qui m'est cher entre tous. Ce n'est plus
désormais entre Troyens et Achéens qu'a lieu l'atroce

mêlée : les Danaens maintenant font la guerre aux
Immortels ! »

Dioné, la toute divine, alors lui répond :

« Subis l'épreuve, enfant ; résigne-toi, quoi qu'il t'en
coûte. Ils sont nombreux chez nous, les maîtres de
l'Olympe, ceux qui, pour des hommes, ont supporté des
épreuves semblables et se sont les uns aux autres infligé de
durs chagrins. Arès a subi la sienne, le jour qu'Otos et
Éphialte le Fort, les fils d'Aloeus, le lièrent d'un lien
brutal. Treize mois enfermé dans une jarre en bronze, il y
eût bel et bien péri, Arès, le dieu insatiable de guerre, si
leur marâtre, la toute belle Eéribée, n'eût avisé Hermès.
Quand celui-ci leur déroba Arès, il était à bout de forces :
ses cruelles chaînes avaient eu raison de lui. — Héré a subi
la sienne, le jour où le rude enfant d'Amphitryon la blessa
au sein droit d'un trait à trois arêtes : une incurable
douleur la saisit aussi ce jour-là. — Et le dieu monstrueux,
Hadès, comme d'autres a subi la sienne, sous la forme
d'un trait rapide, quand le même homme, le fils de Zeus
qui tient l'égide, à Pylos, au milieu des morts, le vint
frapper et livrer aux souffrances. Il s'en fut alors vers le
palais de Zeus, sur le haut Olympe, le cœur en peine, tout
transpercé par les douleurs : la flèche avait pénétré dans
son épaule robuste, et elle inquiétait son cœur. Péon sur
lui répandit des poudres calmantes, et il put le guérir,
parce qu'il n'était pas né mortel. Le misérable ! le brutal !
que les méfaits n'effrayaient guère et qui pouvait, avec son
arc, inquiéter les dieux, maîtres de l'Olympe. — Sur toi,
c'est Athéné, la déesse aux yeux pers, qui a déchaîné
l'homme que tu dis. Le pauvre sot ! il ne sait pas, ce beau
fils de Tydée, il ne sait pas en son cœur qu'il ne vit pas
longtemps, l'homme qui fait la guerre aux dieux immortels. Ses enfants n'embrassent pas ses genoux, en l'appelant tendrement « père », quand il revient de la bataille et
de l'atroce carnage. Ainsi, que le fils de Tydée, pour fort
qu'il soit, prenne bien garde, s'il ne veut pas qu'un plus
vaillant que toi vienne à le combattre, et qu'Egialée, la
sage fille d'Adraste, aille, avec une longue plainte, tirer de
leur somme tous ses serviteurs, dans le regret d'un

légitime époux, du plus brave des Achéens, — Egialée, la
fière femme de Diomède, le dompteur de cavales. »

Elle dit, et, de ses deux mains, elle lui essuie l' « ichôr »
sur le bras. Le bras se cicatrise, les lourdes souffrances
s'apaisent. Mais Athéné et Héré sont là, qui regardent et,
avec des mots mordants, cherchent à exciter Zeus, fils de
Cronos. La déesse aux yeux pers, Athéné, la première,
dit :

« Zeus Père ! te fâcheras-tu de ce que je vais te dire ?
Point de doute, Cypris aura induit quelque Achéenne à
suivre les Troyens : elle les a pris à cette heure en
prodigieuse affection ! C'est en caressant telle ou telle des
Achéennes aux beaux voiles qu'elle aura déchiré cette
main délicate à une agrafe d'or. »

Elle dit ; le Père des dieux et des hommes sourit. Il
appelle Aphrodite d'or, il lui dit :

« Ce n'est pas à toi, ma fille, qu'ont été données les
œuvres de guerre. Consacre-toi, pour ta part, aux douces
œuvres d'hyménée. A toutes celles-là Athéné et l'ardent
Arès veilleront. »

Tels sont les propos qu'ils échangent. Cependant
Diomède au puissant cri de guerre s'élance contre Enée. Il
sait bien qu'Apollon en personne étend son bras sur lui ;
mais il n'a pas respect même du dieu puissant : il est
toujours avide d'immoler Enée et de le dépouiller de ses
armes illustres. Par trois fois il s'élance, brûlant de le tuer ;
par trois fois Apollon repousse avec rudesse son écu éclatant.
Une quatrième fois, il bondit, pareil à un dieu ; mais
Apollon Préservateur, d'une voix terrible, le semonce et
dit :

« Prends garde à toi, fils de Tydée : arrière ! et ne
prétends pas égaler tes desseins aux dieux : ce seront
toujours deux races distinctes que celle des dieux immortels et celle des humains qui marchent sur la terre. »

Il dit, et le fils de Tydée rompt un peu en arrière,
évitant la colère de l'archer Apollon. Apollon dépose donc
Enée, à l'écart de la foule, dans la sainte Pergame, où est
bâti son temple ; et, tandis que Létô et Artémis la
Sagittaire, dans le grand sanctuaire, lui rendent force et
gloire, Apollon à l'arc d'argent fabrique un fantôme

semblable à Enée, aux armes pareilles, et, autour de ce
fantôme, les Troyens comme les divins Achéens mutuellement déchirent, autour de leurs poitrines, boucliers de cuir
ronds et rondaches légères. Lors Phœbos Apollon ainsi
parle à l'ardent Arès :

« Arès, Arès, fléau des hommes, buveur de sang,
assailleur de remparts, voudrais-tu pas aller écarter du
combat l'homme que tu vois, le fils de Tydée ? A cette
heure il combattrait Zeus Père même. Il a d'abord
approché et blessé Cypris au poignet, puis s'est jeté sur
moi, pareil à un dieu. »

Il dit, et s'assied, lui, au sommet de Pergame, tandis
que le funeste Arès part exciter les rangs troyens, sous les
traits d'Acamas, impétueux chef des Thraces. Aux Priamides issus de Zeus ensuite il ordonne :

« Fils de Priam, le roi issu de Zeus, jusques à quand
laisserez-vous les Achéens tuer votre monde ? Attendez-
vous donc qu'ils combattent autour de vos portes solides ?
Voici à terre le guerrier que nous honorions à l'égal du
divin Hector, Enée, le fils du magnanime Anchise. Allons !
sauvons de la bagarre notre brave compagnon. »

Il dit, et stimule la fougue et l'ardeur de tous.

A ce moment, Sarpédon, vivement, s'en prend au divin
Hector :

« Hector, où est-elle donc partie la fougue qui fut la
tienne ? Tu prétends, n'est-ce pas ? tenir la ville, sans
armée, sans alliés, seul, avec tes frères et beaux-frères. De
ceux-ci, pour l'instant, je n'arrive à voir ni à entrevoir
aucun : tous se terrent, comme chiens autour du lion. Et
c'est nous qui nous battons, nous qui ne sommes parmi
vous que des alliés. Je puis bien le dire : je suis un allié
venu d'assez loin. Elle est loin, la Lycie, et les bords de
son Xanthe tourbillonnant. J'ai laissé là ma femme et mon
fils tout enfant, et mes trésors sans nombre dont rêve
l'indigent. Je n'en stimule pas moins la foule de mes
Lyciens, et je brûle moi-même de me battre en combat
singulier. Et pourtant ai-je ici rien à moi, que les Achéens
puissent emporter, emmener ? tandis que toi, tu restes là,
sans savoir même donner à tous les tiens l'ordre de tenir
bon pour défendre leurs femmes ! Ah ! j'ai peur que vous

ne tombiez aux mailles d'un filet qui ramasse tout et ne deveniez la proie, le butin de l'ennemi. Je le vois bientôt saccageant votre belle ville. Mais tout cela, c'est à toi d'y songer, nuit et jour, de supplier les chefs de tes illustres alliés, pour qu'ils tiennent sans défaillance, et de te décharger ainsi d'un dur reproche. »

Ainsi dit Sarpédon. Ces mots mordent Hector au cœur. Brusquement, de son char, il saute à terre, en armes. Brandissant ses piques aiguës, il va par l'armée en tous sens, stimulant chacun au combat, et réveille ainsi l'atroce mêlée. Les voici qui se retournent et qui font face aux Achéens. Les Argiens résistent à leur tour et, loin de fuir, font bloc. Comme on voit, sur les aires saintes, le vent emporter la balle du blé, les jours où vannent les hommes et où la blonde Déméter se sert du souffle vif des brises pour trier le grain de la balle : les tas de paille alors peu à peu deviennent tout blancs; de même les Achéens apparaissent le haut du corps tout blanc, sous le tourbillon de poussière qu'au milieu d'eux les pieds de leurs chevaux, en frappant le sol, soulèvent vers le ciel de bronze, cependant que la mêlée recommence et que les cochers tournent bride. Les combattants alors portent droit devant eux l'élan de leurs bras. L'ardent Arès enveloppe la bataille d'une nuit soudaine, afin d'aider les Troyens. Il va et vient de tous côtés, exécutant les ordres de Phœbos Apollon, le dieu à l'épée d'or, qui lui enjoint de réveiller le courage des Troyens, depuis qu'il a vu s'éloigner Pallas Athéné, protectrice des Danaens, et qui, de son côté, fait sortir Enée de son riche sanctuaire et met aussi la fougue au cœur du pasteur d'hommes. Enée revient parmi les siens. Tous ont grand-joie à le voir s'avancer vivant et intact, plein de noble ardeur. Mais ils ne posent aucune question. Une autre tâche l'interdit, le combat qu'ont éveillé et le dieu à l'arc d'argent, et Arès, fléau des mortels, et Lutte aux fureurs sans mesure.

Cependant les deux Ajax, Ulysse et Diomède stimulent les Danaens au combat. Mais ceux-ci déjà, par eux-mêmes, ne craignent ni les violences ni les poursuites des Troyens. Ils restent là, pareils à ces nuées que le fils de Cronos a, un jour de grand calme, suspendues au-dessus

de quelque sommet montagneux, et qui demeurent
immobiles, tant que dort l'élan de Borée et des autres
vents violents, dont les souffles sonores toujours, quand ils
se lèvent, dispersent les nuées ombreuses. Tout de même,
les Danaens, loin de fuir, attendent de pied ferme les
Troyens. L'Atride va et vient à travers la foule et
multiplie les encouragements :

« Amis, soyez des hommes ; prenez un cœur vaillant.
Faites-vous mutuellement honte dans le cours des mêlées
brutales. Quand les guerriers ont le sens de la honte, il est
parmi eux bien plus de sauvés que de tués. S'ils fuient au
contraire, point de gloire pour eux, point de secours non
plus. »

Il dit, et, vivement, lance sa javeline ; et il touche un
champion ennemi, un camarade du magnanime Énée,
Déicoon, fils de Pergase, que les Troyens honorent à l'égal
des fils de Priam, parce qu'il est toujours prompt à se
battre au premier rang. Le roi Agamemnon le touche de
sa pique à son bouclier. Celui-ci n'arrête pas l'arme : le
bronze passe à travers ; il déchire le ceinturon et pénètre
dans le bas-ventre. L'homme tombe avec fracas, et ses
armes sonnent sur lui.

Enée, de son côté, fait sa proie de deux braves parmi les
Danaens, les fils de Dioclès, Créthon et Orsiloque. Leur
père habitait la belle cité de Phères et y vivait dans
l'opulence. Il remontait au fleuve Alphée, dont le vaste
flot traverse tout le pays de Pylos. Alphée avait donné le
jour à Ortiloque, seigneur d'un peuple nombreux. Ortiloque fut père, à son tour, du magnanime Dioclès. De
Dioclès deux jumeaux étaient nés, Créthon et Orsiloque,
experts à tous les combats. A peine arrivés à l'adolescence,
ils ont, sur les nefs noires, suivi les Argiens vers Ilion aux
bons coursiers, afin d'obtenir une récompense aux deux
fils d'Atrée, Ménélas et Agamemnon. La mort, qui tout
achève, les enveloppe là, sur place. On dirait deux lions
qu'au sommet des montagnes leur mère a nourris dans les
fourrés d'un bois profond ; pour ravir les bœufs et les gros
moutons, ils vont se ruant sur les étables des hommes,
jusqu'au jour où eux-mêmes, sous les coups des hommes,
sont tués par le bronze aigu. Tout de même, domptés par

le bras d'Enée, ils s'abattent à terre, pareils à de hauts sapins.

Leur chute émeut de pitié Ménélas chéri d'Arès. Il s'en vient à travers les champions hors des lignes, casqué du bronze flamboyant, agitant sa javeline. Arès excite sa fougue, parce qu'il médite sa défaite sous le bras d'Enée. Mais Antiloque l'a vu, fils du magnanime Nestor, et il s'en vient aussi à travers les champions hors des lignes. Il a peur pour le pasteur d'hommes : s'il lui arrivait quelque chose ! et s'il leur faisait de la sorte perdre le plus clair de leurs peines ! L'un contre l'autre, les deux adversaires déjà lèvent leurs bras et leurs piques aiguës, ardents à combattre, quand Antiloque se vient mettre tout à côté du pasteur d'hommes. Alors Enée cède la place, pour impétueux guerrier qu'il soit, quand il voit côte à côte deux héros fermes devant lui. Ainsi ils tirent les cadavres vers les lignes des Achéens ; ils mettent les deux malheureux aux mains de leurs camarades ; puis ils font volte-face, pour combattre de nouveau au premier rang.

A ce moment, ils font leur proie de Pylémène, l'égal d'Arès, chef des Paphlagoniens, guerriers magnanimes. C'est l'Atride Ménélas, l'illustre guerrier, qui le trouve dressé devant lui, le frappe de sa pique et l'atteint à la clavicule. Antiloque, de son côté, frappe son écuyer et cocher, Mydon, le vaillant fils d'Atymnios. Il faisait tourner ses chevaux aux sabots massifs : Antiloque, d'une pierre, l'atteint en plein coude. Les rênes luisantes d'ivoire tombent de ses mains sur le sol, dans la poussière. Antiloque alors bondit, l'épée au poing, et le frappe à la tempe. Il tombe, râlant, du char ouvragé, tête en avant, dans la poussière, sur le sommet du crâne et les épaules ; et il reste ainsi, tout droit, assez longtemps — car il a rencontré un sable profond — jusqu'au moment où ses chevaux le heurtent et l'abattent sur le sol, dans la poussière. D'un coup de fouet, Antiloque les chasse vers l'armée des Achéens.

Mais Hector les voit à travers les rangs et court sus à eux en criant. Les Troyens marchent à sa suite en solides bataillons. A leur tête sont Arès et la puissante Enyô. Enyô porte avec elle le tumulte impudent du carnage, tandis qu'Arès, dont les mains agitent une pique gigantesque, va et vient, tantôt devant, tantôt derrière Hector.

Diomède au puissant cri de guerre à cette vue frissonne. Tel un homme qui va à travers une vaste plaine soudain s'arrête, impuissant, devant un fleuve impétueux, qui se précipite à la mer; dès qu'il le voit écumer en grondant, à toutes jambes, il rebrousse chemin. Tel le fils de Tydée recule et dit à ses gens :

« Amis, que nous sommes simples d'admirer le divin Hector ainsi qu'un combattant, un guerrier intrépide! A ses côtés toujours un dieu est là, écartant de lui le malheur... Aujourd'hui, c'est Arès qui se montre à ses côtés, là-bas, sous l'aspect d'un mortel. Allons! restons face aux Troyens, mais en reculant peu à peu, et gardez-vous, dans votre ardeur, d'entrer en lutte franche avec les dieux. »

Il dit; les Troyens déjà sont tout près. Hector à ce moment tue deux hommes experts au combat, tous les deux montés sur un même char. Ménesthe et Anchiale. Leur chute émeut de pitié le grand Ajax, fils de Télamon; il vient se placer près des morts et lance sa pique éclatante; et il frappe Amphios, le fils de Sélague, qui habite Pèse et est aussi riche d'argent que de blé. Il a fallu que le Destin l'ait conduit comme allié à Priam et à ses fils! Ajax, fils de Télamon, le frappe au ceinturon, et la longue javeline va se planter dans le bas-ventre. L'homme tombe avec fracas. L'illustre Ajax accourt; il le veut dépouiller de ses armes. Mais les Troyens sur lui déversent leurs piques aiguës, resplendissantes; son bouclier les reçoit par centaines. Néanmoins, il s'avance, met le pied sur le corps, en retire sa pique de bronze. Il ne peut faire davantage et enlever les belles armes des épaules : les traits le pressent trop. Il craint autour du corps une vigoureuse défense de la part des Troyens altiers, qui, nombreux et braves, se dressent devant lui, lance au poing, et, quelque grand et fier et superbe qu'il soit, le repoussent. Ébranlé, il recule.

C'est ainsi qu'on besogne dans la mêlée brutale. Mais soudain, c'est Tlépolème, le noble et grand Héraclide, que l'impérieux Destin fait se dresser juste en face de

Sarpédon égal aux dieux. Ils marchent l'un sur l'autre et entrent en contact, fils et petit-fils de Zeus assembleur des nuées. Et le premier, Tlépolème, s'adresse à l'autre en ces termes :

« Sarpédon, bon conseiller des Lyciens, quel sort te contraint donc à te terrer ici, comme un homme qui ne sait rien du combat ? On ment, quand on te dit descendant de Zeus porte-égide. Tu es trop au-dessous de ces fameux héros qui naquirent de Zeus au temps des anciens hommes. Ils étaient, eux, pareils à ce qu'était, dit-on, mon père à moi, le puissant Héraclès, aux desseins hardis, au cœur de lion. Ce fut lui qui vint ici jadis chercher les chevaux de Laomédon et, avec six nefs seulement et un petit nombre d'hommes, sut ravager la ville d'Ilion et vider d'hommes ses rues. Mais toi, ton cœur est lâche et ton monde périt. J'imagine que tu ne seras pas venu de Lycie pour être d'un secours quelconque aux Troyens, si fort que tu sois, et qu'au contraire tu vas, dompté par moi, passer les portes d'Hadès. »

Sarpédon, chef des Lyciens, alors le regarde et dit :

« Tlépolème, si celui dont tu parles a ruiné la sainte Troie, ce fut pour la folie d'un homme, du superbe Laomédon, qui à son bienfaiteur fit de méchants reproches et lui refusa les chevaux pour lesquels il était venu de si loin. Je prétends, moi, qu'ici-même et par moi, la mort, le noir trépas te sont préparés, et que, dompté sous ma lance, tu me vas donner la gloire, en même temps que ton âme à Hadès aux illustres coursiers. »

Ainsi dit Sarpédon, et Tlépolème aussitôt lève sa pique de frêne. Les longues javelines jaillissent à la fois de leurs mains à tous deux. L'un, Sarpédon, atteint l'autre en plein col, et la pointe s'enfonce de part en part, douloureuse, tandis qu'une nuit sombre enveloppe ses yeux. Tlépolème, lui, a frappé Sarpédon, de sa longue pique à la cuisse gauche : la pointe a passé, furieuse, au travers et s'est enfoncée dans l'os. Mais son père, cette fois encore, écarte de lui le malheur.

Sarpédon, égal aux dieux, est porté hors de la bataille par ses divins compagnons. La longue pique est lourde qu'il traîne avec lui. Mais il n'est personne qui songe ni qui pense à tirer de sa cuisse la pique de frêne, afin qu'il puisse mettre le pied à terre. Ils ont trop de hâte : il leur faut suffire à telle besogne !

Tlépolème, de son côté, est porté hors de la bataille par les Achéens aux bonnes jambières. Mais le divin Ulysse l'aperçoit, Ulysse au cœur endurant, et son âme bout. Lors il balance en son âme et son cœur : se lancera-t-il plus loin à la poursuite du fils de Zeus Retentissant? ou arrachera-t-il la vie à de plus nombreux Lyciens? Mais il n'est pas dans le destin d'Ulysse magnanime de tuer le fier enfant de Zeus avec le bronze aigu. C'est pourquoi Athéné tourne son courage vers la foule des Lyciens. Il fait donc sa proie de Cœrane, Alastor, Chromios, — et d'Alcandre, Halios, Noémon, Prytanis. Et il eût encore, le divin Ulysse, tué bien d'autres Lyciens, si le grand Hector au casque étincelant ne l'eût vu de son œil perçant. Il s'en vient à travers les champions hors des lignes, casqué du bronze flamboyant et portant la terreur parmi les Danaens. A son approche, en revanche, Sarpédon, fils de Zeus, a grand-joie et lui dit ces mots pitoyables :

« Ah! fils de Priam, ne me laisse pas à terre, proie offerte aux Danaens; viens à mon secours. Je consens qu'ensuite la vie m'abandonne dans votre cité, puisque mon destin, je le vois, n'est pas de rentrer chez moi, dans la terre de ma patrie, pour la joie de ma femme et de mon fils tout enfant. »

Il dit; Hector au casque étincelant ne réplique rien, mais, d'un bond, il le dépasse : il est désireux de repousser au plus tôt les Argiens et d'arracher la vie à bien d'autres encore. Sarpédon égal aux dieux cependant est déposé par ses divins compagnons aux pieds du chêne magnifique de Zeus qui porte l'égide. Le fier Pélagon lui extrait de la cuisse la pique de frêne, Pélagon, son bon camarade. Le souffle l'abandonne; un brouillard s'épand sur ses yeux. Puis il reprend haleine; le souffle de Borée vient sur lui, l'enveloppe et ranime son cœur, qui tristement défaille.

Cependant les Argiens, sous la poussée d'Arès et d'Hector au casque de bronze, ni ne tournent le dos pour rejoindre les nefs noires, ni ne se portent en avant pour combattre; ils rompent sans arrêt, depuis qu'ils savent Arès au milieu des Troyens.

Quel est alors le premier, quel est le dernier qu'abattent Hector, fils de Priam, et Arès de bronze? C'est Teuthras, égal aux dieux, puis Oreste, aiguillonneur de cavales, puis Tréchos, bon guerrier d'Etolie, et Œnomaos; puis Hélénos, le fils d'Œnops, Oresbios, au couvre-ventre scintillant, qui vit à Hylé, tout au soin de sa fortune. Riverain du lac Céphise, il a là pour voisins d'autres Béotiens, vivant aussi sur ce sol plantureux.

Mais Héré, la déesse aux bras blancs, à ce moment les aperçoit massacrant les Argiens au cours de la mêlée brutale. Aussitôt, à Athéné, elle adresse ces mots ailés :

« Et quoi! fille de Zeus qui tient l'égide, Infatigable! nous aurons à Ménélas fait une promesse vaine, en lui affirmant qu'il ne s'en retournerait qu'une fois détruite Ilion aux bonnes murailles, si nous permettons au funeste Arès de donner ainsi libre cours à sa fureur. Allons! souvenons-nous, toutes deux aussi, de notre valeur ardente. »

Elle dit; Athéné, la déesse aux yeux pers, n'a garde de dire non. Héré examine et équipe ses coursiers au frontal d'or, Héré, l'auguste déesse, la fille du grand Cronos. De chacun des côtés du char, Hébé vivement met les roues recourbées, les roues de bronze à huit rayons, aux deux bouts de l'essieu de fer. La jante est d'or, inaltérable, mais par-dessus s'adaptent des cercles de bronze — une merveille à voir. Des moyeux ronds d'argent se voient des deux côtés. La caisse est tendue de lanières d'or et d'argent; une double rampe l'entoure. Un timon d'argent en sort. A l'extrémité, Hébé attache le beau joug d'or, sur lequel elle place de belles courroies d'or. Puis Héré amène sous le joug ses chevaux aux pieds rapides. Elle est avide de querelle et de huée.

Athéné, cependant, fille de Zeus porte-égide, laisse couler sur le sol de son père la robe souple et brodée qu'elle a faite et ouvrée de ses mains. Puis, enfilant la tunique de Zeus, assembleur de nuées, elle revêt son armure pour le combat, source de pleurs. Autour de ses épaules, elle jette l'égide frangée, redoutable, où s'étalent en couronne Déroute, Querelle, Vaillance, Poursuite qui glace les cœurs, et la tête de Gorgô, l'effroyable monstre, terrible, affreuse, signe de Zeus porte-égide. Sur son front elle pose un casque à deux cimiers, à quatre bossettes, casque d'or, qui s'orne des fantassins de cent cités. Elle monte enfin sur le char de flamme et saisit sa pique — la lourde, longue et forte pique sous laquelle elle abat les rangs des héros contre qui va sa colère de fille du Tout-Puissant. Alors Héré, vivement, touche du fouet les chevaux. D'elles-mêmes, les portes gémissent, ces portes que gardent les Heures, à qui l'entrée est commise de l'Olympe et du vaste ciel, avec le soin d'écarter ou de replacer tour à tour une très épaisse nuée. C'est par là qu'elles font passer l'attelage excité par l'aiguillon. Elles trouvent le fils de Cronos assis à l'écart, loin des autres, sur le plus haut sommet de l'Olympe aux cimes sans nombre. La déesse aux bras blancs, Héré, alors arrête ses chevaux, et, s'adressant à Zeus suprême, fils de Cronos, lui demande :

« Zeus Père ! n'es-tu donc pas indigné contre Arès de toutes ces horreurs ? Quelle nombreuse et belle troupe il a détruite aux Achéens ! — à tort et à travers : tout lui est bon. J'en souffre, moi, cependant que Cypris et Apollon à l'arc d'argent jouissent bien tranquillement du spectacle de ce fou qu'ils ont déchaîné et qui ne connaît point de loi. Zeus Père ! te fâcheras-tu, si je frappe Arès un peu rudement, pour le chasser du combat ? »

L'assembleur de nuées, Zeus, ainsi lui réplique :

« Eh bien ! lance donc sur lui Athéné, la Ramasseuse de butin. Plus qu'une autre, elle est habituée à le mettre en contact avec les cruelles douleurs. »

Il dit, et Héré, la déesse aux bras blancs, n'a garde de dire non. Elle fouette ses chevaux, et ceux-ci, pleins d'ardeur, s'envolent dans l'étendue qui sépare la terre du ciel étoilé. Autant d'espace brumeux se laisse embrasser du regard par l'homme assis sur une guette qui surveille une mer aux teintes lie-de-vin, autant d'espace est vite dévoré par les coursiers hennissants des déesses. Ils sont bientôt dans la plaine de Troie, où coulent deux fleuves, à l'endroit où confluent les eaux du Simoïs et du Scamandre. La déesse aux bras blancs, Héré, arrête ses chevaux, les détèle du char et répand autour d'eux une épaisse vapeur. Le Simoïs, pour leur pâture, fait alors pousser une herbe divine.

Les deux déesses vont ensuite, d'une allure toute pareille à celle des timides colombes, désireuses de porter aide aux Argiens. Elles arrivent où sont les combattants les plus nombreux et les plus braves. Ils sont groupés autour du puissant Diomède, dompteur de cavales. On dirait des lions carnassiers, ou bien des sangliers, dont rien n'abat la force. La déesse aux bras blancs, Héré, alors s'arrête et pousse un cri ; elle a commencé par prendre l'aspect de Stentor au grand cœur, à la voix de bronze, aussi forte que celle de cinquante autres réunis :

« Honte à vous, Argiens ! Ah ! les lâches infâmes, sous leur magnifique apparence ! Aussi longtemps que le divin Achille hantait les combats, les Troyens ne se montraient même pas devant les portes Dardaniennes, tant ils redoutaient sa puissante lance. Et, aujourd'hui, les voilà qui combattent loin de leur cité, devant nos nefs creuses ! »

Elle dit et stimule la fougue et l'ardeur de tous. Cependant Athéné, la déesse aux yeux pers, se lance à la recherche du fils de Tydée. Et elle trouve le héros près de son char et de son attelage, éventant la blessure que lui a infligée la flèche de Pandare. La sueur l'épuise, sous le large baudrier qui soutient son écu rond : ainsi épuisé, il sent son bras las ; il soulève le baudrier, pour essuyer son sang noir. Lors la déesse met la main sur le joug de son char et dit :

« Ah ! il rappelle peu son père, le fils qu'a engendré Tydée. Tydée, de taille, était petit, mais c'était un guerrier. Un jour, je lui défendais de se battre et de faire éclater sa furie. C'était le jour où, quittant les Achéens, il était arrivé en messager à Thèbes. Il avait autour de lui des milliers de Cadméens ; je l'engageais à festoyer tranquillement dans le palais. Mais il avait le cœur brutal, comme toujours ; il défiait les jeunes Cadméens et de tous aisément triomphait — tant, moi, je lui prêtais d'aide. Toi, au contraire, je suis à tes côtés, je veille sur toi, je t'invite franchement à combattre les Troyens : est-ce donc

la fatigue du combat bondissant qui pénètre tes membres ?
ou est-ce une terreur lâche qui te retient ? Alors tu n'es pas
fils du brave fils d'Œnée, tu n'es pas fils de Tydée ! »

Diomède le Fort en réponse lui dit :

« Je te reconnais, déesse, fille de Zeus qui tient l'égide.
Je te parlerai donc franchement, sans te rien cacher. Non,
ce n'est pas une terreur lâche qui me retient, ce n'est pas
une hésitation. Je me rappelle seulement les avis que tu
m'as donnés. Tu m'as défendu de combattre en face les
divinités immortelles — sauf une : si la fille de Zeus, si
Aphrodite entrait dans la bataille, elle, je devais la frapper
de mon bronze aigu. Et c'est pourquoi, maintenant, je
recule, c'est pourquoi j'ai donné l'ordre à tous les autres
Argiens de se rallier ici : je reconnais Arès allant en maître
à travers le combat. »

La déesse aux yeux pers, Athéné, lui répond :

« Fils de Tydée, Diomède cher à mon cœur, ne crains
pas plus Arès qu'aucun autre Immortel : tant je puis, moi,
te prêter d'aide. Bien au contraire, mène d'abord droit sur
Arès tes coursiers aux sabots massifs, frappe-le à bout
portant ; n'aie point de respect pour l'ardent Arès : c'est
un furieux, le mal incarné, une tête à l'évent ! Il nous
assurait naguère en propres termes, à Héré et à moi, qu'il
combattrait les Troyens, qu'il aiderait les Argiens ; et le
voilà au milieu des Troyens : les autres, il les a oubliés ! »

Elle dit, et, de la main, tirant Sthénélos en arrière, elle
lui fait vider le char. Il saute à terre prestement, et la
déesse, impatiente, monte sur le siège, à côté du divin
Diomède. Haut et fort, sous son poids, crie l'essieu de
chêne ; il porte une si terrible déesse et un tel héros ! Pallas
Athéné prend en main le fouet et les rênes, et, d'abord,
sans retard, mène sur Arès les coursiers aux sabots
massifs. Arès cependant s'emploie à dépouiller l'énorme
Périphas, de beaucoup le plus brave de tous les Etoliens,
l'illustre fils d'Ochésios. Et, tandis qu'ainsi s'emploie Arès
meurtrier, Athéné se coiffe du casque d'Hadès : il ne faut
pas que le puissant Arès la voie.

Mais Arès, le fléau des hommes, voit tout à coup le
divin Diomède. Il laisse aussitôt là l'énorme Périphas,
étendu à l'endroit même où il vient, en le frappant, de lui

arracher la vie. Il va droit à Diomède, dompteur de
cavales. Ils marchent l'un sur l'autre et entrent en contact.
Arès, le premier, se fend, par-dessus le joug et les rênes de
l'attelage, avec sa pique de bronze. Il brûle de prendre la
vie du héros. Mais Athéné, la déesse aux yeux pers, de sa
main saisit la pique et la détourne, si bien qu'elle s'envole,
inutile, écartée du char. A son tour, Diomède au puissant
cri de guerre tend le corps en avant, sa pique de bronze à
la main. Et Pallas Athéné l'appuie contre le bas-ventre
d'Arès, à l'endroit même où il boucle son couvre-ventre.
C'est là que Diomède l'atteint et le blesse ; il déchire la
belle peau, puis ramène l'arme. Arès de bronze alors
pousse un cri, pareil à celui que lancent au combat neuf ou
dix mille hommes engagés dans la lutte guerrière. Et un
frisson saisit Troyens et Achéens, pris de peur : tant a crié
Arès insatiable de guerre !

Ainsi que des nuages sort une vapeur ténébreuse,
quand, appelé par la chaleur, se lève un vent de tempête,
ainsi sous les yeux de Diomède, fils de Tydée, Arès de
bronze monte avec les nuées vers le vaste ciel. Vite il
atteint le séjour des dieux, l'Olympe escarpé, et va
s'asseoir auprès de Zeus, fils de Cronos, le cœur plein de
chagrin. Il lui montre le sang divin qui coule de sa
blessure et, d'un ton gémissant, lui dit ces mots ailés :

« Zeus Père, n'es-tu donc pas indigné, quand tu vois
toutes ces horreurs ? Sans cesse les dieux que nous
sommes subissent les pires tourments, cela les uns par les
autres, pour plaire aux mortels. Nous sommes tous
révoltés contre toi ; tu as donné le jour à une folle
exécrable, qui ne rêve que méfaits. Tous les autres dieux
qui sont dans l'Olympe t'écoutent ; chacun de nous t'est
soumis. Mais à elle tu n'adresses jamais mot ni geste de
blâme ; tu lui lâches la bride, parce que tu lui as tout seul
donné le jour, à cette fille destructrice, qui vient de
déchaîner encore le fils de Tydée, le bouillant Diomède,
en pleine fureur, contre les dieux immortels. Il a d'abord
approché et blessé Cypris au poignet. Ensuite il s'est jeté
sur moi, pareil à un dieu. Mes pieds rapides m'ont
soustrait à lui ; sans quoi, je serais là encore à souffrir

longtemps mille maux, au milieu d'horribles cadavres, où, vivant, je me fusse pâmé aux coups du bronze. »

L'assembleur de nuées, Zeus, sur lui lève un œil sombre et dit :

« Ne viens pas, tête à l'évent, gémir ici à mes pieds. Tu m'es le plus odieux de tous les Immortels qui habitent l'Olympe. Ton plaisir toujours, c'est la querelle, la guerre, et les combats. Ah ! tu as bien l'emportement intolérable, sans rémission, de ta mère, de cette Héré que j'ai tant de peine à dompter avec des mots. Aussi, je crois, si tu pâtis, que tu le dois à ses conseils. Je ne veux pas pourtant te laisser souffrir davantage : tu es né de moi, c'est pour moi que ta mère t'a mis au monde. Mais, si tu étais né de quelque autre dieu, destructeur comme tu l'es, il y a longtemps que tu serais dans un séjour situé plus bas encore que celui des fils de Ciel. »

Il dit, et il commande à Péon de le guérir ; et Péon sur lui répand des poudres calmantes, et il le guérit, parce qu'il n'est pas né mortel. Comme le suc de figuier fait, quand on l'agite, cailler le lait blanc et fluide, qui, vite, prend, sous les yeux de celui qui le tourne, de même, vite, Péon guérit l'ardent Arès. Après quoi, Hébé le baigne et le revêt d'élégants vêtements. Il va s'asseoir alors à côté de Zeus le Cronide, dans l'orgueil de sa gloire.

Au même moment les déesses rentrent au palais de Zeus, Héré d'Argos et Athéné d'Alalcomènes. Elles ont mis fin aux tueries d'Arès, fléau des mortels.

CHANT VI

L'atroce mêlée entre les Troyens et les Achéens est donc laissée à elle-même ; et la bataille alors de pousser des pointes en tout sens, par-ci, par-là, dans la plaine, tous, les uns contre les autres, pointant leurs piques de bronze, entre le Simoïs et le cours du Scamandre.

Le premier, Ajax, fils de Télamon, rempart des Achéens, enfonce un bataillon troyen et fait luire aux siens le salut, en frappant un guerrier, le plus brave des Thraces, le fils d'Eussore, le noble et grand Acamas. Le premier, il l'atteint au cimier de son casque à crins de cheval ; il lui plante son arme au front ; la pointe de bronze s'enfonce et traverse l'os ; l'ombre couvre ses yeux.

Diomède, au puissant cri de guerre, frappe, lui, Axyle, le fils de Teuthras, qui habite sa bonne ville d'Arisbé. Il y vit dans l'opulence ; mais les gens l'aiment, parce que sa demeure est au bord de la route, et qu'à tous il fait aimable accueil. Personne cependant ne vient s'offrir aux coups, pour écarter de lui le triste trépas. Diomède prend les deux vies du maître et de l'écuyer, Calésios, qui en ce jour conduit son char. Tous deux descendent sous la terre.

Euryale abat Drèse, ainsi qu'Opheltios. Il marche ensuite sur Esèpe et Pédase, qu'Abarbarée, nymphe des eaux, a jadis enfantés à Boucolion sans reproche. Boucolion était fils du fameux Laomédon, fils aîné, mais mis au monde en cachette par sa mère. Alors qu'il paissait ses ouailles, il avait partagé le lit et l'amour de la nymphe ; et elle avait conçu de lui et mis au monde deux jumeaux. Le fils de Mécistée brise leur fougue et leurs membres brillants; après quoi, de leurs épaules, il leur enlève leurs armes.

Le valeureux Polypœtès, lui, tue Astyale, tandis qu'Ulysse abat Pidytès de Percote sous sa pique de bronze, et Teucros le divin Arétaon. Antiloque, le fils de Nestor, frappe Ablère de sa pique éclatante, et Agamemnon, protecteur de son peuple, Élate, qui, sur les bords du Satnioïs aux belles eaux, habite la haute Pédase. Le héros Léite fait sa proie de Phylaque qui cherche à s'enfuir; Eurypyle tue Mélanthe.

Ménélas au puissant cri de guerre prend Adraste vivant. Ses chevaux affolés, en courant par la plaine, ont soudainement buté sur la branche d'un tamaris; alors, brisant le char courbe à l'extrémité du timon, ils le laissent là et partent vers la ville, où les autres déjà s'enfuient, affolés, tandis que l'homme, lui, roule à bas de son char, à côté d'une roue, tête en avant, dans la poussière, sur la bouche. Et voici que de lui s'approche Ménélas, le fils d'Atrée, sa longue javeline au poing. Adraste lui saisit les genoux et supplie :

« Ah! prends-moi vivant, fils d'Atrée, agrée une honnête rançon. Mon père est riche; il a chez lui maints trésors en réserve, bronze et or et fer travaillé. Il en tirerait, pour te satisfaire, une immense rançon, s'il me savait en vie près des nefs achéennes. »

Il dit et touche le cœur de Ménélas en sa poitrine. Déjà il s'apprête à le mettre aux mains de son écuyer, pour qu'il l'emmène aux nefs des Achéens, quand Agamemnon en courant vient à lui et d'un ton grondeur lui dit :

« Ah! pauvre ami! ah! Ménélas! pourquoi tant d'égards pour ces hommes? As-tu donc eu si fort à te louer des Troyens à ton foyer? Non, qu'aucun d'eux n'échappe au gouffre de la mort, à nos bras, pas même le garçon au ventre de sa mère, pas même le fuyard! Que tous ceux d'Ilion ensemble disparaissent, sans laisser de deuil ni de trace! »

Ainsi dit le héros; le cœur de son frère se laisse convaincre : l'avis est sage. De la main il repousse le héros

Adraste. Le roi Agamemnon aussitôt le frappe au flanc : l'homme tombe à la renverse et l'Atride lui met le pied sur la poitrine, pour tirer sa pique de frêne.

Nestor aux Argiens alors clame à grande voix :

« Héros danaens, serviteurs d'Arès, mes amis! que personne maintenant ne reste plus en arrière pour se jeter sur des dépouilles, afin d'en rapporter le plus possible aux nefs. Tuons des hommes; après quoi vous pourrez à votre aise, dans toute la plaine, ravir leurs armes aux cadavres des morts. »

Il dit et stimule la fougue et l'ardeur de tous. Alors les Troyens, à leur tour, sous la poussée des Achéens chéris d'Arès, seraient remontés jusque dans Ilion, cédant à la lâcheté, si Hélénos, fils de Priam, de beaucoup le meilleur des devins, ne s'était approché d'Hector et d'Énée, pour leur dire :

« Énée, Hector, c'est sur vous avant tous que repose la tâche des Troyens et des Lyciens, puisqu'en toute entreprise vous êtes les meilleurs pour combattre et pour décider : eh bien! faites donc halte ici, sur cette ligne; puis, afin de retenir vos gens en avant des portes, parcourez tout votre front, avant qu'ils n'aillent se jeter, en déroute, dans les bras de leurs femmes et se rendre de la sorte la risée de nos ennemis. Une fois que vous aurez stimulé tous les bataillons, nous resterons là, nous autres, à combattre les Danaens, si recrus de fatigue que nous puissions être; la nécessité nous en presse. Mais toi, Hector, pendant ce temps, prends le chemin de la ville et va parler à notre mère, à tous deux. Qu'elle convoque les Anciennes dans le temple consacré à Athéné aux yeux pers, sur l'acropole; qu'elle se fasse, avec les clefs, ouvrir les portes de la demeure sainte; puis, prenant le voile qui lui paraîtra le plus beau, le plus grand en son palais, le voile auquel elle tiendra le plus, qu'elle s'en aille le déposer sur les genoux d'Athéné aux beaux cheveux. Et qu'en même temps elle fasse vœu de lui immoler dans son temple douze génisses d'un an, ignorant encore l'aiguillon, si elle daigne prendre en pitié notre ville, et les épouses des Troyens, et leurs fils encore tout enfants, et si elle veut bien de la sainte Ilion écarter le fils de Tydée, sauvage

guerrier, puissant maître de déroute, que je crois bien
pour ma part le plus fort des Achéens. Nous avions moins
peur d'Achille, le commandeur de guerriers, qu'on dit issu
d'une déesse. Mais celui-là est en pleine fureur, et
personne n'est capable de se mesurer à sa fougue. »

Il dit; Hector n'a garde de dire non à son frère.
Brusquement, de son char, il saute à terre, en armes.
Brandissant ses piques aiguës, il va par l'armée en tous
sens, stimulant chacun au combat, et réveille l'atroce
mêlée. Les voici qui font volte-face et tiennent tête aux
Achéens. Les Argiens reculent et s'arrêtent de tuer. Ils se
disent qu'un Immortel descendu du ciel étoilé vient porter
aide aux Troyens, à voir comment ils font volte-face.
Alors Hector, à grande voix, lance un appel aux Troyens :

« Bouillants Troyens! illustres alliés! montrez-vous des
hommes, amis; rappelez-vous votre valeur ardente. Je
m'en vais, moi, à Ilion parler aux Anciens du Conseil,
ainsi qu'à nos femmes, afin qu'elles supplient les dieux et
leur vouent des hécatombes. »

Ainsi dit — puis s'en va — Hector au casque étincelant,
et, en haut comme en bas, sur sa nuque et sur ses talons,
bat le cuir noir de la bande qui court à l'extrême bord de
son bouclier bombé.

Cependant le fils de Tydée et Glaucos, le fils d'Hippoloque, se rencontrent entre les lignes, tous deux brûlant de
se battre. Ils marchent l'un sur l'autre et entrent en
contact; et Diomède au puissant cri de guerre, le premier,
dit à l'autre :

« Qui donc es-tu, noble héros, parmi les mortels?
Jamais encore je ne t'ai vu dans la bataille où l'homme
acquiert la gloire. Mais ici tu l'emportes, et de loin, sur
tous les autres, puisque ton audace ne recule même pas
devant ma longue javeline. Malheur aux parents dont les
fils osent affronter ma fureur! Si pourtant tu étais un des
Immortels descendu des cieux, je ne saurais, moi,
combattre les divinités célestes. Lycurgue même, le
puissant fils de Dryas, n'a pas vécu longtemps, du jour
qu'il eut cherché querelle aux divinités célestes. N'avait-il
pas un jour poursuivi les nourrices de Dionysos le
Délirant sur le Nyséion sacré? Toutes alors de jeter leurs

thyrses à terre, devant la hache d'hécatombe dont voulait
les frapper Lycurgue meurtrier, cependant qu'éperdu,
Dionysos plongeait dans le flot marin, où Thétis le reçut,
épouvanté, dans ses bras ; tant la peur l'avait pris au ton
grondeur de l'homme ! Mais, contre celui-ci, les dieux, qui
vivent dans la joie, alors s'indignèrent ; le fils de Cronos en
fit un aveugle ; et, même ainsi, il ne vécut pas longtemps :
il était devenu un objet d'horreur pour tous les Immortels.
Je ne voudrais pas dès lors combattre à mon tour les dieux
bienheureux. Si, par contre, tu n'es qu'un mortel vivant
du fruit de la terre, alors viens plus près, et tu arriveras
plus vite au terme fixé pour ta perte. »

Le glorieux fils d'Hippoloque répond :

« Magnanime fils de Tydée, pourquoi me demander
quelle est ma naissance ? Comme naissent les feuilles, ainsi
font les hommes. Les feuilles, tour à tour, c'est le vent qui
les épand sur le sol, et la forêt verdoyante qui les fait
naître, quand se lèvent les jours du printemps. Ainsi des
hommes : une génération naît à l'instant même où une
autre s'efface. Si pourtant tu en veux apprendre davantage
et savoir ma naissance — nombreux déjà sont ceux qui la
connaissent — écoute. Il est une ville, Ephyre, au fond de
l'Argolide, nourricière de cavales. Là vivait Sisyphe,
l'homme entre tous habile, Sisyphe, fils d'Eole. Il eut
pour fils Glaucos. Et Glaucos fut père à son tour de
Bellérophon sans reproche, à qui les dieux accordèrent
ensemble beauté et charmant courage. Mais Prœtos en son
âme, un jour, médita son malheur et le chassa de son pays
d'Argos. C'est que Prœtos était bien au-dessus de lui :
Zeus l'avait placé sous son sceptre. Or, la femme de
Prœtos, la divine Antée, avait conçu un désir furieux de
s'unir à lui dans des amours furtives ; et, comme elle
n'arrivait point à toucher Bellérophon, le brave aux sages
pensers, menteusement elle dit au roi Prœtos : « Je te voue
à la mort, Prœtos, si tu ne tues Bellérophon, qui voulait
s'unir d'amour à moi, malgré moi. » Elle dit ; la colère prit
le roi, à ouïr tel langage. Il recula pourtant devant un
meurtre ; son cœur y eut scrupule. Mais il envoya
Bellérophon en Lycie, en lui remettant des signes
funestes. Sur des tablettes repliées il avait tracé maint trait

meurtrier; il lui donna l'ordre de les montrer à son beau-père, afin qu'ils fussent sa mort. Bellérophon s'en fut donc en Lycie, sous la conduite indéfectible des dieux. Dès qu'il eut atteint la Lycie et les bords du Xanthe, le seigneur de la vaste Lycie l'honora de grand cœur. Neuf jours durant, il le reçut en hôte et fit tuer neuf bœufs pour lui. Mais quand, pour la dixième fois, parut l'Aurore aux doigts de rose, il l'interrogeait, et demandait à voir le signe qu'il lui apportait au nom de son gendre Prœtos. A peine eut-il en main le signe funeste envoyé par son gendre, que, pour commencer, il donna à Bellérophon l'ordre de tuer la Chimère invincible. Elle était de race, non point humaine, mais divine : lion par-devant, serpent par-derrière, et chèvre au milieu, son souffle avait l'effroyable jaillissement d'une flamme flamboyante. Il sut la tuer pourtant, en s'assurant aux présages des dieux. Il eut ensuite à se battre contre les fameux Solymes; et ce fut, pensa-t-il, le plus rude combat dans lequel il fut jamais engagé parmi les hommes. En troisième lieu, il massacra les Amazones, guerrières égales de l'homme. Mais à peine était-il de retour, que le roi contre lui ourdissait une habile ruse. Choisissant les guerriers les plus braves qui fussent dans la vaste Lycie, il les postait en aguet. Mais aucun ne rentra chez lui : tous furent massacrés par Bellérophon sans reproche. Le roi comprit alors que c'était là le noble fils d'un dieu; voulant le retenir, il lui donna sa fille. Il lui confiait en même temps la moitié de tous ses honneurs royaux. Les Lyciens, de leur côté, lui taillèrent un domaine supérieur à tous les autres, aussi propre aux vergers qu'aux terres à blé. Et le brave Bellérophon vit sa femme lui mettre au monde trois enfants : Isandre, Hippoloque et Laodamie. Aux côtés de Laodamie vint s'étendre le prudent Zeus, et elle donna le jour à un fils égal aux dieux, Sarpédon au casque de bronze. En revanche, du jour où Bellérophon eut encouru à son tour la haine de tous les dieux et où il allait, seul, errant par la plaine Aléienne, rongeant son cœur et fuyant la route des hommes, il vit tout ensemble Arès insatiable de guerre lui immoler son fils Isandre, au cours d'un combat contre les fameux Solymes, et Artémis aux rênes d'or, dans son courroux, lui tuer sa fille. Pour moi, c'est Hippoloque qui m'a donné le jour ; c'est de lui que je déclare être né. Et, en m'envoyant à Troie, avec instance il me recommandait d'être le meilleur partout, de surpasser tous les autres, de ne pas déshonorer la race de mes aïeux, qui toujours furent les plus braves, aussi bien à Ephyre que dans la vaste Lycie. Voilà la race, le sang dont je me flatte d'être issu. »

Il dit, et Diomède au puissant cri de guerre aussitôt est en joie. Il enfonce sa javeline dans la terre nourricière, et au pasteur d'hommes il adresse ces mots apaisants :

« Oui, oui, tu es pour moi un hôte héréditaire, et depuis longtemps. Le divin Œnée reçut jadis en son manoir ce Bellérophon sans reproche. Il l'y retint vingt jours, et ils se firent l'un à l'autre de magnifiques présents. Œnée lui faisait don d'une ceinture où éclatait la pourpre, et Bellérophon d'une coupe d'or à deux anses, que j'ai laissée dans mon palais le jour où j'en suis parti. De Tydée je ne me souviens pas : j'étais tout petit, quand il me quitta ; c'était le temps où à Thèbes tombaient les hommes d'Achaïe. Ainsi je suis ton hôte au cœur de l'Argolide, et tu es le mien en Lycie, le jour où j'irai jusqu'en ce pays. Évitons dès lors tous les deux la javeline l'un de l'autre, même au milieu de la presse. J'ai bien d'autres hommes à tuer parmi les Troyens ou leurs illustres alliés, si un dieu me les amène et si je les joins moi-même à la course. Et tu as aussi bien d'autres Achéens à abattre, si tu le peux. Troquons plutôt nos armes, afin que tous sachent ici que nous nous flattons d'être des hôtes héréditaires. »

Ayant ainsi parlé, ils sautent de leurs chars, se prennent les mains, engagent leur foi. Mais, à ce moment-là, Zeus, fils de Cronos, ravit aussi à Glaucos sa raison, puisqu'en troquant ses armes avec Diomède, le fils de Tydée, il lui donne de l'or en échange de bronze — la valeur de cent bœufs contre celle de neuf !

Hector cependant arrive aux portes Scées et au rempart. Autour de lui, en courant, épouses et filles des Troyens viennent l'interroger sur leurs fils ou leurs frères, sur leurs parents, sur leurs époux. Et lui, de les engager toutes, tour à tour, à prier les dieux. Combien sont vouées aux chagrins !

Il arrive enfin devant le palais splendide de Priam, orné de portiques polis. Là sont cinquante chambres de pierre polie, bâties à la file, où les fils de Priam dorment aux côtés de leurs légitimes épouses. De l'autre côté, en face, à l'intérieur de la cour, sont les chambres des filles, douze chambres en pierre polie, munies d'un toit en terrasse, bâties à la file, où les gendres de Priam dorment aux côtés de leurs dignes épouses. A ce moment vient à lui sa mère aux dons si doux, allant chez Laodice, la première de ses filles pour la beauté. Elle lui prend la main, elle lui parle, en l'appelant de tous ses noms :

« Mon enfant, pourquoi donc, quittant le hardi combat, es-tu venu jusqu'ici ? Ah ! comme ils vous épuisent, ces fils des Achéens au nom abhorré, qui combattent autour de nos murs ! Ton cœur t'aura poussé à venir ici tendre les mains vers Zeus du haut de l'acropole. Reste là : je te vais apporter un doux vin : tu en feras d'abord libation à Zeus Père et aux autres dieux ; tu trouveras après, toi-même, profit à en boire. Un soldat fatigué voit le vin augmenter grandement son ardeur, et tu t'es fatigué à défendre les tiens. »

Le grand Hector au casque étincelant répond :

« Ne m'offre pas de doux vin, noble mère, et ne me fais rien perdre de ma fougue ; je craindrais d'oublier ma valeur. Et, quant à faire à Zeus libation d'un vin aux sombres feux avec des mains impures, je n'ose : il n'est jamais permis d'adresser des prières au Cronide à la nuée noire, quand on est souillé de sang et de boue. Non, c'est à toi plutôt d'aller au temple d'Athéné, la Ramasseuse de butin, avec des offrandes en main, après avoir convoqué les Anciennes. Puis, prenant le voile qui te paraîtra le plus beau, le plus grand en ton palais, celui auquel tu tiens le plus, va-t'en le déposer sur les genoux d'Athéné aux beaux cheveux. Et, en même temps, fais vœu de lui immoler dans son temple douze génisses d'un an, ignorant encore l'aiguillon, afin de voir si elle daignera prendre en pitié notre ville, et les épouses des Troyens, et leurs fils encore tout enfants, et si elle voudra de la sainte Ilion écarter le

fils de Tydée, sauvage guerrier, puissant maître de
déroute. Prends donc, toi, le chemin du temple d'Athéné,
la Ramasseuse de butin, tandis que moi, j'irai chercher
Pâris; je veux l'appeler et voir s'il consent à m'écouter.
Ah! que la terre s'ouvre donc, ici même, sous mes pieds!
L'Olympe a fait en lui grandir un terrible fléau pour les
Troyens, pour Priam magnanime et pour tous ses enfants.
Que seulement je le voie donc descendre, celui-là, dans
l'Hadès, et je croirai que mon cœur a oublié son horrible
détresse! »

Il dit; elle se dirige aussitôt vers le palais et appelle ses
servantes, qui par la ville alors s'en vont convoquer les
Anciennes. Elle-même descend dans la chambre odorante,
où se trouvent les voiles, les voiles à mille broderies,
œuvre des Sidoniennes qu'Alexandre pareil aux dieux a
ramenées de Sidon, en traversant la vaste mer, au cours
du même voyage dont il a ramené aussi Hélène aux nobles
ancêtres. Hécube en choisit un, pour le porter en offrande
à Athéné. C'est le plus beau, en fait de broderies — le
plus grand aussi; il brille comme un astre. Il est placé tout
au fond, sous les autres. Après quoi, elle se met en route;
les Anciennes, en nombre, s'empressent à sa suite.

A peine ont-elles atteint le temple d'Athéné, au haut de
l'acropole, que les portes leur en sont ouvertes par la jolie
Théanô, fille de Cissès, épouse d'Anténor, le dompteur de
cavales, que les Troyens ont faite prêtresse d'Athéné. Avec
le cri rituel, vers Athéné toutes tendent les bras. La jolie
Théanô prend le voile; elle le met sur les genoux d'Athéné
aux beaux cheveux; puis, suppliante, elle adresse ce vœu à
la fille du grand Zeus :

« Puissante Athéné, protectrice de notre ville, ô toute
divine! ah! brise donc la pique de Diomède; fais qu'il
tombe lui-même, front en avant, devant les portes Scées;
et aussitôt, dans ton temple, nous t'offrirons douze
génisses d'un an, ignorant encore l'aiguillon, si tu daignes
prendre en pitié notre ville, et les épouses des Troyens, et
leurs fils encore tout enfants! »

Elle dit; mais à sa prière Pallas Athéné fait non.

Mais tandis que les femmes implorent de la sorte la fille
du grand Zeus, Hector gagne la demeure d'Alexandre, la

belle demeure qu'il a construite lui-même, aidé des meilleurs charpentiers qu'ait connus en ce temps la Troade fertile. Ils lui ont bâti chambre, maison et cour tout près de Priam et d'Hector, en haut de l'acropole; et c'est là que pénètre Hector aimé de Zeus. Il tient au poing une pique de onze coudées, dont la pointe de bronze qu'enserre une virole d'or, projette ses feux devant lui. Il trouve son frère dans sa chambre, qui fourbit ses armes splendides — bouclier, cuirasse — et palpe son arc recourbé. Hélène l'Argienne est assise là, entourée de captives, ordonnant à ses servantes de magnifiques ouvrages. Hector, voyant son frère, lors le prend à partie en termes infamants :

« Pauvre fou ! il n'est guère beau de se mettre au cœur pareille colère. Nos gens s'usent à se battre autour de notre ville et de son haut rempart, et c'est pour toi que la huée et la bataille flambent autour de cette ville. Tu serais le premier à chercher querelle à quiconque tu verrais mollir au féroce combat. Allons debout ! debout ! si tu ne veux que notre ville bientôt ne se consume dans le feu dévorant. »

Alexandre pareil aux dieux répond :

« Hector, tu as raison de me prendre à partie : c'est de stricte justice. Eh bien ! je parlerai. Mais, toi aussi, comprends et écoute-moi bien. Si je suis resté à la chambre, ce n'est pas tant par colère ou dépit à l'égard des Troyens que par désir de me livrer à ma douleur. Toutefois, à cette heure, par des mots apaisants, ma femme m'a touché et ébranlé pour le combat. Et, en fait, je crois bien moi-même que cela vaudra mieux ainsi : la victoire change d'hommes. Ainsi donc, attends-moi : j'enfile seulement mon armure de guerre. — Ou bien pars : j'irai sur tes pas, et je pense te rejoindre. »

Il dit ; Hector au casque étincelant ne lui réplique rien ; c'est Hélène, qui, à Hector, adresse ces douces paroles :

« Pauvre beau-frère ! en moi tu n'as qu'une chienne, et méchante à glacer le cœur. Ah ! pourquoi donc le jour où m'enfantait ma mère, n'ai-je pas été prise, emportée par quelque horrible bourrasque sur une montagne, ou dans un flot de la mer bruissante, un flot qui m'eût enlevée, avant que tous ces crimes eussent vu le jour? Ou, si les dieux nous ont réservé ces horreurs, pourquoi du moins n'ai-je donc pas été la femme d'un brave, capable de sentir la révolte, les affronts répétés des hommes? Mais celui-là n'a nul ferme vouloir — il n'en aura jamais — et je crois bien dès lors qu'il en recueillera le fruit. En attendant, entre donc, frère, et prends ce siège. C'est toi surtout dont le cœur est assailli par le souci : et cela, pour la chienne que je suis, et pour la folie d'Alexandre! Zeus nous a fait un dur destin, afin que nous soyons plus tard chantés des hommes à venir. »

Le grand Hector au casque étincelant répond :

« Ne me demande pas de m'asseoir, Hélène, quelque amitié que tu gardes pour moi; aussi bien ne t'écouterai-je pas. Mon cœur déjà me presse d'aller porter aide aux Troyens : ils ont si grand regret de mon absence! Mais, toi, fais partir celui-ci; puis, vite, qu'il se hâte lui-même, de manière à me rejoindre avant que j'aie quitté la ville. Je vais chez moi voir mes serviteurs, et ma femme, et mon fils encore enfant : puis-je savoir si je leur reviendrai encore, ou si, dans un instant, les dieux ne vont pas m'abattre sous les bras des Achéens? »

Ainsi dit — puis s'en va — Hector au casque étincelant. Vite, il s'en vient à sa bonne demeure. Mais il n'y trouve pas Andromaque aux bras blancs. Elle n'est plus dans le palais : elle est allée, avec son fils, avec sa suivante aux beaux voiles, se poster sur le rempart : elle se lamente, elle se désole! Hector ne rencontre donc pas chez elle son épouse sans reproche; il s'arrête alors sur le seuil et, s'adressant aux captives, leur dit :

« Allons! captives, dites-moi la vérité : où s'en est donc allée Andromaque aux bras blancs, en quittant le palais? Chez mes sœurs aux beaux voiles? ou chez les femmes de mes frères? Ou bien s'est-elle rendue dans le temple d'Athéné, où justement d'autres Troyennes aux belles tresses sont en train d'implorer la terrible déesse? »

Et l'active intendante à son tour lui répond :

« Hector, puisque tu m'invites à te dire la vérité, non, elle ne s'est rendue ni chez tes sœurs aux beaux voiles ni chez les femmes de tes frères, pas davantage dans le temple d'Athéné, où justement d'autres Troyennes aux belles tresses sont en train d'implorer la terrible déesse. Elle s'en est allée sur le grand rempart d'Ilion, parce qu'elle a entendu dire que les Troyens étaient à bout de forces et que c'était maintenant le grand triomphe achéen. Elle est alors, en hâte, partie pour le rempart, de l'air d'une folle. La nourrice la suit, qui porte ton fils. »

Ainsi dit l'intendante. Hector sort de la maison, et, reprenant la même route, dévale par les bonnes rues. Il traverse ainsi la vaste cité et il arrive aux portes Scées : c'est par là qu'il doit déboucher dans la plaine, et c'est là qu'il voit accourir au-devant de lui l'épouse qu'il a jadis payée de si riches présents, Andromaque, la fille du magnanime Eétion. Eétion avait sa demeure aux pieds du Placos forestier, dans Thèbe-sous-le-Placos; il commandait là aux Ciliciens, et Hector au casque de bronze avait pris sa fille pour femme. Elle vient donc à sa rencontre, et, derrière elle, une servante, sur son sein, porte son fils au tendre cœur, encore tout enfant, le fils chéri d'Hector, pareil à un bel astre, qu'Hector nomme Scamandrios, et les autres Astyanax, parce qu'Hector est seul à protéger Troie. Hector sourit, regardant son fils en silence. Mais Andromaque près de lui s'arrête, pleurante; elle lui prend la main, elle lui parle, en l'appelant de tous ses noms :

« Pauvre fou ! ta fougue te perdra. Et n'as-tu pas pitié non plus de ton fils si petit, ni de moi, misérable, qui de toi bientôt serai veuve ? Car les Achéens bientôt te tueront, en se jetant tous ensemble sur toi; et pour moi, alors, si je ne t'ai plus, mieux vaut descendre sous la terre. Non, plus pour moi de réconfort, si tu accomplis ton destin, plus rien que souffrances ! Je n'ai déjà plus de père ni de digne mère. Mon père a été tué par le divin Achille, le jour qu'il a détruit la bonne cité des Ciliciens, Thèbe aux hautes portes. Mais, s'il tua Eétion, du moins, il ne le dépouilla pas : son cœur y eut scrupule. Il le brûla, au contraire, avec ses armes ouvragées, puis sur lui répandit la terre d'un tombeau; et, tout autour, les nymphes des montagnes, filles de Zeus qui tient l'égide, ont fait pousser des ormeaux. Dans ma maison, j'avais sept frères, et tous, en un seul jour, s'en furent chez Hadès, tous abattus par le

divin Achille aux pieds infatigables, près de nos bœufs à la
démarche torse et de nos brebis blanches. Ma mère
même, qui régnait aux pieds du Placos forestier, il
l'emmena ici avec tous nos trésors et ne la délivra qu'après
avoir reçu une immense rançon; mais Artémis la Sagittaire la vint frapper au manoir de son père. Hector, tu es
pour moi tout ensemble, un père, une digne mère; pour
moi tu es un frère autant qu'un jeune époux. Allons! cette
fois, aie pitié; demeure ici sur le rempart; non, ne fais ni
de ton fils un orphelin ni de ta femme une veuve. Arrête
donc l'armée près du figuier sauvage, là où la ville est le
plus accessible, le mur le plus facile à emporter. C'est là
que, par trois fois, leurs meilleurs chefs nous sont venus
tâter, les deux Ajax, l'illustre Idoménée, les Atrides, le
vaillant fils de Tydée, soit que quelqu'un le leur ait dit,
bien instruit des arrêts du ciel, soit que leur propre cœur
les pousse et leur commande. »

Le grand Hector au casque étincelant, à son tour, lui
répond :

« Tout cela, autant que toi, j'y songe. Mais aussi j'ai
terriblement honte, en face des Troyens comme des
Troyennes aux robes traînantes, à l'idée de demeurer,
comme un lâche, loin de la bataille. Et mon cœur non plus
ne m'y pousse pas : j'ai appris à être brave en tout temps
et à combattre aux premiers rangs des Troyens, pour
gagner une immense gloire à mon père et à moi-même.
Sans doute, je le sais en mon âme et mon cœur : un jour
viendra où elle périra, la sainte Ilion, et Priam, et le
peuple de Priam à la bonne pique. Mais j'ai moins de
souci de la douleur qui attend les Troyens, ou Hécube
même, ou sire Priam, ou ceux de mes frères qui,
nombreux et braves, pourront tomber dans la poussière
sous les coups de nos ennemis, que de la tienne, alors
qu'un Achéen à la cotte de bronze t'emmènera pleurante,
t'enlevant le jour de la liberté. Peut-être alors, en Argos,
tisseras-tu la toile pour une autre; peut-être porteras-tu
l'eau de la source Messéis ou de l'Hypérée, subissant mille
contraintes, parce qu'un destin brutal pèsera sur toi. Et un
jour on dira, en te voyant pleurer : « C'est la femme
d'Hector, Hector, le premier au combat parmi les

Troyens dompteurs de cavales, quand on se battait autour d'Ilion. » Voilà ce qu'on dira, et, pour toi, ce sera une douleur nouvelle, d'avoir perdu l'homme entre tous capable d'éloigner de toi le jour de l'esclavage. Ah! que je meure donc, que la terre sur moi répandue me recouvre tout entier, avant d'entendre tes cris, de te voir traînée en servage! »

Ainsi dit l'illustre Hector, et il tend les bras à son fils. Mais l'enfant se détourne et se rejette en criant sur le sein de sa nourrice à la belle ceinture : il s'épouvante à l'aspect de son père; le bronze lui fait peur, et le panache aussi en crins de cheval, qu'il voit osciller, au sommet du casque, effrayant. Son père éclate de rire, et sa digne mère. Aussitôt, de sa tête, l'illustre Hector ôte son casque : il le dépose, resplendissant, sur le sol. Après quoi, il prend son fils, et le baise, et le berce en ses bras, et dit, en priant Zeus et les autres dieux :

« Zeus! et vous tous, dieux! permettez que mon fils, comme moi, se distingue entre les Troyens, qu'il montre une force égale à la mienne, et qu'il règne, souverain, à Ilion! Et qu'un jour l'on dise de lui : « Il est encore plus vaillant que son père », quand il rentrera du combat! Qu'il en rapporte les dépouilles sanglantes d'un ennemi tué, et que sa mère en ait le cœur en joie! »

Il dit et met son fils dans les bras de sa femme; et elle le reçoit sur son sein parfumé, avec un rire en pleurs. Son époux, à la voir, alors a pitié. Il la flatte de la main, il lui parle, en l'appelant de tous ses noms :

« Pauvre folle! que ton cœur, crois-moi, ne se fasse pas tel chagrin. Nul mortel ne saurait me jeter en pâture à Hadès avant l'heure fixée. Je te le dis; il n'est pas d'homme, lâche ou brave, qui échappe à son destin, du jour qu'il est né. Allons! rentre au logis, songe à tes travaux, au métier, à la quenouille, et donne ordre à tes servantes de vaquer à leur ouvrage. Au combat veilleront les hommes, tous ceux — et moi le premier — qui sont nés à Ilion. »

Ainsi dit l'illustre Hector, et il prend son casque à crins de cheval, tandis que sa femme déjà s'en revient chez elle, en tournant la tête et en versant de grosses larmes. Elle

arrive bientôt à la bonne demeure d'Hector meurtrier.
Elle y trouve ses servantes en nombre ; et, chez toutes, elle
fait monter les sanglots. Toutes sanglotent sur Hector
encore vivant, dans sa propre maison. Elles ne croient plus
désormais qu'il puisse rentrer du combat, en échappant à
la fureur et aux mains des Achéens.

Mais Pâris, pas plus qu'Hector, ne traîne dans son haut
palais. A peine a-t-il vêtu sa glorieuse armure de bronze
scintillant, qu'il s'élance à travers la ville, sûr de ses pieds
agiles. Tel un étalon, trop longtemps retenu en face de la
crèche où on l'a gavé d'orge, soudain rompt son attache et
bruyamment galope dans la plaine, accoutumé qu'il est à
se baigner aux belles eaux d'un fleuve. Il se pavane, il
porte haut la tête ; sur ses épaules voltige sa crinière ; et,
sûr de sa force éclatante, ses jarrets promptement l'emportent vers les lieux familiers où paissent les cavales. De
même Pâris, le fils de Priam, descend du haut de
Pergame, resplendissant comme un soleil dans son
armure, le rire aux lèvres : ses pieds rapides le portent, et
bien vite il rejoint son frère, le divin Hector, à l'instant
qu'il quitte les lieux où il vient de parler tendrement à sa
femme. Et, le premier, Alexandre, pareil aux dieux, lui
dit :

« Doux ami, est-ce moi qui traîne et arrête ton élan ? Ne
suis-je donc pas là à l'heure voulue, ainsi que tu m'en
priais ? »

Hector au casque étincelant répond :

« Pauvre fou ! il n'est pas d'homme, s'il sait être juste,
qui ravale ton travail au combat : tu es un brave. C'est
bien exprès que tu mollis et te dérobes. Et mon cœur en
moi s'afflige, quand j'entends des outrages à ton adresse
venir de ces Troyens qui, pour toi, ont tant de misères.
Mais allons ! nous réglerons le reste à l'amiable plus tard,
si Zeus nous donne un jour, pour honorer les dieux du ciel
toujours vivants, de dresser dans notre palais un cratère de
délivrance quand nous aurons enfin de la Troade chassé
les Achéens aux bonnes jambières. »

CHANT VII

Ces mots dits, l'illustre Hector s'élance hors des portes ; avec lui va son frère Alexandre. Tous deux au cœur ont une égale envie de guerre et de bataille. De même que le Ciel accorde à des marins le vent qui répond à leurs vœux, à l'heure où ils sont las de battre encore la mer de leurs rames polies et où leurs membres sont rompus de fatigue, tout de même les deux héros apparaissent aux Troyens comme une réponse à leurs vœux.

Alors chacun saisit sa proie. Pour l'un, c'est le fils de sire Aréithoos, Ménesthios, habitant d'Arné, né d'Aréithoos, le Porte-Massue, et de Philoméduse aux grands yeux. Hector, lui, frappe Eionée de sa javeline aiguë, au cou, en dessous de sa coiffe de bronze, et lui rompt les membres. Glaucos, fils d'Hippoloque, le chef des Lyciens, frappe de sa pique, dans la mêlée brutale, Iphinoos le Dexiade, qui vient de sauter sur son char rapide. L'homme, atteint à l'épaule, choit de son char à terre, les membres rompus.

Mais Athéné, la déesse aux yeux pers, à ce moment les aperçoit massacrant les Argiens parmi la mêlée brutale. D'un bond, elle descend des cimes de l'Olympe vers la sainte Ilion. Apollon vient au-devant d'elle. Il l'a vue du haut de Pergame, et il veut la victoire des Troyens. Tous deux s'abordent près du chêne. Sire Apollon, fils de Zeus, le premier, l'interpelle et dit :

« Pourquoi donc encore, fille du grand Zeus, tel

empressement à quitter l'Olympe? à quoi te pousse ton grand cœur? Tu veux sans doute aux Danaens octroyer leur revanche en un combat victorieux : les Troyens qui périssent, eux, ne t'apitoient guère! Mais, si tu m'en crois, voici qui vaudrait mieux. Pour l'instant — pour aujourd'hui — arrêtons combat et carnage. Ils combattront ensuite de nouveau, jusqu'à l'heure où ils trouveront le terme fixé aux destins de Troie, puisque c'est là ce qui plaît à vos cœurs, à vous, les Immortelles : ruiner cette cité. »

La déesse aux yeux pers, Athéné, lui répond :

« Soit! Préservateur. J'avais mêmes pensers en allant de l'Olympe vers les Troyens et vers les Achéens. Mais dis-moi comment tu entends arrêter le combat que mènent ces guerriers. »

Sire Apollon, fils de Zeus, lui répond :

« Excitons la fougue puissante d'Hector, le dompteur de cavales, afin de voir s'il n'ira pas, tout seul, défier un des Danaens de lui tenir tête, en luttant avec lui, dans l'atroce carnage. Alors, se piquant d'honneur, les Achéens aux jambières de bronze susciteront un champion à leur tour, pour combattre, seul, le divin Hector. »

Il dit; la déesse aux yeux pers, Athéné, n'a garde de dire non. Mais le fils de Priam, Hélénos, en son cœur, a compris le plan agréé par les dieux en train de consulter. Il s'approche d'Hector et lui tient ce langage :

« Hector, fils de Priam, que ta pensée égale à Zeus, voudrais-tu m'en croire? aussi bien suis-je ton frère. Eh bien! fais donc seoir tous les autres Troyens et tous les Achéens. Après quoi, défie les plus braves Achéens de te tenir tête, en luttant avec toi, dans l'atroce carnage. Ton lot n'est point encore de mourir ni d'accomplir ton destin, et j'en ai pour garante la voix que j'ai ouïe des dieux toujours vivants. »

Il dit, et Hector a grand-joie à ouïr ses paroles. Lors il s'avance entre les lignes, pour contenir les bataillons troyens de sa javeline tenue à mi-hampe. Et tous de s'asseoir. Agamemnon, de son côté, fait seoir les Achéens aux bonnes jambières. Pour Athéné et Apollon à l'arc d'argent, pareils à des vautours, ils se posent sur le chêne

de Zeus Père qui tient l'égide. Ils entendent jouir du
spectacle des hommes, assis en rangs serrés, où frissonnent écus, casques et javelines. Comme on voit le
Zéphyr, aussitôt qu'il se lève, sur la mer épandre un
frisson, sous lequel s'assombrit le flot, ainsi frissonnent
Achéens et Troyens, assis en rangs dans la plaine. Et
Hector dit aux deux armées :

« Écoutez-moi, Troyens, Achéens aux bonnes jambières, et je vous dirai ce qu'en ma poitrine me dicte mon
cœur. Zeus qui trône dans les hauteurs n'a pas ratifié le
pacte. Sa malveillance à nos deux peuples fixe pour fin
l'heure qui vous verra ou bien prendre Troie aux bonnes
murailles, ou succomber vous-mêmes près de vos nefs
marines. Vous avez parmi vous les preux du camp
panachéen. Eh bien! que celui d'entre eux que son cœur
invite à combattre contre moi vienne ici s'offrir, en
champion de tous contre le divin Hector. Et voici ce que
je déclare — que Zeus nous serve de témoin! Si c'est lui
qui de moi triomphe avec le bronze à longue pointe, qu'il
me dépouille de mes armes et qu'il les emporte aux nefs
creuses; mais qu'il rende mon corps aux miens, afin que
les Troyens et les femmes des Troyens au mort que je serai
donnent sa part de feu. Si c'est moi au contraire qui
triomphe de lui, si Apollon m'octroie la gloire, ses armes,
je l'en dépouillerai, je les emporterai dans la sainte Ilion,
je les suspendrai aux murs du sanctuaire de l'archer
Apollon; mais son cadavre, je l'irai rendre aux nefs aux
bons gaillards, afin que les Achéens chevelus puissent
l'ensevelir et répandre sur lui la terre d'un tombeau, au
bord du large Hellespont; et l'on dira encore, parmi les
hommes à venir, lorsque, avec une nef bien garnie de
rames, on ira sur la mer aux teintes lie-de-vin : « Voilà la
tombe d'un homme mort jadis, d'un « preux que tua
l'illustre Hector. » C'est là ce qu'on dira, et ma gloire
jamais plus ne périra. »

Il dit, et tous demeurent silencieux, sans voix. L'honneur défend de refuser, et la crainte d'accepter. Ménélas
enfin se lève pour parler. Il les prend à partie avec des
injures; son cœur terriblement gémit :

« Ah! bravaches! Achéennes — je ne peux plus dire

Achéens! — ce serait bien là, cette fois, une honte affreuse, affreuse entre toutes, si nul Danaen à cette heure ne tenait tête à Hector. Mais redevenez donc tous, ici, terre et eau, vous qui demeurez là, assis et sans courage, dans votre ignominie! Contre lui, c'est moi qui prendrai les armes. Mais les termes de la victoire sont arrêtés plus haut. Chez les dieux immortels. »

Ces mots dits, il se vêt de ses belles armes. Alors, Ménélas, se serait levé le dernier jour de ta vie, sous les coups d'Hector — Hector était cent fois plus fort que toi! — si, sautant sur leurs pieds, les rois des Achéens ne t'avaient fait violence. Le fils d'Atrée, le puissant prince Agamemnon, te prend la droite et te parle, en t'appelant de tous tes noms :

« C'est folie, Ménélas issu de Zeus! et ce n'est pas à toi que sied telle folie. Résigne-toi, quoi qu'il t'en coûte, et renonce, pour relever un défi, à combattre plus fort que toi. Hector le Priamide fait peur à tous les autres. Achille même s'effraie de l'aborder dans la bataille où l'homme acquiert la gloire, alors qu'il est pourtant cent fois meilleur que toi. Va t'asseoir au milieu des tiens. Contre Hector, les Achéens sauront dresser un autre champion; et, pour intrépide qu'il soit et insatiable de bataille, je crois qu'il sera aise de détendre ses membres, s'il échappe au combat cruel et à l'atroce carnage. »

Ainsi dit le héros; le cœur de son frère se laisse convaincre : l'avis est sage, et Ménélas l'écoute. Ses écuyers lui détachent avec joie ses armes des épaules. Nestor alors se lève et dit aux Argiens :

« Las! le grand deuil qui vient à la terre achéenne! Ah! comme il gémirait le vieux meneur de chars, le noble conseiller et orateur des Myrmidons, Pélée, lui qui jadis prenait tant de plaisir à me poser cent questions dans son manoir, à m'interroger sur les fils, les rejetons de tous les Argiens! Ah! s'il apprenait qu'aujourd'hui tous se terrent à la vue d'Hector! Comme il lèverait les bras vers les Immortels, afin d'obtenir que son âme, quittant ses membres, s'en fût plonger aux demeures d'Hadès! Ah! Zeus Père! Athéné! Apollon! ah! si j'étais encore jeune, comme aux jours où, aux bords du Céladon rapide, se

livraient bataille ensemble Pyliens et Arcadiens aux
bonnes piques, devant les murs de Pheia, sur les rives du
Jardan. Leur champion, c'était Ereuthalion, mortel égal
aux dieux; et les armes qu'il avait aux épaules, c'étaient
celles mêmes de sire Aréithoos, le divin Aréithoos, que les
hommes et les femmes à la belle ceinture appelaient le
Porte-Massue, parce que ses armes de combat n'étaient
pas plus l'arc que la longue pique, mais une massue de
fer; c'est avec elle qu'il enfonçait les bataillons. Lycurgue
le tua — par ruse, et non par force — dans un chemin
étroit, où sa masse de fer, contre la mort, ne lui fut
d'aucun secours. Lycurgue le prit en traître et l'agrafa de
sa javeline en plein corps. L'autre s'en fut à la renverse
s'écraser contre le sol, et Lycurgue le dépouilla des armes
qu'il devait à Arès de bronze. Depuis lors, il les portait
toujours dans la mêlée guerrière. Mais quand il devint
vieux, au fond de son palais, il en fit alors don à son
écuyer, à Ereuthalion, pour qu'il les portât à son tour.
Revêtu de ces armes, Ereuthalion défiait tous les preux.
Mais ceux-ci tremblaient et craignaient : nul n'osait. Moi
seul, mon cœur patient me poussa à me battre, tant il se
sentait d'assurance; et cependant, pour l'âge, j'étais le plus
jeune de tous. Ce fut donc moi qui combattis; Athéné
m'octroya la gloire. Je tuai le plus grand comme le plus
fort des hommes. Il était immense, étendu inerte, sur un
sol qu'il couvrait de tous les côtés. Ah! si j'étais encore
jeune, si ma vigueur était intacte, il devrait sans retard
affronter le combat, Hector au casque étincelant! Tandis
que vous, vous qui êtes les preux du camp panachéen,
vous n'avez nulle franche envie de répondre au défi
d'Hector. »

Ainsi les querelle le vieux. Mais déjà, ensemble, neuf
hommes se lèvent. Le tout premier, se lève Agamemnon,
protecteur de son peuple. Après lui, le fils de Tydée,
Diomède le Fort; puis les deux Ajax, vêtus de bravoure
ardente; puis Idoménée, et le suivant d'Idoménée,
Mérion, l'émule d'Enyale meurtrier; puis Eurypyle, le
brillant fils d'Evémon; enfin Thoas, fils d'Andrémon, et le
divin Ulysse. Tous sont prêts à se battre contre le divin

Hector. Le vieux meneur de chars, Nestor, lors reprend la parole et dit :

« Maintenant tirez au sort, du premier au dernier, qui sera choisi. Celui qui le sera servira la cause de tous les Achéens aux bonnes jambières. Il servira aussi celle de son cœur, s'il échappe au combat et à l'atroce carnage. »

Il dit ; tous, sur leur sort, alors font une marque. Ensuite ils jettent ces sorts dans le casque d'Agamemnon, fils d'Atrée. Et les hommes alors de prier, en tendant les mains vers les dieux ; et chacun de dire, les yeux levés au vaste ciel :

« Ah ! Zeus Père ! fais qu'Ajax soit choisi, ou le fils de Tydée, ou le roi même de Mycènes pleine d'or ! »

Ainsi disent-ils. Le vieux meneur de chars, Nestor, secoue les sorts. Un d'eux saute du casque — celui même qu'ils souhaitent, celui d'Ajax. Lors le héraut le porte, en allant vers sa droite, par la foule en tout sens et le montre tour à tour à chacun des preux achéens. Nul ne le reconnaît, et tous disent non. Mais, lorsqu'en le portant par la foule en tout sens, il arrive à celui qui y a mis son signe au moment où il l'a déposé dans le casque, à l'illustre Ajax, celui-ci tend la main ; l'autre s'approche et y pose le sort ; Ajax y voit et reconnaît sa marque, et il se sent le cœur en liesse. Il jette le sort à ses pieds, par terre, et déclare :

« Amis, le sort est mien, et j'en ai joie au cœur, car je crois pouvoir vaincre le divin Hector. Allons ! tandis que je revêts mon armure de guerre, priez, vous autres, sire Zeus, fils de Cronos, sans ouvrir la bouche, pour vous, afin que les Troyens ne s'en doutent pas — ou même ouvertement, puisque, après tout, nous ne craignons personne. Nul ne me saurait mettre en fuite, par la force, à son gré et contre le mien — pas davantage par son savoir : ce n'est pas un novice, j'espère, que Salamine en moi aura enfanté et nourri. »

Il dit, et tous de prier sire Zeus, fils de Cronos ; et chacun de dire, les yeux levés au vaste ciel :

« Zeus Père ! maître de l'Ida, très glorieux, très grand ! donne la victoire à Ajax, fais-lui gagner une éclatante

gloire. Mais si tu aimes Hector et s'il fait ton souci, à tous
deux alors octroie force et gloire égales. »

Ainsi disent-ils. Cependant Ajax s'arme du bronze
éblouissant, et, une fois le corps tout vêtu de ses armes, il
bondit. Ainsi va le monstrueux Arès, quand il part
rejoindre au combat les guerriers que le Cronide a mis aux
prises dans la bataille où se déploie l'ardeur de la querelle
qui dévore les cœurs. Ainsi s'élance le monstrueux Ajax,
rempart des Achéens. Son visage effrayant sourit, cependant que, sous lui, ses pieds vont par larges enjambées et
qu'il brandit sa longue javeline. A le voir, les Argiens sont
en liesse, tandis qu'une terreur atroce s'insinue dans les
membres de tous les Troyens. Hector même sent son
cœur qui palpite dans sa poitrine. Mais il est trop tard
pour qu'il se dérobe, et, faisant demi-tour, aille se
replonger dans la masse des siens; c'est lui qui a défié au
combat! Ajax alors s'approche, portant son bouclier pareil
à une tour, son bouclier de bronze à sept peaux de bœufs,
que lui a procuré le labeur de Tychios, l'homme habile
entre tous à tailler le cuir, dont la demeure est à Hylé. Cet
écu scintillant, il l'a fait de sept peaux de taureaux bien
nourris, sur lesquelles il a, en huitième lieu, étalé une
plaque de bronze. Ajax, fils de Télamon, le tient devant sa
poitrine, tandis qu'il s'arrête à deux pas d'Hector et, d'un
ton menaçant, lui dit :

« Hector, tu vas cette fois savoir exactement, tout seul,
quels preux on trouve parmi les Achéens, même après
Achille, enfonceur de lignes et cœur de lion. Achille est au
repos au milieu de ses nefs marines, de ses bonnes nefs
recourbées. Il en veut à Agamemnon, pasteur d'hommes,
et il boude. Nous n'en sommes pas moins de taille à
t'affronter, et en nombre pour cela. Va donc, donne le
signal de la lutte et de la bataille. »

Le grand Hector au casque étincelant réplique :

« Ajax, divin fils de Télamon, chef guerrier, ne me tâte
pas comme un faible enfant, ou comme une femme,
ignorante du labeur guerrier. Je me connais en combats et
tueries. Je sais mouvoir à droite, à gauche, la peau de bœuf
séchée, mon endurant outil de guerre. Je sais charger dans
la mêlée des chars rapides. Je sais danser, au corps à corps,

la danse du cruel Arès. Mais un homme comme toi, je le veux frapper, non point par surprise et en t'épiant, mais ouvertement, en tâchant de t'atteindre. »

Il dit, et, brandissant sa longue javeline, il la lance et atteint le terrible écu d'Ajax, à sept peaux, dans sa dernière couche, la huitième, en bronze. Le bronze inflexible déchire et traverse ensuite six peaux : la septième l'arrête. Sur quoi, à son tour, le divin Ajax lance sa longue javeline et atteint le Priamide à son bouclier bien rond. La robuste pique pénètre l'écu éclatant, et elle vient s'enfoncer dans la cuirasse ouvragée. Droit devant elle, le long du flanc, elle déchire la cotte. Mais Hector ploie le corps et, de la sorte, échappe au noir trépas. Tous deux alors, en même temps, avec leurs mains, arrachent les longues piques et fondent l'un sur l'autre. On dirait des lions carnassiers, ou bien des sangliers, dont rien n'abat la force. Le Priamide, de sa lance, touche en plein le bouclier ; mais, au lieu de le rompre, le bronze de la pointe brusquement se rebrousse. Ajax alors fait un bond et pique l'écu d'Hector. La lance passe à travers ; elle repousse le guerrier en plein élan ; elle lui touche et entaille le cou, d'où aussitôt bave un sang noir. Mais ce n'est pas pour autant que s'arrête de combattre Hector au casque étincelant. Il recule ; de sa forte main, il saisit une pierre, qui se trouve là dans la plaine, noire, rugueuse, énorme. Il en frappe le terrible écu, à sept peaux, d'Ajax, sur son centre bombé, en plein milieu ; le bronze sonne tout autour. Sur quoi, Ajax, à son tour, saisit une pierre bien plus grande encore. Il la soulève, la fait tournoyer et la lance, en y ajoutant le poids de sa vigueur sans limites. Il atteint, il enfonce le bouclier sous ce roc lourd comme une meule, et il fait, de la sorte, trébucher les genoux d'Hector, qui s'étale à la renverse, tout froissé par son propre écu. Mais, à l'instant même, Apollon l'a remis debout. Ils se fussent alors attaqués de près à l'épée, si les deux hérauts, messagers de Zeus et des hommes, n'étaient intervenus, l'un au nom des Troyens, l'autre des Achéens à la cotte de bronze. Talthybios et Idée, deux sages. Entre eux, ils dressent leurs bâtons, et le héraut Idée aux sages pensers dit :

« Arrêtez là, enfants, la lutte et la bataille. Vous êtes, tous les deux, chéris de Zeus, assembleur de nuées ; vous êtes, toutes deux, des guerriers : cela, nous le savons tous. Mais voici la nuit : la nuit aussi mérite qu'on l'écoute. »

Le fils de Télamon, Ajax, alors réplique :

« Idée, c'est Hector qu'il vous faut, tous les deux, inviter à parler de la sorte : Hector a défié tous les preux au combat ; qu'il donne le signal. Je suis, moi, tout prêt à faire ce qu'Hector dira. »

Le grand Hector au casque étincelant réplique :

« Ajax, puisque le Ciel t'a octroyé la grandeur et la force, sans compter la sagesse, et qu'à la javeline tu es le premier de tous les Achéens, eh bien ! pour l'instant — pour aujourd'hui — arrêtons là le combat, le carnage. Nous combattrons plus tard, jusqu'au jour où le Ciel nous départagera et à un de nos deux peuples accordera la victoire. Voici déjà la nuit : la nuit aussi mérite qu'on l'écoute. Tu pourras aller près des nefs réjouir tous les Achéens — tes amis surtout et tes camarades. Moi, dans la grand-ville de sire Priam, je réjouirai les Troyens comme les Troyennes aux robes traînantes, qui, pour y porter mes actions de grâces, pénétreront dans l'assemblée des dieux. Allons ! faisons-nous l'un à l'autre de glorieux présents. Ainsi chacun dira, chez les Troyens et chez les Achéens : « Tous deux se sont battus pour la querelle qui dévore les cœurs et se sont séparés après avoir formé un amical accord. »

Ces mots dits, il donne à l'autre une épée à clous d'argent, qu'il apporte avec son fourreau et son baudrier bien taillé, tandis qu'Ajax lui offre une ceinture où éclate la pourpre. Puis ils se séparent ; l'un se dirige vers l'armée des Achéens, l'autre s'en va vers la foule des Troyens. Et ceux-ci ont grand-joie à le voir s'avancer vivant et intact, échappé à la fougue et aux mains redoutables d'Ajax. Ils le conduisent à la ville, alors que chacun tout à l'heure désespérait de son salut. De l'autre côté, c'est Ajax que les Achéens aux bonnes jambières conduisent, fier de sa victoire, vers le divin Agamemnon.

A peine sont-ils arrivés dans la baraque de l'Atride, qu'Agamemnon, protecteur de son peuple, au tout-

puissant fils de Cronos immole un bœuf mâle de cinq ans.
On l'écorche, on le pare, tout entier on le dépèce; puis,
savamment, on le coupe en menus morceaux; on les enfile
sur des broches, on les rôtit avec grand soin; on les tire
enfin tous du feu. L'ouvrage terminé, le banquet apprêté,
on festoie, et les cœurs n'ont pas à se plaindre d'un repas
où tous ont leur part. L'honneur de recevoir les filets
allongés est réservé à Ajax par le héros, fils d'Atrée, le
puissant prince Agamemnon. Puis, quand on a chassé la
soif et l'appétit, le vieux Nestor devance tous les autres, et
commence à ourdir les fils de son projet. Aussi bien était-
ce lui dont l'avis toujours semblait le meilleur. Sagement,
il prend la parole et dit :

« Atride, et vous, preux du camp panachéen, beaucoup
sont morts déjà de nos Achéens chevelus, dont le sang noir
a été répandu par le violent Arès sur les bords du
Scamandre au beau cours, cependant que leurs âmes
descendaient chez Hadès. Il te faut donc, dès l'aube,
arrêter le combat qu'ici mènent les Achéens. Et nous,
rassemblons-nous; avec des bœufs, des mules, charrions
ici nos morts; brûlons-les un peu en avant des nefs, afin
de rapporter, tous tant que nous sommes, leurs cendres à
leurs enfants, chez eux, le jour où nous reviendrons aux
rives de notre patrie. Ensuite, autour du bûcher, répan-
dons assez de terre pour former un tombeau commun; on
prendra pour cela au hasard dans la plaine. Puis, appuyé à
ce tombeau, bâtissons vite un rempart élevé, pour mettre
à l'abri nos nefs et nous-mêmes, et pratiquons-y des
portes bien ajustées, pour qu'on ait à travers un chemin
carrossable. Au-dehors, et tout près, creusons un fossé
profond, qui tiendra loin de nous chevaux et guerriers et
qui empêchera de s'abattre sur nous l'attaque des Troyens
altiers. »

Il dit, tous les rois approuvent. Mais les Troyens aussi
tiennent assemblée sur l'acropole d'Ilion, une assemblée
terriblement houleuse, près des portes de Priam. Le sage
Anténor, le premier, parle à l'assemblée :

« Écoutez-moi, Troyens, Dardaniens, alliés, et je vous
dirai ce qu'en ma poitrine me dicte mon cœur. Décidons-
nous et rendons aux Atrides, qui l'emmèneront, Hélène

l'Argienne et ses trésors avec elle. Si nous combattons à cette heure, c'est en violation d'un pacte loyal. Je ne puis m'attendre à ce que rien de bon sorte pour nous de là et nous épargne d'en venir où je dis. »

Il dit, et se rassied, et voici que se lève le divin Alexandre, époux d'Hélène aux beaux cheveux. Il lui répond avec ces mots ailés :

« Anténor, tu ne tiens plus là un langage qui me plaise. Tu sais avoir pourtant des idées plus heureuses. Es-tu sérieux vraiment en parlant de la sorte? Alors les dieux mêmes t'ont ravi le sens. Eh bien! je parlerai, moi, aux Troyens dompteurs de cavales. Bien en face, je le déclare : non, je ne rendrai pas la femme. Les trésors en revanche, que j'ai pu amener d'Argos dans ma demeure, ceux-là, je consens à les rendre, tous, — voire en y ajoutant des miens. »

Il dit, et se rassied; et voici que se lève Priam le Dardanide, pour le conseil égal aux dieux. Sagement il prend la parole et dit :

« Écoutez-moi, Troyens, Dardaniens, alliés, et je vous dirai ce qu'en ma poitrine me dicte mon cœur. Pour l'instant, prenez le repas du soir par la ville, comme d'ordinaire. En même temps, songez à vous garder : que chacun demeure en éveil. Puis qu'Idée, à l'aube, se rende aux nefs creuses et qu'il dise aux Atrides, Agamemnon et Ménélas, ce que leur propose Alexandre, l'auteur même de cette querelle. Il y ajoutera une offre raisonnable : veulent-ils arrêter le combat douloureux, jusqu'au moment où nous aurons brûlé nos morts? Nous combattrons ensuite de nouveau, jusqu'à l'heure où le Ciel nous départagera et à l'un de nos deux peuples accordera la victoire. »

Il dit, et tous avec entrain d'entendre et d'obéir. Ils prennent le repas du soir, dans le camp, par unités. Idée, à l'aube, se rend aux nefs creuses. Il y trouve les Danaens, servants d'Arès, formés en assemblée auprès de la poupe du navire d'Agamemnon. Le héraut sonore au milieu d'eux s'arrête et dit :

« Atride, et vous, preux du camp panachéen! Priam et les nobles Troyens me donnent l'ordre de vous dire, si

cela peut vous plaire et vous agréer, ce qu'ici vous propose
Alexandre, l'auteur même de cette querelle. Les trésors
qu'il a pu amener à Troie à bord de ses nefs creuses —
que n'est-il mort avant ! — ceux-là, il consent à les rendre,
tous, — voire en y ajoutant des siens. Mais l'épouse
légitime du glorieux Ménélas, il déclare qu'il ne la rendra
pas. — Les Troyens l'y engagent pourtant ! On m'ordonne
en outre d'ajouter ceci. Voulez-vous arrêter le combat
douloureux, jusqu'au moment où nous aurons brûlé nos
morts ? Nous combattrons ensuite de nouveau, jusqu'à
l'heure où le Ciel nous départagera et à l'un de nos deux
peuples accordera la victoire. »

Il dit, et tous demeurent silencieux, sans voix ; Diomède
au puissant cri de guerre enfin prend la parole :

« Que personne n'accepte ni les trésors que nous offre
Alexandre ni Hélène. Chacun, et même le plus sot, sait
que, pour les Troyens, le terme de leur perte est déjà
fixé. »

Il dit ; les fils des Achéens, d'un même cri, approuvent,
tous ravis du langage tenu par Diomède, le dompteur de
cavales. Le roi Agamemnon alors dit à Idée :

« Idée, tu entends toi-même le langage des Achéens, et
comment ils te répondent. C'est bien là aussi mon plaisir.
En revanche, pour ce qui est des morts, je ne m'oppose
pas à ce qu'on les brûle. On ne refuse pas aux cadavres des
morts, dès lors qu'ils ont quitté la vie, le prompt
apaisement du feu. Zeus soit témoin de notre pacte,
l'époux retentissant d'Héré ! »

Ces mots dits, il lève son sceptre, en appel à tous les
dieux. Et Idée s'en retourne vers la sainte Ilion. Là sont
assis en assemblée Troyens et Dardanides : ils sont là,
tous, formés en assemblée, attendant le retour d'Idée. Il
revient, et, s'arrêtant au milieu d'eux, il s'acquitte de son
message. En toute hâte, ils s'apprêtent alors, les uns à
ramener les morts, les autres, à querir du bois. De leur
côté, les Argiens s'empressent, loin de leurs nefs aux bons
gaillards, les uns à ramener les morts, les autres à querir
du bois.

C'est l'heure où le soleil commence à frapper les
champs de ses rayons, tandis que, de l'Océan profond et

tranquille, il monte vers le ciel. Et les voici de nouveau en face les uns des autres. Il serait difficile alors de reconnaître tous les guerriers un à un. On lave avec de l'eau le sang de leurs blessures; puis, tout en versant des larmes brûlantes, on les charge sur des chariots. Le grand Priam n'autorise pas la plainte funèbre; c'est en silence qu'on entasse les cadavres sur le bûcher, le cœur affligé; et, quand on les a brûlés, on regagne la sainte Ilion. Et de même, de l'autre côté, on voit les Achéens aux bonnes jambières entasser leurs cadavres sur le bûcher, le cœur affligé, et, quand ils les ont brûlés, s'en revenir vers les nefs creuses.

Ce n'est pas encore l'aube, mais c'est déjà un jour douteux qui règne, quand autour du bûcher s'assemble une troupe choisie d'Achéens. Autour du bûcher, ils forment un tombeau commun; ils prennent pour cela au hasard, dans la plaine. Puis, appuyé à ce tombeau ils bâtissent un mur, un rempart élevé, pour mettre à l'abri et nefs et guerriers. Ils y pratiquent ensuite des portes bien ajustées, pour qu'on ait à travers un chemin carrossable. Au-dehors, et tout contre, ils creusent un fossé profond, un fossé grand et large, et y plantent des pieux.

Mais, tandis qu'ainsi besognent les Achéens chevelus, les dieux siègent aux côtés de Zeus qui lance l'éclair, contemplant le grand travail des Achéens à la cotte de bronze. Le premier, Poseidon, l'Ébranleur de la terre, alors prend la parole :

« Ah! Zeus Père! est-il donc un mortel sur la terre infinie qui fasse désormais connaître aux Immortels sa pensée, son dessein? Ne le vois-tu pas une fois de plus? les Achéens chevelus viennent, pour leurs nefs, d'élever un mur et de l'entourer d'un fossé, cela sans avoir aux dieux offert d'illustres hécatombes. De ce mur la gloire ira aussi loin que s'épand l'aurore, tandis qu'on oubliera l'autre, celui que nous avons, Phœbos Apollon et moi, bâti ensemble, pour le héros Laomédon, en échange d'un salaire. »

L'assembleur de nuées, Zeus, alors violemment s'irrite et lui dit :

« Ah! puissant Ébranleur de la terre, quels mots as-tu

dits là ? Un autre dieu pourrait redouter tel projet, un dieu
cent fois plus faible par les bras et l'élan. Mais, va, ta
gloire, à toi, ira aussi loin que s'épand l'aurore. Tiens !
écoute-moi : le jour où les Achéens chevelus seront à leur
tour partis avec leurs nefs pour les rives de leur patrie, va,
brise leur mur, renverse-le tout entier dans la mer, et,
sous le sable, de nouveau, cache le rivage immense, afin
qu'à ton gré soit anéanti le grand mur des Achéens. »

Tels sont les propos qu'ils échangent. Mais au moment
où le soleil se couche, l'œuvre des Achéens se trouve
achevée. Dans les baraques alors ils tuent des bœufs et
prennent leur repas. Des nefs sont là, en nombre, qui de
Lemnos leur apportent du vin. L'envoi leur vient du
Jasonide, Eunée, qu'Hypsipyle a conçu dans les bras de
Jason, pasteur d'hommes. Aux fils d'Atrée, Agamemnon
et Ménélas, le Jasonide offre à part mille mesures de vin.
Les Achéens chevelus donnent, eux, pour leur vin, qui du
bronze, qui du fer luisant, qui des peaux, qui des bœufs
sur pied, voire des esclaves. Ensuite, ils organisent un
festin copieux, et, toute la nuit, festoient les Achéens
chevelus, en même temps que, dans la ville, les Troyens et
leurs alliés. Toute la nuit aussi le prudent Zeus médite
leur malheur et fait entendre un tonnerre effrayant. Une
terreur livide alors les saisit ; ils laissent fuir à terre le vin
de leurs coupes, et nul n'ose plus boire, avant d'avoir
offert sa libation au Cronide tout-puissant. Mais, à la fin,
ils cueillent, en s'endormant, le présent du sommeil.

CHANT VIII

L'Aurore en robe de safran s'épand sur toute la terre, quand voici Zeus Tonnant qui assemble les dieux sur le plus haut sommet de l'Olympe aux cimes sans nombre. Il prend la parole en personne : les autres dieux écoutent.

« Entendez-moi, tous, et dieux et déesses : je veux dire ici ce qu'en ma poitrine me dicte mon cœur. Qu'aucun dieu, qu'aucune déesse ne tente d'enfreindre mon ordre : acceptez-le, tous, d'une voix, afin que j'achève l'affaire au plus tôt. Celui que je verrai s'éloigner délibérément des dieux, pour aller porter secours aux Troyens ou aux Danaens, sentira mes coups et s'en reviendra dans l'Olympe en piteux état — à moins que je ne le saisisse et le jette au Tartare brumeux, tout au fond de l'abîme qui plonge au plus bas sous terre, où sont les portes de fer et le seuil de bronze, aussi loin au-dessous de l'Hadès que le ciel l'est au-dessus de la terre. Alors vous comprendrez combien je l'emporte sur tous les dieux. Tenez, dieux, faites l'épreuve, et vous saurez, tous. Suspendez donc au ciel un câble d'or; puis accrochez-vous-y, tous, dieux et déesses : vous n'amènerez pas du ciel à la terre Zeus, le maître suprême, quelque peine que vous preniez. Mais si je voulais, moi, franchement tirer, c'est la terre et la mer à la fois que je tirerais avec vous. Après quoi, j'attacherais la corde à un pic de l'Olympe et le tout, pour votre peine, flotterait au gré des airs. Tant il est vrai que je l'emporte sur les dieux comme sur les hommes ! »

Il dit, et tous demeurent silencieux, sans voix, émus de son langage : il a parlé avec tant de rudesse ! Athéné, la déesse aux yeux pers, enfin prend la parole.

« Cronide, notre père, monarque suprême, nous le savons bien : ta force est de celles qu'on ne fait pas plier. Nous n'en gémissons pas moins sur tous ces guerriers danaens qui vont achever leur cruel destin et périr. Soit ! nous nous tiendrons donc loin de la bataille, comme tu l'ordonnes ; mais nous voudrions en revanche suggérer aux Argiens un dessein qui leur soit utile. Il ne faut pas que tous périssent pour satisfaire ton courroux. »

L'assembleur de nuées, Zeus, sourit et réplique :

« Va, n'aie pas peur, Tritogénie, ma fille ; je ne parle pas d'un cœur tout à fait franc, et je veux, avec toi, être débonnaire. »

Ces mots dits, il attelle à son char deux coursiers aux pieds de bronze, au vol prompt, dont le front porte une crinière d'or. Lui-même se vêt d'or et prend en main un fouet d'or, façonné, puis, montant sur le char, d'un coup de fouet enlève ses chevaux. Pleins d'ardeur, ils s'envolent à travers l'étendue qui sépare la terre du ciel étoilé. Il atteint ainsi l'Ida aux mille sources, cette mère des fauves, à la cime du Gargare, où il a son sanctuaire et son autel odorant. Le Père des dieux et des hommes y arrête ses chevaux, les dételle du char, épand sur eux une épaisse vapeur. Après quoi, il s'assied sur la cime, tout seul, dans l'orgueil de sa gloire, afin de contempler la cité des Troyens et la flotte achéenne.

Les Achéens chevelus cependant prennent leur repas, en hâte, au milieu des baraques, et, aussitôt après, revêtent leur cuirasse. Les Troyens, de leur côté, vont s'armant par toute la ville. Moins nombreux, ils n'ont pas pour cela moins d'ardeur à chercher la mêlée, la bataille : la nécessité les y force, pour leurs enfants et pour leurs femmes. Toutes les portes s'ouvrent, l'armée s'élance au-dehors, les gens de pied comme les chars ; un tumulte immense s'élève.

Bientôt, ils se rencontrent, et les voilà aux prises,

heurtant leurs boucliers, leurs piques, leurs fureurs de guerriers à l'armure de bronze. Leurs écus bombés entrent en contact ; un tumulte immense s'élève : gémissements et clameurs de triomphe montent à la fois. Les uns tuent, les autres sont tués ; des flots de sang couvrent la terre.

Aussi longtemps que l'aube dure et que grandit le jour sacré, les traits des deux côtés portent et les hommes tombent. Mais l'heure vient où le soleil a franchi le milieu du ciel ; alors le Père des dieux déploie sa balance d'or ; il y place les deux déesses du trépas douloureux, celle des Troyens dompteurs de cavales, celle des Achéens à la cotte de bronze ; puis, la prenant par le milieu, il la soulève, et c'est le jour fatal des Achéens qui penche. Alors Zeus, du haut de l'Ida, fait entendre un fracas terrible et dépêche une lueur flamboyante vers l'armée des Achéens. Ceux-ci la voient et sont pris de stupeur, et, tous, une terreur livide les saisit.

Ni Idoménée ni Agamemnon n'ont dès lors le cœur de tenir ; pas davantage ne tiennent les deux Ajax, servants d'Arès ; Nestor, seul, tient encore, le vieux chef achéen ; mais c'est bien malgré lui : un de ses chevaux est à bout. Le divin Alexandre, l'époux d'Hélène aux beaux cheveux, l'a frappé d'une flèche au sommet de la tête, et où commence la crinière plantée au crâne des chevaux, là où un coup porte le mieux. La bête a bondi de douleur au choc du trait entrant dans la cervelle, et, bousculant l'attelage, elle tournoie autour du bronze. Mais, tandis que le vieux, s'élançant un poignard en main, coupe ses traits de cheval de volée, voici venir les coursiers rapides d'Hector ; à travers la déroute ils portent un cocher intrépide : Hector est là ! Le vieillard alors eût perdu la vie, si Diomède au puissant cri de guerre ne l'eût vu de son œil perçant. Il pousse un cri terrible et stimule Ulysse en ces termes :

« Divin fils de Laërte, industrieux Ulysse, où donc fuis-tu, avec la masse, en tournant le dos, comme un lâche ? Prends garde que, dans ta fuite, quelqu'un ne t'enfonce sa pique entre les épaules. Allons ! tiens bon, et du vieillard écartons ce guerrier farouche. »

Il dit; mais le divin Ulysse, le héros d'endurance, ne l'écoute pas : il passe, toujours en courant vers les nefs creuses des Achéens, et le fils de Tydée s'en va seul prendre place parmi les champions hors des lignes. Il s'arrête en face du char de Nestor, le fils de Nélée, et, prenant la parole, lui dit ces mots ailés :

« Ah! vieillard, les jeunes combattants te donnent bien du mal. Ta vigueur est brisée, la fâcheuse vieillesse t'accompagne; ton écuyer n'a pas grand-force, et ton attelage est lent. Allons! Apprête-toi à monter sur mon char. Tu verras ce que valent les chevaux de Trôs et comme ils savent par la plaine, en tout sens et vite, poursuivre aussi bien que fuir. Je les ai pris à Énée : ce sont des maîtres de déroute. Ces deux-là, que nos écuyers s'en occupent; ces deux-ci, nous les dirigerons nous-mêmes contre les Troyens dompteurs de cavales. Hector à son tour va apprendre si ma lance, à moi aussi, est en furie dans mes mains. »

Il dit; le vieux meneur de chars, Nestor, n'a garde de dire non. Des chevaux de Nestor deux écuyers s'occupent, le fier Sthénélos, le courtois Eurymédon. Les deux héros montent ensemble dans le char de Diomède. Nestor prend en main les rênes écarlates et fouette les chevaux. Vite, ils sont près d'Hector, et, comme celui-ci fonce droit sur eux, en fureur, le fils de Tydée lance sur lui sa javeline. Il le manque, et c'est son écuyer-cocher, Eniopée, fils du bouillant Thébée, qui tient les rênes de son char, qu'il atteint à la poitrine, près de la mamelle. L'homme croule de son char; ses chevaux rapides se dérobent; il reste, lui, sur place, sa vie, sa fougue brisées. Une atroce douleur serre l'âme d'Hector à voir le sort de son cocher. Il le laisse là pourtant, gisant sur le sol, malgré son déplaisir de perdre un compagnon; il part à la recherche d'un cocher intrépide, et ses chevaux ne restent pas privés de guide bien longtemps : Hector a aussitôt trouvé Archéptolème, l'intrépide fils d'Iphite. Il le fait monter sur son char rapide et lui met les rênes en main.

Alors, c'eût été la ruine et la détresse sans remède; ils eussent été, comme des moutons, parqués dans Ilion, si le

Père des dieux et des hommes ne les avait vus de son œil perçant. Il tonne donc de terrible façon et lance la foudre blanche ; il en frappe le sol devant le char de Diomède. Une flamme jaillit, terrible, dans l'odeur du soufre brûlé. Les chevaux saisis de peur déjà se terrent sous le char, et les rênes écarlates échappent aux mains de Nestor. Le cœur saisi d'effroi, il dit à Diomède :

« Fils de Tydée, crois-moi, il ne te reste plus qu'à guider vers la fuite tes chevaux aux sabots massifs. Ne vois-tu donc pas que l'aide de Zeus n'est pas avec toi ? C'est à l'autre cette fois que Zeus accorde la gloire — à lui aujourd'hui : demain, s'il lui plaît, c'est à nous qu'il la donnera. Nul mortel ne saurait pénétrer la pensée de Zeus ; si fier qu'il soit, Zeus l'emporte cent fois sur lui. »

Le brave Diomède au puissant cri de guerre lors lui répond ainsi :

« Tout ce que tu dis là, vieillard, est fort bien dit. Mais c'est un atroce chagrin qui m'entre dans l'âme et le cœur, s'il faut qu'un jour Hector dise aux Troyens : « Devant moi le fils de Tydée a fui et rejoint ses nefs. » Voilà comme il se vantera... Ah ! que pour moi alors s'ouvre la vaste terre ! »

Le vieux meneur de chars, Nestor, ainsi répond :

« Hélas ! fils du brave Tydée, quels mots as-tu dits là ? Hector te pourra bien appeler un lâche, un couard : aucun ne l'en croira parmi les Troyens ou les Dardanides, ni parmi les femmes des guerriers troyens au grand cœur dont tu auras couché dans la poussière le jeune et bel époux. »

Il dit et tourne vers la fuite ses coursiers aux sabots massifs ; il va à travers la déroute, tandis que, sur lui, les Troyens et Hector, dans une effroyable clameur, déversent leurs traits, sources de sanglots. Le grand Hector au casque étincelant à grande voix le hue :

« Ah ! fils de Tydée, personne autant que toi n'était prisé naguère des Danaens aux prompts coursiers ; tu avais d'eux place d'honneur, et viandes, et coupes pleines. Mais de ce jour, ils te mépriseront, puisque tu t'es mué en femme. Va-t'en à la male heure, misérable poupée ! Je ne céderai point, et tu ne mettras pas le pied sur nos remparts, tu n'emmèneras pas nos femmes sur tes nefs : je t'aurai d'abord donné ton destin. »

Il dit, et le fils de Tydée balance entre deux desseins : Ne va-t-il pas faire retourner le char, tenir tête à Hector, engager la lutte avec lui ? Par trois fois, il balance en son âme et son cœur : par trois fois, le prudent Zeus tonne du haut de l'Ida, présageant aux Troyens leur revanche en un combat victorieux. Alors Hector, à grande voix, lance un appel aux Troyens :

« Troyens, et Lyciens, et Dardaniens experts au corps à corps ! montrez-vous des hommes, amis ; rappelez-vous votre valeur ardente. Je vois que Zeus en sa bonté nous promet la victoire et une gloire immense, comme la ruine aux Danaens. Les pauvres sots, qui ont imaginé ces piteux remparts, bons à rien ! Ce ne sont pas ces remparts-là qui arrêteront notre élan, et nos coursiers, sans peine, franchiront d'un bond le fossé ouvert. Mais, quand je serai devant leurs nefs creuses, alors n'oublions pas le feu dévorant : je veux mettre leurs nefs en flammes, et, du même coup, près de leurs nefs mêmes, massacrer les Argiens tout étourdis par la fumée. »

Il dit, et lance ces mots en appel à ses coursiers :

« Xanthe, Podarge, Ethon, et toi divin Lampos, voici l'heure venue de me revaloir ces soins qu'à maintes reprises vous a prodigués Andromaque, la fille du magnanime Eétion, en vous servant le doux froment, en mélangeant pour vous le vin, quand votre cœur vous invitait à boire, cela avant de me servir moi-même, moi qui me flatte d'être son jeune et bel époux. Allons ! suivez, hâtez-vous ! Il faut nous emparer de l'écu de Nestor, qu'un bruit qui va jusqu'au ciel affirme être tout en or, les anses et l'orbe même ; il faut qu'à Diomède, le dompteur de cavales, nous arrachions aujourd'hui des épaules la cuirasse ouvragée qu'a pour lui fabriquée le labeur d'Héphæstos. Ah ! de ces deux objets-là, si nous nous pouvions emparer, j'aurais l'espoir de faire remonter les Achéens, cette nuit même, à bord de leurs nefs rapides. »

Il dit, triomphant, et l'auguste Héré s'indigne. Elle

s'agite sur son siège ; le vaste Olympe en frémit. Puis, regardant le grand dieu Poseidon, elle dit :

« Ah ! puissant Ébranleur du sol, ton cœur à toi non plus ne s'apitoie donc pas dans le fond de toi-même sur ces Danaens que tu vois périr. Ce sont eux pourtant, qui, à Hélice, à Eges, t'apportent tant de précieuses offrandes. Pour eux, désire la victoire. Suppose que nous voulions, nous tous, les défenseurs des Danaens, repousser les Troyens et écarter Zeus à la grande voix : il resterait où il est assis sur l'Ida, seul, avec son chagrin. »

Le puissant Ébranleur du sol violemment s'irrite et lui dit :

« Héré à la langue imprudente, quels mots as-tu dits là ? Je ne voudrais pas, pour ma part, qu'on nous vît, nous, les autres dieux, faire la guerre à Zeus, fils de Cronos : il est cent fois plus fort que nous. »

Tels sont les propos qu'ils échangent. Cependant, du côté des nefs, tout l'espace compris entre mur et fossé s'emplit de chevaux, de guerriers, pressés les uns contre les autres. Et celui qui les presse ainsi, c'est l'émule de l'ardent Arès, Hector le Priamide, à qui Zeus accorde la gloire. Il aurait même alors livré les bonnes nefs à la flamme brûlante, si l'auguste Héré n'avait à Agamemnon inspiré l'idée de s'employer lui-même promptement à stimuler les Achéens. Il part et s'en va, tout le long des baraques et des nefs achéennes, un grand carré de pourpre dans sa large main. Le voici qui s'arrête sur la nef d'Ulysse, la nef noire aux flancs profonds qui tient le milieu de la ligne et permet à la voix de porter des deux côtés, aussi bien jusqu'aux baraques d'Ajax, fils de Télamon, que jusqu'à celles d'Achille, puisqu'ils ont tous les deux tiré leurs bonnes nefs aux deux bouts de la ligne, s'assurant dans leur vaillance et dans la vigueur de leurs bras. D'une voix éclatante, capable de porter parmi les Danaens, il clame :

« Honte à vous ! Argiens ! Ah ! les lâches infâmes, sous leur magnifique apparence ! Où s'en sont donc allées vos vantardises ? Nous étions des preux, à nous croire, quand, à Lemnos, vous vous décerniez de vaines louanges, tout en

mangeant force filets de bœufs aux cornes droites, en
vidant des cratères remplis de vin à pleins bords. Chacun
de nous tiendrait, seul, au combat, face à cent, à deux
cents Troyens : et aujourd'hui nous ne sommes pas même
à la taille d'un seul, à la taille d'Hector, qui va dans un
instant livrer nos nefs à la flamme brûlante. Ah! Zeus
Père! as-tu donc jamais aveuglé de la sorte un autre des
rois tout-puissants, pour le priver ensuite d'une grande
gloire? Je puis bien le dire pourtant; jamais, quand je
venais ici pour mon malheur, jamais je n'ai dépassé un de
tes autels splendides avec une nef bien garnie de rames,
sans brûler sur chacun la graisse et les cuisses d'un bœuf,
dans le désir que j'avais de ravager Troie aux bonnes
murailles. Ainsi, Zeus, accomplis mon désir : permets-
nous d'échapper et de nous sauver; ne laisse pas les
Achéens être domptés par les Troyens. »

Il dit; le Père des dieux, à le voir en pleurs, a pitié. Il
fait oui : il verra son armée saine et sauve, et non perdue.
Vite il lance son aigle, le plus sûr des oiseaux. L'aigle tient
dans ses serres un faon issu d'une biche rapide, et il le
laisse choir près de l'autel splendide où les Achéens ont
coutume d'offrir leurs sacrifices à Zeus, maître des voix.
Ils comprennent ainsi que le présage leur est venu de
Zeus, et, avec une ardeur nouvelle, ils fondent sur les
Troyens; ils ne songent plus qu'au combat.

Aucun des Danaens, si nombreux qu'ils soient, ne peut
alors se vanter d'avoir prévenu le fils de Tydée pour
mener ses chevaux rapides, leur faire passer le fossé, tenir
tête à l'ennemi et engager le combat. Il est de beaucoup le
premier à abattre un guerrier troyen, Agélaos, fils de
Phradmon, en train de tourner bride. A peine a-t-il fait
demi-tour : Diomède lui plante sa pique dans le dos, entre
les épaules, et lui transperce la poitrine. L'homme croule
de son char, et ses armes sonnent sur lui.

Derrière Diomède viennent les Atrides, Agamemnon et
Ménélas; puis les deux Ajax, vêtus de valeur ardente; puis
Idoménée, et le suivant d'Idoménée, Mérion, émule
d'Enyale meurtrier : puis Eurypyle, illustre fils d'Evémon; et, neuvième enfin, Teucros, qui tend l'arc aux deux

bouts ramenés en arrière. Teucros va prendre place sous le bouclier d'Ajax, fils de Télamon, puis, quand Ajax légèrement déplace son bouclier, Teucros jette un coup d'œil prudent, et bientôt un guerrier atteint par son trait dans la foule tombe sur place expirant, tandis que lui, comme un enfant qui revient à sa mère, replonge dans l'ombre d'Ajax, et qu'Ajax le dissimule sous son bouclier éclatant.

Quels sont donc les premiers Troyens qu'abat Teucros sans reproche? Orsiloque, d'abord, ainsi qu'Ormène et Ophéleste, — Daitôr et Chromios et Lycophonte égal aux dieux, — Amopaon, fils de Polyémon, ainsi que Mélanippe. A tous il fait tour à tour toucher la glèbe nourricière. Agamemnon, protecteur de son peuple, a plaisir à le voir, avec son arc puissant, porter la mort dans les lignes troyennes. Il s'approche de lui et lui tient ce langage :

« Teucros, tête chère, fils de Télamon, bon chef de guerriers, continue à tirer de la sorte, et tu seras peut-être la lueur du salut pour les Danaens et pour Télamon, ton père, qui t'a nourri enfant et, malgré ta bâtardise, entouré de ses soins à son propre foyer. Si loin qu'il soit d'ici, fais-le donc entrer dans la gloire. Je te dis la chose comme elle sera. Si Zeus porte-égide et si Athéné m'accordent de détruire la belle cité d'Ilion, c'est à toi, le premier après moi, que je mettrai en main une part de choix, un trépied, ou un couple de chevaux avec son char, ou une femme, pour prendre place dans ton lit. »

Et Teucros sans reproche en réponse lui dit :

« Très glorieux Atride, je suis en pleine ardeur : à quoi bon me pousser? Tant que j'ai quelque force, je n'ai point de cesse. Depuis l'heure où nous les avons refoulés vers Ilion, de cette heure je suis à l'affût, et mon arc leur tue des hommes. J'ai décoché déjà huit traits à longue pointe : ils se sont, tous, allés planter dans la chair de vaillants garçons. Mais ce chien enragé, je ne peux pas l'atteindre. »

Il dit, et, de sa corde, il fait jaillir un nouveau trait, droit sur Hector; son cœur voudrait tant l'atteindre! Mais il le manque, et, à sa place, la flèche va toucher en pleine poitrine Gorgythion sans reproche, le noble fils de Priam,

à qui il est né d'une épouse venue d'Esyme, Castianire la
Belle, au corps de déesse. Tel un pavot, dans un jardin,
penche la tête de côté, sous le poids de son fruit et des
pluies printanières, tel il penche son front par le casque
alourdi.

Et Teucros, de sa corde, fait jaillir un nouveau trait,
droit sur Hector ; son cœur voudrait tant l'atteindre ! Et,
cette fois encore, il le manque : Apollon a fait dévier la
flèche. C'est Archéptolème, intrépide cocher d'Hector, en
pleine ardeur guerrière, qu'il touche à la poitrine, près de
la mamelle. L'homme croule de son char ; ses chevaux
rapides se dérobent ; il reste, lui, sur place, sa vie, sa
fougue brisées. Un atroce chagrin serre le cœur d'Hector,
à voir mort son cocher. Il le laisse là, pourtant, malgré son
déplaisir de perdre un compagnon, et donne l'ordre à
Cébrion, son frère, qui est là, tout près, de prendre les
rênes du char. Cébrion l'entend et n'a garde de lui dire
non. Pour lui, il saute à terre du char resplendissant, en
poussant des cris effroyables. Dans sa main, il prend une
pierre, et il va droit à Teucros ; son cœur lui enjoint de
l'atteindre. Déjà Teucros de son carquois a sorti une
flèche amère. Il l'a posée sur la corde, qu'il tire le long de
l'épaule, à l'endroit où la clavicule sépare du col la
poitrine, là où un coup porte le mieux. C'est là même
qu'Hector au casque étincelant l'atteint, en plein élan, de
sa pierre aiguë. La corde est brisée. Le bras s'engourdit au
poignet. Teucros est là, écroulé, à genoux ; l'arc a chu de
ses mains. Mais Ajax n'abandonne pas son frère tombé : il
court le protéger, le couvrir de son bouclier. Sous lui se
glissent ensuite deux gentils compagnons, Mécistée, fils
d'Echios, et le divin Alastôr ; tous deux le portent aux nefs
creuses ; il pousse, lui, de lourds sanglots.

L'Olympien alors inspire aux Troyens une ardeur
nouvelle. Tout droit vers le fossé profond, ils repoussent
les Achéens. Hector marche au premier rang, tout enivré
de sa force. Tel un chien attaché à un sanglier ou à un lion
le poursuit de ses pieds rapides, serrant ses flancs, sa
croupe, épiant ses détours ; tel Hector va accompagnant les
Achéens chevelus, et tuant toujours le dernier, tandis que

les autres fuient. Mais, quand ils ont franchi, en pleine
déroute, la palissade et le fossé, quand, par centaines, ils
sont tombés sous les coups des Troyens, arrivés près des
nefs, ils arrêtent leur fuite, ils s'appellent les uns les
autres, et, les bras tendus vers le ciel, chacun à tous les
dieux adresse une ardente prière, cependant qu'Hector fait
tourner en tout sens ses coursiers à belle crinière et qu'en
ses yeux luit le regard de la Gorgone et d'Arès, fléau des
mortels.

A les voir, la déesse aux bras blancs, Héré, a pitié.
Aussitôt, à Athéné, elle adresse ces mots ailés :

« Hélas ! fille de Zeus qui tient l'égide, devons-nous
donc renoncer, lorsque les Danaens succombent, à nous
occuper d'eux pour la dernière fois ? Ils vont achever leur
triste destin et périr, sous l'assaut d'un seul homme,
d'Hector, fils de Priam, dont la fureur devient intolérable !
Elle a fait trop de mal déjà. »

La déesse aux yeux pers, Athéné, lui répond :

« Ah ! celui-là, il eût bien dû, ma foi ! perdre l'ardeur et
le souffle, et succomber sous les bras des Argiens, dans la
terre de sa patrie. Mais mon père a sa fureur, aussi, et son
cœur n'est pas raisonnable. Le cruel ! toujours injuste, il
détourne mes élans. Il ne se rappelle guère combien de
fois je lui ai, moi, sauvé son fils, lorsqu'il était à bout de
souffle, au cours des travaux d'Eurysthée. Il pleurait alors
vers le ciel, et c'était moi que Zeus, du haut du ciel,
envoyait à son secours. Que n'ai-je su cela en mon âme
prudente, aux jours où Eurysthée l'expédiait chez Hadès
aux portes bien closes, pour lui ramener de l'Erèbe le
chien du cruel Hadès ! Il n'eût point échappé au cours
profond du Styx. Et maintenant, tandis qu'il m'a en
haine, il a réalisé les plans de Thétis, qui est allée
embrasser ses genoux, lui porter la main au menton, le
supplier de rendre hommage à Achille, preneur de villes.
Un jour viendra pourtant où il me redira : « Mon enfant
aux yeux pers ! » Mais, allons ! voici l'heure : prépare-
nous les coursiers aux sabots massifs. Pendant ce temps, je
me glisserai, moi, dans le palais de Zeus qui tient l'égide
et m'armerai pour le combat. Je veux savoir si le fils de
Priam, Hector au casque étincelant, aura plaisir à nous

voir apparaître toutes les deux sur le champ du combat, ou si c'est un Troyen au contraire qui doit rassasier les chiens et les oiseaux de sa graisse et de ses chairs, en succombant près des nefs achéennes. »

Elle dit, et Héré, la déesse aux bras blancs, n'a garde de dire non. Elle s'en va examiner et équiper ses coursiers au frontal d'or, Héré, déesse vénérée, fille du grand Cronos. Cependant Athéné, fille de Zeus qui tient l'égide, laisse couler sur le sol de son père la robe souple et brodée qu'elle a faite et ouvrée de ses mains ; puis, passant la tunique de Zeus, assembleur de nuées, elle s'arme pour le combat, source de pleurs. Elle monte enfin sur le char de flamme et saisit sa pique, la lourde, longue et forte pique sous laquelle elle abat les rangs des héros contre qui va sa colère de fille du Tout-Puissant. Alors, Héré, vivement, touche du fouet les chevaux, et voici que, d'elles-mêmes, gémissent les portes célestes, que gardent les Heures, les Heures à qui l'entrée est commise de l'Olympe et du vaste ciel, avec le soin d'écarter ou de replacer une très épaisse nuée. C'est par là qu'elles font passer l'attelage excité par l'aiguillon.

Mais Zeus les voit du haut de l'Ida. Il en conçoit un terrible courroux, et c'est Iris aux ailes d'or qu'il envoie porter ce message :

« Pars, Iris rapide, fais-leur tourner bride ; ne les laisse pas m'aborder en face : ce serait trop triste spectacle, si nous en venions au combat. Je te dirai la chose comme elle sera : je romprai les jarrets à leurs chevaux rapides sous le joug ; je les jetterai, elles, à bas du siège ; je fracasserai leur char. Dix années pourront ensuite venir chacune à son tour : elles ne les guériront pas des coups portés par ma foudre. La Vierge aux yeux pers se rappellera le jour où elle se sera battue contre son père. J'ai moins de colère et de rancune contre Héré : de tout temps elle a eu l'habitude de faire obstacle à tout ce que je veux ! »

Il dit ; et Iris aux pieds de rafale s'élance avec son message. Des cimes de l'Ida elle gagne le haut Olympe. A la première porte de l'Olympe aux mille replis, elle se trouve en face des déesses ; elle tâche à les retenir, en répétant l'ordre de Zeus :

« Où tend votre envie ? Quelle fureur tient ainsi votre âme au fond de vous ? Le Cronide vous interdit d'aller aider les Argiens. Voici les menaces du fils de Cronos, et telles il les accomplira. Il rompra les jarrets à vos chevaux rapides sous le joug ; il vous jettera, vous, à bas du siège ; il brisera votre char. Dix années pourront ensuite venir chacune à son tour : elles ne vous guériront pas des coups portés par sa foudre. Vierge aux yeux pers, tu te rappelleras le jour où tu te seras battue contre ton père. Il a moins de colère et de rancune contre Héré : de tout temps elle a eu l'habitude de faire obstacle à ce qu'il veut ! Mais toi, chienne impudente, tu es terrible entre toutes, si vraiment, contre Zeus, tu oses lever ta pique monstrueuse. »

Ainsi dit — puis s'en va — Iris aux pieds rapides. Sur quoi, Héré ainsi parle à Athéné :

« Hélas ! fille de Zeus qui tient l'égide, restons-en là. Je ne puis admettre que, pour des mortels, nous partions toutes deux en guerre contre Zeus. Que celui-ci meure, que celui-là vive, comme le sort voudra ! A Zeus de décider, en son cœur, suivant ses desseins, entre Troyens et Achéens : rien de mieux. »

Cela dit, elle fait tourner ses coursiers aux sabots massifs. Les Heures détellent les chevaux aux belles crinières ; après quoi, elles les attachent devant les crèches célestes. Elles appuient le char au mur resplendissant qui fait face à l'entrée, tandis que les déesses prennent place sur leurs sièges d'or, au milieu des dieux, le cœur affligé.

Mais Zeus Père, parti de l'Ida, presse vers l'Olympe, avec ses chevaux, son char aux bonnes roues, et il arrive à l'assemblée des dieux. L'illustre Ébranleur du sol lui dételle ses chevaux ; il place le char sur son socle ; il étend par-dessus une housse. Pendant ce temps, Zeus à la grande voix s'assied sur un trône d'or, et sous ses pas l'immense Olympe est ébranlé. Athéné et Héré restent seules assises à l'écart de Zeus, sans un mot, sans une question. Mais en son âme il comprend et il dit :

« Pourquoi êtes-vous donc à tel point affligées, Athéné

et Héré? Vous ne vous êtes pas longtemps fatiguées
pourtant, dans la bataille où l'homme acquiert la gloire, à
exterminer ces Troyens contre qui vous avez si terrible
rancune. Ma fougue et mes mains redoutables sont telles
en tout cas que tous les dieux qui habitent l'Olympe,
ensemble, ne me feraient pas, moi, tourner le dos. Vous,
la peur a saisi vos membres brillants, avant que vos yeux
aient pu voir la bataille et ses horreurs. Je vous dirai la
chose comme elle eût été : frappées par la foudre, ce n'est
pas sur votre char que vous fussiez alors rentrées dans
l'Olympe, où séjournent les Immortels. »

Il dit ; Athéné et Héré murmurent. Assises côte à côte,
elles méditent le malheur des Troyens. Mais Athéné reste
muette sans mot dire, quel que soit son dépit à l'égard de
Zeus Père et le courroux féroce qui déjà la saisit. Héré,
elle, ne peut, en sa poitrine, contenir sa colère, et elle parle
ainsi :

« Terrible Cronide, quels mots as-tu dits là ? Nous le
savons fort bien : ta force est de celles qu'on ne fait pas
plier. Nous n'en gémissons pas moins sur tous ces
guerriers danaens qui vont achever leur cruel destin et
périr. Soit ! nous nous tiendrons donc loin de la bataille, si
tu nous l'ordonnes ; mais nous voudrions en revanche
suggérer aux Argiens un dessein qui leur soit utile. Il ne
faut pas que tous périssent pour satisfaire ton courroux. »

L'assembleur de nuées, Zeus, en réponse dit :

« Attends l'aube, et, si tu y tiens, auguste Héré aux
grands yeux, tu verras bien mieux encore le tout-puissant
fils de Cronos porter la mort au milieu de la vaste armée
des guerriers argiens. Le puissant Hector ne cessera pas de
combattre, avant d'avoir fait lever d'auprès de ses nefs le
Péléide aux pieds rapides, le jour où, devant leurs poupes,
dans une terrible détresse, ils lutteront pour le corps de
Patrocle. Ainsi en a décidé le destin. De toi, de ta colère, je
n'ai nul souci, quand bien même tu t'en irais jusques à ces
derniers confins de la terre et de la mer, où Japet et
Cronos sont fixés à jamais, privés des doux rayons du
Soleil d'en haut et des souffles de l'air, et n'ayant autour
d'eux que le profond Tartare. Non, quand bien même tu

t'en irais errer jusque là-bas, de ton dépit je n'aurais cure ; il n'est pas plus chien que toi. »

Il dit ; Héré aux bras blancs ne réplique rien. A ce moment tombe dans l'Océan le brillant éclat du soleil, et il attire la nuit noire sur la glèbe nourricière. Les Troyens voient plonger la lumière à regret. Pour les Achéens, au contraire, la nuit ténébreuse est la bienvenue, trois fois souhaitée.

L'illustre Hector assemble cependant les Troyens. Les écartant des nefs, il les a menés aux bords du fleuve tourbillonnant, sur une place nette, où un espace libre se montre entre les cadavres. Descendus de leurs chars à terre, ils écoutent la harangue que leur tient Hector cher à Zeus. Il tient au poing une pique de onze coudées, dont la pointe de bronze, qu'enserre une virole d'or, projette ses feux devant lui. Hector s'appuie sur elle, pour parler aux Troyens en ces termes :

« Écoutez-moi, Troyens, Dardaniens, alliés. Je croyais tout à l'heure que nous aurions pu, une fois tous les Achéens anéantis avec leurs nefs, reprendre le chemin d'Ilion battue des vents. Mais l'obscurité est venue la première, et c'est elle surtout qui a, pour le moment, sauvé les Argiens, ainsi que leurs nefs, sur la grève de mer. Pour le moment donc, obéissons à la nuit noire, préparons le repas du soir. Détachez de dessous les chars les chevaux aux belles crinières ; disposez près d'eux leur pâture. Ensuite, de la ville, vous amènerez des bœufs et de gros moutons. Vite !... Et munissez-vous aussi de doux vins, et de pain pris dans vos maisons. Ramassez enfin force bois : il faut que, toute la nuit, jusqu'à l'heure où luira l'aube matinale, nous fassions brûler des feux innombrables, dont l'éclat monte jusqu'au ciel, si nous ne voulons pas que les Achéens chevelus profitent de la nuit, pour se mettre soudain à fuir sur le large dos de la mer. Non, non, je n'entends pas qu'ils rembarquent sans lutte, bien tranquillement. Faites que chacun au contraire emporte un trait à digérer encore dans son pays, blessé soit d'une flèche ou d'une pique aiguë, au moment même qu'il sautait dans sa nef. Tout autre ainsi répugnera à porter désormais contre les Troyens dompteurs de cavales l'Arès,

source de pleurs. Que les hérauts chéris de Zeus aillent
proclamer par la ville qu'ordre est donné à la fois à tous
jeunes adolescents et à tous vieux aux tempes blanches de
se rassembler autour de la ville sur nos remparts divins.
Que chacune de nos femmes allume dans sa maison un
grand feu; et qu'une garde soit montée sans relâche, afin
qu'un parti à l'affût ne se glisse pas dans la ville, tandis
que ses guerriers sont loin. Faites comme je dis, Troyens
magnanimes. Mon langage est celui qui convient à cette
heure : arrêtons-le là. J'en tiendrai un autre à l'aube
devant les Troyens dompteurs de cavales. J'espère — et je
le demande à Zeus et à tous les dieux — chasser d'ici ces
chiens voués aux déesses du trépas. En attendant, pour la
nuit, gardons-nous bien; et, à la première heure, dès que
poindra l'aube, armés de pied en cap, auprès des nefs
creuses, éveillons l'ardent Arès. Je saurai alors si le fils de
Tydée, Diomède le Fort, doit me rejeter des nefs vers nos
murs, ou si je dois au contraire le déchirer avec le bronze
et emporter ses dépouilles sanglantes. C'est demain qu'il
saura pour toujours ce que vaut sa vaillance, et s'il tient
sous l'assaut de ma pique. J'imagine plutôt qu'on le verra
des tout premiers à terre, blessé, avec des compagnons en
foule à ses côtés, quand montera le soleil de demain. Ah!
puissé-je donc à jamais être à l'abri de l'âge et de la mort,
puissé-je être honoré à l'égal d'Athéné, d'Apollon, aussi
vrai que ce jour est en train d'apporter le malheur aux
Argiens! »

Ainsi parle Hector : les Troyens l'acclament. Ils délient
du joug leurs chevaux en sueur; puis ils les attachent avec
des courroies, chacun près de son char. Ils amènent de la
ville des bœufs et de gros moutons — vite; ils se
munissent de doux vin et de pain pris dans leurs maisons;
ils ramassent force bois, et bientôt les vents portent le
fumet de la graisse de la plaine jusques aux cieux.

Après quoi, tous, pleins de superbe, s'installent pour la
nuit sur le champ de combat. Leurs feux brûlent,
innombrables. Telles, au firmament, autour de la brillante
lune, des étoiles luisent, éclatantes, les jours où l'éther est
sans vent. Brusquement toutes les cimes se découvrent, les
hauts promontoires, les vallées. L'immense éther au ciel

s'est déchiré; toutes les étoiles paraissent; et le berger se sent le cœur en joie. Tels, entre les nefs et le cours du Xanthe, luisent les feux qu'ont devant Ilion allumés les Troyens. Mille feux brûlent dans la plaine, et cinquante hommes sont groupés autour de chacune de ces lueurs de feu ardent. Les chevaux, debout près des chars, attendent, en mangeant l'orge blanche et l'épeautre, Aurore au trône d'or.

CHANT IX

Ainsi, tandis que les Troyens se gardent, les Achéens sont en proie à une panique folle, sœur de la Déroute qui glace les cœurs. Un deuil intolérable a frappé tous les preux. Comme on voit la mer poissonneuse soulevée par deux vents ensemble, Borée et Zéphyr, qui, soufflant tous les deux de Thrace, brusquement sont là, faisant du même coup monter la vague noire et jonchant le rivage d'algues à l'infini, ainsi, dans leur poitrine, est déchiré le cœur des Achéens.

L'Atride, cependant, frappé au cœur d'un terrible chagrin, cherche partout les hérauts à la voix sonore et leur donne ordre d'appeler les guerriers à l'assemblée, chacun par son nom, et sans cri. Lui-même y tâche le premier. Tous, de s'asseoir, mornes, à l'assemblée. Agamemnon alors se lève, tout en pleurs ; on dirait une source sombre qui, d'un roc escarpé, déverse son eau noire. Avec un lourd sanglot, il dit aux Argiens :

« Amis, guides et chefs des Argiens ! Zeus, fils de Cronos, m'a terriblement su prendre dans les rets d'un lourd désastre. Le cruel ! il m'avait alors promis, garanti que je ne m'en retournerais qu'une fois détruite Ilion aux bonnes murailles ; il m'avait, en fait, préparé un vilain piège : le voilà qui m'invite à rentrer à Argos chargé du déshonneur d'avoir fait périr tant d'hommes ! Quoi ! c'est donc là le bon plaisir de Zeus, Zeus tout-puissant, qui a

déjà découronné tant de cités et en découronnera plus
d'une autre encore, car il a la force suprême! Eh bien,
allons! suivons tous l'avis que je donne : fuyons avec nos
nefs vers les rives de la patrie. L'heure est passée : nous
n'aurons pas la vaste Troie. »

Il dit; et tous demeurent silencieux, sans voix. Longtemps ainsi ils restent là, muets et mornes, les fils des
Achéens. Diomède au puissant cri de guerre enfin prend
la parole :

« Atride, c'est à toi d'abord que je m'en prendrai, et à ta
folie. Et cela est normal, seigneur, à l'assemblée : n'entre
pas en colère. Tu as fait, le premier, injure à ma valeur, en
présence des Danaens : tu m'as dit mol et lâche. De tout
cela, pourtant, les Achéens savent ce qu'il en est, jeunes
comme vieux. A toi-même, en revanche, le fils de Cronos
le Fourbe a mesuré très strictement ses dons : il t'a donné
l'honneur d'un sceptre tout-puissant; mais la valeur, il te
l'a refusée. C'est elle, pourtant, la force suprême... Pauvre
fou! crois-tu donc à ce point mous et lâches les fils des
Achéens, que tu parles ainsi! Ton cœur ressent-il donc
telle envie du retour? Pars alors : la route est devant toi;
les nefs sont là, toujours, près de la mer, les nefs qui t'ont
suivi, en foule, de Mycènes. Mais d'autres resteront, de
ces Achéens chevelus, et cela jusqu'au jour où nous aurons
ravagé Troie. Et, s'ils veulent fuir à leur tour, qu'ils
fuient, eux et leurs nefs, vers les rives de la patrie : tous
deux, seuls, alors, Sthénélos et moi, nous nous battrons
jusqu'à l'heure où nous trouverons le terme fixé aux
destins de Troie. Si nous sommes ici, c'est de l'aveu du
Ciel. »

Il dit : les fils des Achéens, d'un même cri, approuvent,
tous ravis du langage de Diomède, le dompteur de cavales.
Le bon meneur de chars, Nestor, alors se lève et dit :

« Fils de Tydée, tu es fort entre tous au combat; au
Conseil, tu l'emportes sur tous ceux de ton âge. Nul des
Achéens, tant qu'ils sont, ne critiquera ton langage, nul
n'y contredira. Mais tu n'as pas tout dit. Tu es jeune, il est
vrai; tu pourrais même être mon fils, — un fils qui me fût
né après tous les autres. Tu n'en parles pas moins comme
un homme de sens aux rois des Argiens : ce que tu as dit

était fort bien dit. Mais, voyons, c'est à moi, puisque je me flatte d'être beaucoup plus âgé que toi, d'achever et de dire tout. Et nul ne fera fi, je crois, de mon avis, pas même le roi Agamemnon. Non, il n'a ni clan ni loi ni foyer, celui qui désire la guerre intestine, la guerre qui glace les cœurs. Ainsi donc, à cette heure, obéissons à la nuit noire et préparons notre repas. Que chaque troupe aille camper près du fossé ouvert et hors du rempart. C'est aux jeunes que j'en donne l'ordre. Cela dit, fils d'Atrée, à toi de nous conduire : tu es le plus roi de nous tous. Offre un repas aux Anciens : la chose te revient, et cela sans conteste. Tes baraques sont pleines de vin : les nefs des Achéens, chaque jour, sur la vaste mer, t'en apportent de Thrace. Pour recevoir, tu as tout ce qu'il faut. Tes vassaux sont nombreux ; une fois qu'ils seront assemblés en grand nombre, tu prêteras l'oreille à qui t'ouvrira le meilleur avis. Les Achéens n'ont-ils pas tous besoin d'un bon et ferme avis, à l'heure où l'ennemi est là, près de nos nefs, allumant mille feux ? Qui pourrait alors avoir l'âme en joie ? Ou cette nuit perdra l'armée, ou elle la sauvera. »

Il dit, et tous avec entrain d'entendre et d'obéir. Les hommes de garde, en armes, s'en vont, rangés autour soit du fils de Nestor, Thrasymède, le pasteur d'hommes, — ou d'Ascalaphe et d'Ialmène, fils d'Arès, — ou de Mérion, d'Apharée, de Déipyre, — ou du fils de Créon, le divin Lycomède. Ils sont sept à conduire les troupes de garde, et, autour de chacun, marchent cent jeunes gens, tenant en main leurs longues javelines. Ils s'en vont se poster entre le fossé et le mur ; et là, chaque troupe d'allumer son feu et de préparer son souper.

L'Atride cependant conduit les Anciens d'Achaïe, en rangs pressés, à sa baraque. Il leur sert là un repas délectable. Lors vers les parts de choix préparées et servies ils tendent tous les mains ; et, quand ils ont chassé la soif et l'appétit, le vieux Nestor prévient les autres et commence à ourdir les fils de son projet. Aussi bien est-ce lui dont l'avis toujours semblait le meilleur. Sagement il prend la parole et dit :

« Très glorieux Atride, Agamemnon, protecteur de ton peuple ! comme par toi je finirai, ainsi par toi commencerai-je. Tu es seigneur de milliers d'hommes, et Zeus t'a mis en main et le sceptre et les lois, afin que, pour eux, tu avises. C'est pourquoi il te faut, encore plus que d'autres, parler et écouter, et, au besoin, agir d'après l'avis d'un autre, lorsque son cœur l'aura poussé à parler pour le bien de tous; c'est à toi, en ce cas, qu'appartient l'avis qu'il aura ouvert. Eh bien! je dirai, moi, ce qui me paraît le meilleur. Nul n'aura une idée qui vaille celle que j'ai, moi, depuis longtemps aussi bien qu'aujourd'hui, depuis le jour même, rejeton de Zeus, où, de la baraque d'Achille en courroux, tu sortis, enlevant la jeune Briséis — bien contre notre gré : avec quelle insistance n'avais-je point cherché à t'en dissuader! Mais tu as cédé à ton cœur superbe : tu as fait affront à un brave, à qui les Immortels viennent de rendre hommage; tu lui as pris, tu lui retiens sa part d'honneur! Allons! il en est temps encore, songeons à la façon de le calmer, de le convaincre, avec d'aimables dons et des mots apaisants. »

Agamemnon, protecteur de son peuple, alors lui réplique :

« Ah! vieillard, tu n'as pas menti en énumérant mes erreurs. Ces erreurs, je ne les nie pas. Il vaut, à lui seul, plus de cent guerriers, celui que Zeus dans son cœur a pris en affection, comme il l'a fait pour l'homme à qui il vient de rendre hommage, en défaisant l'armée des Achéens. Mais, si j'ai commis des erreurs, pour avoir obéi à des pensers funestes, j'en veux faire amende honorable et, pour cela, offrir une immense rançon. Devant vous tous ici j'énumérerai mes illustres présents : sept trépieds encore ignorants de la flamme, avec dix talents d'or; vingt bassins resplendissants; douze chevaux solides, taillés pour la victoire, dont les pieds ont déjà triomphé au concours — il aurait bonne part de butin, il pourrait s'acquérir un or précieux, l'homme qui obtiendrait seulement les prix que m'ont valus ces coursiers aux sabots massifs! — Je lui donnerai encore sept femmes habiles aux travaux impeccables. Ce sont des Lesbiennes qu'au jour où lui-même conquit la belle ville de Lesbos, j'avais choisies pour moi, parce qu'elles surpassaient en beauté tout leur sexe. Je les lui donnerai; et, avec elles, il trouvera celle qu'à l'époque

je lui ai ravie, la fille de Brisès; et je jurerai même un
grand serment que jamais je ne suis entré dans son lit, ni
ne me suis uni à elle, comme il est normal, parmi les
humains, entre hommes et femmes. Tout cela, il l'aura
sur l'heure. En outre, si les dieux nous donnent de ravager
la vaste cité de Priam, qu'il se présente, à l'heure où se
fera notre partage entre Achéens; qu'il charge alors sa nef
d'or et de bronze à foison, et qu'en plus il se choisisse
vingt Troyennes, à son gré, les plus belles qui soient après
Hélène l'Argienne. Enfin, si nous devons un jour rentrer à
Argos d'Achaïe, mamelle de la terre, qu'il y soit mon
gendre, et je l'honorerai à l'égal d'Oreste, qu'on élève pour
moi, tendrement choyé, au sein d'une ample opulence. Je
possède trois filles en mon manoir solide, Chrysothémis,
Laodice, Iphianassa : eh bien! qu'il emmène celle qu'il
voudra dans la demeure de Pélée, et sans m'offrir de
présents; je les doterai, moi, de cadeaux à foison, tels que
jamais homme n'en a encore doté sa fille. Et je lui
donnerai aussi sept de mes bonnes villes, Cardamyle,
Enope, Hiré et ses herbages, — Phères la divine, Antheia
aux grasses prairies, — ainsi que la belle Epeia, et Pédase
avec ses vignobles. Toutes sont proches de la mer, au bout
du territoire de la Pylos des Sables. Des hommes y
habitent, riches en moutons et riches en bœufs, qui
l'honoreront d'offrandes comme un dieu, et sous son
sceptre, lui paieront des droits fructueux. Voilà ce que,
pour lui, je suis prêt à faire, s'il renonce à son courroux.
Qu'il cède — Hadès reste, seul, implacable, inflexible;
mais c'est aussi pourquoi il est de tous les dieux celui que
les hommes haïssent le plus — et qu'il se soumette à moi;
d'autant que je suis plus grand roi que lui et que, par mon
âge, je me flatte d'être avant lui. »

Le vieux meneur de chars, Nestor, lui réplique :

« Très glorieux Atride, Agamemnon, protecteur de ton
peuple, il n'est rien cette fois à reprendre aux offres
qu'ainsi tu fais à sire Achille. Eh bien! dépêchons donc
des envoyés choisis, qui aillent au plus vite jusques à la
baraque d'Achille, le fils de Pélée. Allons! que ceux que je
vais ici désigner soient prêts à obéir. Que Phénix cher à
Zeus, tout d'abord, leur serve de guide. Sur ses pas

marcheront le grand Ajax et le divin Ulysse ; et, parmi nos hérauts, Odios et Eurybate auront à les escorter. Apportez maintenant de l'eau pour les mains ; puis ordonnez le silence, afin que nos prières implorent Zeus, fils de Cronos, avec l'espoir qu'il nous prenne en pitié. »

Il dit, et son langage a l'agrément de tous. Sans tarder, les hérauts versent l'eau sur les mains ; les jeunes gens remplissent jusqu'aux bords les cratères ; puis à chacun, dans sa coupe, ils versent de quoi faire libation aux dieux. Les libations finies et la soif satisfaite, les envoyés sortent de la baraque d'Agamemnon, le fils d'Atrée. Le vieux meneur de chars, Nestor, à tous prodigue ses instances, qu'il appuie pour chacun, et surtout pour Ulysse, d'un clin d'œil expressif : qu'ils tâchent à convaincre le Péléide sans reproche !

Ils s'en vont donc, tous deux, le long de la grève où bruit la mer, adressant force prières au Maître de la terre, à l'Ébranleur du sol : qu'ils puissent sans trop de peine convaincre l'âme orgueilleuse de l'Éacide ! Et ils arrivent aux baraques et aux nefs des Myrmidons. Ils y trouvent Achille. Son cœur se plaît à toucher d'une cithare sonore, belle cithare ouvragée, que surmonte une traverse d'argent. Il l'a prise pour lui parmi les dépouilles de la cité d'Eétion, que lui-même a détruite. Son cœur se plaît à en toucher, tandis qu'il chante les exploits des héros. Seul, en face de lui, Patrocle est assis, en silence, épiant les moments où l'Éacide s'arrête de chanter. Ils s'avancent, le divin Ulysse en tête, et font halte devant Achille. Celui-ci, surpris, d'un bond est debout et, sans lâcher sa cithare, quitte le siège où il était assis — et Patrocle, de même, se lève à la vue des héros — puis, avec un geste d'accueil, Achille aux pieds rapides dit :

« Salut à vous ! Vous venez en amis sans doute — à moins qu'il ne s'agisse d'une grande détresse ? N'êtes-vous pas, pour moi, malgré mon dépit, les deux plus chers des Achéens ? »

Ayant ainsi parlé, le divin Achille les fait avancer, puis s'asseoir sur des sièges et des tapis de pourpre. Après quoi vivement, il s'adresse à Patrocle près de lui :

« Dispose un plus grand cratère, fils de Ménœtios et fais

un mélange plus fort; prépare ensuite des coupes pour chacun : ce sont des amis très chers qui aujourd'hui sont sous mon toit. »

Il dit; Patrocle obéit à son compagnon. Prestement, il place un large billot dans la lumière du foyer; il y pose un dos de brebis, un autre de chèvre grasse, et l'échine d'un porc bien gavé, débordante de graisse. Automédon tient la viande; le divin Achille la coupe; il la débite en morceaux, qu'il enfile après sur des broches. Le fils de Ménœtios, mortel égal aux dieux, lui, allume un grand feu. Et, lorsque le feu n'a plus d'aliments, que la flamme déjà commence à défaillir, Achille étale la braise; au-dessus il étend les broches, qu'il soulève de leurs supports, pour verser le sel divin. Quand enfin la viande est rôtie, il la fait glisser sur des plateaux, et, tandis que Patrocle prend le pain et, avec de belles corbeilles, le répartit sur la table, Achille partage la viande. Puis il s'assied en face du divin Ulysse, contre le mur opposé, et donne ordre à son compagnon Patrocle de faire l'offrande aux dieux. Patrocle dans le feu jette le lot réservé aux offrandes. Puis vers les parts de choix préparées et servies tous étendent les mains. Après qu'ils ont chassé la soif et l'appétit, Ajax à Phénix fait un signe. Mais le divin Ulysse l'aperçoit. Lors il emplit une coupe de vin et, la levant vers Achille, il lui dit :

« Salut, Achille ! Les repas où chacun a sa part ne nous manquent point aujourd'hui, aussi bien dans la baraque d'Agamemnon, le fils d'Atrée, que dans la tienne maintenant. Nous avons là, pour festoyer, force plats délectables; mais ce n'est pas le soin d'un plaisant repas qui nous préoccupe à cette heure. Nous voyons devant nous, rejeton de Zeus, un trop grand désastre, et nous avons peur. Sauverons-nous nos nefs aux bons gaillards? ou vont-elles périr? c'est là notre angoisse — à moins que toi, tu ne revêtes ta vaillance. Tout près des nefs et du rempart, les bouillants Troyens et leurs illustres alliés viennent d'établir leur bivouac. Ils ont, par tout le camp, allumé d'innombrables feux. Ils croient que nous ne tiendrons plus et que nous allons bientôt nous jeter sur nos nefs noires. Zeus, fils de Cronos, leur fait luire, avec son éclair,

de favorables présages. Enivré de sa force, Hector sévit en
furieux, guerrier effrayant, qui s'assure en Zeus et qui n'a
respect d'homme ni de dieu. Une rage brutale est entrée
en lui. Il souhaite voir au plus vite la divine Aurore
apparaître; il se fait fort d'abattre les emblèmes qui
couronnent nos nefs, d'incendier les coques dans un feu
ardent, et de massacrer auprès d'elles les Achéens émus
par la fumée. De tout cela j'ai terriblement peur, dans le
fond de mon âme : les dieux ne vont-ils pas achever ses
menaces? aurons-nous pour destin de périr en Troade,
loin d'Argos nourricière de cavales? Ah! lève-toi donc, si
tu as quelque envie, même bien tardive, de protéger du
tumulte troyen les fils des Achéens, qu'écrase la fatigue.
Pour toi, dans l'avenir, quel chagrin ce sera! Et, quand le
mal est fait, il n'est plus de moyen d'y trouver de remède.
Songe donc bien plutôt à écarter ici des Danaens le jour
du malheur. Doux ami! ton père lui-même, Pélée, t'en
adressait la recommandation, le jour qu'il te faisait partir
de la Phthie vers Agamemnon : « Mon enfant, la victoire,
c'est Athéné, Héré, qui te la donneront — si elles le
veulent; mais c'est à toi qu'il appartient de maîtriser ton
cœur superbe en ta poitrine : la douceur toujours est le
bon parti. Bride la querelle méchante, pour que les
Argiens t'estiment davantage, jeunes comme vieux. »
Voilà ce que le vieux te recommandait, et voilà ce que tu
oublies! Allons! il en est temps encore, restes-en là, et
quitte ton courroux douloureux. Agamemnon t'offre des
dons qui comptent, si tu renonces à ce courroux. Écoute-
moi t'énumérer tous les présents qu'en sa baraque t'a
promis Agamemnon : sept trépieds encore ignorants de la
flamme, avec dix talents d'or; vingt bassins resplendissants; douze chevaux solides, taillés pour la victoire, dont
les pieds ont déjà triomphé au concours — il aurait bonne
part de butin, il pourrait s'acquérir un or précieux,
l'homme qui obtiendrait seulement les prix que ces
coursiers, par leur vitesse, ont valus à Agamemnon. Il te
donnera encore sept femmes habiles aux travaux impeccables : ce sont des Lesbiennes, qu'au jour où tu conquis la
belle ville de Lesbos, il avait choisies pour lui-même,
parce qu'elles surpassaient en beauté tout leur sexe. Il te

les donnera, et, avec elles, tu trouveras celle qu'à l'époque il t'avait ravie, la fille de Brisès ; et il te jurera même un grand serment que jamais il n'est entré dans son lit ni ne s'est uni à elle, comme il est normal, tu le sais, seigneur, entre hommes et femmes. Tout cela, tu l'auras sur l'heure. En outre, si les dieux nous donnent de ravager la vaste cité de Priam, ce jour-là présente-toi où se fera notre partage entre Achéens, pour charger ta nef d'or et de bronze à foison, et te choisir en plus vingt Troyennes, à ton gré, les plus belles qui soient après Hélène l'Argienne. Enfin, si nous devons un jour rentrer à l'Argos d'Achaïe, mamelle de la terre, tu y seras son gendre, et il t'honorera à l'égal d'Oreste, qu'on élève pour lui tendrement choyé, au sein d'une ample opulence. Il possède trois filles en son manoir solide, Chrysothémis, Laodice, Iphianassa : eh bien ! emmène donc celle que tu voudras dans la demeure de Pélée, sans lui offrir aucun présent : il les dotera, lui, de cadeaux à foison, tels que jamais homme n'en a encore doté sa fille. Et il te donnera aussi sept de ses bonnes villes, Cardamyle, Enope, Hiré et ses herbages, — Phères la divine, Antheia aux grasses prairies, — ainsi que la belle Epeia, et Pédase avec ses vignobles. Toutes sont proches de la mer, au bout du territoire de la Pylos des Sables. Des hommes y habitent, riches en moutons et riches en bœufs, qui t'honoreront d'offrandes comme un dieu, et, sous ton sceptre, te paieront des droits fructueux. Voilà ce que, pour toi, il est prêt à faire, si tu renonces à ton courroux. Et si même le fils d'Atrée n'en devient alors que plus odieux à ton âme, lui et ses présents, aie du moins pitié des autres, de ces Panachéens que la fatigue accable dans tout notre camp et qui t'honoreront désormais comme un dieu. Ah ! la grande gloire que tu leur auras conquise ! car tu triompheras cette fois d'Hector, qui va entrer en contact avec toi, plein d'une rage détestable, et qui croit n'avoir plus de rival à sa taille parmi les Danaens que nos nefs ont conduits ici. »

Achille aux pieds rapides alors ainsi répond :

« Divin fils de Laërte, industrieux Ulysse, je dois vous signifier brutalement la chose, comme j'entends la faire, comme elle se fera. De la sorte vous n'aurez pas à

roucouler l'un après l'autre, assis là, à mes côtés. Celui-là
m'est en horreur à l'égal des portes d'Hadès, qui dans son
cœur cache une chose et sur les lèvres en a une autre. Je
dirai, moi, ce qu'il me semble qu'il faut dire. Eh bien! je
ne crois pas qu'Agamemnon, le fils d'Atrée, jamais arrive
à me convaincre — pas davantage les autres Danaens. Je le
vois trop : on ne gagne pas de reconnaissance à se battre
avec l'ennemi obstinément, sans trêve : la part est la
même pour qui reste chez lui et pour qui guerroie de toute
son âme; même estime attend le lâche et le brave! Que
me revient-il à la fin d'avoir tant pâti en mon cœur, à
jouer chaque jour ma vie au combat? Tel un oiseau à ses
petits sans ailes offre pour becquée ce qu'il peut trouver
— ce qu'il trouve à grand-peine — tel, j'ai passé, moi,
d'innombrables nuits sans sommeil, j'ai traversé des jours
sanglants à guerroyer, à lutter contre d'autres hommes,
afin de leur prendre leurs femmes. J'ai été, avec mes nefs,
ravager douze cités d'hommes. Sur terre j'en compte onze
encore prises par moi en Troade fertile. A chacune j'ai
ravi un ample et précieux trésor; et, de tous ces trésors,
j'allais faire don à Agamemnon, fils d'Atrée. Lui, resté à
l'arrière, près des fines nefs, les prenait, en distribuait peu,
mais en gardait beaucoup. En outre, aux chefs, aux rois, il
accordait des parts d'honneur. Eux, du moins, les gardent
intactes : à moi, seul des Achéens, à moi, il a pris la
mienne. Il a ma douce épouse : eh bien! qu'il dorme à ses
côtés, qu'il jouisse d'elle à sa guise! Mais pourquoi alors
faut-il que les Argiens fassent, eux, la guerre aux
Troyens? Pourquoi lui, le fils d'Atrée, a-t-il réuni, conduit
une armée jusqu'ici? N'est-ce point pour Hélène aux
beaux cheveux? Les Atrides sont-ils les seuls des mortels à
aimer leurs femmes? Tout homme de cœur et de sens
aime la sienne et la protège. Et celle-là, je l'aimais, moi,
du fond du cœur, toute captive qu'elle était. Il me l'a
arrachée des mains — elle, ma part d'honneur — il m'a
joué : qu'il ne cherche pas à tenter un homme qui le
connaît trop; aussi bien ne l'écouterai-je pas. Qu'il songe
bien plutôt, avec toi, Ulysse, avec les autres rois, à écarter
des nefs le feu dévorant. Il a déjà, sans moi, fait beaucoup
d'ouvrage : le voilà donc qui a bâti un mur et tracé tout

contre un fossé, grand et large — voire il y a planté des
pieux! Il n'en est pas pour autant capable de contenir la
force d'Hector meurtrier. Quand je combattais, moi, avec
les Achéens, Hector se refusait à pousser la bataille hors
des murs. Il n'allait guère que jusqu'aux portes Scées et
au chêne. C'est là qu'un jour il m'attendit. J'étais seul : il
n'en eut pas moins grand-peine à échapper à mon élan. Eh
bien! désormais, c'est moi qui refuse de me battre avec le
divin Hector. Demain, un sacrifice une fois fait à Zeus et à
tous les dieux, mes nefs une fois tirées à la mer et
chargées, tu pourras voir — si tu le veux et si la chose
t'intéresse — mes nefs voguant au petit jour sur l'Hellespont poissonneux, et, dans chacune, des hommes ardents
à la nage ; et si l'illustre Ébranleur de la terre nous accorde
bonne traversée, trois jours après je puis être dans la
Phthie fertile. J'ai laissé là des biens en nombre, lorsque,
pour mon malheur, je suis venu ici. J'y joindrai l'or, le
bronze rouge, les captives à belle ceinture, le fer gris que
d'ici j'emporte et que le sort m'a mis en main — je ne
parle pas de ma part d'honneur : celui qui me l'avait
donnée, pour m'outrager, me l'a reprise, le roi Agamemnon, fils d'Atrée! A celui-là, dis tout ouvertement, comme
je te l'ordonne, afin qu'à leur tour les Achéens lui
montrent quelque humeur, s'il compte encore jouer un
autre Danaen. Il est toujours vêtu d'effronterie ; mais pour
impudent qu'il soit, il n'oserait me regarder en face. Je ne
l'aiderai, moi, de mon conseil ni de mon bras. Il m'a trop
berné, offensé : il ne me jouera pas une fois de plus avec
des mots. Assez pour lui! qu'il aille en paix à la male
heure! le prudent Zeus lui a pris sa raison... Ses présents
me font horreur ; de lui je fais cas comme d'un fétu!
M'offrît-il dix fois, vingt fois tout ce qu'il possède à cette
heure et ce qui peut lui revenir, m'offrît-il toute la
richesse qui afflue à Orchomène, ou encore à Thèbes
d'Égypte, ville où chaque maison enferme maints trésors,
ville aux cent portes, dont chacune laisse passer deux cents
guerriers avec leurs chevaux et leurs chars ; m'offrît-il
même des biens aussi nombreux que tous les grains qui
sont de sable ou de poussière, non, même alors Agamemnon ne saurait convaincre mon cœur, avant d'avoir

d'abord entièrement payé l'affront dont souffre mon âme.
Et, pour ce qui est de la fille de l'Atride Agamemnon,
non, non, je ne l'épouserai pas ; le disputât-elle pour la
beauté à Aphrodite d'or, pour les travaux à Athéné aux
yeux pers, non, même alors, je ne la prendrai pas pour
femme. Qu'il choisisse un autre Achéen, qui convienne à
son rang, qui soit plus roi que moi ! Moi, si les dieux me
protègent et si je rentre en mon pays, Pélée saura bien lui-
même briguer pour moi une femme. Il ne manque pas
d'Achéennes dans l'Hellade et dans la Phthie, filles de
chefs, défenseurs de leurs villes, et, parmi elles, je
prendrai qui je voudrai, pour en faire mon épouse. Mon
noble cœur bien souvent m'a poussé à prendre là pour
légitime épouse une compagne qui convînt à mon rang,
afin de jouir ensuite, tranquille, des trésors du vieux Pélée.
Il n'est rien, pour moi, qui vaille la vie, pas même les
richesses que s'est acquises naguère la bonne ville d'Ilion,
aux jours de la paix, avant qu'ici vinssent les fils des
Achéens ; non, pas même celles qu'enferme le seuil de
pierre de Phœbos Apollon, le Décocheur de flèches, dans
Pythô la Rocheuse. On enlève bœufs, gras moutons ; on
achète trépieds et chevaux aux crins blonds : la vie d'un
homme ne se retrouve pas ; jamais plus elle ne se laisse ni
enlever ni saisir, du jour qu'elle est sortie de l'enclos de ses
dents. Ma mère souvent me l'a dit, la déesse aux pieds
d'argent, Thétis : deux destins vont m'emportant vers la
mort, qui tout achève. Si je reste à me battre ici autour de
la ville de Troie, c'en est fait pour moi du retour ; en
revanche, une gloire impérissable m'attend. Si je m'en
reviens au contraire dans la terre de ma patrie, c'en est fait
pour moi de la noble gloire ; une longue vie, en revanche,
m'est réservée, et la mort, qui tout achève, de longtemps
ne saurait m'atteindre. Oui, et c'est même à tous que je
conseillerais, moi, de voguer vers leurs foyers : il est trop
tard, vous ne verrez plus la fin de la haute Ilion. La chose
est sûre : Zeus à la grande voix sur elle a étendu son bras,
et ses guerriers ont repris confiance. Pour vous donc, allez,
signifiez mon message aux chefs des Achéens — c'est le
privilège des vieux. Ils pourront en leurs cœurs concevoir
un meilleur projet, apte à sauver leur flotte et l'armée

achéenne devant nos nefs creuses, puisque se montre inefficace celui qu'ils ont formé ici, tandis que ma colère me retient loin d'eux. Phénix, lui, peut rester et coucher chez nous ; ainsi il sera demain en mesure de me suivre dans notre patrie à bord de nos nefs — du moins s'il le désire : je ne prétends pas l'emmener de force. »

Il dit, et tous demeurent silencieux, sans voix, émus de son langage : il a dit non avec grande rudesse. Le vieux meneur de chars, Phénix, enfin prend la parole ; en même temps il éclate en sanglots : il a tellement peur pour les nefs achéennes !

« Si vraiment tu te mets en tête de repartir, illustre Achille ; si à tout prix tu te refuses à défendre nos fines nefs contre le feu destructeur, tant la colère a envahi ton âme, comment pourrais-je, moi, rester seul ici, sans toi, mon enfant ? C'est pour toi que m'a fait partir Pélée, le vieux meneur de chars, au moment où, toi-même, il te faisait partir de Phthie, pour rejoindre Agamemnon. Tu n'étais qu'un enfant, et tu ne savais rien encore ni du combat qui n'épargne personne ni des Conseils où se font remarquer les hommes. Et c'est pour tout cela qu'il m'avait dépêché : je devais t'apprendre à être en même temps un bon diseur d'avis, un bon faiseur d'exploits. Non, je ne puis consentir à rester ici, sans toi, mon enfant ; non, quand le ciel même me ferait la promesse de me dépouiller de mon âge et de me rendre de nouveau aussi jeune, aussi florissant qu'au jour où je quittai pour la première fois l'Hellade aux belles femmes. Je fuyais alors un conflit avec mon père, Amyntor, le fils d'Ormène. J'avais encouru sa colère, à cause de sa maîtresse aux beaux cheveux. Il l'aimait ; pour elle, il négligeait sa femme, ma mère ; et celle-ci, sans cesse, à genoux, me suppliait de jouir avant lui de la maîtresse, de façon qu'elle prît le vieillard en horreur. Je fis ce qu'elle voulait ; mais mon père fut prompt à s'en rendre compte. Alors, lançant sur moi force imprécations, il invoquait les Erinyes cruelles : il voulait n'avoir jamais à asseoir sur ses genoux un enfant issu de moi ; et les dieux ont réalisé ses vœux, Zeus Infernal aussi bien que la féroce Perséphone. Je

méditai alors de le frapper du bronze aigu. Mais un dieu
arrêta ma colère ; il rappela à mon cœur la voix du peuple,
les affronts répétés des hommes : je ne voulus pas du nom
de parricide parmi les Achéens. Alors c'en était fait : mon
cœur au fond de moi n'avait plus rien qui le retînt :
pourquoi vivre au palais d'un père en courroux ? Parents,
cousins, autour de moi, m'adressaient force prières et
tâchaient à me retenir au palais. Ils égorgeaient force gros
moutons, ou bœufs cornus à la démarche torse ; force
porcs aussi, débordants de graisse, grillaient étendus au
milieu du feu d'Héphæstos ; force vin se buvait, pris aux
caves du vieux. Et, neuf nuits durant, pour dormir, ils
faisaient cercle autour de moi ; chacun d'eux prenait la
garde à son tour. Des feux brûlaient, jamais éteints, l'un
sous le porche de la cour bien close, l'autre dans le
vestibule, à la porte de l'appartement. Mais lorsque la nuit
ténébreuse revint pour la dixième fois, à ce coup je partis ;
je brisai pour cela la porte aux ais bien joints de
l'appartement et sautai le mur qui fermait la cour. Je n'y
eus point de peine : ni gardiens ni servantes ne s'en
aperçurent. Puis je m'enfuis bien loin à travers l'Hellade
aux larges espaces, et j'arrivai enfin dans la Phthie fertile,
mère des brebis, chez sire Pélée. Il m'accueillit avec
bonté ; il se mit à m'aimer ainsi qu'un père aime son fils
unique, héritier choyé d'innombrables biens ; il me fit
riche, en m'octroyant un peuple immense : j'habitais au
bout de la Phthie, et j'y commandais aux Dolopes. Et c'est
moi qui ainsi t'ai fait ce que tu es, Achille pareil aux
dieux, en t'aimant de tout mon cœur. Aussi bien tu ne
voulais pas toi-même de la compagnie d'un autre, qu'il
s'agît ou de se rendre à un festin ou de manger à la
maison : il fallait alors que je te prisse sur mes genoux,
pour te couper ta viande, t'en gaver, t'approcher le vin des
lèvres. Et que de fois tu as trempé le devant de ma
tunique, en le recrachant, ce vin ! Les enfants donnent
bien du mal. Ah ! que, pour toi, j'ai souffert et pâti,
songeant toujours que les dieux ne voulaient pas laisser
venir au monde un enfant né de moi ! Et c'est toi alors,
Achille pareil aux dieux, c'est toi dont je voulais faire le
fils qui, un jour, écarterait de moi le malheur outrageux.

Allons! Achille, dompte ton cœur superbe. Non, ce n'est pas à toi d'avoir une âme impitoyable, alors que les dieux mêmes se laissent toucher. N'ont-ils pas plus que toi mérite, gloire et force? Les hommes pourtant les flé-chissent avec des offrandes, de douces prières, des libations et la fumée des sacrifices, quand ils les viennent implorer après quelque faute ou erreur. C'est qu'il y a les Prières, les filles du grand Zeus. Boiteuses, ridées, louches des deux yeux, elles courent, empressées, sur les pas d'Erreur. Erreur est robuste, elle a bon pied; elle prend sur toutes une large avance, et va, la première, par toute la terre, faire du mal aux humains. Les Prières, derrière elle, tâchent à guérir ce mal. A celui qui respecte les filles de Zeus, lorsqu'elles s'approchent de lui, elles prêtent un puissant secours, elles écoutent ses vœux. Celui qui leur dit non et brutalement les repousse, elles vont demander à Zeus, fils de Cronos, d'attacher Erreur à ses pas, afin qu'il souffre et paie sa peine. Allons! Achille, à ton tour accorde aux filles de Zeus l'hommage qui les doit suivre et qui sait plier le vouloir d'autres héros. Si le fils d'Atrée ne t'apportait pas de présents, s'il ne t'en assurait pas d'autres pour plus tard, s'il s'obstinait dans son violent dépit, ce n'est certes pas moi qui te conseillerais d'aller, jetant là ta colère, prêter secours aux Argiens, quelle que pût être leur détresse. Mais, en fait, il t'offre beaucoup dès ce jour, il te promet pour plus tard davantage; il t'envoie, pour t'implorer, les plus braves guerriers de l'armée achéenne; il fait choix des héros qui te sont les plus chers parmi les Argiens : ne rends pas vains leurs propos, leur démarche. Jusqu'à ce jour nul ne t'eût fait grief de garder ton courroux. C'est là déjà ce que nous apprenait la geste des vieux héros. Un dépit violent pouvait prendre l'un d'eux : ils restaient sensibles aux présents, ils se laissaient ramener par des mots. Je me rappelle encore l'histoire que voici; elle remonte haut, elle n'est pas d'hier; je veux vous la dire à tous, mes amis. Les Courètes et les Etoliens belliqueux, tout autour de la ville de Calydon, luttaient et se massacraient à l'envi, les Étoliens pour la défense de l'aimable Calydon, les Courètes pour sa conquête, tous, pleins de frénésie guerrière. C'est qu'Artémis au trône

d'or avait naguère déchaîné un fléau contre eux; sa colère
en voulait à Œnée, qui ne lui avait pas offert de prémices
sur les pentes de son vignoble. Les autres dieux avaient
leur régal d'hécatombes : à elle seule, la fille du grand
Zeus, il n'avait rien offert. Qu'il l'eût oublié ou qu'il n'y
eût jamais songé, son âme avait fait une lourde erreur.
Dans son courroux, la Sagittaire, née de Zeus, avait donc
déchaîné un sanglier sauvage, un solitaire aux dents
blanches, qui, sans répit, faisait de grands ravages au
milieu des vignes d'Œnée et avait déjà sur le sol fait choir
de toute leur hauteur nombre de grands arbres avec leurs
racines, avec leurs fruits épanouis. Ce fut le fils d'Œnée,
Méléagre, qui le tua. Il avait pour cela convoqué les
chasseurs, les chiens de maintes villes : la bête n'eût pas
succombé sous un petit nombre d'hommes; elle était
énorme, et elle fit d'abord monter bien des mortels sur le
triste bûcher. Mais, autour de la dépouille, la déesse
ensuite suscite grand tumulte et grande clameur : qui
aurait la hure et la peau velue? seraient-elles aux Courètes
ou aux Étoliens magnanimes? — Donc, tant que guer-
royait Méléagre, chéri d'Arès, tout allait mal pour les
Courètes : ils étaient incapables, en dépit de leur nombre,
de tenir hors de leurs murailles. Mais un jour la colère
pénétra Méléagre, la colère qui gonfle le cœur dans la
poitrine des plus sages. Le cœur indigné contre Althée, sa
mère, il restait étendu près de sa femme légitime, la belle
Cléopâtre, née de Marpesse, l'Événienne aux fines
chevilles, et d'Idès, le plus vaillant des mortels de son
temps, qui, pour sa jeune épouse aux fines chevilles, avait
saisi son arc en face du seigneur Phœbos Apollon. Et ainsi
Cléopâtre, au manoir de son père et de sa digne mère,
avait reçu d'eux le nom d'Alcyone, en souvenir du jour où
sa propre mère, saisissant le destin de l'alcyon douloureux,
avait pleuré d'être enlevée par Phœbos Apollon, le
Préservateur. — Ainsi donc, aux côtés de Cléopâtre,
Méléagre reposait, cuvant un cruel dépit. Il s'indignait des
malédictions de sa mère, qui, dans sa douleur du meurtre
de ses frères, instamment lançait des imprécations vers les
dieux, et, instamment aussi, frappait de ses deux mains la
terre nourricière, invoquant et Hadès et la féroce Persé-

phone, étendue tout de son long à terre, dans ses voiles
trempés de pleurs, et leur demandant de donner la mort à
son fils. Et l'Erinys au cœur impitoyable, qui marche dans
la brume, du fond de l'Erèbe, entendit sa voix. Bientôt,
tout autour des portes, tumulte et fracas s'élevaient; les
murs des Étoliens étaient criblés de traits. Les Anciens
d'Étolie alors suppliaient Méléagre; ils lui dépêchaient les
plus saints des prêtres des dieux : qu'il sortît seulement!
qu'il se chargeât de la défense! et ils lui promettaient un
ample apanage. Là où l'aimable Calydon a son terreau le
plus gras, ils l'invitaient à se choisir un magnifique
domaine : cinquante arpents, moitié vignobles, moitié
terres à blé; il se le taillerait, à son choix, dans la plaine.
Instamment aussi le vieux meneur de chars, Œnée,
l'implorait; escaladant le seuil des hauts appartements, il
secouait les vantaux aux ais bien joints, il suppliait son fils.
Instamment ses sœurs et sa digne mère, de leur côté,
l'imploraient. Il n'en disait que davantage non. Instamment aussi ses camarades, les plus proches et les plus
chers. Tous avaient beau faire : ils ne persuadaient pas son
cœur en sa poitrine. Mais l'instant vint où l'appartement
lui-même se trouva heurté à grands coups : c'étaient les
Courètes qui prenaient pied sur les remparts et qui
mettaient le feu à la vaste cité. Cette fois, ce fut sa femme
même, sa femme à la belle ceinture, qui, sanglotante,
implora Méléagre : tout au long elle lui rappela les
douleurs qui sont le lot des mortels dont la ville est prise :
les hommes qu'on tue, la cité que le feu dévore, les
enfants et les femmes aux ceintures profondes qu'emmène
l'étranger — et le cœur du guerrier s'émut à ces horreurs.
Il partit; il se revêtit de ses armes étincelantes, et, ainsi,
des Étoliens, il écarta le jour funeste. Mais il n'avait là
cédé qu'à son cœur : ils ne le payèrent donc pas avec des
présents en nombre et de prix. Pourtant il avait d'eux
écarté le malheur. Ah! ne te mets point, je t'en prie, de
telles idées dans la tête! qu'un dieu ne te pousse pas dans
cette voie, mon chéri. Ne serait-il pas bien fâcheux pour
toi d'aller au secours de nefs déjà en flammes? Marche
donc pour les présents qu'on t'offre, si tu veux que les
Achéens t'honorent à l'égal d'un dieu. Si tu n'as pas

accepté de présents, à l'heure où tu plongeras dans la bataille meurtrière, tu n'obtiendras plus égale louange, même si de nous tu éloignes le combat. »

Achille aux pieds rapides en réponse lui dit :

« Phénix, mon bon vieux père, rejeton de Zeus, de cet honneur-là je n'ai pas besoin : je ne songe qu'à l'honneur que m'accorde le destin de Zeus, et ce destin me restera fidèle près de nos nefs recourbées, tant qu'un souffle subsistera dans ma poitrine et que se mouvront mes jarrets. Mais j'ai encore quelque chose à te dire : mets-le-toi bien en tête. Ne me bouleverse pas le cœur à gémir, à te lamenter, pour faire ta cour au héros fils d'Atrée. Je dis plus : tu ne dois pas l'aimer — à moins que tu ne veuilles qu'après t'avoir aimé je ne te prenne en haine. Ton devoir, c'est de te joindre à moi pour faire du mal à qui me fait du mal. Ceux qui sont là porteront mon message ; toi, reste ici : tu coucheras sur un lit moelleux, et, dès que l'aube paraîtra, nous verrons si nous devons repartir chez nous ou rester. »

Il dit, et, sans un mot, d'un signe de sourcils, il donne ordre à Patrocle d'étendre pour Phénix un lit bien épais. Il veut de la sorte faire entendre aux autres qu'ils aient à quitter vite la baraque. Mais voici qu'alors le fils de Télamon, Ajax pareil aux dieux, prend la parole et dit :

« Divin fils de Laërte, industrieux Ulysse, partons. Le dénouement de cette histoire, ce n'est pas ce voyage qui nous le fournira, je crois ; et nous devons, au plus vite, faire notre rapport — même défavorable — aux Danaens, qui en ce moment même siègent sans doute pour l'attendre. Achille au fond de sa poitrine s'est fait un grand cœur farouche. Le cruel ! il n'a cure de l'amitié de ses bons compagnons, qui lui valait dans notre camp d'être honoré par-dessus tous les autres. Ah ! l'homme sans pitié ! On accepte pourtant du meurtrier d'un frère une compensation — on en accepte même pour un enfant mort ! — et, de cette façon, l'un reste dans son bourg, puisqu'il a largement payé, l'autre retient son âme et son cœur superbe, puisqu'il a reçu sa compensation. Toi, c'est un courroux sans fin et méchant que les dieux t'ont mis au cœur — et pour une fille, une seule! alors qu'aujourd'hui nous t'en offrons sept, parfaites entre toutes — et bien d'autres choses en plus. Fais-toi un cœur plus accueillant et respecte ta demeure; nous sommes sous ton toit au nom du peuple danaen, et nous souhaitons ardemment être pour toi, plus que tous autres, les plus proches comme les plus chers entre tous les Achéens. »

Achille aux pieds rapides en réponse lui dit :

« Divin Ajax, fils de Télamon, chef guerrier, tu me sembles en tout avoir parlé comme il fallait. Mais mon cœur se gonfle de colère quand je me souviens de ce que tu sais, de la manière infâme dont m'a traité l'Atride devant les Argiens, comme si j'étais un vil réfugié. Allez donc, allez signifier ce message : je ne songerai pas au combat sanglant, avant que le fils du brave Priam, le divin Hector, ne soit arrivé aux baraques et aux nefs des Myrmidons, en massacrant les Argiens, et n'ait détruit la flotte en feu. Près de ma baraque, à moi, près de ma nef noire, j'imagine qu'Hector, pour furieux qu'il puisse être, devra renoncer au combat. »

Il dit; eux, tour à tour, prennent la coupe à deux anses, pour offrir leurs libations, puis s'en vont le long des nefs. Ulysse marche le premier. Lors Patrocle à ses camarades, ainsi qu'aux captives, donne l'ordre de vite étendre un lit épais pour Phénix. Dociles, les captives étendent le lit ainsi qu'il ordonne : peaux, couvertures, fine toile de lin. Le vieux s'y couche pour attendre l'aube divine. Pour Achille, il dort au fond de la baraque solide; à ses côtés, une femme est couchée, qu'il a lui-même amenée de Lesbos, la jolie Diomède, la fille de Phorbas. Patrocle s'en va coucher à l'autre bout; à ses côtés aussi est une femme, Iphis à la belle ceinture, dont le divin Achille lui a jadis fait don, le jour où il a pris la haute Scyros, le bourg d'Enyeus.

Pour les autres, à peine arrivés dans la baraque de l'Atride, ils y voient les fils des Achéens, de tous les côtés, se lever et, en les saluant de leurs coupes d'or, les interroger. Agamemnon, protecteur de son peuple, le tout premier, demande :

« Allons ! parle, illustre Ulysse, noble gloire des Achéens. Paraît-il disposé à écarter des nefs le feu dévorant ? ou s'y refuse-t-il, parce que le courroux tient encore son grand cœur ? »

Le divin Ulysse, héros d'endurance, alors lui répond :

« Très glorieux Atride, Agamemnon, protecteur de ton peuple, non, il ne veut pas éteindre son courroux. La fureur qui l'emplit s'accroît au contraire, et il te repousse, toi et tes présents. Il t'engage à songer toi-même, au milieu des Argiens, au moyen de sauver les nefs et l'armée achéenne. Pour lui, si j'en crois sa menace, sitôt que l'aube paraîtra, il mettra à flot ses nefs aux bons gaillards et à double courbure. Et c'est même à tous qu'il conseille aujourd'hui de voguer vers leurs foyers : « Il est trop tard, dit-il, vous ne verrez plus la fin de la haute Ilion. La chose est sûre : Zeus à la grande voix sur eux a étendu son bras, et ses guerriers ont repris confiance. » Voilà ce qu'il a dit : et ceux-ci sont là pour le répéter, qui étaient avec moi. Ajax, comme ces deux sages hérauts. Le vieux Phénix, lui, reste à coucher là-bas : Achille l'y invite, pour qu'il soit en mesure de le suivre demain à bord de ses nefs — du moins s'il le désire : on ne prétend pas l'emmener de force. »

Il dit ; et tous demeurent silencieux, sans voix, émus de son langage, car il s'est exprimé avec grande rudesse. Longtemps ainsi ils restent muets, mornes, les fils des Achéens. Diomède au puissant cri de guerre enfin prend la parole :

« Très glorieux Atride, Agamemnon, protecteur de ton peuple, tu n'aurais pas dû ainsi supplier le Péléide sans reproches ni lui offrir force présents : il est assez orgueilleux sans cela ; tu l'as encore davantage enfoncé dans son orgueil. Laissons-le s'en aller ou rester, à son gré ; il retournera au combat quand, en sa poitrine, son cœur l'y invitera et quand un dieu l'y poussera. Allons ! suivons tous l'avis que je donne. Pour l'heure, allez dormir ; vos cœurs ont pu se satisfaire de pain, de vin ; là sont la fougue et la vaillance. Mais, dès que paraîtra la belle Aurore aux doigts de rose, vite, devant les nefs dirige fantassins et chars, en les excitant au combat et en luttant toi-même au premier rang. »

Il dit : les rois approuvent, tous ravis du langage de Diomède, le dompteur de cavales. Et sur ce, les libations finies, chacun s'en va vers sa baraque, et cueille, en s'endormant, le présent du sommeil.

CHANT X

Les autres preux, au camp panachéen, toute la nuit reposent près des nefs; ils cèdent à un mol assoupissement. Seul, le fils d'Atrée, Agamemnon, pasteur d'hommes, n'est pas la proie du doux sommeil. Son cœur agite cent projets. Ainsi qu'on voit l'époux d'Héré aux beaux cheveux lancer l'éclair, quand il prépare soit une averse de déluge — ou la grêle, ou la neige, dans les mois où les champs sont tout poudrés de givre — soit la bataille amère à la gueule géante; ainsi Agamemnon, dans sa poitrine, sent se presser les sanglots. Ils montent du fond de son cœur; toutes ses entrailles frémissent. S'il contemple la plaine de Troie, il est saisi d'y voir tant de feux qui flamboient en avant d'Ilion, d'ouïr le bruit des flûtes, des pipeaux, mêlé à la clameur humaine. Mais, s'il tourne ensuite les yeux vers la flotte et l'armée achéennes, il se tire et s'arrache les cheveux de la tête, à pleines poignées, les vouant à Zeus là-haut, cependant que son noble cœur terriblement gémit. A la fin, ce parti lui paraît le meilleur en son âme : aller trouver, avant tout autre, Nestor, le fils de Nélée, pour voir si, avec lui, il pourra former un plan sans défaut, un plan sauveur pour tous les Danaens. Il se lève et revêt ses flancs d'une tunique, puis à ses pieds luisants noue de belles sandales; enfin il s'enveloppe dans la fauve dépouille d'un grand lion roux, qui lui tombe aux pieds, et saisit sa pique.

Un trouble pareil a pris Ménélas : le sommeil n'est pas

non plus descendu sur ses paupières : pourvu que rien
n'arrive à ces Argiens qui, par-delà telle étendue de mer,
sont pour lui venus à Troie, résolus au combat hardi! Il
couvre donc son large dos de la peau d'une panthère
tachetée; puis il prend et met sur son front un casque de
bronze; enfin, de sa forte main, il saisit une javeline et s'en
va réveiller son frère, le commandant en chef de tous les
Argiens, que son peuple honore à l'égal d'un dieu. Il le
trouve en train d'endosser ses belles armes, à la poupe de
son vaisseau, et son arrivée est la bienvenue. Le premier,
Ménélas au puissant cri de guerre alors prend la parole :

« Pourquoi t'armes-tu donc ainsi, doux ami? Penses-tu
inciter un de nos compagnons à s'en aller épier les
Troyens? J'ai terriblement peur que nul ne s'engage à
faire cette besogne. Partir en éclaireur, chez des ennemis,
seul, à travers la nuit sainte! certes il faudrait là un cœur
intrépide. »

Le roi Agamemnon en réponse lui dit :

« Nous avons tous les deux, moi aussi bien que toi,
Ménélas, issu de Zeus, besoin d'un conseil adroit qui
protège et qui sauve les Argiens avec leur flotte, puisque le
cœur de Zeus s'est détourné de nous et garde — c'est trop
clair — une préférence pour les sacrifices d'Hector. Jamais
encore je n'ai vu, jamais je n'ai ouï parler d'homme ayant
en un jour provoqué plus d'angoisses qu'Hector chéri de
Zeus en aura su créer aux fils des Achéens — cet Hector
qui n'est fils de dieu ni de déesse, et pourtant nous aura
procuré des soucis dont je puis assurer qu'ils doivent
obséder l'esprit des Argiens, longtemps et longuement;
tant il a médité de malheurs pour les Achéens! Mais,
allons! pour l'instant, appelle ici Ajax et Idoménée; va,
cours vite le long des nefs. J'irai trouver, moi, le divin
Nestor; je le prierai de se lever et de bien vouloir aller
jusqu'à la troupe solide que forment nos hommes de
garde, afin de leur donner ses ordres. Mieux que tout
autre, il sera obéi : c'est son fils qui commande à ces
hommes de garde, avec Mérion, l'écuyer d'Idoménée :
nul, autant qu'eux, n'a notre confiance. »

Ménélas au puissant cri de guerre alors lui répond :

« Comment dois-je entendre ce que tu m'enjoins et

ordonnes? Dois-je avec eux rester là à attendre ta venue?
ou courir après toi de nouveau, dès que je leur aurai
communiqué ton ordre? »

Agamemnon, protecteur de son peuple, répond :

« Reste là; nous nous manquerions en chemin : il est
trop de routes à travers le camp. Mais élève la voix partout
où tu iras, et invite les gens à rester éveillés. Appelle
chacun par son nom, en mentionnant son père et sa
famille, en rendant hommage à tous. Va, que ton cœur
ne montre pas de morgue. A nous de peiner au contraire,
puisque c'est Zeus sans doute qui, dès notre naissance, a
mis sur nous ce fardeau de misères. »

Il dit et renvoie son frère avec les ordres voulus. Lui-
même part à la recherche de Nestor, le pasteur d'hommes.
Il le trouve près de sa baraque et de sa nef noire, étendu
sur sa molle couche. A terre, près de lui, sont ses armes
scintillantes, bouclier, double pique et casque éclatant.
Près de lui aussi est à terre le ceinturon étincelant dont se
ceint le vieillard, les jours où il s'arme, pour mener les
siens au combat meurtrier; car il n'accorde rien à la triste
vieillesse. Redressé sur son coude, il lève la tête, se tourne
vers l'Atride et l'interroge ainsi :

« Qui es-tu, toi qui vas ainsi, seul, parmi les nefs, dans
le camp, au cœur de la nuit sombre, à l'heure où dorment
tous les autres mortels? Es-tu en quête d'une mule? ou
bien d'un camarade? Parle, et n'approche pas de moi
bouche close. De quoi as-tu besoin? »

Agamemnon, protecteur de son peuple, répond :

« Nestor, fils de Nélée, grande gloire des Achéens, tu
vas reconnaître Agamemnon, le fils d'Atrée. Je suis celui
que Zeus a choisi entre tous pour le plonger dans les
épreuves, à tout jamais, tant qu'un souffle subsistera dans
ma poitrine et que se mouvront mes jarrets. Si je vais et
viens, comme tu le vois, c'est que le doux sommeil refuse
de descendre sur mes yeux : je ne pense qu'à la guerre, à
l'angoisse des Achéens. J'ai terriblement peur pour les
Danaens. Mon âme est sans repos, et je me sens en plein
égarement. Le cœur me bondit hors de la poitrine; mes
membres brillants sont là qui tremblent sous moi. Allons!
si tu veux agir, puisque, toi aussi, le sommeil te fuit, viens,

descendons jusqu'aux hommes de garde ; nous verrons
qu'ils n'aillent pas, épuisés de fatigue et par la veille à la
fois, s'endormir et oublier entièrement leur faction. Les
ennemis campent tout près, et nous ne savons pas si
l'envie ne va pas les prendre de combattre en pleine nuit. »

Le vieux meneur de chars, Nestor, lui réplique :

« Très glorieux Atride, Agamemnon, protecteur de ton
peuple, Hector, crois-moi, ne verra pas le prudent Zeus
réaliser tous les desseins qu'en ce moment sans doute
forme chez lui l'espoir. J'imagine au contraire qu'il
souffrira bien plus d'angoisses encore, si quelque jour
Achille sait détourner son cœur de la rancune amère. Je
suis prêt à te suivre. Mais réveillons-en quelques autres
encore : le fils de Tydée, l'illustre guerrier, et Ulysse, et le
rapide Ajax, et le vaillant fils de Phylée. Voyons, n'est-il
personne qui, tout en les allant querir, appellerait aussi
Ajax égal aux dieux et sire Idoménée ? Leurs nefs, à eux,
sont loin : il s'en faut de beaucoup qu'elles touchent les
nôtres. J'aime certes et respecte Ménélas : je veux
pourtant, dusses-tu m'en vouloir, lui chercher querelle et
ne pas me contraindre. Comment ! il dort, et il te laisse à
toi toute la peine, alors que c'est à lui, en ce moment, que
reviendrait celle d'aller trouver chaque preux tour à tour
et de le supplier ! Le besoin qui nous presse dépasse nos
forces. »

Agamemnon, protecteur de son peuple, répond :

« Vieillard, je t'ai moi-même en d'autres temps invité à
le mettre en cause. Trop souvent, il mollit et se dérobe à
la besogne. Ce n'est point qu'il cède à la peur ni même à
l'étourderie : c'est qu'il reste à me regarder et attend que
je le pousse. Mais cette fois au contraire, c'est lui qui,
réveillé longtemps avant moi, m'est venu trouver ; et je l'ai
justement envoyé appeler ceux dont tu es en quête.
Partons ; nous les rencontrerons en avant des portes, au
milieu des hommes de garde ; c'est là que je leur ai fait
dire d'avoir à se rassembler. »

Le vieux meneur de chars, Nestor, lui réplique :

« Personne en ce cas ne lui en voudra ni ne lui dira non,
parmi les Argiens à qui il lancera un appel ou un ordre. »

Il dit, et il revêt ses flancs d'une tunique ; à ses pieds

luisants il noue de belles sandales ; à son col il agrafe un manteau de pourpre, un ample, un double manteau, où s'étale une laine bourrue ; enfin il prend sa brave pique à la pointe de bronze aiguë, puis il s'en va par les nefs des Achéens à la cotte de bronze. Et c'est d'abord Ulysse qu'il tire de son somme, Ulysse que sa pensée égale à Zeus. Le vieux meneur de chars, Nestor, l'appelle, et le cri aussitôt enveloppe son cœur. Sortant de sa baraque, il leur dit :

« Pourquoi errez-vous, seuls, ainsi de nef en nef, par le camp, au cœur de la nuit sainte ? Il faut qu'un besoin bien urgent vous presse. »

Le vieux meneur de chars, Nestor, lui répond :

« Divin fils de Laërte, industrieux Ulysse, ne te fâche pas : trop grande est la peine qui accable les Achéens. Viens, suis-moi : nous allons maintenant en réveiller un autre, de ceux dont il convient qu'avec nous ils consultent si nous devons fuir ou nous battre. »

Il dit ; l'industrieux Ulysse entre dans sa baraque mettre sur ses épaules son écu scintillant, puis il part les rejoindre ; et ils s'en vont ainsi vers Diomède, fils de Tydée. Ils le trouvent lui, hors de sa baraque, en armes. Autour de lui dorment ses compagnons, bouclier sous la tête, javelines bien droites, plantées sur le talon ; le bronze au loin en étincelle, pareil à l'éclair de Zeus Père. Le héros lui-même dort ; la peau d'un bœuf agreste est déployée sous lui, un tapis éclatant s'étend sous sa tête. Le vieux meneur de chars, Nestor, de lui s'approche et, pour l'éveiller, mettant un pied sur lui, le secoue du talon ; en même temps il cherche à le piquer ; ouvertement il le prend à partie :

« Debout ! fils de Tydée. Pourquoi dormir ainsi toute la nuit ? N'entends-tu donc pas dire que les Troyens campent déjà sur le mamelon de la plaine, tout près de nos nefs ; l'espace est mince désormais, qui nous sépare d'eux ! »

Il dit ; le héros, d'un bond, vite, est hors du sommeil, et, prenant la parole, il dit ces mots ailés :

« Ah ! tu es terrible, vieillard : jamais tu n'arrêtes à peiner ! N'est-il donc plus de jeunes gens, parmi les fils des Achéens, pour aller en tout sens éveiller les rois tour à tour ? Rien n'a prise sur toi, vieillard. »

Le vieux meneur de chars, Nestor, lui répond :

« Tout ce que tu dis là, enfant, est fort bien dit. J'ai des fils sans reproche ; j'ai des gens, et nombreux. L'un d'eux pourrait aller sans doute appeler chacun tour à tour. Mais le besoin est vraiment trop terrible qui accable les Achéens. Leur sort, à tous, à cette heure est sur le tranchant du rasoir : pour les Achéens, est-ce la fin cruelle ? est-ce le salut ?... Allons ! va, fais lever maintenant le rapide Ajax et le fils de Phylée. Aussi bien tu es jeune, et je te fais pitié, dis-tu. »

Il dit ; Diomède, sur ses épaules, met la peau d'un grand lion roux, qui lui tombe aux pieds ; puis, prenant sa javeline, le héros s'en va, fait lever les autres et les emmène avec lui.

Ils ont bientôt rejoint la troupe de garde. Ils n'en trouvent pas les chefs endormis : tous sont à leur poste, en armes, veillant. On voit ainsi, dans un parc, les chiens s'inquiéter soudain pour les brebis : ils viennent d'entendre le fauve au cœur brutal qui va, par la forêt, à travers les montagnes. Un grand tumulte alors s'élève, d'hommes et de chiens ; pour tous, c'en est fait du sommeil. De même, c'en est fait aussi du doux sommeil pour les yeux des veilleurs, dans cette nuit cruelle. Tournés vers la plaine, sans trêve, ils épient l'heure où ils entendront les Troyens en marche. A les voir, le vieillard a grand-joie, et, pour les encourager, leur dit :

« Continuez, mes enfants, à veiller de la sorte. Qu'aucun de vous ne succombe au sommeil ; sans quoi, nous serions vite la risée de nos ennemis. »

Il dit, et passe le fossé. Et, à sa suite, passent les autres rois des Argiens qui sont appelés au Conseil. Avec eux vont aussi Mérion et l'illustre fils de Nestor, que les rois mêmes ont invités à délibérer avec eux. Une fois franchi le fossé ouvert, ils s'installent sur une place nette, où un espace libre se montre entre les cadavres. C'est là que le puissant Hector, au milieu même du massacre des Argiens, a soudain rebroussé chemin, à l'heure où la nuit l'a enveloppé. C'est là qu'ils prennent place pour échanger leurs vues. Le vieux meneur de chars, Nestor, le premier, prend la parole et dit :

« Amis, n'est-il pas un guerrier qui s'assure assez en son cœur hardi pour aller, au milieu des Troyens magnanimes, voir s'il peut s'emparer de quelque ennemi sur leur ligne avancée, ou bien encore saisir quelque rumeur au milieu des Troyens sur ce qu'ils méditent en leur âme? Ont-ils envie de rester là, près de nos nefs, loin de leur ville? ou veulent-ils s'en retourner vers elle, maintenant qu'ils ont triomphé des Achéens? Qu'il s'informe de tout cela, puis revienne à nous sain et sauf. Grande alors sera sa gloire, sous les cieux, parmi tous les hommes. Il recevra en outre un cadeau de prix : tous les héros qui commandent nos nefs, tous, sans exception, lui donneront chacun une brebis noire — une mère avec un agneau sous elle; point de présent qui vaille celui-là. A tout jamais, il trouvera sa place dans les festins et les banquets. »

Il dit, et tous demeurent silencieux, sans voix. Diomède au puissant cri de guerre alors prend la parole :

« Nestor, mon âme et mon cœur superbe me poussent à plonger dans les rangs de nos ennemis, de ces Troyens si proches. Mais je voudrais qu'un autre me suivît : j'en aurais plus de réconfort, j'en serais plus assuré. Quand deux hommes marchent ensemble, si ce n'est l'un, c'est l'autre, à sa place, qui voit l'avantage à saisir. Seul, on peut voir aussi; mais la vue ne voit pas si loin et l'esprit demeure un peu court. »

Il dit; plus d'un est prêt à suivre Diomède. Les deux Ajax, servants d'Arès, sont prêts; Mérion est prêt aussi, et, surtout, le fils de Nestor; l'Atride est prêt, Ménélas, l'illustre guerrier; Ulysse l'Endurant également est prêt à plonger au milieu de la masse troyenne; son cœur, au fond de lui, toujours veut oser. Agamemnon, protecteur de son peuple, alors prend la parole :

« Fils de Tydée, Diomède cher à mon cœur, tu peux pour camarade choisir qui tu veux, le plus brave de ceux qui s'offrent, puisqu'ils sont si nombreux à avoir telle envie. Ne va donc pas, d'une âme trop courtoise, laisser là le meilleur, pour en prendre un moins bon, par pure courtoisie, en ne regardant qu'au lignage, quand même il s'agirait d'un roi plus roi qu'un autre. »

Il dit ; il a soudain eu peur pour le blond Ménélas. Mais Diomède au puissant cri de guerre lors reprend la parole :

« Du moment que vous m'invitez à choisir, seul, mon camarade, puis-je ne pas songer au divin Ulysse, dont l'âme et le cœur superbe sont prêts avant tous autres pour tous les travaux, et qui est cher à Pallas Athéné ? Avec lui sur mes pas, tous deux nous sortirions d'un brasier ardent, tant il sait, mieux qu'un autre, avoir des idées. »

Et le divin Ulysse, héros d'endurance, alors lui répond :

« Fils de Tydée, ne cherche pas plus à me louanger qu'à me quereller. Les Achéens savent déjà tout ce que tu nous dis là. Allons ! la nuit, ma foi, s'achève ; l'aube est proche ; les étoiles ont fait un bon bout de leur course ; la nuit est passée de plus des deux tiers : le dernier seul nous reste. »

Cela dit, ils se vêtent, tous deux, d'armes terribles. Au fils de Tydée, le belliqueux Thrasymède offre sa propre épée à deux tranchants — Diomède ayant laissé la sienne près de sa nef — et son bouclier. Sur le front il lui met un de ces casques faits en cuir de taureau, sans cimier ni panache, qu'on appelle des « pots » et dont les gars robustes se protègent la tête. A Ulysse, c'est Mérion qui offre son arc, son carquois, son épée ; puis il lui met au front un casque travaillé dans le cuir d'un bœuf. Il est, à l'intérieur, solidement tendu de multiples courroies. A l'extérieur, les dents luisantes d'un sanglier aux crocs blancs sont, sur les deux faces, disposées en grand nombre, avec art et savamment. Le fond est bourré de feutre. Autolycos l'avait rapporté d'Eléon le jour où il avait fait brèche dans le palais solide d'Amyntor, le fils d'Ormène. Il l'avait donné à Amphidamas de Cythère, à Scandie. Amphidamas ensuite l'avait donné à Môle, en présent d'hospitalité ; Môle, à son tour, l'a donné à porter à son fils Mérion ; et Mérion, en ce jour, le pose, puis l'enfonce sur la tête d'Ulysse.

Dès qu'ils ont vêtu leurs armes terribles, ils s'en vont, laissant là tous les preux. Sur la droite, près du chemin, Pallas Athéné dépêche un héron. Leurs yeux ne le voient pas à travers la nuit ténébreuse; mais ils entendent son cri. Lors, ravi du présage, Ulysse invoque Athéné :

« Entends-moi, fille de Zeus porte-égide, toi qui toujours m'assistes dans tous mes travaux, et qui ne me perds pas des yeux, chaque fois que je m'ébranle, cette fois encore et surtout, aime-moi, Athéné et donne-nous de revenir chargés de gloire vers nos nefs après avoir achevé un exploit dont se souviennent les Troyens. »

Après lui, Diomède au puissant cri de guerre, prie ainsi à son tour :

« Entends-moi maintenant à mon tour, fille de Zeus, Infatigable! et accompagne-moi, comme tu as accompagné à Thèbes mon père, le divin Tydée, le jour qu'il s'y rendit, porteur d'un message, au nom des Achéens. Il avait laissé au bord de l'Asope les Achéens à la cotte de bronze; il allait, lui, là-bas, porter aux Cadméens un propos apaisant. Mais, sur la route du retour, il médita des actes effroyables, avec toi, divine déesse, qui t'empressas à l'assister. De même aujourd'hui, daigne m'assister et me protéger, et je t'immolerai une génisse au large front, une génisse d'un an, indomptée, qu'aucun mortel encore n'a mise sous le joug, et dont, avant de l'immoler, j'habillerai les cornes d'or. »

Ils disent; Pallas Athéné entend leur prière. Après quoi, leurs vœux faits à la fille du grand Zeus, ils se mettent en route, pareils à deux lions, à travers la nuit sombre, par le carnage et les morts, par les armes et le sang noir.

Hector, de l'autre côté, ne laisse pas davantage dormir les valeureux Troyens. Il convoque tous les preux, les guides et chefs des Troyens. L'assemblée une fois formée, il combine un subtil dessein :

« Qui d'entre vous s'engagerait à accomplir l'exploit que je vais dire? — pour une belle récompense : le prix de sa peine lui est assuré. Je donnerai un char, ainsi que deux coursiers à puissante encolure, les meilleurs qui soient près des fines nefs d'Achaïe, à qui osera — et quelle gloire aussi lui en reviendra! — aller près des nefs rapides, pour savoir si les nefs sont toujours gardées comme avant, ou si, vaincus par nos bras, les Achéens en leur âme méditent de prendre la fuite et renoncent à passer la nuit sur leurs gardes, recrus d'atroce fatigue. »

Il dit, et tous demeurent silencieux, sans voix. Mais il est parmi les Troyens un certain Dolon, fils d'Eumède, divin héraut, riche en or et en bronze. Son aspect est fâcheux ; mais ses pieds sont rapides. Il est fils unique, à côté de cinq sœurs. A Hector, aux Troyens, il parle donc ainsi :

« Hector, mon âme et mon cœur superbe m'incitent à aller près des nefs rapides, afin de m'informer. Mais, en ce cas, lève ton sceptre, et jure que tu me donneras les chevaux et le char de bronze scintillant qui portent le fils de Pélée sans reproche. Et, pour toi, à mon tour, je ne serai pas un vain éclaireur, je ne te décevrai pas. J'irai vers l'armée, droit à la nef d'Agamemnon, où sans doute les preux s'apprêtent à consulter s'ils doivent fuir ou se battre. »

Il dit ; Hector en ses mains prend le sceptre et jure :

« Zeus le sache, Zeus, l'époux retentissant d'Héré ! aucun autre parmi les Troyens ne montera sur ce char. Seul, je te l'assure, tu te pareras de cette gloire à tout jamais. »

Il dit et en jure un serment qui ne doit pas être tenu. Il incite ainsi Dolon. Celui-ci, sur ses épaules, jette aussitôt l'arc recourbé ; il vêt son corps de la peau d'un loup gris ; sur sa tête il pose un casque en peau de martre ; il prend sa javeline aiguë ; puis, quittant l'armée, il marche vers les nefs, dont il ne doit pas revenir ni rapporter de nouvelles à Hector. Bientôt il a quitté le gros des chars et des guerriers ; il s'en va, par la route, plein d'ardeur. Le divin Ulysse lors le voit s'avancer et dit à Diomède :

« Voici quelqu'un, Diomède, qui vient du côté de l'armée : est-ce pour épier nos nefs, ou bien pour dépouiller le cadavre d'un mort ? je ne sais. Mais laissons-le passer d'abord et avancer quelque peu dans la plaine ; puis, vite, d'un bond, nous serons sur lui et le saisirons. S'il prend la course et nous distance, rabats-le sans répit vers les nefs ; écarte-le de son armée, en le chargeant, la pique au poing ; il ne faut pas qu'il puisse se sauver vers la ville. »

Cela dit, quittant la route, ils s'étendent au milieu des morts. Dolon, rapide, les dépasse étourdiment. Mais à peine est-il éloigné d'eux d'une distance égale à celle qui mesure l'effort des mules — les mules sont cent fois meilleures que les bœufs, pour tirer la charrue en bois d'assemblage dans la jachère profonde — ils courent sus à lui. Dolon s'arrête, dès qu'il entend du bruit. Il espère en son cœur qu'il s'agit d'amis qui accourent des rangs troyens pour le faire revenir, sur un contrordre d'Hector. Ils ne sont plus déjà éloignés de lui que d'une portée de lance, voire un peu moins, quand il reconnaît en eux des ennemis. Promptement, il joue des jarrets pour fuir.

Eux, aussitôt s'élancent à sa poursuite. Tels deux chiens aux crocs aigus, experts à la chasse, à travers un pays boisé, pressent obstinément une biche ou un lièvre qui court en criant : tels le fils de Tydée et le preneur de villes, Ulysse, obstinément le suivent et lui coupent le chemin des siens. Dans sa fuite vers les nefs, il est déjà sur le point d'arriver aux hommes de garde, quand Athéné met une ardeur nouvelle dans le fils de Tydée. Elle ne veut pas qu'aucun des Achéens à la cotte de bronze se puisse vanter de l'avoir frappé le premier, tandis qu'il ne serait venu que le second. Lors Diomède le Fort bondit en avant, lance au poing, et dit :

« Arrête ! ou ma lance va t'atteindre ; et, je t'en réponds, tu n'échapperas pas longtemps au gouffre de la mort, que mon bras va t'ouvrir. »

Il dit, lance sa pique et manque l'homme — exprès. La pointe de l'épieu poli passe par-dessus l'épaule droite de Dolon et va se planter en terre. Dolon s'arrête, saisi d'effroi. Il balbutie : dans sa bouche, on entend claquer ses dents. Il est blême de peur. Les deux héros le rejoignent, haletants, et ils lui saisissent les mains, tandis qu'il dit, tout en pleurs :

« Ah ! prenez-moi vivant : je me rachèterai. J'ai chez moi bronze et or et fer travaillé. Mon père en tirerait, pour vous satisfaire, une immense rançon, s'il me savait en vie près des nefs achéennes. »

L'industrieux Ulysse en réponse lui dit :

« N'aie pas peur ; ne laisse pas la mort obséder ton âme.

Allons! réponds-moi donc et parle sans détour. Comment donc se fait-il que tu ailles ainsi, seul, loin de ton armée, vers nos nefs, à travers la nuit ténébreuse, à l'heure où tous les autres dorment? Voulais-tu dépouiller le cadavre d'un mort? Est-ce Hector qui t'envoie du côté des nefs creuses explorer tout en détail? Est-ce ton cœur qui t'a poussé? »

Et Dolon de répondre, les genoux tout tremblants :

« Oui, Hector a usé de mainte illusion pour égarer mon âme. Il m'a promis de me donner les coursiers aux sabots massifs du brillant fils de Pélée, avec son char de bronze scintillant. Il m'invitait en revanche à partir à travers la rapide nuit noire, à m'approcher des ennemis, à savoir si leurs fines nefs sont toujours gardées comme avant, ou si, vaincus par nos bras, vous songez en vos âmes à prendre la fuite et si vous renoncez à passer la nuit sur vos gardes, recrus d'atroce fatigue. »

L'industrieux Ulysse sourit en répliquant :

« Ton cœur avait, ma foi, le goût des beaux cadeaux. Les chevaux du brave Eacide!... Le malheur est qu'ils sont malaisés à dresser, aussi bien qu'à conduire, pour de simples mortels, à l'exception d'Achille, qui est fils d'Immortelle. Allons! réponds-moi donc et parle sans détour. En venant ici, où as-tu laissé Hector, le pasteur d'hommes? Où sont ses armes guerrières? et où est son char? où sont les avant-postes et le campement des autres Troyens? Dis-nous aussi ce qu'ils méditent dans leurs âmes : ont-ils envie de rester là, près de nos nefs, loin de leur ville? Ou veulent-ils revenir en arrière, maintenant qu'ils ont triomphé des Achéens? »

Et Dolon, fils d'Eumède, à son tour lui réplique :

« Eh bien! sur tout cela, je te répondrai sans détour. Hector est, avec ceux qui ont voix au Conseil, occupé à consulter, près du monument du divin Ilos, loin de la bagarre. Quant aux avant-postes, sur lesquels tu m'interroges, sache, héros, qu'il n'en est point de désignés pour protéger et pour garder l'armée. Tous ceux qui, possédant un foyer dans Troie, sont tenus à se garder, ceux-là restent éveillés et mutuellement s'invitent à faire bonne garde. Nos illustres alliés en revanche dorment : ils s'en fient, pour leur garde, aux Troyens. Ils n'ont point d'enfants ni de femmes établis à côté d'eux! »

L'industrieux Ulysse en réponse lui dit :

« Comment donc font-ils à cette heure? Dorment-ils mélangés aux Troyens dompteurs de cavales? ou à part? dis-moi bien, que je sache. »

Et Dolon, fils d'Eumède, réplique :

« Eh bien! sur cela encore, je te répondrai sans détour. Du côté de la mer sont les Cariens, les Péoniens aux arcs recourbés, les Lélèges, les Caucônes et les Pélasges divins. Le côté de Thymbre est le lot des Lyciens, des Mysiens altiers, des Phrygiens dompteurs de cavales, des Méoniens aux beaux chars de combat. Mais pourquoi me demandez-vous tout cela? Désirez-vous plonger dans la masse troyenne? voici les Thraces à part, qui viennent d'arriver, à l'extrémité des lignes, et, au milieu d'eux, Rhésos, leur roi, fils d'Eionée. Il a les plus beaux coursiers, les plus grands que j'aie jamais vus. Ils sont plus blancs que la neige et, pour la course, égaux aux vents. Son char est orné d'or et d'argent. Il est venu ici porteur d'armes d'or gigantesques — une merveille à voir! — telles que le port en convient, non à de simples humains, mais à des dieux éternels. Maintenant, menez-moi près des nefs rapides, ou laissez-moi ici, lié d'un lien impitoyable, jusqu'à l'heure où vous reviendrez et où vous aurez éprouvé par vous-mêmes si je vous ai — ou non — parlé comme il fallait. »

Diomède le Fort sur lui lève un œil sombre et dit :

« Ne te mets pas en tête que tu puisses échapper, Dolon. Ton rapport est utile; mais tu es dans nos mains. Si, aujourd'hui, nous te rendions et si nous te laissions aller, tu reviendrais quelque autre jour aux fines nefs des Achéens, soit pour espionner, soit même pour nous tenir tête au combat. Mais que tu expires, dompté par mon bras, du même coup tu cesses d'être un fléau pour les Argiens. »

Il dit; et Dolon s'apprête, de sa forte main, à toucher son menton pour le supplier, quand Diomède bondit, sa courte épée au poing, le frappe en plein cou et lui tranche les deux tendons. Il cherche encore à parler que déjà sa

tête est dans la poussière. Ils lui enlèvent alors le casque
en peau de martre qui couvre sa tête, sa peau de loup, son
arc ployé en arrière, sa longue javeline ; et le divin Ulysse,
en honneur d'Athéné, déesse du butin, les lève à bout de
bras et en ces termes prie :

« Agrée cette offrande, déesse : c'est toi que j'entends ici
invoquer avant tous les autres dieux de l'Olympe. Et,
maintenant, sois-nous fidèle, et conduis-nous vers les
chevaux et vers le campement des Thraces. »

Il dit, lève le bras au-dessus de sa tête et dispose le tout
au haut d'un tamaris. Il y ajoute une marque visible, en
liant des roseaux aux branches du beau tamaris : il la veut
pouvoir retrouver, au moment où ils reviendront, par la
rapide nuit noire. Ils avancent ensuite parmi les armes et
le sang noir, et, vite, arrivent au camp des Thraces. Ils
dorment, recrus de fatigue ; leurs belles armes, près d'eux,
sont posées sur le sol, bien en ordre, sur trois rangs.
Chaque homme a près de lui un couple de cavales. Au
milieu dort Rhésos ; près de lui, ses chevaux rapides sont
attachés par des rênes au bord de la rampe du char.
Ulysse, le premier, le voit, et il le montre à Diomède :

« Voilà l'homme, Diomède, voilà les chevaux que nous
indiquait ce Dolon que nous avons tué. Allons ! montre ici
ta fougue puissante. Ce n'est pas à toi de rester planté là,
tout armé, sans rien faire. Détache les chevaux — ou
charge-toi d'expédier les hommes, tandis que moi, je
m'occuperai des chevaux. »

Il dit ; Athéné aux yeux pers insuffle la fougue au héros.
Il va tuant à la ronde et une plainte monte, horrible, de
tous les corps que frappe son épée. Le sol devient rouge de
sang. Tel un lion, surprenant sans guide quelque troupeau
de chèvres ou de brebis, se jette, féroce, sur lui, tel le fils
de Tydée s'en prend aux guerriers thraces. Il en a bientôt
tué douze. L'industrieux Ulysse suit : à chaque fois que le
fils de Tydée s'approche de l'un d'eux et le frappe de son
épée, Ulysse est là, qui saisit le mort par le pied et qui le
tire en arrière. Il a son idée en tête : faciliter le passage des
chevaux aux belles crinières, qui risquent de s'effarer à
escalader des cadavres : ils n'y sont pas encore habitués.
Quand le fils de Tydée arrive enfin au roi, celui-ci est le

treizième à qui il prend la douce vie, alors qu'il est tout
haletant : sur son front un mauvais rêve a pesé toute la
nuit, et sous la forme même du petit-fils d'Œnée, par la
volonté d'Athéné. A ce moment-là, Ulysse l'Endurant
détache les coursiers aux sabots massifs : il les lie
ensemble avec des courroies et les pousse hors de la
masse, en les piquant avec son arc : il n'a pas songé en
effet à prendre en main le fouet brillant au fond du char
scintillant. Puis, pour avertir le divin Diomède, il siffle.
Diomède demeure sur place, hésitant : quelle bravade
suprême pourrait-il bien oser? Se saisir du char, où
reposent les armes étincelantes, et le tirer par le timon, ou
l'enlever à bras tendus? ou arracher la vie à d'autres
Thraces encore? Mais, tandis qu'il remue ces pensées
dans son âme, Athéné s'approche et s'adresse en ces
termes au divin Diomède :

« Songe au retour vers les nefs creuses, fils du magnanime Tydée — à moins que tu ne veuilles qu'il tourne en
déroute : redoute qu'un autre dieu n'aille réveiller les
Troyens. »

Elle dit : Diomède, à la voix qui lui parle, reconnaît la
déesse. Vite, il saute sur les chevaux; Ulysse les pique de
son arc; ils s'envolent vers les fines nefs d'Achaïe.

Mais Apollon à l'arc d'argent ne monte pas non plus la
garde en aveugle. Dès qu'il voit Athéné se diriger vers le
fils de Tydée, plein de rancœur, il plonge dans l'épaisse
masse troyenne et fait lever le conseiller des Thraces,
Hippocoon, le noble cousin de Rhésos. D'un bond, il est
hors du sommeil, quand il voit la place déserte, où étaient
les chevaux rapides, et les cadavres palpitants, au milieu
de l'atroce tuerie. Il sanglote, il appelle son ami. Une
clameur s'élève parmi les Troyens, un tumulte indicible.
Tous accourent en foule; ils veulent contempler les
forfaits effroyables qu'ont achevés les preux, avant d'avoir
repris le chemin des nefs creuses.

Pour eux, ils arrivent à l'endroit où ils ont tué l'espion
d'Hector. Ulysse cher à Zeus retient les chevaux rapides.
Le fils de Tydée saute à terre et met aux mains d'Ulysse
les dépouilles sanglantes. Après quoi, il remonte sur les
chevaux, il les fouette, et ceux-ci, pleins d'ardeur, volent

vers les nefs creuses ; aussi bien est-ce là que les porte leur
cœur. Nestor, le premier, perçoit le bruit et dit :

« Amis guides et chefs des Argiens, vais-je faire erreur
ou dire vrai ? Mon cœur en tout cas m'engage à parler. Le
bruit des coursiers rapides enveloppe mes oreilles. Ah ! si
c'étaient Ulysse et Diomède le Fort, ramenant soudain les
rangs des Troyens des coursiers aux sabots massifs !...
Mais, au fond de mon âme, j'ai terriblement peur qu'il ne
soit arrivé quelque chose aux plus braves des Argiens dans
le tumulte troyen. »

Il n'a pas achevé qu'ils sont là en personne. Ils mettent
pied à terre, et, joyeux, tous les accueillent avec des mains
tendues et de douces paroles. Le vieux meneur de chars,
Nestor, le premier, les questionne en ces termes :

« Allons ! parle, illustre Ulysse, noble gloire des
Achéens. De quelle façon avez-vous pris ces chevaux ? Est-
ce en plongeant dans la masse troyenne ? Ou un dieu
serait-il venu vous les offrir ? Ils rappellent terriblement
les rayons mêmes du soleil. Je ne cesse de vivre au contact
des Troyens — ce n'est pas moi, je t'en réponds, qui
traîne jamais près des nefs, si vieux que je sois pour la
guerre — et pourtant jamais encore je n'ai vu ni entrevu
pareils chevaux. J'imagine qu'un dieu sera venu lui-même
vous en faire don ; vous êtes tous les deux chéris de Zeus,
l'assembleur de nuées, aussi bien que de la fille de Zeus
qui tient l'égide, Athéné aux yeux pers. »

L'industrieux Ulysse en réponse lui dit :

« Nestor, fils de Nélée, noble gloire des Achéens, un
dieu assurément, pour peu qu'il le voulût, n'aurait aucune
peine à offrir des coursiers supérieurs encore à ceux-ci : ils
sont cent fois plus forts que nous. Mais ces chevaux-là, si
tu le veux savoir, viennent seulement d'arriver, vieillard :
ils sont thraces. Le brave Diomède leur a tué leur maître,
et, avec lui, douze des siens — et, tous, des preux. Et
nous en avons dépêché un treizième encore : un éclaireur,
près des nefs, qui s'en venait espionner dans notre camp,
par ordre d'Hector et des nobles Troyens. »

Il dit, et il fait franchir le fossé aux chevaux aux sabots
massifs. Il va, riant, et, sur ses pas, les autres Achéens
marchent tout joyeux. Ils arrivent ainsi à la solide baraque

du fils de Tydée. Là, avec de bonnes courroies, ils attachent les chevaux à la crèche où déjà sont à brouter le doux froment les prompts coursiers de Diomède. A la proue de sa nef, Ulysse met les dépouilles sanglantes de Dolon, en attendant que soit prêt le sacrifice à Athéné. Après quoi, ils entrent dans la mer; ils y lavent la sueur abondante qui couvre leurs jambes, leur dos et leurs cuisses : puis, quand le flot de mer a lavé sur leur corps la sueur abondante, en même temps que rafraîchi leur cœur, ils entrent tous les deux dans des cuves polies et y prennent leur bain. Après quoi, bien baignés, largement oints d'huile, ils s'assoient pour dîner, et, puisant au cratère plein, ils offrent à Athéné des libations de doux vin.

CHANT XI

C'est l'heure où, délaissant le glorieux Tithon, Aurore
se lève de son lit et s'en va porter la lumière aux
Immortels comme aux humains. Zeus aussitôt dépêche
Lutte vers les fines nefs d'Achaïe, l'affreuse Lutte, un
signe de guerre à la main. Et la voici qui s'arrête sur la nef
d'Ulysse, la nef noire aux flancs profonds, qui tient le
milieu de la ligne et permet à la voix de porter des deux
côtés, aussi bien jusqu'aux baraques d'Ajax, fils de
Télamon, que jusqu'à celles d'Achille — puisqu'ils ont
tous les deux tiré leurs bonnes nefs aux deux bouts de la
ligne, s'assurant dans leur vaillance et dans la vigueur de
leurs bras. La déesse s'arrête donc là, pousse un cri
puissant, terrible, aux accents suraigus; et, au cœur de
chaque Achéen, elle fait se lever une force infinie pour
batailler et guerroyer sans trêve; et à tous aussitôt la
bataille devient plus douce que le retour sur les nefs
creuses vers les rives de la patrie.

L'Atride alors lance l'appel de guerre : c'est l'ordre pour
les Argiens d'avoir à ceindre leurs armes. Lui-même revêt
le bronze éblouissant. A ses jambes d'abord il met ses
jambières, ses belles jambières où s'adaptent des couvre-
chevilles d'argent. Il vêt ensuite sa poitrine de la cuirasse
que Cinyras lui a donnée naguère en présent d'hospitalité.
Il venait d'apprendre la grande nouvelle arrivée à Chypre :
« Les Achéens avec leur flotte vont faire voile pour

Troie. » Il avait alors, pour lui plaire, offert ce présent au roi. Cette cuirasse compte dix bandes de smalt sombre, douze d'or et vingt d'étain. Des serpents de smalt sont là qui s'élancent à l'assaut du cou, trois de chaque côté, tout pareils à ces arcs-en-ciel que le fils de Cronos fixe sur un nuage, pour signifier un présage aux mortels. Autour de ses épaules il jette son épée. Des clous d'or y resplendissent; le fourreau qui l'enferme en revanche est d'argent, mais s'adapte à un porte-épée d'or. Puis il prend son vaillant bouclier, qui le couvre tout entier, son beau bouclier ouvragé. On y voit sur les bords dix cercles de bronze, et, au centre, vingt bossettes d'étain, toutes blanches, sauf une, au milieu, de smalt sombre. Gorgone aussi s'y étale en couronne, visage d'horreur aux terribles regards, qu'entourent Terreur et Déroute. Le baudrier qui lui est attaché est d'argent; mais un serpent de smalt y a déroulé ses anneaux, et ses trois têtes entrelacées s'y voient sortant d'un même cou. — Sur son front il pose un casque à deux cimiers, à quatre bossettes, à crins de cheval, dont le panache en l'air oscille, effrayant. Enfin il prend deux braves piques, à coiffe de bronze, à pointe acérée, et le bronze en brille au loin, jusque dans le fond du ciel. Et, d'un puissant tonnerre, Athéné et Héré saluent le souverain de Mycènes pleine d'or.

Chaque héros alors donne ordre à son cocher de retenir son char en bon ordre sur place, en avant du fossé. Eux-mêmes, en fantassins, armés de pied en cap, passent vivement. Et c'est une clameur sans fin qui s'élève vers l'aurore. Bien avant les meneurs de chars, ils sont là, rangés devant le fossé. Les meneurs de chars suivent à peu de distance. Et le fils de Cronos soulève alors un féroce tumulte, en même temps que, du haut de l'éther, il fait pleuvoir une rosée sanglante : tant il compte bientôt jeter des têtes fières en pâture à Hadès!

Les Troyens de leur côté, sur le mamelon de la plaine, se groupent autour du grand Hector, de Polydamas sans reproche, d'Enée, que, chez les Troyens, le peuple honore comme un dieu, des trois fils d'Anténor, Polybe, le divin Agénor, le jeune et fort Acamas, tout semblable aux Immortels. Hector, au premier rang, porte son bouclier bien rond. Tel un astre sinistre sort des nuées, resplendissant, qui ensuite se replonge dans les nuages ténébreux, tel apparaît Hector au premier rang, puis, l'instant d'après, au dernier, partout donnant des ordres; et, sur tout son corps, le bronze étincelle, semblable à l'éclair de Zeus Père, qui tient l'égide.

Ainsi que des moissonneurs, qui, face les uns aux autres, vont, en suivant leur ligne, à travers le champ, soit de froment ou d'orge, d'un heureux de ce monde, et font tomber dru les javelles, ainsi Troyens et Achéens, se ruant les uns sur les autres, cherchent à se massacrer, sans qu'aucun des deux partis songe à la hideuse déroute. La mêlée tient les deux fronts en équilibre. Ils chargent comme des loups, et Lutte, qu'accompagnent les sanglots, a plaisir à les contempler. Seule des divinités, elle se tient parmi les combattants. Aucun autre dieu n'est là : ils sont assis, tranquilles, en leur palais, là où chacun a sa demeure bâtie aux plis de l'Olympe. Ils incriminent, tous, le Cronide à la nuée noire : ils voient trop bien son désir d'offrir la gloire aux Troyens. Mais Zeus n'a souci d'eux. Il s'est mis à l'écart, et, assis loin des autres, dans l'orgueil de sa gloire, il contemple à la fois la cité des Troyens, et les nefs achéennes, et l'éclair du bronze — les hommes qui tuent, les hommes qui meurent.

Aussi longtemps que dure l'aube et que grandit le jour sacré, les traits des deux côtés portent, et les guerriers tombent. Mais vient l'heure où le bûcheron songe à préparer son repas dans les gorges de la montagne. Ses bras en ont assez de couper les hauts fûts; la lassitude entre en son cœur et le désir le prend, jusqu'au fond de lui-même, des douceurs du manger. A cette heure, par leur vaillance les Danaens, de rang en rang s'exhortant entre camarades, enfoncent brusquement les bataillons troyens. Agamemnon, le tout premier, s'élance. Il fait sa proie de Biénor, le pasteur d'hommes, puis de son ami, Oïlée, aiguillonneur de cavales. Oïlée, pour lui tenir tête, a sauté à bas de son char : comme il fonce droit sur lui, Agamemnon le pique au front de sa javeline aiguë. La lourde calotte de bronze n'arrête pas la javeline : elle fend et le casque et l'os ; la cervelle au-dedans est toute fracassée : l'homme est dompté en plein élan.

Agamemnon, protecteur de son peuple, les laisse là, sur place, le torse resplendissant au soleil, puisqu'il les a dépouillés de leur cotte. Il va tuer Isos et Antiphe, tous deux fils de Priam, l'un bâtard, l'autre légitime. Montés tous deux sur un seul char, le bâtard conduit, le glorieux Antiphe, à ses côtés, combat. Achille naguère, dans les gorges de l'Ida, les a chargés tous deux de souples liens d'osier. Il les avait surpris menant leurs ouailles, mais il les a ensuite rendus contre rançon. Cette fois, le fils d'Atrée, le puissant prince Agamemnon, frappe l'un de sa pique en pleine poitrine, au-dessus de la mamelle. Pour Antiphe, il se sert de l'épée, l'atteint près de l'oreille, et le jette à bas de son char. Après quoi, il s'empresse à leur ravir leurs belles armes. Il se rappelle : il les a vus déjà près des fines nefs, le jour qu'Achille aux pieds rapides les ramenait de l'Ida. Ainsi un lion, d'un seul coup, sans effort, broie les petits d'une biche rapide, qu'entré soudain dans leur gîte il a saisis entre ses crocs puissants et à qui il arrache ainsi leur tendre cœur. Si proche alors que soit leur mère, elle ne peut leur être utile : une terreur atroce la pénètre, elle aussi ; la voilà qui bondit vite par le bois, les fourrés épais, courante, suante, sous l'attaque du fauve puissant. De même, il n'est plus, parmi les Troyens, personne qui soit capable de prêter aux deux héros une aide contre la mort : ils fuient, tous, eux aussi, sous la poussée des Argiens.

Maintenant, c'est au tour de Pisandre, et du valeureux Hippoloque. Tous deux sont fils d'Antimaque le Brave, qui avait d'Alexandre reçu de l'or à foison — de splendides présents — pour s'opposer avant tout autre à ce qu'Hélène fût rendue au blond Ménélas. A cette heure, ses deux fils tombent aux mains du roi Agamemnon. Montés tous deux sur un seul char, ils dirigent ensemble leurs rapides coursiers. Les rênes brillantes soudain échappent à leurs mains, cependant que leur attelage s'effare. Le fils d'Atrée s'élance à leur rencontre ; on dirait un lion ; et eux, de leur char le supplient :

« Prends-nous vivants, fils d'Atrée : agrée une honnête

rançon. Antimaque a chez lui maints trésors en réserve, bronze et or et fer travaillé. C'est notre père, et de ces trésors, pour te satisfaire, il tirerait une immense rançon, s'il nous savait en vie près des nefs achéennes. »

C'est ainsi qu'en larmes ils adressent au roi ces mots apaisants. Mais la voix qu'ils entendent est de celles que rien n'apaise :

« Vous êtes donc les fils d'Antimaque le Brave, de celui qui jadis, à l'assemblée troyenne, le jour où Ménélas y portait un message, avec Ulysse pareil aux dieux, était d'avis de les tuer sur place, au lieu de les laisser retourner vers les Achéens? En ce cas, voici pour vous l'heure de payer l'outrage infâme d'un père. »

Il dit, et, de son char, il fait choir à terre Pisandre; sa lance l'a frappé en pleine poitrine : l'homme s'en va à la renverse s'écraser contre le sol. Hippoloque fait un bond pour fuir : Agamemnon le tue, lui, à terre; il lui coupe les mains, lui tranche le col, avec son épée, enfin l'envoie rouler, tout comme un billot, à travers la foule.

Puis il les laisse là, et s'élance du côté où les bataillons sont le plus nombreux à se bousculer; et les Achéens aux bonnes jambières marchent sur ses pas. Les gens de pied tuent les gens de pied, réduits à la fuite; les meneurs de chars tuent les meneurs de chars; et, sous eux, la poussière monte de la plaine, soulevée par les pas sonores des chevaux. Le bronze à la main, ils massacrent. Le roi Agamemnon les suit, tuant sans répit, et, ensemble, stimulant ses Argiens. Ainsi l'on voit s'abattre sur un bois épais un feu destructeur, que le vent tourbillonnant va portant dans tous les sens; les fûts alors, de haut en bas, tombent sous l'élan pressant de la flamme. Ainsi, sous l'assaut d'Agamemnon, fils d'Atrée, tombent les têtes des Troyens en déroute. D'innombrables coursiers à puissante encolure vont heurtant leurs chars vides dans le champ du combat. Ils mènent le deuil de leurs conducteurs sans reproche, qui gisent là, sur le sol, moins chers à leurs épouses désormais qu'aux vautours.

Zeus cependant soustrait Hector aux javelines, à la poussière, au massacre, au sang, au tumulte. L'Atride, lui, suit acharné, stimulant les Danaens. Par-delà le tombeau

d'Ilos, l'antique Dardanide, au milieu de la plaine, par-
delà le figuier sauvage, les Troyens courent, anxieux
d'atteindre leur ville. Et l'Atride, criant, les poursuit sans
relâche, et une poussière sanglante souille ses mains
redoutables.

Mais les voici qui arrivent aux Portes Scées et au chêne.
Ils s'arrêtent et mutuellement s'attendent. Les autres
continuent à fuir par la plaine. On dirait des vaches qu'un
lion a mises, toutes, en fuite, survenant brusquement au
cœur de la nuit. Devant l'une d'elles s'ouvre le gouffre de
la mort. Le lion l'a saisie ; et il commence par lui broyer le
col entre ses crocs puissants, pour lui humer ensuite le
sang et toutes les entrailles. Ainsi le fils d'Atrée, le roi
Agamemnon, les presse, tuant toujours le dernier, tandis
que les autres fuient. Et beaucoup tombent de leur char,
les uns tête en avant, les autres à la renverse, sous les
coups de l'Atride, qui charge devant lui, autour de lui,
d'une lance furieuse.

Il est sur le point d'atteindre la ville et son haut
rempart, quand le Père des dieux et des hommes vient
s'asseoir au sommet de l'Ida riche en sources. Il descend
du ciel ; il a l'éclair en main ; et c'est Iris aux ailes d'or
qu'il envoie porter ce message :

« Pars, Iris rapide, et porte mon ordre à Hector. Aussi
longtemps qu'il verra Agamemnon, le pasteur d'hommes,
sévir parmi les champions hors des lignes et décimer les
rangs de ses guerriers, je veux qu'il recule et donne ordre à
son monde de se battre avec l'ennemi, au cours de la
mêlée brutale. Mais quand Agamemnon, frappé par une
lance ou touché d'une flèche, sautera sur son char, à ce
moment je lui mettrai en main la force de tuer, jusqu'à
l'heure où il atteindra les nefs aux bons gaillards, où le
soleil se couchera et où viendra l'ombre sacrée. »

Il dit, et Iris rapide, aux pieds vites comme les vents,
n'a garde de dire non. Des cimes de l'Ida elle descend vers
la sainte Ilion. Elle y trouve le fils de Priam le Brave, le
divin Hector, debout derrière ses cavales, sur son char
bien ajusté ; Iris aux pieds rapides s'approche et lui dit :

« Hector, fils de Priam, que ta pensée égale à Zeus, Zeus
Père m'envoie te dire ceci. Aussi longtemps que tu verras

Agamemnon, le pasteur d'hommes, sévir parmi les champions hors des lignes et décimer les rangs de tes guerriers, cède-lui la place au combat et donne ordre à ton monde de se battre avec l'ennemi, au cours des mêlées brutales. Mais quand Agamemnon, frappé par une lance ou touché d'une flèche, sautera sur son char, à ce moment Zeus te mettra en main la force de tuer, jusqu'à l'heure où tu atteindras les nefs aux bons gaillards, où le soleil se couchera, et où viendra l'ombre sacrée. »

Ainsi dit — puis s'en va — Iris aux pieds rapides. Hector, de son char, saute à terre, en armes. Brandissant ses piques aiguës, il va par l'armée en tous sens, stimulant chacun au combat, et réveille ainsi l'affreuse mêlée. Les Troyens font demi-tour et affrontent les Achéens. Les Argiens, à leur tour, raffermissent leurs lignes. Le combat s'organise ; les armées se font face, et Agamemnon, le premier, s'élance ; il prétend se battre en avant de tous.

Et maintenant, dites-moi, Muses, habitantes de l'Olympe, qui, le premier, fait front contre Agamemnon, parmi les Troyens ou leurs illustres alliés. C'est Iphidamas, le fils d'Anténor, noble et grand héros, qu'a vu élever la Thrace fertile, mère des brebis. Cissès l'avait élevé, tout petit, dans son palais, Cissès, son aïeul maternel, père de la jolie Théanô. Le jour qu'il atteignit le plein de la jeunesse glorieuse, voulant le retenir, Cissès lui donna sa fille. Il avait donc, jeune épousé, quitté la chambre nuptiale, pour aller vers le bruit qu'alors faisaient les Achéens. Douze nefs recourbées le suivaient. Mais lui, abandonnant ses bonnes nefs à Percote, il s'en était venu par terre à Ilion ; et c'est lui maintenant qui fait front et s'avance contre l'Atride Agamemnon. Ils marchent l'un sur l'autre et entrent en contact. Le fils d'Atrée d'abord manque son coup : sa lance a dévié. Iphidamas, lui, le pique à la ceinture, en dessous de la cuirasse, et appuie le coup, s'assurant en sa lourde main. Il n'arrive pas toutefois à percer le ceinturon étincelant ; et c'est le bout de sa lance qui, rencontrant l'argent, se retourne comme du plomb. Le puissant prince Agamemnon alors, de sa main, saisit l'arme, la tire à lui, furieux comme un lion, et la lui arrache des mains. Après quoi, de l'épée, il le frappe à la nuque, et il lui rompt les membres. Et l'autre, tombant sur place, s'endort d'un sommeil d'airain, pitoyable, loin de la femme dont il a obtenu la main, pour la défense de sa ville. Il n'a pas vu la récompense qu'il attendait de cette épouse, pour laquelle il a tant donné : cent bœufs d'abord, sitôt donnés qu'offerts et mille autres promis, sans compter chèvres et brebis, dont il a des troupeaux sans nombre au pâturage! L'Atride Agamemnon le dépouille, et s'en va à travers la foule achéenne, emportant ses belles armes.

Mais Coon l'a vu. C'est un magnifique guerrier, l'aîné des fils d'Anténor; et un deuil brutal a voilé ses yeux, quand son frère est tombé. Il se poste de côté, lance au poing, sans être vu du divin Agamemnon; il pique celui-ci au milieu du bras, au-dessus du coude, et la pointe de la javeline brillante, se frayant tout droit sa route, perce le bras de part en part. Un frisson prend Agamemnon, protecteur de son peuple; mais ce n'est pas pour cela qu'il s'arrête de se battre et de guerroyer. Il bondit vers Coon, tenant dans son poing sa lance nourrie des vents. Coon, anxieusement, tirait par le pied son frère Iphidamas — son frère de père et de mère — et il appelait à lui tous les preux. Mais, tandis qu'il le tire ainsi à travers la foule, par-dessus son écu bombé, Agamemnon le frappe de sa pique de bronze et lui rompt les membres. Après quoi, il lui tranche la tête, sur Iphidamas même. Ainsi les deux fils d'Anténor, sous les coups du roi fils d'Atrée, remplissent leur destin et entrent chez Hadès.

Agamemnon, de rang en rang, va tâter alors les autres guerriers, avec sa pique, son épée, ou de grosses pierres — cela tant que le sang chaud jaillit encore de sa blessure. Mais, dès que la plaie sèche, que le sang cesse de couler, en dépit de son ardeur, des peines lancinantes pénètrent l'Atride. Elles sont semblables au trait lancinant, cruel, qui frappe une femme en travail, le trait décoché par les Ilithyes, les déesses des enfantements douloureux, les filles d'Héré, qui font le travail si amer. Aussi lancinantes sont les peines qui pénètrent alors l'Atride, en dépit de son ardeur. Il saute sur son char et il donne ordre à son cocher de pousser vers les nefs creuses, tant son cœur est affligé!

En même temps, d'une voix éclatante, capable de porter parmi les Danaens, il clame :

« Amis, guides et chefs des Argiens, à vous maintenant d'écarter de nos nefs marines la mêlée douloureuse : le prudent Zeus ne veut pas me laisser guerroyer tout un jour contre les Troyens. »

Il dit, et son cocher fouette ses chevaux aux belles crinières dans la direction des nefs creuses. Avec ardeur ils s'envolent ; l'écume mouille leur poitrail ; ils plongent en dessous dans un bain de poussière, tandis que, loin de la bataille, ils emportent le roi épuisé.

Mais Hector a vu s'éloigner Agamemnon : aux Troyens et aux Lyciens il lance alors un appel, à grande voix :

« Troyens, et Lyciens, et Dardaniens experts au corps à corps, soyez des hommes, amis, rappelez-vous votre valeur ardente. Le meilleur de leurs hommes a son compte : c'est à moi maintenant que le fils de Cronos a donné une immense gloire. Droit aux fiers Danaens ! poussez vos coursiers aux sabots massifs, si vous voulez gagner plus haute gloire encore. »

Il dit et stimule la fougue et l'ardeur de tous. Ainsi qu'un chasseur lance ses chiens aux crocs blancs contre un sanglier farouche ou contre un lion, ainsi Hector, contre les Achéens, lance les Troyens magnanimes, Hector fils de Priam, émule d'Arès, le fléau des hommes. Et, plein de superbe, il a déjà lui-même pris place au premier rang ; il se jette ensuite en pleine mêlée, pareil à la rafale au souffle impétueux qui, soudain, pour la soulever, fond sur la mer violette.

Quel est alors le premier, quel est le dernier qu'immole Hector, fils de Priam, dès l'heure où Zeus lui accorde la gloire ? Asée d'abord, Autonoos et Opitès ; puis Dolops, le fils de Clyte, Opheltios et Agélas ; puis Esymne, Oros, le valeureux Hipponoos. Tels sont les chefs des Danaens dont Hector fait sa proie, avant de s'en prendre à la masse. Comme on voit le Zéphyr heurter les nuées amassées par le Notos blanchissant et les cingler d'une forte rafale — des vagues gonflées roulent innombrables, dont l'écume s'éparpille à la surface, sous l'élan du vent vagabond —

ainsi des fronts de guerriers s'abattent en foule sous les
coups d'Hector.

Alors ce serait la ruine et la détresse sans remède ; alors
les Argiens en fuite iraient se jeter sur leurs nefs, si Ulysse
à ce moment ne lançait un appel à Diomède, fils de
Tydée :

« Fils de Tydée, que nous arrive-t-il, que nous oubliions
notre valeur ardente ? Allons ! doux ami, viens ici, mets-toi
près de moi. Quelle honte, si nos nefs allaient devenir la
proie d'Hector au casque étincelant ! »

Diomède le Fort en réponse lui dit :

« Compte sur moi : je reste et tiens bon ; mais l'aide sera
courte que nous apporterons, dès l'instant que Zeus,
l'assembleur de nuées, aime mieux octroyer la victoire aux
Troyens qu'à nous. »

Il dit, et de son char il fait choir à terre Thymbrée : sa
lance l'a frappé à la mamelle gauche. Ulysse fait de même
avec Molion, égal aux dieux, qui sert d'écuyer au héros.
Puis ils les laissent là : la guerre est finie pour eux. Et tous
deux s'en vont par la foule, y semant le désarroi. Comme
on voit deux sangliers charger orgueilleusement toute une
meute de chasse, ainsi ils reviennent au front, pour
massacrer les Troyens ; et les Achéens, qui fuient devant le
divin Hector, sont heureux de reprendre haleine.

Alors ils font leur proie d'un char et de deux guerriers,
les meilleurs de leur peuple, les fils de Mérops de
Percote. Mérops, mieux que personne, connaissait l'art
divinatoire ; il ne voulait pas voir ses fils partir pour la
bataille meurtrière. Mais eux ne l'avaient pas écouté : les
déesses du noir trépas les entraînaient. C'est le fils de
Tydée, Diomède, l'illustre guerrier, qui leur prend le
cœur et la vie et qui leur enlève leurs armes illustres,
tandis qu'Ulysse immole Hippodame et Hypéroque.

A ce moment, le Cronide, qui, du haut de l'Ida, observe
la bataille, y rétablit l'équilibre. Ils vont se tuant les uns
les autres. Le fils de Tydée, de sa pique, blesse à la hanche
Agastrophe, le héros fils de Péon. Et celui-ci, pour fuir,
n'a pas ses chevaux à portée ! Son âme a commis une
lourde erreur : son écuyer les retient à l'écart, tandis que
lui à pied, se rue parmi les champions hors des lignes —

jusqu'à l'heure où il perd la vie. Mais Hector, de son œil
perçant, à travers les rangs les a vus : il bondit vers eux en
criant ; les bataillons troyens marchent sur ses pas.
Diomède au puissant cri de guerre, à cette vue, frissonne ;
vivement, il s'adresse à Ulysse près de lui.

« Voici dévaler sur nous le malheur, sous les traits du
puissant Hector. Allons ! faisons halte, et tenons-lui tête,
pour le repousser. »

Il dit, et, brandissant sa longue javeline, il la lance et
atteint sans faute son but : il visait la tête, il touche le haut
du casque. Le bronze repousse le bronze ; la belle peau
n'est pas atteinte : le casque la préserve, le casque à trois
épaisseurs et à long cimier, à lui donné par Phœbos
Apollon. Vite, Hector, à toutes jambes, bat en retraite,
aussi loin qu'il peut, et se perd dans la foule. Il est là,
écroulé à genoux, s'appuyant au sol de sa forte main ; une
nuit sombre enveloppe ses yeux. Et, cependant que le fils
de Tydée, parti en quête de sa javeline envolée, bien loin,
à travers les champions hors des lignes, recherche où elle a
pu tomber sur le sol, Hector reprend haleine. Puis, sautant
sur son char, il le pousse vers le gros et, de la sorte,
échappe au noir trépas. Lors Diomède le Fort bondit en
avant, lance au poing et dit :

« Une fois de plus, chien, tu auras donc échappé à la
mort ! Le malheur est venu bien près de toi pourtant. Et,
cette fois encore, Phœbos Apollon t'a mis à l'abri. Il faut
que tu l'invoques chaque fois que tu pars pour le fracas
des lances. Sois tranquille ; ton compte est bon, si je te
rencontre, même dans longtemps. Que je trouve seulement, moi aussi, un dieu pour m'aider ! Je vais, en
attendant, courir sus aux autres et voir qui je toucherai. »

Il dit, et il tue le fils de Péon, illustre guerrier.
Alexandre cependant, l'époux d'Hélène aux beaux
cheveux, tend son arc contre le fils de Tydée, le pasteur
d'hommes. Il s'accote à une stèle du tombeau que la main
des hommes a élevé à Ilos le Dardanide, un des Anciens
du peuple, aux jours d'autrefois. Diomède est en train
d'enlever la cuirasse scintillante à la poitrine du fier
Agastrophe, le bouclier à ses épaules, de prendre le casque
pesant. A ce moment, Alexandre tire la poignée de son arc

et lance sa flèche; et ce n'est pas un vain trait qui lors
s'échappe de sa main : il atteint le pied droit à la plante; la
flèche traverse le pied et se fiche en terre, tandis qu'avec
un joyeux rire, Alexandre bondit hors de sa cachette et
triomphe en ces termes :

« Tu es touché, mon trait n'est pas parti pour rien. Ah!
que ne t'ai-je donc plutôt touché au bas-ventre pour
t'arracher la vie. Alors les Troyens, après tant de misères,
auraient respiré, au lieu de trembler devant toi, comme
brebis bêlantes en face du lion. »

Diomède le Fort, sans frémir, lui répond :

« Ah! l'archer! l'insulteur! l'homme fier de sa mèche! le
beau lorgneur de filles! Si tu me venais tâter face à face,
en armes, ce n'est plus ton arc, ta provision de flèches qui
te serviraient de rien. Pour une égratignure à la plante
d'un pied, tu te vantes bien haut. Je n'en fais pas plus cas
que si ce fût femme qui m'eût touché — voire enfant sans
raison encore. Le trait ne compte pas, qui vient d'un lâche
et d'un homme de rien. Il en est autrement des miens. Si
peu qu'il touche, mon trait, à moi, est acéré; il fait sur
l'heure un mort — un mort dont la femme a les joues
déchirées, dont les enfants sont orphelins, tandis qu'il
rougit lui-même de son sang le sol sur lequel il pourrit, et
qu'il compte autour de lui beaucoup plus d'oiseaux que de
femmes. »

Il dit. Lors Ulysse, l'illustre guerrier, s'approche et se
met devant lui. Diomède, assis derrière Ulysse, de son
pied, tire le trait rapide. Une douleur atroce court à
travers son corps. Il saute sur son char et donne ordre à
son cocher de pousser vers les nefs creuses : tant son cœur
est affligé!

Ulysse, l'illustre guerrier, est maintenant seul; nul autre
Argien à ses côtés : la terreur les a tous saisis. Ulysse alors
s'irrite et dit à son grand cœur :

« Las! que vais-je devenir? Le mal est grand, si, pris de
peur, je fuis devant cette foule; mais il est plus terrible
encore si, restant seul, je suis tué. Le Cronide a mis en
fuite tous les autres Danaens. — Mais qu'a besoin mon
cœur de disputer ainsi? Je sais que ce sont les lâches qui
s'éloignent de la bataille. Celui qui est vraiment un héros

au combat, celui-là doit tenir, et de toutes ses forces, qu'il blesse ou soit blessé. »

Mais tandis qu'en son âme et son cœur il remue ces pensées, la ligne des guerriers troyens est en marche. Ils l'enserrent, mettant ainsi le malheur au milieu d'eux. On voit de même une meute et des gars robustes marcher, pour le cerner, contre un sanglier. Le voilà qui sort du fourré profond, aiguisant sa blanche denture dans ses mâchoires recourbées. Eux, le cernent et l'assaillent. On perçoit en sourdine un bruit de dents. Ils sont aussitôt prêts à attendre la bête, si terrible soit-elle. Ainsi marchent les Troyens, pour cerner Ulysse cher à Zeus. Mais lui, blesse d'abord Déiopite sans reproche, en haut, à l'épaule, en chargeant, sa javeline aiguë au poing. Ensuite il tue Thoon et Ennome, puis Chersidamas, qui vient de sauter de son char; la lance d'Ulysse le perce au nombril, par-dessous l'écu bombé, et l'homme choit dans la poussière, agrippant le sol de ses mains. Puis il les laisse là et s'en va, de sa lance, blesser Charops, fils d'Hippase, frère du riche Sôque. Sôque s'élance à la rescousse, mortel égal aux dieux. Il vient se placer près de lui et il lui tient ce langage :

« Ulysse renommé, que ne lassent ruse ni peine, voici venu le jour où tu vas pouvoir te glorifier des deux fils d'Hippase, si tu abats, tous deux, ici les deux guerriers que nous sommes, et nous dépouilles de nos armes — à moins que, frappé par ma lance, tu ne perdes toi-même la vie. »

Il dit et l'atteint à son bouclier bien rond. La puissante javeline pénètre l'écu éclatant, et elle vient s'enfoncer dans la cuirasse ouvragée; profondément elle entaille la peau des flancs; mais Pallas Athéné ne la laisse pas entrer en contact avec les entrailles. Ulysse comprend qu'elle n'a pas porté au point d'être mortelle. Il recule et s'adresse à Sôque en ces termes :

« Malheureux! oui, c'est le gouffre de la mort qui vient à toi aujourd'hui. Sans doute tu m'arrêtes en pleine bataille contre les Troyens. Mais moi, je te déclare qu'ici même, en ce jour, la mort, le noir trépas t'attendent et que, dompté sous ma lance, tu vas me donner la gloire, en

même temps que ton âme à Hadès aux illustres coursiers. »

Il dit ; l'autre déjà tourne bride et s'enfuit. A peine a-t-il
fait demi-tour qu'Ulysse lui plante sa pique dans le dos,
entre les épaules, et lui transperce la poitrine. L'homme
tombe avec fracas ; le divin Ulysse triomphe :

« Ah ! Sôque, fils d'Hippase, le brave dompteur de
cavales, la mort, qui tout achève, t'a frappé, la première :
tu ne lui as pas échappé. Malheureux ! ni ton père ni ta
digne mère ne fermeront tes yeux morts : les oiseaux
carnassiers vont te déchirer, sous un manteau d'ailes
serrées, tandis qu'à moi, si je meurs, les divins Achéens
rendront les honneurs funèbres. »

Il dit, puis, de sa chair et du bouclier bombé, il tire la
puissante pique de Sôque le Brave. Le trait tiré, le sang
jaillit et inquiète son cœur. Mais les Troyens magnanimes,
voyant le sang d'Ulysse, ensemble s'encouragent à travers
la foule ; tous à la fois marchent sur lui. Ulysse recule et
lance un appel aux siens. Il crie, à trois reprises, de toute
la voix que peut contenir une tête d'homme ; et, trois fois,
Ménélas chéri d'Arès entend son appel. Vivement, il
s'adresse à Ajax près de lui :

« Ajax issu de Zeus, fils de Télamon, chef guerrier, la
voix d'Ulysse l'Endurant m'a frappé les deux oreilles. On
dirait que les Troyens sont en train de le forcer, seul, et
coupé de nous, dans la mêlée brutale. Allons ! entrons dans
la foule. Le défendre est le bon parti. J'ai bien peur, si
brave qu'il soit, qu'il ne lui arrive malheur, s'il se trouve
tout seul au milieu des Troyens, et qu'un regret immense
n'en reste aux Danaens. »

Il dit et prend la tête ; Ajax le suit, mortel égal aux
dieux. Ils découvrent bientôt Ulysse cher à Zeus. Les
Troyens le suivent et l'entourent. On dirait les chacals
fauves qui, dans la montagne, entourent un cerf ramé
qu'un homme a atteint d'une flèche jaillie de son arc. Ses
pieds l'ont sauvé de l'homme : il a fui tout le temps que
son sang restait tiède et que se mouvaient ses jarrets. Dès
qu'il succombe à la flèche rapide, les chacals carnassiers le
dévorent, dans la montagne, au fond d'une forêt
ombreuse. Mais, que le ciel amène là un lion dévastateur,

les chacals alors prennent peur, et c'est le lion qui le
mange. Ainsi le brave et ingénieux Ulysse se voit suivi,
enveloppé de Troyens nombreux et vaillants, tandis que le
héros, chargeant, lance au poing, cherche à écarter le jour
implacable.

Ajax alors s'approche, portant son bouclier pareil à une
tour et s'arrête à ses côtés. Les Troyens, effrayés,
s'égaillent en tous sens. Le vaillant Ménélas emmène alors
Ulysse hors de la foule, en lui tenant la main, jusqu'à ce
que son écuyer lui ait fait avancer son char. Ajax, lui,
fonçant sur les Troyens, fait sa proie de Doryclе, fils
bâtard de Priam ; puis il blesse Pandoque. Il blesse encore
Lysandre, Pyrase, Pylartès. On voit parfois un fleuve
débordé dévaler vers la plaine, torrent descendu des
montagnes, qu'accompagnent les pluies de Zeus. Il
emporte à la mer des chênes desséchés, en masse, des
sapins en masse, du limon en masse. Tout de même,
l'illustre Ajax presse et bouscule les Troyens par la plaine,
massacrant hommes et chevaux, sans qu'Hector sache rien
encore. Il combat en effet à la gauche du front, le long des
berges du Scamandre. C'est là surtout que tombent les
têtes des guerriers, c'est là qu'une huée indomptable
s'élève, autour du grand Nestor et du vaillant Idoménée.
Hector est là, mêlé à cette foule : il y sème l'angoisse avec
sa javeline, son adresse à mener son char ; il ravage les
lignes des jeunes guerriers. Les divins Achéens n'eussent
pas cependant été prêts de sitôt à lui céder la route, si
Alexandre, époux d'Hélène aux beaux cheveux, n'eût
brusquement arrêté les exploits de Machaon, le pasteur
d'hommes, en lui blessant l'épaule droite d'une flèche à
trois arêtes. Bien qu'ils respirent la fureur, les Achéens
soudain ont peur qu'on ne s'empare de lui, si le vent du
combat se met à tourner. Et Idoménée aussitôt s'adresse
au divin Nestor :

« Nestor, fils de Nélée, grande gloire des Achéens, vite,
monte sur ton char, et fais près de toi monter Machaon ;
puis, au plus tôt, dirige vers les nefs tes coursiers aux
sabots massifs. Un médecin vaut beaucoup d'autres
hommes, s'il s'agit d'extraire des flèches ou de répandre
sur les plaies des remèdes apaisants. »

Il dit; le vieux meneur de chars, Nestor, n'a garde de dire non. Vite, il monte sur son char et fait monter près de lui Machaon, fils d'Asclépios, le guérisseur sans reproche. Il fouette ses chevaux, et ceux-ci, pleins d'ardeur, s'envolent vers les nefs creuses; aussi bien est-ce là que les porte leur cœur.

Cébrion voit alors les Troyens ébranlés. Il est sur le char à côté d'Hector; il lui dit :

« Hector, ici nous sommes aux prises avec les Danaens tout à l'extrémité du combat douloureux. Le reste des Troyens est fort ébranlé, chars et hommes à la fois. Le fils de Télamon, Ajax, les bouscule. Je le reconnais bien : il a sur les épaules un large bouclier. Crois-moi, dirigeons donc ces chevaux et ce char vers le point où tous, cavaliers, fantassins, s'offrent les uns aux autres un combat sans merci et sont le plus ardents à se massacrer, tandis qu'une huée indomptable s'élève. »

Ces mots dits, de son fouet sonore, il cingle ses chevaux aux belles crinières. Ils entendent le coup et, à toute vitesse, ils emportent le char agile du côté des Troyens et des Achéens, en montant sur les morts et sur les boucliers. Et l'essieu, sous la caisse, et la rampe, autour, sont tout souillés de sang; il jaillit en éclaboussures et sous les sabots des chevaux et sous les jantes des roues. Le héros brûle de plonger au plein de la mêlée guerrière et d'enfoncer les lignes d'un seul bond. Parmi les Danaens il jette un trouble fatal et ne trouve guère de lance devant laquelle il recule. Il va alors de rang en rang tâter les autres guerriers, armé de sa pique, de son épée, de grosses pierres. Mais il évite de combattre Ajax, le fils de Télamon.

Zeus Père, assis sur les hauteurs, fait alors dans Ajax se lever l'épouvante. Il s'arrête, saisi de stupeur; il rejette en arrière son bouclier à sept peaux; il frissonne; il jette sur la foule, en tournant la tête, le regard éperdu d'une bête traquée; c'est à peine s'il meut un genou après l'autre.

Ainsi un lion fauve se voit chassé de la cour d'une étable par des chiens et des paysans qui, pour l'empêcher de ravir la chair grasse de leurs bœufs, toute la nuit demeurent en éveil. Dans son envie de chair fraîche, il fonce droit devant lui. C'est en vain : trop de javelots s'élancent à sa rencontre, partis de mains intrépides, trop de torches enflammées aussi, qui l'effrayent, pour ardent qu'il soit ; et, à l'aube, il s'éloigne, l'âme morne. Ainsi, le cœur morne, Ajax s'éloigne des Troyens — bien à regret ; il a tellement peur pour les nefs achéennes !

Souvent un âne, au bord d'un champ, tient tête à des enfants. Il est buté ; on peut briser sur lui bâton après bâton : entré dans le blé dru, c'est lui qui le moissonne. Les enfants l'accablent de coups. Puériles violences ! Ils auront peine à le chasser : il se sera d'abord repu tout à loisir. Ainsi en est-il pour le grand Ajax, fils de Télamon, devant les bouillants Troyens et leurs illustres alliés. Ils le piquent de leurs lances en plein bouclier, tous attachés à ses pas. Lui, tantôt se souvient de sa valeur ardente et, faisant volte-face, contient les bataillons des Troyens dompteurs de cavales, tantôt il leur tourne le dos et fuit. Mais, de la sorte, il les empêche tous d'avancer vers les fines nefs. Seul, il se démène et tient bon entre Troyens et Achéens. Parmi les javelines que lui lancent des mains intrépides, plusieurs, d'un bond, vont se planter dans son grand bouclier ; beaucoup aussi tombent à mi-chemin et se fichent en terre, avant d'avoir goûté à sa chair blanche, malgré l'envie qu'elles ont de s'en repaître tout leur soûl.

Le noble fils d'Évémon, Eurypyle, l'aperçoit, ainsi forcé par une masse de traits. Il vient se placer près de lui, lance sa pique brillante, atteint Apisaon, fils de Phausios, pasteur d'hommes, sous le péricarde, au foie, et sur l'heure lui rompt les genoux. Puis il bondit et lui enlève ses armes des épaules. Alexandre semblable aux dieux l'aperçoit dépouillant Apisaon de ses armes. Il bande aussitôt son arc contre lui et l'atteint d'une flèche à la cuisse droite. Le roseau se brise ; la cuisse s'engourdit. L'homme alors se replie sur le groupe des siens, pour se dérober au trépas ; en même temps, d'une voix éclatante, capable de porter parmi les Danaens, il clame :

« Amis, guides et chefs des Argiens, arrêtez-vous et faites volte-face pour écarter d'Ajax le jour implacable. Il est forcé par les traits, et je ne crois pas qu'il puisse se

soustraire au combat douloureux. Allons! groupez-vous,
face à l'ennemi, autour du grand Ajax, fils de Télamon. »

Ainsi parle Eurypyle blessé. Les autres viennent se
placer près de lui, le bouclier contre l'épaule, la pique
levée. Ajax marche à leur rencontre; il ne s'arrête et ne fait
volte-face qu'une fois rejoint le groupe des siens.

C'est ainsi qu'ils combattent, tout pareils au feu
flamboyant, cependant que les cavales de Nélée, suantes,
emportent Nestor loin de la bataille et emmènent
Machaon, le pasteur d'hommes. Mais le divin Achille aux
pieds infatigables, à le voir, comprend. Il est là, à la poupe
de son navire aux flancs profonds : il contemple cette
détresse sans fond, cette déroute pitoyable. Sans retard, il
s'adresse à son ami Patrocle. A sa voix venue de la nef,
Patrocle sort de la baraque, semblable à Arès — et c'est ici
pour lui le début du malheur. Et le vaillant fils de
Ménœtios, le premier, prend la parole :

« Pourquoi m'appeler, Achille? Quel besoin as-tu donc
de moi? »

Achille aux pieds rapides en réponse lui dit :

« Divin fils de Ménœtios, si cher à mon cœur, voici
l'heure où les Achéens, j'imagine, vont être à mes genoux
en suppliants. Le besoin qui les presse dépasse leurs
forces. Pour l'instant, va, Patrocle aimé de Zeus, et
demande à Nestor quel est l'homme qu'il emmène, blessé,
hors de la bataille. De dos, il ressemble fort à Machaon,
fils d'Asclépios; mais je n'ai pas vu ses yeux : les cavales
ont passé devant moi trop pressées d'être au but. »

Il dit; Patrocle obéit à son compagnon. Il se met à
courir tout le long des baraques et des nefs achéennes.

Les autres cependant arrivent à la baraque du fils de
Nélée. Ils mettent pied alors sur le sol nourricier, tandis
qu'Eurymédon, l'écuyer, détache du char les chevaux du
vieillard. Ils éventent ensuite la sueur qui trempe leurs
cottes, en se tenant debout contre le vent sur la grève de
mer. Puis ils rentrent dans la baraque et prennent place
sur des sièges. Hécamède aux belles tresses leur prépare
alors un mélange. Le vieillard l'a gagnée jadis à Ténédos,
aux jours où Achille saccageait sa ville; elle est fille du
magnanime Arsinoos, et les Achéens la lui ont réservée,

parce qu'il l'emporte sur tous les autres au Conseil. Devant eux, tout d'abord, elle pousse une table, aux pieds de smalt, belle et bien polie. Elle y dépose une corbeille en bronze, avec des oignons pour accompagner le breuvage, du miel jaune, de la sainte mouture de blé, enfin une coupe splendide et que le vieillard lui-même a apportée de chez lui. Elle est ornée de clous d'or. Elle a quatre anses et deux colombes d'or becquetant à côté de chacune et un support double au-dessous. Tout autre aurait peine à la soulever de la table, alors qu'elle est pleine : le vieux Nestor, lui, la lève sans effort. La femme pareille aux déesses y fait son mélange au vin de Pramnos. Elle y râpe un fromage de chèvre au moyen d'une râpe en bronze ; puis elle y verse de la farine blanche ; et, quand elle a terminé le mélange, elle les invite à le boire. Une fois qu'ils ont bu et chassé la soif desséchante, ils se plaisent à échanger quelques propos. Patrocle, à ce moment, mortel égal aux dieux, paraît à la porte. Le vieillard, à sa vue, se lève du siège brillant, le prend par la main, le guide et l'invite à s'asseoir. Mais Patrocle décline l'offre et dit :

« Ce n'est pas l'heure de m'asseoir, vieillard issu de Zeus : aussi bien ne t'écouterai-je pas. Il est redoutable et prompt à la colère, celui qui m'envoie demander ici quel est le guerrier que tu emmenais blessé. Mais je le reconnais moi-même : j'ai sous les yeux Machaon, le pasteur d'hommes. Je m'en vais rapporter la nouvelle à Achille. Tu sais, vieillard issu de Zeus, quel homme terrible il est : il serait capable d'accuser même un innocent. »

Le vieux meneur de chars, Nestor, lui répond :

« Et pourquoi Achille pleure-t-il donc tant sur les fils des Achéens qui ont pu être atteints d'un trait ? Ne sait-il pas quel deuil s'est levé sur l'armée ? Les meilleurs sont couchés au milieu de nos nefs, touchés de loin, ou bien frappés de près. Touché, le fils de Tydée, Diomède le Fort. Frappé, Ulysse, l'illustre guerrier ainsi qu'Agamemnon. Touché Eurypyle, d'une flèche à la cuisse. Et en voici encore un autre, un de plus, que je viens à l'instant d'emmener hors de la bataille, touché de la flèche qu'un arc lui a décochée. Achille a beau être brave ; il ne

s'inquiète guère ni ne s'apitoie pour les Danaens. Attend-il
que nos fines nefs, au bord de la mer, en dépit des
Argiens, s'y trouvent livrées au feu dévorant, tandis que
nous serons nous-mêmes massacrés chacun tour à tour?
C'est que ma force aujourd'hui n'est plus celle qui habitait
alors mes membres souples. Ah! si j'étais encore jeune! si
ma vigueur était intacte, comme aux jours où, pour un
rapt de bétail, une querelle s'élevait entre les Eléens et
nous. C'est alors que je tuai Itymonée, brave fils
d'Hypéroque, qui habitait l'Elide. J'étais allé, moi, exercer
des représailles; lui, défendait ses vaches. Il fut atteint
d'emblée par une javeline partie de ma main. Il tomba;
ses gens — des paysans! — fuirent en tout sens. Nous
ramenâmes de la plaine un assez joli butin : cinquante
hordes de bœufs, autant de troupeaux de brebis, autant de
groupes de porcs, autant d'amples bandes de chèvres, sans
compter cent cinquante cavales blondes, toutes des
femelles, et beaucoup avec un poulain sous elles. Nous
chassâmes donc le tout devant nous jusqu'au pays de
Nélée, à Pylos, de nuit, vers la ville. Et Nélée eut le cœur
en joie du succès que j'avais eu, parti si jeune à la guerre.
Sitôt qu'eut paru l'aube, la voix des hérauts invitait à se
présenter tous ceux à qui quelque dette était due dans
l'Elide divine; et les chefs de Pylos alors s'assemblaient
pour procéder au partage. La foule était grande des gens à
qui les Epéens devaient quelque dette. C'est que nous
n'étions pas nombreux, nous autres, à Pylos, et l'on nous
malmenait. Le puissant Héraclès était venu déjà nous
malmener les années précédentes, et nos meilleurs
hommes avaient été tués. Douze fils étaient nés à Nélée
sans reproche : j'avais seul survécu, les autres avaient péri.
Et le succès avait enorgueilli les Epéens à la cotte de
bronze : ils nous outrageaient, ils complotaient des méfaits
contre nous. Le vieillard prit donc pour lui, avec un
troupeau de bœufs, une ample bande de brebis, retenant
ainsi pour sa part trois cents bêtes avec leurs bergers. C'est
qu'on lui devait une grosse dette dans l'Elide divine :
quatre chevaux de concours avec leur char. Ils étaient
venus pour les jeux; un trépied était le prix pour lequel ils
devaient courir. Mais Augias, protecteur de son peuple, les

avait gardés chez lui, en renvoyant leur conducteur, qui
était revenu en deuil de ses chevaux. Le vieillard s'était
indigné de telles façons de dire et de faire, et c'est
pourquoi il avait pris pour lui un énorme lot. Le reste, il le
fit distribuer au peuple, afin que nul ne s'éloignât frustré
de sa juste part. Mais, tandis que nous réglions tout ainsi
et qu'autour de la ville nous offrions des sacrifices aux
dieux, voici qu'au troisième jour tous arrivèrent ensemble,
guerriers en grand nombre et coursiers aux sabots massifs
— vite, en masse! Au milieu d'eux, armés pour le combat,
étaient les deux Molions, encore enfants et ignorants de la
valeur ardente. Il est une ville, du nom de Thryoesse, sur
une haute butte, loin, aux bords de l'Alphée, au bout du
territoire de la Pylos des Sables. Ils cherchaient à
l'envelopper, avides de la détruire, et ils traversaient pour
cela tout le reste de la plaine. Mais, de l'Olympe, Athéné
vint en courant, la nuit, nous signifier de nous armer; elle
assembla le peuple de Pylos, qui, loin de se rebeller, fut
vite prêt à guerroyer. Je voulais prendre les armes : Nélée
s'y opposa et cacha mes chevaux. J'ignorais tout encore,
disait-il, des œuvres de guerre. Je sus pourtant me
distinguer entre nos bons meneurs de chars, même en
demeurant fantassin. Aussi bien était-ce Athéné qui
menait toute l'affaire. Il est un fleuve, du nom de
Minyée, qui se jette à la mer, près d'Arène. J'attendis là
l'aube divine, avec les chars de Pylos, tandis que le flot des
gens de pied passait. De là — vite, en masse! — nous
arrivâmes en plein jour, armés de pied en cap, au courant
sacré de l'Alphée. Là, à Zeus Tout-Puissant nous offrîmes
de beaux sacrifices, ainsi qu'un taureau à l'Alphée, un
taureau à Poseidon, une génisse indomptée à Athéné aux
yeux pers. Après quoi, nous prîmes le repas du soir dans
le camp par unités; puis nous nous couchâmes, chacun
vêtu de ses armes, sur les bords du fleuve. Les Epéens
magnanimes entouraient déjà la ville, désireux de la
détruire. Mais voici qu'auparavant leur apparut la tâche
effrayante d'Arès. Quand le soleil, en brillant, dépassa
l'horizon, nous engageâmes le combat, en invoquant et
Zeus et Athéné, et, quand la lutte fut ouverte entre Epéens
et Pyliens, je fus le premier à tuer un homme, dont

j'emmenai ensuite les coursiers aux sabots massifs. C'était le belliqueux Moulios, gendre d'Augias, dont il avait la fille aînée pour femme, Agamède la blonde, experte à tous les poisons que nourrit la vaste terre. Il fonçait sur moi : je le frappe de ma javeline de bronze, et il croule dans la poussière, tandis que, moi, je saute sur le char et me vais joindre aux champions hors des lignes. Cependant, les Épéens magnanimes, effrayés, se dispersent en tout sens, lorsqu'ils voient à terre le chef de leurs meneurs de chars, le premier au combat. Je m'élance, moi, pareil au noir ouragan, et m'empare de cinquante chars, et, à côté de chacun, deux guerriers prennent la terre entre leurs dents, domptés par ma javeline. A ce moment-là, j'eusse tué les deux Molions, fils d'Actor, si leur père, le puissant prince Ébranleur de la terre, ne les eût sauvés du combat, en les dérobant derrière une épaisse vapeur. Zeus ce jour-là donna aux Pyliens un splendide triomphe. Nous poursuivîmes l'ennemi à travers la vaste plaine, tuant les hommes et ramassant leurs belles armes, jusqu'au moment où nous passâmes avec nos chars dans le pays de Bouprasion riche en froment, de la Roche Olénienne, de la butte qu'on nomme Alésie. Athéné fit alors rebrousser chemin à toute l'armée. Je tuai là un dernier homme et l'y laissai. Les Achéens s'en revenaient ensuite de Bouprasion, dirigeant vers Pylos leurs chevaux rapides, et, tous, rendant grâce à Zeus parmi les dieux et à Nestor parmi les hommes. Voilà ce que j'étais jadis parmi les hommes — si ce passé a jamais été vrai. Mais Achille, lui, sera seul à profiter de sa vaillance. Je m'imagine que longtemps il pleurera de regret, quand son peuple aura péri. Ah! doux ami, c'est à toi que Ménœtios adressait tant de recommandations, le jour qu'il te faisait partir de la Phthie vers Agamemnon. Nous étions tous deux au palais, le divin Ulysse et moi; nous entendions, sans perdre un mot, tout ce qu'en ce palais, il te recommandait. Nous étions venus au bon manoir de Pélée, alors que, pour recruter des hommes, nous parcourions l'Achaïe féconde. Et c'est là, au palais, que nous vous avions trouvés, le héros Ménœtios et toi, et, à côté de vous, Achille. Le vieux meneur de chars, Pélée, offrait d'abord de gras cuisseaux de bœufs à Zeus

Tonnant, dans l'enclos de la cour. Il tenait une coupe d'or, avec laquelle il répandait des libations de vin aux sombres feux sur les victimes flambantes. Vous vous occupiez tous deux des chairs de la victime, quand nous parûmes sous le porche. Achille, surpris, d'un bond fut debout. Il nous prit par la main, nous guida, nous invita à nous asseoir, nous offrit bien tout ce qu'il est de règle d'offrir à des hôtes. Et quand nous eûmes satisfait notre soif et notre appétit, je pris le premier la parole, pour vous inviter à nous suivre. Vous y étiez, tous les deux, disposés, et eux, alors, vous adressaient force recommandations. A son fils Achille, le vieux Pélée recommandait d'être le meilleur toujours, de surpasser tous les autres. A toi, en revanche, voici ce que recommandait Ménœtios, le fils d'Actor. « Mon fils par le sang, Achille, se trouve au-dessus de toi. Mais tu es son aîné, bien que, par la force, il l'emporte sur toi de beaucoup. A toi donc de lui faire entendre le langage de la raison, de le conseiller, de le diriger. Il t'écoutera, car c'est pour son bien. » Voilà ce que le vieux te recommandait, et voilà ce que tu oublies. Allons ! il en est temps encore : tout cela, va le dire au vaillant Achille : tu verras s'il t'écoute. Qui sait si, le Ciel t'aidant, tu n'ébranleras pas son cœur par tes avis ? Les avis ont du bon, venant d'un camarade. S'il songe au fond de son cœur à échapper à quelque arrêt divin, que son auguste mère lui aura fait connaître au nom de Zeus, eh bien ! qu'il te dépêche, toi et toute sa troupe de Myrmidons derrière toi : peut-être seras-tu la lueur du salut pour les Danaens. Et qu'il te donne alors ses belles armes à porter au combat : qui sait si les Troyens, te prenant pour lui, ne s'en vont pas renoncer à se battre et laisser ainsi souffler les vaillants fils des Achéens, à cette heure épuisés ? Il faut si peu de temps pour souffler à la guerre ! Vous n'auriez dès lors nulle peine, tout frais devant des gens lassés de la bataille, à les repousser vers leur ville, loin des nefs et des baraques. »

Il dit et lui émeut le cœur dans la poitrine. Il se met à courir tout le long des nefs vers Achille l'Eacide. Et quand, en courant, Patrocle est arrivé à la hauteur des nefs du divin Ulysse, à l'endroit où se tiennent le Conseil et le tribunal, où ont été dressés des autels aux dieux, il s'y trouve en face du divin fils d'Evémon, Eurypyle, blessé d'une flèche à la cuisse, qui quitte le combat, boitant. La sueur ruisselle à flots de sa tête et de ses épaules. De sa plaie douloureuse jaillit un sang noir. Son cœur n'en reste pas moins ferme. Le vaillant fils de Ménœtios, à le voir, a pitié, et, gémissant, lui dit ces mots ailés :

« Las! malheureux guides, malheureux chefs des Danaens! Deviez-vous donc ainsi, loin des vôtres, loin des rives de la patrie, rassasier de votre blanche chair les chiens rapides de Troade? Mais, réponds-moi, Eurypyle, divin héros : les Achéens sont-ils encore en mesure de contenir le monstrueux Hector? ou sont-ils donc désormais voués à périr par lui, domptés sous sa javeline? »

Le sage Eurypyle, blessé, le regarde et lui dit :

« C'en est fait, divin Patrocle, il n'est plus de secours à attendre pour les Achéens : ils se vont jeter sur leurs nefs noires. Déjà tous ceux qui naguère étaient les meilleurs d'entre eux gisent parmi les nefs, touchés de loin ou bien frappés de près, sous les coups des Troyens, dont la force monte sans cesse. Mais sauve-moi du moins, en me menant à ma nef noire : entaille ma cuisse, pour en tirer la flèche; puis lave à l'eau tiède le sang noir qui en sortira; répands par-dessus les remèdes apaisants, les bons remèdes qu'Achille t'a fait connaître, dit-on, et que lui-même a appris de Chiron, le Centaure juste entre tous. Nous avons bien des médecins, Podalire et Machaon; mais l'un, je crois bien, est dans sa baraque, avec une blessure, et il a lui-même besoin d'un médecin sans reproche; l'autre est dans la plaine et tient tête au choc acéré des Troyens. »

Le vaillant fils de Ménœtios ainsi lui répond :

« Comment sortir de là? héros Eurypyle, que faire? Je porte au belliqueux Achille les recommandations du vieux chef achéen, Nestor. Je ne veux pourtant pas te laisser là, épuisé. »

Il dit, et, prenant le pasteur d'hommes sous le torse, il l'emmène à sa baraque. Son écuyer, dès qu'il le voit, étale des peaux sous lui; Patrocle l'y étend. De son couteau, il lui ouvre la cuisse, pour en tirer le trait perçant, aigu. Un sang noir en sort, qu'il lave à l'eau tiède. Il jette par-dessus, après l'avoir écrasée dans ses mains, une racine amère, qui calme les douleurs. Elle arrête toutes les douleurs ; la plaie sèche peu à peu, le sang cesse de couler.

CHANT XII

Mais, tandis que, dans la baraque, le vaillant fils de
Ménœtios tâche à guérir Eurypyle blessé, Argiens et
Troyens combattent par masses. Et ce n'est pas le fossé
ouvert par les Danaens qui doit encore retenir l'ennemi, ni
le large mur au-delà, qu'ils ont dressé pour protéger leurs
nefs, puis entouré d'un fossé — cela sans avoir aux dieux
offert d'illustres hécatombes. Ils voulaient qu'il protégeât
à la fois leurs fines nefs et l'immense butin qu'il tenait
enfermé. Mais il avait été construit sans l'aveu des dieux
immortels, il ne devait pas subsister longtemps. Tant que
dura la vie d'Hector et la colère d'Achille, tant que resta
debout la cité de sire Priam, le grand mur achéen aussi
subsista. Mais, du jour où, chez les Troyens, les plus
braves étaient tombés, où, du côté des Argiens, si
quelques-uns vivaient encore, beaucoup avaient péri déjà,
où la ville de Priam, après dix ans, avait été détruite, où
les Argiens, sur leurs nefs, avaient déjà pris la route des
rives de leur patrie, de ce jour Poseidon et Apollon
décidaient de l'anéantir, en dirigeant sur lui l'élan de tous
les fleuves qui, des monts de l'Ida, coulent vers la mer, le
Rhèse et l'Heptapore, le Carèse et le Rhodios, le Granique
et l'Esèpe, le divin Scamandre enfin et le Simoïs, près de
qui boucliers et casques sans nombre étaient tombés dans
la poussière, avec toute la race des mortels demi-dieux.
Phœbos Apollon réunit les bouches de tous et, les
dirigeant vers le mur, neuf jours durant, lança leurs flots

sur lui. Et Zeus en même temps faisait tomber une pluie
continue, pour que le mur s'en fût plus vite à la dérive.
L'Ébranleur du sol, en personne, le trident en main, les
guidait, et, sur ses vagues, emmenait toutes ces fondations
— de bois, de pierre — que les Achéens avaient eu tant
de peine à mettre en place. Il nivela ainsi les bords de
l'Hellespont au flot puissant; puis, sous le sable, de
nouveau, il cacha le rivage immense : le mur était anéanti.
Alors il fit faire demi-tour aux fleuves, et chacun s'en fut
retrouver le lit par où auparavant il précipitait le beau
cours de ses eaux.

Voilà comment, dans l'avenir, devait en disposer
Poseidon avec Apollon. Pour l'instant, la bataille et sa
clameur flambent autour du mur solide. Tout le bois du
rempart crie sous le heurt des traits. Domptés par le fouet
de Zeus, les Argiens se replient et s'arrêtent près des nefs
creuses. Ils redoutent Hector, puissant maître de déroute.
Hector, comme toujours, apparaît au combat semblable à
l'ouragan. Tel, au milieu des chiens et des chasseurs, on
voit un sanglier, ou encore un lion, enivré de sa force, faire
demi-tour. Mais eux, se groupant et formant un mur, lui
font face, puis, de leurs mains, lui décochent une masse de
javelines. Son noble cœur n'en ressent pour cela ni crainte
ni envie de fuir : c'est sa valeur, au contraire, qui le tue. Il
multiplie les détours, tâtant le front des chasseurs, et,
partout où il fonce, leur ligne fléchit. Ainsi Hector va par
la foule, suppliant ses camarades et les pressant de
franchir le fossé. Mais ses chevaux rapides hésitent et
hennissent terriblement, arrêtés à l'extrême bord; la
largeur du fossé leur fait peur : à le voir de près, le sauter
ou le traverser sont également malaisés; sur toute sa
longueur il a, des deux côtés, ses bords en surplomb, et,
sur le côté au-delà, il est garni de pieux pointus. Les fils
des Achéens les ont disposés serrés et solides, pour se
protéger contre l'ennemi. Aucun cheval tirant un char à
bonnes roues ne s'y engagerait sans peine; les fantassins
eux-mêmes se demandent s'ils y pourront arriver. C'est
alors que Polydamas s'approche et dit à l'intrépide
Hector :

« Hector, et vous tous, chefs troyens et alliés, c'est

sottise de pousser, comme nous faisons, nos chevaux
rapides à travers le fossé. Il est trop malaisé à franchir :
des pieux aigus s'y dressent, et, tout contre eux, le mur
des Achéens. Pour les meneurs de chars, il n'est aucun
moyen d'y descendre ni de s'y battre ; c'est là un défilé où
j'imagine qu'ils recevraient des meurtrissures. Si Zeus qui
gronde sur les cimes veut aux autres du mal et cherche à
les détruire entièrement, cependant qu'il désire prêter aide
aux Troyens, tout va bien. Moi aussi, je voudrais les voir,
ces Achéens, tout de suite, ignominieusement, périr ici,
loin d'Argos. Mais s'ils font demi-tour, si de leurs nefs
part une contre-attaque, et si alors nous nous venons
heurter à ce fossé ouvert, en ce cas j'imagine qu'il n'y aura
plus même un messager pour retourner dans notre ville,
dès l'instant où les Achéens auront fait telle volte-face.
Allons ! suivons tous l'avis que je donne : que les écuyers
retiennent les chars devant le fossé, et, seuls, à pied, armés
de pied en cap, suivons tous Hector, en masse compacte.
Les Achéens ne tiendront pas, si les termes de la mort
sont déjà fixés pour eux. »

Ainsi parle Polydamas ; et ce parfait avis agrée à Hector.
Aussitôt, de son char, il saute à terre, en armes. Les autres
Troyens cessent à leur tour de se rassembler montés sur
leurs chars : tous sautent à terre, dès qu'ils le voient faire
au divin Hector. Chaque héros ensuite donne ordre à son
cocher de retenir ses chevaux en bon ordre, sur place, au
bord du fossé. Puis, s'écartant, ils se groupent, s'ordonnent en cinq corps et se mettent en marche sur les pas
de leurs chefs.

Les uns vont avec Hector, et Polydamas sans reproche.
Ce sont les plus nombreux, ainsi que les plus braves, ceux
qui brûlent le plus d'enfoncer le rempart pour combattre
près des nefs creuses. Cébrion les suit, comme troisième
chef : Hector, près de son char, a laissé un autre écuyer,
moins brave que Cébrion. En tête du second corps, c'est
Pâris qui marche, avec Alcathoos et avec Agénor. En tête
du troisième, avancent Hélénos, Déiphobe, pareil aux
dieux, tous deux fils de Priam, et, en troisième, le héros
Asios, Asios l'Hyrtacide, que de puissants coursiers à la
robe de feu amènent d'Arisbé, des bords du Selléis. A la

tête du quatrième, marche le noble fils d'Anchise, Enée,
et, avec lui, les deux fils d'Anténor, Archéloque et
Acamas, experts à tous combats. Sarpédon enfin est le
chef des illustres alliés. Il s'est adjoint Glaucos et
Astéropée le Vaillant, qui lui ont nettement paru être les
plus braves de tous — après lui : il reste, lui, à part,
comparé même à tous. Dès qu'ils sont groupés, avec leurs
écus en cuir façonné, ils marchent droit aux Danaens,
pleins de feu : ils se disent que ceux-ci ne tiendront pas et
s'iront plutôt jeter sur leurs nefs noires.

Les Troyens et leurs illustres alliés obéissent alors au
conseil de Polydamas sans reproche. Seul, Asios l'Hyrtacide,
commandeur de guerriers, se refuse à laisser là son attelage
et son cocher-écuyer : c'est avec eux qu'il marche contre les
fines nefs. Le pauvre sot ! il ne doit pas échapper aux cruelles
déesses du trépas et, fier de son char et de son attelage,
s'en revenir, des nefs, à Ilion battue des vents. La Mort au
nom abhorré l'enveloppe d'abord, par la pique d'Idoménée, le glorieux fils de Deucalion. Il va vers la gauche des
nefs, du côté où les Achéens se sont portés au retour de la
plaine, avec leurs chars et leurs chevaux. C'est par là que
lui-même pousse ses chevaux et son char. Aussi bien,
devant la porte, n'en trouve-t-il pas fermés les vantaux ni
le long verrou : des hommes la tiennent ouverte, prêts à
sauver les camarades qui pourraient fuir du combat vers
les nefs. C'est par là, franchement, qu'il dirige droit son
char, et les autres le suivent, avec des cris aigus. Les
Achéens, se disent-ils, ne tiendront pas et s'iront bien
plutôt jeter sur leurs nefs noires. Les pauvres sots ! A la
porte, ils rencontrent deux braves, valeureux fils des
Lapithes guerriers. L'un est fils de Pirithoos, c'est
Polypœtès le Fort ; l'autre, Léontée, est l'émule d'Arès, le
fléau des hommes. Tous les deux ont pris place devant la
haute porte. Ils sont pareils aux chênes des montagnes
qui, portant haut la tête, tiennent bon chaque jour, sous le
vent, sous la pluie, munis, comme ils le sont, de fortes et
longues racines. Ainsi tous deux s'assurent en leur bras, en
leur force, et tiennent bon, sans fuir, sous l'assaut du
grand Asios. Les autres marchent droit au rempart solide,
levant bien haut au-dessus de leurs têtes leurs écus de cuir

séché et poussant un formidable cri de guerre. Ils sont groupés autour de sire Asios, d'Iamène et d'Oreste, — d'Adamas l'Asiade, de Thoon et d'Œnomaos. Les Lapithes d'abord restent à l'intérieur, afin d'exciter tous les Achéens aux bonnes jambières à lutter pour leurs nefs. Mais, quand ils voient les Troyens se précipiter sur le mur, quand du côté des Danaens, montent la clameur, l'épouvante, tous deux s'élancent alors devant la porte, et c'est là qu'ils combattent. On dirait deux sangliers farouches qui subissent dans les montagnes un assaut tumultueux d'hommes et de chiens. Ils s'élancent d'un bond oblique, brisent le bois autour d'eux, en le fauchant à la racine, et, en sourdine, on perçoit un bruit de dents — jusqu'au moment où un trait leur vient enlever la vie. De même le bronze luisant sonne sur la poitrine des guerriers atteints de face. C'est qu'ils combattent de toute leur vigueur; ils s'assurent en leurs gens, qui sont au-dessus d'eux, et en leurs propres forces. Du haut du bon rempart, les autres lancent des pierres; ils luttent pour eux-mêmes et pour leurs baraques et pour leurs nefs rapides. Les pierres tombent à terre, aussi serrées que ces flocons de neige qu'un vent violent, dans un tourbillon de nuées ombreuses, répand à flots pressés sur le sol nourricier. Ainsi les traits se déversent de leurs mains à tous, Achéens et Troyens. Leurs casques sonnent d'un bruit sec, sous le choc de vraies pierres de meule, ainsi que leurs boucliers bombés. Alors, gémissant et se frappant les cuisses, Asios l'Hyrtacide, déconcerté, s'écrie :

« Ah! Zeus Père, tu es, toi aussi, vraiment trop ami du mensonge! Pouvais-je penser, moi, que les héros achéens tiendraient devant notre fougue et devant nos mains redoutables? Mais ils sont, tous, pareils aux guêpes à taille souple, ou encore aux abeilles, qui ont établi leur séjour au bord d'un chemin escarpé et, au lieu de déserter leur gîte creux, tiennent tête à ceux qui les chassent et se battent pour leurs jeunes. Tout de même, ils se refusent, bien qu'ils ne soient que deux, à reculer de cette porte; ils aiment mieux tuer ou périr. »

Il dit, mais ces paroles ne touchent point l'âme de Zeus; c'est à Hector que son cœur est désireux d'offrir la gloire.

Chaque groupe a sa porte pour laquelle il combat. Mais tout dire m'est difficile à moi : je ne suis pas un dieu. De tous côtés, autour du mur de pierre, un feu prodigieux s'élève. Les Argiens, quoi qu'il leur coûte, se voient forcés de lutter pour leurs nefs. Et les dieux ont le cœur chagrin — tous ceux du moins qui, au combat, sont les alliés des Danaens.

Les Lapithes cependant ont engagé le combat, le carnage. Alors le fils de Pirithoos, Polypœtès le Fort, de sa javeline, atteint Damase, à travers son casque aux couvre-joues de bronze. Le bronze du casque n'arrête pas le bronze de la pointe, qui le traverse et brise l'os ; la cervelle, au-dedans, est toute fracassée : l'homme est dompté en plein élan. Ensuite il tue et Pylon et Ormène. Puis, c'est le fils d'Antimaque, Hippomaque, que Léontée, le rejeton d'Arès, frappe de sa javeline, en l'atteignant au ceinturon. Après quoi, du fourreau, il tire son glaive aigu, et, bondissant au travers de la presse, il frappe à bout portant d'abord Antiphatès, qui va à la renverse s'écraser sur le sol ; ensuite, c'est Ménon, Iamène et Oreste, à qui il fait tour à tour toucher la glèbe nourricière.

Mais, cependant qu'ils dépouillent ces morts de leurs armes étincelantes, de jeunes guerriers marchent sur les pas de Polydamas et d'Hector ; ce sont les plus nombreux ainsi que les plus braves, ceux qui brûlent le plus d'enfoncer le rempart, pour précipiter les nefs dans la flamme. Encore hésitants, ils s'arrêtent aux bords du fossé. Un présage leur vient d'apparaître, quand ils brûlaient de le franchir : un aigle, volant haut, qui laisse l'armée sur sa gauche. Il porte dans ses serres un serpent rouge, énorme, qui vit, qui palpite encore et qui n'a pas renoncé à la lutte. A l'oiseau qui le tient il porte un coup à la poitrine, près du cou, en se repliant soudain en arrière. L'autre alors le jette loin de lui à terre : saisi par la douleur, il le laisse tomber au milieu de la foule, et, avec un cri, s'envole, lui, dans les souffles du vent. Les Troyens frissonnent à voir à terre, au milieu d'eux, le serpent qui se tord, présage de Zeus porte-égide. Alors Polydamas s'approche et dit à l'intrépide Hector :

« Hector, à l'assemblée, toujours, tu trouves à me

blâmer, quand j'y ouvre de bons avis. Aussi bien ne sied-il pas, quand on est du peuple, qu'on parle autrement que toi, au Conseil comme à la guerre : il n'est qu'une chose qui siée, toujours renforcer ta puissance. Cette fois encore, je dirai ouvertement ce qui me paraît le meilleur. N'entrons donc pas en lutte pour leurs nefs avec les Danaens, car voici comment je crois que l'affaire finira. En fait, le présage qui vient d'apparaître aux Troyens alors qu'ils brûlaient de franchir le mur, cet aigle, volant haut, qui laissait notre armée sur sa gauche, portait dans ses serres un serpent rouge énorme, encore vivant; brusquement il l'a lâché avant d'avoir atteint son aire, il n'est pas arrivé à le porter, à le donner à ses petits. Eh bien! de même, si nous enfonçons la porte et le mur des Achéens, en déployant une force infinie et en faisant céder les Achéens, nous ne reviendrons pas en bon ordre des nefs par le chemin, mais nous laisserons là des milliers de Troyens, mis en pièces par le bronze des Achéens dans la défense de leurs nefs. Voilà comment parlerait un interprète des dieux, dont le cœur connaîtrait le sens exact des prodiges et à qui les hommes obéiraient. »

Hector au casque étincelant sur lui lève un œil sombre et dit :

« Polydamas, tu ne tiens plus là un langage qui me plaise. Tu sais avoir pourtant des idées plus heureuses. Es-tu sérieux, vraiment, en parlant de la sorte? Alors les dieux mêmes t'ont ravi le sens... Ainsi, tu voudrais nous voir oublier les volontés de Zeus Tonnant, tout ce qu'il m'a lui-même promis, garanti, et tu nous invites, toi, à mettre notre foi dans des oiseaux qui volent ailes déployées! Je n'en ai, moi, cure ni souci. Ils peuvent bien aller à droite, vers l'aurore et le soleil, comme à gauche vers l'ombre brumeuse. Ne mettons, nous, notre foi qu'en la volonté du grand Zeus, qui règne sur tous les mortels et sur tous les Immortels. Il n'est qu'un vrai, qu'un bon présage, c'est de défendre son pays. Et pourquoi craindre, toi, la guerre et le carnage? Quand nous autres, nous devrions, tous, être tués à côté des nefs argiennes, tu n'as rien à craindre pour ta vie, à toi : ton cœur n'a pas telle endurance au carnage et à la bataille! Va, mais essaie seulement de te tenir loin du carnage, ou d'en séduire un autre avec des mots qui le détournent de se battre, et vite, frappé par mon bras, tu perdras toi-même la vie. »

Ayant ainsi parlé, il montre le chemin, et les autres le suivent, au milieu d'une clameur prodigieuse. Zeus Tonnant fait alors se lever des monts de l'Ida une bourrasque de vent, qui porte la poussière tout droit vers les nefs. Il jette en même temps un charme sur l'esprit des Achéens, et il octroie la gloire aux Troyens, à Hector. S'assurant en ses présages, s'assurant en leurs propres forces, ils tâchent à enfoncer le grand mur des Achéens. Ils cherchent à tirer les corbeaux des tours, à faire crouler les parapets, et à soulever les piliers boutants que les Achéens ont dressés en avant, sur le sol, pour servir d'étais au rempart. Ils s'emploient à les renverser, espérant enfoncer ainsi le rempart des Achéens. Les Danaens pourtant ne sont pas prêts encore à leur céder la route. Avec leurs boucliers, ils renforcent les parapets et, de là, ils tirent sur les ennemis, qui s'avancent sous la muraille.

Les deux Ajax vont et viennent, donnant des ordres, partout, sur le rempart, et stimulant l'ardeur des Achéens. A tel guerrier ils s'adressent doucement; tel autre, ils le prennent à partie avec de dures paroles, s'ils le voient trop mollir à la bataille.

« Amis, je m'adresse à chaque Argien, qu'il soit des meilleurs, des moyens, des moins bons — toutes gens ne sont pas les mêmes au combat — il y a aujourd'hui du travail pour tous — vous le voyez assez par vous-mêmes, je pense! Donc, que nul ne tourne le dos et ne prenne le chemin des nefs, une fois entendue la voix qui vous semonce. Allez de l'avant, encouragez-vous l'un l'autre, et voyez si l'Olympien, Zeus qui lance l'éclair, ne vous donnera pas de repousser l'assaut et de poursuivre à votre tour vos ennemis vers leur ville. »

C'est ainsi qu'à grands cris ils stimulent les combattants du côté achéen. Ainsi, par milliers, tombent les flocons de neige, un de ces jours d'hiver où le prudent Zeus se met à neiger, pour révéler aux hommes les traits qui sont les siens. Il endort les vents, puis épand la neige sans trêve, jusqu'à ce qu'il en ait recouvert les cimes des monts élevés, les hauts promontoires, les plaines herbues, les guérets fertiles des hommes. Voici même la neige épandue sur la mer grise, sur les havres et sur les falaises ; seule, la houle qui déferle est capable de l'arrêter ; mais tout le reste en est couvert, enveloppé, le jour où s'abat l'averse de Zeus. Ainsi, par milliers, volent des deux côtés les pierres lancées, soit contre les Troyens, soit des rangs des Troyens contre les Achéens ; et le fracas en monte par-dessus tout le mur.

Mais, même alors, ni les Troyens ni l'illustre Hector n'eussent enfoncé la porte du mur avec sa longue barre, si le prudent Zeus n'avait fait se lever contre les Argiens son fils Sarpédon. On dirait un lion qui attaque des bœufs aux cornes recourbées. Brusquement, devant lui il met son bouclier bien rond, son beau bouclier de bronze, ouvré au marteau. Le forgeron qui l'a ouvré naguère a ensuite, à l'intérieur, réuni de multiples peaux au moyen de rivets d'or, qui les traversent toutes et sur tout le pourtour. Sarpédon le met devant lui, et brandissant deux javelines, il part, comme un lion nourri dans la montagne, depuis longtemps privé de chair, et que son vaillant cœur pousse à s'en aller tâter des troupeaux, voire à pénétrer dans la bergerie bien close. Dût-il y trouver des bergers avec leurs chiens et leurs épieux, veillant autour de leur troupeau, il n'a nulle envie de fuir avant d'avoir tâté de la bergerie ; et, alors, ou bien il bondit sur sa proie et l'emporte, ou bien il est d'emblée atteint par une javeline partie d'une main prompte. Pareil est Sarpédon, héros égal aux dieux, que son cœur a poussé à foncer sur le mur et à briser le parapet. Et brusquement il dit à Glaucos, fis d'Hippoloque :

« Glaucos, pourquoi nous donne-t-on tant de privilèges en Lycie, places d'honneur, et viandes, et coupes pleines ? pourquoi nous contemplent-ils tous, là-bas, comme des dieux ? pourquoi jouissons-nous, sur les rives du Xanthe, d'un immense domaine, un beau domaine aussi propre aux vergers qu'aux terres à blé ? Notre devoir dès lors n'est-il pas aujourd'hui de nous tenir, comme de juste, au premier rang des Lyciens, pour répondre à l'appel de la bataille ardente ? Chacun des Lyciens à la forte cuirasse ainsi pourra dire : « Ils ne sont pas sans gloire, les rois qui commandent dans notre Lycie, mangeant de gras moutons et buvant un doux vin de choix. Ils ont aussi, paraît-il, la vigueur qui sied à des braves, puisqu'ils se battent au premier rang des Lyciens! » Ah! doux ami! si échapper à cette guerre nous permettait de vivre ensuite éternellement, sans que nous touchent ni l'âge ni la mort, ce n'est certes pas moi qui combattrais au premier rang ni qui t'expédierais vers la bataille où l'homme acquiert la gloire. Mais, puisqu'en fait et quoi qu'on fasse, les déesses du trépas sont là embusquées, innombrables, et qu'aucun mortel ne peut ni les fuir ni leur échapper, allons voir si nous donnerons la gloire à un autre, ou bien si c'est un autre qui nous la donnera, à nous. »

Il dit, et Glaucos n'a garde de se dérober ni de dire non. Ils vont droit devant eux, conduisant la grande armée lycienne. A les voir, le fils de Pétéôs, Ménesthée, frissonne : c'est vers sa partie de rempart qu'ils s'avancent, lui apportant le désastre. D'un regard anxieux, il parcourt tout le rempart des Achéens, y cherchant des yeux quelque chef qui puisse écarter le malheur des siens. Il aperçoit les deux Ajax, insatiables de combat, avec Teucros, qui arrive à l'instant de sa baraque. Bien qu'ils soient là, tout près, il aurait peine en criant à se faire entendre d'eux, tant sont puissants et la clameur guerrière qui monte jusqu'au ciel et le fracas des traits heurtant les boucliers, les casques à crinières, et les portes; car les portes sont, toutes, fermées, et les hommes arrêtés devant elles cherchent, en les brisant, à en forcer l'entrée. En toute hâte, à Ajax, il envoie le héraut Thoôtès :

« Va, divin Thoôtès, cours appeler Ajax, — ou, plutôt, les deux Ajax ensemble, ce serait de beaucoup le mieux; sans quoi bientôt, ici s'ouvre le gouffre de la mort, tant font pesée sur nous les chefs lyciens, qui toujours sont si mordants au cours des mêlées brutales. Et si, là-bas aussi, ils ont vu se lever la besogne et la bataille, que vienne du moins, seul, le vaillant Ajax, fils de Télamon, et qu'il se fasse suivre de Teucros expert à l'arc. »

Il dit : le héros l'entend et n'a garde de dire non. Il s'en va, il parcourt tout du long le mur des Achéens à la cotte

de bronze, et, venant s'arrêter à côté des Ajax, vivement il
leur dit :

« Ohé! les deux Ajax, guides des Achéens à la cotte de
bronze! le fils de Pétéôs, rejeton de Zeus, vous prie d'aller
là-bas, pour affronter, au moins un court instant, la
bataille qu'ils soutiennent — ou, plutôt, tous deux
ensemble : ce serait de beaucoup le mieux; sans quoi,
bientôt, là-bas, s'ouvre le gouffre de la mort, tant font
pesée sur lui les chefs lyciens, qui toujours sont si
mordants au cours des mêlées brutales. Et si, ici aussi,
vous avez vu se lever la besogne et la bataille, que vienne
du moins, seul, le vaillant Ajax fils de Télamon, et qu'il se
fasse suivre de Teucros expert à l'arc. »

Il dit; et le grand Ajax, fils de Télamon, n'a garde de
dire non. Au fils d'Oïlée sans retard il adresse ces mots
ailés :

« Ajax, restez ici, tous deux, à ce poste, toi et Lycomède
le Fort, pour entraîner les Danaens à bien mener le franc
combat. J'irai là-bas moi-même affronter la bataille, puis
je reviendrai bien vite, aussitôt que je leur aurai prêté un
secours efficace. »

Ainsi parle — et s'en va — Ajax, le fils de Télamon;
avec lui marche Teucros, son frère de père et de mère.
Avec eux est Pandion, qui porte l'arc recourbé de
Teucros. Lorsqu'en suivant la face intérieure du mur, ils
arrivent à la tour du magnanime Ménesthée, ils arrivent à
des gens fort pressés par l'ennemi. Ils voient là, escaladant
les parapets, semblables au noir ouragan, les fiers guides et
chefs des Lyciens. Tous se heurtent alors en un combat de
front; une huée s'élève.

Ajax, fils de Télamon, le premier tue un homme, l'ami
de Sarpédon, le magnanime Epiclès. Il le frappe avec une
pierre luisante, rugueuse, qui se trouve, énorme, à
l'intérieur du mur, très haut, près d'un parapet; même à
deux mains un homme la tiendrait malaisément, un
homme en pleine force — de ceux d'aujourd'hui. Il la
soulève, lui, et la jette d'en haut. Il enfonce ainsi le casque
à quatre bossettes; il broie tous les os de la tête; Epiclès
choit, pareil à un plongeur, du mur élevé : la vie
abandonne ses os. Pour Teucros, d'une flèche, il frappe

Glaucos, puissant fils d'Hippoloque, montant à l'assaut du
mur : il frappe où il a vu le bras découvert, et il met
l'homme hors de combat. Glaucos du haut du mur fait un
saut en arrière, sans qu'on le voie : il ne veut pas qu'un
Achéen puisse l'apercevoir blessé et aille en triompher.
Sarpédon a grand-peine du départ de Glaucos, dès qu'il
l'a remarqué ; mais il n'oublie pas pour autant le combat :
sa lance atteint et pique Alcmaon, fils de Thestor ; puis il
ramène l'arme. Alcmaon, suivant la lance, tombe le front
en avant, et, sur ses flancs, sonnent ses armes de bronze
étincelant. Sarpédon a saisi de ses mains vigoureuses une
portion de parapet ; il la tire à lui : elle suit tout entière ; le
mur au-dessus dès lors est sans défense. Sarpédon ouvre
ainsi un chemin à force guerriers.

Ajax et Teucros agissent ensemble. Teucros atteint le
baudrier brillant qui, autour de la poitrine, soutient le
bouclier qui couvre l'homme entier. Mais Zeus écarte de
son fils les déesses du trépas ; il ne veut pas qu'il succombe
devant les poupes des nefs. Ajax bondit et pique le
bouclier. La javeline ne le traverse pas, mais, du moins,
elle arrête le guerrier en plein élan. Il s'écarte donc un peu
du parapet, sans battre ouvertement en retraite : son cœur
toujours espère conquérir la gloire. Il se retourne et il
lance un appel aux Lyciens pareils aux dieux :

« Lyciens, pourquoi laisser mollir votre valeur ardente ?
Il ne m'est pas aisé, si fier que je sois, d'enfoncer les lignes
tout seul et de vous ouvrir un chemin au milieu des nefs.
Agissez avec moi ; plus on est, mieux l'ouvrage est fait. »

Il dit, et eux, pris de peur, à la voix du maître qui les
semonce, renforcent leur poussée autour de leur seigneur
et conseiller. Les Argiens à leur tour raffermissent leurs
lignes en deçà du mur. La tâche à tous apparaît rude. Ni
les fiers Lyciens ne peuvent enfoncer le mur et se frayer
ainsi un chemin au milieu des nefs, ni les Danaens
belliqueux ne peuvent, de ce mur, repousser les Lyciens,
maintenant qu'ils sont arrivés à s'en approcher. On dirait
deux hommes en dispute pour des bornes, avec des
instruments de mesure en main, dans un champ mitoyen,
et qui, sur un étroit terrain, luttent chacun pour son droit.
De même, les deux troupes ne sont séparées que par un

parapet, et eux, par-dessus, mutuellement déchirent autour de leurs poitrines leurs boucliers de cuir rond, et leurs rondaches légères. Beaucoup voient leur chair entaillée du bronze implacable, soit que tel, au cours du combat, en faisant demi-tour, ait découvert son dos, ou que d'autres — et ils sont nombreux — soient touchés à travers le bouclier lui-même. Partout le rempart et ses parapets sont inondés de sang humain, des deux côtés, troyen comme achéen. Mais les Troyens ont beau faire : ils ne peuvent provoquer la déroute des Achéens : ceux-ci tiennent. On dirait quelque soigneuse ouvrière, une balance à la main, qui, ayant d'un côté un poids, d'un autre de la laine, cherche, en la soulevant à équilibrer les deux, pour procurer ainsi à ses enfants un misérable salaire. De même, ici, la lutte et la bataille pour les deux partis s'équilibrent — cela jusqu'au moment où Zeus, fils de Cronos, accordera triomphe et gloire à Hector, le fils de Priam, qui, le premier, se sera élancé sur le mur des Achéens. D'une voix éclatante capable de porter dans les rangs des Troyens, il clame :

« Or, sus ! Troyens dompteurs de cavales, enfoncez donc le mur des Argiens, et déchaînez-moi sur leurs nefs un prodigieux incendie. »

Ainsi parle-t-il pour les entraîner ; tous, de leurs oreilles, l'entendent : ils foncent sur le mur en masse compacte. Ils grimpent sur les corbeaux, leurs lances aiguës à la main, tandis qu'Hector se saisit d'une pierre et l'enlève. Elle était là devant la porte ; elle est large à la base et pointue dans le haut ; deux hommes, les meilleurs de leur peuple, ne la lèveraient pas aisément du sol, pour la mettre sur un chariot — du moins deux hommes d'aujourd'hui. Il la brandit, lui, aisément, tout seul : le fils de Cronos le Fourbe, pour lui, l'a rendue légère. On dirait un berger qui porte sans effort la toison d'un bélier ; il la tient d'une seule main et ce n'est pour lui qu'un léger fardeau. C'est ainsi qu'Hector porte la pierre qu'il vient de soulever. Il l'emporte droit aux vantaux qui ferment solidement la porte vigoureusement charpentée, droit aux deux hauts vantaux. A l'intérieur, deux barres les retiennent, qui se font pendant et auxquelles s'ajuste une clef. Il vient se

placer tout près ; puis, de toutes ses forces, il lance sa pierre
au milieu, bien campé sur ses deux jambes, afin que le coup
porte mieux. Il fait de la sorte sauter les pivots et, tandis
que la pierre, de tout son poids, retombe à l'intérieur, la
porte terriblement mugit, les barres cèdent, les vantaux
éclatent en tous sens sous l'élan de la pierre ; et l'illustre
Hector s'élance à travers. Son aspect est celui de la nuit
rapide. Il luit de l'éclat terrible du bronze qui vêt son
corps et il tient deux lances au poing. Nul, sauf un dieu,
n'oserait l'affronter, pour chercher à l'écarter des nefs, au
moment qu'il franchit la porte. Le feu flambe dans ses
yeux. Lors, se tournant vers la foule, il crie aux Troyens
l'ordre de sauter le mur. Ils obéissent à l'appel. Sans
retard les uns sautent le mur ; les autres se répandent à
travers les portes solides. Les Danaens s'enfuient par les
nefs creuses ; un tumulte sans fin s'élève.

Lorsque Zeus a ainsi mis au contact des nefs Hector et les Troyens, il laisse là les combattants subir près d'elles peine et misère, sans trêve, et détourne d'eux ses yeux éclatants. Ses regards vont ailleurs; ils contemplent la terre des Thraces cavaliers, celle des Mysiens experts au corps à corps, celle des nobles Hippémolgues, qui ne vivent que de laitage, et celle des Abies, les plus justes des hommes. C'est fini, vers la Troade il ne tourne plus ses yeux éclatants : son cœur ne peut croire qu'aucun Immortel aille prêter aide aux Troyens ni aux Danaens.

Mais le puissant Ébranleur de la terre ne monte pas non plus la garde en aveugle. Curieux de guerre et de bataille, il s'est assis très haut sur le pic le plus élevé de Samothrace la Forestière. Là s'offre à ses yeux tout l'Ida, là s'offrent à la fois la ville de Priam et les nefs achéennes. Il a quitté la mer, pour venir là s'asseoir. Il a pitié à voir les Achéens domptés par les Troyens. Il en veut violemment à Zeus.

Mais soudain il descend de la montagne abrupte. Il s'avance à grands pas rapides, et les hautes montagnes, la forêt, tout tremble sous les pieds immortels de Poseidon en marche. Il fait trois enjambées; à la quatrième, il atteint son but, Eges, où un palais illustre lui a été construit dans l'abîme marin, étincelant d'or, éternel. Aussitôt arrivé, il attelle à son char deux coursiers aux pieds de bronze et au vol prompt, dont le front porte une crinière d'or. Lui-même se vêt d'or, prend en main un fouet d'or façonné, puis, montant sur son char, pousse vers les flots. Les monstres de la mer le fêtent de leurs bonds ; partout ils quittent leurs cachettes : nul ne méconnaît son seigneur. La mer en liesse lui ouvre le passage ; le char s'envole, à toute allure, sans que, même par-dessous, se mouille l'essieu de bronze. Ainsi ses coursiers bondissants portent le dieu vers les nefs achéennes.

Il est une vaste grotte au plus profond des abîmes marins, entre Ténédos et Imbros la rocheuse. C'est là que Poseidon, Ebranleur de la terre, arrête ses chevaux, les dételle du char et place devant eux leur céleste pâture ; puis il leur met aux pieds des entraves d'or, impossibles à briser ainsi qu'à délier. Ils doivent rester là, sur place sans bouger, attendant le retour du maître, tandis qu'il s'en va, lui, vers l'armée achéenne.

Les Troyens, en masse, pareils au feu, à l'ouragan, suivent Hector, fils de Priam, avec une ardeur sans mesure, à grand fracas et grands cris. Ils comptent se saisir des nefs des Achéens et massacrer sur place tous les preux. Mais Poseidon, le Maître de la terre et Ébranleur du sol, est là, poussant les Argiens. Sorti de la mer profonde, il s'est donné la stature de Calchas et sa voix sans défaillance. Et c'est aux deux Ajax, déjà brûlants d'ardeur, qu'il s'adresse d'abord :

« C'est vous, les deux Ajax, qui allez sauver l'armée achéenne. Songez seulement à votre vaillance, non à la déroute qui glace les cœurs. Ailleurs je ne les crains pas, ces Troyens aux bras redoutables qui viennent de franchir notre grand mur, en masse, et nos Achéens aux bonnes jambières sauront bien les contenir tous. Mais il est un point de nos lignes où j'ai peur — horriblement peur — qu'il n'arrive quelque chose : c'est celui où, pour chef, ils ont un furieux, Hector, pareil à la flamme, qui se flatte d'être le fils de Zeus le Fort. Ah ! qu'un dieu veuille donc agir si bien en vos cœurs que vous teniez vous-mêmes fermement et sachiez donner pareil ordre aux autres. Vous pourrez peut-être, alors, en dépit de son élan, l'écarter des nefs rapides, même si c'est l'Olympien qui l'excite ici en personne. »

Il dit et, les touchant alors de son bâton, le Maître de la terre et Ébranleur du sol les emplit tous les deux d'une fougue puissante. Il assouplit leurs membres, leurs jambes d'abord, puis — en remontant — leurs bras. Après quoi il prend son essor, comme un faucon à l'aile prompte, qui, s'élevant d'un haut rocher abrupt, se jette à travers la plaine à la poursuite d'un oiseau. Ainsi, loin d'eux, s'élance Poseidon, Ébranleur du sol. Mais le fils d'Oïlée, le rapide Ajax, l'a déjà, le premier des deux, reconnu. Aussitôt il s'adresse à Ajax, fils de Télamon :

« Ajax, c'est un des dieux, maîtres de l'Olympe, qui nous invite ainsi, sous les traits du devin, à lutter tous deux près des nefs. Non, ce n'est pas Calchas, le devin inspiré du Ciel. J'ai, par-derrière, sans peine reconnu, alors qu'il s'éloignait, l'allure de ses pieds, de ses jambes. Les dieux se laissent aisément reconnaître. Et voici justement mon cœur en ma poitrine qui sent l'envie grandir en lui de guerroyer et de se battre ; voici, sous moi, mes pieds, et — en remontant — mes bras, qui déjà frémissent d'ardeur. »

Ajax, fils de Télamon, en réponse alors lui dit :

« Moi aussi, je sens à cette heure autour de ma lance frémir mes mains redoutables ; déjà ma fougue monte, et, sous moi, mes deux pieds prennent leur élan. Je brûle d'aller, même seul, combattre Hector, fils de Priam, dans son ardeur sans mesure. »

Tels sont les propos qu'ils échangent, dans le joyeux entrain pour la bataille qu'un dieu vient de leur mettre au cœur. Pendant ce temps le Maître de la terre excite les Achéens qui, à l'arrière, auprès des fines nefs, rafraîchissent leur cœur. Ils ont les membres rompus d'une douloureuse fatigue, et le chagrin entre en leurs âmes, quand ils voient les Troyens, qui viennent de franchir le grand mur, en masse. Les pleurs jaillissent, à cette vue, au-dessous de leurs sourcils : ils croient ne plus pouvoir se soustraire au désastre. Mais l'Ébranleur du sol vient à eux, et il n'a pas de peine à stimuler leurs puissants bataillons. Il vient exhorter Teucros d'abord, et Léite, — et le héros

Pénéléôs, et Thoas et Déipyre, — Mérion enfin et
Antiloque, maîtres de bataille. Il les stimule avec ces mots
ailés :

« Honte à vous, jeunes guerriers d'Argos! En vous j'ai
confiance : luttez, et vous sauvez vos nefs. Mais abandon-
nez la bataille amère, et pour nous aussitôt voici le jour
venu de succomber sous les Troyens. Ah! le singulier
prodige que je vois là de mes yeux, l'effrayant prodige,
que je ne pensais guère voir se réaliser jamais : les Troyens
devant nos nefs! ces Troyens qu'on eût pris naguère pour
des biches effarées, qui, dans la forêt, proie vouée aux
chacals, aux panthères, aux loups, ne savent que se
dérober, sans courage ni goût pour la lutte — les Troyens
avaient-ils plus d'entrain naguère pour résister, un seul
instant, à la fougue et aux bras des Achéens? — et les voilà
aujourd'hui qui se battent loin de leur ville et devant nos
nefs creuses, cela par la faute d'un chef et par l'abandon
de ses hommes, qui, pour lui faire pièce, maintenant se
refusent à défendre nos nefs rapides et se laissent
massacrer au milieu d'elles! Mais admettons comme
entièrement vrai que le coupable soit le héros fils d'Atrée,
le puissant prince Agamemnon, parce qu'il a fait affront
au Péléide aux pieds rapides : avons-nous pour autant le
droit, nous, d'abandonner la bataille? Hâtons-nous plutôt
de soigner le mal : cœur de brave se prête aux soins. Pour
vous, il n'est guère honorable d'abandonner votre valeur
ardente, vous tous ici, les meilleurs de l'armée. Je n'irai
pas quereller un poltron, parce qu'il s'esquive du combat.
Mais à vous, en revanche, j'en veux du fond de l'âme.
Allons, lâches! dans un moment vous aurez, par votre
abandon, encore aggravé le mal. Mettez-vous donc au
cœur l'honneur et la vergogne. Un conflit terrible se lève à
cette heure. Près de nos nefs, c'est Hector qui combat, le
rude Hector au puissant cri de guerre. Déjà il a enfoncé la
porte et sa longue barre. »

Pareil appel du Maître de la terre met aussitôt les
Achéens debout. Autour des deux Ajax voici bientôt en
place de solides bataillons. Arès pourrait venir, et Athéné,
meneuse de guerriers : ils ne trouveraient rien ici à
critiquer. Ce sont les plus braves — l'élite — qui

attendent désormais et les Troyens et le divin Hector. La lance fait un rempart à la lance, le bouclier au bouclier, chacun étayant l'autre ; l'écu s'appuie sur l'écu, le casque sur le casque, le guerrier sur le guerrier. Lorsqu'ils se penchent, les casques à crinière heurtent leurs cimiers éclatants, tant ils sont là serrés les uns contre les autres. Les piques, en lignes déployées, vibrent dans des mains intrépides. Tous ne songent qu'à marcher droit devant eux, tous ne brûlent que de se battre.

Les Troyens chargent, en masse. Hector est à leur tête, qui fonce en furieux. On dirait une pierre ronde, qu'un fleuve gonflé par l'orage a jetée à bas du rocher qu'elle couronnait. Grossi d'une pluie de déluge, il a brisé l'obstacle du roc indocile ; il saute par-dessus et s'envole, tandis que la forêt bruit sur son passage. La pierre, sans broncher, suit sa course inflexible, jusqu'à ce qu'elle arrive au niveau de la plaine : quel que soit son élan, elle cesse alors de rouler. De même, Hector clamait naguère, menaçant, qu'il n'aurait point de peine à pousser jusqu'à la mer, à travers les baraques et les nefs achéennes, en y semant la mort ; mais, une fois qu'il est venu donner contre des bataillons compacts, le voilà qui s'arrête, fortement accroché. Les fils des Achéens sont là, qui lui tiennent tête, le harcèlent avec leurs épées, avec leurs lances à deux pointes, et arrivent à le repousser. Ébranlé, il recule. D'une voix éclatante, capable de porter dans les rangs des Troyens, il clame :

« Troyens, et Lyciens, et Dardaniens experts au corps à corps, tenez bon : les Achéens ne m'arrêteront pas longtemps. Ils ont beau se grouper pour former un rempart : je crois qu'ils plieront bientôt sous ma lance, s'il est vrai que celui qui m'a mis en branle, c'est bien le premier des dieux, l'époux retentissant d'Héré. »

Il dit et stimule la fougue et l'ardeur de tous. Déiphobe, fils de Priam, au milieu d'eux, marche plein de superbe. Il tient devant lui son écu bien rond et avance à pas légers, dissimulant sa marche sous son bouclier. Mérion le vise de sa javeline brillante et atteint, sans faute, son bouclier rond en cuir de taureau. Mais la longue pique ne traverse pas ; elle s'est, bien avant, rompue dans la douille. Déiphobe, d'ailleurs, tenait bien loin de lui son écu en cuir de taureau : son âme avait eu peur devant la javeline du brave Mérion. Le héros se replie sur le groupe des siens. Il éprouve un affreux dépit et de sa victoire manquée et de sa pique brisée. Il s'en va le long des baraques et des nefs des Achéens : il part chercher la longue javeline qu'il a laissée dans les baraques.

Cependant les autres combattent; une huée, indomptable, s'élève. Teucros, fils de Télamon, le premier, tue un homme : c'est le belliqueux Imbrios, fils de Mentor, riche en cavales. Il résidait à Pédéon, avant que vinssent les fils des Achéens, et il avait pour femme une bâtarde de Priam, Médésicaste. Mais, du jour où furent venues les nefs danaennes à double courbure, de ce jour il était rentré à Ilion, où il se distinguait parmi les Troyens, et vivait chez Priam, qui l'honorait à l'égal de ses fils. De sa longue lance, le fils de Télamon le pique sous l'oreille, puis ramène l'arme. L'homme alors tombe; tel un frêne qui, au sommet d'un mont du plus loin visible, entaillé par le bronze, abat jusqu'au sol son tendre feuillage, tel il tombe, et, autour de son corps, sonnent ses armes de bronze scintillant. Teucros bondit, brûlant de le dépouiller de ses armes. Mais, au moment où il s'élance, Hector sur lui lance sa pique brillante. L'autre voit venir le coup : il évite — de bien peu — la javeline de bronze, et c'est Amphimaque, fils de Ctéatos et petit-fils d'Actor, que la lance atteint, marchant au combat, en pleine poitrine. Il tombe avec fracas, et ses armes sonnent sur lui. Hector s'élance : il veut, du casque adapté à ses tempes, dépouiller la tête du magnanime Amphimaque. Mais, au moment où il s'élance, Ajax se fend, sa pique éclatante au poing. Elle n'atteint pas cependant la chair : un bronze redoutable la protège toute. Ajax touche seulement le centre bombé de l'écu et repousse l'homme avec une irrésistible vigueur. Hector alors recule derrière les deux morts, que les Achéens aussitôt tirent à eux. Puis Stichios et le divin Ménesthée, chef des Athéniens, emmènent Amphimaque vers la ligne achéenne, cependant que les deux Ajax, bouillants de valeur ardente, se saisissent d'Imbrios. On dirait deux lions, ravisseurs d'une chèvre qui, pressés par les chiens aux crocs acérés, l'emportent à travers les halliers touffus, en la soulevant avec leurs mâchoires au-dessus du sol. Tout de même les deux Ajax, casque au front, le soulèvent pour le dépouiller de ses armes. Le fils d'Oïlée détache la tête du cou délicat, dans sa fureur de la mort d'Amphimaque, puis l'envoie, comme une boule, rouler à travers la masse. Elle s'en va tomber dans la poussière aux pieds d'Hector.

Poseidon en son cœur sent alors monter la colère, à voir son petit-fils, qui vient ainsi de choir dans l'atroce carnage. Il part et s'en va, le long des baraques et des nefs achéennes, exciter les Danaens et préparer des soucis aux Troyens. Il rencontre Idoménée, l'illustre guerrier. Idoménée quitte un des siens, qui, atteint au jarret par le bronze aigu, vient de s'éloigner du combat. Cependant que les siens emportent le blessé, ses ordres une fois donnés aux médecins, il va vers sa baraque : il brûle de répondre à l'appel du combat. Le puissant Ébranleur du sol lors lui parle en ces termes — il s'est donné la voix de Thoas, le fils d'Andrémon, qui règne sur les Etoliens, à la fois dans tout Pleuron et dans la haute Calydon, et que son peuple honore à l'égal d'un dieu.

« Idoménée, bon conseiller de tes Crétois, où s'en sont-elles allées, dis-moi, toutes ces menaces que, contre les Troyens, lançaient les fils des Achéens ? »

Idoménée, chef des Crétois, à son tour le regarde et dit :

« Thoas, aucun homme aujourd'hui n'est en cause, pour autant que je sache : tous, nous savons combattre. Nul de nous n'est tenu par une terreur lâche, nul ne cède à la peur, quand il se dérobe au combat cruel. Non ; mais tel est sans doute le bon plaisir de Zeus puissant, que les Achéens périssent ignominieusement ici, loin d'Argos. Allons ! Thoas, tu as toujours été solide au combat, et tu sais aussi stimuler les autres, partout où tu vois l'un d'entre eux mollir. Aujourd'hui donc reste toi-même, et sache encourager chacun de tes guerriers. »

L'Ébranleur du sol, Poseidon, répond :

« Idoménée, que jamais il ne revienne de Troade, qu'il y reste et y devienne une fête pour les chiens, celui qui en ce jour admet de mollir au combat ! Va, cherche tes armes, puis reviens ici. Il nous faut faire effort ensemble, et voir si nous pouvons — fussions-nous seuls tous deux — servir à quelque chose. Quand il s'appuie sur d'autres, le courage des plus poltrons même apparaît. Et nous sommes, nous, de ceux qui sauraient à l'occasion lutter même avec des braves. »

Cela dit, le dieu s'en retourne au labeur guerrier. Pour Idoménée, il gagne sa bonne baraque. Là, il vêt son corps de ses belles armes; il prend deux javelines; puis il part et va, semblable à l'éclair que saisit le bras du Cronide, pour le brandir du haut de l'Olympe éclatant, quand il veut révéler quelque signe aux mortels; les feux en sont éblouissants. Le bronze luit d'un éclat tout semblable autour de la poitrine d'Idoménée courant. Et voici qu'il rencontre, encore tout près de la baraque, Mérion, son noble écuyer, qui est venu là chercher une javeline de bronze. Lors le puissant Idoménée lui dit :

« Mérion, fils de Mole, rapide coureur, le plus cher de mes compagnons, qu'es-tu donc venu faire ici, délaissant bataille et carnage? Serais-tu blessé? La pointe d'un trait te tourmente-t-elle? Ou viens-tu donc à moi en messager? Pas plus que toi, je n'ai envie de rester là, dans ma baraque, mais de combattre seulement. »

Mérion l'avisé le regarde et lui dit :

« Idoménée, bon conseiller des Crétois à cotte de bronze, je viens voir s'il reste dans ta baraque une pique à emporter. J'ai brisé celle que j'avais, en touchant le bouclier de l'insolent Déiphobe. »

Idoménée, chef des Crétois, à son tour le regarde et dit :

« Des piques, si tu en veux, tu en trouveras vingt comme une, debout, dans ma baraque, et appuyées au mur resplendissant qui fait face à l'entrée. Ce sont piques troyennes, que j'arrache à ceux que je tue. Je me vois mal, au combat, posté loin de l'ennemi. Aussi ai-je des lances, des boucliers bombés, des casques, des cuirasses au joyeux éclat. »

Mérion l'avisé à son tour le regarde et dit :

« J'ai, moi aussi, dans ma baraque et ma nef noire, nombre de dépouilles troyennes; mais elles sont trop loin pour que j'aille les prendre. Moi aussi, je prétends n'avoir

jamais oublié le courage : je suis toujours au premier rang,
dans la bataille où l'homme acquiert la gloire, dès que se
lève la querelle guerrière. Quand je me bats, je peux sans
doute échapper aux regards d'un autre — de tout autre
plutôt que de toi — parmi les Achéens à la cotte de
bronze ; mais toi, tu me connais par toi-même, je pense. »

Et Idoménée, le chef des Crétois, à son tour le regarde
et dit :

« Je connais ta valeur : pourquoi parler ainsi ? Imaginons qu'aujourd'hui, près des nefs, on nous rassemble,
nous tous, les preux, pour aller à un aguet — c'est là
surtout que se fait voir le courage des guerriers ; c'est là
que se révèlent et le lâche et le brave. Le lâche, son teint
prend toutes les couleurs ; son cœur au fond de lui ne le
laisse pas demeurer en place, immobile ; il faut qu'il
change de posture, qu'il se tienne accroupi, un moment
sur un pied, un moment sur l'autre ; et son cœur palpite à
grands coups dans sa poitrine, quand il songe aux déesses
du trépas ; on entend claquer ses dents. Le brave, au
contraire, on ne le voit pas changer de couleur, ni se
troubler bien fort, dès qu'il a pris son poste dans un aguet
de guerre. Il n'a plus qu'un vœu : être engagé au plus vite
dans la sinistre mêlée. — Eh bien ! en telle occurrence, il
n'y aurait personne pour critiquer ta fougue ni tes bras.
Que tu sois, à la besogne, touché de loin ou bien frappé de
près, ce n'est pas sur toi qu'aucun trait ira tomber par-
derrière, sur la nuque ou dans le dos : c'est ta poitrine ou
ton ventre qu'il rencontrera plutôt, lorsque avidement tu
te précipites au rendez-vous des champions hors des
lignes. Mais allons ! ne demeurons pas plantés là, comme
des sots, à discourir : on pourrait nous le reprocher
violemment. Va donc dans la baraque te munir d'une
forte lance. »

Il dit, et Mérion, émule de l'ardent Arès, vite emporte
de la baraque une javeline de bronze ; puis il s'en va sur les
pas d'Idoménée, ne songeant plus qu'à la bataille. On voit
ainsi Arès, fléau des hommes, marcher au combat, suivi
d'Effroi, son fils intrépide et fort, qui met en fuite le
guerrier le plus résistant. Tous deux partent, armés, de
Thrace, pour se rendre chez les Ephyres et les Phlégyens

magnanimes; et, sans prêter dès lors l'oreille à aucun des deux partis, ils donnent la gloire à l'un d'eux. Tout de même, Mérion et Idoménée, bons chefs de guerriers, s'avancent au combat, casqués du bronze flamboyant; et Mérion, le premier, s'adresse à l'autre en ces termes :

« Fils de Deucalion, de quel côté as-tu envie de t'enfoncer dans la mêlée? A l'extrême droite du camp? au milieu? ou à gauche? Nulle part ailleurs, je crois, les Achéens chevelus ne sont aussi peu maîtres du combat. »

Idoménée, chef des Crétois, à son tour le regarde et dit :

« Les nefs du centre, d'autres sont là pour les défendre : les deux Ajax, avec Teucros, le meilleur à l'arc de tous les Achéens — un brave aussi au corps à corps. En dépit de sa fougue et si fort qu'il puisse être, à cet Hector, fils de Priam, ils sauront bien donner tout son soûl de combat. Il aura une tâche ardue, quelque fureur qu'il apporte à la lutte, s'il veut triompher de leur fougue et de leurs bras redoutables, pour mettre le feu aux nefs — à moins que le Cronide ne vienne en personne jeter sur nos fines nefs un tison ardent. Mais devant aucun homme on ne verra céder le grand Ajax, le fils de Télamon, devant aucun mortel qui mange la mouture de Déméter et n'est pas invulnérable au bronze ou aux grosses pierres. Il ne plierait pas devant Achille même, l'enfonceur de lignes — au moins dans le corps à corps : à la course, il ne peut lutter. Allons donc, nous deux, par ici, vers la gauche du camp, et sachons au plus vite si nous donnerons la gloire à un autre, ou si c'est un autre qui nous la donnera, à nous. »

Il dit; Mérion, émule de l'ardent Arès, prend la tête et part. Ils arrivent sur le front au point indiqué par Idoménée.

Dès que les Troyens aperçoivent Idoménée, dont la vaillance est pareille à la flamme, Idoménée et son écuyer, avec leurs armes ouvragées, ils s'encouragent, tous, au milieu de la presse et marchent contre lui. Le choc a lieu près des poupes des nefs. Comme les vents sonores, soufflant en tempête, quand la poussière abonde sur les routes, la ramassent et en forment une énorme nue poudreuse, de même la bataille ne fait plus qu'un bloc des guerriers. Tous brûlent en leur cœur de se massacrer avec le bronze aigu au milieu de la presse. La bataille meurtrière se hérisse de longues piques, des piques tailleuses de chair qu'ils portent dans leurs mains. Les yeux sont éblouis des lueurs que jette le bronze des casques étincelants, des cuirasses fraîchement fourbies, des boucliers éclatants, tandis qu'ils s'avancent en masse. Il aurait un cœur intrépide, l'homme qui pourrait alors trouver plaisir, et non chagrin, à contempler telle besogne.

Avec des desseins différents, les deux puissants fils de Cronos préparent aux héros de cruelles douleurs. Zeus veut la victoire des Troyens et d'Hector, afin de glorifier Achille aux pieds rapides; non qu'il entende pour cela perdre l'armée achéenne devant les remparts d'Ilion : il souhaite seulement glorifier ensemble Thétis et son fils valeureux. Poseidon est venu, lui, stimuler les Argiens; il a, sans se faire voir, émergé de la blanche mer. L'idée lui fait horreur, qu'ils soient vaincus des Troyens; il en veut violemment à Zeus. Ils ont tous deux même origine et même parentage; mais Zeus est son aîné et en sait plus que lui. Poseidon évite donc de secourir ouvertement les Achéens; il va seulement, sans être reconnu, réveiller partout l'ardeur dans l'armée, sous les traits d'un mortel. Et les dieux sont ainsi là, à serrer sur les deux partis le nœud de la lutte brutale et du combat qui n'épargne personne, le nœud qu'on ne rompt ni dénoue, mais qui brise les genoux à des combattants par centaines!

Alors Idoménée a beau être un grison, tout en lançant ses ordres aux Danaens, il n'en charge pas moins lui-même les Troyens, et il fait parmi eux se lever la déroute. Il tue Othryonée qui est venu de Cabèse s'enfermer dans les murs de Troie. Il est arrivé, depuis peu, au bruit que faisait la guerre. Il venait demander une des filles de Priam, Cassandre, la première pour la beauté. Il n'apportait point de présents, mais en revanche il promettait un grand exploit : il chasserait les fils des Achéens de vive force loin de Troie. Le vieux Priam alors lui avait promis, garanti qu'il la lui donnerait. Il combattait donc, s'assurant en telle promesse. Mais Idoménée le vise déjà de sa javeline brillante. Et il touche le but, il atteint l'homme, qui fièrement s'avance. Sa cuirasse de bronze ne le protège pas de la javeline, qui se fiche en plein ventre. Il tombe avec fracas, et, triomphant, Idoménée s'écrie :

« Ah! Othryonée, je te félicite, comme je ne ferai aucun autre au monde, si tu penses vraiment tenir les promesses que tu as faites à Priam le Dardanide, qui, de son côté, t'a promis sa fille! Mais nous saurions, nous aussi, tenir pareilles promesses, et va, nous te donnerions une fille de l'Atride, la première pour la beauté, nous te l'amènerions, comme épouse, d'Argos, si tu t'alliais à nous pour détruire la bonne ville d'Ilion. Allons! suis-moi : nous allons sur nos nefs marines nous entendre pour la noce : nous ne regardons pas, je t'assure, aux présents. »

Cela dit, le héros Idoménée tire Othryonée par les pieds, à travers la mêlée brutale, quand Asios soudain vient à la rescousse, à pied, devant ses chevaux, qui sont là, à haleter sur ses épaules, et que son écuyer qui lui sert de cocher, ne cesse de tenir. Son cœur avidement souhaite atteindre Idoménée. Mais celui-ci le prévient et le frappe, de sa pique, à la gorge, sous le menton, en poussant le bronze à fond. L'homme croule, comme croule un chêne, ou un peuplier, ou un pin élancé, que des charpentiers, de leurs cognées frais affûtées, abattent dans la montagne, pour le transformer en quille de nef. Il est là, tout pareil, étendu sur le sol, devant ses chevaux et son char, geignant et agrippant la poussière sanglante. Et, comme son cocher, atterré, perdant le sens, n'ose même pas, pour les soustraire aux mains des ennemis, faire virer ses chevaux en arrière, le valeureux Antiloque l'agrafe de sa javeline en plein corps, droit au but. Sa cuirasse de bronze ne le protège pas de la javeline, qui se fiche en plein ventre. L'homme tombe, râlant, du char ouvragé, cependant qu'Antiloque, fils du magnanime Nestor, pousse les chevaux, des rangs des Troyens, vers les Achéens aux bonnes jambières.

Déiphobe alors, tout affligé pour Asios, s'approche d'Idoménée et lance sur lui sa pique brillante. Mais Idoménée voit venir le coup : il évite le trait de bronze. Il se cache sous son bouclier bien rond, dont l'orbe fait de peaux de bœuf et de bronze éblouissant est étayé de deux baguettes. Il se ramasse tout entier en dessous, et le trait de bronze passe dans son vol au-dessus de lui, tandis que l'écu salue d'un bruit sec la lance qui l'a frôlé. Ce n'est pas un vain trait cependant qu'a lâché Déiphobe de sa lourde main : il s'en va frapper Hypsénor, fils d'Hippase, pasteur d'hommes, sous le diaphragme, au foie, et, du coup, lui rompt les genoux. Et Déiphobe, insolemment, alors triomphe, à grande voix :

« A mon tour ! Asios n'est pas tombé sans être vengé, et je prétends que, même chez Hadès, le rude geôlier, chez qui il est parti, il se sentira joie au cœur du compagnon que je lui ai donné. »

Il dit, et la douleur saisit les Achéens à ce cri de triomphe. Le vaillant Antiloque, plus que tout autre, en a le cœur ému. Mais, en dépit de son chagrin, il n'a garde de négliger le souci de son compagnon : il court le protéger, le couvrir de son bouclier. Sous lui se glissent ensuite deux braves compagnons, Mécistée, fils d'Echios, et le divin Alastor. Ils l'emportent aux nefs creuses, tous deux poussant de lourds sanglots.

Mais Idoménée n'arrête pas là son puissant élan. Son envie est toujours d'envelopper quelque Troyen des ténèbres de la nuit ou de choir bruyamment lui-même, en éloignant le désastre des Achéens. Or, voici le fils d'Esyète, issu des dieux, le héros Alcathoos ; c'est le gendre d'Anchise, dont il a pris la fille aînée, Hippodamie, pour femme. Son père et sa digne mère la chérissaient plus qu'une autre, de tout leur cœur, en leur palais ; c'est qu'elle dépassait les filles de son âge en beauté, adresse et raison, et c'est aussi pourquoi un guerrier d'élite l'avait épousée dans la large Troie. Poseidon en ce jour le dompte sous Idoménée. Il jette un sortilège sur ses yeux brillants : il entrave ses membres éclatants : l'homme ne peut plus se retourner et fuir — et pas davantage esquiver les coups. Il reste planté là, immobile, telle une colonne, tel un arbre au haut feuillage. Le héros Idoménée le frappe, de sa pique, en pleine poitrine ; il lui fend la cotte de bronze, la cotte qui, jusqu'à ce jour, avait su de son corps écarter le trépas, et qui rend alors un bruit sec, sous la pointe qui la déchire. Il tombe avec fracas ; la lance est restée plantée dans le cœur, et celui-ci, en palpitant, fait vibrer le talon de l'arme, jusqu'au moment où le puissant Arès en relâche l'élan. Alors Idoménée insolemment triomphe, à grande voix :

« Eh! Déiphobe! nous pensons avoir fait ici bonne mesure : trois tués pour un! Voilà qui t'apprendra à te vanter trop haut. Pauvre fou! mais viens donc toi-même m'affronter, et tu verras quel fils de Zeus en ma personne est arrivé sur cette terre. Zeus a été d'abord le père de Minos, protecteur de la Crète. A son tour, Minos a engendré un enfant sans reproche, Deucalion. Deucalion enfin m'a donné le jour, pour commander à un grand peuple au milieu de la vaste Crète. Et mes nefs maintenant m'ont porté jusqu'ici pour être ton malheur, à toi, à ton père, à tous les Troyens. »

Il dit; et Déiphobe balance entre deux desseins : s'assurer un camarade parmi les Troyens magnanimes, et pour cela d'abord battre en retraite, ou tenter sa chance tout seul. A y songer, le parti le meilleur lui paraît d'aller trouver Enée. Il le trouve immobile, à l'arrière du gros. Enée en veut toujours au divin Priam, qui, malgré sa bravoure entre tous les guerriers, ne lui rend pas hommage. Déiphobe de lui s'approche et lui dit ces mots ailés :

« Enée, bon conseiller des Troyens, il te faut à tout prix secourir aujourd'hui ton beau-frère, si tel souci te point. Suis-moi, portons secours à Alcathoos, qui, comme ton beau-frère, t'a jadis élevé, tout petit dans le palais : Idoménée, l'illustre guerrier, l'a tué. »

Il dit et lui émeut le cœur dans la poitrine. Le voilà parti en quête d'Idoménée, ne songeant plus qu'au combat. Mais la terreur ne prend pas pour cela Idoménée comme un enfant choyé. Il les attend. Tel un sanglier, sur les monts, attend, sûr de sa vaillance, l'assaut tumultueux d'une troupe d'hommes, dans un lieu solitaire, en hérissant son dos; ses yeux ont des lueurs de flamme, et il aiguise ses défenses, brûlant de repousser les hommes et les chiens. Tel Idoménée, l'illustre guerrier, attend, sans rompre d'un pas, Enée venant à la rescousse. En même temps il lance un appel aux siens. Il voit Ascalaphe,

Apharée, Déipyre, — Mérion, Antiloque, maîtres de
bataille; il les stimule avec ces mots ailés :

« A moi! les amis : je suis seul, au secours! J'ai
terriblement peur, en face de l'attaque d'Enée aux pieds
rapides, qui marche sur moi et est fort entre tous pour
abattre les gens au combat. Il a la fleur de la jeunesse, et
c'est là la force suprême. Ah! si nous avions même âge —
avec ce cœur-là — on verrait vite qui de lui ou de moi
remporterait ici un grand triomphe. »

Il dit, et tous alors, avec un même cœur au fond de leur
poitrine, se placent près de lui, l'écu contre l'épaule. Enée,
de son côté, fait appel à ceux des siens qu'il voit,
Déiphobe, Pâris, le divin Agénor, comme lui chefs des
Troyens. Et leur troupe le suit, comme les brebis suivent
le bélier, quand elles s'en vont boire au retour du pacage
— et le berger se sent le cœur en joie. Ainsi Enée, en sa
poitrine, sent son âme toute réjouie à voir les siens en
troupe lui emboîter le pas.

Des deux côtés du corps d'Alcathoos, ils s'élancent au
corps à corps, leurs longues piques au poing. Et le bronze
terriblement résonne autour de leurs poitrines, cependant
qu'ils s'attaquent dans la mêlée. Deux hommes vaillants
entre tous, Enée, Idoménée, émules d'Arès, brûlent de
s'entailler mutuellement la chair d'un bronze implacable.
Enée, le premier, tire sur Idoménée. Mais l'autre voit
venir le coup : il évite la pique de bronze, et la javeline
d'Enée va se perdre frémissante, au sol : elle a jailli pour
rien de sa robuste main! Idoménée, lui, frappe Œnomaos
en plein ventre; le bronze déchire le plastron de la cuirasse
et va puiser dans les entrailles. L'homme choit dans la
poussière, agrippant le sol de ses mains. Idoménée arrache
du cadavre la longue javeline. Il ne peut faire davantage et
détacher les armes des épaules : les traits le pressent trop.
Ses jambes à se mouvoir n'ont plus même assurance, qu'il
s'agisse de bondir à la suite de son trait ou bien d'esquiver
un coup. Si, dans le corps à corps, il sait écarter le jour
implacable, pour fuir, en revanche, ses pieds ne le portent
plus assez vite hors du combat; et, tandis qu'il se retire
pas à pas, Déiphobe sur lui lance sa pique éclatante : il lui
garde une vieille et tenace rancune. Mais, cette fois encore,

il le manque, et sa pique va frapper Ascalaphe, le fils
d'Enyale; la robuste lance traverse l'épaule. L'homme
choit dans la poussière, agrippant le sol de ses mains. Mais
Arès le Fort à la clameur bruyante ignore toujours que son
fils est tombé dans la mêlée brutale. Au sommet de
l'Olympe, sous des nuages d'or, il est assis, tenu par le
vouloir de Zeus, aux lieux où tous les Immortels
demeurent, comme lui, écartés du combat.

Lors, des deux côtés du corps d'Ascalaphe, ils s'élancent
au corps à corps. Déiphobe à Ascalaphe ravit son casque
étincelant. Mais, Mérion, émule de l'ardent Arès, bondit
et le frappe au bras de sa javeline; et le bras laisse choir le
casque à cimier long, qui sonne bruyamment en tombant
sur le sol. Mérion de nouveau fond sur lui, comme un
vautour, et, du haut du bras, retire sa robuste lance; puis
il bat en retraite vers le groupe des siens. Politès, son frère,
prend Déiphobe à bras-le-corps et l'entraîne hors de la
mêlée sinistre, jusqu'à ses chevaux rapides, qui sont
demeurés en arrière de la lutte et de la bataille, ainsi que
leur cocher et le char scintillant. Ils l'emportent à la ville,
poussant de lourds sanglots, épuisé; le sang coule de son
bras fraîchement blessé.

Cependant les autres combattent; une huée, indomptable, s'élève. Enée alors s'élance et, de sa lance aiguë, il
frappe à la gorge Apharée, fils de Calétor, qui se trouve
tourné vers lui. La tête de l'homme s'incline; son
bouclier, son casque retombent sur son corps, et sur lui
s'épand la mort, destructrice de vies humaines. Antiloque,
en revanche, épie Thoon, qui vient de faire demi-tour; il
bondit et le blesse; il lui tranche net la veine qui va
courant le long du dos et remonte jusqu'au cou; il la
tranche net, et l'homme choit dans la poussière, sur le dos,
tendant les deux bras vers les siens. Antiloque s'élance et
lui enlève ses armes des épaules, avec un regard prudent
autour de lui. Les Troyens alors, qui d'un côté, qui de
l'autre, l'entourent; ils frappent son large écu aux mille
reflets, sans que le bronze impitoyable arrive à entailler,
derrière l'écu, la tendre chair d'Antiloque : Poseidon,
l'Ébranleur du sol, protège le fils de Nestor, même au
milieu d'un déluge de traits. C'est qu'Antiloque jamais

n'est bien loin des ennemis : il se meut au milieu d'eux, et sa pique ne demeure pas immobile; elle s'agite, elle tournoie sans trêve. Son cœur est toujours prêt à lancer un trait contre un adversaire, à bondir au corps à corps.

Et tandis qu'il tire à travers la presse, il n'échappe pas aux regards d'Adamas, le fils d'Asios, qui, d'un bond, s'approche et le frappe, de son bronze aigu, en plein bouclier. Mais Poseidon aux crins d'azur rend vain son coup de lance et lui refuse la vie de ce héros. Une moitié de l'arme demeure fichée, comme un pieu durci au feu, dans le bouclier d'Antiloque; l'autre moitié gît à terre, et l'homme se replie sur le groupe des siens, pour se dérober au trépas. Mais Mérion le suit et, tandis qu'il s'éloigne, il le frappe de sa javeline entre les bourses et le nombril, à l'endroit où Arès est le plus douloureux — de beaucoup — pour les misérables mortels; c'est là même qu'il plante sa pique. Et l'homme, accompagnant la pique qui le transperce, palpite, tel un bœuf que les bouviers, dans la montagne, ont lié avec des courroies et entraînent de vive force, en dépit de sa résistance; de même Adamas, sous le coup, un instant palpite; mais ce n'est pas long; le héros Mérion s'approche et retire le trait de sa chair : l'ombre aussitôt couvre ses yeux.

Hélénos frappe à bout portant Déipyre, à la tempe, de sa grande épée thrace, et lui fait sauter son casque. Celui-ci vole en l'air et va tomber à terre, où un des Achéens en train de combattre le ramasse, roulant, entre ses jambes. Pour lui, une nuit sombre enveloppe ses yeux.

Le chagrin prend alors l'Atride Ménélas au puissant cri de guerre. Il s'avance, menaçant le héros sire Hélénos et brandissant sa lance aiguë, cependant qu'Hélénos tire la poignée de son arc. Ainsi tous deux à la fois brûlent dè lancer leur trait, l'un sa pique aiguë, l'autre la flèche qui jaillit de la corde. Le fils de Priam, de sa flèche, atteint son adversaire en pleine poitrine, juste au plastron de sa cuirasse, d'où la flèche amère aussitôt rejaillit. Ainsi, de la large pelle à vanner, sur une aire immense, sautent fèves noires ou pois chiches, dociles au vent sonore et à l'élan donné par le vanneur; ainsi, de la cuirasse du glorieux Ménélas, la flèche amère rejaillit et se perd au loin. A son

tour, l'Atride Ménélas au puissant cri de guerre atteint la
main d'Hélénos, la main qui tient l'arc poli. La lance de
bronze, heurtant en plein l'arc, traverse la main; Hélénos
se replie sur le groupe des siens, pour se dérober au trépas.
Sa main pend, inerte, traînant la lance de frêne. Le
magnanime Agénor la lui retire de la main, puis lui
entoure celle-ci d'une tresse, en bonne laine de brebis,
enlevée à la fronde que, pour le pasteur d'hommes, porte
son écuyer.

Pisandre marche droit au glorieux Ménélas : un destin
cruel l'emporte vers la mort, qui tout achève : il doit,
Ménélas, être ta victime, dans l'atroce carnage! Ils
marchent l'un sur l'autre et entrent en contact. Le fils
d'Atrée manque son coup : sa lance dévie. Pisandre
atteint, en revanche, l'écu du glorieux Ménélas; mais il ne
peut réussir à pousser le bronze à travers : le large bouclier
l'arrête; sa lance se rompt dans la douille, alors que son
âme est en joie et déjà croit à la victoire. L'Atride tire
alors son épée à clous d'argent et bondit sur Pisandre.
Celui-ci, sous son bouclier, a déjà pris une belle hache de
bronze, qui coiffe un manche en olivier, long et poli. Ils
sont tous deux l'un sur l'autre en même temps. L'un
frappe le cimier du casque à crins de cheval, à son
extrémité, au-dessous de l'aigrette. Mais l'autre atteint son
assaillant au front, au-dessus de la racine du nez. Les os de
l'homme crient; ses yeux sanglants tombent à ses pieds,
sur le sol, dans la poussière; lui-même ploie et tombe.
Alors son adversaire lui met le pied sur la poitrine, puis le
dépouille de ses armes, et, triomphant, dit :

« Voilà comment vous quitterez les nefs des Danaens
aux prompts coursiers, Troyens insolents, qui n'êtes
jamais las de l'affreuse huée, pas plus que de l'affront, de
l'infamie, où vous n'excellez pas moins — témoin l'affront
que vous m'avez fait, à moi, chiens méchants, vous dont le
cœur n'a pas tremblé devant le lourd courroux de Zeus
Retentissant, Zeus protecteur des hôtes, par qui sera un
jour anéantie votre haute cité — vous qui avez, pauvres
sots! pris le large, en m'emmenant ma légitime épouse et
des trésors sans nombre, alors que vous aviez reçu accueil
chez elle! Et, aujourd'hui encore, votre seule envie, c'est

donc de jeter sur nos nefs marines le feu destructeur, de massacrer les héros achéens? Eh bien! au point voulu on vous arrêtera, quelle que soit votre ardeur guerrière. Zeus Père! on dit que, pour la sagesse, tu es fort au-dessus de tous, hommes ou dieux, et c'est par toi que tout ici s'achève. Quelle étrange complaisance réserves-tu donc alors aux hommes de démesure, à ces Troyens dont les envies ne sont que des folies et que jamais on ne voit las de la mêlée de guerre qui n'épargne personne. Il n'est rien dont on ne se lasse, de sommeil, d'amour, de doux chants, de danse impeccable. De tout cela pourtant qui ne souhaite se gaver beaucoup plus que de combats? Les Troyens, eux, ne sont jamais las de batailles. »

Il dit, et, au mort arrachant ses armes sanglantes, Ménélas sans reproche les remet aux siens; puis il s'en va de nouveau prendre place parmi les champions hors des lignes.

Alors sur lui s'élance le fils du roi Pylémène, Harpalion. Il a, pour guerroyer, suivi son père à Troie : jamais plus il ne reviendra aux rives de sa patrie. A bout portant, de sa lance, il touche en plein le bouclier de l'Atride; mais il n'arrive pas à pousser le bronze à travers, et, faisant volte-face, il se replie sur le groupe des siens, pour se dérober au trépas, en même temps qu'il jette un regard inquiet de tous les côtés, dans la crainte qu'un autre n'aille, d'un trait de bronze, atteindre sa chair. Mais, comme il se retire, Mérion lui décoche une flèche de bronze et le frappe à la fesse droite. Le trait s'ouvre un chemin tout droit, par la vessie, sous l'os, et l'homme s'affaisse sur place, dans les bras des siens, expirant. Il gît là, comme un ver, allongé sur le sol. Son sang noir coule et va trempant la terre. Autour de lui s'empressent les Paphlagoniens magnanimes; ils le déposent sur son char, ils l'emportent vers la sainte Ilion. Ils vont, affligés, et son père avec eux, qui verse des larmes : rien ne lui pourra payer son fils mort.

Pâris, à le voir tué, a le cœur en courroux. Harpalion était son hôte entre tant de Paphlagoniens. Irrité de sa perte, il lance son trait de bronze. Il est un certain Euchénor, fils du devin Polyidos, riche et brave, habitant de Corinthe, qui savait, en s'embarquant, quel triste

trépas l'attendait. Le brave et vieux Polyidos le lui avait
maintes fois déclaré : ou il mourrait dans sa demeure
d'une maladie douloureuse, ou il succomberait sous les
coups des Troyens, au milieu des nefs achéennes. Il
cherchait donc à échapper ensemble à la dure amende
achéenne et à l'odieuse maladie ; il voulait épargner la
souffrance à son cœur. Et c'est lui que Pâris touche, sous
la mâchoire et l'oreille. La vie s'enfuit aussitôt de ses
membres, et l'ombre horrible le saisit.

C'est ainsi qu'ils combattent, tout pareils au feu
flamboyant. Mais Hector cher à Zeus est mal informé : il
ne sait pas qu'à la gauche des nefs les Argiens lui
massacrent ses hommes. Bientôt même ce sera le
triomphe des Achéens ; tant le dieu maître de la terre et
ébranleur du sol stimule les Argiens et prête à leur défense
l'appui de sa force ! Hector continue à pousser à l'endroit
où il s'est d'emblée jeté sur la porte et le mur, en y
enfonçant les lignes compactes des guerriers danaens. Là
sont les nefs d'Ajax et de Protésilas, halées sur le bord de
la blanche mer. Le mur devant elles a été construit très
bas, et c'est là qu'hommes et chevaux sont le plus
mordants à la lutte.

Là, Béotiens, Ioniens aux tuniques traînantes, Locriens,
Phthiens, illustres Epéens ont grand-peine à contenir — et
parviennent encore bien moins à repousser — le divin
Hector, semblable à la flamme, lancé à l'assaut des nefs. Il
y a là une élite athénienne, et, d'abord, à sa tête, le fils de
Pétéôs, Ménesthée ; puis, derrière lui, Phidas et Stichios,
et le noble Bias. A la tête des Epéens sont Mégès, fils de
Phylée, Amphion, Drakios ; à la tête des Phthiens, Médon
et le valeureux Podarcès. L'un, Médon, est bâtard du
divin Oïlée et frère d'Ajax. Il réside à Phylaque, loin de sa
patrie, parce qu'il a tué un homme, un frère de sa
marâtre, Eriôpis, la femme d'Oïlée. L'autre est fils
d'Iphicle, le fils de Phylaque. Ils combattent en armes à la
tête des magnanimes Phthiens, pour la défense des nefs,
aux côtés des Béotiens. Pour Ajax, le rapide fils d'Oïlée,
jamais il ne s'éloigne, si peu que ce soit, d'Ajax, fils de
Télamon. On dirait deux bœufs, à la robe couleur de vin,
qui, dans la jachère, tirent d'un même cœur la charrue en

bois d'assemblage. A la racine de leurs cornes perle une
sueur abondante. Sauf le joug poli, rien ne les sépare,
quand ils foncent sur la ligne du sillon et qu'ainsi la
charrue atteint le bout du champ. Les Ajax sont là, de
même, rangés strictement de front. Mais le fils de
Télamon a derrière lui ses hommes, ses hommes nombreux et braves, qui lui prennent son bouclier, quand
fatigue et sueur gagnent ses genoux, tandis que les
Locriens ne suivent pas le magnanime fils d'Oïlée. Leur
cœur ne tient pas, quand il faut lutter de pied ferme. Ils
n'ont, eux, ni casques de bronze à crins de cheval, ni
boucliers ronds, ni lances de frêne. Ils ont suivi Ajax à
Ilion confiants dans leurs arcs et dans les tresses en laine
de brebis, avec lesquels, sous des milliers de traits, ils
tentent d'enfoncer les bataillons troyens. En ce moment
donc, tandis qu'à l'avant, couverts d'armures ouvragées,
les autres se battent contre les Troyens et Hector au
casque de bronze, eux, de l'arrière, tirent sans être vus. Et
les Troyens alors oublient leur ardeur guerrière, tant ces
traits jettent de trouble parmi eux!

C'est bien piteusement que les Troyens eussent alors
quitté les nefs et les baraques pour reprendre le chemin
d'Ilion battue des vents, si Polydamas, s'approchant, n'eût
dit à l'intrépide Hector :

« Hector, sur toi rien n'a prise, s'il s'agit de te faire
écouter un avis. Sous prétexte que le Ciel t'a plus qu'à
tous accordé l'œuvre de guerre, tu prétends aussi au
Conseil en savoir plus que les autres. Tu ne peux pas
cependant avoir, seul, pris tout pour toi. A l'un le Ciel
octroie l'œuvre de guerre, à tel autre la danse, à tel encore
la cithare et le chant; à tel enfin Zeus à la grande voix met
dans la poitrine un bon esprit, qui fait le profit, le salut de
beaucoup, et dont qui le possède, le premier, reconnaît le
prix. Eh bien! je dirai, moi, ce qui me semble être le
meilleur parti. Autour de toi, partout, flambe un cercle
guerrier. Des Troyens magnanimes qui tout à l'heure
s'étaient jetés sur le rempart, les uns se sont éloignés, tout
en armes, les autres se battent — peu contre beaucoup —
dispersés à travers les nefs. Crois-mòi, recule, et convoque
ici tous les preux. Nous pourrons ensuite examiner tous

les partis : devons-nous nous jeter sur les nefs bien garnies de rames, dans l'espoir que le Ciel daignera nous donner la victoire? ou les abandonnerons-nous, avant d'être mis à mal? Je crains, moi, que les Achéens ne nous fassent payer notre dette d'hier : près de leurs nefs un guerrier reste encore, insatiable de guerre, et qui, je crois, ne se refusera plus absolument à se battre. »

Ainsi parle Polydamas; ce parfait avis agrée à Hector. Aussitôt de son char, il saute à terre, en armes, et, prenant la parole, il dit ces mots ailés :

« Polydamas, charge-toi donc de retenir ici tous les héros. J'irai là-bas moi-même affronter la bataille; puis je reviendrai bien vite, aussitôt que je leur aurai donné les ordres qu'il faut. »

Il dit et s'élance. On dirait un mont neigeux. Il vole, en criant, à travers les Troyens et leurs alliés. Et tous de courir vers Polydamas, le courtois fils de Panthoos, sitôt qu'ils ont ouï la voix d'Hector. Celui-ci, cherchant Déiphobe et sire Hélénos le Fort, et Adamas, fils d'Asios, et Asios, fils d'Hyrtaque, va et vient en tout sens à travers les champions hors des lignes : où les trouver? Il les trouve, mais ils n'ont été épargnés ni du malheur ni de la mort. Les uns, devant les poupes des nefs achéennes, ont perdu la vie sous les coups des Argiens et sont gisants à terre. D'autres sont déjà rentrés dans leurs murs, touchés de loin ou bien frappés de près. Il n'a point de peine à trouver sur la gauche de la bataille lamentable le divin Alexandre, l'époux d'Hélène aux beaux cheveux, qui va rassurant les siens et les stimulant au combat. Hector de lui s'approche et lui dit ces mots infamants :

« Ah! Pâris de malheur! ah! le bellâtre, coureur de femmes et suborneur! Allons! dis-moi, où sont donc Déiphobe, et sire Hélénos le Fort, et Adamas, fils d'Asios, et Asios, fils d'Hyrtaque? Où est Othryonée? A l'heure où nous sommes, la haute Ilion tout entière a péri jusqu'en ses fondements. A l'heure où nous sommes, voici pour toi certaine la chute au gouffre de la mort. »

Alexandre pareil aux dieux répond :

« Hector, la passion te porte à accuser un innocent. Si jamais j'ai pu m'écarter du combat, c'est à d'autres

moments, ce n'est pas aujourd'hui. Ma mère, de moi, n'a
pas fait un lâche complet. Depuis que, près des nefs, tu as
éveillé le combat pour les nôtres, nous n'avons pas cessé
de nous tenir ici en contact obstiné avec les Danaens. Ils
ont été tués, ceux des nôtres sur lesquels tu m'interroges.
Seuls, Déiphobe et sire Hélénos le Fort sont vivants
encore ; ils se sont éloignés, tous deux, blessés au bras par
de longues javelines : le fils de Cronos les a protégés de la
mort. Donne-nous donc les ordres que te dictent ton âme
et ton cœur. Nous te suivrons, pleins d'ardeur, et je te
réponds que notre courage n'aura pas de défaillance, tant
que nos forces dureront. Au-delà de ses forces, il n'est
homme qui soit en état de se battre, quelque envie qu'il en
ait. »

Ainsi dit le héros ; le cœur de son frère se laisse
convaincre. Ils s'en vont là où est le plus fort du combat et
de la mêlée, autour de Cébrion, de Polydamas sans
reproche, — de Phalcès et d'Orthée, du divin Polyphète,
— de Palmys, d'Ascagne, de Morys, fils d'Hippotion, —
qui, pour combler les vides, sont venus à leur tour de
l'Ascanie fertile, la veille au matin. Zeus alors les pousse
au combat. Ils vont, pareils à la bourrasque, déchaînée par
les vents farouches, qui, au bruit du tonnerre de Zeus
Père, vient s'abattre sur la terre, pour aller ensuite, dans
un fracas prodigieux, se heurter au flot marin, dont les
vagues alors s'élèvent par milliers sur la mer bruissante,
leurs crêtes en volutes toutes blanches d'écume, les unes
devant, les autres derrière. Ainsi les Troyens, en rangs
serrés, l'un devant, l'autre derrière, marchent, suivant
leurs chefs, resplendissants de bronze. Hector est à leur
tête, Hector, fils de Priam, émule d'Arès, le fléau des
hommes. Il tient devant lui son bouclier bien rond, fait de
peaux serrées, sur lesquelles a été étendue une plaque de
bronze épais. Sur ses tempes s'agite son casque étincelant.
Il va tout le long des lignes, progressant pas à pas, pour les
tâter : ploieront-elles devant le héros qui s'avance, abrité
sous son bouclier ? Mais il ne trouble pas le cœur des
Achéens en leur poitrine, et Ajax, le premier, lui lance un
défi, marchant à larges enjambées :

« Grand fou ! viens donc plus près. Pourquoi cherches-

tu vainement à faire peur aux Argiens ? Nous ne sommes
pas novices au combat. Le fouet cruel de Zeus, seul, nous
a su dompter, nous, les Achéens. Ton cœur compte sans
doute détruire nos nefs; mais nous avons, comme les
autres, des bras tout prêts à les défendre, et c'est votre
bonne ville qui pourrait bien, la première, être prise et
ravagée par nos mains ! Pour toi, je t'en réponds, le
moment est proche où, fuyant, tu supplieras Zeus Père,
ainsi que tous les dieux, de rendre vos chevaux aux belles
crinières plus rapides que des milans, lorsque vers ta ville
ils t'emporteront, en soulevant la poudre de la plaine. »

A peine a-t-il dit qu'à sa droite un oiseau a pris son
essor : c'est un aigle, volant haut, et l'armée achéenne le
salue d'un cri, enhardie par le présage. Mais l'illustre
Hector répond :

« Ajax aux propos menteurs, grand vantard, quels mots
dis-tu là ? Je voudrais être à tout jamais fils de Zeus porte-
égide, enfant de l'auguste Héré, et être honoré à l'égal
d'Athéné ou d'Apollon, aussi vrai que ce jour est en train
d'apporter le malheur aux Argiens, à tous sans exception,
et que tu vas parmi eux être le premier à périr, si tu oses
seulement attendre ma longue pique, qui te va dévorer ta
fine chair. Après quoi, tu rassasieras les chiens et les
oiseaux de Troie, de ta graisse et de tes chairs, tombé près
des nefs achéennes. »

Ayant ainsi parlé, il montre le chemin, et les autres le
suivent au milieu d'une clameur prodigieuse; et l'armée à
son tour, par-derrière, crie. Les Argiens répondent par un
cri, et, loin d'oublier leur vaillance, attendent l'assaut des
héros troyens. Et la clameur des deux partis va montant
jusqu'à l'éther, jusqu'à la lumière de Zeus.

CHANT XIV

Nestor est en train de boire : il n'en perçoit pas moins les cris. Lors à l'Asclépiade il dit ces mots ailés :

« Surveille, divin Machaon, la façon dont iront les choses. Voici que, près des nefs, grandit l'appel de guerre de nos robustes gars. Pour l'instant, toutefois, reste assis là à boire le vin aux sombres feux, et attends qu'Hécamède aux belles tresses ait fait chauffer l'eau de ton bain, et ensuite lavé le sang de tes blessures. J'irai sur une guette, moi, pour vite savoir. »

Il dit et s'empare du bon bouclier de son propre fils, qu'a laissé dans la baraque, à terre, Thrasymède, dompteur de cavales, et dont le bronze étincelle. — Thrasymède a, lui, l'écu de son père. — Puis il prend une brave lance à la pointe de bronze aiguë. Mais à peine est-il hors de la baraque qu'il s'arrête. A ses yeux s'offre un spectacle honteux : des troupes ébranlées, d'autres, derrière, qui les bousculent; ce sont les Troyens magnanimes : le mur achéen a croulé! On voit parfois la vaste mer frémir d'une houle muette; elle presse le vif assaut des vents sonores, et, calmement, sans précipiter ses flots ni par ici ni par là, elle attend qu'une brise franche descende du ciel sur eux. De même, le vieillard, l'âme déchirée, flotte entre deux desseins : s'en ira-t-il vers le gros des Danaens aux prompts coursiers? ou vers le fils d'Atrée, Agamemnon, le pasteur d'hommes? A force d'y songer, le parti le meilleur lui paraît d'aller trouver le fils d'Atrée — cependant que

les autres s'entre-tuent au combat et qu'autour de leurs
corps le bronze inflexible crie au choc des épées et des
lances à deux pointes.

Nestor rencontre les rois issus de Zeus, les rois blessés
par le bronze, qui remontent des nefs, le fils de Tydée, et
Ulysse, et l'Atride Agamemnon. Leurs nefs sont très loin
du combat : elles ont été halées au bord même de la
blanche mer. Les premières nefs au contraire ont été
halées dans la plaine, et c'est contre leurs poupes que le
mur a été bâti. La grève en effet, si vaste soit-elle, n'a pu
laisser place à toutes les nefs, et les gens y étaient à l'étroit.
On les a donc halées par lignes successives, et elles ont
ainsi rempli la large bouche que forme là l'ensemble du
rivage enclos entre deux caps. Curieux de voir la bataille et
la huée, les rois sont donc partis ensemble, s'appuyant sur
leur pique, l'âme affligée en leur poitrine. Ils rencontrent
le vieux Nestor, et sa vue saisit le cœur des Achéens en
leur poitrine. Le roi Agamemnon prend la parole et dit :

« Nestor, fils de Nélée, grande gloire des Achéens,
pourquoi laisses-tu donc le combat meurtrier, pour t'en
venir ici ? Ah ! j'ai bien peur que le puissant Hector
n'achève la menace qu'il proclamait naguère au milieu des
Troyens, de ne pas quitter nos nefs, pour rentrer à Ilion,
avant d'avoir mis le feu à ces nefs et d'avoir massacré nos
gens. Voilà ce qu'il disait, et aujourd'hui tout s'accomplit !
Ah ! misère ! tous les Achéens aux bonnes jambières font
donc comme Achille : ils emplissent leurs cœurs de dépit
contre moi et se refusent à combattre devant les poupes
des nefs ! »

Le vieux meneur de chars, Nestor, lui répond :

« Les faits sont sous nos yeux, et Zeus qui gronde sur
les cimes n'y saurait rien changer lui-même. Il a croulé, le
mur dans lequel nous comptions avoir un inviolable abri
pour nos nefs comme pour nous-mêmes. Nos gens, près
des fines nefs, vont menant sans répit une lutte acharnée.
Quelque attention qu'on mette à observer, impossible de
distinguer dans les deux sens dans lequel des deux sens sont ébranlés les
Achéens au milieu de cette bagarre, tant le carnage est
confus et la huée monte haut vers le ciel. A nous de voir la
façon dont iront les choses. L'esprit peut trouver quelque

chose à faire ; mais je n'engage aucun de nous à plonger en pleine bataille : un blessé ne peut combattre. »

Agamemnon, protecteur de son peuple, à son tour réplique :

« Nestor, si l'on se bat près des poupes des nefs, si le mur élevé ne nous a pas servi, non plus que le fossé, eux pour lesquels ont tant pâti les Danaens et dans lesquels, au fond du cœur, ils comptaient avoir un inviolable abri pour leurs nefs comme pour eux-mêmes, c'est que tel est sans doute le bon plaisir de Zeus puissant : les Achéens doivent périr ignominieusement, ici, loin d'Argos ! Je ne m'y trompais pas, au temps qu'il accordait son plein secours aux Danaens : je ne m'y trompe pas davantage aujourd'hui. Il entend sans doute glorifier certains hommes à l'égal des dieux bienheureux, tandis qu'il enchaîne notre fougue et nos bras, à nous. Allons ! suivons tous l'avis que je donne. Tirons les nefs d'avant, celles qui ont été halées au bord du flot ; toutes, tirons-les à la mer divine ; puis faisons-les mouiller en eau profonde, sur les grappins, jusqu'au moment où viendra la nuit immortelle. Qui sait si à ce moment les Troyens ne vont pas renoncer à se battre, et si nous ne pourrons pas mettre à l'eau toutes nos nefs ? Nul ne saurait trouver mauvais que l'on cherche à fuir le malheur — même de nuit. Ne vaut-il donc pas mieux se dérober à lui — fût-ce par la fuite — que de devenir sa proie ? »

L'industrieux Ulysse sur lui lève un œil sombre et dit :

« Ah ! fils d'Atrée, quel mot s'est échappé de l'enclos de tes dents ? Maudit ! c'est à d'autres troupes, des troupes sans honneur, que tu aurais dû commander, au lieu d'être notre chef à nous, nous à qui Zeus a donné pour destin, de nos plus jeunes ans à notre vieillesse, de dévider le fil des guerres douloureuses, jusqu'à l'heure où chacun de nous doit périr. Quoi ! tu as donc envie d'abandonner la vaste cité des Troyens, alors que nous avons pour elle déjà subi tant de misères ! Ah ! tais-toi : crains qu'un autre Achéen n'entende ce langage. Non, il ne devrait pas passer les lèvres d'un homme dont l'âme sait celui qu'il faut tenir, d'un homme qui porte le sceptre et à qui obéissent autant de gens que tu en comptes ici parmi tes Argiens. Ah ! cette

fois, je te dénie complètement le sens, à t'entendre parler
ainsi, toi qui viens, à l'heure où s'engage le combat avec sa
huée, nous conseiller de mettre à l'eau les vaisseaux aux
bons gaillards. Tu veux donc que les Troyens, alors qu'ils
triomphent déjà, voient leurs vœux réalisés plus complètement encore, et que le gouffre de la mort soit notre lot
certain, à nous. Il est clair que les Achéens ne tiendront
plus au combat, si l'on met les nefs à l'eau : leurs regards
aussitôt se porteront ailleurs, et ils quitteront la bataille. Et
c'est à ton conseil qu'ils auront dû leur perte, commandeur de guerriers ! »

Agamemnon, protecteur de son peuple, répond :

« Ulysse, ta rude semonce me frappe, je le puis dire, en
plein cœur. Non, certes, s'ils y répugnent, ce n'est pas moi
qui donne aux fils des Achéens l'ordre de mettre à l'eau
les nefs aux bons gaillards. Mais alors qu'ici se montre —
jeune ou vieux — l'homme qui est capable d'ouvrir un
meilleur avis, et il sera pour moi le bienvenu. »

Diomède au puissant cri de guerre alors prend la
parole :

« Cet homme est devant vous : nous n'aurons pas à le
chercher longtemps, pourvu que vous daigniez seulement
m'écouter et qu'aucun de vous n'ait à mon égard envie ni
dépit, sous prétexte que, parmi vous, je suis le plus jeune
d'âge. Je me flatte, moi aussi, d'être né d'un brave, de
Tydée, qu'à Thèbes recouvre la terre épandue sur sa
tombe. De Porthée naquirent trois fils sans reproche :
Agrios et Mélas, qui habitaient à Pleuron et dans la haute
Calydon, et, en troisième, Œnée, le bon meneur de chars,
le père de mon père et, pour la valeur, le premier des
trois. Mais cependant qu'Œnée demeurait là, mon père,
lui, s'en fut, au bout de ses erreurs, se fixer à Argos. Ainsi
sans doute en avaient décidé Zeus et les autres dieux. A
Argos il prit pour femme une des filles d'Adraste, et il
vivait dans une demeure opulente. Il avait là force terres à
blé, sans compter des arbres fruitiers en innombrables
rangées, et d'innombrables moutons. Il excellait aussi
parmi les Achéens au lancer de la javeline. Tout cela —
vous devez l'avoir entendu dire — n'est que pure vérité.
Vous ne pourrez donc arguer d'une origine vile et lâche,

pour dédaigner l'avis émis par moi, qui est un bon avis. Partons pour le combat, tout blessés que nous sommes : il le faut. Mais, une fois là, tenons-nous loin du carnage, à l'abri des traits : n'allons pas ramasser blessure après blessure. Contentons-nous de stimuler et de pousser les autres — ceux qui jusqu'à ce jour, pour satisfaire leur colère, restaient à l'écart, sans se battre. »

Il dit, et tous, avec entrain, d'entendre et d'obéir. Ils partent donc et, à leur tête, est le protecteur de son peuple, Agamemnon.

Mais l'illustre Ébranleur du sol ne monte pas non plus la garde en aveugle. Il vient à eux, sous les traits d'un vieil homme, il saisit la main droite d'Agamemnon, le fils d'Atrée, et, prenant la parole, il lui dit ces mots ailés :

« Atride, en ce moment sans doute le cœur détestable d'Achille est plein de joie en sa poitrine, à contempler le massacre, la déroute des Achéens : il n'a pas le moindre sens. Qu'il périsse donc et que le Ciel l'anéantisse! Mais les dieux bienheureux sont loin de t'en vouloir, à toi, et un moment viendra, je crois, où guides et chefs des Troyens soulèveront la poudre de la vaste plaine et où c'est toi, à ton tour, qui les verras fuir vers leur ville, loin des nefs et des baraques. »

Il dit, et pousse un grand cri, en s'élançant dans la plaine. Comme crient au combat neuf ou dix mille hommes engagés dans la lutte guerrière, ainsi, d'une voix pareille, jaillie du fond de sa poitrine, crie le roi Ébranleur du sol; et il met au cœur de chaque Achéen une force infinie pour batailler et guerroyer sans trêve.

Héré au trône d'or brusquement l'aperçoit des hauteurs de l'Olympe où elle s'est postée sur une cime. Aussitôt elle reconnaît son frère et beau-frère, qui se démène à travers la bataille où l'homme acquiert la gloire, et elle en a la joie au cœur. Mais elle voit Zeus aussi. Zeus est assis sur un des plus hauts pics de l'Ida aux sources sans nombre, et Zeus effraie son cœur. La puissante Héré aux grands yeux hésite : comment tromper l'esprit de Zeus qui tient l'égide? A la fin, ce parti lui paraît le meilleur en son âme : se rendre sur l'Ida, après s'être parée. Zeus éprouvera peut-être le désir de dormir amoureusement étendu contre son corps, et sur lui alors elle répandra un sommeil tiède et bienfaisant, qui couvrira ses yeux et son âme prudente. Elle s'en va donc à la chambre que lui a bâtie son fils Héphæstos. Il a aux montants de la porte adapté de solides vantaux, munis d'un verrou à secret : nul autre dieu ne l'ouvre. Aussitôt arrivée, elle ferme les vantaux éclatants. Avec de l'ambroisie elle efface d'abord de son corps désirable toutes les souillures. Elle l'oint ensuite avec une huile grasse, divine et suave, dont le parfum est fait pour elle ; quand elle l'agite dans le palais de Zeus au seuil de bronze, la senteur en emplit la terre comme le ciel. Elle en oint son beau corps, puis peigne ses cheveux de ses propres mains et les tresse en nattes luisantes, qui pendent, belles et divines, du haut de son front éternel. Après quoi elle vêt une robe divine qu'Athéné a ouvrée et lustrée pour elle, en y ajoutant nombre d'ornements. Avec des attaches d'or, elle l'agrafe sur sa gorge. Elle se ceint d'une ceinture qui se pare de cent franges. Aux lobes percés de ses deux oreilles elle enfonce des boucles, à trois chatons, à l'aspect granuleux, où éclate un charme infini. Sa tête enfin, la toute divine la couvre d'un voile tout beau, tout neuf, blanc comme un soleil. A ses pieds luisants elle attache de belles sandales. Enfin, quand elle a ainsi autour de son corps disposé toute sa parure, elle sort de sa chambre, elle appelle Aphrodite à l'écart des dieux et elle lui dit :

« Voudrais-tu m'en croire, enfant, et faire ce que je te dirai ? Ou t'y refuseras-tu, parce que tu m'en veux, dans le fond de ton cœur, de soutenir les Danaens, quand toi, tu soutiens les Troyens ? »

Et la fille de Zeus, Aphrodite, répond :

« Héré, déesse auguste, fille du grand Cronos, dis-moi ce que tu as en tête. Mon cœur me pousse à faire ce que tu me demandes, si c'est chose que je puisse faire et qui se soit faite déjà. »

L'auguste Héré alors, perfidement lui dit :

« Eh bien ! donne-moi donc la tendresse, le désir, par lesquels tu domptes à la fois tous les dieux immortels et tous les mortels. Je m'en vais, aux confins de la terre féconde, visiter Océan, le père des dieux, et Téthys, leur mère. Ce sont eux qui, dans leur demeure, m'ont nourrie et élevée, du jour où ils m'avaient reçue des mains de Rhéa, dans les temps où Zeus à la grande voix avait mis Cronos sous la terre et sous la mer infinie. Je vais les visiter et mettre fin à leurs querelles obstinées. Voilà longtemps qu'ils se privent l'un l'autre de lit et d'amour, tant la colère a envahi leurs âmes. Si, par des mots qui les flattent, j'arrive à convaincre leurs cœurs et si je les ramène au lit où ils s'uniront d'amour, par eux, à tout jamais, mon nom sera chéri et vénéré. »

Et Aphrodite qui aime les sourires, à son tour, lui dit :

« Il est pour moi tout ensemble impossible et malséant de te refuser ce que tu demandes : tu es celle qui repose dans les bras de Zeus, dieu suprême. »

Elle dit, et de son sein elle détache alors le ruban brodé, aux dessins variés, où résident tous les charmes. Là sont tendresse, désir, entretien amoureux aux propos séducteurs qui trompent le cœur des plus sages. Elle le met aux mains d'Héré et lui dit, en l'appelant de tous ses noms :

« Tiens ! mets-moi ce ruban dans le pli de ta robe. Tout figure dans ses dessins variés. Je te le dis : tu ne reviendras pas sans avoir achevé ce dont tu as telle envie dans le cœur. »

Elle dit et fait sourire l'auguste Héré aux grands yeux, et, souriante, Héré met le ruban dans le pli de sa robe.

Puis la fille de Zeus, Aphrodite, rentre en sa demeure, tandis qu'Héré, d'un bond, quitte la cime de l'Olympe. Elle se pose en Piérie et dans l'aimable Emathie, pour s'élancer ensuite vers les chaînes neigeuses des Thraces cavaliers, aux cimes hautes entre toutes. Ses pieds ne touchent pas le sol. De l'Athos elle va vers la mer houleuse et arrive enfin à Lemnos, la cité du divin Thoas. Elle y trouve Sommeil, frère de Trépas. Elle lui prend la main ; elle lui parle, en l'appelant de tous ses noms :

« Sommeil, roi de tous les dieux, roi de tous les hommes, tu as déjà prêté l'oreille à ma voix : cette fois encore, entends-moi, et je t'en saurai gré chaque jour à venir. Je t'en supplie, endors sous ses sourcils les yeux brillants de Zeus, dès que je serai étendue amoureusement dans ses bras. Je te donnerai en échange un présent, un

beau siège, indestructible, en or. C'est mon fils, Héphæstos le Boiteux, qui le fabriquera et l'ouvrera lui-même.
Au-dessous il mettra un appui pour tes pieds, et tu y
pourras poser tes pieds luisants pendant les festins. »

Le doux Sommeil en réponse lui dit :

« Héré, déesse auguste, fille du grand Cronos, s'il
s'agissait d'un autre des dieux éternels, je l'endormirais
aisément, fût-ce même le cours du fleuve Océan, père de
tous les êtres. Mais Zeus, fils de Cronos, je ne le puis ni
approcher ni endormir, s'il ne me l'ordonne lui-même.
Une fois déjà obéir à ton ordre m'a servi de leçon : c'était
le jour où cet arrogant fils de Zeus faisait voile loin d'Ilion,
ayant détruit la cité des Troyens. J'endormis l'esprit de
Zeus porte-égide ; j'épandis ma douceur sur lui, et,
pendant ce temps, ton cœur médita de mauvais desseins :
tu fis se lever sur la mer les souffles des vents méchants et
tu emportas ce fils de Zeus vers la bonne ville de Cos, loin
de tous les siens. Et Zeus, s'éveillant soudain, s'indignait :
il malmenait les dieux dans son palais, et, avant tout autre,
c'était moi qu'il cherchait. Il m'eût alors jeté du haut de
l'éther et fait disparaître au fond de la mer, si Nuit ne
m'eût sauvé, Nuit qui dompte les dieux aussi bien que les
hommes. Dans ma fuite, j'avais été vers elle, et Zeus
s'arrêta, malgré son courroux, craignant de déplaire à la
Nuit rapide. Et voici que de nouveau tu me demandes un
service qui me doit perdre sans recours. »

Et l'auguste Héré aux grands yeux répond :

« Sommeil, pourquoi te faire tels soucis en ton cœur ?
T'imagines-tu donc que Zeus à la grande voix veuille
secourir les Troyens avec la même ardeur qu'il s'indigna
alors pour son fils Héraclès ? Va, je te donnerai, moi, en
mariage, une des jeunes Grâces, et elle portera le nom de
ton épouse. »

Elle dit, et Sommeil a grand-joie et lui dit en réponse :

« Eh bien ! jure-moi donc par l'eau inviolable du Styx,
en touchant d'une main le sol nourricier et, de l'autre, la
mer étincelante — afin que les dieux d'en bas entourant
Cronos nous servent de témoins — jure de me donner une
des jeunes Grâces, Pasithée, qu'aussi bien je désire, et
depuis toujours. »

Il dit, et Héré, la déesse aux bras blancs, n'a garde de
dire non. Elle jure dans les termes qu'il lui dicte, en
invoquant le nom de tous ces dieux qui sont sous le
Tartare, que l'on appelle les Titans. Puis, quand elle a
prêté, achevé le serment, ils s'en vont tous les deux. Ils
laissent là les villes de Lemnos et d'Imbros. Vêtus d'une
vapeur, ils sont rapides à achever leur route. Ils atteignent
ainsi l'Ida aux mille sources, cette mère des fauves, à
Lectos, où d'abord ils quittent la mer. Les voilà qui font
route par terre maintenant, et la cime des bois s'émeut
sous leurs pieds. A ce moment, Sommeil fait halte, avant
d'être aperçu par les yeux de Zeus. Il monte sur un pin
géant, le plus haut qui jamais ait poussé sur l'Ida et qui, à
travers l'air, va jusqu'à l'éther. Il se poste là derrière un
rideau de branches de pin, tout pareil à l'oiseau sonore que
les dieux, sur les monts, appellent *chalcis*, tandis que les
hommes le nomment *cyminde*.

Héré a cependant vite atteint le Gargare, sommet du
haut Ida. L'assembleur de nuées, Zeus, l'aperçoit, et à
peine l'a-t-il aperçue que l'amour enveloppe son âme
prudente, un amour tout pareil à celui du temps où, entrés
dans le même lit, ils s'étaient unis d'amour, à l'insu de
leurs parents. Devant elle, il se lève, lui parle, en
l'appelant de tous ses noms !

« Héré, dans quelle pensée viens-tu donc ainsi du haut
de l'Olympe ! Tu es là sans chevaux, sans char où
monter. »

L'auguste Héré alors, perfidement, répond :

« Je m'en vais aux confins de la terre féconde visiter
Océan, le père des dieux, et Téthys, leur mère. Ce sont
eux qui m'ont nourrie, élevée dans leur demeure. Je vais
les visiter et mettre un terme à leurs querelles obstinées.
Voilà longtemps qu'ils se privent l'un l'autre de lit et
d'amour, tant la colère a envahi leurs âmes. Mes coursiers
sont arrêtés au pied de l'Ida riche en sources, prêts à me
porter sur la terre et l'onde. Si à cette heure, je descends
de l'Olympe ici, comme je le fais, c'est à cause de toi, dans
la crainte que plus tard tu ne te fâches contre moi, si
j'étais, sans te rien dire, partie pour le palais d'Océan aux
flots profonds. »

L'assembleur de nuées, Zeus, en réponse dit :

« Héré, il sera temps plus tard de partir là-bas. Va!
couchons-nous et goûtons le plaisir d'amour. Jamais
encore pareil désir d'une déesse ni d'une femme n'a à tel
point inondé et dompté mon cœur en ma poitrine — non,
pas même quand je m'épris de l'épouse d'Ixion, la mère
de Pirithoos, pour le conseil égal aux dieux — ni de
Danaé, aux fines chevilles, la fille d'Acrisios, la mère de
Persée glorieux entre tous héros ; — ni de la fille de
l'illustre Phénix, qui me donna pour fils Minos et
Rhadamanthe égal aux dieux ; — ni de Sémélé ni
d'Alcmène, à Thèbes : Alcmène, qui enfanta Héraclès aux
puissants desseins ; Sémélé, qui donna le jour à Dionysos,
joie des mortels ; — ni de Déméter la reine aux belles
tresses ; — ni de la glorieuse Létô ; ni de toi-même ; —
non, jamais autant que je t'aime à cette heure et que me
tient le doux désir. »

L'auguste Héré alors, perfidement, lui dit :

« Terrible Cronide, quels mots as-tu dits là ? Ton envie
est donc vraiment à cette heure de goûter l'amour dans
mes bras sur les cimes de l'Ida et que tout se passe au
grand jour ? Mais qu'arriverait-il, si un dieu éternel, nous
apercevant endormis, s'en allait en courant conter l'histoire à tous les autres dieux ? Je n'oserais plus rentrer dans
ta demeure, au lever de ce lit ; on trouverait la chose trop
mauvaise. Non, si c'est là ce que tu veux et ce qui plaît à
ton cœur, n'as-tu pas la chambre que t'a faite ton fils
Héphæstos et dont il a garni les montants de la porte de
solides vantaux ? Allons-nous-en coucher là, puisque c'est
le lit qui t'attire. »

L'assembleur de nuées, Zeus, en réplique dit :

« Héré, ne crains pas qu'homme ni dieu te voie, au
milieu de la nuée d'or dont je te veux envelopper. Le
Soleil lui-même ne nous verra pas à travers, lui dont les
rayons sont les plus perçants. »

Il dit, et le fils de Cronos prend sa femme en ses bras.
Et, sous eux, la terre divine fait naître un tendre gazon,
lotos frais, safran et jacinthe, tapis serré et doux, dont
l'épaisseur les protège du sol. C'est sur lui qu'ils

s'étendent, enveloppés d'un beau nuage d'or, d'où perle une rosée brillante.

C'est ainsi que, tranquille, le Père des dieux dort au sommet du Gargare, dompté par le sommeil ainsi que par l'amour, son épouse entre les bras. Lors le doux Sommeil se met à courir vers les nefs achéennes, pour porter la nouvelle au Maître de la terre, à l'Ébranleur du sol. Il s'approche et lui dit ces mots ailés :

« Maintenant, Poséidon, prête franchement ton aide aux Danaens ; donne-leur la gloire, ne fût-ce qu'un instant, tandis que Zeus sommeille encore. Je l'ai enveloppé d'une douce torpeur, et Héré, pour le jouer, lui a fait goûter l'amour dans ses bras. »

Il dit et s'en va vers la race illustre des hommes ; mais il fait croître encore le désir de Poséidon de secourir les Danaens. Le dieu aussitôt bondit jusqu'au front et commande :

« Argiens ! allons-nous donc cette fois encore abandonner la victoire à Hector le Priamide, pour qu'il prenne nos nefs et conquière la gloire ? S'il parle et se vante ainsi qu'il l'a fait, c'est tout simplement parce qu'Achille reste, le cœur en courroux, près de ses nefs creuses. Mais, même d'Achille, nous n'aurons pas grand regret, si les autres, si nous-mêmes, nous nous exhortons à nous prêter mutuel secours. Allons ! suivons tous l'avis que je donne. Couvrez-vous des boucliers qui sont les meilleurs, les plus grands, dans toute l'armée ; cachez vos fronts sous des casques flamboyants ; prenez en main les plus longues javelines ; puis marchons. J'irai à votre tête, et je vous garantis qu'Hector, fils de Priam, ne nous tiendra plus tête, quelle que soit son ardeur. Mais que le guerrier valeureux, s'il porte à l'épaule écu trop petit, le donne à un moins brave, pour se glisser sous un plus grand. »

Il dit, et tous avec entrain d'entendre et d'obéir. Les rois eux-mêmes s'occupent à les ranger, en dépit de leurs blessures, le fils de Tydée, et Ulysse, et l'Atride Agamemnon. Ils vont à tous tour à tour, pour faire l'échange des armes guerrières. Le bon soldat se glisse sous une bonne armure et en donne une moins bonne à un moins bon. Puis, quand ils ont tous vêtu leurs corps du bronze éblouissant, ils se mettent en route. A leur tête marche Poseidon, Ébranleur du sol. Dans sa forte main, il tient une longue épée, terrible, pareille à l'éclair. Nul n'a droit de l'approcher au cours de la mêlée cruelle; l'épouvante retient les guerriers loin d'elle.

L'illustre Hector, de son côté, range les Troyens. Et c'est alors le plus féroce de tous les conflits guerriers dont Poseidon aux crins d'azur et l'illustre Hector serrent le nœud sur tous, en secourant, celui-ci les Troyens, l'autre les Argiens. Et la mer déborde vers les baraques et les nefs argiennes, tandis qu'ils se rencontrent au milieu d'une immense huée. Ni le flot de la mer ne crie aussi fort en heurtant la terre, quand, de tous côtés, il se lève au souffle du cruel Borée, ni le feu bruyant qui flamboie dans les gorges de la montagne, quand il s'est mis à embraser une forêt; ni le vent qui se fait entendre autour des hauts chênes feuillus et qui, dans ses jours de colère, a des mugissements à nul autre pareils — tant la voix est puissante des Troyens et des Achéens, lorsque avec des cris effroyables ils se ruent les uns sur les autres.

L'illustre Hector, le premier lance sa pique contre Ajax, qui vient de se tourner vers lui, et, sans faute, il le frappe là où, sur sa poitrine, deux baudriers sont tendus soutenant l'un son bouclier, et l'autre sa courte épée à clous d'argent. Ce sont eux qui alors protègent sa peau délicate, et Hector s'irrite de voir que son trait rapide est parti pour rien de sa main. Il se replie vers le groupe des siens, pour se dérober au trépas. Mais, comme il se retire, le grand Ajax, le fils de Télamon, le frappe d'une pierre. Il y en a là bon nombre, servant de cales aux fines nefs, qui vont roulant sous les pieds des combattants. Ajax alors prend l'une d'elles et, par-dessus la rampe de son char, en frappe Hector à la poitrine, près de la gorge, l'envoyant ainsi rouler comme une toupie; et l'autre de courir, tournoyant, au hasard. On voit de même, sous le trait que lance Zeus Père, crouler un chêne, racines arrachées, tandis que se dégage une odeur affreuse de soufre et que quiconque voit tel spectacle de près en perd soudain tout courage — tant apparaît méchante la foudre du grand Zeus. Tout de même, la fougue d'Hector vite s'abat dans la poussière. Sa lance échappe de sa main; son bouclier, son casque retombent sur son corps, et, tout autour de lui, sonnent ses armes de bronze scintillant. Les fils des Achéens, à grands cris, fondent alors sur lui, espérant le tirer à eux et lançant force javelines. Aucun pourtant n'arrive à blesser ni à toucher le pasteur d'hommes : des héros l'entourent et le gardent, Polydamas, Énée, le divin Agénor, ainsi que Sarpédon, le chef des Lyciens, et Glaucos sans reproche; et nul, parmi les autres, qui ne s'inquiète aussi pour lui, et, devant son corps, ne dresse son bouclier rond. Alors ses camarades, le levant dans leurs bras, l'emportent hors de l'action, jusqu'à ce qu'il arrive à ses coursiers rapides, demeurés en arrière de la lutte et de la bataille, à côté de leur cocher et de leur char scintillant. Ils l'emportent vers la ville; il pousse, lui, de lourds sanglots.

Mais quand ils ont atteint le gué du beau fleuve, du Xanthe tourbillonnant, dont le père est Zeus immortel, ils le descendent de son char, le déposent à terre, lui jettent de l'eau. Il reprend haleine, rouvre les yeux, et se met à genoux, pour cracher du sang noir; après quoi, il retombe sur le sol, en arrière, et la nuit noire enveloppe ses yeux : le trait dompte toujours son cœur.

Les Argiens ont vu s'éloigner Hector. Avec une ardeur nouvelle, ils fondent sur les Troyens et ne songent plus qu'au combat. Alors, le premier de tous, le fils d'Oïlée, Ajax le Rapide, s'élançant, sa pique aiguë au poing, blesse Satnios, fils d'Énops, qu'une Naïade sans reproche a enfanté à Énops, alors qu'il gardait ses bêtes sur les rives du Satnioïs. Le fils d'Oïlée, illustre guerrier, s'approche et le frappe au flanc. L'homme tombe à la renverse et, autour de lui, Troyens et Danaens engagent alors la mêlée brutale. Devant lui, pour sa défense, vient, brandissant sa lance, Polydamas, fils de Panthoos. Il blesse à l'épaule droite Prothoénôr, fils d'Aréilyque; de sa forte lance il lui traverse l'épaule; et l'homme choit dans la poussière, agrippant le sol de ses mains. Polydamas, horriblement, triomphe alors à grande voix :

« Une fois de plus, je crois bien que ce n'est pas un vain trait qui s'est échappé de la main robuste du magnanime

Panthoïde : un Argien l'emporte dans sa chair, et c'est, je pense, en s'appuyant sur lui, qu'il va descendre chez Hadès. »

Il dit, et la douleur saisit les Argiens à ce cri de triomphe. Le brave Ajax, le fils de Télamon, plus que tout autre, en a le cœur ému : car Prothoénôr a chu tout près de lui. Comme l'autre s'éloigne, vite il lance sur lui sa pique brillante. Mais Polydamas évite, pour lui-même, le noir trépas : il fait un bond de côté, et c'est Archéloque, fils d'Anténor, qui reçoit le coup : les dieux ont décidé sa perte ! Le trait l'atteint là où se joignent tête et cou, à la dernière vertèbre, et lui tranche les deux tendons. Il tombe, et sa tête, sa bouche, son nez sont à terre, longtemps avant ses jambes et ses genoux. Et Ajax crie à son tour à Polydamas sans reproche :

« Réfléchis, Polydamas, et dis-moi la vérité : la vie de cet homme ne vaut-elle pas celle de Prothoénôr ? Il ne me semble ni vilain ni fils de vilains. C'est le frère sans doute d'Anténor, dompteur de cavales ? ou son fils ? Il a au plus haut point les traits de la famille. »

Il sait ce qu'il dit, et la douleur saisit l'âme des Troyens. Aussitôt Acamas blesse de sa lance Promaque le Béotien, en se portant au secours de son frère, que l'autre cherche à tirer par les pieds. Et Acamas, horriblement, alors triomphe à grande voix :

« Argiens criards, insatiables de vanteries, la peine et la misère ne seront pas pour nous seuls. Vous connaîtrez pareille mort à votre tour. Voyez donc votre Promaque dormir, dompté par ma lance. Je n'ai pas voulu que la dette de mon frère restât longtemps impayée. C'est justement pourquoi un homme est fier de laisser dans sa maison un frère, qui la préserve du malheur. »

Il dit, et la douleur saisit les Argiens à ce cri de triomphe. Et le brave Pénéléôs, plus que tout autre, en a le cœur ému. Il s'élance sur Acamas. Mais Acamas se dérobe à l'attaque de sire Pénéléôs, et celui-ci s'en va blesser Ilionée, fils de Phorbas aux troupeaux innombrables, qu'Hermès chérissait entre tous les Troyens et à qui il avait octroyé l'opulence. Ilionée était le fils unique qu'avait conçu sa mère aux bras de cet époux. Pénéléôs le frappe au-dessous du sourcil, aux racines de l'œil, et lui enlève la prunelle : la lance pousse à travers l'œil et la nuque. Il s'affaisse, les deux bras étendus. Pénéléôs alors tire son glaive aigu, frappe en plein cou et fait choir sur le sol la tête avec le casque — la forte lance toujours fixée dans l'œil. Il lève en l'air cette tête, comme une tête de pavot, et adresse aux Troyens ces mots triomphants :

« Allez donc de ma part, allez, Troyens, dire au père, à la mère du noble Ilionée de gémir en leur palais. Aussi bien la femme de Promaque, fils d'Alégénor, n'aura-t-elle pas davantage la joie de voir son mari de retour, le jour où nos nefs nous ramèneront de Troie, nous, les gars d'Achaïe. »

Il dit, et un frisson prend les membres de tous, et chacun, inquiet, cherche des yeux où fuir, pour éviter les gouffres de la mort.

Et maintenant, dites-moi, Muses, habitantes de l'Olympe, quel est parmi les Achéens le premier qui relève des dépouilles sanglantes, du moment où l'illustre Ébranleur de la terre a fait pencher la lutte en leur faveur. Le premier, Ajax, fils de Télamon, blesse Hyrtios, le Gyrtiade, chef des Mysiens au cœur brutal. Antiloque tue Phalcès et Mermère. Mérion abat Morys et Hippotion. Teucros dompte Prothoon et Piriphète. L'Atride frappe au flanc Hypérénor, le pasteur d'hommes; le bronze, en les déchirant, va puiser au fond des entrailles; son âme promptement s'envole par la plaie ouverte, et l'ombre couvre ses yeux. Beaucoup sont la proie d'Ajax, le rapide fils d'Oïlée, qui n'a pas son pareil pour suivre quelqu'un à la course, quand les hommes sont pris de panique et que Zeus parmi eux a fait se lever la déroute.

CHANT XV

Lorsqu'ils ont franchi, en pleine déroute, la palissade et le fossé, et qu'ils sont tombés par centaines sous les coups des Danaens, ils s'arrêtent près des chars et demeurent là, blêmes d'effroi et saisis de panique. A ce moment, sur les cimes de l'Ida, Zeus s'éveille aux côtés d'Héré au trône d'or. D'un bond, il est sur pied. Il voit Troyens et Achéens, les uns ébranlés, les autres les bousculant par-derrière. Ce sont les Argiens, et au milieu d'eux, sire Poséidon! Dans la plaine, il voit Hector étendu; autour de lui sont arrêtés les siens; pour lui, il est la proie d'une suffocation atroce, il a perdu connaissance, il crache le sang : il n'a pas été touché par le dernier des Achéens! A le voir, le Père des dieux et des hommes a pitié. Terrible, sur Héré il lève un œil sombre et dit :

« Ah! voilà bien de tes ruses méchantes, intraitable Héré! Ce sont elles qui ont mis le divin Hector hors de combat et ses hommes en déroute. Je me demande si tu ne vas pas être la première, en retour, à recueillir le fruit de ta fourbe cruelle et si je ne vais pas te rouer de coups. As-tu donc oublié le jour où tu étais suspendue dans les airs? J'avais à tes pieds accroché deux enclumes et jeté autour de tes mains une chaîne d'or, infrangible; et tu étais là, suspendue, en plein éther, en pleins nuages. Les autres dieux avaient beau gronder dans le haut Olympe : ils étaient incapables de t'approcher et de te délivrer. Celui que j'y prenais, je le saisissais et le jetais du seuil, afin qu'il n'arrivât au sol que mal en point. Et, même ainsi, mon cœur ne se délivrait pas du tenace chagrin que lui donnait le divin Héraclès, Héraclès que tu avais, persuadant les bourrasques et aidée du vent Borée, mené sur la mer infinie, selon tes méchants desseins, puis entraîné vers la bonne ville de Cos. Je le tirai de là, moi, et le ramenai à Argos, nourricière de cavales, en dépit de mille épreuves. Tout cela, je veux te le rappeler, car j'entends que tu cesses enfin de me jouer. Tu vas voir s'ils t'auront servi, ce lit, cet amour qui t'ont fait quitter les dieux, pour te mettre dans mes bras et pour me jouer. »

Il dit, et l'auguste Héré aux grands yeux s'effraie et, prenant la parole, lui dit ces mots ailés :

« Non, et qu'ici m'en soient témoins et la Terre et le vaste Ciel sur nos têtes, et les ondes du Styx dans leur chute aux enfers — le plus grand, le plus terrible des serments pour tous les dieux bienheureux — et ton front sacré, et le lit de notre légitime hymen, que jamais pour ma part je n'invoquerais sans raison ; non, ce n'est pas par mon fait que Poseidon, Ébranleur de la terre, malmène Hector et les Troyens, pour secourir leurs adversaires ; non, c'est son cœur sans doute qui le pousse et qui lui commande : à voir les Achéens épuisés près des nefs, il a eu pitié d'eux. Mais je suis, quant à moi, prête à lui conseiller d'aller, dieu à la nuée noire, où tu lui en donneras l'ordre. »

Elle dit : le Père des dieux et des hommes sourit, et, en réponse, il lui dit ces mots ailés :

« Ah ! si désormais, auguste Héré aux grands yeux, tu avais, assise au milieu des Immortels, des pensers accordés aux miens, Poseidon alors, eût-il de tout autres désirs, changerait vite d'humeur, pour toucher ton cœur et le mien. Si tu parles là franc et vrai, va maintenant trouver les dieux, et fais venir ici Iris et l'illustre archer Apollon. Elle ira, dans les rangs des Achéens à la cotte de bronze, dire à sire Poseidon d'abandonner le combat et de s'en retourner chez lui. Phœbos Apollon ira, de son côté, exciter Hector au combat, lui insuffler une fougue nouvelle, lui faire oublier les souffrances dont son âme est à cette heure accablée, tandis qu'aux Achéens, il fera tourner le dos de nouveau, en suscitant une lâche déroute. Dans leur fuite, ils se jetteront sur les nefs bien garnies de rames d'Achille, le fils de Pélée. Celui-ci fera se lever son ami Patrocle, — que l'illustre Hector tuera de sa lance devant Ilion, après qu'il aura d'abord lui-même tué d'innombrables guerriers, dont mon propre fils, le divin Sarpédon; sur quoi, le divin Achille, en son courroux, tuera Hector. — A ce moment-là, je provoquerai un retour offensif partant des nefs, qui sans arrêt se poursuivra jusqu'à ce que les Achéens prennent la haute Ilion, suivant le vouloir d'Athéné. Jusque-là, je garde mon ressentiment et ne permets ici à aucun Immortel de prêter aide aux Danaens : il faut que d'abord soit réalisé le vœu du fils de Pélée, comme je lui ai promis, puis confirmé d'un signe de mon front, le jour où Thétis la divine a saisi mes genoux, me suppliant de rendre hommage à Achille, preneur de villes. »

Il dit, et Héré, la déesse aux bras blancs, n'a garde de dire non. Des cimes de l'Ida elle gagne le haut Olympe. Ainsi prend son essor la pensée d'un homme qui a parcouru bien des terres et qui pense soudain en son esprit subtil : « Ah! si j'étais là! ou là! » et médite mille plans; aussi prompte en son ardeur s'envole l'auguste Héré. Elle atteint l'Olympe escarpé et y trouve, assemblés dans le palais de Zeus, les autres dieux immortels. A sa vue, tous sont debout et la saluent, coupe en main. Elle laisse les autres, pour accepter la coupe de la jolie Thémis, qui, la première, courant au-devant d'elle et prenant la parole, lui dit ces mots ailés :

« Héré, que viens-tu faire? tu sembles hors de toi. Il faut qu'il t'ait fait grand-peur, le fils de Cronos, ton époux. »

La déesse aux bras blancs, Héré, lui répond :

« Ne m'interroge pas là-dessus, divine Thémis; tu sais déjà combien son cœur est arrogant et implacable. Ouvre donc, dans ce palais, le festin où chacun des dieux a sa part. Tu sauras avec tous les Immortels quelles œuvres de mort nous annonce Zeus; et, je t'en réponds, pour tous également, dieux et hommes, il n'y aura pas là grand sujet de joie, même pour ceux qui, à cette heure encore, assistent heureux au festin. »

L'auguste Héré ainsi dit et s'assied. Dans le palais de Zeus, les dieux alors s'irritent. Héré rit des lèvres; mais son front au-dessus de ses sourcils bleu sombre est loin d'être joyeux, et, pleine de dépit, elle dit à tous :

« Pauvres sots! nous nous indignons contre Zeus : c'est bien perdre le sens. Avons-nous donc encore envie de l'affronter, pour l'arrêter par persuasion ou force? Mais il siège à l'écart, et de nous il n'a cure ni souci. Il estime que, de tous les dieux immortels, il est nettement le premier par la force et la vigueur. Vous n'avez donc qu'à subir les malheurs qu'il envoie à chacun de vous. Je crains bien que, dès aujourd'hui, l'épreuve ne soit pour Arès. Son fils est mort dans la bataille, l'homme qu'il aimait entre tous, Ascalaphe, que le puissant Arès prétend être sien. »

Elle dit; Arès, aussitôt, du plat de ses mains, frappe ses cuisses robustes, se lamente et dit :

« Ne m'en veuillez pas, habitants de l'Olympe, si, pour venger le meurtre de mon fils, je vais vers les nefs achéennes — quand même mon destin serait, frappé par la foudre de Zeus, d'être couché avec les morts, dans le sang et dans la poussière. »

Il dit, et il ordonne à Terreur et Déroute d'atteler ses chevaux, tandis qu'il se vêt lui-même de ses armes resplendissantes. Alors, c'eût été chez Zeus contre les Immortels un courroux, une rancune encore plus grands et cruels, si Athéné, craignant pour tous les dieux, n'eût quitté le siège où elle était assise, pour bondir à travers le vestibule, enlever le casque de la tête d'Arès, le bouclier de ses épaules, redresser enfin la pique de bronze arrachée à sa forte main. En même temps, elle semonce le bouillant Arès en ces termes :

« Fou furieux, tête brûlée! tu perds le sens. Est-ce en vain que tu as des oreilles pour entendre? Raison, vergogne sont donc mortes chez toi? N'entends-tu donc pas ce que dit Héré, la déesse aux bras blancs, qui nous arrive à l'instant même d'auprès de Zeus Olympien? Préfères-tu épuiser mille maux, pour être, en dépit de ton déplaisir, forcé de rentrer ensuite dans l'Olympe, et attirer un désastre sur tous les autres? Dans un instant, il laissera là les Troyens superbes et les Achéens, et il viendra dans l'Olympe nous bousculer et saisir indistinctement les innocents et les coupables. Je t'invite donc, une fois de plus, à renoncer à la colère que tu éprouves pour ton fils. Déjà plus d'un a été tué, qui valait mieux que lui pour la force et les bras et plus d'un sera tué encore. Il est malaisé de sauver les fils et rejetons de tous les humains. »

Elle dit, et, sur un siège, elle assied l'ardent Arès. Héré cependant appelle hors de la salle Apollon et Iris, messagère des dieux immortels, et, prenant la parole, elle leur dit ces mots ailés :

« Zeus vous enjoint d'aller au plus tôt sur l'Ida. Une fois arrivés en présence de Zeus, exécutez ses ordres et commandements. »

Ainsi parle l'auguste Héré; puis elle s'en retourne et s'assied sur son siège, tandis que les deux autres prennent leur essor et s'envolent. Ils atteignent ainsi l'Ida aux mille sources, l'Ida, mère des fauves. Ils trouvent le Cronide à la grande voix assis au sommet du Gargare. Un nuage odorant forme une gloire autour de lui. Ils arrivent et s'arrêtent tous deux face à Zeus, l'assembleur de nuées, et Zeus, à les voir, ne sent point de colère en son cœur : ils ont obéi sans retard à la voix de son épouse. A Iris, la première, il adresse ces mots ailés :

« Pars, Iris rapide, et à sire Poseidon, en fidèle messagère, rapporte bien tout ceci. Enjoins-lui de cesser la lutte et la bataille et de s'en aller chez les dieux, ou bien dans la mer divine. S'il n'entend pas cet ordre, s'il n'en tient aucun compte, qu'alors il se garde en son âme et son cœur d'oser, si fort qu'il soit, me tenir tête à l'heure où je marcherai contre lui. Je prétends, pour la force, l'emporter de beaucoup sur lui, tout aussi bien que je suis son aîné pour la naissance. Mais il n'a, lui, nul scrupule en son cœur à me parler comme on parle à un pair, à moi, moi qui fais peur à tous les autres. »

Il dit, et Iris rapide, aux pieds vites comme les vents, n'a garde de dire non. Des cimes de l'Ida elle descend vers la sainte Ilion. Comme tombe la neige ou la grêle glacée, sous l'élan de Borée issu de l'éther, aussi prompte en son ardeur, la rapide Iris franchit l'espace en volant. Elle s'approche de l'illustre Ébranleur du sol et dit :

« Je viens ici, Maître de la terre, dieu aux crins d'azur, te porter un message au nom de Zeus qui tient l'égide. Il t'enjoint de cesser la lutte et la bataille et de t'en aller chez les dieux, ou bien dans la mer divine. Si tu n'entends pas cet ordre, si tu n'en tiens aucun compte, il menace de venir lui-même ici lutter avec toi face à face, et il t'engage alors à te dérober à son bras ; car il prétend, pour la force, l'emporter de beaucoup sur toi, tout aussi bien qu'il est ton aîné par la naissance. Mais tu n'as, toi, nul scrupule en ton cœur à lui parler comme on parle à un pair, à lui, lui qui fait peur à tous les autres. »

Et l'illustre Ébranleur du sol s'irrite et répond :

« Ah ! pour brave qu'il soit, il a prononcé là un mot bien arrogant. Il prétend donc me réduire par la force et malgré moi, moi qui suis son égal. Nous sommes trois frères, issus de Cronos, enfantés par Rhéa : Zeus et moi, et, en troisième, Hadès, le monarque des morts. Le monde a été partagé en trois ; chacun a eu son apanage. J'ai obtenu pour moi, après tirage au sort, d'habiter la blanche mer à jamais ; Hadès a eu pour lot l'ombre brumeuse, Zeus le vaste ciel, en plein éther, en pleins nuages. La terre pour nous trois est un bien commun, ainsi que le haut Olympe. Je n'entends pas dès lors vivre au gré de Zeus. Il a beau être fort : qu'il demeure tranquille dans son lot, le troisième ; et qu'à aucun prix il ne cherche à m'effrayer avec ses bras, comme si j'étais un vilain. Il ferait beaucoup mieux de garder ses reproches, ses grands mots effrayants, pour les filles et les fils dont il est le père, afin qu'ils entendent ses ordres — toujours, qu'ils le veuillent ou non. »

La rapide Iris, aux pieds vites comme les vents, répond :

« Dois-je porter tel quel à Zeus, Maître de la terre, dieu aux crins d'azur, ton intraitable et dur propos ? ou n'en laisses-tu rien fléchir ? Cœur de brave se laisse fléchir. Tu sais que les Erinyes toujours suivent les aînés. »

Et l'Ébranleur du sol, Poseidon, à son tour, lui dit :

« Divine Iris, ce que tu me dis là est certes fort bien dit. C'est déjà un bonheur que d'avoir affaire à sage messager. Mais un atroce chagrin m'entre aussi dans l'âme et le cœur, lorsque, moi, son égal voué à une part égale à la sienne, Zeus prétend me prendre à parti avec des mots irrités. Pourtant, c'est dit : pour cette fois, malgré mon dépit je m'inclinerai. Mais j'ai encore autre chose à te dire, et la menace part du cœur. Si malgré moi et malgré Athéné, la Ramasseuse de butin, malgré Héré, Hermès et sire Héphæstos, il entend épargner la haute Ilion, s'il se refuse à la détruire et à donner grande gloire aux Argiens, qu'il sache bien qu'entre nous deux ce sera une inguérissable rancune. »

Cela dit, l'Ébranleur du sol quitte l'armée achéenne et s'en va plonger dans la mer ; et les héros achéens aussitôt sentent son absence. Alors Zeus, l'assembleur de nuées, s'adresse à Apollon :

« Va maintenant, cher Phœbos, va trouver Hector au casque de bronze. Le Maître de la terre, l'Ébranleur du sol, est désormais parti pour la mer divine, évitant de choir ainsi au gouffre de mon courroux. D'autres ont déjà appris ce que coûte la guerre : ce sont les dieux d'en bas qui entourent Cronos. Il vaut bien mieux, pour lui comme pour moi, que, malgré son dépit, il se soit d'emblée incliné devant ma force, car l'affaire ne se fût pas achevée sans grand ahan. Pour toi, prends dans tes mains l'égide frangée ; puis agite-la bien fort, pour mettre en déroute les héros achéens. Occupe-toi, en personne, Archer, de l'illustre Hector. Éveille en lui une immense fureur, jusqu'au moment où les Achéens, en fuyant, seront arrivés à leurs nefs et à l'Hellespont. A partir de ce moment-là, je veillerai moi-même, par parole et par acte, à ce qu'enfin les Achéens soufflent un peu à la peine. »

Il dit, et Apollon n'a garde de désobéir à son père. Des cimes de l'Ida il descend, pareil au milan, rapide tueur de colombes, le plus vite des êtres ailés. Il trouve le fils du brave Priam, le divin Hector, assis : il n'est déjà plus étendu ; il rassemble en lui un nouveau courage et reconnaît ceux des siens qui l'entourent ; suffocation et

sueur ont cessé : le vouloir de Zeus porte-égide l'a réveillé.
Apollon Préservateur de lui s'approche et dit :

« Hector, fils de Priam, pourquoi es-tu là, assis loin des
autres, sans force ? Un souci te point sans doute. »

D'une voix défaillante, Hector au casque étincelant
répond :

« Qui donc es-tu, noble dieu, qui viens m'interroger en
face ? N'as-tu pas entendu dire que, devant les poupes des
nefs achéennes, alors que je tuais les siens, Ajax au
puissant cri de guerre m'a, d'une pierre, frappé à la
poitrine, mettant ainsi un terme à ma valeur ardente ? J'ai
cru vraiment que j'allais en ce jour voir les morts, les
demeures d'Hadès : je sentais s'exhaler mon cœur. »

Sire Apollon Préservateur à son tour lui répond :

« N'aie plus peur maintenant : puissant est l'allié que le
fils de Cronos dépêche de l'Ida pour t'assister et te
défendre. C'est Phœbos Apollon, le dieu à l'épée d'or,
c'est moi, qui depuis longtemps te protège, toi et ta haute
cité. Allons ! va stimuler de nombreux meneurs de chars,
et que, près des nefs creuses, ils poussent leurs chevaux
rapides. Je vais, sur leur passage, aplanir d'un bout à
l'autre le chemin à leurs coursiers, puis je ferai tourner le
dos à tous les héros achéens. »

Il dit et au pasteur d'hommes il insuffle une grande
fougue. Tel un étalon, trop longtemps retenu en face de la
crèche où on l'a gavé d'orge, soudain rompt son attache
et bruyamment galope dans la plaine, accoutumé qu'il est
à se baigner aux belles eaux d'un fleuve. Il se pavane, il
porte haut la tête ; sur ses épaules voltige sa crinière, et,
sûr de sa force éclatante, ses jarrets promptement l'emportent vers les lieux familiers où paissent les cavales. Tel
Hector, rapide, joue des pieds, des jarrets, pour aller
stimuler ses meneurs de chars, dès l'instant où il a ouï la
voix du dieu. On voit parfois des chiens et des paysans
poursuivre un cerf ramé, une chèvre sauvage ; mais un roc
escarpé ou bien un bois ombreux lui a donné asile, et le
sort ne veut pas cette fois qu'ils l'attrapent. Alors, attiré
par leurs cris, un lion à crinière paraît sur leur route, et,
pour ardents qu'ils soient, il a bien vite fait de les mettre
en fuite, tous. Ainsi, les Danaens, en masse, sans trêve,

suivent l'ennemi, le harcelant de leurs épées et de leurs lances à deux pointes : mais à peine ont-ils vu Hector parcourir les rangs des guerriers, qu'ils prennent peur, et que le cœur leur tombe à terre.

Alors, Thoas, fils d'Andrémon, s'adresse à eux. C'est le meilleur des Étoliens; il est expert à la lance, il est brave au corps à corps, et, à l'assemblée, peu d'Achéens sur lui l'emportent, quand les jeunes guerriers discutent des avis. Sagement il prend la parole et dit :

« Ah! le singulier prodige que je vois là de mes yeux. Une fois de plus, Hector ressuscite, échappé au trépas. Oui, chacun en son cœur espérait fermement qu'il avait succombé sous le bras d'Ajax, fils de Télamon. Mais, cette fois encore, un dieu l'a protégé, sauvé, cet Hector qui déjà a rompu les genoux à tant de Danaens! Et je crains bien qu'il n'en soit encore de même aujourd'hui; car ce n'est pas sans l'aveu de Zeus Tonnant qu'il est là, devant les lignes, animé de telle ardeur. Allons! suivons tous l'avis que je donne. Ordonnons à la masse de retourner aux nefs, tandis que nous, nous qui nous flattons d'être les plus braves de l'armée, nous resterons là, pour voir si, en l'affrontant, nous arriverons d'emblée à le contenir avec nos piques levées. J'imagine qu'en dépit de son ardeur il craindra en son cœur de plonger dans la masse des Danaens. »

Il dit, et tous avec entrain d'entendre et d'obéir. Autour d'Ajax, de sire Idoménée, de Teucros et de Mérion, de Mégès, égal à Arès, ils organisent la bataille, en appelant les preux, afin de tenir tête à Hector et aux Troyens. Derrière eux, le gros se retire vers les nefs des Achéens.

Les Troyens chargent, en masse; Hector est à leur tête, qui avance à grands pas. Devant lui va Phœbos Apollon. Un nuage couvre ses épaules. Il tient l'égide impétueuse, terrible, velue, éclatante, qu'Héphæstos, le bon forgeron, a donnée à porter à Zeus, pour mettre en fuite les hommes. L'égide en main, il montre la route à ses gens.

Les Argiens résistent et font bloc : une clameur aiguë des deux côtés s'élève. Des flèches jaillissent des cordes; nombre de javelines partent de mains intrépides et vont se planter dans la chair de vaillants gars; beaucoup aussi

tombent à mi-chemin et se posent à terre, avant d'avoir
goûté à la chair blanche, malgré l'envie qu'elles ont de s'en
repaître tout leur soûl. Tant que Phœbos Apollon garde
l'égide immobile entre ses mains, les traits des deux côtés
portent, et les hommes tombent. Mais lorsqu'en face des
Danaens aux prompts coursiers, les yeux fixés sur eux, il
se met à l'agiter et, en même temps, pousse lui-même un
très long cri, leur cœur en leur poitrine subit le sortilège;
ils oublient leur valeur ardente. On voit ainsi parfois, au
cours de la nuit noire, un troupeau de bœufs, ou bien
encore une ample bande de brebis, que bousculent deux
fauves, apparus brusquement, à l'heure où le gardien
n'était pas là. De même sont mis en déroute les Achéens,
désormais sans courage : Apollon parmi eux a jeté la
panique, cependant qu'il donne la gloire aux Troyens et à
Hector.

La bataille alors se disperse. Chaque guerrier fait sa
proie d'un guerrier. Hector tue Stichios et Arcésilas. Le
premier est le chef des Béotiens à la cotte de bronze;
l'autre est le fidèle ami de Ménesthée au grand cœur. Enée
abat Médon et Iase. L'un, Médon, est bâtard du divin
Oïlée et frère d'Ajax; il réside à Phylaque, loin de sa
patrie, parce qu'il a tué un homme, un frère de sa
marâtre, Eriôpis, la femme d'Oïlée. Iase est chef des
Athéniens; on le dit fils de Sphèle, le Boucolide. Polydamas fait sa proie de Mécistée, Polités d'Echios, au premier
rang de la mêlée, le divin Agénor de Clonios; Pâris atteint
Déioque, par-derrière, au bas de l'épaule, alors qu'il fuit
entre les lignes, et il pousse le bronze à fond.

Et, tandis qu'ils dépouillent les morts de leurs armes,
les Achéens se heurtent au fossé ouvert, à la palissade;
lors, fuyant en tous sens, bon gré mal gré il leur faut
passer le mur. Sur quoi, Hector, à grande voix, lance un
appel aux Troyens :

« Aux nefs! en avant! laissez les dépouilles sanglantes.
A celui que je verrai autre part que près des nefs, je
promets la mort sur place; et même, une fois mort, de ses
parents ou parentes il n'obtiendra pas le moindre bûcher;
les chiens le traîneront devant notre ville. »

Il dit et, de son fouet levé au-dessus de l'épaule, il

presse ses chevaux et va de rang en rang exhorter les Troyens. Tous alors, à son exemple, se gourmandent les uns les autres et dirigent les attelages de leurs chars dans un prodigieux fracas. Devant eux, Phœbos Apollon, d'un coup de pied, sans effort, fait crouler le talus et le renverse au milieu du fossé profond ; il jette ainsi un pont, une chaussée longue et large — d'une portée de javeline, quand un guerrier lance son trait afin d'éprouver sa force. Ils s'y précipitent par bataillons entiers. Apollon marche devant eux, portant l'égide vénérée. Il fait ensuite, et sans le moindre effort, crouler le mur des Achéens. Ainsi qu'un enfant, au bord de la mer, se fait avec le sable des jouets puérils, qu'il s'amuse ensuite à abattre d'un coup de pied ou d'un revers de main, ainsi tu abats, Phœbos, dieu des cris aigus, ce qui avait coûté aux Argiens tant de peine et de misère, et tu fais parmi eux se lever la panique.

Près des nefs, ils arrêtent leur fuite, ils font halte, ils s'appellent les uns les autres, et, les bras tendus vers le ciel, chacun à tous les dieux adresse une ardente prière. Nestor surtout, le vieux chef achéen, prie, bras tendus vers le ciel étoilé :

« Zeus Père ! si jamais l'un de nous, dans Argos riche en blé, brûlant de gras cuisseaux de bœuf ou de brebis, a de toi imploré le retour, et si tu le lui as promis et garanti, souviens-t'en aujourd'hui. Écarte de nous, ô dieu de l'Olympe, le jour implacable ; ne laisse pas les Achéens être vaincus ainsi par les Troyens. »

Ainsi prie-t-il, et le prudent Zeus tonne bruyamment : il a entendu la prière du vieux fils de Nélée.

Mais les Troyens, dès qu'ils entendent le fracas de Zeus porte-égide, avec une ardeur nouvelle, fondent sur les Argiens et ne songent plus qu'au combat. Tout comme un grand flot de la vaste mer s'abat sur une nef, par-dessus ses bordages, quand le presse la force du vent, qui fait monter si haut les vagues ; ainsi les Troyens, dans une clameur immense, franchissent le mur et, poussant leurs chars, ils combattent près des poupes, les uns de près, avec leurs lances à deux pointes, les autres de leur char, tandis que leurs adversaires, du haut des nefs noires où ils sont montés, usent des longues piques qu'on garde en réserve à bord, piques d'abordage, aux pièces assemblées, à la pointe habillée de bronze.

Patrocle cependant, tant que les Troyens et les Achéens luttent pour le mur, en dehors des fines nefs, demeure assis dans la baraque du courtois Eurypyle et le distrait de ses propos, en même temps que, sur sa plaie amère, il répand des poudres aptes à apaiser les noires souffrances. Mais, quand il voit les Troyens se précipiter sur le mur, et, du côté danaen, monter la clameur, l'épouvante, il laisse échapper un gémissement et, du plat de ses mains, se frappant les cuisses, il se lamente et dit :

« Eurypyle, je ne puis plus, quelque désir que tu en aies, demeurer plus longtemps près de toi. C'est un conflit terrible qui se lève : ton écuyer s'occupera à te distraire ; je cours, moi, chez Achille : je veux l'amener à combattre. Qui sait si, le Ciel aidant, je n'arriverai pas à ébranler son cœur par mes avis ? Les avis ont du bon, venant d'un camarade. »

Il dit, et ses pieds l'emportent. Cependant les Achéens attendent de pied ferme l'attaque des Troyens. Ils ne peuvent pourtant, bien qu'ils soient plus nombreux, les repousser des nefs, et pas davantage les Troyens ne peuvent enfoncer les bataillons des Danaens ni arriver aux baraques et aux nefs. Aussi droit est le cordeau qui sert à bien tailler une quille de nef, aux mains d'un charpentier expert, connaissant son art à fond par l'inspiration d'Athéné, aussi droit est tendu entre les deux partis le front de lutte et de bataille. Chaque groupe a sa nef pour laquelle il combat. Hector, lui, vient se placer face au glorieux Ajax. Tous deux luttent pour la même nef, sans arriver, l'un à repousser l'autre et à embraser la nef, l'autre à chasser le premier, que le Ciel a déchaîné. L'illustre Ajax tue Calétor, le fils de Clytios, en train d'apporter le feu à la nef : il l'atteint de sa lance en pleine poitrine. Il tombe avec fracas ; la torche lui tombe des mains. Quand Hector, de ses yeux, voit son cousin tomber dans la poussière, devant la nef noire, aux Troyens et aux Lyciens il lance un appel à grande voix :

« Troyens, et Lyciens, et Dardaniens experts au corps à corps, ne quittez pas de sitôt la bataille, quand le danger nous presse : sauvez le fils de Clytios ; faites que les Achéens ne dépouillent pas de ses armes un guerrier tombé au milieu des nefs. »

Il dit et lance contre Ajax sa pique brillante. Il le manque, mais atteint Lycophron, le fils de Mastor, l'écuyer d'Ajax. Il était de Cythère, mais il habitait chez Ajax, parce qu'il avait tué un homme dans la divine Cythère. Le bronze aigu l'atteint à la tête, au-dessus de l'oreille, debout aux côtés d'Ajax. De la poupe de la nef l'homme tombe à terre, dans la poussière, sur le dos, membres rompus. Ajax alors frissonne, et il dit à son frère :

« Doux Teucros, voici tué notre ami fidèle à tous deux, le fils de Mastor, qui venait de Cythère, mais qu'une fois chez nous, nous honorions dans le palais à l'égal de nos parents. Le magnanime Hector l'a tué. Qu'as-tu fait de tes flèches si promptes à porter la mort, de l'arc à toi donné par Phœbos Apollon ? »

Il dit ; Teucros comprend et court à lui. Il tient en main l'arc dont les bouts se ramènent en arrière, ainsi que le carquois, bon réceptacle à flèches ; et, bien vite, il décoche ses traits sur les Troyens. Il frappe ainsi Cleitos, illustre fils de Pisénor, ami de Polydamas, le noble l'anthoïde. Cleitos a les rênes en main ; il est absorbé par son attelage, qu'il dirige vers le point où les bataillons sont le plus nombreux à se bousculer. Il voudrait plaire à Hector et aux Troyens. Le malheur est vite sur lui, et personne de lui ne l'écarte, quelque désir que tous en aient. La flèche lourde de sanglots s'abat sur son cou par-derrière. Il croule de son char ; ses chevaux, en se dérobant, heurtent bruyamment le char vide. Sire Polydamas aussitôt l'aperçoit et vient le premier se placer devant les chevaux. Il les donne à Astynoos, fils de Protiaon, en l'invitant avec insistance à les tenir à sa portée, l'œil constamment fixé sur lui. Puis il retourne prendre place parmi les champions hors des lignes.

Teucros prend une autre flèche ; il la destine à Hector casqué de bronze. Et, de fait, il eût mis fin au combat devant les nefs achéennes, s'il lui avait, en le touchant, arraché le cœur en plein cours de ses exploits. Mais il ne

trompe pas l'esprit subtil de Zeus, qui veille sur Hector.
Zeus dérobe cette gloire à Teucros, fils de Télamon. Il
brise la corde solide de l'arc impeccable, au moment où
Teucros la tire contre Hector. La lourde flèche de bronze
s'égare loin du but, et l'arc choit des mains de Teucros,
qui frissonne et dit à son frère :

« Las ! le Ciel fauche net notre plan de combat : il me
fait tomber l'arc des mains, et brise en même temps la
corde neuve, que j'y avais attachée avant-hier, pour
assurer l'élan d'innombrables flèches. »

Le grand Ajax, fils de Télamon, répond :

« Doux ami, va, laisse à terre ton arc et ton tas de
flèches : le Ciel en veut aux Danaens, et il bouleverse tout.
Prends donc ta longue pique en main ; mets le bouclier à
l'épaule, puis pars au combat contre les Troyens, et fais-y
partir tes gens avec toi. Non, j'entends que, même
vainqueurs, ils ne s'emparent pas sans lutte de nos nefs
aux bons gaillards. Allons ! rappelons-nous notre valeur
guerrière. »

Il dit ; Teucros va replacer son arc dans la baraque. En
revanche, il met sur ses épaules son écu à quatre
épaisseurs. Sur sa tête fière, il met un bon casque à crins
de cheval, dont le panache en l'air oscille, effrayant. Il
prend sa brave pique à la pointe de bronze aiguë, puis s'en
va, et, vite, à la course, il vient se placer près d'Ajax.

Hector voit s'égarer le trait de Teucros et, à grande
voix, il lance un appel aux Troyens et aux Lyciens :

« Troyens, et Lyciens, et Dardaniens experts au corps à
corps, soyez des hommes, amis, rappelez-vous votre
valeur ardente, au milieu des nefs creuses. Oui, j'ai vu de
mes yeux les traits d'un héros s'égarer sous l'action de
Zeus. Il est aisé de reconnaître le secours que Zeus prête
aux hommes, soit qu'aux uns il offre la gloire suprême, ou
qu'il en affaiblisse d'autres en se refusant à les secourir.
C'est ainsi qu'à cette heure il affaiblit l'ardeur des Argiens
et vient à notre secours. Allons ! combattez près des nefs,
en masse. Celui de vous qui, blessé de loin ou bien frappé
de près, arrivera à la mort et au terme de son destin
mourra, soit ! Il n'y a pas de honte pour qui meurt en
défendant son pays. Sa femme et ses enfants restent saufs

pour l'avenir; sa maison, son patrimoine sont intacts, du jour où les Achéens sont partis avec leurs nefs pour les rives de leur patrie. »

Il dit, et stimule la fougue et l'ardeur de tous. Ajax de son côté fait appel aux siens :

« Honte à vous, Argiens! Il s'agit maintenant ou bien de périr, ou bien d'être saufs et de repousser des nefs le malheur. Espérez-vous donc, le jour où Hector au casque étincelant aura pris vos nefs, que vous vous en irez à pied, chacun dans votre patrie? Ne l'entendez-vous pas stimuler tout son monde, cet Hector qui veut à tout prix mettre le feu à vos nefs? Ce n'est pas à la danse qu'il convie les siens, c'est à la bataille. Il n'est pour nous nul parti, nul plan meilleur que de mettre en contact, dans le corps à corps, nos bras, nos fureurs. Mieux vaut en un instant savoir si nous devons vivre ou périr, que de nous laisser user à la longue, comme cela, pour rien, dans l'atroce carnage, au milieu de nos nefs, sous les coups de guerriers qui ne vous valent pas. »

Il dit, et stimule la fougue et l'ardeur de tous. Alors Hector tue Schédios, fils de Périmède, chef des Phocidiens, tandis qu'Ajax tue Laodamas, bon commandant des fantassins, brillant fils d'Anténor. Polydamas abat Otos, de Cyllène, ami du Phyléide et chef des Epéens magnanimes. Mégès le voit et bondit sur lui. L'autre se dérobe et prend du champ; Mégès le manque : Apollon ne permet pas que le fils de Panthoos soit dompté devant les lignes. La pique frappe en revanche Croismos en pleine poitrine. Il tombe avec fracas, et Mégès, de ses épaules, cherche à enlever ses armes. Mais alors fond sur lui Dolops, expert à la javeline, Dolops, le Lampétide, que Lampos, issu de Laomédon, engendra comme un brave entre tous, expert en valeur ardente. C'est lui qui, à ce moment, s'élance et, à bout portant, de sa pique, touche en plein le bouclier du Phyléide. Mais sa cuirasse solide le protège. Il la porte en deux pièces ajustées. Phylée l'a ramenée d'Ephyre, des bords du Selléis. Son hôte Euphétès, protecteur de son peuple, la lui a donnée à porter dans les combats, pour se protéger contre l'ennemi, et c'est elle, cette fois encore, qui du corps de son fils écarte le trépas. Mégès, lui, vise au

casque de bronze à crins de cheval. De son épée aiguë il
frappe d'estoc le haut de la calotte, et il fait sauter le
panache en crins de cheval, qui tombe d'un seul coup en
pleine poussière, dans sa teinte neuve de pourpre éclatante! Mais, tandis que Mégès tient tête à Dolops et
persiste à se battre, sans perdre espoir de vaincre, le
vaillant Ménélas arrive à son secours. Sans être vu de
Dolops, il s'arrête à son côté, lance au poing, et le frappe à
l'épaule par-derrière. La pointe avide traverse la poitrine,
allant sa route avec entrain, et l'homme s'effondre, la face
en avant. Ses deux adversaires aussitôt s'avancent pour
dépouiller ses épaules de son armure de bronze. Mais
Hector alors lance un appel à tous ses frères. Et, d'abord,
il s'en prend au fils d'Hikétaon, au fier Mélanippe.
Mélanippe paissait ses bœufs à la démarche torse, à
Percote, naguère, quand l'ennemi était encore loin. Mais,
du jour où furent venues les nefs danaennes à double
courbure, de ce jour il était rentré à Ilion, où il se
distinguait parmi les Troyens et vivait chez Priam, qui
l'honorait à l'égal de ses fils. C'est à lui que s'en prend
Hector; et il lui dit, en l'appelant de tous ses noms :

« Allons-nous donc mollir ainsi, Mélanippe? Et ton
cœur n'a-t-il nul souci du cousin que l'on t'a tué? Ne vois-
tu pas comme on s'agite autour des armes de Dolops?
Suis-moi. Il n'est plus permis de se battre avec les Argiens
de loin. Il nous faut désormais ou les exterminer ou voir la
haute Ilion par eux détruite jusqu'en ses fondements et ses
citoyens massacrés. »

Il dit, et prend la tête; Mélanippe le suit, mortel égal
aux dieux. Mais le grand Ajax, fils de Télamon, stimule
aussi les Argiens :

« Amis, soyez des hommes; mettez-vous au cœur le
sens de la honte. Faites-vous mutuellement honte dans le
cours des mêlées brutales. Quand les guerriers ont le sens
de la honte, il est parmi eux bien plus de sauvés que de
tués. S'ils fuient au contraire, nulle gloire pour eux ne se
lève, nul secours non plus. »

Il dit, mais déjà ils brûlaient d'eux-mêmes de repousser
l'ennemi. Ils se mettent bien l'avis dans la tête et vont
former autour des nefs une vraie muraille de bronze,

tandis que Zeus contre eux réveille les Troyens. Ménélas au puissant cri de guerre alors stimule Antiloque :

« Antiloque, il n'est pas d'Achéen plus jeune que toi, ni qui ait pieds plus prompts ni qui soit plus brave au combat : ne feras-tu donc pas un saut hors de nos lignes pour frapper quelque Troyen ? »

Il dit et s'éloigne ; mais l'autre a été touché. Il bondit hors de la première ligne et lance sa pique éclatante, après un regard prudent autour de lui. Les Troyens se dérobent, tandis que l'homme tire. Mais le trait n'aura pas été lancé pour rien ; c'est le fils d'Hikétaon, l'orgueilleux Mélanippe, marchant au combat, qu'il atteint à la poitrine, près de la mamelle. Il tombe avec fracas, et l'ombre couvre ses yeux. Antiloque bondit, tel un chien sautant sur un faon blessé, atteint par le chasseur, au sortir de son gîte, d'un trait qui lui rompt les membres ; tel vers toi, Mélanippe, bondit le vaillant Antiloque, pour te dépouiller de tes armes. Mais il n'échappe pas à l'œil du divin Hector, qui accourt l'affronter à travers le carnage. Antiloque ne lui tient pas tête, pour ardent guerrier qu'il soit. Il prend peur comme une bête, qui a commis quelque méfait — tué un chien ou un bouvier près de ses bœufs — et qui s'enfuit, sans attendre qu'une troupe d'hommes se soit réunie. Ainsi prend peur le Nestoride, cependant que, sur lui, les Troyens et Hector, dans un fracas prodigieux, déversent leurs traits chargés de sanglots. Il ne s'arrête et ne fait volte-face qu'une fois rejoint le groupe des siens.

Les Troyens, alors, comme des lions carnassiers, marchent à l'assaut des nefs, exécutant l'ordre de Zeus, qui, à chaque instant, réveille leur fougue puissante, tandis qu'il jette un charme sur le cœur des Argiens et qu'il leur refuse la gloire, en stimulant leurs adversaires. Son cœur est désireux d'offrir cette gloire à Hector, fils de Priam. Hector ainsi sur les nefs recourbées pourra jeter un feu prodigieux, vivace et accomplir le vœu funeste de Thétis. Le prudent Zeus attend l'heure où il verra de ses yeux la lueur d'une nef en flammes. Il doit provoquer alors un retour offensif, qui partira des nefs, contre les Troyens et donnera enfin la gloire aux Danaens. Dans cette pensée, il réveille contre les nefs creuses l'ardeur d'Hector, fils de

Priam, déjà grande d'elle-même. Il va, furieux, comme
Arès brandissant sa lance, ou comme l'incendie funeste
qui va, furieux, par les monts, à travers les taillis de la
forêt profonde. L'écume est sur ses lèvres; ses yeux
luisent sous ses sourcils terribles, et son casque autour de
ses tempes s'agite effroyablement : Hector est au combat!
et Zeus du haut de l'éther vient lui-même à son aide, Zeus
qui l'honore et qui le glorifie, seul entre beaucoup
d'autres. C'est qu'il doit avoir la vie brève, et déjà Pallas
Athéné pousse vers lui le jour où il doit succomber sous la
force du Péléide. Désireux de le rompre, il va tâtant le
front des ennemis, aux points où il voit la troupe la plus
compacte ainsi que les plus belles armes. Il ne parvient
pas pourtant à le rompre, quelque envie qu'il en ait. Tous
tiennent bon, groupés comme un rempart, comme un roc
escarpé, puissant, au bord de la blanche mer, où il subit le
vif assaut des vents sonores et des lames énormes qui
déferlent sur lui. Tout de même, les Danaens, loin de fuir,
attendent de pied ferme les Troyens. Mais lui, des reflets
de flamme tout autour du corps, fonce sur leur foule. Il
s'abat sur elle comme, sur la fine nef, s'abat la vague
furieuse que font monter les vents sous un ciel de nuages.
La nef entière disparaît sous l'écume; le souffle affreux du
vent gronde dans la voilure, et les marins, au fond d'eux-
mêmes, frémissent, épouvantés : c'est de bien peu qu'ils
esquivent la mort! Ainsi, dans leur poitrine, est déchiré le
cœur des Achéens. Mais Hector va, comme un lion féroce,
qui s'attaque à des vaches paissant en foule l'herbe
humide dans un vaste marécage; avec elles est un berger
qui ne sait pas exactement comment lutter contre le fauve
pour qu'il ne lui tue pas une de ses vaches aux cornes
recourbées; il marche toujours en tête ou en queue du
troupeau, et c'est au beau milieu que la bête bondit et lui
dévore une vache, cependant que les autres, épouvantées,
s'enfuient. Tout de même, en ce jour, une immense
panique saisit les Achéens devant Hector, devant Zeus
Père! Tous fuient : le seul que tue Hector est Périphète de
Mycènes, fils chéri de Coprée, qui longtemps au puissant
Héraclès porta l'ordre des travaux d'Eurysthée. De ce
triste père un fils était né, qui le valait cent fois par tous

les mérites possibles, qu'il s'agît de courir comme de combattre, et qui était, pour la raison, au premier rang des Mycéniens. C'est lui qui à ce moment offre à Hector une gloire suprême. En tournant le dos, il se heurte au rebord de son bouclier, le grand bouclier qui lui vient aux pieds, rempart contre les traits. Il bute contre lui et choit sur le dos, et son casque, autour de ses tempes, terriblement résonne, au moment qu'il touche le sol. Mais Hector le voit de son œil perçant; il prend la course, le rejoint, et, lui plantant sa pique en pleine poitrine, il le tue aux côtés même des siens, sans que ceux-ci soient en état, quelque peine qu'ils aient pour leur compagnon, de lui prêter secours : ils craignent trop eux-mêmes le divin Hector.

Voici les Troyens face aux nefs, et les nefs d'avant, celles qui ont été halées les premières, autour des Argiens forment un rempart. Les Troyens le submergent, et les Argiens se voient forcés de s'écarter de ces premières nefs. Mais ils demeurent fermes alors près des baraques, formant bloc, au lieu de s'épandre à travers le camp : la honte et la crainte à la fois les retiennent. Sans répit, ils se tancent les uns les autres. Nestor surtout, le vieux chef achéen, va supplier chaque guerrier, en l'implorant au nom de ses parents :

« Amis, soyez des hommes : mettez-vous au cœur le sens de la honte, en face les uns des autres. Que chacun se rappelle ses enfants et sa femme, son domaine et ses parents — aussi bien celui qui les a encore que celui qui les a perdus. Puisqu'ils ne sont pas là, c'est moi, ici, qui, en leur nom, vous supplie de tenir ferme, au lieu de tourner le dos et de fuir. »

Il dit et stimule la fougue et l'ardeur de tous. En même temps, Athéné écarte de leurs yeux le nuage d'une brume prodigieuse : la clarté complète se fait des deux côtés, celui des nefs aussi bien que celui du combat qui n'épargne personne. Ils distinguent Hector au puissant cri de guerre et ses compagnons, à la fois ceux qui restent derrière lui, à distance, sans se battre, et ceux qui mènent le combat près des fines nefs.

Mais il n'est pas du goût d'Ajax au grand cœur de prendre position sur la ligne où se replient les autres fils

des Achéens. Il se promène, lui, sur les gaillards des nefs,
à larges enjambées, brandissant dans ses mains une pique
d'abordage, énorme, faite de pièces assemblées par des
viroles, mesurant vingt-deux coudées. Parfois un homme
expert à monter des chevaux en choisit entre beaucoup
quatre qu'il attelle ensemble, pour les lancer et les pousser
de la plaine à la grand-ville, par la route la plus passante,
et la foule — hommes et femmes — est nombreuse à le
contempler. Et, lui, sans défaillance, sans répit, tour à
tour, va sautant de l'un sur l'autre, tandis qu'ils volent de
l'avant. Ainsi Ajax va et vient sur les innombrables
gaillards qui dominent les fines nefs. Il va à larges
enjambées ; sa voix monte jusqu'à l'éther : sans cesse, avec
des cris effroyables, il presse les Danaens de défendre nefs
et baraques. Mais Hector ne reste pas davantage mêlé au
gros des Troyens à forte cuirasse. Tel un aigle fauve, qui
fond sur un vol d'oiseaux picorant le long d'un fleuve, oies
ou grues ou cygnes au long cou, tel Hector se rue devant
lui, tout droit et s'attaque à une nef à proue d'azur. Zeus
le pousse, par-derrière, de sa grande main, et excite son
monde avec lui.

De nouveau c'est une âpre bataille qui se livre près des
nefs. On les dirait insensibles à la peine et à la fatigue, les
hommes qui se heurtent là au combat, tant ils ont
d'ardeur à la lutte. Et, tout en se battant, ils pensent ainsi :
les Achéens se disent qu'ils ne pourront se soustraire au
malheur et mourront, tandis que les Troyens, au fond du
cœur, en leur poitrine, espèrent mettre les nefs en feu et
massacrer les héros achéens. Voilà quels pensers les
animent dans cette rencontre. Hector s'attaque à la poupe
d'une nef marine, la nef belle et rapide qui a conduit
Protésilas à Troie et ne le ramènera pas aux rives de sa
patrie. Pour sa nef, Achéens et Troyens corps à corps se
déchirent. Ils n'attendent pas à distance le lancer des
flèches ou des piques : ils rapprochent leurs lignes, et tous,
d'un même cœur, luttent avec des haches, des cognées
affûtées, de grandes épées, des lances à deux pointes.
Force belles dagues à poignée niellée tombent à terre, les
unes des mains, les autres des épaules des combattants. La
terre noire est inondée de sang. Hector a saisi une poupe

et ne la lâche pas : il en tient l'aplustre embrassé et lance
un appel aux Troyens :

« Apportez le feu, et tous, en masse, réveillez la bataille.
Zeus nous donne à cette heure une journée qui compense
les autres, celle où nous prendrons ces nefs, qui sont
venues ici, sans l'aveu des dieux, nous causer tant de maux
— par la pleutrerie de nos vieux, qui, quand je voulais,
moi, combattre devant les poupes des nefs, cherchaient à
m'arrêter, à retenir l'armée. Mais, si Zeus à la grande voix
a égaré naguère nos esprits, aujourd'hui, c'est lui-même
qui nous pousse et qui nous commande. »

Il dit, et tous, plus que jamais, de foncer sur les
Argiens. Ajax déjà ne tient plus : il cède à la force des
traits. Il recule un peu, se sentant perdu, jusqu'à un banc
de sept pieds, et abandonne le gaillard de la bonne nef. Il
s'arrête là, se tenant sur ses gardes et, avec sa lance,
écartant des nefs les Troyens porteurs du feu vivace, et
sans cesse, avec des cris effroyables, il commande aux
Danaens :

« Héros danaens, serviteurs d'Arès, mes amis ! soyez des
hommes, mes amis, rappelez-vous votre valeur ardente.
Croyons-nous donc avoir des renforts derrière nous ? ou
un mur plus puissant, pour préserver nos hommes du
désastre ? Non, nous n'avons pas à notre portée de ville
munie de remparts, où nous pourrions nous défendre,
avec un peuple capable d'assurer notre revanche. Nous
sommes dans la plaine des Troyens à la forte cuirasse,
acculés à la mer, loin des rives de notre patrie. Le salut est
dans nos mains, non dans la faiblesse au combat. »

Il dit et, furieux, de sa lance aiguë, il pourchasse
l'ennemi. Tout Troyen s'approchant des nefs creuses, la
flamme brûlante à la main, pour répondre à l'appel
d'Hector, Ajax le guette et le blesse de sa longue javeline.
Il en blesse ainsi douze à bout portant devant les nefs.

CHANT XVI

C'est donc ainsi qu'ils combattent pour le vaisseau aux bons gaillards. Patrocle cependant aborde Achille, pasteur d'hommes, en versant des larmes brûlantes : on dirait une source d'ombre, qui, d'un roc escarpé, déverse son eau noire. Lors le divin Achille aux pieds infatigables, à le voir, a pitié, et, prenant la parole, lui dit ces mots ailés :

« Que fais-tu là, tout en larmes, Patrocle? On croirait voir une petite fille, qui court à côté de sa mère et lui demande de la prendre : elle se suspend à sa robe, elle l'empêche d'avancer, et ses yeux en larmes supplient qu'on la prenne. Voilà à qui tu ressembles, Patrocle, quand tu répands ces tendres pleurs. As-tu donc quelque chose à révéler aux Myrmidons ou à moi-même? Aurais-tu, seul, eu connaissance d'un message venu de la Phtie? Il est pourtant toujours en vie, dit-on, Ménœtios, le fils d'Actor. Il est en vie aussi, Pélée, le fils d'Eaque, parmi ses Myrmidons — et ce sont bien là les deux morts qui nous contristeraient le plus. A moins que tu ne gémisses sur les Argiens à les voir périr près des nefs profondes, par leur propre faute? Parle, ne me cache pas ta pensée : que nous sachions tout tous les deux. »

Avec un lourd sanglot, tu réponds, Patrocle, bon meneur de chars :

« Achille, fils de Pélée, le tout premier des Achéens, ne m'en veuille pas : trop grande est la peine qui fait plier les Achéens. Tous ceux qui naguère étaient les meilleurs

d'entre eux gisent parmi les nefs, touchés de loin ou bien
frappés de près. Touché, le fils de Tydée, Diomède le
Fort. Frappé, Ulysse, l'illustre guerrier, ainsi qu'Agamemnon. Touché aussi, Eurypyle, d'une flèche à la cuisse.
Autour d'eux les médecins s'empressent, avec tous leurs
baumes, et pansent leurs plaies. Et sur toi rien n'a prise,
Achille! Ah! que je ne sois jamais la proie d'un courroux
pareil à celui que tu gardes au cœur, héros au triste
courage!... Mais à quel autre — parmi nos neveux mêmes
— auras-tu donc servi, si tu n'écartes pas ici des Argiens le
désastre outrageux? Cœur sans pitié, non, je le vois, tu
n'as pas eu pour père Pélée, le bon meneur de chars, ni
pour mère Thétis; c'est la mer aux flots pers qui t'a donné
le jour, ce sont des rocs abrupts, puisque ton âme est si
féroce. Si tu songes au fond de ton cœur à échapper à
quelque avis divin, que ton auguste mère t'a fait savoir au
nom de Zeus, envoie-moi alors, moi, et sans retard; et,
pour me suivre, donne-moi la troupe de tes Myrmidons:
je serai peut-être la lueur du salut pour les Danaens. Mais
permets-moi alors de couvrir mes épaules de tes propres
armes: qui sait si les Troyens, me prenant pour toi, ne
s'en vont pas renoncer à se battre et laisser ainsi souffler
les vaillants fils des Achéens, à cette heure épuisés? Il faut
si peu de temps pour souffler à la guerre. Nous n'aurions
dès lors nulle peine, tout frais devant des gens lassés de la
bataille, à les repousser vers leur ville, loin des nefs et des
baraques. »

Ainsi implore le grand fou, et c'est la male mort, le
trépas sanglant, qu'il implore ainsi pour lui-même. Mais
Achille aux pieds rapides violemment s'irrite et lui dit :

« Ah! divin Patrocle, que me dis-tu là? Non, je n'ai
point souci de tel avis des dieux que je pourrais connaître;
non, mon auguste mère ne m'a rien fait savoir au nom de
Zeus; non, mais c'est un chagrin atroce qui m'entre dans
l'âme et le cœur, quand je vois un homme vouloir frustrer
l'un de ses pairs et lui ravir sa part d'honneur, parce que
sa puissance lui donne l'avantage. Ce chagrin atroce
aujourd'hui est le mien, alors que j'ai déjà tant pâti dans
mon cœur. La fille que m'avaient choisie pour part
d'honneur les fils des Achéens, que j'avais, seul, conquise

avec ma lance, en ravageant une cité aux bons remparts, le
roi Agamemnon, l'Atride, est venu me l'arracher des
mains, tout comme si j'étais un vil réfugié. Mais laissons
le passé être le passé. Aussi bien, je le crois, n'est-il guère
possible de garder dans le cœur un courroux obstiné. Et
pourtant je ne pensais pas mettre un terme à ma colère
avant l'instant où la huée et la bataille seraient arrivées à
mes nefs. Eh bien, soit! va, revêts tes épaules de mes
armes illustres, et mène à la bataille mes braves Myrmidons, puisque les Troyens, comme une nuée sombre,
assiègent avec vigueur nos nefs, et que les Argiens, acculés
au rivage, n'ont plus à eux qu'un mince bout de terre. La
cité de Troie tout entière est sur pied, sans peur : aussi
bien ne voient-ils plus près d'eux briller le frontal de mon
casque! Ah! comme ils s'enfuiraient bien vite et comme
ils rempliraient tous les fossés de morts, si seulement le
roi Agamemnon savait être plus débonnaire avec moi!
Tandis qu'à cette heure, les voici, en armes, tout autour
du camp. Et la lance de Diomède, le fils de Tydée, n'est
plus en furie dans ses mains, pour éloigner le désastre des
Danaens. Et je n'entends pas davantage la voix du fils
d'Atrée, parlant du haut de sa tête odieuse. Seule, éclate à
mon oreille celle d'Hector meurtrier, donnant des ordres
aux Troyens. Et ceux-ci, avec des clameurs, tiennent la
plaine tout entière : ils ont vaincu les Achéens à la bataille!
Mais tout n'est pas perdu, Patrocle, et pour écarter des
nefs le désastre, charge avec vigueur. Qu'ils n'aillent pas
incendier nos nefs avec le feu flamboyant et nous ravir le
doux retour! Écoute jusqu'au bout l'avis que je te veux
mettre en tête. Il s'agit de me conquérir un grand renom
et une grande gloire auprès de tous les Danaens, afin qu'ils
me ramènent la belle jeune fille et qu'ils m'apportent de
splendides présents. Une fois que tu auras chassé l'ennemi
loin des nefs, reviens sur tes pas, et, si l'époux retentissant
d'Héré t'offre de conquérir encore une autre gloire, résiste
au désir de lutter sans moi contre les Troyens belliqueux :
ce serait amoindrir ma gloire. Ne cherche pas, enivré par
l'orgueil de tuer des Troyens dans la bataille et le carnage,
à conduire les nôtres jusqu'aux murs d'Ilion. Crains qu'un
des dieux toujours vivants ne vienne de l'Olympe se

mettre sur ta route : Apollon le Préservateur aime chèrement les Troyens. Fais demi-tour, aussitôt que le salut aura par toi lui sur les nefs, et laisse-les-moi, tous, vider ensuite leur querelle dans la plaine. Ah! Zeus Père! Athéné! Apollon! fasse le Ciel que pas un des Troyens, tant qu'ils sont, n'échappe à la mort — pas un Argien non plus, et que, seuls, tous deux, nous émergions de la ruine, afin d'être seuls aussi à délier le voile saint au front de Troie! »

Tels sont les propos qu'ils échangent. Ajax cependant ne tient plus; il cède à la force des traits. Le vouloir de Zeus triomphe de lui, et les traits des Troyens superbes. Son casque éclatant autour de ses tempes terriblement résonne sous les coups; les traits sans répit frappent les solides bossettes. Il sent se lasser son épaule gauche, à porter ainsi, continûment, sans trêve, son écu scintillant. Ceux qui l'entourent l'écrasent sous leurs traits, sans arriver à l'ébranler. A chaque instant, il est la proie d'une suffocation atroce. La sueur, à flots, ruisselle partout sur ses membres. Il n'arrive pas à reprendre haleine. De tous côtés, malheur s'entasse sur malheur.

Et maintenant, dites-moi, Muses, habitantes de l'Olympe, comment le feu commença à s'abattre sur les nefs achéennes.

Hector s'approche et, de sa grande épée, il frappe la lance de frêne d'Ajax, à la hauteur de la douille, en arrière de la pointe, qu'il fait sauter du coup. Ajax, fils de Télamon, ne brandit plus dans sa main désormais qu'une hampe tronquée, cependant que la pointe de bronze va tomber bruyamment à terre, loin de lui. Ajax alors, en son cœur sans reproche, avec terreur reconnaît l'action des dieux : Zeus qui gronde dans les nues a fauché net tous ses plans de combat; il veut la victoire des Troyens. Ajax recule donc hors de la portée des traits, et les autres jettent le feu vivace aussitôt sur la fine nef. Une flamme inextinguible à l'instant se répand sur elle; et, tandis que le feu envahit ainsi la poupe, Achille se frappe les cuisses et dit à Patrocle :

« Debout, divin Patrocle, bon meneur de cavales! Je vois près des nefs jaillir le feu dévorant. Empêche-les de

s'emparer des nefs et de nous rendre la fuite impossible
désormais. Revêts vite tes armes ; je vais, moi, rassembler
mon monde. »

Il dit ; Patrocle s'arme d'un bronze éblouissant. A ses
jambes d'abord il met ses jambières, ses belles jambières
où s'adaptent des couvre-chevilles d'argent. Puis il passe
sur sa poitrine la cuirasse scintillante, pareille au ciel
étoilé, de l'Eacide aux pieds rapides. Autour de ses épaules
il jette une épée de bronze à clous d'argent, ensuite un écu
grand et fort ; sur sa tête fière, il met un bon casque à crins
de cheval, dont le panache en l'air oscille, effrayant. Enfin,
il prend deux braves piques, bien adaptées à sa main. Il ne
laisse qu'une arme d'Achille sans reproche, la lourde,
longue et forte pique que nul ne peut brandir parmi les
Achéens — Achille seul le peut — la pique en bois du
Pélion dont Chiron, qui l'avait prise à la cime du Pélion, a
fait présent à son père, pour porter la mort aux héros. Il
donne ordre de vite atteler les chevaux à Automédon,
l'homme qu'après Achille, enfonceur de lignes, il apprécie
le plus, l'homme le plus sûr, lorsqu'il s'agit d'attendre son
appel dans le combat. Automédon sous le joug lui amène
ses chevaux rapides, Xanthe et Balios, qui volent avec les
vents. La Harpye Podarge les a enfantés pour le vent
Zéphyr, alors qu'elle paissait dans une prairie aux bords
du fleuve Océan. Dans les traits de volée il pousse Pédase,
coursier sans reproche, qu'Achille a ramené naguère de la
ville d'Eétion conquise par lui et qui, cheval mortel, n'en
sait pas moins tenir tête à des coursiers immortels.

Achille cependant s'en va, de baraque en baraque, faire
prendre leurs armes à tous les Myrmidons. On dirait des
loups carnassiers, l'âme pleine d'une vaillance prodigieuse,
qui, dans la montagne, déchirent, puis dévorent un grand
cerf ramé. Leurs bajoues à tous sont rouges de sang ; alors
ils s'en vont en bande laper de leurs langues minces la
surface de l'eau noire qui jaillit d'une source sombre, tout
en crachant le sang du meurtre — ventre oppressé, mais
cœur toujours intrépide dans la poitrine. Ainsi les guides
et chefs des Myrmidons s'empressent autour du brave
écuyer de l'Eacide aux pieds rapides. Et, au milieu d'eux,

se tient le preux Achille stimulant les chars et les hommes d'armes.

C'étaient cinquante fines nefs qu'Achille cher à Zeus conduisait vers Troie; dans chacune, cinquante camarades étaient assis aux rames. Il leur avait donné cinq chefs, à qui il s'en remettait du soin de les commander, tandis que, pour lui, il gardait le pouvoir suprême. Le premier rang avait pour chef Ménesthios à la cuirasse étincelante. Il était fils de Sperchios, le fleuve tombé du ciel; la fille de Pélée, la belle Polydore, l'avait enfanté au Sperchios infatigable, mortelle unie à un dieu; mais on l'appelait fils de Bôre — lui-même fils de Périère — parce que c'était Bôre qui l'avait publiquement prise pour femme, après avoir pour elle donné des présents infinis. — Le second rang, lui, était sous les ordres du valeureux Eudore, né d'une jeune fille : Polymède, fille de Phylas, si belle à la danse, lui avait donné le jour. Le puissant Tueur d'Argos s'en était épris, à la voir de ses yeux parmi ses compagnes chantantes, dans le chœur d'Artémis la Bruyante, d'Artémis à l'arc d'or. Aussitôt il montait à l'étage afin d'aller s'étendre, furtif, à ses côtés, Hermès le Bienfaisant; et il lui donnait un fils brillant, Eudore, entre tous coureur rapide autant que bon combattant. Et, dès qu'Ilithye, qui veille aux douleurs de l'enfantement, l'eut amené au jour, dès qu'il eut vu la clarté du soleil, Echéclée, le puissant et ardent fils d'Actor, la conduisit à sa demeure, après avoir pour elle donné des présents infinis. Pour l'enfant, le vieux Phylas le nourrissait, l'élevait avec soin, l'entourant de tendresse, comme s'il eût été son propre fils. — Le troisième rang était sous les ordres du brave Pisandre, fils de Mémale, qui l'emportait sur tous les Myrmidons dans le combat à la lance, après l'ami du Péléide. — Le quatrième avait pour chef le vieux meneur de chars, Phénix, et le cinquième, Alcimédon, fils sans reproche de Laercès. Quand Achille les a tous, derrière leurs chefs, bien répartis et placés, avec rudesse il ordonne :

« Myrmidons, qu'aucun de vous n'oublie les menaces qu'il adressait aux Troyens près des fines nefs, tout le temps qu'a duré ma colère. Vous me preniez alors tous à partie : « Cruel fils de Pélée, c'est donc de fiel que t'a nourri ta mère? Héros impitoyable, qui retiens de force les tiens près de leurs nefs! Rentrons alors chez nous, avec nos nefs marines, puisque si méchante colère a ainsi envahi ton âme. » Que de fois vous vous groupiez pour tenir pareils propos! Eh bien! le voici venu, le jour de la rude tâche, le jour de cette mêlée dont vous étiez naguère épris. Que chacun aujourd'hui combatte les Troyens avec un cœur vaillant. »

Il dit et stimule la fougue et l'ardeur de tous. Les rangs se raffermissent à la voix du roi. Comme un homme, au moyen de moellons bien serrés, raffermit la muraille de sa haute maison, pour la garder des violences du vent, ainsi se raffermissent les casques, les écus bombés. L'écu s'appuie sur l'écu, le casque sur le casque, le guerrier sur le guerrier. Lorsqu'ils inclinent la tête, les casques à crinière heurtent leurs cimiers éclatants, tant ils sont là, serrés les uns contre les autres. En avant de tous, deux hommes en armes, Patrocle et Automédon, d'un même cœur, s'apprêtent à combattre à la tête des Myrmidons. Achille, lui, s'en va à sa baraque. Là, il soulève le couvercle d'un coffre, un beau coffre ouvragé, que Thétis aux pieds d'argent a, pour qu'il l'emporte, déposé dans sa nef et rempli, comme il faut, de tuniques, manteaux qui protègent des vents, tapis laineux. Une coupe façonnée est là; aucun mortel n'y boit le vin aux sombres feux, et lui-même n'y fait de libation à aucun dieu, si ce n'est à Zeus Père. Il la sort du coffre, la purifie d'abord avec du soufre, puis la lave à belle eau courante; ensuite il se lave lui-même les mains et va puiser le vin aux sombres feux. Enfin, debout au milieu de l'enclos, il répand le vin, les yeux levés au ciel — et il n'échappe point à l'œil de Zeus Tonnant.

« Sire Zeus, dieu de Dodone et des Pélasges, dieu lointain! toi qui règnes sur Dodone, l'inclémente, au pays qu'habitent les Selles, tes interprètes aux pieds jamais lavés, qui couchent sur le sol! tu as déjà entendu ma prière, tu m'as rendu hommage, en frappant lourdement l'armée des Achéens : cette fois donc encore, accomplis mon désir. Je resterai, moi, au milieu des nefs; mais j'envoie mon ami se battre, avec toute la masse de mes

Myrmidons. Fais-le suivre par la gloire, ô Zeus à la grande voix! Assure son cœur en son âme : Hector ainsi apprendra si notre écuyer sait combattre seul, ou si ses bras redoutables n'ont de fureur qu'aux jours où j'entre, moi aussi, dans la mêlée guerrière. Mais, quand il aura repoussé des nefs la bataille et sa clameur, fais qu'il revienne aux fines nefs sain et sauf, avec toutes ses armes et avec tous ses hommes ardents au corps à corps. »

Il dit; le prudent Zeus entend ses vœux. Mais le Père des dieux, s'il lui accorde l'un, lui refuse l'autre. Il lui accorde que Patrocle repousse loin des nefs la lutte et le combat, il lui refuse qu'il s'en revienne sain et sauf de la bataille. Puis, la libation, la prière à Zeus Père achevées, il rentre dans sa baraque, remet la coupe dans le coffre et revient se poster devant la baraque : son cœur toujours désire contempler l'atroce mêlée des Troyens et des Danaens.

Ils vont, en armes, entourant Patrocle au grand cœur, jusqu'au moment où, avec assurance, ils bondissent sur les Troyens. Ils se répandent aussitôt, pareils aux guêpes du chemin, que des enfants ont coutume d'irriter et de taquiner sans répit, nichées qu'elles sont au bord de la route. Pauvres sots qui préparent de la sorte un ennui commun à mille autres! Qu'un voyageur ensuite, qui passera près d'elles, les émeuve sans le vouloir, les voilà d'un cœur vaillant qui, toutes, volent à l'attaque pour la défense de leurs jeunes. Les Myrmidons ont âme et cœur pareils, au moment où ils se répandent hors des nefs. Une huée indomptable s'élève. Et Patrocle, à grande voix, alors crie aux siens :

« Myrmidons, vous, les gens d'Achille, le fils de Pélée, soyez des hommes, mes amis : rappelez-vous votre valeur ardente. Nous ferons ainsi honneur au Péléide, qui est, avec ses écuyers experts au corps à corps, le plus brave de beaucoup des Argiens campés près de ces nefs; et l'Atride saura aussi, le puissant prince Agamemnon, ce que fut sa folie de n'avoir pas rendu hommage au plus brave des Achéens. »

Il dit et stimule la fougue et l'ardeur de tous. En masse,

ils se ruent contre les Troyens. Et les nefs, à l'entour,
terriblement résonnent de la clameur des Achéens.

Dès que les Troyens aperçoivent le vaillant fils de
Ménœtios, suivi de son écuyer, étincelants, tous deux,
dans leur armure, leur cœur à tous s'émeut, leur ligne est
ébranlée; ils craignent que le fils de Pélée aux pieds
rapides, quittant ses nefs, n'ait renoncé à la rancune, pour
lui préférer l'amitié. Lors chacun, inquiet, cherche des
yeux où fuir le gouffre de la mort.

Patrocle lance d'abord sa pique éclatante droit devant
lui, en plein centre, au point où les gens sont le plus
nombreux à se bousculer, près de la poupe de Protésilas
au grand cœur. Il frappe Pyræchmès, chef de ces Péoniens
aux bons chars de combat qu'il a amenés d'Amydon et des
bords de l'Axios au large cours. Atteint à l'épaule droite,
l'homme choit dans la poussière, sur le dos, avec un
gémissement. Les Péoniens qui l'accompagnent, autour de
lui, s'enfuient : Patrocle parmi eux a jeté la panique, en
leur tuant leur chef, le premier au combat. Il les chasse
des nefs : il éteint le feu flamboyant. La nef, demi-brûlée,
est abandonnée et les Troyens s'enfuient dans un formidable tumulte. Les Danaens, en revanche, se répandent à
travers les nefs profondes. Un tumulte sans fin s'élève. On
voit ainsi, de la cime élevée d'une grande montagne, Zeus,
assembleur d'éclairs, éloigner une épaisse nuée. Brusquement toutes les cimes se découvrent, les hauts promontoires, les vallées; l'immense éther au ciel s'est déchiré. De
même, les Danaens, le feu dévorant une fois écarté des
nefs, reprennent un instant haleine. Mais le combat n'a
pas pour cela de répit. Les Troyens, sous l'effort des
Achéens belliqueux, ne se tournent pas encore vers la
fuite, en abandonnant les nefs noires; ils résistent toujours
et ne quittent les nefs qu'en cédant à la force.

La mêlée alors se disperse; chacun des chefs fait sa
proie d'un guerrier. Et, d'abord, le vaillant fils de
Ménœtios frappe Aréilyque, au moment même où il
tourne les talons, de sa lance aiguë, à la cuisse, et il pousse
le bronze à fond. La lance brise l'os; l'homme tombe,
front en avant, sur le sol. Le preux Ménélas, lui, frappe
Thoas, à l'endroit de la poitrine que laissent découvert les

bords du bouclier, et lui rompt les membres. Le fils de
Phylée épie Amphicle, qui s'élance, et, tirant le premier, le
frappe au haut de la jambe, là où l'homme a son plus gros
muscle : les tendons se fendent tout autour de la pointe de
la lance ; l'ombre couvre ses yeux. Des fils de Nestor, le
premier, Antiloque frappe Atymnios de sa lance aiguë et
pousse la pointe de bronze à travers le flanc. Il croule, tête
en avant. Maris s'approche, lance au poing, irrité du sort
de son frère et, bondissant sur Antiloque, prend position
devant le mort. Mais Thrasymède, égal aux dieux, tire le
premier, et, avant que Maris ait touché Antiloque, il
l'atteint lui-même à l'épaule, sans faute, du premier coup.
La pointe de la lance déchire le haut du bras, écarte les
muscles, et va, au fond, briser l'os. Il tombe avec fracas ;
l'ombre couvre ses yeux. Ainsi, domptés par les deux
frères, ils descendent dans l'Érèbe, les nobles compagnons
de Sarpédon, les fils guerriers de cet Amisodare, qui jadis
a nourri la Chimère invincible, pour le malheur de bien
des hommes. — Ajax, fils d'Oïlée, bondit et prend vivant
Cléobule, qui vient de trébucher, dans le tumulte ; mais il
brise sa fougue sur l'heure, en le frappant au cou de son
épée à la bonne poignée. L'épée devient toute chaude de
sang, et dans les yeux de l'homme entrent en maîtres la
mort rouge et l'impérieux destin. — Pénéléôs et Lycon
courent sus l'un à l'autre. Ils se sont manqués avec leurs
piques ; ils ont tous deux lancé un trait pour rien. Ils se
courent sus de nouveau, l'épée au poing. Lycon frappe le
cimier du casque à crins de cheval ; mais son épée se brise
à la poignée. Pénéléôs, lui, frappe au cou, sous l'oreille ;
l'épée y plonge toute ; seule, la peau tient encore et laisse la
tête pendre de côté ; les membres sont rompus. —
Mérion, de ses pieds rapides, atteint Acamas, au moment
même où il s'apprête à escalader son char ; il le pique à
l'épaule droite. L'homme croule de son char : un brouillard s'épand sur ses yeux. — Idoménée pique Erymas, à la
bouche, de son bronze impitoyable ; la lance de bronze
s'ouvre un chemin tout droit, profondément, sous le
cerveau, et elle brise les os blancs. Les dents sautent sous
le choc, les deux yeux s'emplissent de sang ; il rend le sang

par la bouche et le nez; la bouche est grande ouverte; et la sombre nuée du trépas l'enveloppe.

Tels sont les chefs des Danaens qui tuent chacun un guerrier. On dirait des loups malfaisants, se ruant sur des chevreaux ou des agneaux, qu'ils ravissent aux flancs des brebis, quand la sottise du berger les a laissés, dans la montagne, se séparer de son troupeau : eux, s'en sont aperçus et, à qui mieux mieux, vite se saisissent des pauvres bêtes au cœur timide. Tout de même, les Danaens vont se ruant sur les Troyens. Mais ceux-ci ne songent plus qu'à la fuite aux tristes clameurs : ils oublient leur valeur ardente.

Le grand Ajax brûle toujours de décocher sa javeline sur Hector au casque de bronze. Mais Hector est expert au combat. Cachant ses larges épaules sous un bouclier en cuir de taureau, il observe le sifflement des flèches et le fracas des lances; il comprend que l'ennemi prend en ce moment sa revanche dans un combat victorieux. Il tient ferme cependant et s'applique à sauver ses gentils compagnons.

Comme une nuée issue de l'éther divin monte de l'Olympe jusqu'au fond du ciel, le jour où Zeus déchaîne la tourmente, ainsi, parmi ceux qui quittent les nefs, montent la clameur, l'épouvante, et ce n'est pas en bel ordre qu'ils en ressortent! Ses chevaux rapides emportent Hector en armes, abandonnant l'armée troyenne, que retient de force le fossé ouvert. Bien des chevaux rapides, en traînant leur char, le brisent à l'extrémité du timon, et laissent le char de leur maître au fossé. Patrocle suit, acharné, stimulant les Danaens et voulant grand mal aux Troyens. Ceux-ci, dans les cris, l'épouvante, remplissent tous les chemins, depuis qu'ils ont rompu les rangs. En haut, sous les nuages, un tourbillon de poussière se déploie. Les coursiers aux sabots massifs allongent, pour rentrer en ville, loin des nefs et des baraques. Patrocle va où il voit le plus de monde en mouvement. Il va, la menace à la bouche. Des guerriers tombent de leurs chars, tête en avant, sous leurs essieux; les chars eux-mêmes culbutent. En droite ligne, par-dessus le fossé, volent ses chevaux rapides, ses chevaux immortels, splendides pré-

sents des dieux à Pélée, qui avec ardeur poussent de
l'avant. Son cœur l'incite à marcher contre Hector : il
voudrait tant le frapper. Mais ses chevaux rapides déjà
emportent Hector. Parfois, sous la tourmente, la terre
apparaît sombre et tout écrasée, dans un de ces jours
d'arrière-saison où Zeus déverse l'eau du ciel avec le plus
de violence, pour manifester sa colère aux mortels à qui il
en veut, à ceux qui, sur la grand-place, brutalement
prononcent des sentences torses et bannissent la justice,
sans souci du respect dû aux dieux. Ceux-là voient à ce
moment leurs fleuves couler à pleins bords, et les pentes
de leurs terres ravinées par les torrents, qui, se précipitant
du haut des montagnes, vont avec une longue plainte
verser leurs eaux dans la mer bouillonnante, laissant les
champs des hommes dévastés. Ainsi les cavales troyennes
courent avec une longue plainte.

Mais, quand il a ainsi entamé leurs premières lignes,
Patrocle cherche à couper les Troyens, à les refouler vers
les nefs, et, quelque désir qu'ils en aient, à leur interdire
de reprendre pied dans leur ville : c'est entre les nefs, le
fleuve, le mur élevé, qu'il les charge et les massacre,
vengeant ainsi nombre des siens. Pronoos est le premier
qu'il touche alors de sa lance éclatante, à l'endroit de la
poitrine, que laissent découvert les bords du bouclier. Il
lui rompt les membres. L'homme croule avec fracas. Il
s'élance ensuite sur Thestor, fils d'Enops. Celui-là reste
tapi dans la caisse ouvragée du char ; son cœur est affolé :
les rênes se sont envolées de ses mains. Patrocle s'approche, le pique de sa lance à la mâchoire, à droite, et
passe à travers les dents. Alors, avec la lance, il le soulève
et le tire par-dessus la rampe du char, comme un homme
assis sur un cap rocheux tire hors la mer un énorme
poisson avec un fil de lin et un bronze luisant ; de même
façon, il tire du char l'homme, bouche ouverte, avec sa
lance éclatante, puis le rejette à terre, la face en avant, et,
dès qu'il est à terre, la vie l'abandonne. Il atteint ensuite
d'une pierre en pleine tête Erylas, qui bondit sur lui ; la
tête tout entière se fend en deux sous le casque puissant.
L'homme tombe, front en avant, et sur lui s'épand la
mort, destructrice de vies humaines. Puis ce sont Erymas

et Amphotère et Epaltès, — Tlépolème, fils de Damastor,
Echios et Pyris, — Iphée et Evippe et Polymèle l'Argéade,
— à qui il fait tour à tour toucher la glèbe nourricière.

Sarpédon voit ses compagnons à la cotte sans couvre-
ventre domptés sous les coups de Patrocle, fils de
Ménœtios. Il appelle alors et gourmande les Lyciens
pareils aux dieux :

« Honte à vous, Lyciens! où fuyez-vous? C'est le
moment de montrer votre ardeur. J'irai, moi, au-devant
de cet homme; je saurai quel est celui qui triomphe ici et
qui a déjà fait tant de mal aux Troyens, en rompant les
genoux à tant de héros. »

Il dit, et de son char, il saute à terre, en armes. Dès que
Patrocle l'aperçoit, il saute à son tour de son char. On
dirait des vautours aux serres crochues, au bec recourbé,
qui, sur une roche élevée, se battent avec de grands cris.
Ils poussent des cris tout pareils, en se ruant l'un sur
l'autre. Le fils de Cronos le Fourbe, à les voir, a pitié, et il
dit à Héré, son épouse et sœur :

« Las! le destin de Sarpédon, pour moi le plus cher des
mortels, est de tomber sous le bras de Patrocle, fils de
Ménœtios. Mais mon cœur est anxieux et, au fond de moi,
agite un double dessein. Vais-je le ravir vivant au combat,
source de pleurs, pour le déposer ensuite dans le gras pays
de Lycie? ou vais-je, à l'instant, l'abattre sous le bras du
fils de Ménœtios? »

L'auguste Héré aux grands yeux lui répond :

« Terrible Cronide, quels mots as-tu dits là? Quoi! un
simple mortel, depuis longtemps voué à son destin, tu
voudrais le soustraire à la mort cruelle? A ta guise! mais
nous, les autres dieux, nous ne sommes pas tous d'accord
pour t'approuver. Et j'ai encore quelque chose à te dire :
mets-le-toi bien en tête. Si tu emportes vivant Sarpédon
dans sa demeure, prends garde que, par la suite, un autre
dieu à son tour ne prétende emporter son fils hors de la
mêlée brutale. Ils sont nombreux, les fils d'Immortels, à
combattre autour de la grand-ville de Priam : tu enfonce-
ras au cœur de leurs pères un atroce ressentiment. Si
Sarpédon t'est cher, si ton cœur pour lui se désole, eh
bien! laisse-le tomber, au cours de la mêlée brutale, sous

le bras de Patrocle, le fils de Ménœtios, puis, quand l'âme et la vie l'auront abandonné, charge Trépas, charge le doux Sommeil de l'emporter et d'aller avec lui jusqu'au pays de la vaste Lycie. Là, ses frères et parents l'enterreront dans un tombeau, sous une stèle, puisque tel est l'hommage dû aux morts. »

Elle dit ; le Père des dieux et des hommes n'a garde de dire non. Il répand sur le sol une averse de sang, pour rendre hommage au fils que va lui tuer Patrocle, en Troade fertile, loin de sa patrie.

Ils marchent l'un sur l'autre et entrent en contact. Patrocle frappe alors l'illustre Thrasydème, noble écuyer de sire Sarpédon. Il l'atteint au bas-ventre et lui rompt les membres, Sarpédon s'élance à son tour avec sa pique éclatante et manque Patrocle. En revanche il va, de sa pique, blesser à l'épaule droite le cheval Pédase, qui crie, expirant, et s'abat dans la poussière, en geignant, tandis que s'envole sa vie. Les deux autres font un écart ; le joug craque et les rênes s'embrouillent, le cheval de volée gisant dans la poussière. Mais Automédon, l'illustre guerrier, trouve le remède. Il tire l'épée tranchante suspendue le long de sa large cuisse ; il s'élance et, d'un bon coup, qui porte, il libère le cheval de volée. Les deux autres chevaux redressent alors leur course et allongent dans leurs traits. Et les deux adversaires reprennent le combat, pour régler la querelle qui dévore leurs cœurs.

Une fois encore, de sa lance éclatante, Sarpédon manque le but. La pointe de sa pique file par-dessus l'épaule gauche de Patrocle, sans toucher le héros lui-même. A son tour alors Patrocle bondit, bronze au poing, et ce n'est pas un vain trait qui lors s'échappe de sa main. Il frappe son adversaire à l'endroit où le péricarde enserre le cœur musclé. Et l'homme croule, comme croule le chêne, ou le peuplier, ou le pin robuste, qu'à grands coups de leurs cognées frais affûtées des charpentiers abattent dans la montagne, pour en faire une quille de navire. Il est tout pareil, étendu à terre, devant ses chevaux et son char, geignant et, de ses mains, serrant la poussière sanglante. Comme on voit un lion assaillir et tuer, dans un troupeau de bœufs à la démarche torse, un taureau magnanime au

fauve pelage, qui gémit, en expirant, sous ses griffes ; ainsi,
sous Patrocle, frémit de fureur le chef mourant des
guerriers lyciens. Il appelle son compagnon :

« Glaucos, doux ami, toi qui es entre tous un guerrier,
c'est bien maintenant, si jamais, qu'il te faut être un
combattant, un guerrier intrépide. Maintenant la guerre
cruelle doit être ta seule envie, si tu as quelque cœur. Tout
d'abord, va de tous côtés stimuler les chefs lyciens : qu'ils
combattent pour Sarpédon ! Puis toi-même, pour moi,
combats avec le bronze. Je te serai à tout jamais un sujet
de honte et d'opprobre, si les Achéens arrivent à me
dépouiller de mes armes, moi qui suis tombé au milieu
des nefs. Tiens donc vigoureusement et stimule tout ton
monde. »

Il dit, et la mort, qui tout achève, déjà enveloppe ses
yeux, ses narines. L'autre lui met alors le pied sur la
poitrine et lui tire sa pique du corps ; le péricarde,
accroché, suit, et Patrocle ramène ensemble l'âme de
Sarpédon et le bout de sa lance. Les Myrmidons pendant
ce temps tiennent ses coursiers haletants, qui ne songent
qu'à fuir, dès l'instant qu'est vide le char de leurs maîtres.

Glaucos ressent un atroce chagrin à ouïr cette voix. Son
cœur s'émeut à la pensée qu'il n'a pu lui prêter secours.
De la main il se prend le bras et le serre : la blessure
l'épuise, que Teucros lui a faite, quand il l'a atteint d'une
flèche, montant à l'assaut du mur élevé, afin d'écarter le
malheur des siens. Alors, priant, il dit à l'Archer Apollon :

« Entends-moi, seigneur ! Que tu sois dans le gras pays
de Lycie ou à Troie, tu peux en tout lieu prêter l'oreille au
mortel en souci ; et c'est bien le souci qui me point à cette
heure. J'ai reçu là une rude blessure ; mon bras est assailli
par des douleurs aiguës ; mon sang ne peut pas sécher, et
mon épaule en est toute alourdie. Je ne suis pas en état de
tenir ma pique ferme, ni d'aller me battre avec l'ennemi.
Le plus vaillant des hommes est mort, Sarpédon, le fils de
Zeus — mais Zeus ne défend pas son fils ! — Allons !
seigneur, guéris ma rude blessure ; endors mes douleurs ;
donne-moi la force : je ferai alors appel aux Lyciens pour
les exciter à lutter, tout en combattant autour du cadavre
sans vie. »

Il dit : Phœbos Apollon entend sa prière. Aussitôt il arrête ses souffrances, il sèche le sang noir de sa plaie douloureuse, il lui met la fougue au cœur. Glaucos en son âme en prend conscience et se réjouit que le dieu puissant ait si vite écouté sa prière. Et, d'abord, il va de tous côtés stimuler les chefs lyciens : qu'ils combattent pour Sarpédon ! Puis, à larges enjambées, il marche vers les Troyens, vers Polydamas, fils de Panthoos, et vers le divin Agénor ; il va aussi trouver Enée, et Hector au casque de bronze, et, s'approchant d'eux, il leur dit ces mots ailés :

« Hector, tu pratiques aujourd'hui un oubli complet de ces alliés qui pourtant, à cause de toi, perdent la vie loin des leurs, loin des rives de leur patrie. Tu te refuses à leur prêter secours. Sarpédon est à terre, le chef des guerriers lyciens, le bouclier de la Lycie par sa justice et par sa force : Arès de bronze l'a dompté sous la pique de Patrocle. Allons ! amis, assistez-le ; que votre cœur se révolte à l'idée que les Myrmidons lui puissent ravir ses armes et outrager son cadavre dans leur rancune pour les Danaens massacrés que, près de ces fines nefs, nous avons fait choir sous nos lances. »

Il dit ; une douleur intolérable et sans rémission saisit les Troyens de la tête aux pieds. Ils voyaient en Sarpédon le rempart de leur pays, tout étranger qu'il était. Son monde était nombreux, lui-même excellait au combat. Ils marchent droit aux Danaens, pleins de feu. A leur tête est Hector, qu'indigne la mort de Sarpédon. Mais le cœur viril de Patrocle, fils de Ménœtios, soulève les Achéens. Et c'est aux deux Ajax, déjà brûlants d'ardeur, qu'il s'adresse d'abord :

« Les Ajax ! n'aimeriez-vous pas aujourd'hui nous soutenir, tels que vous étiez jadis parmi les hommes, ou plus vaillants encore ? Voici à terre celui qui a été le premier à sauter sur le mur des Achéens, Sarpédon. Si nous pouvions lui infliger l'outrage de nous saisir de lui, d'enlever les armes qui couvrent ses épaules, et d'abattre ici, d'un bronze impitoyable, tels ou tels des siens venus le défendre ! »

Il dit ; mais déjà ils brûlaient d'eux-mêmes de repousser l'ennemi. A peine des deux côtés a-t-on affermi les lignes que Troyens et Lyciens, Myrmidons et Achéens se heurtent au combat autour du corps sans vie, en poussant des cris effroyables. Les armures guerrières fortement résonnent, et Zeus épand une lugubre nuit sur la mêlée brutale : il veut que, pour son fils, la besogne de guerre soit lugubre entre toutes.

Les Troyens repoussent d'abord les Achéens aux yeux vifs. Un homme est frappé dans les rangs des Myrmidons, qui n'est pas le moins brave d'entre eux, le fils du magnanime Agaclès, le divin Epigée. Il régnait naguère dans Budion, la bonne ville ; mais, après le meurtre d'un noble cousin, il était venu, suppliant, à Pélée et à Thétis aux pieds d'argent ; et eux, l'avaient envoyé à la suite d'Achille, enfonceur de lignes, vers Ilion aux beaux coursiers, pour y combattre les Troyens. Il a déjà la main sur le cadavre, quand l'illustre Hector l'atteint d'une pierre à la tête : la tête tout entière se fend en deux sous le casque puissant. L'homme tombe front en avant, sur le cadavre, et sur lui s'épand la mort, destructrice de vies humaines. Le chagrin saisit Patrocle à voir périr son compagnon. Il se rue à travers les champions hors des lignes, pareil au milan rapide, qui met en déroute des geais ou des étourneaux. Ainsi tu te rues droit sur les Lyciens, Patrocle, bon meneur de cavales, et droit sur les Troyens, tant t'irrite la mort de ton compagnon ! Et il atteint le fils chéri d'Ithémène, Sthénélas, d'une pierre au cou ; il lui brise les tendons.

Les champions hors des lignes reculent et, avec eux, l'illustre Hector. Aussi loin porte le long épieu que lance un homme qui veut éprouver sa force, soit aux jeux, ou au combat, pour répondre à des ennemis, destructeurs de vies humaines, aussi loin reculent les Troyens repoussés des Achéens. Mais Glaucos, le chef des guerriers lyciens, est le premier à faire volte-face. Il tue ainsi Bathyclès au grand cœur, fils chéri de Chalcon, qui habite l'Hellade et se fait remarquer par son bonheur et sa richesse entre tous les Myrmidons. Glaucos, de sa pique, le frappe en pleine poitrine, en se retournant brusquement, au moment même où l'autre, en le poursuivant, le rejoint. Il tombe avec fracas, et un lourd chagrin prend les Achéens à la pensée du brave qui vient de tomber. Les Troyens, au contraire, sont en grande liesse et vont en grande masse se grouper autour de lui. Mais les Achéens n'oublient pas non plus leur vaillance : ils portent leur élan droit sur eux. Alors Mérion, parmi les Troyens, fait sa proie d'un guerrier, Laogone, intrépide fils d'Onétor, qui jadis était prêtre de Zeus Idéen et que le peuple honorait comme un dieu. Il le touche sous la mâchoire et l'oreille : la vie s'enfuit aussitôt de ses membres ; et l'ombre horrible le saisit. Énée alors lâche sur Mérion sa lance de bronze. Il espère l'atteindre, tandis qu'il s'approche à l'abri de son bouclier. Mais l'autre voit venir le coup : il évite la javeline de bronze, en baissant le corps en avant : la longue lance va se planter au sol derrière lui, et le talon de l'arme reste là à vibrer en l'air, jusqu'au moment où le puissant Arès en relâche l'élan. La pique d'Énée s'est perdue, frémissante, au sol : le trait aura pour rien jailli de sa robuste main. Énée en son cœur alors s'irrite et dit :

« Mérion, tu as beau être habile à la danse : ma pique à jamais t'eût fait tenir tranquille, si je t'eusse atteint. »

Mérion, l'illustre guerrier, le regarde et lui dit :

« Énée, si fier sois-tu, il t'est difficile d'éteindre l'ardeur de tous ceux qui s'offrent à te tenir tête. Tu es mortel comme les autres. Moi aussi, si je te touchais en plein corps de mon bronze aigu, si fort que tu sois, si confiant en tes bras, tu me donnerais aussitôt la gloire, à moi, et ton âme à Hadès aux illustres coursiers. »

Il dit, et le vaillant fils de Ménœtios le gourmande ainsi :

« Mérion, tu as beau être brave : pourquoi parler ainsi ? Doux ami, ce n'est pas en usant de mots injurieux que tu éloigneras les Troyens du cadavre : la terre auparavant doit garder une proie. Les bras décident à la guerre, comme les paroles au Conseil. Ce qu'il faut, ce n'est pas entasser des mots, c'est se battre. »

Il dit, et prend la tête ; et Mérion le suit, mortel égal aux dieux. Comme monte, dans les gorges de la montagne, le tumulte des bûcherons, dont le fracas se répercute au loin, ainsi, par eux, de la large terre monte un grand bruit de bronze, de cuir, de peaux de bœuf travaillées, que heurtent des épées et des lances à deux pointes. Nul homme, si observateur qu'il fût, ne reconnaîtrait plus le divin Sarpédon, tant les traits, le sang, la poussière tout entier le recouvrent, de la tête au bout des pieds. Sans répit ils se heurtent autour de son cadavre. Telles des mouches dans l'étable bourdonnent autour des pots remplis de lait, dans les jours de printemps où le lait emplit les vases, tels ils se heurtent autour du mort ; et Zeus même ne détourne pas, fût-ce un instant, ses yeux brillants de la mêlée brutale ; son regard va vers eux sans trêve, et son âme s'interroge ; il agite divers plans pour la fin de Patrocle. Patrocle va-t-il à son tour, au cours de la mêlée brutale, tout de suite, là-même, sur le corps du divin Sarpédon, être déchiré par le bronze sous les coups de l'illustre Hector, qui ensuite détachera ses armes de ses épaules ? ou fera-t-il croître pour plus d'un encore la peine cruelle ? A force d'y songer, ce dessein lui paraît le meilleur : le noble écuyer d'Achille, le fils de Pélée, va une fois de plus repousser vers leur ville, avec les Troyens, Hector au casque de bronze, et arracher la vie à bien d'autres encore. Et à Hector, le tout premier, Zeus met au corps une âme sans vaillance. Hector monte sur son char et se tourne vers la fuite, en même temps qu'il crie aux autres Troyens de fuir. Il a reconnu la balance sacrée de Zeus ! Les fiers Lyciens cessent dès lors eux-mêmes de tenir ; ils s'enfuient, dès l'instant qu'ils ont vu leur roi, vie brisée, étendu à terre, au milieu des morts. Sur lui maints guerriers sont tombés, dès l'instant où le fils de Cronos a déployé la brutale querelle. On dépouille Sarpédon des armes de bronze éclatantes qui lui couvrent les épaules. Le vaillant fils de Ménœtios les donne ensuite aux siens, pour qu'ils les portent aux nefs creuses. Cependant Zeus, assembleur de nuées, s'adresse à Apollon :

« Va maintenant, cher Phœbos, va soustraire aux traits Sarpédon, efface sur lui le sang noir ; puis porte-le bien loin, et lave-le dans l'eau courante d'un fleuve. Oins-le ensuite d'ambroisie, revêts-le de vêtements divins : enfin remets-le aux porteurs rapides qui doivent l'emporter, Sommeil et Trépas, dieux jumeaux. Ils auront tôt fait de le déposer au gras pays de la vaste Lycie où ses frères et parents l'enterreront dans un tombeau, sous une stèle, puisque tel est l'hommage dû aux morts. »

Il dit ; et Apollon n'a garde de dire non à son père. Des monts de l'Ida il descend dans l'atroce mêlée. Du milieu des traits il enlève aussitôt le divin Sarpédon ; il l'emporte au loin, il le lave à l'eau courante d'un fleuve. Il l'oint ensuite d'ambroisie et le revêt de vêtements divins. Il le remet enfin aux porteurs rapides qui doivent l'emporter, Sommeil et Trépas, dieux jumeaux ; et ceux-ci ont tôt fait de le déposer au gras pays de la vaste Lycie.

Patrocle cependant, exhortant ses chevaux et Automédon, se met à la poursuite des Troyens et des Lyciens. Pauvre sot ! ce fut sa grande erreur : s'il avait observé l'ordre du Péléide, il aurait échappé à l'horrible déesse de la noire mort. Mais le vouloir de Zeus toujours est plus fort que celui d'un mortel. C'est lui qui met le vaillant même en fuite et lui arrache la victoire, sans effort, comme d'autres fois il le pousse lui-même au combat. C'est Zeus, cette fois encore, qui lâche la bride à son cœur dans sa poitrine.

Quel est alors le premier, quel est le dernier que tu abats, Patrocle, dès l'instant où les dieux t'appellent à la mort ! Adraste, d'abord, Autonoos, Echècle ; — puis Périme, le fils de Mégas, Epistôr, et Mélanippe ; — et plus tard Elase, Moulios, Pylartès. Tous ceux-là, il les tue ; les autres ne songent qu'à fuir.

Alors les fils des Achéens eussent emporté Troie aux hautes portes par le bras de Patrocle, tant il chargeait, devant et autour de lui, d'une lance furieuse, si Phœbos Apollon n'avait été là, sur le bon rempart, méditant sa perte et prêt à aider les Troyens. Trois fois, Patrocle attaque un saillant du haut rempart : trois fois Apollon le repousse, en portant un coup droit, de ses mains immortelles, à son écu resplendissant. Une quatrième fois encore, il bondit, pareil à un dieu ; mais Apollon alors le gourmande d'une voix terrible et lui dit ces mots ailés :

« Arrière, divin Patrocle! Le destin ne veut pas qu'elle soit prise par ta lance, la ville des Troyens altiers — pas plus que par celle d'Achille, pourtant bien plus brave que toi. »

Il dit, et Patrocle rompt bien loin en arrière, évitant la colère de l'Archer Apollon.

Hector, aux portes Scées, retient cependant ses coursiers aux sabots massifs. Il se demande s'il va, pour combattre, les ramener dans la mêlée ou s'il criera à ses gens de se rallier derrière les murs. Tandis qu'il y songe, Phœbos Apollon s'approche de lui. Il a pris les traits d'un mortel robuste et fort, Asios, l'oncle maternel d'Hector dompteur de cavales, le frère d'Hécube et le fils de Dymas, qui habite en Phrygie sur les bords du Sangare. C'est sous ses traits qu'Apollon, fils de Zeus, s'adresse à Hector en ces termes :

« Hector, pourquoi suspendre la lutte ? Tu n'en as, d'ailleurs, pas le droit. Ah ! que ne suis-je autant au-dessus que je suis au-dessous de toi. Tu trouverais bientôt amer de t'être esquivé du combat. Allons ! mène droit sur Patrocle tes coursiers aux sabots massifs : qui sait si tu ne triompheras pas et si Apollon ne t'octroiera pas la gloire ? »

Ainsi dit le dieu, et, tandis qu'il retourne au labeur guerrier, l'illustre Hector ordonne au brave Cébrion de fouetter ses chevaux pour marcher au combat. Apollon cependant a plongé dans la foule et provoqué parmi les Argiens un tumulte funeste, pour octroyer la gloire aux Troyens, à Hector. Hector laisse donc là les autres Danaens, sans en tuer un seul : c'est droit sur Patrocle qu'il mène ses coursiers aux sabots massifs, Patrocle, de son côté, saute de son char à terre ; il a sa pique à la main gauche ; de l'autre, il prend une pierre, luisante, rugueuse, qui remplit bien sa main ; il la lance de toutes ses forces, sans s'en laisser bien longtemps imposer par le héros, et son trait ne reste pas vain ; il atteint le cocher d'Hector, Cébrion, bâtard de l'illustre Priam, qui tient les rênes du char. La pierre aiguë le frappe au front ; elle broie les deux sourcils ; l'os ne l'arrête pas ; les yeux tombent à terre, dans la poussière, aux pieds de Cébrion. Il choit, comme un plongeur, du char ouvragé ; la vie abandonne ses os. Et, railleur, tu lui dis, Patrocle, bon meneur de chars :

« Ah ! qu'il est souple, celui-là ! quelle aisance dans ses sauts ! S'il se trouvait un jour sur la mer poissonneuse, ce chercheur d'huîtres-là nourrirait bien des gens, en sautant ainsi du haut d'une nef, même par gros temps, à voir l'aisance avec laquelle il saute d'un char dans la plaine. Il est vraiment de bons sauteurs chez les Troyens ! »

Il dit et se dirige vers le héros Cébrion, d'un bond pareil à celui du lion, qui, à l'instant où il fonce contre une étable, est blessé à la poitrine et que sa vaillance aura ainsi perdu. C'est de même, Patrocle, que tu sautes, toi, ardemment sur Cébrion. Hector, de son côté, saute de son char à terre. Tous deux maintenant luttent autour de Cébrion. On dirait deux lions en train de lutter, au sommet d'un mont, pour une biche tuée, également avides et pleins de superbe ; ainsi, pour Cébrion, deux maîtres au combat, Patrocle, fils de Ménœtios, et l'illustre Hector, brûlent de s'entailler mutuellement la chair d'un bronze implacable. Hector a saisi la tête, et il ne la lâche pas ; Patrocle tient un pied. Les autres, Troyens et Danaens, engagent la mêlée brutale.

Comme l'Euros et le Notos s'appliquent à l'envi, dans les gorges d'une montagne, à ébranler une épaisse forêt, chênes, frênes, cornouillers aux longs fûts, qui projettent alors leurs longs rameaux les uns contre les autres, dans un fracas prodigieux, où se distingue le bruit sec des branches brisées ; ainsi Troyens et Achéens se ruent les uns contre les autres, cherchant à se déchirer, sans qu'aucun des deux partis songe à la hideuse déroute. Autour de Cébrion, par centaines, des piques aiguës viennent se planter au but, ainsi que des flèches ailées, jaillies de la corde d'un arc ; de grosses pierres par centaines vont heurter les boucliers de tous les hommes qui luttent autour de lui — tandis que lui-même, dans un tournoiement de poussière, est là, son long corps allongé à terre, oublieux des chars à jamais !

Tant que le soleil, dans sa course, occupe le centre du ciel, les traits des deux côtés portent et les hommes tombent. Mais voici le soleil qui approche de l'heure où l'on délie les bœufs. A ce moment les Achéens remportent un avantage merveilleux : ils dérobent le héros Cébrion sous les traits, les menaces des Troyens ; ils lui détachent ses armes des épaules, tandis que Patrocle se jette férocement sur les Troyens. Trois fois il s'élance, émule

de l'ardent Arès, en poussant des cris effroyables : trois
fois il tue neuf hommes. Une quatrième fois encore, il
bondit, pareil à un dieu. Mais, à ce moment, se lève pour
toi, Patrocle, le terme même de ta vie. Phœbos vient à toi,
à travers la mêlée brutale. Il vient, terrible — et Patrocle
ne le voit pas venir à travers le tumulte, car Apollon
marche vers lui, couvert d'une épaisse vapeur. Il s'arrête
derrière Patrocle ; il lui frappe le dos, les larges épaules, du
plat de la main. Les yeux aussitôt lui chavirent. Phœbos
Apollon fait choir alors son casque de sa tête. Le casque au
long cimier, sous les pieds des chevaux, roule avec fracas ;
le panache se souille de poussière et de sang. Eût-il été
admis naguère que ce casque à crins de cheval fût jamais
souillé de poussière ? C'était d'un héros divin, c'était
d'Achille alors qu'il protégeait la tête et le front charmants. Mais aujourd'hui Zeus l'octroie à Hector, afin qu'il
le porte sur son propre front, à l'heure où sa perte est
proche. La longue pique de Patrocle se brise toute dans
ses mains, la lourde et grande et forte pique, coiffée de
bronze. Son haut bouclier, son baudrier même, de ses
épaules tombent à terre. Sire Apollon, fils de Zeus, lui
détache sa cuirasse. Un vertige prend sa raison ; ses
glorieux membres sont rompus ; il s'arrête, saisi de
stupeur. Par-derrière alors, dans le dos, entre les épaules,
un Dardanien vient le frapper, à bout portant, d'un bronze
aigu. C'est Euphorbe, fils de Panthoos, qui dépasse tous
ceux de son âge au lancer de la javeline, à la conduite des
chars, à la course à pied. Il a déjà jeté vingt guerriers à bas
de leur char, la première fois où il est venu avec son
attelage s'instruire à la bataille. C'est lui qui, le premier,
lance un trait sur toi, Patrocle, bon meneur de chars. Mais
il ne t'abat pas. Il s'enfuit en courant et se perd dans la
foule, dès qu'il t'a du corps arraché la pique de frêne. Il ne
tient pas devant Patrocle, même désarmé, en plein
carnage. Et Patrocle, dompté par le coup du dieu et par la
javeline, se replie sur le groupe des siens, pour se dérober
au trépas.

Mais Hector aperçoit Patrocle magnanime reculant,
blessé par le bronze aigu. Il s'approche à travers les rangs ;
avec sa pique, il le frappe au bas-ventre et pousse le

bronze à fond. Patrocle tombe avec fracas, pour le grand deuil de l'armée achéenne. On voit parfois un lion venir à bout en combattant d'un sanglier infatigable; tous deux, pleins de superbe, à la cime d'un mont, sont là à batailler pour une mince source, où chacun prétend boire, et le lion finit par dompter sous sa force le sanglier haletant. Ainsi le vaillant fils de Ménœtios, après tant de guerriers par lui abattus, se voit à son tour enlever la vie par un coup à bout portant d'Hector, fils de Priam; et Hector triomphant, lui dit ces mots ailés :

« Ah! Patrocle, tu croyais sans doute que tu allais emporter notre ville, ravir aux femmes troyennes le jour de la liberté et les emmener sur tes nefs aux rives de ta patrie. Pauvre sot! pour les sauver, voici les chevaux rapides d'Hector qui allongent l'allure, afin qu'il puisse se battre. Moi aussi, j'excelle à la lance parmi les Troyens belliqueux, de qui je cherche à écarter le jour fatal. C'est toi qu'ici mangeront les vautours. Malheureux! pour brave qu'il soit, Achille ne t'aura guère servi; lui qui, sans doute, quand tu partais sans lui, instamment te recommandait : « Ne reviens pas, je te prie, aux nefs creuses, Patrocle, bon meneur de cavales, avant d'avoir autour de sa poitrine déchiré la cotte sanglante d'Hector meurtrier. » Voilà ce qu'il te disait, et toi, pauvre sot, tu l'as cru! »

D'une voix défaillante, tu réponds, Patrocle, bon meneurs de chars :

« Hector, il est trop tôt pour triompher si fort. Qui donc t'a donné la victoire? Zeus le Cronide et Apollon. Ils m'ont dompté sans peine : ils ont eux-mêmes détaché mes armes de mes épaules. Eussé-je devant moi trouvé vingt hommes de ton genre, que tous eussent péri sur place, domptés par ma javeline. C'est le sort funeste, c'est le fils de Létô, qui m'ont abattu, et, parmi les hommes, Euphorbe. Tu n'es venu qu'en troisième, pour me dépouiller. Mais j'ai encore quelque chose à te dire; mets-le-toi bien en tête. Tu ne vivras pas bien longtemps non plus. Déjà, à tes côtés, voici la mort et l'impérieux destin, qui veut te voir dompté sous le bras d'Achille, l'Eacide sans reproche. »

Il dit; la mort, qui tout achève, déjà l'enveloppe. L'âme

quitte ses membres et s'en va, en volant, chez Hadès, pleurant sur son destin, quittant la force et la jeunesse. Il est déjà mort, quand l'illustre Hector lui dit :

« Patrocle, pourquoi me prédis-tu le gouffre de la mort? Qui sait si ce n'est pas Achille, fils de Thétis aux beaux cheveux, qui, frappé par ma lance, perdra le premier la vie? »

Cela dit, de la plaie ouverte il retire la pique de bronze, en mettant le pied sur le corps, dont il pousse le dos au sol, avant de dégager sa pique. Puis, sans retard, pique au poing, il va vers Automédon, l'écuyer pareil aux dieux de l'Éacide aux pieds rapides : il voudrait tant le frapper! Mais déjà ses chevaux rapides emportent Automédon, ses chevaux immortels, splendides présents des dieux à Pélée.

CHANT XVII

Cependant le fils d'Atrée, Ménélas chéri d'Arès, n'est pas sans avoir vu Patrocle succomber sous les Troyens dans le carnage. Il s'en vient à travers les champions hors des lignes, casqué du bronze flamboyant, et se poste à ses côtés pour le défendre. Comme aux côtés d'une génisse fait sa mère gémissante — mère pour la première fois, hier encore ignorant l'enfantement — ainsi aux côtés de Patrocle se poste le blond Ménélas. Il tient sa lance en avant, ainsi que son écu rond; il brûle de tuer qui l'affrontera. Mais le fils de Panthoos à la bonne lance ne reste pas non plus indifférent à la chute de Patrocle sans reproche. Il s'approche et dit à Ménélas chéri d'Arès :

« Fils d'Atrée, divin Ménélas, commandeur de guerriers, va, recule, abandonne ce mort, laisse là ses dépouilles sanglantes. Aucun des Troyens, aucun de leurs illustres alliés n'a frappé avant moi Patrocle de sa lance dans la mêlée brutale. Laisse-moi dès lors remporter une noble gloire parmi les Troyens, si tu ne veux que je te frappe et te prenne la douce vie. »

Lors le blond Ménélas violemment s'irrite et dit :

« Ah! Zeus Père! il ne convient pas de se vanter avec excès. Panthère, lion, sanglier féroce — dont le cœur en la poitrine est plus qu'un autre enivré de sa force — nul n'a fougue pareille à celle qui anime les fils de Panthoos à la bonne lance. Et pourtant le puissant Hypérénor, le dompteur de cavales, n'a pas joui de sa jeunesse, du jour qu'il m'a insulté, qu'il m'a tenu tête, qu'il a cru que j'étais le plus piètre guerrier de tous les Danaens. Je ne sache pas qu'il soit revenu chez lui sur ses pieds, pour la joie de sa femme et de ses chers parents. Toi donc aussi, je briserai ta fougue, si tu m'oses affronter. Mais bien plutôt, je t'engage à reculer et, au lieu de m'affronter, à t'en retourner dans la masse. Crains qu'auparavant il ne t'arrive malheur : le plus sot s'instruit par l'événement. »

Il dit ; mais l'autre n'en croit rien et en réponse dit :

« Eh bien ! c'est le moment, divin Ménélas : oui, tu vas payer pour le frère que tu m'as tué et sur qui tu chantes victoire. Tu as voué son épouse au veuvage au fond de sa chambre neuve, et ses parents à des sanglots et à un deuil abominables. Aux sanglots de ces malheureux j'apporterai peut-être un terme en allant déposer ta tête avec tes armes aux mains de Panthoos et de la divine Phrontis. Allons ! je ne veux pas attendre davantage pour tenter le combat et le terminer sans conteste par la victoire ou par la fuite. »

Il dit et l'atteint à son bouclier bien rond. Mais le bronze ne le fend pas ; c'est la pointe qui se rebrousse au contraire sur le puissant bouclier. A son tour, Ménélas l'Atride s'élance, le bronze à la main, en invoquant Zeus Père ; et, tandis qu'Euphorbe recule, il le pique au bas de la gorge et appuie le coup, s'assurant en sa lourde main. La pointe va, tout droit, à travers le cou délicat. L'homme tombe avec fracas, et ses armes sonnent sur lui. Le sang trempe ses cheveux tout pareils à ceux des Grâces, ses boucles, qu'enserrent et l'or et l'argent. On voit parfois un homme nourrir un plant d'olivier magnifique, dans un lieu solitaire, un beau plant plein de sève, arrosé d'une eau abondante, vibrant à tous les vents, qu'ils soufflent d'ici ou de là, et tout couvert de blanches fleurs. Mais un vent vient soudain en puissante rafale, qui l'arrache à la terre où plonge sa racine et l'étend sur le sol. Tel apparaît le fils de Panthoos, Euphorbe à la bonne lance, que Ménélas l'Atride vient de tuer et qu'il dépouille de ses armes.

Comme on voit un lion nourri dans les montagnes et sûr de sa force, au milieu d'un troupeau qui paît, ravir la vache la plus belle, et, la prenant dans ses crocs pǚissants, lui broyer d'abord le col, pour la déchirer ensuite et lui humer le sang et les entrailles, tandis qu'autour de lui, chiens et bergers vont poussant de grands cris, mais restent à distance et se refusent à l'affronter — une peur livide les tient — tout de même, personne parmi les combattants ne se sent le courage d'affronter le glorieux Ménélas. L'Atride eût donc alors emporté sans peine les armes illustres du fils de Panthoos, si Phœbos Apollon de lui n'eût pris ombrage et n'eût fait contre lui se lever Hector, l'émule de l'ardent Arès. Sous l'aspect d'un homme, Mentès, chef des Cicones, il prend donc la parole et dit ces mots ailés :

« Hector, tu es là à courir, à poursuivre un gibier que tu ne peux atteindre. Les chevaux du brave Éacide !... Le malheur est qu'ils sont malaisés à dresser aussi bien qu'à conduire, pour de simples mortels, à l'exception d'Achille, qui est fils d'Immortelle. Et cependant Ménélas, le belliqueux fils d'Atrée, dans sa garde autour de Patrocle, vient de tuer le plus brave des Troyens, Euphorbe, fils de Panthoos, mettant ainsi un terme à sa valeur ardente. »

Cela dit, le dieu retourne au labeur guerrier. Une douleur atroce étreint Hector dans ses noires entrailles. Il promène son regard de tous les côtés sur le front, et aussitôt il les voit, l'un arrachant à l'autre ses armes illustres, l'autre gisant à terre. Le sang ruisselle par la blessure ouverte. Il s'en vient à travers les champions hors des lignes, casqué du bronze flamboyant, poussant des cris aigus, tout pareil à la flamme d'Héphæstos, que rien n'éteint. Le fils d'Atrée n'est pas sans entendre ces cris aigus. Lors il s'irrite et dit à son cœur magnanime :

« Ah ! misère ! si je laisse ces belles armes, et Patrocle — Patrocle, qui est là, étendu pour ma cause — j'ai peur que les Danaens qui verront cela ne le prennent mal. Mais, si je m'en vais, seul, combattre, pour l'honneur, Hector et les Troyens, je crains d'être entouré, tout seul, par une foule : c'est l'armée troyenne entière qu'amène ici Hector au casque étincelant... Mais qu'a besoin mon cœur de disputer ainsi ? Quand un homme prétend, en dépit du Ciel, lutter contre un guerrier que favorise un dieu, il ne

faut pas longtemps pour qu'un grand malheur dévale sur
lui. Nul des Danaens ne prendra mal la chose, s'il me voit
céder la place à Hector, alors qu'Hector combat par le
vouloir des dieux. Si du moins j'entendais quelque part le
cri de guerre du brave Ajax, nous marcherions tous deux,
rappelant notre ardeur guerrière, en dépit même du
destin; peut-être alors pourrions-nous tirer le cadavre
pour Achille, fils de Pélée. Au milieu de nos maux, ce
serait encore le mieux. »

Mais, tandis qu'en son âme et son cœur, il remue ces
pensées, la ligne troyenne est en marche. Hector la
conduit. Lors Ménélas recule et laisse là le corps, tout en
tournant la tête. On dirait un lion à crinière qu'hommes et
chiens chassent hors de l'étable avec des piques et des cris;
son cœur vaillant se glace au fond de lui, et il s'éloigne à
regret de la cour. C'est ainsi que de Patrocle s'éloigne le
divin Ménélas. Il ne s'arrête et ne fait volte-face qu'une
fois rejoint le groupe des siens. Ses yeux inquiets
cherchent le grand Ajax, le fils de Télamon; et bientôt il
l'aperçoit à l'extrême gauche du front, rassurant les siens
et les stimulant au combat, car Phœbos Apollon a jeté
dans leurs rangs une folle panique. Il court à lui, le rejoint
vite et lui dit :

« Ajax, par ici! doux ami. Faisons effort pour le corps
de Patrocle. Voyons si nous pourrons l'apporter à Achille
— sans ses armes, puisque ses armes sont aux mains
d'Hector au casque étincelant.. »

Il dit, et il émeut le cœur du brave Ajax. Ajax part, à
travers les champions hors des lignes, avec le blond
Ménélas. Hector cependant, dès qu'il a dépouillé de ses
armes illustres le corps de Patrocle, cherche à le tirer; il
veut lui séparer la tête des épaules avec le bronze aigu
et, après l'avoir traîné sur le sol, le livrer aux chiens de
Troie. Mais voici que s'approche Ajax, portant son
bouclier semblable à une tour. Hector alors recule, pour
rejoindre la masse des siens, et saute sur son char. Les
belles armes, il les donne à des Troyens, qui les porteront
vers la ville, où elles lui seront sujet de grande gloire. Ajax,
lui, de son large écu couvre le fils de Ménœtios. Il se tient
là, pareil à un lion protégeant ses lionceaux — il s'est

rencontré avec des chasseurs, alors qu'il menait ses petits aux bois, et, enivré de sa force, il abaisse sur ses yeux — les couvrant entièrement — toute la peau de son front. Tel s'est dressé Ajax aux côtés du héros Patrocle. Près de lui se tient l'Atride, Ménélas chéri d'Arès, qui sent dans sa poitrine grandir un deuil immense.

Mais Glaucos, fils d'Hippoloque et chef des Lyciens, lève sur Hector un œil sombre et le tance en un dur langage :

« Hector, tu as magnifique apparence, mais tu es beaucoup moins apte, je le vois, à la bataille. Vraiment ta noble gloire ne repose sur rien, si tu n'es qu'un fuyard. Avise maintenant à sauver ton pays et ta ville, tout seul, avec les hommes nés à Ilion. Pas un Lycien n'ira, pour ta cité, se battre avec les Danaens, puisque, je le vois trop, on ne gagne pas de reconnaissance à se battre avec l'ennemi, obstinément, sans trêve. Et comment, malheureux! saurais-tu ramener dans tes lignes un guerrier ordinaire, quand tu as laissé Sarpédon, ton hôte et ami, devenir la proie, le butin des Argiens? — Sarpédon qui, vivant, vous avait tant servis, toi et ta cité; et, aujourd'hui, tu n'as pas le cœur de le défendre des chiens! Aussi, dès cette heure, s'il est des Lyciens qui veuillent bien m'en croire et s'en retourner chez nous, c'est le gouffre de la mort qui, clairement, s'ouvre pour Troie. Ah! si chez les Troyens il y avait en ce moment cette ardeur prête à toutes les audaces, cette ardeur intrépide qui pénètre les hommes, quand c'est pour leur patrie qu'ils peinent et qu'ils luttent avec des ennemis, nous aurions vite fait de tirer Patrocle derrière les remparts d'Ilion; et alors, une fois le corps de Patrocle entré dans la grand-ville de sire Priam et tiré hors de la bataille, les Argiens à leur tour auraient vite fait de nous rendre les belles armes de Sarpédon, et nous le ramènerions lui-même derrière les remparts d'Ilion; tant est puissant celui dont l'écuyer vient d'être tué et qui est de beaucoup le plus brave à bord des nefs argiennes, avec ses écuyers experts au corps à corps. Mais toi, tu n'oses pas affronter Ajax au grand cœur, en le regardant dans les yeux en pleine huée ennemie, ni le combattre face à face, parce qu'il est plus fort que toi. »

Hector au casque étincelant sur Glaucos à son tour lève un œil sombre et dit :

« Glaucos, pourquoi, étant ce que tu es, parler si insolemment ? Doux ami ! je te croyais, pour le sens, bien au-dessus de tous les habitants de la Lycie plantureuse. Mais, cette fois, je te dénie entièrement le sens, à t'entendre parler ainsi. Tu dis que je ne tiens pas devant le gigantesque Ajax : ce n'est pas que je craigne ni la bataille ni le fracas des chars. Non, mais le vouloir de Zeus porte-égide toujours est le plus fort ; c'est lui qui met le vaillant même en fuite et lui arrache la victoire, sans effort, comme d'autres fois il le pousse lui-même au combat. Allons ! viens, doux ami, mets-toi près de moi, regarde-moi à l'œuvre, et tu verras si je dois être lâche la journée tout entière, ainsi que tu le dis, ou si je saurai repousser tout Danaen, si ardente soit sa valeur, pour avoir le corps de Patrocle. »

Il dit, et, à grande voix, lance un appel aux Troyens :

« Troyens, et Lyciens, et Dardaniens experts au corps à corps ! soyez des hommes, amis ; rappelez-vous votre valeur ardente, tandis que j'irai, moi, vêtir les belles armes d'Achille sans reproche, dont j'ai dépouillé le puissant Patrocle, après l'avoir tué. »

Cela dit, Hector au casque étincelant quitte le combat cruel. Bien vite, en courant, il rejoint ceux des siens — ils ne sont pas loin, et il les suit d'un pas rapide — qui portent vers la ville les armes illustres du fils de Pélée. Il s'arrête à l'écart du combat, source de pleurs, et il change d'armes. Les siennes, il les donne aux Troyens belliqueux, pour qu'ils les portent dans la sainte Ilion ; en échange, il revêt les armes immortelles d'Achille, le fils de Pélée, que les dieux, issus de Ciel, ont jadis données à son père. Celui-ci était déjà vieux quand il les avait remises à son fils ; mais le fils, lui, ne devait pas vieillir sous l'armure paternelle.

Quand Zeus, l'assembleur de nuées, voit de loin Hector s'armer avec les armes du divin Péléide, il secoue la tête et dit à son cœur :

« Ah ! malheureux ! la mort ne t'obsède guère, qui est pourtant si près de toi. Tu vêts les armes divines d'un héros devant qui tous frissonnent. Tu lui as tué son bon et fort ami, et à celui-ci tu as pris ses armes — vilainement — sur son chef et sur ses épaules. Pour l'instant, néanmoins, je te veux mettre en main un splendide triomphe. Il compensera le sort qui t'attend, puisque Andromaque n'aura pas à recevoir de toi, revenant du combat, les armes illustres du fils de Pélée. »

Il dit, et de ses sourcils sombres le fils de Cronos fait oui. Il adapte les armes à la taille d'Hector. Arès entre en lui, terrible, furieux ; ses membres, à fond, s'emplissent de vaillance et de force. Il se dirige vers ses illustres alliés en poussant de grands cris et apparaît aux yeux de tous brillant de l'éclat des armes du Péléide magnanime. Il va de l'un à l'autre, stimulant d'un mot chaque homme tour à tour, Mesthlès, Glaucos, Médon et Thersiloque, — Astéropée, Deisénor, et Hippothoos, — Phorcys et Chromios, et Ennome, interprète de présages. Et, pour les stimuler, il leur dit ces mots ailés :

« Écoutez-moi, tribus si diverses de nos alliés et voisins ! Je ne cherchais pas le nombre — et je n'en avais pas besoin — quand je vous ai tous appelés ici, loin de vos cités. Il s'agissait seulement de défendre de tout cœur les épouses des Troyens avec leurs jeunes enfants contre l'Achéen belliqueux. C'est dans cette pensée que j'épuise sans cesse notre peuple en dons comme en vivres, et que j'exalte votre courage à tous. Donc que chacun ici fasse front contre l'ennemi, puis périsse ou se sauve : c'est la loi des rendez-vous guerriers. Patrocle n'est plus qu'un mort : à qui néanmoins saura le tirer jusqu'aux rangs des Troyens dompteurs de cavales, à qui fera plier Ajax, j'attribuerai une moitié de ses dépouilles, ne gardant que l'autre pour moi ; et la gloire sera la même pour lui et pour moi. »

Il dit ; tous font pesée sur les Danaens, en marchant droit contre eux, les piques levées. Leur cœur a bon espoir d'arracher le corps à Ajax, fils de Télamon. — Pauvres sots ! à plus d'un, sur ce corps, au contraire il perdra la vie ! — Ajax alors s'adresse à Ménélas au puissant cri de guerre :

« Doux ami, divin Ménélas, je ne compte plus que nous

sortions jamais l'un ni l'autre de ce combat. J'ai grand-
peur, moins pour le corps de Patrocle qui rassasiera
bientôt les chiens et les oiseaux de Troie, que pour ma
propre tête ; j'ai grand-peur qu'il ne lui arrive malheur —
et à la tienne aussi — quand je vois cette nuée guerrière,
Hector, tout envelopper, et quand clairement devant nous
s'ouvre le gouffre de la mort. Mais, allons ! fais appel aux
plus braves des Danaens : l'un d'eux nous entendra peut-
être. »

Il dit, et Ménélas au puissant cri de guerre n'a garde de
dire non. D'une voix éclatante, capable de porter parmi les
Danaens, il clame :

« Amis, guides et chefs des Argiens, vous tous qui, aux
côtés des Atrides, Agamemnon et Ménélas, buvez le vin
public et commandez chacun aux vôtres, vous que Zeus
fait suivre d'honneur et de gloire, il ne m'est pas aisé de
reconnaître aujourd'hui chaque nef — tant flambe la lutte
guerrière — mais qu'ils viennent tous d'eux-mêmes, et
que leurs cœurs se révoltent à l'idée de Patrocle devenu
une fête pour les chiens de Troie ! »

Il dit, et le rapide Ajax, le fils d'Oïlée, nettement perçoit
l'appel. Il vient le tout premier affronter l'ennemi, en
courant à travers le carnage. Après lui vient Idoménée,
puis le suivant d'Idoménée, Mérion, l'émule d'Enyale
meurtrier. Qui pourrait en son esprit trouver les noms des
autres, de tous les Achéens qui viennent derrière eux
ranimer le combat !

Les Troyens chargent, en masse. Hector est à leur tête.
A la bouche d'un fleuve nourri des eaux du ciel, la vaste
houle gronde en heurtant le courant et les falaises du
rivage crient sous le flot qui déferle sur elles. Pareille est
la clameur des Troyens en marche. Les Achéens, eux, se
dressent autour du fils de Ménœtios ; tous n'ont qu'un
même cœur ; ils se font un rempart de leurs écus de
bronze ; autour de leurs casques brillants le Cronide
répand une épaisse vapeur. Aussi bien n'avait-il point de
haine contre le fils de Ménœtios naguère, quand, encore
vivant, il était l'écuyer du petit-fils d'Eaque. Il répugne à
l'idée qu'il puisse être une proie livrée aux chiens de

l'ennemi troyen. C'est pourquoi il excite les siens à le défendre.

Les Troyens repoussent d'abord les Achéens aux yeux vifs, qui laissent le mort, pris de peur ; mais les bouillants Troyens, quelque envie qu'ils en aient, n'abattent aucun d'eux sous leurs lances : ils tirent seulement le mort. Les Achéens pourtant ne doivent pas en rester loin long-temps. Vite, Ajax leur fait faire volte-face, Ajax, que sa beauté ainsi que ses exploits mettent au-dessus de tous les Danaens, après le Péléide sans reproche. Il charge à travers les champions hors des lignes, droit devant lui, pareil, en sa vaillance, au sanglier qui, sur les monts, lorsqu'il fait volte-face, n'a pas de peine à mettre en fuite les chiens et les gars robustes, à travers les vallons boisés. Ainsi le fils du noble Télamon, l'illustre Ajax, venant à eux, n'a pas de peine à disperser les bataillons des Troyens qui ont entouré Patrocle et prétendent orgueilleusement le tirer vers leur cité et remporter pour eux la gloire.

L'illustre fils de Lèthe le Pélasge, Hippothoos, tire alors le corps par un pied à travers la mêlée brutale : il vient de lui passer une courroie aux tendons de la cheville. Il voudrait plaire à Hector, aux Troyens. Le malheur est vite sur lui, et personne de lui ne l'écarte, quelque désir que tous en aient. Le fils de Télamon bondit au travers de la presse et le frappe à bout portant, en traversant son casque aux couvre-joues de bronze. Le casque à l'épaisse crinière se brise autour de la lance pointue, sous le choc de l'énorme pique et de la forte main, et, le long de la douille, la cervelle sanglante jaillit de la blessure. L'homme est cloué sur place, sa fougue brisée ; ses bras laissent choir à terre le pied de Patrocle au grand cœur, et il tombe près du héros, front en avant, sur le cadavre, loin de Larisse plantureuse ; il n'aura pas à ses parents payé le prix de leurs soins ; sa vie aura été brève : le magnanime Ajax l'a dompté sous sa lance !

Mais Hector à son tour lance sur Ajax sa pique brillante. L'autre voit venir le coup ; il évite de peu la javeline en bronze, et c'est Schédios, le fils du magnanime Iphite, de beaucoup le plus brave des Phocidiens, qui habite l'illustre Panopée et y règne sur d'innombrables sujets, qu'Hector atteint au-dessous du milieu de la clavicule ; l'extrémité de la pointe de bronze traverse et ressort en bas de l'épaule. L'homme tombe avec fracas et ses armes sonnent sur lui.

Ajax s'en prend alors à Phorcys, le brave fils de Phénops, qui est venu couvrir Hippothoos ; il l'atteint en plein ventre. Le bronze déchire le plastron de la cuirasse et va plonger dans les entrailles. L'homme choit dans la poussière, agrippant le sol de ses mains. Les champions hors des lignes reculent, et, avec eux, l'illustre Hector. Les Argiens alors poussent un grand cri et tirent les morts, Phorcys et Hippothoos, dont ils détachent les armes des épaules.

Alors les Troyens, à leur tour, sous la poussée des Achéens chéris d'Arès, seraient remontés jusqu'à Ilion, en cédant à la lâcheté, tandis que les Argiens auraient conquis la gloire, au-delà même du sort voulu de Zeus, par leur force et par leur vigueur, si Apollon en personne n'était à ce moment venu stimuler Enée, sous les traits de Périphas, le héraut, fils d'Epyte, qui vieillissait auprès de son vieux père dans ses fonctions de héraut, n'ayant au cœur qu'amicales pensées. C'est sous ses traits qu'Apollon, fils de Zeus, s'adresse à Enée en ces termes :

« Enée, comment feriez-vous donc, si le Ciel était contre vous, pour sauver la haute Ilion ? J'en ai vu d'autres pourtant sauver leur ville, en s'assurant seulement en leur force, en leur vigueur, en leur vaillance — en leur nombre aussi, bien qu'ils eussent un peuple beaucoup moins nombreux. Or, aujourd'hui, Zeus préfère de beaucoup nous voir vainqueurs, plutôt que les Danaens ; et c'est vous qui follement tremblez au lieu de lutter ! »

Il dit ; Enée le regarde en face et il reconnaît l'Archer Apollon. Il pousse alors un grand cri et dit à Hector :

« Hector, et vous tous, chefs troyens et alliés, voilà bien cette fois pour nous la honte suprême, si, sous la poussée des Achéens chéris d'Arès, nous remontons vers Ilion, en cédant à la lâcheté. Nous ne le ferons pas : un dieu vient à l'instant de s'approcher de moi pour me dire que Zeus, le maître suprême, demeure notre allié au combat. Marchons donc droit aux Danaens, et ne les laissons pas

rapporter Patrocle mort bien tranquillement jusqu'aux
nefs. »

Il dit, et, d'un bond, se place au-delà des champions
hors des lignes. Les autres alors se retournent et font face
aux Achéens. A ce moment, de sa lance, Enée frappe
Léiocrite, fils d'Arisbas, le vaillant compagnon de Lycomède. Sa chute émeut de pitié Lycomède chéri d'Arès. Il
vient se placer près du mort et lance sa pique brillante.
Elle atteint Apisaon, fils d'Hippase, pasteur d'hommes,
sous le diaphragme, au foie, et sur l'heure rompt les
genoux du héros venu de la Péonie fertile, le premier au
combat après Astéropée.

Sa chute émeut de pitié le valeureux Astéropée. Il
fonce, lui aussi, avec entrain contre les Danaens. Mais il
est trop tard : debout autour de Patrocle, ils ont de leurs
boucliers fait un rempart continu, et croisé leurs lances.
Ajax va à tous, tour à tour, et leur prodigue ses instances :
qu'aucun, ordonne-t-il, ne recule derrière le mort ; qu'aucun n'aille non plus, pour se distinguer, combattre en se
portant bien en avant des autres Achéens ; qu'ils restent,
tous, autour du mort et ne se battent que de près. Voilà ce
que commande le gigantesque Ajax. Et la terre est
trempée de sang rouge ; et les morts tombent à côté les
uns des autres, aussi bien parmi les Troyens et leurs
puissants alliés que parmi les Danaens. Ceux-ci non plus
ne se battent pas sans perdre de sang ; leurs pertes
pourtant sont beaucoup moins grandes : c'est qu'ils
n'oublient pas de rester toujours groupés, pour éloigner les
uns des autres le gouffre de la mort.

C'est ainsi qu'ils combattent, tout pareils à la flamme,
et l'on ne pourrait dire si le soleil, la lune existent encore.
Une brume recouvre sur le champ de bataille tous les
preux qui entourent le fils de Ménœtios mort. Les autres
Troyens, les autres Achéens aux bonnes jambières combattent sans obstacle sous le ciel ; la clarté aiguë du soleil
se déploie au-dessus d'eux ; aucun nuage ne se montre sur
toute la terre ni sur les montagnes. Ils se battent, avec des
pauses, et ils cherchent à éviter les traits les uns des autres,
les traits sources de sanglots, en se maintenant à grande
distance. Mais ceux qui sont au centre souffrent durement

de la brume et du combat; les plus braves sont meurtris
par le bronze impitoyable. Il est pourtant deux hommes,
deux guerriers glorieux, Thrasymède et Antiloque, qui
ignorent toujours que Patrocle sans reproche est mort, et
qui s'imaginent que, vivant, il se bat encore avec les
Troyens aux premières lignes. Pleins du seul souci
d'épargner aux leurs la mort ou la panique, ils combattent
à part, comme ils en ont reçu l'ordre de Nestor, lorsqu'il
les a poussés des nefs noires au combat.

Pour les autres, la journée entière, c'est un conflit
terrible, une lutte douloureuse; la fatigue et la sueur,
obstinément, sans répit, souillent les genoux, les jambes
et, plus bas, les pieds, — voire les bras, les yeux de tous
ceux qui, des deux côtés, luttent autour du brave écuyer de
l'Eacide aux pieds rapides. On voit parfois un homme
donner à tendre à ses gens le cuir d'un grand taureau, tout
imprégné d'huile. Ils le prennent et s'écartent, en faisant
cercle pour le tendre. Aussitôt l'humidité sort; l'huile
pénètre d'autant mieux qu'il y a plus d'hommes à tirer, et
le cuir se distend en tout sens. C'est ainsi qu'en un étroit
espace les deux partis tirent le mort, de-ci de-là. Tous au
cœur ont bon espoir, les Troyens de le traîner jusqu'à
Troie, les Achéens jusqu'aux nefs creuses; et, tout autour
de lui, monte la mêlée farouche. Ni Arès, meneur de
guerriers, ni Athéné n'auraient, s'ils la venaient voir, la
moindre critique à en faire, quelque colère qui fût entrée
en eux : si dure est la lutte autour de Patrocle, dont Zeus
en ce jour serre le nœud sur les guerriers et les chevaux. Et
pourtant le divin Achille ne sait pas encore la mort de
Patrocle : le combat se livre trop loin des fines nefs, sous
les murs de Troie, et son cœur n'a jamais imaginé sa
mort; il croit qu'après s'être heurté aux portes, il va
retourner en arrière. Pas un instant il n'a songé que
Patrocle pourrait réduire la place sans lui — ni même avec
lui. Il l'a si souvent entendu dire à sa mère, quand, le
prenant à part, elle lui rapportait le dessein du grand
Zeus : jamais alors sa mère ne lui a dit le grand malheur
qui déjà est le sien — que le plus cher de ses amis est
mort.

Sans trêve, autour du mort, leurs lances aiguës à la

main, ils se heurtent et se massacrent obstinément. Et
chacun de dire parmi les Achéens à la cotte de bronze :

« Amis, il serait peu glorieux de retourner aux nefs
creuses. Que sous nos pieds à tous plutôt s'ouvre la terre
noire! cela vaudrait cent fois mieux — et sur l'heure —
que d'abandonner ce corps aux Troyens dompteurs de
cavales, pour qu'ils le traînent vers la ville et qu'ils en
remportent la gloire. »

Et, du côté des Troyens magnanimes, chacun aussi de
dire :

« Amis, quand même notre destin serait de succomber
aux côtés de cet homme, tous, d'un seul coup, que nul
n'aille pour cela renoncer à la bataille. »

C'est ainsi que chacun parle, stimulant la fougue de
tous. Mais, tandis qu'ils combattent et qu'un tumulte de
fer s'élève jusqu'au ciel d'airain à travers l'éther infini, les
chevaux de l'Eacide, à l'écart du combat, sont là qui
pleurent, depuis l'instant où ils ont vu leur cocher choir
dans la poudre sous le bras d'Hector meurtrier. Automédon, le vaillant fils de Diôrée, a beau les presser sans trêve,
en les touchant d'un fouet agile, leur parler sans trêve
aussi, d'une voix qui tantôt les caresse et tantôt les
menace : les deux chevaux se refusent aussi bien à rentrer
aux nefs, du côté du large Hellespont, qu'à marcher au
combat du côté des Achéens. Ils semblent une stèle qui
demeure immuable, une fois dressée sur la tombe d'une
femme ou d'un homme mort. Ils demeurent là, tout
aussi immobiles, avec le char splendide, la tête collée au
sol. Des larmes brûlantes coulent de leurs yeux à terre,
tandis qu'ils se lamentent dans le regret de leur cocher, et
elles vont souillant l'abondante crinière qui vient d'échapper au collier et retombe le long du joug des deux côtés.

Et, à les voir se lamenter ainsi, le Cronide les prend en
pitié, et, hochant la tête, il dit à son cœur :

« Pauvres bêtes! pourquoi vous ai-je donc données à sire
Pélée — un mortel! — vous que ne touche ni l'âge ni la
mort? Est-ce donc pour que vous ayez votre part des
douleurs avec les malheureux humains? Rien n'est plus
misérable que l'homme, entre tous les êtres qui respirent
et qui marchent sur la terre. Du moins Hector le Priamide

ne vous mènera pas, ni vous ni votre char ouvragé; je ne le tolérerai pas. Ne suffit-il pas qu'il ait déjà les armes et s'en glorifie comme il fait. Pour vous, je vous mettrai aux jarrets et au cœur une fougue qui vous fera ramener Automédon sain et sauf de la bataille aux nefs creuses. Je veux aux Troyens accorder encore la gloire de tuer, jusqu'à ce qu'ils aient atteint les nefs aux bons gaillards, que le soleil se soit couché, que soit venue l'ombre sacrée. »

Il dit, et aux coursiers il insuffle une noble ardeur. Ils secouent au sol la poudre de leurs crinières, et, vite, emportent le char agile du côté des Troyens et des Achéens. Porté par eux, Automédon combat, quelque chagrin qu'il ait pour son ami; il s'élance avec ses coursiers, comme un vautour sur des oies. Sans peine il se soustrait au tumulte troyen, sans peine il fonce et poursuit l'adversaire à travers la foule innombrable. Mais il ne tue pas d'hommes, quand il se lance ainsi à la chasse de l'ennemi. Il ne peut à la fois, sur le char sacré, attaquer avec sa pique et tenir en main ses chevaux rapides. Enfin un ami, de ses yeux, l'aperçoit, Alcimédon, fils de Laërcès l'Hémonide. Il s'approche du char par-derrière et il dit à Automédon :

« Automédon, qui des dieux t'a donc mis ce vain dessein dans la poitrine et t'a dérobé ta raison, que tu combattes ici contre les Troyens en première ligne, seul, alors que ton ami vient d'être abattu et qu'Hector se glorifie de porter, lui, sur ses épaules les armes de l'Eacide? »

Et Automédon, fils de Diôrée, alors lui répond :

« Alcimédon, quel autre Achéen te vaut pour maintenir dociles et fougueux à la fois des chevaux immortels? — si l'on excepte Patrocle, pour le conseil égal aux dieux, lorsqu'il vivait; mais à cette heure la mort et le destin le tiennent. Allons! prends de moi le fouet, les rênes luisantes, et je descendrai du char, pour combattre. »

Il dit, et Alcimédon, sautant sur son char de guerre, vite prend en main le fouet et les rênes, tandis qu'Automédon saute à terre. Mais l'illustre Hector le voit et vivement il s'adresse à Enée, à côté de lui :

« Enée, bon conseiller des Troyens à cotte de bronze, je vois là apparaître sur le champ de bataille les deux chevaux du rapide Eacide, avec de bien piètres cochers. J'aurai quelque espoir de m'en emparer, si ton cœur y consent; attaquons ensemble, et les cochers n'oseront pas nous tenir tête ni engager un combat régulier. »

Il dit, et le noble fils d'Anchise n'a garde de dire non. Tous deux vont droit devant eux, les épaules couvertes de cuirs secs et fermes, sur lesquels s'étend un bronze épais. A eux se joint Chromios, avec Arète pareil aux dieux : leur cœur a bon espoir de massacrer les cochers et d'emmener ensuite les coursiers à noble encolure. Pauvres sots! ils ne doivent pas revenir de leur rencontre avec Automédon sans avoir versé leur sang. Celui-ci a déjà invoqué Zeus Père, et ses noires entrailles se sont remplies de vaillance et de force. Aussitôt il dit à Alcimédon, son fidèle ami :

« Alcimédon, ne retiens pas les chevaux loin de moi : fais qu'ils me soufflent dans le dos. Je ne crois pas qu'Hector le Priamide arrête son élan avant d'avoir pris la conduite, nous deux une fois tués, des coursiers d'Achille aux belles crinières et d'avoir ainsi jeté la panique dans la ligne argienne — ou de s'être fait tuer lui-même au premier rang. »

Il dit, et il appelle les deux Ajax et Ménélas :

« Ohé! les deux Ajax, guides des Argiens, et toi, Ménélas, confiez donc le mort aux guerriers les plus braves, qui l'entoureront et le défendront du front ennemi, et venez écarter des vivants que nous sommes le jour implacable. C'est ici le point du combat, source de pleurs, où porte tout le poids d'Hector et d'Enée, les plus braves des Troyens. Mais tout cela repose sur les genoux des dieux. Je me charge de jeter mon trait; le reste sera l'affaire du Ciel. »

Il dit, et brandissant sa longue javeline, il la lance et atteint Arète à son bouclier bien rond. Celui-ci n'arrête pas l'arme; le bronze passe à travers; il déchire le ceinturon et pénètre dans le bas-ventre. Quand un gars robuste, d'une hache tranchante, frappe un bœuf rustique en arrière des cornes et lui fend d'un coup tout le muscle, la bête sursaute et s'écroule. Arète de même sursaute et

choit sur le dos : la pique acérée qui vibre à son ventre lui
a rompu les membres. Hector lance alors sur Automédon
sa pique brillante. Mais l'autre voit venir le coup : il évite
la lance de bronze, en baissant le corps en avant : la longue
javeline va se planter au sol derrière lui, et le talon en reste
à vibrer en l'air, jusqu'au moment où le puissant Arès en
relâche l'élan. Ils en fussent alors venus au corps à corps
avec leurs épées, si les deux Ajax, en dépit de leur ardeur,
ne les avaient séparés. Ils accourent dans la mêlée à
l'appel de leur camarade. Devant eux, inquiets, les autres
reculent, et Hector et Enée, et Chromios semblable aux
dieux. Ils laissent Arètè où il est tombé, vie fauchée.
Automédon, émule de l'ardent Arès, le dépouille alors de
ses armes et, triomphant, dit :

« Ah ! j'aurai sans doute soulagé un peu de sa peine le
cœur du Ménœtiade mort, en immolant même un
médiocre guerrier. »

Il dit, et, ramassant les dépouilles sanglantes, il les
dépose dans la caisse du char ; puis il monte lui-même, les
pieds et même, plus haut, les mains, tout couverts de
sang : on dirait un lion qui a dévoré un taureau.

De nouveau, pour Patrocle, voici que se déploie une
mêlée brutale, douloureuse, source de pleurs infinis.
Athéné descend du ciel réveiller la querelle : Zeus à la
grande voix la dépêche pour stimuler les Danaens. Son
âme est retournée. Tel l'arc-en-ciel empourpré que Zeus
étend du ciel aux yeux des mortels, pour leur signifier ou
la guerre, ou l'hiver pénible, qui arrête ici-bas le labeur
des hommes et inquiète le bétail ; telle est la vapeur
empourprée dont s'enveloppe la déesse, pour plonger au
milieu de la troupe achéenne et pour y réveiller chacun
des combattants. C'est d'abord le fils d'Atrée, le fier
Ménélas, tout près d'elle, qu'elle stimule, en se donnant la
stature de Phénix et sa voix sans défaillance :

« Pour toi, Ménélas, ce sera un sujet de honte et
d'opprobre, si les chiens rapides déchirent un jour, sous le
rempart de Troie, le fidèle ami de l'illustre Achille. Tiens
donc avec vigueur, et stimule tout ton monde. »

Ménélas au puissant cri de guerre alors lui répond :

« Ah ! Phénix, mon bon vieux père, qu'Athéné seulement me donne la force et détourne l'élan des traits. Je serai tout prêt alors à assister, à défendre Patrocle : sa mort a tant touché mon cœur ! Mais Hector a l'élan féroce de la flamme, et il ne cesse de tout briser avec le bronze : c'est à lui que Zeus accorde la gloire. »

Il dit, et Athéné, la déesse aux yeux pers, a grande joie qu'il l'ait invoquée la première entre les divinités. Elle met la vigueur dans ses épaules et ses genoux, et dans sa poitrine, l'audace de la mouche, qui, quelque soin qu'on prenne à l'écarter, s'attache, pour la mordre, à la peau de l'homme et trouve son sang savoureux ; toute pareille est l'audace dont la déesse emplit ses noires entrailles. Il se poste à côté de Patrocle et lance sa pique brillante. Il est parmi les Troyens un certain Podès, fils d'Eétion, riche et brave. Hector l'estime entre tout son peuple ; car il est pour lui un bon compagnon de festin. C'est lui que le blond Ménélas frappe au ceinturon, alors qu'il prend son élan pour s'enfuir, et il pousse le bronze à fond. Podès croule avec fracas, et l'Atride Ménélas tire le cadavre des rangs des Troyens vers le groupe des siens.

Apollon s'approche pour stimuler Hector. Il a pris l'aspect de Phénops l'Asiade, le plus cher de tous ses hôtes, qui réside à Abydos. C'est sous ses traits qu'Apollon Préservateur s'adresse à Hector en ces termes :

« Hector, quel autre Achéen effraieras-tu désormais, si tu as telle peur de Ménélas, jadis si piètre combattant ? Et le voilà maintenant qui part, tout seul, emportant un cadavre d'entre les rangs des Troyens ! Et c'est un ami fidèle qu'il vient de te tuer, un brave parmi les champions hors des lignes, Podès, le fils d'Eétion. »

Il dit, un noir nuage de chagrin alors enveloppe Hector ; il s'en vient à travers les champions hors des lignes, casqué du bronze flamboyant. Et, de son côté, le Cronide prend l'égide frangée, resplendissante ; il couvre l'Ida de nuages, lance l'éclair à grand fracas, ébranle la montagne, et donne aux Troyens la victoire, tandis qu'il jette la panique au milieu des Achéens.

Le Béotien Pénéléôs est le premier qui donne le signal de la fuite. Comme il fait toujours face à l'ennemi, il a été touché au sommet de l'épaule par une pique, qui l'a

éraflé; l'os même a été entamé par la javeline de
Polydamas — car c'est Polydamas qui l'est venu frapper à
bout portant. Hector, de son côté, blesse au poignet, à
bout portant, Léite, le fils d'Alectryon magnanime, et met
un terme à son ardeur guerrière. Léite frissonne et jette
autour de lui un regard éperdu : son cœur n'a plus l'espoir
de combattre encore contre les Troyens, lance au poing.
Alors, tandis qu'Hector bondit sur les pas de Léite,
Idoménée le frappe à la cuirasse, en pleine poitrine, près
de la mamelle. Mais la longue lance se brise dans la
douille. Les Troyens poussent un cri. Hector, à son tour,
tire sur Idoménée, fils de Deucalion, debout sur son char.

Il le manque de peu, et, à sa place, atteint le suivant et
écuyer de Mérion, Cœrane, qui l'a suivi au départ de Lycte
la bien bâtie. — Idoménée, quittant les nefs à double
courbure, était d'abord parti à pied. Il eût alors aux
Troyens donné un splendide triomphe, si Cœrane ne lui
eût bien vite amené ses chevaux rapides. Il fut de la sorte,
pour Idoménée, une lueur de salut, et éloigna de lui le
jour implacable, mais pour perdre lui-même la vie sous le
bras d'Hector meurtrier. — Hector le touche sous la
mâchoire et l'oreille ; la pointe de la lance enfonce les dents
et tranche le milieu de la langue. Il croule de son char,
laissant tomber les rênes à terre. Mérion se penche, et de
ses mains les ramasse dans la plaine, puis il dit à
Idoménée :

« Fouette maintenant, jusqu'au moment où tu seras aux
fines nefs. Tu le vois toi-même : la victoire n'est plus pour
les Achéens. »

Il dit ; Idoménée fouette les coursiers aux belles
crinières dans la direction des nefs creuses : la peur est
tombée sur son âme.

Le magnanime Ajax et Ménélas ne sont pas non plus
sans voir que Zeus décidément donne aux Troyens leur
revanche en un combat victorieux. Le grand Ajax, fils de
Télamon, le premier, parle ainsi :

« Las ! un simple enfant cette fois le comprendrait :
c'est Zeus Père en personne qui aide les Troyens. Tous
voient leurs traits porter, que le tireur soit un lâche ou un
brave : Zeus est toujours là pour les mettre au but. Pour

nous tous, au contraire, ils tombent à terre, inefficaces et vains. Eh bien, soit! voyons par nous-mêmes le meilleur parti à prendre : chercherons-nous à tirer le cadavre? ou prendrons-nous le chemin du retour, pour la grande joie des nôtres, qui s'inquiètent, les yeux tournés vers nous, et se disent que la fougue et les mains redoutables d'Hector meurtrier n'auront plus de répit, avant de s'être abattues sur les nefs noires? Y aurait-il un de nos camarades qui voulût aller au plus vite trouver le fils de Pélée? Je ne pense pas qu'il ait seulement appris l'affreuse nouvelle et qu'il sache son ami mort. Mais je suis incapable d'apercevoir ici parmi les Achéens celui qui conviendrait : tant ils sont pris dans la brume, hommes et chevaux. Zeus Père! sauve de cette brume les fils des Achéens, fais-nous un ciel clair; permets à nos yeux d'y voir; et, la lumière une fois faite, eh bien! tu nous détruiras, puisque tel est ton bon plaisir. »

Il dit, et le Père des dieux a pitié de ses larmes : il disperse aussitôt la brume, il écarte le brouillard; le soleil se met à luire, la bataille tout entière se révèle. Ajax alors s'adresse à Ménélas au puissant cri de guerre :

« Regarde, Ménélas, nourrisson de Zeus, si tu n'aperçois pas, encore vivant, Antiloque, le fils du magnanime Nestor; et, en ce cas, envoie-le en toute hâte dire au brave Achille que le plus cher de ses amis est mort. »

Il dit, et Ménélas au puissant cri de guerre n'a garde de dire non : il s'éloigne comme un lion s'éloigne d'une cour d'étable, lorsqu'il est las de harceler les hommes et les chiens qui, pour l'empêcher de ravir la chair grasse de leurs bœufs, toute la nuit sont restés en éveil. Dans son envie de viande fraîche, il chargeait droit devant lui : mais trop de javelots s'élancent à sa rencontre, partis de mains intrépides; trop de torches brûlantes aussi, qui l'effraient, pour ardent qu'il soit; et, à l'aube, il s'éloigne, le cœur plein de chagrin. Ainsi l'âme morne, Ménélas au puissant cri de guerre s'éloigne de Patrocle — bien à regret : il a tellement peur que les Achéens, dans une panique funeste, n'aillent le laisser en proie à l'ennemi! Instamment, il recommande à Mérion et aux Ajax :

« Eh! les Ajax, chefs des Argiens, et toi, Mérion,

rappelez-vous bien à cette heure la bonté du pauvre Patrocle : il savait être doux pour tous, quand il vivait; mais à cette heure la mort et le destin le tiennent. »

Ainsi dit le blond Ménélas, et, en parlant, il jette les yeux de tous côtés. On dirait un aigle — celui des oiseaux du ciel qu'on dit avoir l'œil entre tous perçant — un aigle qui, si haut qu'il soit, ne manque pas de voir le lièvre aux pieds rapides gîté sous un buisson feuillu, et, fondant sur lui, vite le saisit et lui prend la vie. De même alors tes yeux brillants, divin Ménélas, tournent de tous côtés, cherchant si, dans le groupe si nombreux des tiens, ils n'apercevront pas, encore vivant, le fils de Nestor. Et bientôt il le voit, à l'extrême gauche des lignes, rassurant les siens et les stimulant au combat. Le blond Ménélas alors s'approche et dit :

« Antiloque, nourrisson de Zeus, viens apprendre ici la cruelle nouvelle de ce qui n'eût jamais dû être. Tu comprends déjà par toi-même, je pense, rien qu'à regarder : le ciel sur les Danaens fait dévaler le malheur; la victoire est pour les Troyens! Et voici qu'a été tué le plus brave des Achéens, Patrocle, et un vide immense se sent chez les Danaens. Mais toi, va sans tarder, cours aux nefs achéennes, pour parler à Achille : peut-être en se hâtant ramènera-t-il le mort à sa nef — le mort sans armes : ses armes sont aux mains d'Hector au casque étincelant. »

Il dit; Antiloque est saisi d'horreur à entendre la nouvelle; longtemps il ne peut prononcer un mot; ses yeux se remplissent de larmes; sa voix puissante est enchaînée. Il s'empresse néanmoins d'observer l'ordre donné par Ménélas et se met à courir, après avoir remis ses armes à l'ami sans reproche, Laodoque, qui fait évoluer près de lui ses chevaux aux sabots massifs.

Mais, tandis que ses pieds l'emportent hors du combat, tout en pleurs, messager de deuil pour Achille, le fils de Pélée, ton âme, divin Ménélas, ne se décide pas pour cela à secourir tes amis épuisés, dans les lignes que vient de quitter Antiloque et où un vide immense se fait sentir parmi les Pyliens. Il leur envoie pourtant le divin Thrasymède et, revenant lui-même près du héros

Patrocle, il s'approche en courant des Ajax et, vite leur dit :

« J'ai envoyé celui que nous cherchions vers les fines nefs, près d'Achille aux pieds rapides. Mais je ne pense pas qu'il vienne en ce moment, quelle que soit sa colère à l'égard du divin Hector. Il ne saurait, sans armes, se battre avec les Troyens. A nous donc de juger seuls du meilleur parti à prendre ; chercherons-nous à tirer le cadavre ? ou, songeant à nous-mêmes, devons-nous fuir, loin des clameurs troyennes, la mort et le trépas ? »

Et le grand Ajax, fils de Télamon, répond :

« Ce que tu dis est fort bien dit, glorieux Ménélas. Allons ! avec Mérion, glissez-vous tous deux, au plus vite, sous le mort, soulevez-le, emportez-le hors de l'action. Nous restons tous deux derrière, pour lutter contre les Troyens et contre le divin Hector, ayant toujours même cœur, comme nous avons même nom. Aussi bien toujours, côte à côte, nous tenions déjà tête au violent Arès. »

Il dit, et les autres, prenant le mort dans leurs bras, le lèvent de terre haut, très haut. Derrière eux, l'armée troyenne pousse un cri, dès qu'elle voit les Achéens prendre le mort. Les Troyens se ruent, tels des chiens qui chargent un sanglier blessé, en avant de jeunes chasseurs ; ils courent d'abord, avides de le mettre en pièces ; mais que le fauve se retourne et s'assure en sa vaillance, ils battent en retraite et s'égaillent, effrayés, en tout sens. Ainsi les Troyens, en masse, sans trêve, suivent l'ennemi, le harcelant de leurs épées et de leurs lances à deux pointes ; mais, que les Ajax fassent volte-face et leur tiennent tête, on les voit aussitôt qui changent de couleur, et aucun n'ose plus faire un bond en avant, pour leur disputer le cadavre.

C'est ainsi qu'avec une ardeur obstinée, les Achéens emportent le cadavre loin du combat vers les nefs creuses ; et contre eux se déploie un combat féroce, pareil à l'incendie, qui part à l'assaut d'une ville et brusquement jaillit, flamboie, tandis que les maisons s'effondrent, dans une lueur immense, et que gronde la force du vent. Tel, sur leurs pas, se lève le fracas continu des coursiers et des hommes d'armes. Eux, cependant, vont ainsi que des

mules qui ont revêtu leur fougue puissante et qui traînent
de la montagne, le long d'un sentier rocheux, une poutre,
ou encore une quille énorme de nef; leur cœur s'épuise de
l'effort sous la fatigue et la sueur; ainsi, avec une ardeur
obstinée, les Achéens s'en vont, emportant le cadavre.
Derrière eux les Ajax tiennent bon. On croirait voir un
éperon boisé, qui se trouve couper la plaine et tient bon
sous le choc de l'eau; il arrête ainsi le cours désastreux des
torrents farouches et de tous brusquement détourne l'élan
vers la plaine, sans se laisser entamer par la force de leur
courant. De même, sans répit, derrière le cadavre, les Ajax
endiguent l'attaque des Troyens. Et ceux-ci suivent —
deux d'entre eux surtout, Enée, le fils d'Anchise, et
l'illustre Hector. Telle une nuée de geais et d'étourneaux
vole, en criant à la mort, quand elle voit approcher
l'épervier, qui porte le meurtre aux petits oiseaux, ainsi,
devant Enée et devant Hector, les jeunes Achéens vont,
criant à la mort, et oublient leur ardeur guerrière; et, par
centaines, les belles armes tombent autour du fossé, dans
la déroute des Danaens : mais le combat n'a pas pour cela
de répit.

CHANT XVIII

Mais, tandis qu'ils combattent, tout pareils au feu flamboyant, Antiloque aux pieds rapides arrive en messager chez Achille. Il le trouve, devant ses nefs aux cornes hautes, qui justement songe en son âme à ce qui est déjà chose accomplie, et qui s'irrite et dit à son cœur magnanime :

« Ah ! misère ! qu'est-ce là encore ? Pourquoi donc les Achéens chevelus se bousculent-ils près des nefs et s'affolent-ils par la plaine ? Je tremble que les dieux n'achèvent les soucis si lourds à mon cœur qu'un jour m'a signifiés ma mère, en me disant que, de mon vivant même, le plus brave des Myrmidons, sous les coups des Troyens, quitterait l'éclat du soleil. Oui, j'en suis sûr : le vaillant fils de Ménœtios est mort. Le cruel ! je lui avais pourtant recommandé, une fois écarté le feu dévorant, de revenir aux nefs et de ne pas combattre Hector en franc combat. »

Et, cependant qu'en son âme et son cœur il remue ces pensées, voici que de lui s'approche le fils de l'illustre Nestor, qui verse des larmes brûlantes et lui dit l'affreuse nouvelle :

« Hélas ! fils du brave Pélée, tu vas apprendre la cruelle nouvelle de ce qui n'eût jamais dû être. Patrocle gît à terre ; on se bat autour de son corps — son corps sans armes : ses armes sont aux mains d'Hector au casque étincelant. »

Il dit : un noir nuage de douleur aussitôt enveloppe
Achille. A deux mains il prend la cendre du foyer, la
répand sur sa tête, en souille son gentil visage. Sur sa
tunique de nectar maintenant s'étale une cendre noire. Et
le voici lui-même, son long corps allongé dans la
poussière ; de ses propres mains il souille, il arrache sa
chevelure. Les captives, butin d'Achille et de Patrocle, le
cœur affligé, poussent de grands cris et sortent en courant
entourer le vaillant Achille. Toutes, de leurs mains, se
frappent la poitrine ; aucune qui ne sente ses genoux
rompus. Antiloque, de son côté, se lamente et verse des
larmes. Il tient les mains d'Achille, dont le noble cœur
terriblement gémit : il craint qu'il ne se tranche la gorge
avec le fer. Mais Achille a poussé une plainte terrible, et sa
mère auguste l'entend du fond des abîmes marins où elle
reste assise auprès de son vieux père. A son tour, elle
gémit, et aussitôt des déesses l'entourent, toutes les filles
de Nérée qui habitent l'abîme marin. Voici Glaucé,
Thalie, Cymodocée, — Nésée, Spéiô, Thoé, Halié aux
grands yeux, — Cymothoé, Actée, Limnôréia, — et
Mélite et Ière, Amphithoé et Agavé, — Dotô, Protô,
Phéruse et Dynamène, — Dexamène, Amphinome et
Callianire, — Doris, Panope, l'illustre Galatée — Némer-
tès, Apseudès et Callianassa ; — et encore Clymène, Ianire
et Ianassa, — Maira et Orithye et Amathye aux belles
tresses, — et toutes les Néréides qui habitent l'abîme
marin. Remplissant la grotte brillante, toutes ensembles se
frappent la poitrine, et Thétis donne le signal des
plaintes :

« Écoutez-moi, Néréides, mes sœurs ; vous saurez
toutes, en m'écoutant, les soucis que j'ai dans le cœur. Ah !
misérable que je suis ! mère infortunée d'un preux ! j'ai
donné la vie à un fils, un fils puissant et sans reproche, le
plus grand des héros ; il a grandi pareil à une jeune pousse,
et, après l'avoir nourri, comme un plant au flanc du
vignoble, je l'ai envoyé, sur des nefs recourbées, au pays
d'Ilion, se battre contre les Troyens. Et je ne dois plus le
revoir ni l'accueillir rentrant chez lui, dans la demeure de
Pélée ! Et, tant qu'il me reste vivant, les yeux ouverts à
l'éclat du soleil, il souffre, sans qu'il me soit possible

d'aller l'aider en rien. J'irai pourtant, je veux voir mon enfant et apprendre quelle douleur l'a pu atteindre, alors qu'il restait loin de la bataille. »

Elle dit et quitte la grotte. Les autres, pleurantes, partent avec elle. Autour d'elles se fend le flot de la mer. Arrivées à la Troade plantureuse, l'une après l'autre, elles montent sur la rive où les nefs des Myrmidons ont été halées, innombrables, autour du rapide Achille. Celui-ci lourdement sanglote. Mais voici sa digne mère à ses côtés. Elle pousse une plainte aiguë, prend la tête de son fils et, gémissante, lui dit ces mots ailés :

« Mon enfant, pourquoi pleures-tu ? quel deuil est venu à ton cœur ? Parle, ne me cache rien. Tout est arrivé, grâce à Zeus, ainsi que tu le voulais, quand tu demandais, mains tendues au ciel, que tous les fils des Achéens, en se repliant près des poupes, sentissent le besoin de toi et souffrissent un sort outrageux. »

Avec un lourd sanglot, Achille aux pieds légers répond :

« Ma mère, tout cela, le dieu de l'Olympe l'a bien achevé pour moi. Mais quel plaisir en ai-je, maintenant qu'est mort mon ami Patrocle, celui de mes amis que je prisais le plus, mon autre moi-même ? Je l'ai perdu : Hector l'a immolé, puis l'a dépouillé de ses belles armes — armes prodigieuses, une merveille à voir ! splendides présents des dieux à Pélée, le jour qu'ils te faisaient entrer au lit d'un mortel. Ah ! que n'es-tu restée où tu étais, au milieu des déesses marines, tandis que Pélée eût conduit chez lui une épouse mortelle ! Mais il fallait que tu eusses, en ton cœur, à subir un deuil immense, en voyant ton fils abattu. Tu ne dois plus désormais le revoir ni l'accueillir rentrant chez lui. Aussi bien mon cœur lui-même m'engage-t-il à ne plus vivre, à ne plus rester chez les hommes, si Hector, frappé par ma lance, n'a pas d'abord perdu la vie et payé ainsi le crime d'avoir fait sa proie de Patrocle, fils de Ménœtios. »

Et Thétis, pleurante, à son tour lui dit :

« Ta fin est proche, mon enfant, si j'en crois ce que tu me dis ; car tout de suite après Hector, la mort est préparée pour toi. »

Achille aux pieds rapides violemment s'irrite et dit :

« Que je meure donc tout de suite, puisque je vois qu'il
était dit que je ne pourrais porter aide à mon ami devant
la mort! Il a péri loin de sa terre, et il ne m'a pas trouvé là
pour le préserver du malheur. Aujourd'hui donc — car il
est clair que je ne reverrai pas les rives de ma patrie, pas
plus que je n'ai su être la lumière du salut ni pour Patrocle
ni pour aucun de ceux des miens qui, par centaines, sont
tombés sous les coups du divin Hector, tandis que je
restais ainsi, inactif, près des nefs, vain fardeau de la terre,
moi, qu'aucun Achéen à la cotte de bronze n'égale à la
bataille, s'il en est de meilleurs au Conseil. Ah! qu'il
périsse donc, chez les dieux comme chez les hommes, cet
esprit de querelle, ce courroux, qui induit l'homme en
fureur, pour raisonnable qu'il puisse être, et qui semble
plus doux que le miel sur la langue, quand, dans une
poitrine humaine, il monte comme une fumée! et c'est de
la sorte qu'ici j'ai été mis en courroux par le protecteur de
son peuple, Agamemnon. Mais laissons le passé être le
passé, quoi qu'il nous en coûte, et maîtrisons, puisqu'il le
faut, notre cœur en notre poitrine. — Aujourd'hui donc,
j'irai, je rejoindrai celui qui a détruit la tête que j'aimais,
Hector; puis la mort, je la recevrai le jour où Zeus et les
autres dieux immortels voudront bien me la donner. Le
puissant Héraclès lui-même n'a pas échappé à la mort; il
était cher entre tous cependant à sire Zeus, fils de Cronos;
mais le destin l'a vaincu, et le courroux cruel d'Héré. Eh
bien donc! si même destin m'est fixé, on me verra gisant
sur le sol, à mon tour, quand la mort m'aura atteint. Mais
aujourd'hui j'entends conquérir une noble gloire, et que,
grâce à moi, plus d'une Troyenne et d'une Dardanide à
ceinture profonde, essuyant à deux mains les larmes
coulant sur ses tendres joues, commence de longs sanglots,
et qu'alors toutes comprennent qu'elle a assez longtemps
duré, mon absence de la bataille. Ne cherche pas, quelle
que soit ta tendresse, à me tenir loin du combat; aussi
bien ne t'écouterai-je pas. »

La déesse aux pieds d'argent, Thétis, alors lui répond :

« Oui, mon fils, tu dis vrai : il n'y a pas de honte à
écarter des siens, quand ils sont épuisés, le gouffre de la
mort. Mais tes belles armes sont aux mains des Troyens,

tes armes de bronze éclatantes : Hector au casque étincelant les porte sur ses épaules avec orgueil. Et, sans doute,
je te l'assure, il ne s'en glorifiera pas longtemps : la mort
est tout près de lui. Pourtant, ne plonge pas encore dans la
mêlée d'Arès : attends de m'avoir vue de tes yeux revenir.
Je viendrai à l'aube, avec le soleil levant, t'apporter de
belles armes fournies par sire Héphæstos. »

Elle dit et, se détournant de son fils, elle fait face à ses
sœurs marines et leur dit :

« Plongez maintenant, vous autres, au vaste sein de la
mer ; allez voir le Vieux de la mer dans la demeure
paternelle, et dites-lui tout. Moi, je vais dans le haut
Olympe, chez Héphæstos, l'illustre artisan : je verrai s'il
consent à donner à mon fils des armes illustres et
resplendissantes. »

Elle dit ; et les Néréides aussitôt de plonger sous le flot
marin, cependant que Thétis, déesse aux pieds d'argent,
va, pour son fils, dans l'Olympe chercher des armes
illustres.

Mais, tandis que ses pieds l'emportent vers l'Olympe,
les Achéens, au milieu d'une clameur prodigieuse, fuient
devant Hector meurtrier et parviennent à leurs nefs et à
l'Hellespont. Lors les Achéens aux bonnes jambières
n'arrivent plus à dérober aux traits le corps de Patrocle,
écuyer d'Achille. Déjà l'armée ennemie l'a rejoint, et les
chars, et Hector, fils de Priam, dont la vaillance est
pareille à la flamme. Trois fois, venu par-derrière,
l'illustre Hector l'a saisi par les pieds, brûlant de le tirer à
lui, en même temps qu'à grands cris il gourmandait les
Troyens, et, trois fois, les deux Ajax, vêtus de bravoure
ardente, l'ont rejeté loin du mort. Mais lui, obstinément
sûr de sa vaillance, tantôt charge dans la mêlée, tantôt
aussi s'arrête, pour pousser un grand cri, mais jamais ne
recule d'un pas. Comme des bergers aux champs n'arrivent pas à écarter d'un cadavre et à faire fuir un fauve
lion pressé par la faim, ainsi les Ajax, les deux bons
guerriers, n'arrivent pas davantage à effrayer Hector le
Priamide, et à l'éloigner du mort. Et il l'eût même enfin
tiré à lui et se fût de la sorte acquis une immense gloire, si
la rapide Iris aux pieds vites comme les vents ne fût

venue, en courant, de l'Olympe signifier au Péléide de s'armer — cela à l'insu de Zeus et des autres dieux : Héré, seule, l'avait dépêchée. Elle s'approche et lui dit ces mots ailés :

« Debout ! fils de Pélée, l'homme entre tous terrible ! Porte-toi au secours de Patrocle ; c'est lui qui fait l'objet de l'affreuse bataille qui a lieu devant les nefs. On s'y entre-tue, les uns défendant le cadavre du mort, les autres — les Troyens — brûlant de le tirer vers Ilion battue des vents. L'illustre Hector surtout s'acharne à le tirer. Son cœur l'invite à planter la tête du mort tout au haut de la palissade, une fois qu'il l'aura détachée de son tendre cou. Allons, debout ! ne reste plus couché à terre. Qu'un scrupule t'entre au cœur à imaginer Patrocle devenu une fête pour les chiens de Troie. Quel opprobre pour toi, s'il arrivait parmi les morts outrageusement mutilé ! »

Le divin Achille aux pieds infatigables alors lui répond :

« Divine Iris, quel dieu t'a envoyée vers moi en messagère ? »

La rapide Iris aux pieds vites comme les vents répond :

« C'est Héré qui m'a dépêchée, la noble épouse de Zeus. Le fils de Cronos trônant sur les cimes n'en sait rien, non plus qu'aucun des Immortels qui habitent l'Olympe neigeux. »

Achille aux pieds rapides en réponse lui dit :

« Comment ferais-je donc pour m'en aller dans la mêlée ? Mes armes à moi sont chez ceux de là-bas, et ma mère m'enjoint de ne pas m'armer avant de l'avoir vue de mes yeux revenir. Elle se fait fort en effet de m'apporter de belles armes fournies par Héphæstos. Je ne vois pas, d'ailleurs, de quel autre guerrier je pourrais bien vêtir les armes illustres, — si ce n'est le bouclier d'Ajax, fils de Télamon. Mais je suis sûr qu'Ajax est aux premières lignes, en contact avec l'ennemi, et le massacrant de sa pique, pour protéger Patrocle mort. »

La rapide Iris aux pieds vites comme les vents répond :

« Nous le savons bien : tes armes illustres sont en d'autres mains ; mais va, comme tu es, jusques au fossé, et montre-toi aux Troyens : nous verrons si, pris de peur, ils ne vont pas renoncer à se battre et laisser ainsi souffler les vaillants fils des Achéens à cette heure épuisés. Il faut si peu de temps pour souffler à la guerre! »

Ainsi dit — et s'en va — Iris aux pieds prompts. Achille cher à Zeus se lève donc. Sur ses fières épaules, Athéné vient jeter l'égide frangée; puis la toute divine orne son front d'un nimbe d'or, tandis qu'elle fait jaillir de son corps une flamme resplendissante. On voit parfois une fumée s'élever d'une ville et monter jusqu'à l'éther, au loin, dans une île qu'assiège l'ennemi. Tout le jour, les gens, du haut de leur ville, ont pris pour arbitre le cruel Arès : mais, sitôt le soleil couché, ils allument des signaux de feu, qui se succèdent, rapides, et dont la lueur jaillit assez haut pour être aperçue des peuples voisins : ceux-ci peuvent-ils venir sur des nefs les préserver d'un désastre? C'est ainsi que du front d'Achille une clarté monte jusqu'à l'éther. Passant le mur, le héros s'arrête au fossé, sans se mêler aux Achéens : il a trop de respect pour le sage avis de sa mère. Il s'arrête donc et, de là, pousse un cri — et Pallas Athéné fait, de son côté, entendre sa voix. Il suscite aussitôt dans les rangs des Troyens un tumulte indicible. On dirait qu'il s'agit de la voix éclatante que fait entendre la trompette, le jour où des ennemis, destructeurs de vies humaines, enveloppent une cité. Ainsi, éclatante, sonne la voix de l'Eacide. Et à peine ont-ils entendu la voix d'airain de l'Eacide, que leur cœur à tous s'émeut. Les chevaux aux belles crinières vite à leurs chars font faire demi-tour : leur cœur pressent trop de souffrances! Les cochers perdent la tête, à voir le feu vivace qui flamboie, terrible, au front du magnanime Péléide et dont le flamboiement est dû à la déesse aux yeux pers, Athéné. Trois fois, par-dessus le fossé, le divin Achille jette un immense cri; trois fois il bouleverse les Troyens et leurs illustres alliés. Là encore périssent douze des meilleurs preux, sous leurs propres chars ou par leurs propres piques. Les Achéens, eux, avec joie, s'empressent alors de tirer Patrocle hors des traits et de le placer sur un lit. Ses compagnons l'entourent et se lamentent. Derrière, avec eux, marche Achille aux pieds rapides, versant des larmes brûlantes : il a vu son loyal ami, étendu sur une civière, déchiré par le bronze aigu, ce Patrocle qu'il faisait encore tout à l'heure

partir pour la bataille avec ses chevaux et son char, et qu'il
n'aura pas eu à accueillir à son retour!

L'auguste Héré aux grands yeux fait malgré lui se hâter
le soleil infatigable vers le cours d'Océan. Le soleil se
couche : les divins Achéens suspendent la lutte brutale et
le combat qui n'épargne personne.

Les Troyens, de leur côté, quittent la mêlée brutale. Ils
détellent des chars les chevaux rapides et se forment en
assemblée avant de songer au repas du soir. Mais on reste
debout pour cette assemblée; nul qui ose s'asseoir, la
terreur les tient tous; Achille a reparu, qui avait depuis si
longtemps quitté la bataille amère! Le fils de Panthoos,
Polydamas l'avisé, le premier, parle à l'assemblée. Seul, il
voit à la fois le passé, l'avenir. Il est camarade d'Hector;
tous deux sont nés la même nuit. Mais le premier
l'emporte de beaucoup par ses avis, comme l'autre par sa
lance. Sagement, il prend la parole et dit :

« Examinez bien les choses sous tous les aspects, mes
amis. Pour ma part, je vous conseille de gagner maintenant la ville et de ne pas attendre l'aurore divine, près des
nefs, dans la plaine. Nous sommes loin de nos remparts.
Tant que cet homme en voulait au divin Agamemnon, les
Achéens pour nous étaient plus aisés à combattre. J'avais
plaisir moi-même à camper près des fines nefs, avec
l'espoir de prendre les vaisseaux à double courbure. Mais
j'ai terriblement peur maintenant du Péléide aux pieds
rapides. Il a l'âme trop violente pour consentir à rester
dans la plaine, où Troyens et Achéens, entre leurs lignes,
ont part égale à la fureur d'Arès. Il entendra combattre
pour la ville et pour nos femmes. Croyez-moi, revenons
vers la ville, car voici ce qui va arriver. A cette heure, la
nuit divine a arrêté le Péléide aux pieds rapides; mais, s'il
nous rencontre ici, lorsque demain il sortira en armes, il
saura bien se faire reconnaître, et nos fuyards alors seront
trop heureux d'atteindre la sainte Ilion : on en verra plus
d'un mangé des chiens et des vautours... Ah! de tels mots
puissent-ils demeurer loin de mes oreilles! Mais, si nous
suivons mon avis, quelque déplaisir qu'il nous cause, nous
garderons ceux qui font notre force toute la nuit sur la
grand-place : la ville sera défendue par ses remparts, ses

hautes portes, et les vantaux qui y sont adaptés, longs, polis, et bien joints. Puis, à la première heure, dès que poindra l'aube, armés de pied en cap, nous prendrons position au sommet des remparts; et il en cuira à Achille, s'il prétend venir des nefs combattre pour nos murs. Il faudra bien qu'il retourne à ses nefs, une fois qu'il aura fatigué ses coursiers à puissante encolure de courses en tout sens, au hasard, sous nos murs. Son cœur ne lui permettra pas d'emporter Troie d'assaut; jamais il ne la détruira; ce sont plutôt nos chiens rapides qui le dévoreront, lui. »

Hector au casque étincelant sur lui lève un œil sombre et dit :

« Polydamas, tu ne tiens plus là un langage qui me plaise. Ainsi, tu nous conseilles d'aller nous enfermer de nouveau dans la ville? Vous n'en avez donc pas assez d'être amassés ainsi derrière des remparts? Autrefois, de la ville de Priam, tous les mortels disaient qu'elle était riche en or, en bronze; mais les trésors de nos palais aujourd'hui ont disparu. Que de réserves précieuses, vendues, sont parties pour la Phrygie ou pour l'aimable Méonie; du jour où le grand Zeus nous a pris en haine! A cette heure, où le fils de Cronos le Fourbe m'a permis d'acquérir la gloire près des nefs et d'acculer les Achéens à la mer, ne va donc plus, pauvre sot! ouvrir devant le peuple de pareils avis; nul des Troyens, d'ailleurs, ne les suivra, je ne le tolérerai pas. Allons! suivons tous l'avis que je donne. Pour l'instant, prenez le repas du soir, par unités, dans tout le camp; en même temps songez à vous garder; que chacun demeure en éveil; et, s'il est quelque Troyen que ses richesses tourmentent à l'excès, eh bien! qu'il les rassemble donc et les donne à nos hommes, pour qu'ils les mangent, eux, en commun, sans en rien laisser! Mieux vaut que le profit en soit pour chacun de nous que pour les Achéens. Mais à la première heure, dès que poindra l'aube, armés de pied en cap, près des nefs creuses, réveillons l'ardent Arès. Si le divin Achille s'est vraiment levé pour quitter les nefs, eh bien! il lui en cuira : à sa guise! Moi je ne fuirai pas la sinistre bataille; je me camperai bien en face de lui, et nous verrons qui de lui

ou de moi remportera un grand triomphe. Enyale est pour
tous le même : souvent il tue qui vient de tuer. »

Ainsi parle Hector, les Troyens l'acclament. Pauvres
sots ! Pallas Athéné à tous a ravi la raison. Ils approuvent
Hector, dont l'avis fait leur malheur, et nul n'est pour
Polydamas, qui leur donne le bon conseil !

Ils prennent donc le repas du soir dans le camp. Les
Achéens, eux, toute la nuit gémissent et pleurent sur
Patrocle ; et le fils de Pélée entonne une longue plainte, en
posant ses mains meurtrières sur le sein de son ami. Il
sanglote sans répit. Tel un lion à crinière, à qui un
chasseur de biche a enlevé ses petits, au fond d'une épaisse
forêt, et qui se désespère d'être arrivé trop tard. Il
parcourt tous les vallons, cherchant la piste de l'homme :
ah ! s'il pouvait le trouver ! une âpre colère le possède tout
entier. Tel, avec de lourds sanglots, Achille parle aux
Myrmidons :

« Las ! ce sont des mots bien vains que j'ai laissés
échapper, le jour où, dans mon palais, pour rassurer le
héros Ménœtios, je lui promettais de lui ramener à Oponte
un fils couvert de gloire, ayant détruit Ilion et reçu sa part
de butin. Mais Zeus n'achève pas tous les desseins des
hommes. Le destin veut que, tous les deux, nous
rougissions le même sol, ici, à Troie. Moi non plus, le
vieux meneur de chars Pélée ne m'accueillera pas de
retour dans son palais, ni ma mère Thétis, et cette terre ici
même me retiendra. Mais, en attendant, Patrocle, puisque
je n'irai qu'après toi sous la terre, je ne veux pas
t'ensevelir, avant de t'avoir ici apporté les armes et la tête
d'Hector, ton magnanime meurtrier, et, devant ton
bûcher, je trancherai la gorge à douze brillants fils de
Troie, dans le courroux qui me tient de ta mort. Jusqu'à
ce jour-là tu resteras gisant, comme tu es, près des nefs
recourbées, et, autour de toi, jour et nuit, se lamenteront
en pleurant les Troyennes, les Dardaniennes au sein
profond que nous avons péniblement conquises par notre
force et notre longue pique, en ravageant les riches cités
des mortels. »

Ainsi parle Achille, et il donne à ses compagnons l'ordre
de mettre un grand trépied au feu : il faut au plus vite

laver Patrocle du sang qui le couvre. Sur la flamme brûlante ils placent donc le trépied chauffe-bain; ils le remplissent d'eau, et ils mettent dessous des bûches à flamber. La flamme enveloppe la panse du trépied, l'eau peu à peu s'échauffe. Lorsque enfin elle bout dans le bronze éclatant, ils lavent le corps, ils le frottent d'huile luisante, ils remplissent ses plaies d'un onguent de neuf ans; ils le déposent sur un lit; de la tête aux pieds, ils le couvrent d'un souple tissu, et ensuite, par-dessus, d'un carré d'étoffe blanche. Puis, toute la nuit, autour d'Achille aux pieds rapides, les Myrmidons gémissent et pleurent sur Patrocle. Et Zeus s'adresse alors à Héré, son épouse et sœur :

« Te voilà désormais arrivée à tes fins, auguste Héré aux grands yeux : tu as fait se lever Achille aux pieds rapides. Il faut vraiment qu'ils soient issus de toi, les Achéens chevelus! »

L'auguste Héré aux grands yeux lui répond :

« Terrible Cronide, quels mots as-tu dits là? S'il est vrai qu'un homme doit, à l'égard d'un autre, achever son dessein, alors qu'il est mortel et sait si peu de choses, comment donc, moi qui prétends être la première des déesses, par la naissance et par le nom que j'ai de ton épouse, à toi qui règnes sur tous les Immortels, comment ne devais-je pas tramer le malheur des Troyens, s'ils ont provoqué ma rancune? »

Mais, tandis qu'ils conversent ainsi, Thétis aux pieds d'argent arrive dans la demeure d'Héphæstos, demeure impérissable et étoilée, éclatante entre toutes aux yeux des Immortels, toute en bronze et construite par le Bancal lui-même. Elle le trouve, tout suant, roulant autour de ses soufflets, affairé. Il est en train de fabriquer des trépieds — vingt en tout — qui doivent se dresser tout autour de la grand-salle, le long de ses beaux murs bien droits. A la base de chacun d'eux, il a mis des roulettes en or, afin qu'ils puissent, d'eux-mêmes, entrer dans l'assemblée des dieux, puis s'en revenir au logis — une merveille à voir! Ils sont presque terminés; les anses ouvragées, seules, ne sont pas encore en place; il y travaille, il en forge les attaches. Tandis qu'il peine ainsi, en ses savants pensers,

voici que s'approche Thétis, la déesse aux pieds d'argent.
Charis s'avance et la voit, Charis la Belle, au voile éclatant,
qu'a prise pour femme l'illustre Boiteux. Elle lui prend la
main, elle lui dit, en l'appelant de tous ses noms :

« Qui t'amène à notre demeure, Thétis à la longue robe,
Thétis auguste et chère? Jusqu'ici, chez nous tu ne
fréquentes guère. Suis-moi plus avant : je te veux offrir
nos présents d'hospitalité. »

Ainsi dit la toute divine, et, la conduisant plus avant,
elle fait asseoir Thétis sur un siège à clous d'argent, un
beau siège ouvragé, avec un banc sous les pieds. Puis elle
appelle Héphæstos, l'illustre artisan, et lui dit :

« Héphæstos, vite, viens ici : Thétis a besoin de toi. »

L'illustre Boiteux répond :

« Ah! c'est une terrible, une auguste déesse, qui est là
sous mon toit! c'est celle qui m'a sauvé, à l'heure où,
tombé au loin, j'étais tout endolori, du fait d'une mère à
face de chienne, qui me voulait cacher, parce que j'étais
boiteux. Mon cœur eût bien souffert, si Eurynome et
Thétis ne m'avaient alors recueilli dans leur giron —
Eurynome, fille d'Océan, le fleuve qui va coulant vers sa
source. Près d'elles, durant neuf ans, je forgeais mainte
œuvre d'art, des broches, des bracelets souples, des
rosettes, des colliers, au fond d'une grotte profonde,
qu'entoure le flot immense d'Océan, qui gronde, écumant.
Mais nul n'en savait rien, ni dieu ni mortel. Thétis et
Eurynome étaient seules à savoir, elles qui m'avaient
conservé la vie. Et la voici aujourd'hui qui vient chez
nous! Est-il donc pour moi plus pressant devoir que de
payer aujourd'hui à Thétis aux belles tresses toute la
rançon de ma vie? Allons! sers-lui vite le beau repas des
hôtes, tandis que je rangerai, moi, mes soufflets et tous
mes outils. »

Il dit et quitte le pied de son enclume, monstre
essoufflé et boiteux, dont les jambes grêles s'agitent sous
lui. Il écarte du feu ses soufflets; il ramasse dans un coffre
d'argent tous les outils dont il usait; il essuie avec une
éponge son visage, ses deux bras, son cou puissant, sa
poitrine velue. Puis il enfile une tunique, prend un gros
bâton et sort en boitant. Deux servantes s'évertuent à

l'étayer. Elles sont en or, mais elles ont l'aspect de vierges vivantes. Dans leur cœur est une raison; elles ont aussi voix et force; par la grâce des Immortels, elles savent travailler. Elles s'affairent pour étayer leur seigneur. Il s'approche ainsi avec peine de l'endroit où est Thétis et s'assoit sur un siège brillant; puis il lui prend la main, il lui parle, en l'appelant de tous ses noms :

« Qui t'amène à notre demeure, Thétis à la longue robe, Thétis auguste et chère? Jusqu'ici, chez nous tu ne fréquentes guère. Dis-moi ce que tu as en tête. Mon cœur me pousse à le faire, si c'est chose que je puisse faire et qui se soit faite déjà. »

Thétis alors, pleurante, lui répond :

« Héphæstos, est-il une autre des déesses, habitantes de l'Olympe, dont le cœur jamais ait eu à supporter autant de cruels chagrins que Zeus, fils de Cronos, m'aura octroyé de douleurs, à moi seule, entre toutes? Seule entre toutes les déesses marines, il m'a soumise à un mortel, Pélée l'Eacide; et j'ai dû, en dépit de mille répugnances, entrer au lit d'un mortel, qui maintenant est couché dans son palais, tout affaibli par la vieillesse amère, tandis que, pour moi, voici d'autres douleurs encore. Il m'a donné un fils. Je l'ai enfanté, héros entre les héros. Il a grandi comme une jeune pousse, et, après l'avoir nourri, comme un plant au flanc du vignoble, je l'ai envoyé, sur des nefs recourbées, au pays d'Ilion combattre les Troyens. Mais il est dit, en revanche, que je ne l'accueillerai pas, rentrant chez lui, dans la demeure de Pélée, et, tant qu'il me reste vivant, les yeux ouverts, à l'éclat du soleil, il souffre, sans qu'il me soit possible d'aller l'aider en rien. La fille que lui avaient choisie pour sa part d'honneur les fils des Achéens, le roi Agamemnon est ensuite venu l'arracher de ses mains. Il se consumait donc le cœur pour elle, accablé de chagrin, quand les Troyens ont acculé les Achéens aux poupes de leurs nefs et ne les en ont plus laissé sortir. Les Anciens d'Argos alors le suppliaient, en lui offrant force illustres présents. A ce moment-là, s'il s'est refusé à écarter lui-même le désastre, il a, en revanche, revêtu Patrocle de ses propres armes, il l'a envoyé au combat, il l'a fait suivre d'une nombreuse troupe; et ils se sont ainsi, la journée entière, battus devant les portes Scées, si bien qu'en ce même jour ils eussent sans doute emporté la ville, si Apollon — quand le vaillant fils de Ménœtios avait fait déjà bien du mal à l'ennemi — ne l'avait tué parmi les champions hors des lignes et n'avait donné la gloire à Hector. Et c'est pourquoi me voici aujourd'hui, suppliante, à tes genoux. Voudras-tu, à ce fils qu'attend une prompte mort, donner un bouclier, un casque, de bonnes jambières avec couvre-chevilles adaptés, et une cuirasse? Tout cela, son loyal ami le lui a perdu, quand il a été abattu par les Troyens; et mon fils maintenant gît sur le sol, l'âme en peine. »

Et l'illustre Boiteux répond :

« N'aie crainte, que cela ne soit pas un souci pour ton cœur : aussi vrai que j'aimerais pouvoir le dérober au trépas douloureux, quand l'affreux destin l'atteindra, il aura ses belles armes, des armes telles que, si nombreux soient ceux qui les verront, tous en seront émerveillés. »

Il dit, et, la laissant, se dirige vers ses soufflets. Il les tourne vers le feu et les invite à travailler. Et les soufflets — vingt en tout — de souffler dans les fournaises. Ils lancent un souffle ardent et divers, au service de l'ouvrier, qu'il veuille aller vite ou non, suivant ce qu'exigent Héphæstos et les progrès de son travail. Il jette dans le feu le bronze rigide, l'étain, l'or précieux, l'argent. Il met sur son support une grande enclume. Enfin, dans une main, il prend un marteau solide et, dans l'autre, sa pince à feu.

Il commence par fabriquer un bouclier, grand et fort. Il l'ouvre adroitement de tous les côtés. Il met autour une bordure étincelante — une triple bordure au lumineux éclat. Il y attache un baudrier d'argent. Le bouclier comprend cinq couches. Héphæstos y crée un décor multiple, fruit de ses savants pensers.

Il y figure la terre, le ciel et la mer, le soleil infatigable et la lune en son plein, ainsi que tous les astres dont le ciel se couronne, les Pléiades, les Hyades, la Force d'Orion, l'Ourse — à laquelle on donne le nom de Chariot — qui tourne sur place, observant Orion, et qui, seule, ne se baigne jamais dans les eaux d'Océan.

Il y figure aussi deux cités humaines — deux belles

cités. Dans l'une, ce sont des noces, des festins. Des épousées, au sortir de leur chambre, sont menées par la ville à la clarté des torches, et, sur leurs pas, s'élève, innombrable, le chant d'hyménée. De jeunes danseurs tournent, et, au milieu d'eux flûtes et cithares font entendre leurs accents, et les femmes s'émerveillent, chacune debout, en avant de sa porte. Les hommes sont sur la grand-place. Un conflit s'est élevé et deux hommes disputent sur le prix du sang pour un autre homme tué. L'un prétend avoir tout payé, et il le déclare au peuple; l'autre nie avoir rien reçu. Tous deux recourent à un juge pour avoir une décision. Les gens crient en faveur, soit de l'un, soit de l'autre, et, pour les soutenir, forment deux partis. Des hérauts contiennent la foule. Les Anciens sont assis sur des pierres polies, dans un cercle sacré. Ils ont dans les mains le bâton des hérauts sonores, et c'est bâton en main qu'ils se lèvent et prononcent, chacun à son tour. Au milieu d'eux, à terre, sont deux talents d'or; ils iront à celui qui, parmi eux, dira l'arrêt le plus droit.

Autour de l'autre ville campent deux armées, dont les guerriers brillent sous leurs armures. Les assaillants hésitent entre deux partis : la ruine de la ville entière, ou le partage de toutes les richesses que garde dans ses murs l'aimable cité. Mais les assiégés ne sont pas disposés, eux, à rien entendre, et ils s'arment secrètement pour un aguet. Leurs femmes, leurs jeunes enfants, debout sur le rempart, le défendent, avec l'aide des hommes que retient la vieillesse. Le reste est parti, ayant à sa tête Arès et Pallas Athéné, tous deux en or, revêtus de vêtements d'or, beaux et grands en armes. Comme dieux, ils ressortent nettement, les hommes étant un peu plus petits. Ils arrivent à l'endroit choisi pour l'aguet. C'est celui où le fleuve offre un abreuvoir à tous les troupeaux. Ils se postent, couverts de bronze éclatant. A quelque distance ils ont deux guetteurs en place, qui épient l'heure où ils verront moutons et bœufs aux cornes recourbées. Ceux-ci apparaissent; deux bergers les suivent, jouant gaiement de la flûte, tant ils soupçonnent peu le piège. On les voit, on bondit, vite on coupe les voies aux troupeaux de bœufs, aux belles bandes de brebis blanches, on tue les bergers.

Mais, chez les autres, les hommes postés en avant de l'assemblée entendent ce grand vacarme autour des bœufs. Ils montent, tous, aussitôt sur les chars aux attelages piaffants, partent en quête et vite atteignent l'ennemi. Ils se forment alors en ligne sur les rives du fleuve et se battent, en se lançant mutuellement leurs javelines de bronze. A la rencontre participent Lutte et Tumulte et la déesse exécrable qui préside au trépas sanglant; elle tient, soit un guerrier encore vivant malgré sa fraîche blessure, ou un autre encore non blessé, ou un autre déjà mort, qu'elle traîne par les pieds, dans la mêlée, et, sur ses épaules, elle porte un vêtement qui est rouge du sang des hommes. Tous prennent part à la rencontre et se battent comme des mortels vivants, et ils traînent les cadavres de leurs mutuelles victimes.

Il y met aussi une jachère meuble, un champ fertile, étendu et exigeant trois façons. De nombreux laboureurs y font aller et venir leurs bêtes, en les poussant dans un sens après l'autre. Lorsqu'ils font demi-tour, en arrivant au bout du champ, un homme s'approche et leur met dans les mains une coupe de doux vin; et ils vont ainsi, faisant demi-tour à chaque sillon : ils veulent à tout prix arriver au bout de la jachère profonde. Derrière eux, la terre noircit; elle est toute pareille à une terre labourée, bien qu'elle soit en or — une merveille d'art!

Il y met encore un domaine royal. Des ouvriers moissonnent, la faucille tranchante en main. Des javelles tombent à terre les unes sur les autres, le long de l'andain. D'autres sont liées avec des attaches par les botteleurs. Trois botteleurs sont là, debout; derrière eux, des enfants ont la charge de ramasser les javelles; ils les portent dans leurs bras et, sans arrêt, en fournissent les botteleurs. Parmi eux est le roi, muet, portant le sceptre; il est là, sur l'andain, et son cœur est en joie. Les hérauts, à l'écart, sous un chêne, préparent le repas et s'occupent du gros bœuf qu'ils viennent de sacrifier. Les femmes, pour le repas des ouvriers, versent force farine blanche.

Il y met encore un vignoble lourdement chargé de grappes, beau et tout en or; de noirs raisins y pendent; il est d'un bout à l'autre étayé d'échalas d'argent. Tout

autour, il trace un fossé en smalt et une clôture en étain.
Un seul sentier y conduit ; par là vont les porteurs, quand
vient pour le vignoble le moment des vendanges. Des
filles, des garçons, pleins de tendres pensers emportent les
doux fruits dans des paniers tressés. Un enfant est au
centre, qui, délicieusement, touche d'un luth sonore,
cependant que, de sa voix grêle, il chante une belle
complainte. Les autres frappant le sol en cadence,
l'accompagnent, en dansant et criant, de leurs pieds
bondissants.

Il y figure aussi tout un troupeau de vaches aux cornes
hautes. Les vaches y sont faites et d'or et d'étain. Elles
s'en vont, meuglantes, de leur étable à la pâture, le long
d'un fleuve bruissant et de ses mobiles roseaux. Quatre
bouviers en or s'alignent à côté d'elles ; et neuf chiens aux
pieds prompts les suivent. Mais deux lions effroyables, au
premier rang des vaches, tiennent un taureau mugissant,
qui meugle longuement, tandis qu'ils l'entraînent. Les
chiens et les gars courent sur ses traces. Mais les lions déjà
ont déchiré le cuir du grand taureau ; ils lui hument les
entrailles et le sang noir. Les bergers en vain les
pourchassent et excitent leurs chiens rapides : ceux-ci
n'ont garde de mordre les lions. Ils sont là, tout près, à
aboyer contre eux, mais en les évitant.

L'illustre Boiteux y fait aussi un pacage, dans un beau
vallon, un grand pacage à brebis blanches, avec étables,
baraques couvertes et parcs.

L'illustre Boiteux y modèle encore une place de danse
toute pareille à celle que jadis, dans la vaste Cnosse, l'art
de Dédale a bâtie pour Ariane aux belles tresses. Des
jeunes gens et des jeunes filles, pour lesquelles un mari
donnerait bien des bœufs, sont là qui dansent en se tenant
la main au-dessus du poignet. Les jeunes filles portent de
fins tissus ; les jeunes gens ont revêtu des tuniques bien
tissées, où luit doucement l'huile. Elles ont de belles
couronnes ; eux portent des épées en or, pendues à des
baudriers en argent. Tantôt, avec une parfaite aisance, ils
courent d'un pied exercé — tel un potier, assis, qui essaie
la roue bien faite à sa main, pour voir si elle marche —
tantôt ils courent en ligne les uns vers les autres. Une

foule immense et ravie fait cercle autour du chœur
charmant. Et deux acrobates, pour préluder à la fête, font
la roue au milieu de tous.

Il y met enfin la force puissante du fleuve Océan, à
l'extrême bord du bouclier solide.

Une fois fabriqué le bouclier large et fort, il fabrique
encore à Achille une cuirasse plus éclatante que la clarté
du feu; il fabrique un casque puissant bien adapté à ses
tempes, un beau casque ouvragé, où il ajoute un cimier
d'or; il lui fabrique des jambières de souple étain.

Et, quand l'illustre Boiteux a achevé toutes ces armes, il
les prend et les dépose aux pieds de la mère d'Achille.
Elle, comme un faucon, prend son élan du haut de
l'Olympe neigeux et s'en va emportant l'armure éclatante
que lui a fournie Héphæstos.

CHANT XIX

L'Aurore en robe de safran se lève des eaux d'Océan, afin de porter la lumière aux Immortels comme aux humains, quand Thétis arrive aux nefs, portant les présents du dieu. Elle trouve son fils étendu à terre, tenant Patrocle embrassé et sanglotant bruyamment. Ses compagnons, en nombre, se lamentent autour de lui. La toute divine paraît au milieu d'eux ; elle prend la main d'Achille, elle lui parle, en l'appelant de tous ses noms :

« Mon enfant, celui-là, laissons-le à terre, malgré notre déplaisir. Tout est dit : il a succombé par la volonté des dieux. Mais toi, reçois d'Héphæstos ces armes illustres, magnifiques, telles que, sur ses épaules, aucun mortel jamais n'en porta de pareilles. »

Ayant ainsi parlé, la déesse dépose les armes aux pieds d'Achille, et tout le harnois ouvragé résonne. Il n'est point de Myrmidon qui ne soit saisi d'un frisson ; personne qui l'ose regarder en face sans un tremblement. Achille, au contraire, l'a à peine vu qu'il sent le courroux pénétrer en lui davantage ; dans ses yeux, par-dessous ses paupières, une lueur s'allume, terrible et pareille à la flamme : il a joie à tenir en main les présents splendides du dieu. Mais, quand son cœur s'est réjoui à contempler ce bel ouvrage, brusquement à sa mère il dit ces mots ailés :

« Ma mère, un dieu m'a fourni une armure telle qu'il

sied que soit une œuvre d'Immortel, telle qu'aucun humain n'en peut exécuter. L'heure est donc venue : je me vais armer. Toutefois, j'ai terriblement peur que, pendant ce temps-là, les mouches n'entrent dans le corps du vaillant fils de Ménœtios, à travers les blessures ouvertes par le bronze, et n'y fassent naître des vers, outrageant ainsi ce cadavre, d'où un meurtre a chassé la vie, et corrompant toute sa chair. »

Et la déesse aux pieds d'argent, Thétis, alors lui répond :

« Enfant, que rien de tout cela n'inquiète ton cœur. Je tâcherai moi-même à écarter de lui cette espèce sauvage, ces mouches, qui dévorent les mortels tués au combat. Quand il demeurerait gisant une année pleine, sa chair restera toujours inaltérée — voire mieux encore. Mais toi, convoque une assemblée de tous les héros achéens, et, là, désavoue ta colère contre Agamemnon, pasteur d'hommes. Puis, bien vite, arme-toi pour la bataille et revêts-toi de ta vaillance. »

Elle dit et met en lui une ardeur prête à toutes les audaces. Pour Patrocle, elle lui instille au fond des narines ambroisie et rouge nectar, afin que sa chair reste inaltérée.

Cependant le divin Achille suit le rivage de la mer en poussant des cris effroyables et fait ainsi lever les héros achéens. Tous ceux qui auparavant restaient au milieu des nefs, pilotes, qui tiennent la barre des nefs, intendants, qui sont dans la flotte pour y distribuer le pain, tous alors de prendre le chemin de l'assemblée : Achille a reparu, qui avait depuis si longtemps quitté la bataille amère! Deux serviteurs d'Arès viennent en boitant : le belliqueux fils de Tydée et le divin Ulysse; ils vont, appuyés sur leur pique — car ils souffrent encore de cruelles blessures — s'asseoir au premier rang de l'assemblée. Le dernier qui vient, c'est le protecteur de son peuple, Agamemnon. Il est blessé : dans la mêlée brutale, Coon, fils d'Anténor, l'a touché de sa pique de bronze. Dès que les Achéens sont là, tous, assemblés, Achille aux pieds rapides se lève et leur dit :

« Atride, est-ce vraiment le bon parti que nous avons pris tous les deux, toi et moi, quand, dans notre déplaisir, nous nous sommes enflammés pour une querelle qui dévore les cœurs — au sujet d'une fille! Ah! celle-là, pourquoi donc Artémis ne l'a-t-elle pas tuée d'une flèche sur mes nefs, le jour où je l'ai prise en détruisant Lyrnesse? Moins d'Achéens ainsi eussent mordu la terre immense sous les coups de nos ennemis, alors que ma colère me retenait loin d'eux. Tout le profit a été pour Hector et les Troyens, tandis que les Achéens se souviendront longtemps sans doute de la querelle qui nous a, toi et moi, divisés. Mais laissons le passé être le passé, quel que soit notre déplaisir, et, puisqu'il le faut, domptons notre cœur en notre poitrine. A mon courroux je mets fin aujourd'hui. Aussi bien ne me sied-il pas de m'obstiner sans répit dans ma colère. Va donc, vite, pousser au combat les Achéens chevelus, tandis que j'irai de nouveau affronter et tâter les Troyens. Prétendent-ils dormir à côté de nos nefs? J'imagine au contraire que ceux-là seuls détendront leurs membres avec joie, qui se seront par la fuite dérobés au combat cruel sous la menace de ma lance. »

Il dit, et les Achéens aux bonnes jambières sont en joie de voir le magnanime fils de Pélée désavouer son courroux. Lors, à son tour, Agamemnon, protecteur de son peuple, s'adresse à eux, de sa place, sans se lever au milieu de l'assemblée :

« Héros danaens, serviteurs d'Arès, mes amis! même qui peut parler debout, il est décent de l'écouter et malséant de l'interrompre. C'est lui rendre la tâche ardue, quelque expérience qu'il en ait. Au milieu d'une vaste foule, comment, en tel cas, entendre ou parler? On gêne l'orateur, si sonore que soit sa voix. C'est au fils de Pélée que je veux dire ma pensée; vous autres, Argiens, saisissez-la bien, et que chacun comprenne mon propos. Souvent les Achéens m'ont tenu ce langage et m'ont pris à partie. Pourtant je ne suis pas coupable. C'est Zeus, c'est le Destin, c'est Erinys qui marche dans la brume, qui, à l'assemblée, soudain m'ont mis dans l'âme une folle erreur, le jour où, de mon chef, j'ai dépouillé Achille de sa part d'honneur. Qu'eussé-je pu? le Ciel seul achève tout.

Erreur est fille aînée de Zeus; c'est elle, la maudite, qui fait errer tous les êtres. Ses pieds sont délicats : elle ne touche pas le sol, elle ne se pose que sur les têtes humaines, au plus grand dam des mortels. Elle prend dans ses rets celui-ci comme celui-là. Elle fit un jour errer Zeus lui-même, Zeus qu'on dit au-dessus des dieux aussi bien qu'au-dessus des hommes! et pourtant Héré, une femme, perfidement le joua. C'était le jour où, dans Thèbes aux beaux remparts, Alcmène allait mettre au monde le puissant Héraclès. Zeus se glorifiait, en disant à tous les dieux : « Écoutez-moi tous, et dieux et déesses : je veux dire ici ce qu'en ma poitrine me dicte mon cœur. Aujourd'hui même, Ilithye, qui veille aux douleurs de l'enfantement, fera venir au jour un enfant destiné à régner sur tous ses voisins et qui appartient à la race des mortels sortis de mon sang. » Et l'auguste Héré aux desseins perfides alors dit : « Tu en auras menti, et tu n'auras pas joint l'acte à la parole. Allons! dieu de l'Olympe, jure-moi donc sur l'heure un puissant serment, qu'il régnera bien sur tous ses voisins, l'enfant qui en ce jour tombera aux pieds d'une femme, s'il est des mortels qui appartiennent à la race sortie de ton sang. » Elle dit; Zeus ne voit pas la perfidie : il jure un grand serment et commet la plus grande des erreurs. Héré alors, d'un bond, quitte la cime de l'Olympe. Bien vite elle gagne Argos d'Achaïe, où elle sait que se trouve la fière épouse de Sthénélos le Perséide. Celle-ci est grosse d'un fils; déjà vient pour lui le septième mois. Héré l'amène au jour, en dépit des mois qui restent encore, tandis qu'elle suspend les couches d'Alcmène et retient les Ilithyes. Puis elle annonce elle-même à Zeus, fils de Cronos : « Zeus Père, à la foudre blanche, je veux faire entendre un mot à ton cœur. Un noble mortel vient de naître, qui régnera sur tous les Argiens : c'est Eurysthée, le fils de Sthénélos le Perséide. Il est de ta race : il ne messied pas qu'il règne sur les Argiens. » Elle dit; une douleur aiguë a frappé Zeus au plus profond du cœur. Brusquement, il saisit Erreur par sa tête aux tresses luisantes, le cœur en courroux, et il jure un puissant serment, que jamais plus elle ne rentrera ni dans l'Olympe ni au ciel étoilé, cette Erreur qui fait

errer tous les êtres. Cela dit, en un tournemain, il la fait
pivoter et la jette du haut du ciel étoilé, d'où elle a vite fait
de choir au milieu des champs des mortels. Et c'est sur
elle encore qu'il se lamentait, chaque fois qu'il voyait son
fils dans un labeur ignominieux, au cours des travaux
d'Eurysthée. Et, de même, à mon tour, quand le grand
Hector au casque étincelant, près des poupes de nos nefs,
massacrait les Argiens, je ne pouvais oublier l'erreur qui
m'avait fait errer un jour. Mais, si j'ai erré naguère, si
Zeus m'a ravi la raison, j'entends en faire ici amende
honorable et en offrir une immense rançon. Allons!
marche au combat et fais-y marcher tes gens avec toi; me
voici, moi, ici, prêt à te donner tout ce que le divin Ulysse
est allé te promettre hier dans la baraque. Ou, si tu
préfères, attends, pour impatient que tu sois de combat, et
mes serviteurs vont prendre dans ma nef et t'apporter mes
présents. Tu verras que j'entends t'offrir de quoi satisfaire
ton cœur. »

Achille aux pieds rapides en réponse lui dit :

« Très glorieux Atride, Agamemnon, protecteur de ton
peuple, tes présents, donne-les, comme il sied, ou
garde-les chez toi : à ta guise! Pour l'instant, rappelons
seulement notre ardeur guerrière au plus vite. Ce n'est pas
le moment de discourir ni de perdre du temps. Une
grande tâche reste à accomplir. Chacun va de nouveau
voir Achille au premier rang, décimant sous sa pique de
bronze les bataillons troyens : que chacun de vous tout
pareillement songe à se battre avec un ennemi! »

L'industrieux Ulysse en réplique lui dit :

« Non, ne va pas, pour brave que tu sois, Achille pareil
aux dieux, ne va pas exciter les fils des Achéens à marcher
sur Ilion pour se battre avec les Troyens, avant qu'ils aient
mangé. La bataille ne durera pas peu de temps, une fois
que les bataillons seront entrés en contact, et que les dieux
auront insufflé la fougue aux cœurs des deux partis.
Donne donc plutôt ordre aux Achéens de prendre, près
des fines nefs, leurs parts de pain et de vin : là sont la
fougue et la vaillance. Il n'est pas de guerrier qui puisse
affronter le combat une journée entière, jusqu'au soleil

couché, s'il n'a goûté au pain. Son cœur a beau brûler du désir de se battre : à son insu, ses membres s'alourdissent, la faim et la soif le pénètrent, et ses genoux sont gênés, quand il marche. L'homme au contraire qui, bien rassasié de viande et de vin, guerroie tout un jour contre l'ennemi, garde en sa poitrine un cœur intrépide, et ses membres ne se lassent pas, avant l'heure où tous s'accordent pour suspendre la bataille. Va, fais rompre les rangs à ton monde, et donne l'ordre qu'on prépare le repas. Qu'Agamemnon, protecteur de son peuple, apporte ses présents en pleine assemblée : tous les Achéens de la sorte les pourront voir de leurs yeux, et tu en auras, toi, l'âme épanouie. Puis que, debout devant les Argiens, il jure par serment qu'il n'est jamais entré au lit de Briséis ni ne s'est uni à elle, ainsi qu'il est normal, tu le sais, seigneur, entre hommes et femmes ; et que ton cœur se rassérène alors au fond de toi. Enfin, qu'il t'offre, en sa baraque, la satisfaction d'un repas plantureux. Ainsi rien ne t'aura manqué de ce qu'exigeait la justice. Pour toi, fils d'Atrée, désormais sache être plus juste, même à l'égard de tout autre qu'Achille. Jamais personne ne trouvera mauvais, de la part d'un roi, qu'il offre des satisfactions à l'homme contre qui il s'est, le premier, emporté. »

Agamemnon, protecteur de son peuple, à son tour répond :

« J'ai le plaisir, fils de Laërte, à entendre ce que tu dis. Tu as bien tout expliqué et exposé comme il fallait. Ce serment-là, je suis prêt à le jurer — mon cœur lui-même m'y invite — et je ne serai pas parjure en invoquant le nom d'un dieu. Mais qu'Achille, en attendant, demeure là, si impatient qu'il puisse être de combat ; et vous autres aussi, demeurez assemblés : les présents vont bientôt venir de ma baraque, et nous conclurons un pacte loyal. Pour toi-même, voici ce que je t'enjoins et t'ordonne : choisis de jeunes preux du camp panachéen, qui, de ma nef, ici, apportent mes présents — tous ceux que nous avons hier promis de donner à Achille — et conduisent aussi les femmes. Enfin que Talthybios aille vite, par le vaste camp achéen, se pourvoir d'un verrat, que nous immolerons à Zeus et au Soleil. »

Achille aux pieds rapides en réponse lui dit :

« Très glorieux Atride, Agamemnon, protecteur de ton peuple, une autre heure serait plus propice à telle besogne, — j'entends celle où une pause surviendra dans la bataille, où ma fougue ne sera plus aussi grande en ma poitrine. A celle où nous sommes, des guerriers sont à terre, le corps déchiré, qu'a domptés Hector, le fils de Priam, tandis que Zeus lui accordait la gloire : et vous, vous nous invitez à manger ! C'est à l'instant même que je voudrais, moi, donner aux fils des Achéens l'ordre de combattre, à jeun, avant tout repas ; et c'est le soleil couché qu'ils prépareraient le grand repas du soir, notre honte une fois vengée. Jusque-là, nourriture ni boisson ne saurait passer ma gorge, alors que mon ami est mort, que, dans ma baraque, il gît déchiré par le bronze aigu, tourné vers mon seuil, et qu'autour de lui tous les nôtres pleurent. Rien de ce que tu dis dès lors n'intéresse mon cœur. Il ne songe qu'au meurtre, au sang, aux douloureux sanglots des hommes. »

L'industrieux Ulysse en réponse lui dit :

« Achille, fils de Pélée, le tout premier des Achéens, tu es certes plus fort que moi, et tu me dépasses de beaucoup à la javeline, mais je vaux beaucoup plus que toi en revanche pour la raison, car je suis ton aîné et j'en sais plus que toi. Donc, que ton cœur se résigne à mes avis. L'homme a vite assez du combat : le bronze y verse à terre trop de paille pour peu de grain, à l'heure où Zeus fait pencher la balance, Zeus seul arbitre de tous les combats humains. Ce n'est pas avec leur ventre que les Achéens peuvent mener le deuil d'un mort. Beaucoup trop tombent tous les jours, rapidement, l'un après l'autre. Ah ! quand donc pourra-t-on souffler un peu à la peine ! Celui qui meurt, il faut l'ensevelir, d'un cœur impitoyable, après l'avoir pleuré un jour. Mais tous ceux qui survivent à l'affreuse bataille doivent songer à manger et à boire, afin de mieux se battre avec l'ennemi, obstinément, sans trêve, le corps vêtu d'airain rigide. Mais qu'aucun de nos hommes ne reste ensuite en route, dans l'attente d'un second appel : cet appel-là sera funeste à qui s'attardera près des nefs argiennes. Tous ensemble, en avant ! contre

les Troyens dompteurs de cavales, réveillons l'ardent
Arès. »

Il dit, et il se fait suivre des fils du glorieux Nestor, et
aussi de Mégès, fils de Phylée, de Thoas et de Mérion, —
de Lycomède, fils de Créionte, ainsi que de Mélanippe, et
tous s'en vont vers la baraque d'Agamemnon, le fils
d'Atrée. Alors, aussitôt dit, aussitôt fait : de la baraque ils
emportent les sept trépieds promis, les vingt bassins
resplendissants, les douze chevaux. Ils emmènent aussi,
sans tarder, sept femmes habiles aux travaux impeccables
et, pour huitième, la jolie Briséis. Ulysse pèse un total de
dix talents d'or, puis il se met en tête des jeunes Achéens,
et ceux-ci, sur ses pas, apportent les présents, qu'ils
déposent en pleine assemblée. Agamemnon alors se lève.
Talthybios, dont la voix vaut celle d'un dieu, est au côté
du pasteur d'hommes, un verrat entre les bras. L'Atride,
de ses mains, tire le coutelas toujours pendu à côté du long
fourreau de son épée, et détache comme prémices
quelques poils du verrat; puis il prie, mains tendues vers
Zeus. Les autres Argiens restent tous assis près d'eux, en
silence, ainsi qu'il convient et prêtant l'oreille au roi. Et
celui-ci, ayant prié, dit, les yeux tournés vers le vaste ciel :

« Que Zeus d'abord m'en soit témoin, le plus haut, le
plus grand des dieux! et la Terre et le Soleil! et les
Erinyes, qui, sous terre, châtient les hommes parjures à un
serment! non, jamais je n'ai porté la main sur la jeune
Briséis, ni par désir avoué de son lit, ni pour nulle autre
cause. Elle est restée intacte, toujours, dans ma baraque.
Et, si je commets ici le moindre parjure, que les dieux me
fassent souffrir les mille maux qu'ils font souffrir à qui les
a offensés en jurant! »

Il dit, et, d'un bronze implacable, il fend la gorge au
verrat. Puis Talthybios, faisant tournoyer le corps, le jette
au gouffre immense de la blanche mer, où il nourrira les
poissons. Après quoi Achille se lève et, devant les Argiens
belliqueux, il dit :

« Ah! Zeus Père! tu inspires aux mortels d'effroyables
erreurs! Sans quoi, jamais l'Atride n'eût si profondément
ému mon cœur en ma poitrine et n'eût emmené la fille
malgré moi, sans rien vouloir entendre. Mais Zeus

souhaitait sans doute la mort de nombreux Achéens. Pour l'instant, allez tous à votre repas, et nous pourrons ensuite engager la bataille. »

Ayant ainsi parlé, il dissout l'assemblée, qui se disperse en hâte ; chacun rejoint sa nef. Seuls, les Myrmidons magnanimes cependant s'empressent autour des présents ; ils les portent à la nef du divin Achille, puis les placent dans sa baraque, où ils installent aussi les femmes, pendant que les nobles écuyers mènent les chevaux au troupeau.

A ce moment, Briséis, pareille à Aphrodite d'or, aperçoit Patrocle, déchiré par le bronze aigu. Lors, se laissant tomber sur lui, elle l'embrasse, pousse des sanglots aigus, en même temps que, de ses mains, elle meurtrit sa poitrine, et sa tendre gorge, et son beau visage. Et, pleurante, la captive pareille aux déesses dit :

« O Patrocle, si cher au cœur de l'infortunée que je suis, je t'ai laissé vivant, le jour où je suis sortie de cette baraque : et voici, commandeur de guerriers, que je te trouve mort, le jour où j'y reviens. Pour moi, malheur toujours est suivi de malheur. L'homme à qui m'avaient donnée mon père et ma digne mère, je l'ai vu, devant ma ville, déchiré par le bronze aigu, aussi bien que les trois frères que ma mère m'avait donnés, mes frères bien-aimés, qui tous alors ont atteint le jour fatal. Et cependant, même le jour où le rapide Achille eut tué mon époux et ravagé la ville du divin Mynès, tu ne me laissais pas pleurer ; tu m'assurais que tu ferais de moi l'épouse légitime du divin Achille, qu'il m'emmènerait à bord de ses nefs et célébrerait mes noces au milieu de ses Myrmidons. Et c'est pourquoi sur ton cadavre je verse des larmes sans fin — toi qui toujours étais si doux ! »

Ainsi dit-elle, pleurante, et les femmes lui répondent par des sanglots, sur Patrocle en apparence, mais, dans le fond, chacune sur son propre chagrin. Pour Achille, les Anciens d'Achaïe se pressent autour de lui, le suppliant de prendre son repas. Il s'y refuse en gémissant :

« Non, j'en supplie ici tous ceux de mes amis qui voudront m'en bien croire : il est trop tôt, ne me demandez pas de rassasier mon cœur de pain ni de boisson, quand un chagrin atroce me pénètre. Je saurai bien résister et tenir jusqu'au soleil couché. »

Il dit et congédie les rois. Seuls, demeurent les deux Atrides, le divin Ulysse, Nestor, Idoménée, avec Phénix, le vieux meneur de chars. Ils cherchent à égayer son lourd chagrin. Mais son cœur ne se laisse pas égayer : il faut qu'il plonge d'abord au gouffre du combat sanglant. Il se souvient, longuement soupire et dit :

« Ah! toi aussi, infortuné, toi le plus cher de mes amis, toi aussi, dans ma baraque, tu m'as servi naguère, prompt et diligent, un repas savoureux, aux jours où les Achéens s'empressaient à porter contre les Troyens dompteurs de cavales l'Arès source de pleurs. Et te voilà aujourd'hui sur le sol, le corps déchiré; et mon cœur se prive des aliments et des breuvages que je garde dans mes réserves : il a trop de regret de toi. Non, je ne saurais souffrir rien de pis, quand même j'apprendrais la mort de mon père, qui, à cette heure, en Phthie, répand de tendres pleurs, à l'idée d'être loin d'un tel fils, tandis qu'en pays étrangers, pour l'horrible Hélène, je guerroie contre les Troyens; ou la mort de mon fils qui grandit à Scyros — si du moins il vit encore, ce Néoptolème pareil à un dieu. Avant ce jour, mon cœur comptait en ma poitrine que je périrais seul, ici, en Troade, loin d'Argos, nourricière de cavales, et que tu reviendrais, toi, en Phthie, afin de ramener mon fils de Scyros sur ta rapide nef noire et de lui montrer tout, mon domaine, mes serviteurs, ma vaste et haute demeure. Car, pour Pélée, j'imagine que c'en est fait et qu'il est mort, ou que, s'il a encore quelque reste de vie, il est affligé ensemble et par la vieillesse odieuse et par l'attente sans fin du message douloureux qui lui fera savoir ma mort. »

Ainsi parle-t-il, en pleurant, et les Anciens lui répondent par des sanglots : chacun se rappelle tout ce qu'il a laissé dans sa maison. Et, à les voir se lamenter ainsi, le fils de Cronos les prend en pitié, et aussitôt à Athéné il adresse ces mots ailés :

« Ma fille, tu as entièrement délaissé ce noble guerrier. Achille n'est-il plus un souci pour ton cœur? Il reste là devant ses nefs aux cornes hautes à pleurer son ami; tous les autres s'en sont allés à leur repas; il demeure, lui, sans rien manger, sans rien prendre. Va, et dans sa poitrine verse, avec le nectar, l'aimable ambroisie, pour que la faim n'ait pas prise sur lui. »

Il dit et avive l'ardeur déjà brûlante d'Athéné. Tel un faucon aux ailes éployées, à la voix sonore, elle s'élance du haut du ciel à travers l'éther, tandis que les Achéens sans retard s'arment dans le camp. Dans la poitrine d'Achille elle instille le nectar, en même temps que l'aimable ambroisie ; elle veut que la faim cruelle n'ait pas prise sur ses genoux. Après quoi, regagnant la solide demeure du Tout-Puissant, son père, elle disparaît, au moment où les Achéens se répandent hors des fines nefs. Comme, à flocons serrés, la froide neige de Zeus s'envole sous l'élan de Borée issu de l'éther, de même, en foule, voici sortir des nefs les casques qui luisent d'un joyeux éclat, et les écus bombés, et les cuirasses au solide plastron, et les piques de frêne. La lueur en monte au ciel, et la terre à l'entour tout entière rit sous l'éclair du bronze. Un grondement s'élève sous les pas des guerriers. Au milieu d'eux Achille s'arme. Ses dents se heurtent bruyamment. Ses yeux brillent de l'éclat de la flamme. Un intolérable chagrin pénètre son cœur. Plein d'ardeur contre les Troyens il revêt les présents du dieu, qu'Héphæstos a ouvrés pour lui. A ses jambes d'abord il met ses jambières, ses belles jambières où s'adaptent des couvre-chevilles d'argent. Sur sa poitrine il passe sa cuirasse. Autour de ses épaules il jette son épée de bronze, à clous d'argent. Il prend ensuite son écu, grand et fort, d'où jaillit un éclat pareil à celui de la lune. Sur la mer parfois apparaît aux marins la lueur d'un feu flamboyant, qui brûle sur les montagnes, dans une étable solitaire, tandis que, malgré eux, les rafales du vent les jettent loin des leurs vers la mer poissonneuse : tel jusqu'à l'éther monte l'éclat du bouclier d'Achille, du beau bouclier ouvragé. Il prend ensuite et pose sur sa tête le casque puissant. Il brille comme un astre, le casque à crins de cheval, et autour de lui voltige la crinière d'or qu'Héphæstos a fait tomber, en masse, autour du cimier. Le divin Achille s'essaie dans ses armes : s'adaptent-elles bien à lui ? ses membres glorieux y jouent-ils aisément ? Ce sont comme des ailes qui lui poussent alors et soulèvent le pasteur d'hommes. De son étui, il tire la pique paternelle, la lourde et longue et forte pique que nul ne peut brandir parmi les Achéens — Achille seul le peut — la pique en bois du Pélion, dont Chiron, qui l'a coupée sur la cime du Pélion, a fait présent à son père, pour porter la mort aux héros. Automédon et Alcime s'emploient à mettre les chevaux sous le joug. Ils leur passent les belles courroies; ils leur mettent le mors aux mâchoires; ils tirent les rênes en arrière vers la caisse solide du char. Et Automédon, prenant le fouet brillant, bien adapté à sa main, bondit sur le char. Derrière lui, casque en tête, vient se placer Achille, resplendissant dans son armure, comme le soleil d'en haut, et, d'une voix terrible, aux chevaux de son père il lance un appel :

« Xanthe, Balios! illustres enfants de Podarge, veillez à changer de manière et à ramener vivant votre conducteur dans les lignes des Danaens, dès que nous aurons assez du combat; et ne le laissez pas, comme Patrocle, mort, sur place. »

Et, de dessous le joug, Xanthe, coursier aux jarrets frémissants, lui répond. Brusquement il baisse la tête, et toute sa crinière, échappant au collier, retombe, le long du joug, jusqu'à terre. La déesse aux bras blancs, Héré, vient à l'instant de le douer de voix humaine :

« Oui, sans doute, une fois encore, puissant Achille, nous te ramènerons. Mais le jour fatal est proche pour toi. Nous n'en sommes point cause, mais bien plutôt le dieu terrible et l'impérieux destin. Et ce n'est pas davantage à notre lenteur ni à notre indolence que les Troyens ont dû d'arracher ses armes aux épaules de Patrocle. C'est le premier des dieux, celui qu'a enfanté Létô aux beaux cheveux, qui l'a tué au milieu des champions hors des lignes et qui a donné la gloire à Hector. Nous saurions, nous, à la course, aller de front avec le souffle de Zéphyr, le plus vite des vents, dit-on; mais ton destin, à toi, est d'être dompté de force par un dieu et par un homme. »

Il dit, et les Erinyes arrêtent sa voix. Achille aux pieds rapides violemment s'irrite et répond :

« Xanthe, pourquoi me viens-tu prédire la mort? Aussi

bien n'est-ce pas ton rôle. Je le sais bien sans toi : mon sort est de périr ici, loin de mon père et de ma mère. Il n'importe : je ne cesserai pas, que je n'aie aux Troyens donné tout leur soûl de combat. »

Il dit et, à la tête des siens, en criant, il pousse ses chevaux aux sabots massifs.

Ainsi, près des nefs recourbées, tout autour de toi, Péléide, s'arment les Achéens insatiables de guerre. Les Troyens, de l'autre côté, s'arment tout pareillement sur le mamelon de la plaine. Et Zeus alors, de la cime de l'Olympe aux mille replis, donne l'ordre à Thémis de convoquer les dieux à l'assemblée. Elle va donc de tous côtés leur porter l'ordre de se rendre au palais de Zeus. Pas un des fleuves n'y manque — excepté Océan — pas une des nymphes habitant les bosquets charmants, les ondes des fleuves, ou les prés herbus. Tous s'en viennent au palais de Zeus, assembleur de nuées, tous s'assoient sous les portiques polis qu'a construits, pour Zeus Père, Héphæstos aux savants pensers.

Ils sont donc ainsi assemblés chez Zeus. Mais l'Ébranleur du sol n'est pas sourd non plus à l'appel de la déesse. Il sort de la mer pour les retrouver. Il s'assied au milieu d'eux, il s'enquiert du dessein de Zeus :

« Pourquoi, dieu à la foudre blanche, convoques-tu encore les dieux à l'assemblée ? Médites-tu quelque projet pour les Troyens et pour les Achéens ? La bataille et la lutte, à cette heure, flambent bien près d'eux. »

L'assembleur de nuées, Zeus, en réponse, dit :

« Tu as bien saisi, Ébranleur du sol, le dessein qu'enferme ma poitrine et pour lequel je vous ai rassemblés : j'ai souci à les voir périr. Je n'en veux pas moins demeurer assis dans un pli de l'Olympe : les observer de là charmera mon cœur. Mais vous, les autres dieux, allez et rejoignez Troyens et Achéens ; puis portez secours chacun à l'un des deux partis, comme le cœur vous en dira. Si Achille, même seul, entre en lutte avec les Troyens, pas un instant ils ne tiendront en face du Péléide aux pieds rapides. Déjà auparavant ils se dérobaient, épouvantés, à sa vue. Aujourd'hui que son cœur, à la pensée de son ami, nourrit un terrible courroux, j'ai bien peur qu'il n'arrive à devancer le destin et à enlever le rempart. »

Ainsi dit le Cronide, et il réveille une lutte acharnée. Les dieux partent, tous, au combat, mais leurs cœurs se partagent. Héré se dirige vers le groupe des nefs ; de même Pallas Athéné, et Poseidon, le Maître de la terre, et Hermès Bienfaisant, qui excelle en subtils pensers. Héphæstos part aussi avec eux, enivré de sa force, boitant et agitant sous lui ses jambes grêles. Vers les Troyens en revanche s'en vont Arès au casque étincelant et, avec lui, Phœbos aux longs cheveux, et Artémis la Sagittaire, et Létô, et le Xanthe, et Aphrodite qui aime les sourires.

Tant que les dieux demeurent loin des hommes, les Achéens hautement triomphent : Achille a reparu, qui avait si longtemps quitté la bataille amère ! Et, au contraire, une atroce terreur s'insinue dans les membres de tous les Troyens ; ils s'effraient à la vue du Péléide aux pieds rapides brillant dans son armure, émule d'Arès, le fléau des hommes. Mais les Olympiens ont à peine rejoint le gros des combattants, que brusquement se lève Lutte la Brutale, meneuse de guerriers ; et qu'Athéné crie, tantôt debout, près du fossé ouvert et hors du rempart, tantôt sur les caps sonores, d'où elle pousse une longue clameur ; et que, de l'autre côté, Arès crie tout de même, semblable au noir ouragan et jetant d'une voix perçante ses exhortations aux Troyens, soit du haut de la citadelle, soit encore près du Simoïs, où il court se poster sur la Belle Colline.

Ainsi les dieux bienheureux, avec leurs appels, heurtent les deux partis ensemble, en même temps qu'ils font entre eux éclater un cruel conflit. Le Père des dieux et des hommes terriblement tonne du haut des airs. En dessous, Poseidon émeut la terre infinie et les hautes cimes des monts. Bases et sommets, l'Ida aux mille sources est tout ébranlé, et la cité des Troyens, et la flotte des Achéens. Et, sous la terre, le seigneur des morts, Aïdôneus, soudain prend peur. De peur, il saute de son trône et crie : Poseidon, l'Ébranleur du sol, ne va-t-il pas faire éclater la terre dans les airs et ouvrir aux yeux des mortels et des Immortels l'effroyable demeure de la corruption, dont les dieux mêmes ont horreur ? tant est fort le fracas qui s'élève des dieux entrant en conflit. Face à sire Poseidon se dresse Phœbos Apollon, avec ses flèches ailées, et, face à Enyale, la déesse aux yeux pers, Athéné. Devant Héré prend place Artémis la Bruyante, sagittaire à l'arc d'or, la sœur de l'Archer ; devant Létô, le puissant Hermès Bienfaisant ; et, face à Héphæstos, le grand fleuve aux tourbillons profonds, celui que les dieux appellent le Xanthe et les mortels le Scamandre.

C'est ainsi que les dieux affrontent les dieux. Achille, lui, désire avant tout s'enfoncer dans la masse pour affronter Hector le Priamide. C'est du sang d'Hector que son cœur avant tout le pousse à rassasier Arès, l'endurant guerrier. Mais Apollon, le meneur d'hommes, pousse Enée tout droit, face au Péléide, et met en lui un noble élan. Il s'est donné la voix de Lycaon, fils de Priam : c'est sous ses traits qu'Apollon, fils de Zeus, s'adresse à Enée en ces termes :

« Enée, bon conseiller des Troyens, où sont donc tes menaces ? où sont ces promesses qu'en vidant ta coupe de vin tu faisais aux rois troyens, de lutter face à face avec Achille, fils de Pélée ? »

Et, à son tour, Enée, en réponse, lui dit :

« Fils de Priam, pourquoi, quand je m'y refuse, m'exhorter à combattre en face le bouillant fils de Pélée ? Ce ne serait pas la première fois que je me dresserais devant Achille aux pieds rapides. Déjà ailleurs sa lance m'a fait fuir : c'était sur l'Ida, le jour où il attaquait nos bœufs, puis détruisait et Lyrnesse et Pédase. Zeus me sauva alors en me donnant l'élan et des jarrets agiles. Sans cela, j'eusse succombé sous les coups d'Achille et sous ceux d'Athéné qui, marchant devant lui, assurait son salut et l'invitait à détruire les Troyens et les Lélèges avec sa pique de bronze. C'est bien pourquoi il n'est pas

d'homme capable de combattre Achille en face : à ses
côtés toujours il a un dieu, prêt à écarter de lui le
malheur ! Son trait, en outre, vole droit et ne s'arrête pas
avant d'avoir troué la peau d'un homme. Si le Ciel tenait
les chances égales pour l'issue du combat, il ne me
vaincrait pas si facilement, fût-il tout entier de bronze,
ainsi qu'il se vante de l'être. »

Sire Apollon, fils de Zeus, lui répond :

« Eh bien ! héros, invoque, toi aussi, les dieux toujours
vivants. Ne dit-on pas que tu es né d'Aphrodite, fille de
Zeus, alors qu'il est né, lui, de bien moindre déesse,
puisque l'une est fille de Zeus et l'autre du Vieux de la
mer ? Va, pousse tout droit le bronze inflexible, ne te laisse
distraire ni par de vains mots ni par la menace. »

Il dit, et au pasteur d'hommes il insuffle une grande
fougue. Il s'en vient à travers les champions hors des
lignes, casqué du bronze éclatant. Mais Héré aux bras
blancs n'est pas sans remarquer le fils d'Anchise allant
chercher le Péléide à travers la foule guerrière. Elle
assemble alors les dieux autour d'elle et dit :

« Voyez tous deux en votre âme, Poseidon, Athéné, la
façon dont iront les choses. Voici Enée qui s'en va, casqué
de bronze éclatant, au-devant du fils de Pélée, sur qui l'a
lancé Phœbos Apollon. Allons ! faisons-lui faire demi-tour,
et tout de suite. Ou bien alors, que l'un de nous s'en aille
assister Achille et lui accorde un grand triomphe. Il ne
faut pas que son cœur connaisse de défaillance : il doit
savoir que ceux qui l'aiment sont les premiers des
Immortels, tandis qu'ils sont sans consistance, ceux qui
depuis longtemps protègent les Troyens contre la guerre
et le carnage. Nous sommes tous descendus de l'Olympe à
l'appel de la bataille, pour qu'au milieu des Troyens rien
n'arrive à Achille — aujourd'hui du moins : plus tard, en
revanche, il devra subir tout ce que la Parque pour lui a
filé à sa naissance, le jour où l'enfanta sa mère. Si une voix
divine n'en avise pas Achille, il prendra peur, quand il se
trouvera face à face avec un dieu dans la mêlée. On
soutient mal la vue de dieux qui se montrent en pleine
lumière. »

Poseidon, Ébranleur du sol, lui répond :

« Héré, ne t'irrite pas plus que de raison : aussi bien cela ne te sied pas. Je ne voudrais pas, moi, voir les dieux en conflit par notre fait, à nous autres, qui sommes cent fois plus forts. Allons plutôt nous asseoir à l'écart, sur une guette : le combat sera l'affaire des hommes. Mais si Arès ou Phœbos Apollon entament la lutte, ou bien s'ils arrêtent Achille et ne le laissent pas se battre, alors aussitôt, pour nous-mêmes, se lèvera la querelle guerrière. Et j'imagine que, bien vite, ils seront mis hors de cause et partiront pour l'Olympe retrouver l'assemblée des dieux, domptés de force par nos bras. »

Ayant ainsi dit, le dieu aux crins d'azur les conduit au rempart de terre, au rempart élevé que, pour le divin Héraclès, naguère avaient bâti les Troyens avec Pallas Athéné ; c'est là qu'Héraclès devait se réfugier, s'il voulait échapper au monstre marin lancé à sa poursuite du rivage jusque dans la plaine ; c'est là que Poseidon s'assied à côté des dieux qui le suivent. Leurs épaules sont couvertes d'un nuage impénétrable. Les autres dieux, de leur côté, prennent place au sommet sourcilleux de la Belle Colline, autour de toi, Phœbos, dieu des cris aigus, et d'Arès destructeur de villes. C'est ainsi que chaque groupe est assis de son côté, méditant ses projets. Mais les deux partis hésitent également à donner le signal du combat douloureux, bien que Zeus, trônant sur les cimes, les y ait lui-même engagés.

La plaine entière se remplit d'hommes, de chevaux, et flambe de l'éclat du bronze. Le sol résonne sous les pieds des masses qui s'élancent. Deux hommes, braves entre tous, se rencontrent entre les lignes, brûlant de se battre, Enée, le fils d'Anchise, et le divin Achille. Le premier, Enée, menaçant, s'avance, en hochant son casque puissant. Au-devant de sa poitrine il tient son vaillant bouclier, tandis qu'il brandit sa pique de bronze. Le Péléide, à son tour, bondit à sa rencontre. On dirait un lion malfaisant, que des hommes — toute une tribu rassemblée — brûlent de mettre à mort. Tout d'abord, il va, dédaigneux ; mais qu'un gars belliqueux le touche de sa lance, il se ramasse, gueule ouverte, l'écume aux dents ; son âme vaillante en son cœur gémit ; il se bat de la queue, à droite, à gauche, les hanches et les flancs; il s'excite au combat, et, l'œil étincelant, il fonce droit devant lui, furieux, avec l'espoir de tuer un de ces hommes ou de périr lui-même aux premières lignes. C'est ainsi que la fougue et le cœur superbe d'Achille le poussent à affronter le magnanime Enée. Ils marchent l'un sur l'autre et entrent en contact. Alors, le premier, le divin Achille aux pieds infatigables dit:

« Enée, pourquoi viens-tu te poster si loin en avant des lignes? Serait-ce que ton cœur te pousse à me combattre dans l'espoir de régner sur tous les Troyens dompteurs de cavales, avec le rang qu'a aujourd'hui Priam? Mais, quand tu me tuerais, ce n'est pas pour cela que Priam te mettrait son apanage en main. Il a des fils, il est d'esprit solide — ce n'est pas une tête folle. A moins que les Troyens ne t'aient déjà taillé quelque domaine, supérieur à tous autres, un beau domaine, aussi propre aux vergers qu'aux terres à blé, dont tu pourras jouir, si tu me tues! Mais je crains que tu n'aies quelque peine à le faire. Déjà ailleurs, je puis dire que ma pique t'a mis en fuite. Ou bien aurais-tu oublié le jour où je t'ai fait courir loin de tes bœufs? Tu dévalais, seul, des monts de l'Ida, d'un pied prompt, à toute allure; tu fuyais ce jour-là sans regard en arrière. De là tu as pu te sauver à Lyrnesse. Moi, lancé sur tes pas, j'ai détruit cette ville, avec Athéné et Zeus Père; et j'en ai emmené les femmes en servage, leur enlevant le jour de la liberté. Toi, Zeus t'a sauvé, et les autres dieux. Mais aujourd'hui j'imagine qu'ils ne te protégeront pas, comme tu te le mets en tête. Va, je t'engage à rompre, à rentrer dans la masse, sans m'affronter, si tu ne veux qu'il t'arrive malheur. Le plus sot s'instruit par l'événement. »

Enée alors en réponse lui dit:

« Péléide, ne compte pas m'effrayer avec des mots, comme si j'étais un enfant: je peux aussi bien que toi railler et lancer des insultes. Nous savons l'origine l'un de l'autre, nous savons qui sont nos parents: il nous suffit d'ouïr les récits fameux des mortels — bien que, de nos yeux, nous n'ayons jamais vu encore, toi, mes parents, ni moi les tiens. On te dit rejeton de Pélée sans reproche; Thétis aux belles tresses, Thétis marine est ta mère. Je me

flatte d'être, moi, fils du magnanime Anchise, et ma mère
est Aphrodite. De ces deux couples il en est un qui va
pleurer son enfant dès aujourd'hui. J'en réponds : on ne
nous verra pas revenir du combat ayant réglé notre
querelle, tout bonnement, avec des mots enfantins. Si
pourtant tu en veux apprendre davantage et savoir ma
naissance — nombreux déjà sont ceux qui la connaissent
— écoute. C'est l'assembleur des nuées, Zeus, qui d'abord
engendra Dardanos. Celui-ci fonda Dardanie. La sainte
Ilion ne s'élevait pas alors dans la plaine comme une cité,
une vraie cité humaine : ses hommes habitaient encore les
pentes de l'Ida aux mille sources. Dardanos, à son tour,
eut pour fils le roi Erichthonios, qui fut sans doute le plus
riche des humains. Il avait trois mille cavales, qui
paissaient dans le marais, fières de leurs tendres pouliches.
Borée lui-même s'éprit d'elles au pacage et les couvrit
sous la forme d'un étalon aux crins d'azur. De cette saillie
douze pouliches naquirent. Quand elles voulaient s'ébattre
sur la glèbe nourricière, elles couraient sans les rompre,
sur la pointe des épis ; quand elles voulaient s'ébattre sur
le large dos de la mer, elles couraient sur la pointe des
brisants du flot blanchissant. Erichthonios, lui, fut père de
Trôs, le roi des Troyens ; et de Trôs naquirent trois fils
sans reproche, Ilos, Assaraque, Ganymède, pareil aux
dieux, le plus beau des hommes mortels, que, justement
pour sa beauté, les dieux enlevèrent à la terre, afin qu'il
servît d'échanson à Zeus et qu'il vécût avec les Immortels.
Ilos, à son tour, eut pour fils Laomédon sans reproche ; et
Laomédon engendra Tithon, Priam, — Lampos, Clytios
et Hikétaon, rejeton d'Arès. Assaraque, lui, eut pour fils
Capys, et Capys Anchise. Anchise m'a donné le jour,
tandis que Priam l'a donné au divin Hector. Voilà la race,
le sang dont je me flatte d'être issu. Mais, s'il s'agit de
courage, c'est Zeus seul, qui, chez les hommes, le fait, à
son gré, ou grand ou petit, parce qu'il est le tout-puissant.
Allons ! ne restons pas là à parler, comme des enfants,
alors que nous sommes en pleine mêlée et carnage. Nous
avons tous deux sans doute bien des outrages à lancer —
toute une cargaison que ne porterait pas une nef à cent
bancs. Le langage des hommes est souple ; on y trouve

propos de tout genre; il forme un riche fonds de mots,
dans un sens comme dans l'autre. Quelque mot que tu
dises, tu t'entendras riposter par un pareil. Mais sommes-
nous forcés de nous disputer, de nous prendre à partie
ainsi face à face, comme des femmes en colère que l'esprit
de querelle, qui dévore les cœurs, fait aller en pleine rue se
prendre à partie et se lancer mutuellement autant de
mensonges que de vérités, le dépit leur dictant les uns
comme les autres? Ce n'est pas avec des mots que tu
détourneras de toi mon courage impatient. J'entends
d'abord combattre contre toi face à face et le bronze au
poing. Allons, vite! tâtons-nous tous les deux de nos
piques de bronze. »

Il dit, et il pousse sa puissante pique dans le bouclier
terrible, effrayant. L'orbe du grand écu gémit sous la
pointe de la lance, et le Péléide, de sa forte main, écarte le
bouclier de son corps : il a peur, il se dit que la longue
javeline du magnanime Enée peut le traverser aisément.
Pauvre sot, qui ne se rend pas compte en son âme et en
son cœur qu'il est bien malaisé à de simples mortels de
détruire ou faire céder les glorieux présents d'un dieu!
Aussi bien la puissante lance du brave Enée ne brise pas le
bouclier : l'or, présent du dieu, l'arrête. Elle traverse bien
deux couches; mais il en reste encore trois, puisque le
Bancal a forgé cinq couches, deux de bronze, deux d'étain
sur la face interne, une seule d'or : c'est celle qui arrête la
pique de frêne.

Après lui, à son tour, Achille lance sa longue javeline et
atteint Enée à son bouclier bien rond, au-dessous de la
bordure extrême, où court le bronze le plus mince, et où
le cuir de bœuf est le plus mince aussi. La pique en frêne
du Pélion, dans son élan, passe à travers, et l'écu crie sous
le choc. Enée se pelotonne et lève son écu le plus loin qu'il
peut, saisi de terreur. La lance ardente va, par-dessus son
dos, se planter en terre, après avoir percé la double
bordure ronde du bouclier qui couvre l'homme entier.
Enée a échappé à la longue pique. Il reste là, un immense
chagrin répandu sur ses yeux, dans l'épouvante du trait
qui s'est fiché si près de lui. Mais Achille en fureur tire
son glaive aigu et s'élance, en poussant des cris

effroyables. Enée alors dans sa main prend une pierre.
L'exploit est merveilleux : deux hommes — deux
hommes d'aujourd'hui — ne la porteraient pas. Il la
brandit, lui, seul, et sans effort. Et sans doute eût-il, avec
cette pierre, atteint Achille en plein élan au casque ou au
bouclier, qui eussent de lui écarté le cruel trépas ; sur quoi,
le Péléide, s'approchant, lui eût de son épée enlevé la vie,
si Poseidon, l'Ébranleur du sol, ne l'eût vu de son œil
perçant. Aussitôt aux dieux immortels il dit :

« Las ! j'éprouve une grande peine pour le magnanime
Enée, qui va bientôt, dompté par le fils de Pélée,
descendre chez Hadès, pour avoir ajouté foi aux mots de
l'archer Apollon. Pauvre sot ! ce n'est pas Apollon qui lui
servira maintenant contre le cruel trépas. Mais pourquoi
faut-il que cet innocent souffre de pareils maux, ici, sans
raison, pour les chagrins d'autrui, lui qui offre toujours
d'agréables présents aux dieux maîtres du vaste ciel ? Alors
dérobons-le, nous autres, à la mort. Le Cronide lui-même
s'indignerait de voir Achille le tuer. Le destin veut qu'il
soit sauvé, afin que ne périsse pas, stérile, anéantie, la race
de ce Dardanos que le Cronide a plus aimé qu'aucun des
autres enfants qui sont nés de lui et d'une mortelle. Déjà
le fils de Cronos a pris en haine la race de Priam. C'est le
puissant Enée qui désormais régnera sur les Troyens —
Enée et, avec lui, tous les fils de son fils, qui naîtront dans
l'avenir. »

Et l'auguste Héré aux grands yeux lui répond :

« Ébranleur du sol, à toi de voir en ton âme quel doit
être le sort d'Enée : le sauveras-tu ? ou le laisseras-tu, pour
brave qu'il soit, succomber sous Achille, le fils de Pélée ?
Pour nous, Pallas Athéné et moi, nous en avons souvent
fait le serment devant les Immortels, jamais des Troyens
nous n'écarterons le jour du malheur, même quand Troie
tout entière, flambant sous la flamme ardente, sera la
proie de l'incendie, si les incendiaires sont les preux fils
des Achéens. »

A peine Poseidon, Ébranleur du sol, a-t-il entendu ces
mots, qu'il part à travers la bataille et le fracas des
javelines. Il arrive à Enée et à l'illustre Achille. Sur les
yeux d'Achille, le fils de Pélée, vite, il épand un

brouillard ; après quoi, arrachant la pique de bronze au
bouclier du magnanime Enée, il la dépose aux pieds
d'Achille. Pour Enée, il le soulève très haut au-dessus du
sol. Enée franchit, d'un bond, force rangs de héros et force
rangs de chars, la main du dieu lui servant de tremplin, et
arrive à l'extrême bord de la bataille bondissante. Les
Caucônes sont en train de s'y former pour le combat.
Poséidon, Ébranleur du sol, lors s'approche de lui et,
prenant la parole, lui dit ces mots ailés :

« Enée, quel est donc le dieu qui t'enjoint d'aller ainsi,
comme un fou, combattre face à face le bouillant fils de
Pélée, qui tout ensemble est bien plus fort que toi et plus
aimé des Immortels ? Crois-moi, bats en retraite, lorsque
tu le rencontreras, à moins que tu ne veuilles aller chez
Hadès avant l'heure. En revanche, une fois qu'Achille sera
arrivé à la mort et au terme de son destin, sans peur alors,
combats au premier rang : aucun autre Achéen ne te saura
tuer. »

Il dit et le laisse là, quand il lui a tout fait entendre.
Puis, brusquement, il dissout le nuage merveilleux qui
couvrait les yeux d'Achille. Et Achille alors, ouvrant de
grands yeux, regarde, et s'irrite, et dit à son cœur
magnanime :

« Ah ! le singulier prodige que je vois là de mes yeux !
Voici ma javeline à terre, et je n'aperçois plus le guerrier
sur qui je l'avais lancée, brûlant de le tuer. Sans doute
Enée a été de tout temps cher aux dieux immortels ; mais
je pensais qu'il se vantait à tort et sans raison. Qu'il aille
périr où il lui plaira ! Il n'aura pas le cœur de me tâter une
seconde fois : il est trop heureux à cette heure d'avoir
échappé à la mort. Allons ! je vais, tout en encourageant les
vaillants Danaens, affronter moi-même et tâter les autres
Troyens. »

Il dit, bondit vers le front et encourage chacun des
combattants : « Ne restez donc plus si loin des Troyens,
divins Achéens. Allons ! que chaque guerrier affronte un
guerrier et brûle de se battre ! Il m'est difficile, pour fier
que je sois, de venir à bout de tant d'hommes et de me
battre avec tous. Arès lui-même — un Immortel pourtant
— pas plus qu'Athéné ne sauraient venir à bout d'un

pareil front de bataille, quelque peine qu'ils y prissent. Mais dans la mesure où le peuvent et mes bras et mes pieds et toute ma force, je vous réponds que, de cette heure, je ne mollirai pas, si peu que ce soit, que j'irai tout droit à travers leurs lignes, et qu'aucun Troyen, j'imagine, n'aura lieu de se réjouir, s'il s'en vient devant ma lance. »

Ainsi parle-t-il pour les entraîner. De son côté, l'illustre Hector gourmande, en criant, les Troyens et leur donne l'ordre d'affronter Achille :

« Bouillants Troyens, ne craignez pas le Péléide. Moi aussi, avec des mots, je combattrais les Immortels eux-mêmes. Avec la lance, ce serait moins aisé, puisqu'ils sont cent fois plus forts. Pas plus qu'un autre, Achille ne mettra tous ses mots en actes. S'il réalise l'un, il laissera l'autre imparfait. J'irai moi, au-devant de lui, ses mains fussent-elles pareilles au feu, oui, ses mains fussent-elles pareilles au feu, sa fureur au fer flamboyant ! »

Ainsi parle-t-il pour les entraîner, et les Troyens alors dressent leurs piques contre l'ennemi. Leurs fureurs à tous se mêlent ; une huée s'élève. Mais, à ce moment, Phœbos Apollon s'approche d'Hector et lui dit :

« Hector, ne va plus, à aucun prix, te battre avec Achille en avant des lignes ; attends son assaut dans la foule et en plein tumulte ; sans quoi, crains qu'il ne t'atteigne ou, en s'approchant, ne te frappe de son épée. »

Il dit, et Hector, effrayé, plonge à nouveau dans la foule guerrière, aussitôt qu'il a ouï la voix du dieu qui lui parle. Achille cependant bondit sur les Troyens, le cœur vêtu de vaillance, poussant des cris effroyables. Et il fait d'abord sa proie d'Iphition, le brave fils d'Otryntée, chef de nombreux guerriers, qu'une Naïade a enfanté d'Otryntée, preneur de villes, aux pieds du Tmôle neigeux, au gras pays d'Hydé. Iphition fond droit sur lui, quand, de sa pique, le divin Achille l'atteint en pleine tête. La tête tout entière est fendue en deux. L'homme tombe avec fracas ; le divin Achille triomphe :

« Te voilà donc à terre, fils d'Otryntée — l'homme entre tous terrible ! Et tu péris ici, alors que tu es né au bord du lac Gygée, dans le domaine de tes pères, près de l'Hylle poissonneux et de l'Herme tourbillonnant. »

Ainsi parle-t-il, triomphant, tandis que l'ombre couvre les yeux d'Iphition et que les chars des Achéens le déchirent sous les jantes de leurs roues, aux premiers rangs de la bataille. Après lui Achille s'en prend à Démoléon, vaillant défenseur des siens au combat, fils d'Anténor. Il le pique à la tempe, en traversant son casque aux couvre-joues de bronze. Le casque de bronze n'arrête pas la pointe, qui le perce, furieuse, et brise l'os; la cervelle au-dedans est toute fracassée : l'homme est dompté en plein élan. C'est ensuite Hippodamas — qui vient de sauter de son char et qui s'enfuit devant lui — qu'il frappe au dos de sa pique. L'homme exhale sa vie en un mugissement; tel mugit le taureau que les jeunes gens traînent en l'honneur du dieu maître de l'Hélicon et qui réjouit l'Ébranleur du sol; c'est avec un mugissement pareil que sa noble vie abandonne ses os. Achille, lance au poing, marche alors sur le divin Polydore, fils de Priam, pareil aux dieux. Son père lui défendait de se battre : il était le plus jeune des fils de son sang; il était aussi le plus aimé de lui. A la course il triomphait de tous. Aujourd'hui, par enfantillage, pour montrer la valeur de ses jarrets, il bondit à travers les champions hors des lignes, quand soudain il perd la vie. Le divin Achille aux pieds infatigables l'atteint de sa javeline — au moment même où il cherche à tourner brusquement le dos — en plein corps, à l'endroit où se rejoignent les fermoirs en or de son ceinturon et où s'offre au coup une double cuirasse. La pointe de la lance se fraie tout droit sa route à côté du nombril. Il croule gémissant, sur les genoux. Un nuage sombre aussitôt l'enveloppe, et, de ses mains, il rattrape ses entrailles, en s'effondrant.

Mais Hector voit son frère Polydore, qui retient ses entrailles à pleines mains, en s'effondrant sur le sol. Un brouillard s'épand sur ses yeux. Il n'a pas le cœur de demeurer plus longtemps à l'écart; il vient au-devant d'Achille, brandissant sa lance aiguë, tout pareil à une flamme. Achille le voit; aussitôt il s'élance et, triomphant, il dit :

« Le voilà donc près de moi, l'homme qui m'a touché au plus profond du cœur, l'homme qui m'a tué l'ami que je prisais tant! Nous ne saurions plus longtemps nous terrer l'un devant l'autre sur tout le champ de combat. »

Il dit, et, sur lui levant un œil sombre, il s'adresse au divin Hector :

« Viens donc plus près, et tu arriveras plus vite au terme fixé pour ta perte. »

Mais, sans frémir, Hector au casque étincelant répond :

« Péléide, ne compte pas m'effrayer avec des mots, comme si j'étais un enfant. Je peux aussi bien que toi railler et lancer des insultes. Je sais que tu es brave et que je suis bien au-dessous de toi. Mais tout ceci repose sur les genoux des dieux. Si je ne te vaux pas, ne puis-je pour cela t'arracher la vie, en te touchant de ma pique? Mon trait, à moi aussi, a déjà su être perçant. »

Il dit, brandit sa pique et la lance. Mais Athéné, de son souffle, la détourne du noble Achille — il lui suffit d'un souffle très léger — la voici qui revient vers le divin Hector et qui choit à ses pieds. Et Achille en fureur s'élance, brûlant de tuer Hector et poussant des cris effroyables. Mais Apollon le lui ravit — c'est un jeu pour un dieu — et le dérobe derrière une épaisse vapeur. Par trois fois, le divin Achille aux pieds infatigables s'élance, sa pique de bronze au poing; par trois fois, il frappe la vapeur profonde. Et, en s'élançant encore pour la quatrième fois, pareil à un dieu, il gronde d'une voix terrible et il dit ces mots ailés :

« Une fois de plus, chien, tu auras donc échappé à la mort! Le malheur est venu bien près de toi pourtant; et cette fois encore Phœbos Apollon t'a mis à l'abri! Il faut que tu l'invoques chaque fois que tu pars pour le fracas des lances. Sois tranquille, ton compte est bon, si je te rencontre, même dans longtemps. Que je trouve seulement, moi aussi, un dieu pour m'aider! Je vais en attendant courir sus à d'autres Troyens et voir qui je toucherai. »

Il dit et, de sa javeline, il frappe Dryops en plein cou. L'homme croule à ses pieds. Il le laisse là et va à Démouque, fils de Philétor, noble et grand guerrier, qu'il fixe sur place, en le frappant de sa lance aux genoux. Après quoi, il le sert de sa grande épée et lui prend la vie.

Il se rue ensuite sur Laogone et Dardanos, fils de Bias, et les culbute tous les deux de leur char, en touchant l'un de sa lance, en frappant de près l'autre avec son épée. Puis c'est Trôs, le fils d'Alastor, qui vient tomber à ses genoux dans l'espoir que, faisant de lui son prisonnier, il l'épargnera, et, au lieu de le tuer, lui quittera la vie, par pitié pour un frère d'âge. Pauvre sot! il ne sait pas qu'il ne sera pas écouté. Il ne s'agit pas ici d'un homme doux et facile, mais d'un furieux. Trôs, de ses mains, lui touche les genoux; il le veut à tout prix supplier. L'autre le frappe de son épée au foie. Le foie jaillit hors du corps; un sang noir en découle, qui remplit son giron; l'ombre couvre ses yeux, le souffle à jamais lui échappe. Achille alors va à Moulios et le frappe de sa lance à l'oreille; la pointe de bronze ressort aussitôt par l'autre oreille. C'est ensuite Echècle, le fils d'Agénor, qu'il frappe en pleine tête, de son épée à la bonne poignée. L'épée devient toute chaude de sang, et dans les yeux de l'homme entrent en maîtres la mort rouge et l'impérieux destin. C'est ensuite à Deucalion, là où se rejoignent les tendons du coude, qu'il transperce le bras de sa pointe de bronze; et l'homme reste à l'attendre, le bras lourd, la mort devant les yeux : de son épée Achille lui tranche le col et jette ensemble au loin la tête avec le casque; on voit même la moelle jaillir des vertèbres; le corps gît là, étendu sur le sol. Il part alors à la poursuite du fils sans reproche de Piréôs, Rhigme, qui est venu de la Thrace au sol fertile. Il l'atteint en plein corps de sa javeline; le bronze va se planter dans le ventre, et l'homme croule de son char. Son écuyer Aréïthoos fait faire alors demi-tour à son attelage; mais Achille le pique au dos de sa lance aiguë et le culbute de son char, tandis que ses coursiers s'affolent.

Tel un prodigieux incendie fait rage à travers les vallées profondes d'une montagne desséchée; la forêt profonde brûle, et le vent, qui la pousse en tous sens, en fait tournoyer la flamme. Tel, en tous sens, bondit Achille, lance au poing, pareil à un dieu, se ruant sur ses victimes. La terre noire est inondée de sang. De même qu'on attelle des bœufs au large front pour fouler l'orge blanche dans l'aire bien construite, et que le grain bien vite se dépouille sous les pas des bœufs mugissants, de même sous le magnifique Achille, les chevaux aux sabots massifs écrasent à la fois morts et boucliers. Et l'essieu sous la caisse, et la rampe, autour, sont tout souillés de sang; il jaillit en éclaboussures et sous les sabots des chevaux et sous les jantes des roues. Le fils de Pélée brûle de conquérir la gloire, et une poussière sanglante souille ses mains redoutables.

Mais dès qu'ils atteignent le gué du beau fleuve, du Xanthe tourbillonnant, dont le père est Zeus immortel, Achille les coupe en deux. Il pousse les uns vers la plaine, dans la direction de la ville. C'est par où, la veille encore, les Achéens affolés fuyaient la furie de l'illustre Hector, qu'aujourd'hui les Troyens dévalent, apeurés, tandis qu'Héré devant eux déploie une vapeur destinée à les retenir! L'autre moitié en revanche se trouve acculée au fleuve profond, qui roule en tourbillons d'argent. Ils s'y précipitent alors à grand fracas; les eaux profondes bruissent; les falaises, tout autour, grondent terriblement. Au milieu des cris, ils nagent, de-ci de-là, tournant avec les tourbillons. On dirait des sauterelles que la poussée de l'incendie a toutes soulevées pour fuir vers un fleuve : une flamme vivace a brusquement jailli; elle est là, qui les brûle; toutes cherchent un abri dans l'eau. Ainsi, sous la poussée d'Achille, le cours du Xanthe aux tourbillons profonds se remplit d'un fracas de chars et d'hommes à la fois.

Le héros divin laisse alors, sur la falaise, sa pique appuyée à des tamaris, et s'élance dans le fleuve, pareil à un dieu. Il n'a qu'une épée; son cœur ne songe qu'à des œuvres de mort. Il va frappant avec entrain, et une plainte monte, horrible, de tous les corps que frappe son épée. L'onde devient rouge de sang. On voit parfois, devant un énorme dauphin, les poissons qui s'enfuient et remplissent

les fonds d'un port au bon mouillage : ils ont si grand-
peur ! qui est saisi est sûr d'être mangé. De même les
Troyens, tout le long des eaux du fleuve terrible,
cherchent un abri sous l'escarpement des berges. Mais,
quand ses bras sont las de tuer, il ramasse alors, vivants,
dans le fleuve, douze jeunes hommes, qui paieront pour le
fils de Ménœtios, pour Patrocle mort. Il les fait sortir du
fleuve, effarés comme des faons ; il leur lie les bras par-
derrière, avec les bonnes courroies qu'ils portent eux-
mêmes sur leurs souples tuniques, et ils les confie aux
siens, pour qu'ils les emmènent aux nefs creuses. Puis il
bondit de nouveau en avant, avide de massacre.

Il tombe alors sur un fils de Priam le Dardanide, qui
s'échappe à l'instant du fleuve. C'est Lycaon, qu'il a pris
lui-même naguère et par force emmené du verger de son
père, au cours d'une attaque nocturne. Lycaon s'occupait,
avec le bronze aigu, à couper de jeunes branches à un
figuier sauvage, afin d'en fabriquer une rampe de char. Le
divin Achille s'était à ce moment abattu sur lui comme un
désastre imprévu. Puis il l'avait emmené sur ses nefs et
vendu dans la belle Lemnos, où le fils d'Iéson l'avait
acheté. Un hôte alors l'avait tiré de là, en donnant de lui
un gros prix ; c'était Eétion d'Imbros, qui l'avait ensuite
envoyé dans la divine Arisbé, d'où il s'était échappé et
avait regagné le palais paternel. Depuis onze jours, rentré
de Lemnos, il goûtait en son cœur la joie de vivre avec les
siens. Mais, le douzième jour, le Ciel le fait de nouveau
tomber dans les mains d'Achille, qui doit l'expédier de
force chez Hadès. Donc, le divin Achille aux pieds
infatigables l'aperçoit, désarmé, sans casque ni écu, sans
javeline même : il a tout jeté à terre. La sueur l'a épuisé,
dans ses efforts pour échapper au fleuve, et la fatigue a
dompté ses genoux. Achille alors s'irrite et dit à son grand
cœur :

« Ah ! le singulier prodige que je vois là de mes yeux !
Allons ! plus de doute : les Troyens magnanimes que
j'aurai abattus vont ressusciter de l'ombre brumeuse,
puisque voici déjà celui-là revenu, qui avait échappé au
jour impitoyable et avait été vendu dans la divine Lemnos.
Le grand large de la blanche mer ne l'a donc pas arrêté,

lui qui retient tant d'hommes malgré eux. Eh bien! il va
tâter cette fois de la pointe de ma pique : il faut que mon
cœur voie et sache s'il s'en reviendra aussi de là-bas, ou si
la terre, source de vie, le saura retenir, elle qui retient les
plus forts. »

C'est ainsi qu'il songe, attendant. L'autre s'approche,
effaré, il veut à tout prix toucher ses genoux, et son cœur
par-dessus tout souhaite d'échapper à la mort cruelle et au
noir trépas. Le divin Achille lève sa longue javeline : il
veut, lui, à tout prix le toucher. L'autre se dérobe et, tête
baissée, court lui prendre les genoux, cependant que la
lance va se planter en terre par-dessus son dos, malgré le
désir qui la tient de se repaître de chair d'homme. D'une
main, il saisit les genoux, suppliant; de l'autre, il retient la
pique acérée, sans la vouloir lâcher, et, prenant la parole il
dit ces mots ailés :

« Je suis à tes genoux, Achille, aie pour moi respect et
pitié; pour toi, fils de Zeus, je suis un suppliant, j'ai droit
à ton respect. Tu es le premier chez qui j'ai mangé la
mouture de Déméter, le jour où tu m'as pris dans mon
bon verger, pour m'emmener et pour me vendre, loin de
mon père et des miens, dans la divine Lemnos, où je t'ai
rapporté le prix de cent bœufs. J'ai été racheté pour trois
fois autant, et voici douze matins que j'ai regagné Ilion
après bien des épreuves. Et le destin maudit, une fois
encore, me jette dans tes mains! Ah! il faut que je sois en
horreur à Zeus Père, pour qu'il m'ait livré à toi de
nouveau; et c'est pour une vie bien courte que m'aura
enfanté ma mère, Laothoé, fille du vieil Altès — Altès, qui
commande aux Lélèges belliqueux et qui tient la haute
Pédase au bord du Satnioïs. Priam avait sa fille pour
épouse, parmi ses nombreuses femmes. C'est d'elle que
nous sommes nés, deux fils, et tu nous auras égorgés tous
les deux! L'un, le divin Polydore, tu l'as abattu au
premier rang des fantassins, en le touchant de ta javeline
aiguë. Et maintenant, ici même, le malheur va venir sur
moi. Non, je ne compte point échapper à ton bras,
puisque c'est le Ciel qui l'a déchaîné. Mais j'ai encore
quelque chose à te dire, mets-le-toi bien en tête. Ne me

tue pas : je ne suis pas sorti du même sein qu'Hector, qui t'a tué ton bon et fort ami. »

Voilà comment l'illustre Priamide parle à Achille en termes suppliants. Mais la voix qu'il entend est de celles que rien n'apaise :

« Pauvre sot! ne m'offre donc pas de rançon, ne m'en parle même pas. Naguère, avant que Patrocle eût atteint le jour fatal, mon cœur se plaisait à épargner les Troyens. Combien n'en ai-je pas pris vivants, puis vendus! Mais aucun désormais n'évitera la mort, aucun de ceux que le Ciel, devant Ilion, fera tomber dans mes mains — aucun de tous les Troyens, mais aucun surtout des fils de Priam. Va, mon ami, meurs à ton tour. Pourquoi gémir ainsi? Patrocle est bien mort, qui valait cent fois plus que toi. Moi-même, tu le vois, je suis beau, je suis grand, je sors d'un noble père, une déesse fut ma mère : et néanmoins la mort est sur ma tête et l'impérieux destin. Un matin viendra — un soir, un midi — où quelqu'un au combat m'arrachera, à moi aussi, la vie, en me touchant ou de sa pique ou d'un trait jailli de son arc. »

Il dit, et Lycaon sent se rompre sur place ses genoux et son cœur. Il lâche la pique et s'affaisse, les deux bras étendus. Mais Achille a déjà tiré son épée aiguë; il le frappe, près du cou, à la clavicule. L'épée à deux tranchants y plonge tout entière; et l'homme gît là, le front en avant, allongé sur le sol; son sang noir coule et trempe la terre. Achille le prend par un pied et le jette au fleuve — qui l'emporte! Puis, triomphant, il dit ces mots ailés :

« Va-t'en donc reposer là-bas, chez les poissons. Ils lécheront le sang de ta blessure sans s'en émouvoir. Ta mère ne te mettra pas sur un lit funèbre, avant d'entonner sa lamentation. Le Scamandre tourbillonnant t'emportera dans le large sein de la mer; et quelque poisson alors, en bondissant au fil du flot, s'en viendra, sous le noir frémissement de l'onde, dévorer la blanche graisse de Lycaon!... Tous, à mort! et cela jusqu'à l'heure où nous aurons atteint la ville d'Ilion — oui, tous, et, autant que vous qui fuyez, moi qui me rue sur vos pas! Et le beau fleuve aux tourbillons d'argent ne vous défendra pas. Vous aurez eu beau lui immoler force taureaux et jeter tout vivants dans ses tourbillons des chevaux aux sabots massifs : vous n'en périrez pas moins d'une mort cruelle, jusqu'à ce que, tous, vous ayez payé la mort de Patrocle et le malheur des Achéens que vous avez tués près des fines nefs, alors que j'étais loin d'eux. »

Il dit, et le fleuve en son cœur sent croître sa colère. Il agite en son âme comment il pourra mettre fin à l'œuvre du divin Achille et écarter le malheur des Troyens.

Cependant le fils de Pélée, sa longue javeline au poing, bondit, brûlant de le tuer, sur Astéropée, fils de Pélégon — Pélégon que l'Axios au large cours engendra avec Péribée, fille aînée d'Acessamène, à laquelle s'était uni le fleuve aux tourbillons profonds. Achille bondit sur lui. L'autre fait front : il sort du fleuve, deux javelines à la main. Le Xanthe a mis la furie en son cœur, dans le dépit qu'il éprouve pour les jouvenceaux massacrés qu'Achille a sans pitié mis en pièces dans ses ondes. Ils marchent l'un sur l'autre et entrent en contact. Alors, le premier, le divin Achille aux pieds infatigables dit :

« Qui es-tu donc, et d'où viens-tu, toi qui m'oses affronter ? Malheur aux parents dont les fils viennent affronter ma fureur ! »

L'illustre fils de Pélégon à son tour réplique :

« Fils de Pélée magnanime, pourquoi me demander quelle est ma naissance ? Je suis de la Péonie plantureuse — loin d'ici — et je mène les Péoniens aux longues piques. Voici onze matins déjà que je suis à Ilion. Mon origine remonte à l'Axios au large cours, l'Axios qui, sur la terre, répand la plus belle des ondes et qui a engendré Pélégon à la lance illustre ; et c'est de Pélégon, dit-on, que je suis né. Et maintenant, au combat, illustre Achille ! »

Ainsi parle-t-il menaçant. Le divin Achille lève sa pique en bois du Pélion, et le héros Astéropée ses deux javelines ensemble — car il sait tirer des deux bras. L'une s'en va frapper le bouclier, mais sans le rompre : l'or, présent du dieu, l'arrête. L'autre touche et égratigne le coude du bras droit ; elle en fait gicler le sang noir, puis va, par-delà le héros, se planter dans le sol, malgré l'envie qui la possède

de se repaître de sa chair. Achille, à son tour, sur
Astéropée lâche sa pique au vol bien droit. Il brûle de le
tuer. Mais il le manque et touche la haute falaise : c'est en
pleine falaise qu'il a mis sa pique de frêne. Le Péléide
alors tire l'épée aiguë qui pend le long de sa cuisse et
bondit, furieux, sur Astéropée. Et celui-ci n'arrive pas à
arracher à l'abrupte paroi, de sa forte main, la pique
d'Achille ! Trois fois il l'a ébranlée, car il veut à tout prix
l'en tirer ; et trois fois il a dû relâcher son effort. La
quatrième fois, il voudrait en son cœur la ployer, la briser,
cette pique de frêne du petit-fils d'Eaque ; mais Achille est
déjà près de lui et, de son épée, lui arrache la vie. Il le
frappe au ventre, à côté du nombril. Toutes ses entrailles
s'épandent à terre ; l'ombre recouvre ses yeux d'agonisant.
Achille alors bondit sur sa poitrine, le dépouille de ses
armes et, triomphant, dit :

« Reste étendu là. Il est dangereux, fût-on né d'un
fleuve, de lutter avec des fils du Cronide tout-puissant. Tu
prétendais que tu avais pour père un fleuve au large
cours : je me flatte, moi, de sortir du grand Zeus.
L'homme qui m'engendra commande aux Myrmidons
innombrables ; c'est Pélée l'Eacide. Or, Eaque était fils de
Zeus. Autant Zeus l'emporte sur les fleuves coulant à la
mer, autant sa descendance l'emporte sur celle d'un
fleuve. Tu as près de toi un grand fleuve : vois donc s'il
peut te prêter aide !... Non, il n'est pas possible de lutter
contre Zeus, le fils de Cronos. A Zeus ne se comparent ni
le royal Achélôos, ni même la force puissante d'Océan aux
eaux profondes, d'où sortent tous les fleuves, toute la mer,
toutes les sources et tous les puits profonds ; Océan lui-
même craint la foudre du grand Zeus et son terrible
tonnerre, quand il éclate au haut des cieux. »

Il dit, et de la falaise il arrache sa pique de bronze. Pour
Astéropée, après lui avoir enlevé la vie, il le laisse là,
couché sur le sable, trempé par l'eau noire. Autour de lui,
anguilles et poissons s'occupent à le déchirer et à ronger la
graisse enveloppant ses reins, tandis qu'Achille, lui, repart
en chasse des Péoniens aux bons chars de combat. Ils sont
toujours en fuite sur la rive du fleuve tourbillonnant,
depuis l'instant où ils ont vu le plus brave d'entre eux

violemment abattu dans la mêlée par les bras et l'épée du fils de Pélée. Alors il fait sa proie de Thersiloque, Mydon et Astypyle, — de Mnèse, Thrasios, Ænios, Ophéleste. Et il eût encore, le rapide Achille, tué bien d'autres Péoniens, si, courroucé, le fleuve aux tourbillons profonds ne lui eût parlé, sous les traits d'un homme, et n'eût fait entendre sa voix du fond de son tourbillon :

« Achille, tu l'emportes sur tous les humains par ta force, mais aussi par tes méfaits. Tu as toujours des dieux prêts à t'assister d'eux-mêmes. Si le fils de Cronos t'accorde d'anéantir tous les Troyens, du moins chasse-les loin de moi dans la plaine, avant de te livrer à ces atrocités. Mes aimables ondes déjà sont pleines de cadavres, et je ne puis plus déverser mon flot à la mer divine, tant les morts l'encombrent; et toi, tu vas toujours tuant, exterminant!... Cette fois, finis! tu me fais horreur, commandeur de guerriers. »

Achille aux pieds rapides en réponse lui dit :

« Il sera fait comme tu le demandes, Scamandre divin. Je ne cesserai pas pourtant de massacrer les Troyens arrogants, jusqu'à l'heure où je les aurai acculés dans leur ville et où j'aurai, face à face avec Hector, tenté de savoir si c'est lui qui me doit dompter, ou moi lui. »

Il dit, et il se lance à l'assaut des Troyens, pareil à un dieu. Le fleuve aux tourbillons profonds alors s'adresse à Apollon :

« Las! dieu à l'arc d'argent, fils de Zeus, te refuses-tu donc à observer les volontés de Zeus, qui t'a si instamment commandé de défendre et d'assister les Troyens, jusqu'à l'heure tardive où le soir viendra se coucher et couvrira d'ombre la glèbe fertile? »

Il dit. Cependant Achille, l'illustre guerrier, de la berge abrupte, saute et se lance en plein fleuve. Mais le fleuve, pour l'assaillir, se gonfle, furieux. Il émeut toutes ses ondes, qui se troublent; il repousse les morts innombrables, victimes d'Achille, qui pullulent dans son lit, il les jette au-dehors, sur le sol, en mugissant comme un taureau. Les vivants qu'il trouve dans ses belles eaux, il les sauve au contraire, il les dissimule au fond de ses tourbillons immenses. Terrible, un flot trouble se lève

autour d'Achille : le courant se précipite sur son bouclier
et tâche à le repousser. Et le héros ne peut pas davantage
s'assurer sur ses pieds! Ses mains alors empoignent un
grand et bel ormeau, qui s'écroule, déraciné, emportant
toute la berge et qui, de ses branches serrées, arrête le
beau cours des eaux. En s'écroulant tout entier dans le
fleuve, il a jeté un pont sur lui. Achille, grâce à lui, sort du
tourbillon et s'élance à travers la plaine, volant de ses
pieds rapides, pris de peur. Mais le puissant dieu ne s'en
tient pas là; il s'élance sur lui, avec sa crête noire : il entend
mettre fin à l'œuvre du divin Achille et écarter le malheur
des Troyens. Le Péléide s'éloigne, en un seul bond, d'une
portée de lance. Il a l'élan de l'aigle noir, l'aigle chasseur,
le plus fort ensemble et le plus vite des oiseaux. Il bondit
tout pareillement; et, autour de sa poitrine, le bronze
résonne, terrible, tandis qu'il se dérobe, prend du champ
et fuit. Mais le Xanthe, à grands flots, le suit par-derrière,
dans un tumulte effroyable. Qui n'a vu un homme tracer
des rigoles partant d'une source sombre, pour guider les
cours de l'eau à travers plants et jardins? Un hoyau à la
main, il fait sauter ce qui obstrue chaque canal. L'eau
alors se précipite, roulant en masse les cailloux, et
vivement s'écoule, murmurante, sur la pente du terrain,
dépassant même celui qui la conduit. De même, à chaque
instant, le flux atteint Achille, si prompt qu'il puisse être :
les dieux sont plus forts que les hommes! A chaque fois, le
divin Achille aux pieds infatigables songe à se retourner et
à faire front; il voudrait voir si ce ne sont pas tous les
Immortels, maîtres du vaste ciel, qui sont lancés à sa
poursuite : à chaque fois, le flux puissant du fleuve tombé
du ciel déferle sur ses épaules, et Achille aussitôt, d'un
appel de pied, bondit plus haut, l'âme en peine. Mais, par-
dessous également, le fleuve dompte ses genoux, en
affluant, violent, au-dessous d'eux, et en dévorant le sol
poudreux sous ses pieds. Le Péléide alors gémit, les yeux
tournés au vaste ciel :

« Ah! Zeus Père! se peut-il que nul dieu n'ait le cœur
de sauver de ce fleuve le malheureux que je suis? Eh bien!
arrive que pourra! Mais nul des dieux, issus de Ciel, ici
n'est coupable. Ma mère l'est seule, qui m'a endormi avec

ses mensonges. Elle prétendait que je périrais sous les murs des Troyens belliqueux, victime des flèches rapides d'Apollon. Ah! pourquoi n'est-ce pas plutôt Hector qui m'a tué, lui qui a grandi ici le meilleur de tous? C'eût été alors un brave qui m'eût tué, il eût dépouillé un brave. Tandis qu'en fait, mon destin, je le vois, est de périr ici, d'une mort atroce, proie d'un fleuve effrayant, ainsi qu'un jeune porcher entraîné par le torrent qu'il passait un jour d'orage. »

Il dit, et Poseidon et Athéné vite s'en viennent près de lui, sous forme de mortels. Leurs mains prennent sa main; leurs paroles l'assurent de leur foi. Poseidon, Ébranleur du sol, le premier lui dit :

« Fils de Pélée, n'aie pas trop de crainte ou de tremblement. Songe quels dieux tu as là, pour te prêter aide, Pallas Athéné et moi, — et cela de l'aveu de Zeus. Non, ton destin n'est pas de périr dans un fleuve. Celui-ci ne va pas tarder à se calmer : tu vas l'apprendre par toi-même. Mais nous te donnerons, si tu veux nous en croire, un sage conseil. Dans le combat qui n'épargne personne, n'arrête pas tes coups, avant d'avoir forcé l'armée troyenne — ce qui en restera — à rallier les murs illustres d'Ilion. Puis tu arracheras la vie à Hector, avant de revenir aux nefs. Nous t'accordons de revenir aux nefs. Nous t'accordons de conquérir la gloire. »

Ils disent, et tous deux s'en retournent vers les Immortels. Achille, lui, va vers la plaine : l'avis reçu des dieux puissamment le stimule. La plaine est toute couverte de l'eau qui y a débordé. On y voit par centaines flotter de belles armes de jeunes guerriers massacrés, et autant de cadavres. Pour lutter avec le flux, on voit sauter haut les genoux d'Achille, tandis qu'il suit sa route en bondissant. Le fleuve au large cours ne l'arrête plus : Athéné en lui a mis une force immense. Mais le Scamandre ne suspend pas davantage son élan; sa colère ne fait que croître contre le fils de Pélée; il soulève, il dresse bien haut le flux de ses ondes et, en criant, il lance un appel au Simoïs :

« Mon bon frère, joignons-nous l'un à l'autre, pour contenir la force de cet homme, puisqu'il doit bientôt

détruire la grand-ville de sire Priam et que les Troyens ne
vont plus tenir au combat. Vite, à la rescousse! remplis
ton lit de l'eau des sources; soulève tous les torrents;
dresse une immense houle; suscite un grand fracas de
bois, de pierres. Nous arrêterons ainsi ce guerrier sauvage,
qui, pour l'instant, triomphe et montre la fureur d'un
dieu. Je prétends que sa force ne lui serve de rien, ni sa
beauté, ni ses armes superbes, qui, bientôt, reposeront
tout au fond d'un marécage, recouvertes par le limon. Lui,
je le roulerai dans un sable épais, je le couvrirai de galets
par milliers, si bien que les Achéens ne sauront même
plus où recueillir ses os, tant je l'aurai enfoui dans la boue.
Là sera son tombeau; plus ne sera besoin de répandre sur
lui de terre, le jour où les Achéens célébreront ses
funérailles. »

Il dit et bondit sur Achille, avec son flot trouble,
soulevé par la fureur, dans un grondement d'écume, de
sang, de cadavres. La houle bouillonnante du fleuve
tombé du ciel est là, qui se soulève et monte et cherche à
écraser le Péléide. Héré pousse un grand cri. Elle a pris
peur pour Achille; le puissant fleuve aux tourbillons
profonds ne va-t-il pas l'enlever? Vite, elle s'adresse à son
fils Héphæstos :

« Debout! Bancal, mon fils : le Xanthe tourbillonnant
m'a toujours semblé un adversaire fait pour toi. Vite, à la
rescousse! déploie largement ta flamme. Moi, j'irai
soulever du côté de la mer une dure bourrasque de Zéphyr
et du blanc Notos, qui brûlera les armes et les corps des
Troyens, en portant parmi eux le funeste incendie. Le
long des berges du Xanthe, toi, brûle les arbres, et livre-le
lui-même au feu, sans te laisser distraire par des mots
apaisants ni par des menaces. Va, ne suspends pas ton
élan, avant que je ne t'aie fait entendre ma voix. Alors
seulement, tu arrêteras la flamme vivace. »

Elle dit; Héphæstos prépare un prodigieux incendie.
C'est dans la plaine qu'il s'allume d'abord. Il brûle les
morts innombrables, victimes d'Achille, qui encombrent le
fleuve. Toute la plaine est asséchée, l'eau brillante suspend
son cours. On voit, à l'arrière-saison, Borée soudain assécher
un verger arrosé l'instant d'avant pour la plus grande joie

de ceux qui le cultivent. De même la plaine est tout
asséchée, le feu a brûlé les cadavres. Il tourne alors vers le
fleuve sa flamme resplendissante. Voici les ormeaux qui
brûlent, et les saules, et les tamaris; le lotos brûle aussi, et
le jonc, et le souchet, qui ont poussé en abondance le long
des belles eaux du fleuve. Les anguilles sont au tourment,
et tous les poissons. Dans les tourbillons, dans les belles
eaux courantes, ils culbutent en tous sens, tourmentés par
le souffle de l'ingénieux Héphæstos. La force du fleuve
brûle! Alors, il parle à Héphæstos en l'appelant de tous ses
noms :

« Héphæstos, il n'est pas de dieu capable de se mesurer
avec toi, et ce n'est pas moi qui te puis combattre, quand
ton feu flambe de la sorte. Va, cesse la lutte. Que le divin
Achille bannisse aujourd'hui même les Troyens de leur
ville : pourquoi irais-je batailler et me porter à leur
secours? »

Ainsi parle-t-il, brûlé par le feu. Des bulles jaillissent
sur ses belles eaux. Comme bout l'intérieur d'une bassine,
où fond la graisse d'un porc grassement nourri, et que de
tous côtés attaque le grand feu qui jaillit du bois sec
entassé par-dessous, ainsi, sous l'action du feu, flambent
les belles eaux du Xanthe. Son flot bout; il ne peut plus
avancer : il est arrêté; et le souffle de l'ingénieux
Héphæstos le tourmente brutalement. Alors, avec instance, suppliant Héré, il dit ces mots ailés :

« Héré, pourquoi ton fils s'en prend-il à mon cours, de
préférence à d'autres, pour lui faire du mal? Je suis
beaucoup moins en cause qu'aucun autre champion de
Troie. Je veux bien m'arrêter, si tu me le demandes; mais
qu'alors il s'arrête aussi! Et je veux bien aussi te faire un
serment : non, jamais des Troyens je n'écarterai le jour du
malheur, même quand Troie tout entière, flambant sous
la flamme ardente, sera la proie de l'incendie, si les
incendiaires sont les preux fils des Achéens. »

A peine la déesse aux bras blancs, Héré, l'entend-elle,
que vite elle s'adresse à son fils Héphæstos :

« Héphæstos, mon illustre enfant, arrête. Il ne sied pas,
pour des mortels, de maltraiter ainsi un dieu immortel. »

Elle dit; Héphæstos éteint le prodigieux incendie, et le
flot, reculant, redescend au lit de ses belles eaux.

La fureur du Xanthe domptée, les deux adversaires
s'arrêtent : Héré les contient, malgré sa propre colère.
Mais alors, c'est au milieu des autres dieux qu'une pénible
querelle vient s'abattre lourdement. Leurs cœurs, au fond
d'eux-mêmes, flottent dans deux sens contraires. Ils se
ruent les uns sur les autres, dans un terrible fracas; la
large terre gronde, et le ciel immense clarionne autour
d'eux la bataille. Zeus l'entend, assis sur l'Olympe, et son
cœur en liesse rit de voir les dieux entrer en conflit. Ils ne
restent pas longtemps éloignés les uns des autres. Arès,
perceur de boucliers, donne le signal. Le premier, il se
jette sur Athéné, la lance de bronze à la main, et lui tient
ces propos injurieux :

« Pourquoi, mouche à chien, mets-tu donc encore les
dieux en conflit, avec une audace folle, dès que ton grand
cœur t'y pousse? Aurais-tu oublié le jour où tu as poussé
le fils de Tydée, Diomède, à me blesser, et où toi-même,
ayant en main une pique visible à tous, tu l'as poussée
droit sur moi, déchirant ma belle peau? Aussi je crois bien
qu'à ton tour, aujourd'hui, tu me vas payer ce que tu m'as
fait. »

Il dit, et il frappe l'égide frangée, redoutable, dont ne
triomphe pas la foudre même de Zeus. C'est là qu'Arès
meurtrier touche Athéné avec sa longue pique. Athéné
recule et, de sa forte main, saisit une pierre, qui se trouve
là dans la plaine, noire, rugueuse, énorme, que les gens
d'autrefois ont un jour placée là pour borner quelque
champ. Elle en frappe l'ardent Arès au cou et lui rompt
les membres. Il tombe et, sur le sol, il couvre sept arpents.
Ses cheveux sont souillés de poussière; ses armes vibrent
sur lui. Pallas Athéné éclate de rire, et, triomphante, elle
lui dit ces mots ailés :

« Pauvre sot! tu n'as donc pas compris encore à quel
point je puis me flatter d'être plus forte que toi, pour que
tu ailles de la sorte mesurer ta fureur à la mienne? Tu vas
ainsi payer ta dette aux Erinyes de ta mère, qui t'en veut
et médite ton malheur, parce que tu as abandonné les

Achéens et que maintenant tu portes secours à ces
Troyens arrogants. »

Elle dit et détourne ses yeux éclatants. Lors la fille de
Zeus, Aphrodite, vient prendre Arès par la main et
cherche à l'emmener. Il gémit sans arrêt; il a peine à
rassembler son courage. Mais Héré aux bras blancs a vu
Aphrodite. Brusquement, à Athéné, elle adresse ces mots
ailés :

« Gare! fille de Zeus qui tient l'égide, Infatigable! voici
encore la mouche à chien qui veut emmener Arès, ce fléau
des hommes, hors du combat cruel à travers la mêlée.
Cours à sa poursuite. »

Elle dit; Athéné s'élance derrière elle, le cœur plein de
joie; elle attaque, en frappant en pleine poitrine, de sa
forte main. Aphrodite ne va pas plus loin : elle a les
genoux et le cœur rompus. Les voilà tous deux étendus
sur la terre nourricière, et, triomphante, Athéné dit ces
mots ailés :

« Tel soit le sort de tous les protecteurs de Troie, s'ils
combattent les guerriers d'Argos avec l'impudence et
l'audace de cette Aphrodite, qui se porte au secours
d'Arès, en affrontant ma fureur! Il y a longtemps que,
sans eux, nous eussions terminé la guerre et détruit la
belle ville d'Ilion. »

Elle dit et fait sourire Héré la déesse aux bras blancs.
Cependant le puissant Ébranleur du sol s'adresse à
Apollon :

« Phœbos, pourquoi restons-nous, tous deux, loin l'un
de l'autre? Cela ne convient guère maintenant que les
autres nous ont donné l'exemple. Il serait honteux de
regagner l'Olympe et le palais de Zeus au seuil de bronze
sans avoir combattu. Commence : tu es le plus jeune. De
ma part, ce serait malséant, car je suis ton aîné et j'en sais
plus que toi. Pauvre sot! comme tu as l'âme dénuée de
sens! Tu ne te souviens même pas des maux que, seuls
parmi les dieux, nous avons soufferts tous deux autour
d'Ilion, quand nous sommes venus, sur l'ordre de Zeus,
louer nos services à l'année chez le noble Laomédon, pour
un salaire convenu. Il était notre maître, il nous donnait
des ordres. J'ai alors, moi, pour les Troyens, bâti autour

de leur cité une large et superbe muraille, qui rend leur ville inexpugnable, tandis que toi, Phœbos, tu faisais paître leurs bœufs cornus à la démarche torse dans les vallons boisés de l'Ida aux replis sans nombre. Mais voici que, quand les joyeuses saisons amènent le terme fixé pour le paiement, brutalement le terrible Laomédon nous ravit tout notre salaire et nous congédie avec des menaces : il nous lierait les pieds et — en remontant — les bras, puis nous vendrait dans des îles lointaines. Il clamait même qu'à tous deux il couperait les oreilles avec le bronze. Et nous rentrions ainsi, tous les deux, le cœur dépité, furieux à la pensée de ce salaire promis et non payé. Et c'est au peuple de cet homme que maintenant tu donnes ta faveur, au lieu de tâcher avec nous à les faire périr, ces Troyens arrogants — entièrement, cruellement, avec tous leurs enfants et leurs dignes épouses ! »

Et sire Apollon, le Préservateur, lui répond :

« Ébranleur du sol, tu me dirais que j'ai l'esprit atteint, si je partais en guerre contre toi pour de pauvres humains, pareils à des feuilles, qui tantôt vivent pleins d'éclat, en mangeant le fruit de la terre, et tantôt se consument et tombent au néant. Arrêtons au plus vite ce combat, et laissons-les régler eux-mêmes leurs querelles. »

Il dit et se détourne ; il répugne à l'idée d'en venir aux mains avec le frère de son père. Mais sa sœur alors le prend à partie, La Dame des fauves, Artémis agreste, et elle lui tient ces propos injurieux :

« Quoi ! tu fuis, Préservateur, tu laisses ici pleine victoire à Poseidon ! tu lui donnes une vaine gloire ! Pauvre sot ! pourquoi as-tu un arc, s'il ne te sert de rien ? Que désormais je ne t'entende plus au palais éternel te vanter, comme jadis, au milieu des dieux immortels, de lutter ouvertement face à face avec Poseidon ! »

Elle dit ; Apollon Préservateur ne réplique rien. Mais la digne épouse de Zeus, irritée, prend à parti la Sagittaire avec ces mots injurieux :

« Quoi ! tu as donc envie aujourd'hui, chienne effrontée, de me tenir tête ! Je te ferai voir, moi, ce qu'il en coûte de vouloir mesurer ta fureur à la mienne, en dépit de l'arc que tu portes — parce que Zeus a fait de toi une lionne pour les femmes et t'a permis de tuer celle qu'il te plaît! Ne ferais-tu pas mieux d'aller massacrer les bêtes des montagnes et les biches sauvages, que d'entrer en guerre ouverte avec qui est plus fort que toi? Pourtant si tu veux t'instruire au combat, eh bien! tu vas savoir combien je vaux plus que toi, alors que tu prétends mesurer ta fureur à la mienne. »

Elle dit, et, de sa main gauche, elle lui prend les deux mains au poignet, de sa droite elle lui enlève l'arc des épaules; puis, de cet arc, en souriant, elle la frappe au visage, près des oreilles, tandis que l'autre tourne la tête à chaque coup et que les flèches rapides se répandent sur le sol. La déesse baisse la tête en pleurant et s'enfuit. On dirait une colombe qui, sous l'assaut du faucon, s'envole vers un rocher creux, vers le trou où est son nid, le sort ne voulant pas qu'elle soit prise cette fois. Toute pareille fuit Artémis en pleurs, laissant là son arc. Et le Messager, Tueur d'Argos, alors dit à Létô :

« Létô, ce n'est pas moi qui entrerais en lutte contre toi : il est dangereux d'en venir aux coups avec les épouses de Zeus, assembleur de nuées. Va, tu peux aller te vanter avec entrain, au milieu des Immortels, d'avoir triomphé de moi par la force brutale. »

Il dit; Létô ramasse l'arc recourbé et les flèches qui de tous côtés sont tombées à terre dans un tourbillon poudreux, et, tandis qu'ainsi elle prend l'arc et les flèches de sa fille, puis s'en va, la vierge regagne l'Olympe et le palais de Zeus au seuil de bronze. Pleurante, elle va s'asseoir sur les genoux de son père; sa robe divine tremble tout autour d'elle. Lors le Cronide, son père, l'attire à lui et lui demande avec un doux sourire :

« Qui, des fils de Ciel, mon enfant, t'a ainsi traitée, sans raison, comme pour te punir d'un méfait notoire? »

Et la déesse à la belle couronne, la Bruyante, répond :

« C'est ta femme, père, qui m'a maltraitée, Héré aux bras blancs, grâce à qui Lutte et Querelle sont le lot attaché aux dieux. »

C'est ainsi qu'ils parlent entre eux. Cependant Phœbos Apollon pénètre dans la sainte Ilion. Il s'inquiète des murs de la bonne cité : si les Danaens, devançant le destin, allaient les détruire ce jour même! Les autres dieux toujours vivants s'en retournent vers l'Olympe, les uns dépités, les autres triomphants, et s'assoient à côté de leur père à la nuée noire. Pendant ce temps Achille massacre les Troyens, et, aussi bien que les hommes, les chevaux aux sabots massifs. Ainsi la flamme fumeuse qui monte au vaste ciel d'une ville en feu et qu'a déchaînée le courroux divin : à tous elle apporte la peine, sur beaucoup elle fait choir le deuil; ainsi Achille apporte peine et deuil aux Troyens.

Le vieux Priam était alors posté sur le rempart divin. Il aperçoit le gigantesque Achille. Par lui, les Troyens viennent tout à coup d'être bousculés; ils fuient, apeurés, sans qu'aucun secours apparaisse. Priam gémit et descend du rempart : il stimule les illustres portiers placés le long des murs :

« Ah! que vos bras maintiennent les portes bien ouvertes, jusqu'au moment où nos gens apeurés auront atteint la ville. Achille est là, tout près, qui les bouscule. Je crois bien qu'à cette heure nous allons à un désastre. Lorsqu'ils auront rallié les murs et qu'ils souffleront un peu, refermez les vantaux solidement joints : j'ai peur que l'homme fatal, d'un bond, ne soit dans nos murs. »

Il dit, et ils ouvrent les portes, en en poussant les barres. Les portes ouvertes font luire le salut. Apollon s'élance au-devant des Troyens : il les veut préserver du malheur. Eux, sont en train de fuir droit vers la ville et vers son haut rempart. Ils ont la gorge desséchée par la soif; ils sont couverts de la poussière de la plaine. Et Achille, sans relâche, les poursuit, la lance au poing; une rage brutale toujours lui tient le cœur; il brûle d'obtenir la gloire.

A ce moment, les fils des Achéens auraient enlevé Troie aux hautes portes, si Phœbos Apollon n'avait poussé de l'avant le divin Agénor, héros puissant et sans reproche, fils d'Anténor. Il lui met l'audace au cœur, et, pour le garder des mains cruelles de la mort, il se tient près de lui, appuyé à un chêne, enveloppé d'une épaisse vapeur. Mais, dès qu'Agénor aperçoit Achille, le preneur de villes, il s'arrête et, tandis qu'il attend, mille pensers s'agitent dans son cœur. Lors il s'irrite et dit à son cœur magnanime :

« Ah! misère! si je fuis devant le puissant Achille du côté où tous les autres se bousculent, affolés, je n'en serai pas moins sa proie, et il me coupera la gorge, sans que je puisse me défendre... Et, si je laissais les autres être bousculés par Achille, le fils de Pélée, pour fuir moi-même à toutes jambes, ailleurs loin du rempart, vers la plaine d'Ilion, jusqu'au moment où j'atteindrais les gorges de l'Ida et plongerais dans leurs taillis! Alors, le soir venu, après m'être baigné dans les eaux du fleuve, après avoir étanché ma sueur, je regagnerais Ilion... Mais qu'a besoin mon cœur de disputer ainsi? N'est-il pas à craindre qu'il ne m'aperçoive, détalant de la cité vers la plaine et, lancé à ma poursuite, ne m'atteigne de ses pieds rapides? Aurai-je alors aucun moyen d'éviter mort et trépas? Il est d'une vigueur qui dépasse trop celle des autres hommes. — Et si, alors, j'allais à lui, bien en face, devant la ville? Il a, comme les autres, une peau qu'entaille la pointe du bronze, une vie semblable à la nôtre, et tous les humains le disent mortel — n'était Zeus, fils de Cronos, qui lui accorde la gloire. »

Il dit, et, ramassé sur lui-même, il attend Achille; son cœur vaillant ne tend qu'à la lutte et à la bataille. Telle une panthère, sortant d'un fourré profond, qui affronte un chasseur. Son cœur ne ressent ni peur ni envie de fuir, parce qu'elle entend hurler les chiens. Si l'homme, le premier, la touche ou l'atteint, même transpercée par la javeline, elle n'oublie pas sa vaillance : elle attaquera d'abord ou périra. Tel le fils du noble Anténor, le divin Agénor, n'entend pas fuir avant d'avoir tâté Achille. Il met devant lui son bouclier bien rond, il vise Achille de sa lance et bien haut il crie :

« Tu t'es figuré sans doute en ton cœur, illustre Achille, que tu détruirais aujourd'hui la cité des Troyens altiers? Pauvre sot! il vous faudra encore pour elle supporter bien d'autres misères : nous sommes dans ses murs nombre de vaillants, qui nous placerons devant nos parents, nos femmes, nos fils, et saurons défendre Ilion. Et c'est toi qui atteindras ici même ton destin, si terrible que tu sois et si hardi combattant. »

Il dit, et, de sa lourde main, lançant sa javeline aiguë, il touche la jambe au-dessous du genou, sans faute. La jambière d'étain neuf entourant la jambe rend un son terrible ; mais le bronze a rejailli, loin de l'homme atteint, sans la traverser : les présents du dieu l'en ont écarté. Le Péléide alors s'élance à son tour sur le divin Agénor. Mais Apollon lui refuse de conquérir cette gloire : il lui arrache l'homme et le lui dérobe derrière une épaisse vapeur ; puis il le conduit à l'abri de la bataille. Il tend en même temps un piège au Péléide, pour l'éloigner des siens. C'est le Préservateur lui-même qui prend tous les traits d'Agénor et se dresse devant Achille. Aussitôt celui-ci se rue à sa poursuite. Longtemps, il le poursuit par la plaine fertile ; puis il le fait tourner et longer le Scamandre aux tourbillons profonds. Apollon se dérobe, mais en ne gardant qu'une faible avance. Perfidement il berne Achille de l'espoir toujours nouveau que ses pieds vont enfin l'atteindre. Et, pendant tout ce temps, les autres Troyens, saisis de panique, en masse, atteignent la ville, trop heureux d'être saufs ; et la cité se remplit des guerriers qui la rallient. Ils n'osent même plus s'attendre les uns les autres hors de la ville et du rempart, pour savoir qui a échappé ou qui est mort au combat, et l'on voit se déverser précipitamment dans Troie tous ceux qu'ont pu sauver leurs pieds et leurs jarrets.

CHANT XXII

C'est ainsi que, dans la ville, apeurés comme des faons, ils étanchent à l'air leur sueur et boivent pour calmer leur soif, appuyés aux beaux parapets. Les Achéens pendant ce temps approchent des murailles, le bouclier contre l'épaule. Seul Hector reste là, lié par un destin funeste, devant Ilion et les portes Scées. Phœbos Apollon alors s'adresse au Péléide :

« Pourquoi, fils de Pélée, me poursuivre ainsi de tes pieds rapides ? Tu n'es qu'un homme ; je suis, moi, un dieu immortel. Tu n'as donc pas encore reconnu le dieu en moi, que tu t'obstines en ta fureur ? Vraiment, tu ne songes guère à te battre avec ces Troyens, que tu avais mis en fuite ! Ils ont, ma foi ! rallié leur ville, tandis que toi, tu t'égarais ici. Non, tu ne me tueras pas : je ne suis pas de ceux que t'accorde le destin. »

Lors Achille aux pieds rapides violemment s'irrite et dit :

« Tu m'as joué, Préservateur — le plus exécrable des dieux — en m'éloignant des murs pour me mener ici ! Bien d'autres guerriers sans cela eussent mordu la poussière, avant d'atteindre Ilion. Mais tu m'as voulu ravir une grande gloire, en sauvant les Troyens — sans risque, puisque tu ne redoutes aucun châtiment à venir. Ah ! je te châtierais bien, moi, si j'en avais les moyens. »

Il dit, et, plein de superbe, s'en va vers la ville. Il galope ; on dirait un cheval vainqueur, suivi de son char,

qui court sans effort, en allongeant, dans la plaine. Tel
Achille, rapide, joue des pieds et des jarrets.

C'est le vieux Priam, le premier, qui de ses yeux
l'aperçoit, bondissant dans la plaine, resplendissant
comme l'astre qui vient à l'arrière-saison et dont les feux
éblouissants éclatent au milieu des étoiles sans nombre, au
plein cœur de la nuit. On l'appelle le Chien d'Orion, et
son éclat est sans pareil. Mais il n'est qu'un sinistre
présage, tant il porte de fièvres pour les pauvres humains!
Le bronze luit d'un éclat tout semblable autour de la
poitrine d'Achille courant. Lors le vieillard gémit; il lève
haut les mains et s'en frappe la tête; puis, avec un profond
sanglot, il crie, suppliant son fils, qui reste là, devant les
portes, dans un désir obstiné de se battre avec Achille.
D'une voix pitoyable, le vieux dit, les deux bras tendus :

« Hector, crois-moi, et n'attends pas cet homme, mon
enfant, seul ainsi, loin des autres; sans quoi, bien vite tu
seras au terme de ton destin, dompté par le Péléide : il est
cent fois plus fort que toi. Le cruel! ah! si les dieux
l'aimaient comme je l'aime, moi! Chiens et vautours vite
le mangeraient, étendu sur le sol; et un chagrin atroce
enfin quitterait mon cœur. Il m'a pris tant de fils, et si
braves, qu'il a tués ou vendus dans des îles lointaines! Et
aujourd'hui encore, il est deux de mes fils, Lycaon,
Polydore, que je n'arrive pas à apercevoir parmi les
Troyens qui ont rallié la ville. Ce sont ceux que m'avait
donnés Laothoé, noble femme entre toutes. S'ils sont
vivants encore au milieu du camp, nous les rachèterons à
prix de bronze et d'or; ce n'est pas là ce qui manque chez
nous : Altès, l'illustre vieillard, en a donné largement à sa
fille... Mais, si déjà ils ont péri, s'ils sont aux demeures
d'Hadès, quelle peine pour notre cœur, à moi et à leur
mère, qui leur avons donné le jour! Pour le reste des
nôtres, la peine cependant sera beaucoup plus brève, si toi,
du moins, tu ne succombes pas, dompté par Achille. Va,
rentre dans nos murs, mon enfant : tu sauveras ainsi
Troyens et Troyennes, tu ne donneras pas une immense
gloire au fils de Pélée, tu ne perdras pas toi-même la vie.
Et puis aie pitié de moi aussi, de moi, le pauvre vieux, qui
garde quelque sens encore, de moi, le malheureux que

Zeus Père va faire périr sous le coup d'un destin cruel au seuil même de la vieillesse, après avoir vu mille maux : ses fils agonisants, ses filles traînées en servage, ses chambres ravagées, ses petits-fils précipités à terre dans l'atroce carnage, et ses brus enlevées entre les bras maudits des Achéens ; tandis que, pour finir, les chiens carnassiers me mettront moi-même en pièces à la première de mes portes, dès que le bronze aigu d'une épée ou d'un trait aura pris la vie à mes membres — ces chiens que je nourrissais à ma table, dans mon palais, pour monter la garde à mes portes, et qui, après avoir humé mon sang, le cœur en furie, s'étendront dans mon vestibule ! A un jeune guerrier tué par l'ennemi, déchiré par le bronze aigu, tout va. Tout ce qu'il laisse voir, même mort, est beau. Mais des chiens que l'on voit insulter à un front blanc, à une barbe blanche, à la virilité d'un vieux massacré, il n'est rien de plus pitoyable pour les malheureux humains ! »

Ainsi dit le vieillard et, à pleines mains, il se tire, il s'arrache ses cheveux blancs de la tête, sans pour autant persuader l'âme d'Hector. Sa mère, de son côté, se lamente en versant des pleurs. Elle fait d'une main tomber le haut de sa robe, de l'autre soulève son sein, et, tout en pleurs, elle lui dit ces mots ailés :

« Hector, mon enfant, aie respect de ce sein. Et de moi aussi aie pitié, de moi qui t'ai jadis offert cette mamelle où s'oublient les soucis ; souviens-t'en, mon enfant ! Si tu veux repousser ce guerrier ennemi, fais-le donc de derrière nos murs, et ne te campe pas en champion devant lui. Ah ! cruel ! s'il te tue, je ne pourrai pas, mon grand, te pleurer sur un lit funèbre, ni moi, qui t'ai donné le jour, ni non plus l'épouse que tu as payée de tant de présents ; et, bien loin de nous, près des nefs, les chiens rapides des Argiens te mangeront. »

Ainsi père et mère parlent à leur fils en pleurant et instamment le supplient, sans pour autant persuader l'âme d'Hector. Il reste toujours là, attendant l'approche du gigantesque Achille. Tel un serpent des montagnes, sur son trou, attend l'homme ; il s'est repu de poisons malfaisants, une colère atroce le pénètre ; il regarde d'un œil effrayant, lové autour de son trou. Tel Hector, plein

d'une ardeur que rien ne peut éteindre, demeure là, sans
reculer, son écu brillant appuyé sur la saillie du rempart.
Lors il s'irrite et dit à son cœur magnanime :

« Ah! misère! si je franchis les portes et la muraille,
Polydamas sera le premier à m'en faire honte, lui qui me
conseillait de diriger les Troyens vers la ville, dans cette
nuit maudite qui a vu se lever le divin Achille. Et je ne l'ai
pas cru... Comme cela eût mieux valu pourtant! Et
maintenant que j'ai, par ma folie, perdu mon peuple, j'ai
honte en face des Troyens, des Troyennes aux robes
traînantes. Je ne veux pas qu'un moins brave que moi aille
dire un jour : « Pour avoir eu trop confiance en sa force,
« Hector a perdu son peuple ». C'est là ce qu'on dira :
pour moi, mieux vaudrait cent fois affronter Achille et ne
revenir qu'après l'avoir tué, ou succomber sous lui,
glorieusement, devant ma cité. — Pourtant, si je déposais
là mon bouclier bombé et mon casque puissant, si
j'appuyais ma pique à la muraille et si j'allais droit à
Achille sans reproche, pour lui promettre qu'Hélène, et les
trésors qui l'ont suivie, tout ce qu'Alexandre a jadis amené
sur ses nefs creuses à Troie — et qui a été l'origine même
de notre querelle — tout cela je le donnerai aux Atrides —
qu'ils l'emmènent! — en même temps que je partagerai
aussi aux Achéens tout ce qu'enferme cette ville, et que
j'obtiendrai même des Anciens de Troie le serment de ne
rien dérober et de faire deux parts de toutes les richesses
que garde dans ses murs notre aimable cité... Mais qu'a
besoin mon cœur de disputer ainsi? N'ai-je pas à craindre,
si je vais à lui, qu'il n'ait pour moi ni pitié ni respect, et
qu'il ne me tue, aussi désarmé qu'une femme, lorsque
j'aurai dépouillé mon harnois? Non, non, ce n'est pas
l'heure de remonter au chêne et au rocher, et de deviser
tendrement comme jeune homme et jeune fille — comme
jeune homme et jeune fille tendrement devisent ensemble.
Mieux vaut vider notre querelle, en nous rencontrant au
plus tôt. Sachons à qui des deux l'Olympien entend
donner la gloire. »

C'est ainsi qu'il songe, attendant. Mais voici qu'Achille
s'approche, pareil à Enyale, guerrier au casque bondissant.
Sa pique en frêne du Pélion est là, qui vibre à son épaule

droite, effrayante, et, tout autour de lui, le bronze
resplendit, pareil à l'éclat du feu qui flamboie ou du
soleil qui se lève. Dès qu'il le voit, la terreur prend
Hector. Il n'a plus le cœur de rester où il est; laissant
derrière lui les portes, il part et prend la fuite; et le fils de
Pélée s'élance, sûr de ses pieds agiles. Ainsi dans les
montagnes, le milan, rapide entre les oiseaux, d'un élan
aisé, fond sur la palombe timide. Elle, se dérobe et fuit.
Lui, avec des cris aigus, se rapproche, à bonds pressés :
son cœur lui enjoint de la prendre. Ainsi, Achille, ardent,
vole droit sur Hector, qui fuit, pris de peur, sous le
rempart de Troie, et joue, rapide, des jarrets. Ils passent
donc la guette et le figuier battu des vents, s'écartant
toujours plus des murs, et s'élancent sur la grand-route.
Ils atteignent ainsi les deux fontaines aux belles eaux. Là
jaillissent les deux sources du Scamandre tourbillonnant.
De l'une coule une onde tiède; une vapeur s'en élève,
toute semblable à celle du feu flamboyant. De l'autre, en
plein été, sort un flot pareil à la grêle, à la neige froide, à
l'eau congelée. A côté sont de larges et beaux lavoirs de
pierre, où les femmes et les belles filles de Troie lavaient
leurs vêtements brillants, jadis, aux jours de la paix, avant
que vinssent les fils des Achéens. Ils les dépassent en
courant, l'un fuyant, l'autre, derrière, le poursuivant.
Devant, c'est un brave qui fuit, mais plus brave est encore
celui qui le poursuit — à toutes jambes. C'est qu'ils ne
luttent pas pour une victime, pour une peau de bœuf,
pour ce qui est le prix d'un concours de vitesse, mais pour
la vie d'Hector dompteur de cavales. On dirait des
coursiers aux sabots massifs, déjà souvent vainqueurs, qui,
à toute allure, contournent la borne : un prix de valeur
leur est proposé, un trépied, une femme, pour honorer un
guerrier mort. Ainsi, par trois fois, de leurs pieds rapides,
ils font le tour de la ville de Priam. Et tous les dieux les
contemplent. Le Père des dieux et des hommes prend
alors, le premier, la parole :

« Ah! l'homme m'est cher, que je vois de mes yeux
poursuivi autour du rempart, et mon âme se désole pour
Hector : il m'a brûlé tant de cuisseaux de bœufs, tantôt
sur les cimes de l'Ida aux replis sans nombre, tantôt sur

son acropole! Et maintenant voici le divin Achille qui, de ses pieds rapides, le poursuit tout autour de la cité de Priam. Allons! réfléchissez, dieux, et consultez. Le sauverons-nous de la mort? ou allons-nous à cette heure, pour brave qu'il soit, le faire tomber sous Achille, le fils de Pélée? »

· La déesse aux yeux pers, Athéné, lui répond :

« Père à la foudre blanche, à la nuée noire, quels mots dis-tu là? Quoi! un simple mortel, depuis longtemps voué à son destin, tu voudrais maintenant le soustraire à la mort cruelle? A ta guise! mais nous, les autres dieux, nous ne sommes pas tous d'accord pour t'approuver. »

L'assembleur de nuées, Zeus, à son tour réplique :

« Va, n'aie pas peur, Tritogénie, ma fille. Je ne parle pas d'un cœur tout à fait franc, et je veux avec toi être débonnaire. Fais suivant tes desseins, et ne tarde plus. »

Il dit et avive l'ardeur déjà brûlante d'Athéné. D'un bond, elle descend des cimes de l'Olympe.

Cependant le rapide Achille obstinément bouscule et poursuit Hector. On dirait un chien qui, dans les montagnes, suit le faon d'une biche, qu'il a levé au gîte, par les combes et les vallées. Le faon s'est-il, sans être vu, terré sous un taillis : le chien court à sa recherche, obstinément, jusqu'à ce qu'il l'ait trouvé. De même Hector ne parvient pas à échapper à l'œil du rapide fils de Pélée. A chaque fois qu'il songe à se jeter sur les portes dardaniennes et à se placer sous le bon rempart, dans l'espoir que les Troyens de là-haut le défendront avec leurs traits, à chaque fois Achille, prenant les devants, lui coupe la route et le détourne vers la plaine, en volant toujours lui-même du côté de la cité. Ainsi qu'un homme dans un rêve n'arrive pas à poursuivre un fuyard, et que celui-ci à son tour ne peut pas plus le fuir que l'autre le poursuivre; ainsi Achille, en ce jour, n'arrive pas plus à atteindre Hector à la course qu'Hector à lui échapper. Et, dès lors, comment Hector eût-il pu se dérober aux déesses du trépas, si une fois encore — une dernière fois — Apollon n'était venu à lui, pour stimuler sa fougue et ses jarrets agiles? Cependant le divin Achille, d'un signe aux siens, leur fait défense de lancer sur Hector leurs traits amers : il ne veut pas que quelque autre l'atteigne et en retire la gloire, alors qu'il ne viendrait, lui, que le second. Mais les voici qui reviennent aux fontaines pour la quatrième fois. Cette fois, le Père des dieux déploie sa balance d'or; il y place les deux déesses du trépas douloureux, celle d'Achille, celle d'Hector, le dompteur de cavales; puis, la prenant par le milieu, il la soulève, et c'est le jour fatal d'Hector qui, par son poids, l'emporte et disparaît dans l'Hadès. Alors Phœbos Apollon l'abandonne. Au contraire, la déesse aux yeux pers, Athéné, s'en vient trouver le Péléide; de lui elle s'approche et lui dit ces mots ailés :

« Cette fois, je crois bien qu'à nous deux, illustre Achille cher à Zeus, nous allons rapporter une grande gloire aux nefs des Achéens, en pourfendant Hector, si insatiable de bataille qu'il soit. Il ne peut plus à cette heure nous échapper, quand bien même Apollon Préservateur se donnerait tout le mal qu'il voudrait, en se roulant aux pieds de Zeus Père, qui tient l'égide. Arrête-toi donc maintenant, et souffle : je m'en vais, moi, le persuader de te combattre face à face. »

Ainsi dit Athéné; l'autre lui obéit, et son cœur est en joie. Il s'arrête et s'appuie sur sa lance à pointe de bronze, tandis qu'elle le laisse et s'en va trouver le divin Hector. Elle a pris la stature de Déiphobe et sa voix sans défaillance, et, s'approchant, elle lui dit ces mots ailés :

« Doux ami, le rapide Achille est en train de te forcer vraiment, en te poursuivant de ses pieds rapides tout autour de la ville de Priam. Allons! faisons halte, et tenons-lui tête pour le repousser. »

Le grand Hector au casque étincelant répond :

« Déiphobe, tu étais déjà pour moi de beaucoup le plus aimé de tous mes frères nés de Priam et d'Hécube. Mais j'apprends aujourd'hui à te priser bien plus encore, toi qui, pour moi, as eu le cœur, dès que tes yeux m'ont vu, de sortir du rempart, alors que les autres restent tous derrière. »

La déesse aux yeux pers, Athéné, lui répond :

« Ah! doux ami, c'est avec instance que mon père et ma digne mère m'ont supplié tour à tour, en se jetant à mes

pieds, et mes amis en m'entourant, de demeurer où
j'étais ; tant ils tremblent tous ! Mais mon cœur, au fond
de moi, était meurtri d'un deuil cruel. Allons donc, tous
deux, maintenant droit devant nous et combattons avec
furie, sans épargner nos javelines. Ainsi nous saurons si
Achille doit nous tuer et emporter à ses nefs creuses nos
dépouilles sanglantes, ou bien s'il sera dompté par ta
lance. »

Ainsi dit Athéné, et, perfidement, elle lui montre le
chemin. Ils marchent l'un sur l'autre et entrent en
contact. Le grand Hector au casque étincelant alors, le
premier dit :

« Je ne veux plus te fuir, fils de Pélée : c'est fini. Si j'ai
fait trois fois en courant le tour de la grand-ville de Priam,
au lieu d'oser attendre ton attaque, cette fois en revanche
mon cœur me pousse à t'affronter. Je t'aurai, ou tu
m'auras. Allons ! prenons ici les dieux pour garants : ils
seront les meilleurs témoins et gardiens de nos accords. Je
ne songe pas, pour ma part, à t'infliger de monstrueux
outrages, si Zeus m'octroie de tenir bon et de t'arracher la
vie ; mais, au contraire, quand je t'aurai pris tes armes
illustres, j'entends rendre ton corps, Achille, aux Achéens.
Fais donc, toi, de même. »

Achille aux pieds légers sur lui lève un œil sombre et
dit :

« Hector, ne viens pas, maudit, me parler d'accords. Il
n'est pas de pacte loyal entre les hommes et les lions, pas
plus que loups ni agneaux n'ont des cœurs faits pour
s'accorder ; sans relâche, au contraire, ils méditent le
malheur les uns des autres. Il ne nous est pas permis
davantage de nous aimer, toi et moi. Aucun pacte entre
nous n'interviendra, avant que l'un des deux n'ait, en
succombant, rassasié de son sang Arès l'endurant guerrier.
Rappelle-toi donc toute ta vaillance : c'est bien maintenant,
si jamais, qu'il te faut être un combattant, un guerrier
intrépide. Il n'est plus pour toi de refuge ; c'est à l'instant
même que Pallas Athéné te va dompter sous mon bras ; et
tu vas payer d'un seul coup tous les chagrins que j'ai sentis
pour ceux des miens qu'a tués ta pique furieuse. »

Il dit, et, brandissant sa javeline, il la lance en avant.

Mais l'illustre Hector la voit venir et l'évite : il a prévu le coup et s'est accroupi; la pique de bronze passe, dans son vol, au-dessus de lui et va se ficher au sol. Pallas Athéné aussitôt la saisit et la rend à Achille, sans être vue d'Hector, le pasteur d'hommes. Hector alors s'adresse au Péléide sans reproche :

« Manqué! Donc tu ne savais nullement de Zeus, Achille pareil aux dieux, l'heure de ma mort. Tu le disais pourtant! Mais tu n'es qu'un beau parleur, un fourbe, et tu voulais que, pris de peur, j'oubliasse ma fougue et ma valeur. Non, tu ne planteras pas ta pique au dos d'un fuyard : je marche droit sur toi; pousse-la-moi donc en pleine poitrine, si le Ciel te le permet. Et, pour l'instant, évite, toi, ma javeline de bronze. Ah! si tu pouvais donc l'emporter, toute, dans ta peau! La guerre serait moins lourde aux Troyens, si tu étais mort : pour eux, tu es le pire des fléaux. »

Il dit, et, brandissant sa longue javeline, il la lance en avant. Et il atteint le Péléide au milieu de son bouclier, sans faute. Mais la lance est rejetée bien loin de l'écu, et Hector s'irrite de voir qu'un trait rapide est parti pour rien de sa main. Il reste là, humilié; il n'a plus de pique de frêne. Il appelle d'un grand cri Déiphobe au bouclier blanc, il demande une longue lance : et Déiphobe n'est plus à ses côtés! Hector en son cœur comprend, et il dit :

« Hélas! point de doute, les dieux m'appellent à la mort. Je croyais près de moi avoir le héros Déiphobe. Mais il est dans nos murs : Pallas Athéné m'a joué! A cette heure, elle n'est plus loin, elle est là, pour moi toute proche, la cruelle mort. Nul moyen de lui échapper. C'était donc là depuis longtemps le bon plaisir de Zeus, ainsi que de son fils, l'Archer, eux qui naguère me protégeaient si volontiers! Et voici maintenant le Destin qui me tient. Eh bien! non, je n'entends pas mourir sans lutte ni sans gloire, ni sans quelque haut fait, dont le récit parvienne aux hommes à venir. »

Il dit, et il tire le glaive aigu suspendu à son flanc, le glaive grand et fort; puis, se ramassant, il prend son élan, tel l'aigle de haut vol, qui s'en va vers la plaine, à travers les nues ténébreuses, pour ravir un tendre agneau ou un

lièvre qui se terre; tel s'élance Hector, agitant son glaive
aigu. Achille aussi bondit; son cœur se remplit d'une
ardeur sauvage; il couvre sa poitrine de son bel écu
ouvragé; sur son front oscille son casque étincelant à
quatre bossettes, où voltige la crinière d'or splendide,
qu'Héphæstos a fait tomber en massse autour du cimier.
Comme l'étoile qui s'avance, entourée des autres étoiles,
au plein cœur de la nuit, comme l'Étoile du soir, la plus
belle qui ait sa place au firmament, ainsi luit la pique
acérée qu'Achille brandit dans sa droite, méditant la perte
du divin Hector et cherchant des yeux, sur sa belle chair,
où elle offrira le moins de résistance. Tout le reste de son
corps est protégé par ses armes de bronze, les belles armes
dont il a dépouillé le puissant Patrocle, après l'avoir tué.
Un seul point se laisse voir, celui où la clavicule sépare
l'épaule du cou, de la gorge. C'est là que la vie se laisse
détruire au plus vite, c'est là que le divin Achille pousse sa
javeline contre Hector en pleine ardeur. La pointe va tout
droit à travers le cou délicat. La lourde pique de bronze ne
perce pas cependant la trachée : il peut ainsi répondre et
dire quelques mots. Et cependant qu'il s'écroule dans la
poussière, le divin Achille triomphe :

« Hector, tu croyais peut-être, quand tu dépouillais
Patrocle, qu'il ne t'en coûterait rien; tu n'avais cure de
moi : j'étais si loin! Pauvre sot!... Mais, à l'écart, près des
nefs creuses, un défenseur — bien plus brave — était resté
en arrière : moi, moi qui viens de te rompre les genoux, et
les chiens, les oiseaux te mettront en pièces outrageusement, tandis qu'à lui les Achéens rendront les honneurs
funèbres. »

D'une voix défaillante, Hector au casque étincelant
répond :

« Je t'en supplie, par ta vie, par tes genoux, par tes
parents, ne laisse pas les chiens me dévorer près des nefs
achéennes; accepte bronze et or à ta suffisance; accepte les
présents que t'offriront mon père et ma digne mère;
rends-leur mon corps à ramener chez moi, afin que les
Troyens et femmes des Troyens au mort que je serai
donnent sa part de feu. »

Achille aux pieds rapides vers lui lève un œil sombre et dit :

« Non, chien, ne me supplie ni par mes genoux ni par mes parents. Aussi vrai que je voudrais voir ma colère et mon cœur m'induire à couper ton corps pour le dévorer tout cru, après ce que tu m'as fait, nul n'écartera les chiens de ta tête, quand même on m'amènerait, on me pèserait ici dix ou vingt fois ta rançon, en m'en promettant davantage encore; non, quand bien même Priam le Dardanide ferait dans la balance mettre ton pesant d'or; non, quoi qu'on fasse, ta digne mère ne te placera pas sur un lit funèbre, pour pleurer celui qu'elle a mis au monde, et les chiens, les oiseaux te dévoreront tout entier. »

Et Hector, mourant, Hector au casque étincelant répond :

« Oui, oui, je n'ai qu'à te voir pour te connaître : je ne pouvais te persuader, un cœur de fer est en toi. Prends garde seulement que je ne sois pour toi le sujet du courroux céleste, le jour où Pâris et Phœbos Apollon, tout brave que tu es, te donneront la mort devant les portes Scées. »

A peine a-t-il parlé : la mort, qui tout achève, déjà l'enveloppe. Son âme quitte ses membres et s'en va, en volant chez Hadès, pleurant sur son destin, abandonnant la force et la jeunesse. Il est déjà mort, quand le divin Achille dit :

« Meurs : la mort, moi, je la recevrai le jour où Zeus et les autres dieux immortels voudront bien me la donner. »

Il dit et retire du mort sa pique de bronze, qu'il laisse de côté; puis, des épaules, il détache les armes sanglantes. Les fils des Achéens de tous côtés accourent. Ils admirent la taille, la beauté enviable d'Hector. Aucun d'eux ne s'approche sans lui porter un coup, et chacun alors de dire en regardant son voisin :

« Oh! oh! cet Hector-là est vraiment plus doux à palper que celui qui naguère livrait nos nefs à la flamme brûlante! »

Voilà comment tous parlent, pour s'approcher ensuite et frapper le mort. Mais le divin Achille aux pieds

infatigables a cependant fini de le dépouiller. Il se dresse
au milieu des Argiens et il dit ces mots ailés :

« Amis, guides et chefs des Argiens, maintenant que les
dieux nous ont donné de mettre à bas cet homme, qui
nous a causé, à lui seul, plus de maux que tous les autres à
la fois, allons! faisons en armes tout le tour de la ville,
pour tâter les Troyens et savoir leurs desseins, soit qu'ils
abandonnent leur haute cité, aujourd'hui qu'Hector est
tombé, ou qu'ils veuillent à tout prix tenir, même alors
qu'il n'est plus là. Mais qu'a besoin mon cœur de disputer
ainsi? Près de nos nefs, Patrocle est étendu, sans que son
cadavre ait été encore pleuré ni enseveli. Non, je ne saurai
l'oublier, tant que je serai parmi les vivants et que se
mouvront mes jarrets; et, même au cas où dans l'Hadès
on pourrait oublier ses morts, moi, du moins, même là, je
me souviendrai de mon compagnon. Pour l'instant, fils
des Achéens, en chantant le péan, retournons aux nefs
creuses et emmenons cet homme. Nous avons conquis
une grande gloire : nous avons abattu le divin Hector, à
qui les Troyens dans leur ville adressaient des prières tout
comme à un dieu ».

Il dit, et au divin Hector il prépare un sort outrageux. A
l'arrière des deux pieds, il lui perce les tendons entre
cheville et talon; il y passe des courroies, et il les attache à
son char, en laissant la tête traîner. Puis il monte sur le
char, emportant les armes illustres; d'un coup de fouet, il
enlève ses chevaux, et ceux-ci pleins d'ardeur s'envolent.
Un nuage de poussière s'élève autour du corps ainsi
traîné; ses cheveux sombres se déploient; sa tête gît dans
la poussière — cette tête jadis charmante et que Zeus
maintenant livre à ses ennemis, pour qu'ils l'outragent à
leur gré sur la terre de sa patrie!

Et, tandis que cette tête se couvre toute de poussière, sa
mère s'arrache les cheveux, et, rejetant loin d'elle son voile
éclatant, elle pousse un long sanglot à la vue de son enfant.
Et son père aussi pitoyablement gémit : et, autour d'eux,
les gens sont tous en proie aux sanglots, aux gémissements, par toute la ville. On croirait que la sourcilleuse
Ilion est tout entière, de la base au sommet, consumée par
le feu. Les gens ont peine à retenir le vieillard indigné, qui

veut à tout prix sortir des portes dardaniennes. Il supplie tout le monde, en se roulant dans la fange; il appelle chacun par son nom :

« Arrière, amis! laissez-moi, quelque souci que je vous donne, sortir seul de la cité et aller aux nefs achéennes. Je veux supplier cet homme, tout égarement, toute violence, et voir s'il n'aura pas quelque respect pour mon âge, quelque pitié pour ma vieillesse. Il a, lui aussi, un père comme moi, Pélée, qui l'a engendré et nourri, pour devenir le fléau des Troyens et me valoir, à moi surtout, des douleurs ignorées des autres. Il m'a tué tant de fils, de si jeunes et beaux fils! Mais, tous ensemble, et quel que soit le chagrin que j'en aie, je ne les pleure pas autant que je fais un seul, Hector, dont le deuil cruel me fera descendre au fond de l'Hadès. Pourquoi n'est-il pas mort tout au moins dans mes bras? Nous nous serions alors gavés de pleurs et de sanglots, sa mère qui l'enfanta — la malheureuse! — et moi. »

Ainsi dit-il en pleurant, et les citoyens lui répondent par des sanglots, tandis qu'aux Troyennes Hécube à son tour donne le signal d'une longue plainte :

« O mon fils, quelle misère est donc la mienne! Comment vivrai-je après avoir souffert ce sort atroce, après t'avoir perdu? Nuit et jour, tu faisais mon orgueil dans la ville, en même temps que la force de tous, Troyens, Troyennes, en ta cité. Tous te saluaient comme un dieu; car pour eux, tu étais une immense gloire aussi — tant que tu vivais; mais aujourd'hui la mort et le destin te tiennent. »

Ainsi dit-elle pleurante. Mais l'épouse d'Hector ne sait rien encore. Aucun messager véridique ne lui est venu dire que son époux est resté hors des portes. Elle tisse au métier, dans le fond de la haute demeure, un manteau double de pourpre, qu'elle va parsemant de dessins variés. Elle vient de donner ordre à ses suivantes aux beaux cheveux dans la maison de mettre au feu un grand trépied, afin qu'Hector trouve un bain chaud, quand il rentrera du combat. Pauvre folle! elle ignore que, bien loin de son bain, Athéné aux yeux pers l'a dompté sous le bras d'Achille. Elle vient d'entendre des sanglots, des gémisse-

ments : ils viennent du rempart! Ses membres chan-
cellent; la navette lui échappe et tombe à terre. Lors elle
dit à ses captives aux belles tresses :

« Venez, que deux de vous me suivent; je veux aller voir
ce qui s'est passé. J'ai entendu la voix de ma digne belle-
mère; et moi-même, je sens, au fond de ma poitrine, le
cœur me sauter aux lèvres, tandis que mes genoux se
raidissent sous moi : un malheur est tout proche pour les
fils de Priam. Ah! de tels mots puissent-ils demeurer loin
de mes oreilles! Mais j'ai terriblement peur que le divin
Achille ne coupe de la ville l'intrépide Hector, tout seul,
ne le poursuive dans la plaine et ne mette une fin à la
triste vaillance qui le possède tout entier. Jamais il ne
restait au milieu de la masse; il courait bien au-delà, et,
pour la fougue, il ne le cédait à personne. »

Elle dit et traverse en courant le palais, pareille à une
folle, le cœur palpitant. Ses suivantes l'accompagnent. A
peine a-t-elle rejoint les murs et la foule qu'elle s'arrête,
l'œil inquiet, sur le rempart, et qu'elle voit Hector traîné
devant la ville : les chevaux rapides, brutalement, l'emportent aux nefs creuses des Achéens. Une nuit sombre
enveloppe ses yeux; elle croule en arrière, expirante. Loin
de son front, elle fait glisser ses liens éclatants, le diadème,
la coiffe et son cordon tressé, le voile enfin dont lui a fait
don Aphrodite d'or, le jour qu'Hector au casque étincelant
l'emmenait de la maison d'Eétion, après avoir pour elle
donné des présents infinis. Tout autour se tiennent, en
nombre, les sœurs de son mari et les femmes de ses
beaux-frères, qui la retiennent parmi elles, éperdue à
mourir. A peine a-t-elle enfin repris haleine et rassemblé
son courage en son âme qu'au milieu des Troyennes, avec
un profond sanglot, elle dit :

« Las! Hector! quelle infortune est donc la mienne!
Ainsi nous sommes nés pour un même destin, tous les
deux, toi à Troie dans la demeure de Priam, moi à Thèbe
sous le Placos forestier, au palais d'Eétion, qui m'élevait
tout enfant — père misérable d'une malheureuse! Ah!
qu'il eût mieux valu qu'il ne m'eût pas fait naître! Et te
voilà qui t'en vas dans les profondeurs de la terre, vers la
demeure d'Hadès, et qui me laisses, moi, dans un deuil

affreux, veuve en ta maison. Et il est si petit encore, le fils
que nous avons mis au monde, toi et moi, malheureux! Et
tu ne seras pas pour lui un soutien, Hector, maintenant
que tu n'es plus, et pas davantage n'en sera-t-il un pour
toi. S'il échappe à la guerre, source de pleurs, que nous
font les Achéens, l'avenir pour lui ne sera que peines et
que deuils; d'autres lui raviront ses champs. Le jour qui
fait un enfant orphelin le prive en même temps des amis
de son âge. Devant tous il baisse la tête; ses joues sont
humides de larmes. Pressé par le besoin, l'enfant recourt
aux amis de son père; il tire l'un par son manteau, l'autre
par sa tunique. Mais, même parmi ceux qui ont pitié de
lui, plus d'un, s'il lui offre un instant sa coupe, le laisse
seulement y mouiller ses lèvres, non point son palais. Et
celui qui a père et mère brutalement l'écarte du festin,
avec des mains qui frappent et des mots qui insultent :
« File, et sans faire de façons : ton père n'est pas de la
fête. » Et, dans ses larmes, il a pour seul recours une mère
veuve, ce fils, cet Astyanax qui, sur les genoux de son
père, jadis ne mangeait que moelle ou riche graisse de
mouton; puis, quand le sommeil le prenait, quand il avait
fini ses jeux enfantins, il dormait dans un lit, aux bras de
sa nourrice, sur une molle couche, le cœur gavé de bonnes
choses. Aujourd'hui, au contraire, privé de son père, que
de peines l'attendent, celui à qui les Troyens donnent le
nom d'Astyanax, parce que c'était toi, toi seul, qui
protégeais leurs portes et leurs hautes murailles! Et
maintenant, près des nefs creuses, loin de tes parents, les
vers grouillants, après les chiens repus, vont dévorer ton
corps — ton corps tout nu, alors qu'en ton palais des
vêtements sont là, légers et charmants, ouvrés de mains de
femme... Mais je les veux livrer tous à la flamme ardente
— sans profit pour toi, c'est vrai, puisque tu ne dois pas
reposer vêtu d'eux, mais afin qu'ils te rendent gloire aux
yeux des Troyens et Troyennes. »

Ainsi dit-elle, pleurante, et les femmes lui répondent
par des sanglots.

CHANT XXIII

C'est ainsi qu'on sanglote à Troie. Les Achéens cependant, sitôt de retour à leurs nefs et à l'Hellespont, rompent les rangs; chacun regagne sa nef. Mais aux Myrmidons Achille interdit de rompre et de partir; il dit à ses belliqueux compagnons :

« Myrmidons aux prompts coursiers, mes gentils compagnons, ne détachons pas des chars tout de suite nos chevaux aux sabots massifs, mais, avec chevaux et chars, approchons et pleurons Patrocle, puisque c'est là l'hommage dû aux morts. Quand nous aurons joui de nos tristes sanglots, nous détacherons les chevaux et nous souperons tous ici. »

Il dit, et tous, à l'unisson, se mettent à gémir, Achille donnant le signal. Trois fois autour du cadavre, ils poussent leurs chevaux aux belles crinières en se lamentant; Thétis en eux fait naître le désir des sanglots. Le sable du rivage, les armures guerrières sont trempés de leurs larmes; ils pleurent un tel maître de déroute! Et le fils de Pélée entonne une longue plainte, en posant ses mains meurtrières sur le sein de son ami :

« Je te salue, Patrocle, même au fond de l'Hadès! Tout ce que naguère je t'avais promis, à l'instant, je vais l'accomplir : traîner ici Hector et donner ses chairs crues à déchirer aux chiens; puis trancher la gorge, devant ton bûcher, à douze brillants fils de Troie, dans le courroux qui me tient de ta mort. »

Il dit, et au divin Hector il prépare un sort outrageux. Près du lit où repose le fils de Ménœtios, il l'étend, face au sol, dans la poussière. Tous les autres dépouillent alors leurs armes de bronze éclatantes, détellent leurs coursiers hennissants, enfin s'assoient près de la nef de l'Eacide aux pieds rapides. Ils sont là des milliers. Achille, pour les funérailles, leur offre un festin délectable. Force taureaux blancs meuglent autour du fer qui entre dans leur gorge, force brebis aussi et chèvres bêlantes; force porcs aux dents blanches, débordants de graisse, grillent, étendus au milieu du feu d'Héphæstos; et leur sang, puisé à pleines coupes, coule partout autour du mort.

Cependant les rois achéens amènent au divin Agamemnon sire Achille aux pieds rapides. Il a fallu longtemps pour le convaincre, tant son cœur est en courroux pour son compagnon. A peine sont-ils arrivés à la baraque d'Agamemnon qu'ils ordonnent aux hérauts à la voix sonore de mettre un grand trépied au feu : ils voudraient persuader le Péléide de laver le sang qui le couvre. Mais Achille fermement refuse, et il appuie son refus d'un serment :

« Non, par Zeus, le plus haut, le plus grand des dieux, il n'est pas admissible que je permette à l'eau d'approcher de mon front, avant que dans le feu j'aie déposé Patrocle et répandu sur lui la terre d'un tombeau, avant que j'aie aussi coupé ma chevelure; car pareille souffrance n'atteindra pas mon cœur une seconde fois, tant que je resterai au nombre des vivants. Mais allons! pour l'instant, répondons à l'appel de l'horrible repas; puis, dès l'aube, Agamemnon, protecteur de ton peuple, fais apporter du bois et fournir au mort tout ce qu'il sied qu'il ait pour plonger dans l'ombre brumeuse. Ainsi le feu vivace va vite, dans sa flamme, le ravir à nos yeux, et nos gens pourront alors retourner à leur besogne. »

Il dit, et tous, avec entrain, d'entendre et d'obéir. Vivement, dans chaque groupe, on prépare le repas, on se met à table, et le cœur n'a pas à se plaindre d'un repas où tous ont leur part. Puis, quand ils ont chassé la soif et l'appétit, désireux de dormir, chacun rentre dans sa baraque. Seul, le Péléide, étendu sur la rive où bruit la

mer, sanglote lourdement, au milieu de nombreux Myrmidons, dans un endroit découvert, où le flot déferle au
rivage. Enfin le sommeil le prend, donnant congé aux
soucis de son cœur, épandant sa douceur sur lui : il a tant
peiné dans ses membres illustres, quand il poussait Hector
vers Ilion battue des vents! Et voici que vient à lui l'âme
du malheureux Patrocle, en tout pareille au héros pour la
taille, les beaux yeux, la voix, et son corps est vêtu des
mêmes vêtements. Il se dresse au-dessus de son front, et il
dit à Achille :

« Tu dors, et moi, tu m'as oublié, Achille! Tu avais
souci du vivant, tu n'as nul souci du mort. Ensevelis-moi
au plus vite, afin que je passe les portes d'Hadès. Des
âmes sont là, qui m'écartent, m'éloignent, ombres de
défunts. Elles m'interdisent de franchir le fleuve et de les
rejoindre, et je suis là, à errer vainement à travers la
demeure d'Hadès aux larges portes. Va, donne-moi ta
main, je te le demande en pleurant. Je ne sortirai plus
désormais de l'Hadès, quand vous m'aurez donné ma part
de feu. Nous ne tiendrons plus conseil tous les deux,
vivants, assis loin des nôtres : l'odieux trépas m'a englouti.
Aussi bien était-ce mon lot dès le jour où je suis né. Et ton
destin, à toi-même, Achille pareil aux dieux, n'est-il pas
aussi de périr sous les murs des Troyens opulents? —
Mais j'ai encore quelque chose à te dire, à te recomman-
der : m'écouteras-tu? Ne place pas mes cendres loin des
tiennes, Achille; mets-les ensemble au contraire : nous
avons ensemble grandi dans votre maison, quand, tout
jeune encore, Ménœtios m'amena chez vous d'Oponte, à
la suite d'un homicide déplorable, le jour où j'avais tué le
fils d'Amphidamas, pauvre sot! sans le vouloir, en colère
pour des osselets. Pélée, le bon meneur de chars, alors me
reçut chez lui, m'éleva avec de grands soins, et me nomma
ton écuyer. Tout de même, qu'un seul cercueil enferme
nos cendres à tous deux : l'urne d'or que t'a donnée ta
digne mère! »

Achille aux pieds rapides en réponse lui dit :

« Pourquoi, dis-moi, tête chérie, es-tu donc venu ici? Et
pourquoi tant d'injonctions? Va, sois-en sûr, je te veux
obéir et faire comme tu le demandes. Mais viens plus près

de moi : qu'un instant au moins, aux bras l'un de l'autre, nous jouissions de nos tristes sanglots! »

Il dit et tend les bras, mais sans rien saisir : l'âme, comme une vapeur, est partie sous terre, dans un petit cri. Achille, surpris, d'un bond, est debout. Il frappe ses mains l'une contre l'autre et dit ces mots pitoyables :

« Ah! point de doute, un je ne sais quoi vit encore chez Hadès, une âme, une ombre, mais où n'habite plus l'esprit. Toute la nuit, l'âme du malheureux Patrocle s'est tenue devant moi, se lamentant, se désolant, multipliant les injonctions. Elle lui ressemblait prodigieusement. »

Il dit, et il fait chez tous naître le désir des sanglots. Quand apparaît l'Aurore aux doigts de rose, ils sont encore là, à se lamenter autour du mort pitoyable. Mais voici que le roi Agamemnon donne l'ordre qu'hommes et mules, de toutes les baraques, aillent chercher du bois. Un preux est chargé d'y veiller, Mérion, l'écuyer du courtois Idoménée. Ils partent, ayant en main cognées de bûcheron et cordes bien tressées. Les mules marchent devant. Et ils vont sans cesse montant, descendant, longeant, zigzaguant. Mais à peine arrivés aux flancs de l'Ida aux sources sans nombre, vite ils s'empressent d'abattre, avec le bronze au long tranchant, des chênes hauts et feuillus, qui tombent à grand fracas. Les Achéens alors les fendent et les lient derrière leurs mules. Celles-ci, de leurs pieds, dévorent l'espace; elles aspirent à la plaine à travers les halliers touffus. Et tous les coupeurs de bois portent aussi des rondins — ainsi l'ordonne Mérion, l'écuyer du courtois Idoménée — et ils les jettent côte à côte sur le rivage, à l'endroit où Achille médite un grand tombeau pour Patrocle et lui-même.

Puis, lorsqu'ils ont étalé en tous sens une masse énorme de bois, ils s'assoient là, tous ensemble, et attendent. Mais brusquement, Achille à ses Myrmidons belliqueux donne ordre de ceindre le bronze et d'atteler, tous, leurs chevaux et leurs chars. Ils se lèvent, revêtent leurs armes et montent, tous, sur les chars, combattants comme cochers. Les chars vont devant; derrière marche une nuée de gens de pied; ils sont innombrables. Au milieu, Patrocle est porté par les siens. Le cadavre est vêtu tout entier des cheveux coupés sur leurs fronts qu'ils s'en viennent jeter sur lui. Derrière, vient le divin Achille, soutenant la tête du mort, désolé : il mène chez Hadès un ami sans reproche !

Arrivés à l'endroit que leur désigne Achille, ils déposent le corps ; sans tarder, ils amassent tout le bois voulu. Lors le divin Achille aux pieds infatigables a une autre pensée. Il s'écarte du bûcher ; il coupe cette blonde chevelure qu'il a nourrie, luxuriante, pour le fleuve Sperchios. Puis, irrité, il dit, en regardant la mer aux teintes lie-de-vin :

« Sperchios, c'est donc en vain que mon père Pélée aura fait le vœu que, si je revenais un jour là-bas, dans ma patrie, je couperais pour toi ma chevelure et t'offrirais une sainte hécatombe, en t'immolant cinquante boucs, sur place, dans tes eaux mêmes, là où sont ton sanctuaire et ton autel odorant. Tel était le vœu du vieillard ; mais tu n'as pas accompli son désir. Et puisqu'en fait je ne dois plus revoir les rives de ma patrie, eh bien ! c'est au héros Patrocle que je veux offrir ici ma chevelure à emporter. »

Il dit et dépose ses cheveux dans les mains de son ami, et chez tous il fait naître le désir des sanglots. Ils fussent restés là, à gémir encore, au moment où se couchent les feux du soleil, si Achille n'était soudain allé à Agamemnon pour lui dire :

« Atride, c'est à ta voix avant toute autre que doit obéir l'armée argienne. Sans doute il est permis de se gaver de plaintes ; mais, pour toi, à cette heure, disperse les hommes loin de ce bûcher et donne ordre qu'on prépare le repas. Pour ce qui suit, c'est nous qui y pourvoirons, nous pour qui le mort est plus que pour d'autres un sujet de deuil. Que les chefs seuls demeurent avec nous. »

A peine a-t-il ouï ces mots qu'Agamemnon, protecteur de son peuple, sans retard, disperse les hommes à travers les bonnes nefs. Les intimes, seuls, restent là ; ils entassent le bois et bâtissent un bûcher qui mesure cent pieds dans un sens et dans l'autre. Au sommet du bûcher ils déposent le mort, le cœur désolé. Maints gros moutons, maints bœufs cornus à la démarche torse sont, par eux, devant le bûcher, dépouillés et parés. A tous le magnanime Achille prend de leur graisse, pour en couvrir le mort de la tête aux pieds ; puis, tout autour, il entasse les corps dépouillés. Il place là aussi des jarres, toutes pleines de miel et d'huile, qu'il appuie au lit funèbre. Avec de grands gémissements, prestement, sur le bûcher, il jette quatre cavales altières. Sire Patrocle avait neuf chiens familiers : il coupe la gorge à deux et les jette sur le bûcher. Il fait de même pour douze nobles fils des Troyens magnanimes, qu'il massacre avec le bronze — son cœur ne songe qu'à des œuvres de mort ! Il déchaîne enfin l'élan implacable du feu, pour que du tout il fasse sa pâture. Et il sanglote, il appelle son ami :

« Je te salue, Patrocle, même au fond de l'Hadès ! Tout ce que naguère je t'avais promis, à l'instant je vais l'accomplir. Ce sont douze braves fils des Troyens magnanimes que le feu dévore, tous, ici avec toi. Pour Hector le Priamide, ce n'est pas à la flamme que je le veux donner à dévorer, c'est aux chiens. »

Ainsi dit-il menaçant. Autour d'Hector cependant les chiens ne s'affairent pas. La fille de Zeus, Aphrodite, nuit et jour, de lui les écarte. Elle l'oint d'une huile divine, fleurant la rose, de peur qu'Achille lui arrache toute la peau en le traînant. Pour lui, Phœbos Apollon amène du ciel sur la plaine une nuée sombre et dérobe aux yeux tout l'espace qu'occupe le corps : il ne veut pas que l'ardeur du soleil lui dessèche trop vite la peau autour des tendons et des membres.

Mais le bûcher où gît le corps de Patrocle ne s'enflamme pas. Le divin Achille aux pieds infatigables alors a une autre pensée. Il s'écarte du bûcher et adresse un vœu à deux vents, Borée et Zéphyr ; il leur promet de splendides offrandes ; il multiplie les libations avec une coupe d'or ; il les supplie de venir, afin que les morts soient le plus tôt possible consumés par le feu, et que d'abord le bois se mette à s'enflammer. Et vite, Iris, entendant ses prières, va porter le message aux vents. Ils sont tous réunis chez l'orageux Zéphyr autour d'un banquet. Iris, courante, s'arrête sur le seuil de pierre. Dès que leurs yeux la voient, tous vivement se lèvent, l'invitant à s'asseoir chacun près de lui. Mais elle décline l'offre de s'asseoir et leur dit :

« Ce n'est pas le moment de m'asseoir; je repars et
m'en vais aux bords de l'Océan dans le pays des
Ethiopiens. Ils sont en train d'offrir des hécatombes aux
Immortels, et je veux, moi aussi, prendre part au festin
sacré. Mais Achille supplie Borée et le bruyant Zéphyr; il
vous promet de splendides offrandes, si vous venez exciter
la flamme du bûcher sur lequel gît Patrocle, pleuré de
tous les Achéens. »

Elle dit et s'en va. Eux, se lèvent dans un fracas
prodigieux, bousculant devant eux les nuées. Vite, les voilà
soufflant sur la mer, et le flot se soulève sous leur souffle
sonore. Ils atteignent la Troade fertile, ils s'abattent sur le
bûcher, et, soudain, un feu prodigieux terriblement
crépite. Toute la nuit, ensemble, de leur bruyante haleine,
ils fouettent le feu du bûcher, et, toute la nuit, le rapide
Achille, puisant le vin dans le cratère avec une coupe à
deux anses, le répand sur le sol, en inonde la terre, et va
invoquant l'âme du malheureux Patrocle. Ainsi qu'un
père se lamente, qui brûle les os de son fils — un nouveau
marié, dont la mort désole ses pauvres parents — ainsi
pleure Achille, en brûlant les os de son compagnon. Il se
traîne autour du bûcher, il pousse de longs sanglots.

Mais quand l'Étoile du matin vient annoncer la lumière
à la terre, l'Étoile du matin, derrière qui l'Aurore en robe
de safran s'épand sur la mer, le feu du bûcher s'apaise, la
flamme tombe, et les vents chez eux s'en retournent à
travers la mer de Thrace, qui gémit dans un gonflement
furieux. Le Péléide alors s'écarte du bûcher; il se couche,
épuisé; le doux sommeil s'abat sur lui. Mais l'Atride et les
siens, en masse, s'assemblent : aussitôt le tumulte, le bruit
des arrivants l'éveillent. Il se redresse, se met sur son
séant et dit :

« Atride, et vous, héros du camp panachéen, avec le vin
aux sombres feux, commencez donc par éteindre le
bûcher, entièrement, partout où a régné la fougue de la
flamme. Recueillons ensuite les os de Patrocle, fils de
Ménœtios. Distinguons-les soigneusement; ils se laissent
aisément reconnaître : ils sont au milieu du bûcher, tandis
que les autres ont brûlé à part, à l'extrême bord, hommes
et chevaux ensemble. Plaçons-les dans une urne d'or avec

double couche de graisse, en attendant le jour où je
m'enfoncerai moi-même dans l'Hadès. Pour la tombe,
j'entends qu'on la fasse pas très grande, mais convenable
— rien de plus. Plus tard, les Achéens la lui dresseront
large et haute — je veux dire : vous autres, vous qui
resterez après moi sur les nefs bien garnies de rames. »

Il dit, et tous d'obéir au Péléide aux pieds rapides. Avec
le vin aux sombres feux ils commencent par éteindre le
bûcher, partout où a été la flamme, où s'est déposée une
cendre épaisse. En pleurant, ils recueillent les os blancs de
leur bon compagnon dans une urne d'or, avec double
couche de graisse ; ils les déposent ensuite dans la baraque,
ils les couvrent d'un souple tissu. Ils dessinent alors le
cercle d'un tombeau et en jettent les bases tout autour du
bûcher. Rapidement ils y répandent de la terre, et, quand
la terre répandue a formé un tombeau, ils s'éloignent.
Achille cependant retient là son monde pour siéger en
vaste assemblée. Des nefs il apporte des prix : bassines,
trépieds, chevaux, mules, têtes fières de bœufs, captives à
belle ceinture, et fer gris.

Pour les prompts meneurs de chars, d'abord, il offre un
prix magnifique, une captive à emmener, qui sait les
travaux impeccables, et un trépied à anses, de vingt-deux
mesures : ce sera le lot du premier. Il offre, pour le
second, une jument de six ans, encore indomptée, pleine
d'un mulet. Pour le troisième, il offre un bassin qui n'a
pas encore été au feu, un beau bassin, d'une contenance de
quatre mesures, tout brillant neuf ; pour le quatrième,
deux talents d'or ; pour le cinquième, une urne à deux
poignées, ignorante encore de la flamme. Puis, debout il
s'adresse aux Argiens en ces termes :

« Atride, et vous aussi, Achéens aux bonnes jambières,
voici les prix qui attendent les meneurs de chars au
concours. Si les Achéens aujourd'hui célébraient des jeux
en l'honneur d'un autre, c'est moi sans aucun doute qui
prendrais le premier et l'emporterais jusqu'à ma baraque.
Vous savez combien mes chevaux, par leur valeur,
dépassent tous les autres. C'est qu'ils sont éternels, et que
Poseidon lui-même les a donnés à mon père Pélée, qui me
les a octroyés à son tour. Mais j'entends cette fois rester où

je suis, tout comme mes chevaux aux sabots massifs. Ils ont perdu la noble gloire d'un cocher si doux! Que de fois sur leurs crinières il a versé l'huile onctueuse, après les avoir baignés dans l'eau claire. C'est lui qu'ils pleurent là, tous deux, leur crinière touchant le sol, immobiles, le cœur désolé. — A d'autres donc, à vous tous, dans le camp, de vous mettre en branle, à tous les Achéens qui s'assurent en leurs chevaux ainsi qu'en leur char solide. »

Ainsi dit le Péléide, et les meneurs de chars, rapides, s'assemblent. Le tout premier qui se lève est le protecteur de son peuple, Eumèle, le fils chéri d'Admète, qui excelle dans l'art de mener les chevaux. Après lui se lève le fils de Tydée, Diomède le Fort, qui met sous le joug les chevaux de Trôs, dont il a dépouillé Enée, au moment où Enée lui était dérobé par Apollon. C'est le fils d'Atrée qui se lève ensuite, le blond Ménélas, le héros divin; il met sous le joug deux coursiers rapides : Ethé, cavale d'Agamemnon, et son cheval, à lui-même, Podarge. Ethé est un don fait à Agamemnon par Echépole, fils d'Anchise : en échange de ce présent, il ne devait pas le suivre sous Ilion battue des vents, il aurait la joie de rester chez lui. Zeus lui avait donné une immense richesse; il habitait la vaste Sicyone. Ménélas la met donc sous le joug, impatiente de courir. Antiloque, le quatrième, harnache ses coursiers à la belle crinière, Antiloque, glorieux fils de Nestor, le bouillant seigneur descendant de Nélée; à Pylos sont nés les chevaux aux pieds rapides qui lui emportent son char. Son père s'approche de lui et, prudemment, pour son bien, le conseille, si sage qu'il soit déjà :

« Antiloque, tu es jeune; mais Zeus et Poseidon t'ont pris en affection : ils t'ont appris toutes façons d'en user avec les chevaux. Il n'y a donc pas lieu ici de t'apprendre rien à mon tour. Tu sais fort bien tourner la borne. Tes bêtes, en revanche, sont assez lentes à la course, et j'imagine que tu vas à un désastre : les autres ont des chevaux plus vites. Mais, d'autre part, ils savent trouver moins d'idées que toi. A toi donc, mon petit, de te mettre en tête autant d'idées que tu pourras, si tu ne veux pas que le prix t'échappe. C'est l'idée qui fait le bon bûcheron, ce n'est pas la force. C'est l'idée qui permet au pilote sur la

mer lie-de-vin de diriger la nef rapide toute secouée des
vents. C'est l'idée qui fait qu'un cocher l'emporte sur
d'autres cochers. Tel se fie à son char et à son attelage, et
sottement prend le tournant très large, en allant de-ci de-
là, en laissant ses chevaux vaguer par la piste, au lieu d'en
rester maître. Tel autre, qui conduit des chevaux
médiocres, en revanche sait plus d'un tour ; il ne quitte pas
la borne des yeux, il prend le tournant très court, il n'oublie
pas de tenir d'abord fermement ses bêtes au moyen des
rênes de cuir, et il mène sans défaillance, l'œil fixé sur qui
le précède. Je veux t'indiquer un repère qui est aisé à
reconnaître, et qui ne t'échappera pas. C'est un tronc
desséché, qui se dresse environ à une brasse du sol —
tronc de chêne ou de pin. La pluie ne le pourrit pas, et
deux pierres blanches lui servent d'étai de chaque côté. Il
se trouve à la croisée d'un chemin, la piste autour est toute
unie. Est-ce là le tombeau d'un homme mort jadis ? une
borne établie au temps des anciens hommes ? Le divin
Achille aux pieds infatigables l'a pris, en tout cas, pour
borne aujourd'hui. Pousse ton char et tes chevaux, de
façon à la frôler du plus près que tu pourras, et toi-même
dans la caisse bien tressée, pour aider tes bêtes, penche-toi
donc doucement sur ta gauche, tout en stimulant ton
cheval de droite de l'aiguillon, de la voix, et en lui rendant
les rênes. Que le cheval de gauche, lui, frôle la borne de
façon que le moyeu de la roue façonnée semble en
effleurer la surface. Mais évite bien de toucher la pierre, si
tu ne veux et blesser tes chevaux et fracasser ton char, ce
qui serait toute joie pour les autres, tout opprobre pour
toi. Sois donc prudent et prends bien garde, mon ami. Si,
dans ta course, tu franchis la borne, nul dès lors ne sera
plus capable de te vaincre et de te dépasser, en se lançant à
ta suite, quand bien même sur tes traces on pousserait le
divin Arion, le cheval rapide d'Adraste, qui est d'origine
divine, ou encore les coursiers de Laomédon, qui ont ici
grandi les meilleurs de tous. »

Ainsi parle Nestor, le fils de Nélée ; et il s'en retourne
s'asseoir à sa place, quand il a dit à son fils l'essentiel sur
chaque point.

Mérion est le cinquième à harnacher ses coursiers aux belles crinières. Tous montent sur leurs chars. Ils ont jeté leurs sorts. Achille les secoue et, le premier, jaillit le sort d'Antiloque, le fils de Nestor. Après lui, c'est le tour du roi Eumèle. Puis vient l'Atride, Ménélas, l'illustre guerrier. C'est Mérion que le sort désigne pour se mettre ensuite en ligne. Le dernier enfin, c'est le fils de Tydée, le meilleur de beaucoup pour presser les chevaux. Ils se mettent en ligne, et Achille leur montre le but, au loin, dans la plaine unie. Près de ce but, comme observateur, il met Phénix égal aux dieux, compagnon de son père, qui notera les détails de la course et lui rapportera l'entière vérité.

Ils lèvent tous ensemble le fouet sur les chevaux, ils les frappent de leurs rênes de cuir, ils les gourmandent de la voix passionnément. Rapides, les chevaux dévorent la plaine et s'éloignent en hâte des nefs. Sous leur poitrail, la poussière, soulevée, monte, pareille à une nuée ou à une trombe. Leurs crinières voltigent au souffle du vent. Les chars tantôt s'abattent sur la glèbe nourricière, tantôt bondissent dans les airs. Les conducteurs sont debout dans les caisses; chacun a le cœur qui palpite du désir d'être vainqueur. Et tous jettent des appels à leurs coursiers, qui volent en soulevant la poudre de la plaine.

Mais voici le moment où les coursiers rapides, au dernier stade de la course, s'en reviennent vers la blanche mer : alors la valeur de chacun se révèle, l'allure des chevaux soudain se précipite. Les juments rapides du fils de Phérès filent droit au but, et, derrière elles, filent pareillement les étalons de Diomède, les coursiers de Trôs. Ah! ils ne sont pas loin; ils sont là, tout proches : à chaque instant on croirait qu'ils vont escalader le char. Eumèle sent leur souffle brûler son dos et ses larges épaules : ils volent, têtes posées sur lui. A ce moment-là, le fils de Tydée eût passé devant, ou eût tout au moins rendu le succès douteux, si Phœbos Apollon n'en avait ressenti quelque irritation contre lui. Il lui fait choir des mains son fouet brillant. Des larmes échappent aux yeux de Diomède dépité, qui voit dès lors les juments accélérer

encore, et beaucoup, leur allure, alors que ses étalons
subissent le désavantage de courir sans aiguillon. Mais
Athéné n'a pas été sans voir la déception qu'Apollon a
infligée à Diomède. Vite, elle court au pasteur d'hommes;
elle lui donne un fouet et remplit d'ardeur ses chevaux.
Après quoi, irritée, la déesse va vers le fils d'Admète et
rompt le joug qui tient son attelage. Ses juments
poursuivent leur course en s'écartant l'une de l'autre,
tandis que le timon glisse vers le sol, tandis qu'Eumèle
alors roule à bas de son char à côté d'une roue, qu'il
s'écorche les coudes et la bouche et le nez, et que son front,
au-dessus des sourcils, va donner contre terre. Ses yeux se
remplissent de larmes; sa voix puissante est enchaînée. Le
fils de Tydée oblique et le dépasse avec ses chevaux aux
sabots massifs; d'un bond, il devance de très loin tous les
autres : Athéné a rempli ses chevaux d'ardeur et lui a
donné la gloire. Après lui vient le blond Ménélas, l'Atride,
cependant qu'Antiloque jette un appel aux chevaux de son
père :

« En avant! vous aussi, allongez au plus vite. Je ne vous
demande pas de lutter contre ceux de là-bas, contre les
étalons du preux fils de Tydée, à qui Athéné vient
d'octroyer la vitesse, en même temps qu'elle donnait la
gloire à leur conducteur. Mais rejoignez les chevaux de
l'Atride, ne restez pas en arrière. Vite! que la honte ne soit
pas déversée sur vous par Ethé — une femelle! Pourquoi
vous laisser distancer, mes braves? Voici ce que j'ai à vous
dire, et c'est là ce qui sera : ne vous attendez pas à trouver
de bons soins chez Nestor, le pasteur d'hommes; il vous
tuera sur l'heure avec le bronze aigu, si, par votre
nonchalance, nous n'avons qu'un prix sans valeur. Allons!
suivez, hâtez-vous au plus vite! Je me charge de trouver le
moyen et l'occasion, si la route se rétrécit, de me glisser
devant l'Atride, sans laisser passer l'instant. »

Il dit, et eux sont pris de peur à la voix grondeuse du
maître; ils pressent l'allure un moment. Mais bientôt le
vaillant Antiloque voit se rétrécir la route déjà creuse. Une
crevasse s'ouvre là dans le sol : une eau d'orage s'y est
amassée, qui a coupé le chemin et raviné tout l'alentour.

C'est par là que se dirige Ménélas, pour éviter une rencontre. Mais Antiloque fait obliquer ses chevaux aux sabots massifs et incline un peu pour le suivre. L'Atride prend peur et crie à Antiloque :

« Antiloque, tu mènes comme un fou ! Retiens donc tes chevaux : la route est étroite ; plus large, tout à l'heure, elle te permettra de me dépasser. Prends garde ! tu fais tort à tous deux, si tu heurtes mon char. »

Il dit, mais Antiloque n'en pousse que plus vite de l'avant ; il presse ses chevaux de l'aiguillon, tout comme s'il n'entendait pas. On sait jusqu'où porte un disque, lancé de derrière l'épaule par quelque jouvenceau qui fait l'épreuve de sa jeune vigueur : c'est une pareille avance que prennent ses bêtes en courant. Celles de l'Atride reculent ; volontairement il s'abstient de les pousser : il craint trop de voir les chevaux aux sabots massifs se heurter sur leur route, renverser les chars tressés, et les hommes choir alors eux-mêmes dans la poussière, pour s'être trop hâtés vers la victoire. Mais, prenant Antiloque à partie, le blond Ménélas s'écrie :

« Antiloque, il n'est pas de mortel au monde plus exécrable que toi. Va-t'en à la male heure ! C'est bien à tort que les Achéens te croient raisonnable. Mais tu auras beau faire, tu n'emporteras pas le prix, sans m'avoir d'abord prêté le serment. »

Il dit, puis il lance en appel ces mots à ses coursiers :

« Ne tardez pas, je vous en prie ; ne restez pas là, le cœur désolé. Leurs pieds et leurs jarrets, à eux, seront las bien avant les vôtres : à tous deux manque la jeunesse. »

Il dit, et eux sont pris de peur à la voix grondeuse du maître ; ils pressent l'allure ; ils sont bientôt près des autres.

Les Argiens cependant, assis en assemblée, contemplent les chars, qui volent, en soulevant la poudre de la plaine. Idoménée, chef des Crétois, le premier, remarque un char. Il s'est assis en dehors de l'assemblée, très haut, sur une guette. Il entend une voix grondeuse et, pour loin qu'elle soit, il la reconnaît. Il observe en outre le cheval qui prend de l'avance, et qui se distingue aisément ; toute sa robe est rousse, sauf au front, où il porte une marque blanche, ronde comme une lune. Lors, debout, il s'adresse aux Argiens en ces termes :

« Amis, guides et chefs des Argiens, suis-je donc seul à voir un char, ou le voyez-vous aussi ? Ce sont d'autres chevaux qui me semblent, cette fois, tenir la tête ; c'est un autre cocher qui se montre. Les juments ont dû buter en route, dans la plaine, puisqu'elles avaient jusque-là l'avantage. Je les ai pourtant vues vivement tourner la borne, et maintenant je ne réussis pas à les apercevoir ; mes yeux anxieusement les cherchent de tous les côtés à travers la plaine de Troie. Les rênes auront-elles échappé à leur conducteur, qui n'aura pu les retenir, au moment de tourner la borne, et n'aura pas réussi à achever son virage ? J'imagine qu'il sera tombé là, et y aura brisé son char, tandis que ses bêtes auront pris la fuite, suivant l'élan qu'avait déjà leur cœur. Mais levez-vous, et regardez vous-mêmes. Moi, j'ai peine à distinguer. Il me semble pourtant qu'il s'agit là d'un Étolien qui est aussi un roi parmi les Argiens, le fils de Tydée, dompteur de cavales, Diomède le Fort. »

Mais le fils d'Oïlée, le rapide Ajax, vilainement le rudoie :

« Idoménée, pourquoi tant de passion toujours ? Les chevaux aux souples jarrets sont encore bien loin de nous, à courir dans la vaste plaine. Tu n'es pas si jeune, parmi les Argiens ; et tes yeux, du haut de ta tête, n'ont pas le regard si aigu. Toujours, dans tes propos, même passion ! Il ne te sied pas d'être si passionné discoureur : il en est d'autres ici qui valent mieux que toi. Ce sont les mêmes chevaux qui toujours tiennent la tête, les mêmes qu'avant, les juments d'Eumèle, et lui-même est debout dans son char, rênes en main. »

Lors le chef des Crétois, en courroux, le regarde et lui dit :

« Ajax, maître en disputes ! malavisé ! ici comme ailleurs, tu te montres le dernier des Argiens ; ton cœur est intraitable. Tiens ! parions donc un trépied, un bassin, — en prenant pour arbitre le fils d'Atrée, Agamemnon, — sur lequel des chars est en tête. Quand tu paieras, tu comprendras. »

Il dit, et Ajax aussitôt se lève, le rapide fils d'Oïlée; il est plein de colère et tout prêt à répondre avec des mots brutaux. Et la querelle entre eux se fût prolongée, si Achille alors ne s'était levé lui-même et n'eût dit :

« N'échangez plus ainsi de mots méchants et durs, Ajax et Idoménée. Aussi bien est-ce malséant. Vous en voudriez à tout autre qui se conduirait comme vous. Allons! restez donc là, assis dans l'assemblée et regardez les chars. Ils se hâtent vers la victoire, et vont être bientôt ici. Alors chacun saura quels sont, des chars d'Argos, ceux qui sont au second et au premier rang. »

Il dit, et déjà le fils de Tydée est tout près, menant son char. Sans relâche, d'un fouet levé au-dessus de son épaule, il presse ses chevaux. Ceux-ci vont à grands bonds et se hâtent d'achever leur route. Sur leur cocher, sans arrêt, ils font jaillir la poussière. Le char, où l'or et l'étain s'assemblent, court sur les pas du rapide attelage; et la trace n'est guère sensible que laissent les jantes sur la poudre légère. Ils se hâtent, ils volent. Diomède s'arrête en pleine assemblée. Une sueur abondante perle au cou, au poitrail de ses chevaux et va tombant sur le sol. Pour lui, il saute à terre du char resplendissant, et il appuie son fouet contre le joug. Le fier Sthénélos ne perd pas de temps non plus : vivement, il saisit le prix; à ses bouillants compagnons il donne à emmener la femme, à porter le trépied à anses; il détèle, lui, les chevaux.

Derrière lui, c'est le Néléide, Antiloque, qui pousse son char. La ruse, non la vitesse, le fait devancer Ménélas. Ménélas n'en est pas moins proche avec ses chevaux rapides. On sait la distance du cheval à la roue, quand il tire son maître sur un char, à toute allure, par la plaine : les crins au bout de sa queue affleurent la jante, et la roue tourne toute proche, laissant peu d'intervalle entre eux, tant qu'il court par la vaste plaine. C'est à pareille distance que Ménélas se trouve suivre Antiloque sans reproche. Il est vrai qu'auparavant Antiloque l'avait dépassé d'une bonne portée de disque; mais il l'a vite rejoint : le noble élan à chaque pas croissait de la jument d'Agamemnon, Ethé à la belle crinière. Et, certes, si la course s'était prolongée pour tous deux, Ménélas eût passé devant et triomphé sans conteste. En revanche, Mérion, noble écuyer d'Idoménée, reste en arrière du glorieux Ménélas d'une bonne portée de lance. Ses chevaux aux belles crinières sont les moins vites, et lui-même est le plus lent à pousser son attelage dans la lice. Le fils d'Admète vient le dernier de tous; il traîne son beau char et pousse son attelage devant lui. Lors le divin Achille aux pieds infatigables, à le voir, a pitié, et, debout, aux Argiens il adresse ces mots ailés :

« Le meilleur vient le dernier, menant ses chevaux aux sabots massifs. Allons! donnons-lui un prix — ce sera séant — le second. Que le fils de Tydée emporte le premier. »

Il dit; tous approuvent l'invite. Il lui eût donc alors donné la cavale, puisqu'il avait l'approbation des Achéens, si le fils de Nestor magnanime, Antiloque, alors ne se fût levé et à Achille, fils de Pélée, n'eût répliqué pour défendre son droit :

« Achille, contre toi j'aurai grande colère, si tu fais ce que tu dis là. Tu veux m'enlever le prix, parce que tu songes que, s'il a trébuché avec char et chevaux, il est pourtant un brave. Mais pourquoi n'a-t-il pas invoqué les Immortels? Il ne serait pas arrivé alors bon dernier à la course. S'il te fait pitié, s'il est cher à ton cœur, tu as dans ta baraque de l'or en quantité, du bronze, des moutons; tu as des captives aussi, des chevaux aux sabots massifs; va prendre là-dedans pour lui donner un prix plus grand encore, dans un moment — ou même tout de suite! Les Achéens t'approuveront. Mais celle-ci, je ne la rendrai pas. Pour elle, que qui en a envie essaie donc de lutter de vive force contre moi! »

Il dit, et le divin Achille aux pieds infatigables sourit. Antiloque lui plaît : ce lui est un ami cher. En réponse il lui dit ces mots ailés :

« Antiloque, puisque tu m'invites à tirer de chez moi un autre présent pour Eumèle, eh bien! c'est ce que je ferai. Je lui donnerai la cuirasse que j'ai enlevée à Astéropée. Elle est de bronze, mais une coulée de brillant étain roule tout autour. Elle lui sera d'un grand prix. »

Il dit et ordonne à son ami Automédon de l'apporter de

sa baraque. Automédon part et la lui rapporte. Achille la met aux mains d'Eumèle, et celui-ci la reçoit avec joie.

Alors, au milieu de tous, se lève Ménélas, le cœur affligé, et plein contre Antiloque d'un courroux sans mesure. Le héraut lui met le bâton en main et commande le silence aux Achéens. Il parle alors, mortel égal aux dieux :

« Antiloque, si sage naguère, qu'as-tu donc fait aujourd'hui ? Tu as abaissé ma valeur, tu as fait tort à mes chevaux, en lançant devant eux les tiens, qui sont bien loin de les valoir. Allons ! guides et chefs des Argiens, entre nous deux, impartialement, prononcez, sans chercher à soutenir ni l'un ni l'autre. Je ne veux pas qu'un jour l'on aille dire parmi les Achéens à la cotte de bronze : « Ménélas, par ses mensonges, a fait violence à Antiloque ; il est parti, emmenant la cavale, parce qu'avec des chevaux loin de valoir les autres, il l'emportait par le rang et la force. » Eh bien ! c'est moi-même qui prononcerai, et je te garantis qu'aucun Argien n'aura à me reprendre, car ma sentence sera droite. Tiens ! Antiloque, viens ici, nourrisson de Zeus, et, comme il est de règle, debout, en face de tes chevaux et de ton char, portant le souple fouet avec lequel tu menais tout à l'heure, la main sur tes chevaux, jure donc le Maître de la terre et Ébranleur du sol que tu n'as pas, par traîtrise et volontairement, gêné la marche de mon char. »

Antiloque sagement le regarde et dit :

« Sois patient à cette heure. Je suis bien plus jeune que toi, sire Ménélas ; et tu es tout ensemble mon aîné et mon modèle. Sais-tu pas ce que sont les excès d'un jeune homme ? L'humeur en lui est vive et la raison mince. Que ton cœur s'y résigne ! C'est moi qui te donnerai la cavale que j'ai gagnée. Et me demanderais-tu un présent plus grand encore à tirer de chez moi, j'aimerais mieux te le donner sur l'heure que de me sentir loin de ton cœur à jamais, nourrisson de Zeus, et coupable envers les dieux. »

Il dit et, conduisant lui-même la cavale, le fils du noble Nestor la met aux mains de Ménélas. Celui-ci sent se dilater son cœur, comme le blé sous la rosée, aux jours où grandit la moisson et où frémissent les guérets. Ainsi se dilate ton cœur, Ménélas, en ta poitrine. Lors, prenant la parole, il dit ces mots ailés :

« Antiloque, c'est moi cette fois qui ferai fléchir mon courroux : tu n'étais jamais étourdi ni fou, et c'est la jeunesse aujourd'hui qui en toi l'a emporté sur la raison. Évite une autre fois de chercher à jouer ceux qui valent mieux que toi. Tout autre Achéen aurait eu de la peine à m'amadouer. Mais, toi, tu as beaucoup — et ton noble père et ton frère aussi — souffert et pâti pour mà cause. Je me rendrai dès lors à ta prière, je te ferai don de cette cavale, qui, en fait, est mienne. Tous ici, de la sorte, sauront que mon cœur n'est ni arrogant ni implacable. »

Il dit, et à Noémon, l'ami d'Antiloque, il donne la cavale à emmener. Pour lui-même, il prend le bassin resplendissant. Mérion, de son côté, enlève les deux talents d'or, le quatrième, puisque c'est son rang d'arrivée. Reste le cinquième prix, la coupe à deux anses : Achille l'offre à Nestor. A travers l'assemblée des Argiens, il va la lui porter, s'arrête devant lui et dit :

« Tiens ! toi aussi, vieillard, conserve cette pièce en mémoire des funérailles de Patrocle — car lui-même tu ne le verras plus parmi les Argiens. Je te donne ce prix d'office : tu n'auras à combattre ni au pugilat ni à la lutte, tu n'entreras pas dans le tournoi des javelots, tu ne prendras pas de part à la course. La vieillesse fâcheuse désormais te presse. »

Il dit et lui met la coupe entre les mains. Nestor la reçoit avec joie et, prenant la parole, il dit ces mots ailés :

« Tout ce que tu dis là, mon fils, est fort bien dit. Non, mes membres, mon cher, n'ont plus même assurance — ni mes pieds ni mes bras : on ne voit plus ceux-ci jaillir rapides, à droite, à gauche, de mes épaules. Ah ! si j'étais encore jeune ! si ma vigueur était aussi assurée qu'aux jours où les Epéens célébraient les funérailles de leur monarque Amaryncée, à Bouprasion, et où ses fils proposaient des prix en l'honneur du roi ! Nul alors qui me valût, ni chez les Epéens, ni chez les Pyliens eux-mêmes, ni chez les Etoliens magnanimes. Au pugilat, je triomphai de Clytomède, fils d'Enops ; à la lutte, d'Ancée de Pleuron, qui s'était levé contre moi ; à la course, je

dépassai Iphicle — un brave pourtant; à la lance, je
surpassai Phylée et Polydor. A la course des chars
seulement, je fus distancé par les deux fils d'Actor. Ce fut
le nombre qui leur assura l'avantage. Ils voulaient la
victoire; c'était le plus beau des prix en effet qui restait là.
Or ils étaient deux : l'un se donnait tout entier à conduire
et, tandis qu'il était tout entier à conduire, l'autre excitait
les bêtes avec son fouet. — Voilà ce que j'étais jadis. A de
plus jeunes maintenant de s'offrir pour telles épreuves. Je
dois, moi, obéir à la triste vieillesse, moi qui brillais alors
entre tous les héros! Mais, va, rends hommage par des
jeux à ton ami. Moi, je reçois ce présent volontiers, et mon
cœur est en joie de voir que tu te souviens encore de mes
bontés et que tu n'oublies pas l'hommage qui m'est dû
parmi les Achéens. Puissent les dieux en échange t'accorder leurs douces faveurs! »

Il dit, et le Péléide retourne vers la vaste foule achéenne,
après avoir écouté jusqu'au bout le compliment du
Néléide.

Il dépose ensuite les prix du rude pugilat. Il amène et
attache au milieu de l'assemblée une mule patiente, de six
ans, encore indomptée, et des plus dures à dresser. Pour le
vaincu, il dépose une coupe à deux anses. Puis, debout, il
s'adresse aux Argiens en ces termes :

« Atride, et vous aussi, Achéens aux bonnes jambières,
j'invite à se disputer ces enjeux deux hommes — les
meilleurs. Qu'ils se frappent en levant haut le poing. Celui
à qui Apollon aura donné l'endurance, et que tous les
Achéens auront reconnu tel, partira emmenant dans sa
baraque cette mule patiente; le vaincu gagnera la coupe à
deux anses. »

Il dit, et aussitôt se lève un héros noble et grand, expert
au pugilat, Epéios, fils de Panopée. Sur la mule patiente il
pose la main et dit :

« Qu'il vienne donc ici, celui qui gagnera la coupe à
deux anses. Pour la mule, je déclare qu'aucun autre
Achéen ne l'emmènera, comme vainqueur au pugilat : car,
là, je me flatte d'être le meilleur. C'est bien assez je pense
que je ne sois pas des premiers au combat. Aussi bien, je
le vois, n'est-il guère possible d'être expert en toute

besogne. Voici donc ce que je veux dire, et c'est là ce qui sera. D'un bon coup, je lui fendrai la peau, je lui broierai les os. Que ses amis demeurent donc là, tous ensemble, pour l'emporter, quand mes bras l'auront vaincu. »

Il dit, et tous demeurent silencieux, sans voix. Seul Euryale se lève, mortel égal aux dieux, fils de sire Mécistée, lui-même né de Talaos, qui vint jadis à Thèbes pour les jeux funèbres d'Œdipe abattu et y triompha de tous les neveux de Cadmos. Le fils de Tydée, l'illustre guerrier, s'empresse autour de lui avec des mots rassurants : il souhaite ardemment sa victoire. D'abord il lui passe la ceinture : puis il lui donne des courroies taillées au cuir d'un bœuf agreste. Leur ceinture mise, tous deux s'avancent au milieu de la lice. Face à face, levant leurs bras vigoureux, ils se jettent l'un sur l'autre et mêlent leurs lourdes mains. Leurs mâchoires craquent horriblement, la sueur ruisselle partout sur leurs membres. Mais le divin Epéios s'élance et, tandis que l'autre jette autour de lui un regard éperdu, il le frappe à la joue. L'autre ne tient plus bien longtemps; ses membres brillants s'effondrent sous lui. Sous le frisson de Borée, on voit parfois le poisson sursauter sur la grève pleine d'algues, où la vague noire vient le recouvrir. De même, sous le coup, sursaute encore Euryale. Mais le magnanime Epéios le prend dans ses bras et le met debout. Ses bons compagnons l'entourent, et, à travers l'assemblée, ils l'emmènent traînant les jambes, crachant un sang épais, la tête tombant de côté. C'est un homme sans connaissance qu'ils emmènent et assoient parmi eux. Puis ils partent, emportant la coupe à deux anses.

Sans tarder, le Péléide, pour la troisième fois, dépose encore des prix, qu'il fait voir aux Danaens, les prix de la rude lutte : pour le vainqueur un grand trépied allant au feu — les Achéens entre eux l'estiment douze bœufs — pour le vaincu, c'est une femme qu'il offre comme enjeu, une femme habile à mille travaux, et qu'on estime quatre bœufs. Puis, debout, il s'adresse aux Argiens en ces termes :

« Sus donc! ceux qui veulent tenter cette épreuve. »

Il dit, et alors se dresse le grand Ajax, le fils de

Télamon. L'industrieux Ulysse, qui connaît tous les tours, se lève en même temps. Ils se ceignent les reins, puis s'avancent tous deux au milieu de la lice et s'empoignent à bras le corps avec leurs mains vigoureuses : on dirait les chevrons qu'un charpentier fameux assemble au haut d'une maison, pour la garder des violences du vent. Les dos crient sous les bras intrépides, qui les tirent durement; la sueur sur eux va ruisselant à flots; force bosses surgissent, tout empourprées de sang, sur leurs flancs et sur leurs épaules : obstinément ils s'acharnent à vaincre pour obtenir le trépied ouvragé. Mais Ulysse n'est pas capable de faire trébucher Ajax et de l'amener à terre; et Ajax ne l'est pas davantage : la rude vigueur d'Ulysse tient bon. Ils finissent par lasser tous les Achéens aux bonnes jambières. Alors le grand Ajax, fils de Télamon, dit à l'autre :

« Divin fils de Laërte, industrieux Ulysse, enlève-moi, ou je t'enlève. Le reste sera l'affaire de Zeus. »

Il dit et cherche à l'enlever. Mais Ulysse s'avise d'un tour. Il arrive à frapper l'autre au jarret, par-derrière; il lui fait fléchir les jambes et le fait choir en arrière, en lui tombant lui-même sur la poitrine. Et les gens cette fois regardent et s'émerveillent. Alors, à son tour, le divin Ulysse, héros d'endurance, tente d'enlever Ajax; il l'ébranle un peu du sol, mais sans pouvoir l'enlever. Il lui passe alors la jambe, et les voilà tous deux culbutant sur le sol, côte à côte, tout souillés de poussière. Une troisième fois, ils s'élancent pour lutter. Mais Achille alors se lève et les retient :

« N'insistez pas; ne vous épuisez pas à peiner ainsi : la victoire est à tous les deux. Emportez des prix égaux, et allez, laissez concourir d'autres Achéens. »

Il dit, et eux, avec entrain, d'entendre et d'obéir. Ils essuient sur eux la poussière, puis enfilent leurs tuniques.

Sans tarder, le Péléide dépose d'autres prix pour la vitesse. D'abord un cratère en argent façonné. Il contient six mesures; mais c'est par sa beauté surtout qu'il l'emporte, et de beaucoup, sur tous autres au monde. D'adroits ciseleurs de Sidon l'ont artistement ouvré; des Phéniciens l'ont ensuite emporté sur la mer brumeuse,

exposé dans des ports, puis offert en présent à Thoas;
enfin pour racheter Lycaon le Priamide, Eunée, fils
d'Iéson, l'a donné au héros Patrocle. Achille maintenant le
dépose comme prix, en l'honneur de son compagnon. Il
ira à celui dont les pieds rapides se montreront les plus
légers. Pour le second, il met comme prix un bœuf
énorme et lourd de graisse. Pour le dernier enfin, un
demi-talent d'or. Puis, debout, il s'adresse aux Argiens en
ces termes :

« Sus donc! ceux qui veulent tenter cette épreuve. »

Il dit, et aussitôt se lève Ajax, le rapide fils d'Oïlée, et
l'industrieux Ulysse, et le fils de Nestor, Antiloque, qui, à
la course, de son côté, l'emporte sur tous les jeunes gens.
Ils se mettent en ligne : Achille leur indique le but. La
borne une fois franchie, leur allure se précipite. Le fils
d'Oïlée rapide file au but. Derrière lui, bondit le divin
Ulysse. Il est aussi près de lui que la navette est près du sein
d'une captive à la belle ceinture, quand, pour passer le fil
tout au long de la chaîne, elle la tire à elle fortement et
l'amène jusqu'à son sein. Ainsi court Ulysse, tout contre
Ajax, et ses pieds viennent, par-derrière, frapper juste les
traces de l'autre, avant que la poussière ait pu les
recouvrir. C'est sur la tête d'Ajax que le divin Ulysse
répand son haleine, courant toujours à vive allure, et tous
les Achéens, secondant de leurs cris son désir de victoire,
encouragent sa hâte. Ils en sont au dernier stade de la
course, quand soudain Ulysse en son cœur prie Athéné
aux yeux pers :

« Entends-moi, déesse, et viens, en ta clémence, prêter
aide à mes pieds! »

Il dit : Pallas Athéné entend sa prière. Elle assouplit ses
membres, ses jambes d'abord, puis — en remontant —
ses bras. Et, au moment même où ils vont sauter sur le
prix, Ajax en courant glisse — Athéné l'a fait trébucher —
juste à l'endroit où s'étale la bouse des bœufs mugissants,
victimes abattues en l'honneur de Patrocle par Achille aux
pieds rapides. Sa bouche et ses narines s'emplissent de
bouse, tandis que le divin et endurant Ulysse enlève le
cratère : il est arrivé le premier! L'illustre Ajax prend le

bœuf. Il est là, tenant dans ses mains la corne du bœuf
agreste et, crachant la bouse, il dit aux Argiens :

« Ah! comme elle a su faire trébucher mes pieds, la
déesse qui, de tout temps, est là, comme une mère, à côté
d'Ulysse, pour lui prêter secours! »

Il dit; tous, à l'entendre, ont un rire content. Mais
Antiloque se saisit du dernier prix avec un sourire et dit
aux Argiens :

« Vous savez tous déjà ce que je vais dire, amis : c'est
aux vieux cette fois encore que va la faveur du Ciel. Ajax
est un peu mon aîné; mais celui-là est de l'âge d'avant, de
l'âge des ancêtres : on dit de lui qu'il est un « vieillard
encore vert ». Et pourtant il n'est pas aisé aux Achéens de
lutter à la course avec lui — quand on n'est pas Achille. »

Il dit, glorifiant ainsi le Péléide aux pieds rapides, et
Achille, à son tour, lui répond en ces termes :

« Antiloque, tu ne m'auras pas pour rien adressé ce
compliment : je te donnerai en plus un demi-talent d'or. »

Il dit et le lui met en main : l'autre le reçoit avec joie.

Cependant le fils de Pélée apporte et dépose au milieu
de la lice une longue javeline, un casque et un bouclier. Ce
sont les armes que Patrocle a enlevées à Sarpédon. Puis,
debout, il s'adresse aux Argiens en ces termes :

« J'invite à se disputer ces enjeux deux hommes — les
meilleurs. Revêtus de leurs armes, ayant en main le
bronze qui entaille la peau, qu'en présence de cette
foule ils se tâtent mutuellement. Celui des deux qui, le
premier, en se fendant, atteindra la belle peau, et, à
travers l'armure et le sang noir, pénétrera les chairs,
celui-là je lui donnerai ce poignard à clous d'argent, ce
beau poignard de Thrace, que j'ai enlevé à Astéropée. Les
armes, tous deux les emporteront ensemble, et nous leur
servirons un excellent festin dans les baraques. »

Il dit, et alors se lève le grand Ajax, le fils de Télamon.
Le fils de Tydée se lève également, Diomède le Fort. Dès
qu'ils se sont armés, chacun de son côté, à l'écart de la
foule, tous deux ils se rencontrent au centre, brûlant de se
battre, se lançant des regards terribles, et la stupeur saisit
tous les Achéens. Ils marchent l'un sur l'autre et entrent
en contact. Par trois fois ils attaquent, par trois fois ils

s'élancent pour un corps à corps. Alors Ajax pique le bouclier bien rond, mais sans atteindre la peau : en arrière la cuirasse la défend. Sur quoi le fils de Tydée, par-dessus le grand bouclier, cherche sans répit à toucher le col d'Ajax de la pointe de sa javeline brillante. Alors les Achéens, pris de peur pour Ajax, les invitent à s'arrêter et à emporter chacun une part égale des prix. Mais c'est au fils de Tydée que le héros donne le grand poignard. Il le lui remet avec le fourreau et le baudrier bien taillé.

Cependant le fils de Pélée dépose un bloc de fer brut, que lançait jadis la grande force d'Eétion. Mais le divin Achille aux pieds infatigables avait tué Eétion et emporté sur ses nefs le bloc avec tous les trésors. Donc, debout, il s'adresse aux Argiens en ces termes :

« Sus donc ! ceux qui veulent tenter cette épreuve. Si loin que le vainqueur étende ses champs fertiles, il pourra de ce fer user cinq années pleines, sans que berger ni laboureur doive, faute de fer, partir pour la ville : il leur en fournira lui-même. »

Il dit, et alors se lève le belliqueux Polypœtès, et la fougue puissante du divin Léontée, et Ajax, fils de Télamon, et le divin Epéios. Déjà ils sont en ligne. Le divin Epéios prend le disque, il le fait tournoyer, il le lance et tous les Achéens d'éclater de rire. Après lui, Léontée, rejeton d'Arès, le lance également. Le troisième à son tour, voici que le jette, de sa main vigoureuse, le grand Ajax, le fils de Télamon : il dépasse les marques des autres. Mais, quand le belliqueux Polypœtès après lui prend le bloc, aussi loin va le bouvier en lançant son bâton, qui s'envole, en tournoyant, à travers toutes les vaches du troupeau, aussi loin va-t-il, dépassant tous ses concurrents. Alors ce n'est qu'un cri ; les amis de Polypœtès le Fort se lèvent, et ils emportent aux nefs creuses le prix gagné par leur roi.

Cependant Achille aux tireurs à l'arc offre du fer sombre. Il dépose pour eux dix haches et dix doubles haches. Ensuite il dresse le mât d'une nef à proue d'azur, au loin, sur le sable. Il y attache, par la patte, avec une cordelette, une colombe timide, et il les invite à tirer sur elle. « Celui qui touchera la colombe timide enlèvera toutes les doubles haches et les emportera chez lui. Celui qui touchera la corde, en manquant l'oiseau — puisqu'il ne vaudra pas l'autre — emportera les haches. »

Il dit, et alors se lève la force de sire Teucros, et, en même temps, Mérion, noble écuyer d'Idoménée. Ils choisissent des sorts, qu'ensuite ils secouent dans un casque de bronze. Teucros est le premier que désigne le sort. Aussitôt il lance sa flèche de toutes ses forces. Mais il n'a pas promis au patron des archers de lui offrir une insigne hécatombe d'agneaux premiers-nés, et il manque l'oiseau ; Apollon lui refuse le succès. En revanche, il atteint, tout près de la patte, la corde par laquelle l'oiseau est attaché. La flèche amère vient tout droit couper la corde : la colombe file au ciel, et la corde retombe à terre, dans la rumeur des Achéens. Lors Mérion ne tarde pas. Il tire l'arc de la main de Teucros ; la flèche, il l'avait depuis un moment à la main, tandis que visait Teucros. Aussitôt à l'Archer Apollon il promet d'offrir une insigne hécatombe d'agneaux premiers-nés. Très haut, sous les nuages, il voit la colombe timide. Il la frappe, en train de tournoyer, sous l'aile, en plein corps. Le trait la transperce et revient se ficher au sol, aux pieds mêmes de Mérion, tandis que l'oiseau va se poser sur le mât de la nef à proue d'azur. Son col pend et ses ailes touffues sont retombées sur lui. Brusquement la vie s'envole de ses membres, il tombe loin du mât, et les gens de nouveau contemplent le spectacle avec stupeur. Mérion alors prend les dix doubles haches, ensemble, tandis que Teucros emporte les haches aux nefs creuses.

Cependant le Péléide apporte et dépose au milieu de l'assemblée une longue javeline, ainsi qu'un bassin encore ignorant de la flamme, de la valeur d'un bœuf, et orné de fleurs. Les lanceurs de javeline se lèvent, le puissant prince Agamemnon, fils d'Atrée, et Mérion, noble écuyer d'Idoménée. Mais le divin Achille aux pieds infatigables alors dit :

« Atride, nous savons de combien tu l'emportes sur tous et à quel point tu es le meilleur, pour la force et pour l'adresse, au jet des traits. Prends donc ce prix et retourne vers tes nefs creuses. Nous donnerons la lance au héros

Mérion, si ton cœur y consent, et, pour ma part, je t'en prie. »

Il dit; Agamemnon, protecteur de son peuple, n'a garde de dire non. Achille à Mérion donne la lance de bronze, tandis qu'Agamemnon à Talthybios, son héraut, remet le prix magnifique.

CHANT XXIV

L'assemblée s'est dissoute; les gens se dispersent et rentrent par groupes à leurs fines nefs. Chacun pense à jouir du repas et du doux sommeil. Seul, Achille pleure : il songe à son ami. Le sommeil qui dompte les êtres n'a pas prise sur lui. Il se tourne, il se retourne, dans le regret qui le tient de Patrocle et de sa force et de sa noble fougue — des douleurs aussi qu'ils ont dévidées et souffertes ensemble, à travers les combats où se heurtent les hommes, comme à travers les flots cruels. A s'en souvenir, il répand de grosses larmes, couché tantôt sur le côté, tantôt sur le dos, tantôt face au sol. Ou bien il se dresse, quitte son lit, et s'en va errer, éperdu, le long de la grève de mer. Jamais pourtant il ne laisse passer l'heure où l'aube commence à luire sur la mer et sur ses rivages. Alors, à son char, il attelle ses chevaux rapides, et, derrière la caisse, il attache Hector, pour le traîner sur le sol. Puis, quand il l'a, trois fois de suite, tiré tout autour de la tombe où gît le corps du fils de Ménœtios, il s'arrête et rentre dans sa baraque, le laissant dans la poussière, étendu la face contre terre. Mais Apollon épargne tout outrage à sa chair. Il a pitié de l'homme, même mort. Il le couvre entièrement avec son égide d'or, de peur qu'Achille ne lui arrache toute la peau en le traînant.

C'est ainsi qu'Achille en fureur outrage le divin Hector. Mais les dieux bienheureux, à le voir, ont pitié. Ils

poussent l'adroit Tueur d'Argos à le dérober. L'avis agrée
à tous, sauf à Héré, à Poséidon, à la Vierge aux yeux pers.
A ceux-là, comme auparavant, la sainte Ilion demeure
trop en haine, ainsi que Priam et que tout son peuple — et
cela à cause de la folie d'Alexandre, qui avait infligé une
injure aux déesses, le jour où, venues dans sa bergerie,
elles l'avaient vu se prononcer pour celle qui lui avait fait
don de la luxure douloureuse! Mais, quand vient la
douzième aurore, Phœbos Apollon parle ainsi en présence
des Immortels :

« Vous êtes cruels, dieux, et malfaisants! Hector n'a-t-il
donc jamais brûlé en votre honneur de bons cuisseaux de
bœufs et de chèvres sans tache? Et aujourd'hui qu'il n'est
plus qu'un cadavre, vous n'avez pas le cœur de le protéger,
afin que son épouse le puisse voir encore, et sa mère, et
son fils, et son père Priam, et son peuple, qui alors
auraient vite fait de le brûler dans la flamme et de lui
dispenser tous les rites funèbres! Vous préférez donc,
dieux, prêter aide à Achille, à l'exécrable Achille, alors que
celui-ci n'a ni raison ni cœur qui se laisse fléchir au fond
de sa poitrine et qu'il ne connaît que pensers féroces. On
dirait un lion qui, docile à l'appel de sa vigueur puissante
et de son cœur superbe, vient se jeter sur les brebis des
hommes, pour s'en faire un festin. Achille a, comme lui,
quitté toute pitié, et il ignore le respect. Chacun est exposé
à perdre un être cher, plus proche qu'un ami, un frère
sorti du même sein, un fils : la part une fois faite aux
pleurs et aux sanglots, il s'en tient là; les Parques ont fait
aux hommes un cœur apte à pâtir. Mais, à celui-là, il ne
suffit pas d'avoir pris la vie du divin Hector; il l'attache à
son char, il le traîne tout autour du tombeau de son ami.
Ce n'est là ni un beau ni un bon parti : qu'il prenne garde,
pour vaillant qu'il soit; nous pourrions bien nous fâcher
contre lui, s'il va dans sa colère jusques à outrager une
argile insensible. »

Mais Héré aux bras blancs s'indigne et lui répond :
« Voilà bien encore une idée de toi, dieu à l'arc d'argent!
Vous iriez maintenant accorder même honneur à Achille
et Hector! Hector n'est qu'un mortel : il a tété un sein de
femme; Achille, lui, est fils d'une déesse, que j'ai nourrie,

choyée, puis donnée pour épouse à un homme, à Pélée, Pélée entre tous cher au cœur des Immortels. Et vous assistiez, tous, dieux, à son mariage ; et toi-même, au milieu des autres, tu prenais part au banquet, cithare en main, toi, l'ami des bandits, toi, l'éternel félon ! »

L'assembleur de nuées, Zeus, ainsi lui réplique :

« Héré, n'entre donc pas en guerre ouverte avec les dieux. Non, ils n'auront point même honneur. Mais Hector était pour les dieux le plus cher des mortels qui sont dans Ilion. Il l'était pour moi aussi ; car il n'omettait aucune des offrandes qui m'agréent. Jamais mon autel ne manquait du repas où tous ont leur part, des libations, des fumées grasses, qui sont notre lot à nous. Laissons là l'idée — aussi bien est-ce impossible — de dérober, sans qu'il s'en aperçoive, l'intrépide Hector à Achille : sa mère est toujours prête à voler à son aide, la nuit comme le jour. Voyons ! n'est-il personne ici parmi les dieux pour appeler Thétis ? Lorsqu'elle sera près de moi, je lui dirai un mot chargé de sens, grâce auquel Achille acceptera les présents de Priam et lui rendra Hector. »

Il dit, et Iris aux pieds de rafale part porter son message. Entre Samos et Imbros la Rocheuse, elle saute dans la mer sombre, et la plaine liquide sous le choc gémit. Elle plonge dans l'abîme, toute pareille au plomb qui, une fois entré dans la corne d'un bœuf agreste, descend porter la mort aux poissons carnassiers. Elle trouve Thétis dans une grotte creuse : autour d'elle, groupées en assemblée, sont assises les déesses marines. Thétis, au milieu d'elles, pleure le sort de son fils sans reproche, destiné à périr en Troade fertile, loin de sa patrie. Iris aux pieds rapides s'approche et lui dit :

« Debout ! Thétis : Zeus aux conseils éternels te demande. »

Et la déesse aux pieds d'argent, Thétis, alors répond :

« Et pourquoi me demande-t-il, le dieu tout-puissant ? Je répugne à me mêler aux Immortels ; car j'ai au cœur des peines infinies. J'irai pourtant ; s'il parle, il ne faut pas qu'il ait parlé pour rien. »

Ainsi dit la toute divine, et elle prend son voile, un voile bleu sombre : il n'est pas de plus noire vêture. Elle se met en route, et la rapide Iris aux pieds vites comme les vents la guide. Le flot de la mer s'écarte devant elles. Elles montent sur le rivage; puis s'élancent vers le ciel. Elles y trouvent le Cronide à la grande voix. Autour de lui, groupés en assemblée, sont assis tous les dieux, les Bienheureux toujours vivants. Thétis s'assied près de Zeus Père : Athéné lui cède sa place. Héré lui met en main une coupe d'or splendide et la salue avec des mots bienveillants. Thétis boit et rend la coupe. Le Père des dieux et des hommes prend alors le premier la parole :

« Tu es donc venue dans l'Olympe, divine Thétis, en dépit de ton chagrin, portant au cœur un deuil inoubliable : je le sais, sans que tu me l'apprennes. Je te dirai néanmoins ce pour quoi je t'ai appelée. Voici neuf jours qu'un débat s'est élevé parmi les dieux, au sujet du corps d'Hector et d'Achille preneur de villes. On pousse l'adroit Tueur d'Argos à dérober ce corps. J'entends, moi, réserver cette gloire à Achille; je veux pour l'avenir garder ton respect, ta tendresse. Va donc bien vite au camp porter mon ordre à ton fils. Dis-lui que les dieux s'indignent, et que moi-même, entre tous les Immortels, je suis révolté de le voir ainsi, d'un cœur furieux, retenir Hector près des nefs recourbées et se refuser à le rendre. Nous verrons bien s'il aura peur de moi et s'il rendra Hector. Moi, j'enverrai Iris à Priam magnanime, afin qu'il rachète son fils, en allant en personne aux nefs des Achéens, et qu'il porte à Achille des présents qui charment son cœur. »

Il dit, et la déesse aux pieds d'argent, Thétis, n'a garde de dire non. D'un bond elle descend des cimes de l'Olympe et arrive à la baraque de son fils. Elle l'y trouve poussant de longs sanglots. Autour de lui, ses amis vivement s'emploient à préparer le repas du matin. Par eux, un grand mouton laineux est immolé dans la baraque. Sa digne mère s'assied tout près de lui, le flatte de la main, et lui parle, en l'appelant de tous ses noms :

« Mon fils, jusques à quand rongeras-tu ton cœur à gémir, à te lamenter, sans plus songer à la table et au lit? Il est bon de s'unir d'amour à une femme. Je ne dois plus te voir vivre longtemps : déjà, à tes côtés, voici la mort et l'impérieux destin. Tâche à me comprendre promptement : je suis, sache-le bien, messagère de Zeus. Il dit que les dieux s'indignent et que lui-même est révolté entre tous les Immortels de te voir ainsi, d'un cœur furieux, retenir Hector près des nefs recourbées et te refuser à le rendre. Va, rends-le, et agrée la rançon de son corps. »

Achille aux pieds rapides en réponse lui dit :

« Ainsi en soit-il donc ! Que l'on m'apporte la rançon et que l'on emmène le mort, si c'est l'Olympien qui l'ordonne lui-même d'un cœur tout à fait franc. »

Ainsi au milieu des nefs assemblées, mère et fils, à loisir, échangent des mots ailés. Cependant le fils de Cronos dépêche Iris vers la sainte Ilion :

« Pars, Iris rapide, quitte le séjour de l'Olympe, et à Priam magnanime va porter ce message dans les murs d'Ilion : qu'il rachète son fils, en allant en personne aux nefs des Achéens, et qu'il porte à Achille des présents qui charment son cœur. Que toutefois aucun Troyen ne l'accompagne : seul, un vieux héraut le suivra, pour diriger ses mules, son chariot aux bonnes roues, puis pour ramener vers la ville le corps de celui qu'a tué le divin Achille. Et que son âme ne songe ni à la mort ni à la peur : nous lui donnerons un guide puissant, le Tueur d'Argos, pour le conduire et le mener jusqu'à Achille. Et lorsqu'il l'aura fait entrer dans la baraque d'Achille, non seulement Achille ne le tuera pas, mais il empêchera tout autre de le faire : il n'est ni fou, ni aveugle, ni criminel ; bien au contraire il tiendra fermement à épargner le suppliant. »

Il dit, et Iris aux pieds de rafale part pour porter le message. Elle arrive chez Priam et n'y trouve que plaintes et sanglots. Assis autour du père, les fils, dans la cour, trempent de pleurs leurs vêtements, tandis qu'au milieu d'eux le vieillard est strictement enseveli dans son manteau. Sur sa vieille tête et son cou se voit la boue épaisse qu'en se roulant à terre lui-même y a amassée de ses mains. Ses filles et ses brus se lamentent par le palais : elles se rappellent les innombrables preux qui à cette heure gisent privés de vie par les coups des Argiens. La messagère de Zeus s'arrête donc près de Priam et, à mi-voix, lui dit, tandis qu'un frisson saisit tous ses membres :

« Que ton cœur ne craigne rien, Priam, fils de Dardanos, qu'il ne s'effraie pas! Je ne viens pas ici pour te
révéler un malheur; je ne te veux que du bien. Je suis —
sache-le — messagère de Zeus, Zeus qui pour toi, de loin,
s'inquiète et s'apitoie. L'Olympien t'enjoint d'aller racheter le divin Hector et de porter à Achille des présents qui
charment son cœur. Que toutefois aucun Troyen ne
t'accompagne : seul, un vieux héraut te suivra, pour
diriger tes mules, ton chariot aux bonnes roues, et pour
ramener vers la ville le corps de celui qu'a tué le divin
Achille. Et que ton âme ne songe ni à la mort ni à la peur :
le guide est puissant, qui suivra tes pas; c'est le Tueur
d'Argos, qui te doit conduire et mener jusqu'à Achille. Et
lorsqu'il t'aura fait entrer dans la baraque d'Achille, non
seulement Achille ne te tuera pas, mais il empêchera tout
autre de le faire : il n'est ni fou, ni aveugle, ni criminel
bien au contraire, il tiendra fermement à épargner le
suppliant. »
  Ainsi dit — puis s'en va — Iris aux pieds rapides.
Cependant Priam ordonne à ses fils de lui préparer un
chariot à mules muni de bonnes roues et d'y attacher la
corbeille. Il descend lui-même dans la chambre odorante
aux hauts lambris de cèdre, qui enferme tant d'objets
précieux. Là, il appelle son épouse, Hécube, et lui dit :
  « Malheureuse, un messager de l'Olympe est venu à
moi de la part de Zeus : je dois racheter mon fils, en allant
en personne aux nefs des Achéens, et porter à Achille des
présents qui charment son cœur. Allons! à ton tour, dis-
moi ce qu'il en semble à ton âme. Déjà mon désir et mon
cœur me pressent terriblement d'aller là-bas, vers les nefs,
au milieu du vaste camp des Achéens. »
  Il dit, et sa femme éclate en sanglots et répond :
  « Hélas! mais où s'est donc envolée ta raison, cette
raison à qui tu devais ton renom chez les étrangers comme
chez tes sujets? Est-il possible que tu veuilles aller, tout
seul, aux nefs des Achéens, pour affronter un homme qui
t'a tué tant de si vaillants fils? Vraiment, ton cœur est de
fer. S'il se saisit de toi, s'il t'a là sous ses yeux, le cruel, le
félon! il n'aura pour toi ni pitié ni respect. Non, pleurons
plutôt loin de tous, assis dans notre palais. Pour lui, tel est

le sort que l'impérieux destin lui a filé à sa naissance, le
jour où je l'enfantai : rassasier les chiens rapides, loin de
ses parents, au logis d'un héros brutal, dont je voudrais,
moi, dévorer le foie, en y mordant à belles dents. Ainsi
serait vengé ce fils qu'il m'a tué, alors que, loin de se
montrer un lâche, il se dressait pour la défense des
Troyens et Troyennes à ceinture profonde, sans songer à
fuir ni à s'abriter. »

Le vieux Priam pareil aux dieux à son tour lui dit :

« Je veux partir : ne me retiens pas; ne joue pas l'oiseau
de malheur, je t'en prie, en ce palais. Aussi bien ne
t'écouterai-je pas. Si l'avis me venait d'un autre mortel,
d'un devin instruit par les sacrifices ou d'un prêtre, nous
n'y verrions qu'un piège, nous n'en aurions que plus de
méfiance. Mais, en fait, j'ai entendu une déesse, je l'ai vue
devant moi : j'irai, il ne faut pas qu'elle ait parlé pour rien.
Si mon destin est de périr près des nefs des Achéens à la
cotte de bronze, je l'accepte. Oui, qu'Achille me tue, dès
que j'aurai pris mon fils dans mes bras et apaisé mon désir
de sanglots! »

Il dit, et il lève le beau couvercle de ses coffres. Il en
retire douze robes splendides, douze manteaux simples,
autant de couvertures, autant de pièces de lin blanc, autant
de tuniques enfin. Il pèse et emporte un total de dix
talents d'or, deux trépieds luisants, quatre bassins, enfin
une coupe splendide, qui lui a été donnée par des Thraces,
lorsqu'il était allé chez eux en mission. C'est un objet de
prix. Le vieillard ne l'épargne pas pour cela, il en
dépouille son palais : de toute son âme il veut racheter son
fils. Et le voilà qui, de son porche, écarte tous les Troyens.
Il les pourchasse avec des mots injurieux :

« Allez à la male heure, infâmes! opprobres du pays!
N'avez-vous donc pas de quoi gémir chez vous, que vous
veniez ici me tourmenter? N'est-ce donc pas assez pour
vous que Zeus, fils de Cronos, m'ait octroyé la douleur de
perdre mon plus vaillant fils? Eh bien! vous en ferez
l'expérience vous-mêmes : vous serez pour les Achéens
bien plus aisés à massacrer, maintenant qu'il est mort.
Ah! puissé-je, moi, avant que mes yeux voient ma cité
saccagée, détruite, être descendu chez Hadès. »

Il dit, et il pourchasse les gens de son bâton. Ils abandonnent la place devant l'impatience du vieux. Il semonce alors ses fils ; il querelle Hélénos, Pâris, le divin Agathon — et Pammon, Antiphone, Politès au puissant cri de guerre, — Déiphobe, Hippothoos, le noble Dios. Tous les neuf, le vieux les semonce, et, en même temps, il commande :

« Dépêchez, méchants enfants, fronts honteux ! Pourquoi donc, près des fines nefs, n'avez-vous pas été tués, tous, à la place d'Hector ? Las ! mon malheur, à moi, est complet. J'ai donné le jour à des fils qui étaient des braves, dans la vaste Troie ; et je songe que d'eux aucun ne m'est resté. C'était Mestor, pareil à un dieu, Troïle au bon char de guerre, Hector un dieu au milieu des humains ; on n'eût pas dit le fils d'un homme, mais bien plutôt celui d'un dieu. Ceux-là, Arès me les a pris. Seuls, me restent ceux qui, pour moi, sont des opprobres, des menteurs, des danseurs. Ils n'excellent qu'à frapper le sol en cadence, ou encore à ravir des agneaux, des chevreaux dans leur propre pays... Allons ! qu'attendez-vous pour me préparer mon char au plus vite, et y placer ce qui convient, pour que nous nous mettions en route ? »

Il dit, et eux, sont pris de peur à la voix grondeuse du père. Ils prennent alors un chariot à mules, muni de bonnes roues, beau et frais chevillé ; ils y attachent une corbeille. Ils descendent du clou le joug à mules, en buis, avec sa bosse au centre, bien garni d'anneaux. Avec le joug, ils amènent la courroie à joug, longue de neuf coudées. Ils posent le joug sur le bout d'avant du timon poli et mettent en même temps la boucle à la cheville. Ils attachent ensuite joug et timon ensemble, en passant trois fois la courroie des deux côtés de la bosse ; puis ils achèvent le nœud et rentrent le bout en dessous. Après quoi, ils apportent de la chambre, pour l'entasser sur le chariot poli, l'immense rançon qui paiera la tête d'Hector. Ils attellent enfin au joug les mules aux sabots massifs qui peinent à tirer. Ce sont des Mysiens qui les ont jadis données à Priam — un splendide présent ! Ils amènent alors sous le joug, pour Priam, les chevaux que le vieillard a lui-même nourris à la crèche polie.

Tous deux sont en train d'atteler dans le haut palais, Priam et le héraut, qui n'ont au cœur que de sages pensers, lorsque s'approche d'eux Hécube, l'âme morne. Dans une coupe d'or, sa droite porte le doux vin ; elle veut qu'ils ne partent qu'après libations faites. Debout, devant le char, elle dit à Priam, en l'appelant de tous ses noms :

« Tiens, fais libation à Zeus Père ; demande-lui de revenir de l'ennemi chez toi, puisque ton cœur te pousse vers les nefs, en dépit de moi. Prie donc le Cronide à la nuée noire, qui de l'Ida voit toute la Troade : demande-lui en présage son rapide messager, l'oiseau qui lui est le plus cher et qui a la force suprême : qu'il se montre à notre droite, afin qu'après l'avoir vu de tes yeux tu gagnes sans crainte les nefs des Danaens aux prompts coursiers. Si Zeus à la grande voix te refuse son messager, ce n'est certes pas moi qui t'engagerai et te pousserai à aller aux nefs achéennes, quelque désir que tu en aies. »

Priam pareil aux dieux, en réponse, lui dit :

« Femme, si telle est ton envie, je n'ai garde de te dire non. Certes il est bon de tendre les mains vers Zeus, et de voir s'il veut bien nous prendre en pitié. »

Ainsi dit le vieillard, et il presse l'esclave intendante de lui verser l'eau pure sur les mains. L'esclave s'approche, ayant dans les mains le bassin et l'aiguière. Dès qu'il s'est lavé, il reçoit la coupe des mains de sa femme. Alors, debout au milieu de l'enclos, il prie et répand le vin, les yeux levés au ciel ; après quoi, prenant la parole, il dit :

« Zeus Père, maître de l'Ida, très glorieux, très grand ! accorde-moi, chez Achille, où je vais, de trouver tendresse et pitié. Envoie-moi ton oiseau, rapide messager, l'oiseau qui t'est cher entre tous et qui a la force suprême : qu'il se montre à notre droite, afin qu'après l'avoir vu de mes yeux, je gagne sans crainte les nefs des Danaens aux prompts coursiers ! »

Il dit ; le prudent Zeus entend sa prière : vite, il lance son aigle, le plus sûr des oiseaux, le chasseur sombre qu'on appelle le Noir. Aussi large est la porte munie de bons verrous qui s'ouvre sur la haute chambre d'un homme opulent, aussi large est son envergure. Il apparaît sur la droite, s'élançant au-dessus de la ville, et, à le voir, tous ont grand-joie, et en eux le cœur se fond.

Le vieillard monte donc en hâte sur son char, puis il pousse à travers le vestibule et le porche sonore. Devant, tirant le chariot à quatre roues, sont les mules que mène le sage Idée. Derrière, vient l'attelage que le vieillard conduit et excite du fouet, afin qu'il traverse vivement la ville. Tous ses proches le suivent et pleurent sur lui sans fin, comme s'il marchait à la mort. Mais, lorsqu'ils sont descendus de la ville et arrivés dans la plaine, tous, fils et gendres, font demi-tour et s'en reviennent à Ilion. Seuls, les deux voyageurs se laissent voir dans la plaine; et ils n'échappent pas au regard de Zeus à la grande voix. A la vue du vieillard, il est pris de pitié. Vite, il tourne les yeux vers son fils Hermès et lui dit :

« Hermès, tu aimes entre tous servir de compagnon à un mortel; tu écoutes celui qui te plaît. Va donc, mène Priam aux nefs creuses des Achéens, de façon que nul ne le voie ni ne l'aperçoive de tous les autres Danaens, avant qu'il parvienne au fils de Pélée. »

Il dit; le Messager, Tueur d'Argos, n'a garde de dire non. A ses pieds aussitôt il attache ses belles sandales, divines, toutes d'or, qui le portent sur la mer et sur la terre infinie avec les souffles du vent. Il saisit la baguette au moyen de laquelle il charme à son gré les yeux des mortels ou réveille ceux qui dorment. Sa baguette en main, il prend son essor, le puissant Tueur d'Argos, et vite il arrive en Troade, à l'Hellespont. Il se met alors en marche, sous l'aspect d'un jeune prince, chez qui commence à percer la moustache, et dont l'âge entre tous est charmant.

Pendant ce temps, les voyageurs ont dépassé le grand tombeau d'Ilos. Ils arrêtent au fleuve mules et chevaux, pour les faire boire. L'ombre déjà est tombée sur la terre. A ce moment, le héraut tout près de lui voit et distingue Hermès. Lors, prenant la parole, il dit à Priam :

« Attention, fils de Dardanos! il s'agit ici de montrer une âme prudente. Je vois là un homme; bientôt, je crois, il va nous mettre en pièces. Allons! fuyons sur notre char, ou bien allons embrasser ses genoux et supplions-le, pour voir s'il voudra nous prendre en pitié. »

Il dit, et l'âme du vieillard est bouleversée; il a terriblement peur. Son poil se dresse sur ses membres tordus; il s'arrête, saisi d'effroi. Mais le dieu Bienfaisant, de lui-même, s'approche, prend sa vieille main et, s'adressant à lui, demande :

« Où conduis-tu ainsi, père, tes chevaux et tes mules, à travers la nuit sainte, à l'heure où dorment tous les autres mortels? N'as-tu pas peur non plus de ces Achéens qui respirent la fureur? Ce sont tes ennemis, ennemis acharnés, et ils sont là, tout près. Si l'un d'eux t'aperçoit à travers la rapide nuit noire, porteur de tant de richesses, quel plan imagineras-tu? Tu n'es pas jeune, et c'est un vieux qui t'accompagne : comment donc repousser l'homme qui t'aura pris à partie le premier? Mais je ne veux pas, moi, te faire de mal : je te défendrais plutôt contre un autre. En toi je retrouve les traits de mon père. »

Le vieux Priam pareil aux dieux répond :

« Oui, il en est, mon fils, tout comme tu dis. Mais sans doute une fois encore un dieu étend son bras sur moi, puisqu'il met sur ma route un passant comme toi de si bon augure, tel que je te vois, là, avec ta taille, ta beauté enviable, ton esprit avisé, et fils sans doute de parents fortunés. »

Le Messager, Tueur d'Argos, répond :

« Tout ce que tu dis là, vieillard, est fort bien dit. Allons! réponds-moi donc, et parle sans détours : envoies-tu chez des étrangers un ample et précieux trésor, que tu voudrais garder intact? ou bien quittez-vous, tous, dès cette heure, la sainte Ilion, parce que la terreur vous a pris? C'est le plus vaillant des hommes qui est mort avec ton fils. Au combat, il n'était en rien inférieur aux Achéens. »

Le vieux Priam pareil aux dieux répond :

« Qui es-tu, noble enfant? de quels parents sors-tu? Comme tu parles de la façon qu'il faut du sort qu'a subi mon malheureux fils! »

Le Messager, Tueur d'Argos, à son tour réplique :

« Tu veux m'éprouver, vieillard, en m'interrogeant au

sujet du divin Hector. Que de fois l'ai-je vu, de mes yeux, dans la bataille où l'homme acquiert la gloire, et lorsque, près des nefs, il repoussait, il massacrait les Argiens, les taillant en pièces de son glaive aigu ! Nous restions là, immobiles, curieux de l'événement : Achille nous avait interdit le combat, dans son dépit contre l'Atride. Or, je suis son écuyer. La même nef bien construite nous a menés ici tous deux. Je fais partie des Myrmidons ; mon père est Polyctor. Il est riche, mais vieux comme tu l'es toi-même. Il a six autres fils ; je suis, moi, le septième. Avec eux, j'ai secoué les sorts et me suis vu ainsi désigné pour suivre l'armée. Je viens à l'instant de quitter les nefs, pour me rendre dans la plaine. Dès l'aube, les Achéens aux yeux vifs engageront la lutte autour de ta ville. Ils s'irritent à rester inactifs, et les rois des Achéens ne les peuvent retenir, tant ils brûlent de se battre. »

Le vieux Priam pareil aux dieux répond :

« Si tu es l'écuyer d'Achille, le fils de Pélée, dis-moi alors toute la vérité : mon fils se trouve-t-il toujours près des nefs ? ou Achille déjà l'a-t-il découpé membre à membre et donné en pâture aux chiens ?

Le Messager, Tueur d'Argos, à son tour réplique :

« Non, vieillard, les chiens ni les oiseaux ne l'ont point dévoré ; il est toujours près de la nef d'Achille, tel quel, dans sa baraque. Voici la douzième aurore qu'il est là, étendu à terre, et sa chair ne se corrompt pas ; ni les vers ne l'attaquent, ces vers qui dévorent les mortels tués au combat. Sans doute, Achille, chaque jour, le traîne brutalement tout autour de la tombe de son ami, à l'heure où paraît l'aube divine : il ne l'abîme pas pour cela. Tu l'approcherais, tu verrais toi-même comme il est là, tout frais, le sang qui le couvrait lavé, sans aucune souillure, toutes ses blessures fermées, toutes celles qu'il a reçues — et combien de guerriers ont poussé leur bronze sur lui ! C'est ainsi que les dieux bienheureux veillent sur ton fils, même mort. Il faut qu'il soit cher à leur cœur. »

Il dit, et le vieux a grand-joie, et réplique :

« Ah ! mon enfant, qu'il est utile de faire aux Immortels les offrandes qui leur reviennent ! Mon fils — si vraiment j'eus un fils — jamais, dans son palais, n'oubliait les dieux, maîtres de l'Olympe. Aussi se sont-ils souvenus de lui, même venue la mort fatale. Tiens, agrée de moi cette belle coupe et en échange protège-moi, conduis-moi, avec la faveur des dieux : il faut que j'atteigne la baraque du fils de Pélée. »

Le Messager, Tueur d'Argos, à son tour lui dit :

« Tu veux m'éprouver, vieillard, parce que je suis jeune. Aussi bien ne t'écouterai-je pas, si tu m'invites à accepter des présents à l'insu d'Achille. J'aurais trop peur — et trop de scrupule — en mon âme à le dépouiller : il pourrait bien m'en coûter cher plus tard. Mais je suis prêt à te servir de guide, avec zèle, et jusqu'à l'illustre Argos, aussi bien à bord d'une nef rapide, qu'en t'accompagnant à pied. Nul n'aurait tel mépris de ton guide qu'il osât t'attaquer. »

Ainsi dit le dieu bienfaisant et, sautant dans le char à chevaux, vite il prend en main le fouet et les rênes, en même temps qu'aux chevaux et aux mules il insuffle une noble ardeur. Ils arrivent ainsi au mur et au fossé qui protègent les nefs. Les gardes déjà s'occupent du repas du soir. Sur tous, le Messager, Tueur d'Argos, verse alors le sommeil. Sans tarder, il ouvre la porte, en écartant les barres, et il fait entrer Priam, avec les splendides présents que porte le chariot. Ils atteignent ainsi la baraque du Péléide, la haute baraque que les Myrmidons ont bâtie à leur maître, en taillant des poutres en sapin. Ils ont mis par-dessus une toiture de roseaux ramassés dans la plaine humide. Tout autour, ils ont pour leur maître fait une grande cour garnie de pieux serrés. Une seule barre en sapin tient la porte — verrou gigantesque, qu'il faut trois Achéens pour mettre en place, trois pour enlever, tandis qu'Achille, lui, le met en place, seul. Hermès Bienfaisant ouvre au vieillard; il fait entrer les glorieux présents destinés au rapide fils de Pélée, puis il saute du char à terre et dit :

« Vieillard, c'est un dieu immortel qui est venu à toi : je suis Hermès. Mon père lui-même m'a placé près de toi, pour te servir de guide. Mais je vais repartir; je ne m'offrirai pas aux regards d'Achille : on trouverait mauvais qu'un dieu immortel montrât à des mortels faveur si

manifeste. Entre, toi, et saisis les genoux du fils de Pélée,
et supplie-le, au nom de son père, de sa mère aux beaux
cheveux, de son fils, si tu veux émouvoir son cœur. »

Ayant ainsi parlé, Hermès s'en retourne vers le haut
Olympe, cependant que Priam saute du char à terre. Il
laisse là Idée, qui demeure à garder les chevaux et les
mules. Le vieillard, lui, va droit à la maison, à l'endroit où
se trouve être assis Achille cher à Zeus. Il l'y trouve, et
seul : ses compagnons sont assis à l'écart ; deux d'entre eux
seulement, le héros Automédon et Alcime, rejeton d'Arès,
s'empressent à ses côtés. Il achève à l'instant de manger et
de boire : sa table est toujours devant lui. Aucun ne voit
entrer le grand Priam. Il s'arrête près d'Achille, il lui
embrasse les genoux, il lui baise les mains — ces mains
terribles, meurtrières, qui lui ont tué tant de fils ! Ainsi,
quand une lourde erreur a fait sa proie d'un mortel et
qu'après être devenu un meurtrier dans son pays, il arrive
en terre étrangère, au logis d'un homme opulent, la
stupeur saisit tous ceux qui le voient. Même stupeur saisit
Achille à voir Priam semblable aux dieux ; même stupeur
prend les autres : tous échangent des regards. Et Priam
supplie Achille en disant :

« Souviens-toi de ton père, Achille pareil aux dieux. Il a
mon âge, il est, tout comme moi, au seuil maudit de la
vieillesse. Des voisins l'entourent, qui le tourmentent sans
doute, et personne près de lui, pour écarter le malheur, la
détresse ! Mais il a, du moins, lui, cette joie au cœur, qu'on
lui parle de toi comme d'un vivant, et il compte chaque
jour voir revenir son fils de Troie. Mon malheur, à moi,
est complet. J'ai donné le jour à des fils, qui étaient des
braves, dans la vaste Troie : et je songe que d'eux aucun
ne m'est resté. Ils étaient cinquante, le jour où sont venus
les fils des Achéens ; dix-neuf sortaient du même sein, le
reste m'était né d'autres femmes en mon palais. La
plupart ont eu les genoux rompus par l'ardent Arès. Le
seul qui me restait, pour protéger la ville et ses habitants,
tu me l'as tué hier, défendant son pays — Hector. C'est
pour lui que je viens aux nefs des Achéens, pour te le
racheter. Je t'apporte une immense rançon. Va, respecte
les dieux, Achille, et, songeant à ton père, prends pitié de

moi. Plus que lui encore, j'ai droit à la pitié; j'ai osé, moi, ce que jamais encore n'a osé mortel ici-bas : j'ai porté à mes lèvres les mains de l'homme qui m'a tué mes enfants. »

Il dit, et chez Achille il fait naître un désir de pleurer sur son père. Il prend la main du vieux et doucement l'écarte. Tous les deux se souviennent : l'un pleure longuement sur Hector meurtrier, tapi aux pieds d'Achille; Achille cependant pleure sur son père, sur Patrocle aussi par moments; et leurs plaintes s'élèvent à travers la demeure. Mais le moment vient où le divin Achille a satisfait son besoin de sanglots; le désir en quitte son cœur et ses membres à la fois. Brusquement, de son siège il se lève, il prend la main du vieillard, il le met debout : il s'apitoie sur ce front blanc, sur cette barbe blanche. Puis prenant la parole, il dit ces mots ailés :

« Malheureux! que de peines auras-tu endurées dans ton cœur! Comment donc as-tu osé venir, seul, aux nefs achéennes, pour m'affronter, moi, l'homme qui t'a tué tant de si vaillants fils? vraiment ton cœur est de fer. Allons! viens, prends place sur un siège; laissons dormir nos douleurs dans nos âmes, quel que soit notre chagrin. On ne gagne rien aux plaintes qui glacent les cœurs, puisque tel est le sort que les dieux ont filé aux pauvres mortels : vivre dans le chagrin, tandis qu'ils demeurent, eux, exempts de tout souci. Deux jarres sont plantées dans le sol de Zeus : l'une enferme les maux, l'autre, les biens, dont il nous fait présent. Celui pour qui Zeus Tonnant fait un mélange de ses dons rencontrera aujourd'hui le malheur, et demain le bonheur. Mais de celui à qui il n'octroie que misères, il fait un être qu'on méprise : une faim dévorante le poursuit à travers la terre immense; il erre, méprisé des hommes et des dieux. C'est ainsi qu'à Pélée les dieux ont octroyé de splendides présents, cela dès sa naissance. Il surpassait tous les autres humains en bonheur, en richesses; il commandait aux Myrmidons; mortel, il avait vu le Ciel lui accorder une déesse pour épouse. Mais, à lui aussi, les dieux ont infligé ensuite le malheur : il n'a point dans son palais donné le jour à des enfants faits pour régner. Il n'y a engendré qu'un fils, voué à mourir avant l'heure. Et je ne suis pas là pour soigner sa vieillesse : bien loin de ma patrie, je demeure en Troade à te désoler, toi et tes enfants! Et toi-même, vieillard, ne le savons-nous pas? tu fus heureux naguère. Dans tout le pays que limitent, du côté de la mer, Lesbos, séjour de Macar, et, plus loin, la Phrygie et l'immense Hellespont, tu l'emportais sur tous par ta richesse et tes enfants : et voici que les fils de Ciel ont sur toi amené le malheur! Partout, autour de ta ville, des batailles, des tueries! Va, endure ton sort, ne te lamente pas sans répit en ton âme. Tu ne gagneras rien à pleurer sur ton fils; tu risques, au lieu de le ressusciter, de t'attirer quelque nouveau malheur. »

Le vieux Priam pareil aux dieux répond :

« Non, ne me fais pas asseoir sur un siège, nourrisson de Zeus, quand Hector est toujours, sans que nul s'en soucie, étendu là, dans ta baraque. Ah! plutôt, rends-le-moi sans délai, qu'enfin je le voie de mes yeux, et pour ce, agrée la large rançon que nous t'apportons. Puisses-tu en jouir et rentrer dans ta patrie, pour m'avoir d'emblée laissé vivre et voir l'éclat du soleil! »

Achille aux pieds rapides sur lui lève un œil sombre et dit :

« Ne m'irrite plus maintenant, vieillard. Je songe moi-même à te rendre Hector : une messagère de Zeus est déjà venue à moi, la mère à qui je dois la vie, la fille du Vieux de la mer. Et ma raison, Priam, me fait assez comprendre — je ne m'y trompe pas — que c'est un dieu qui t'a conduit toi-même aux nefs rapides des Achéens. Nul mortel, même en pleine force, sans cela n'oserait venir dans notre camp; nul n'échapperait à nos gardes; nul ne saurait déplacer aisément la barre de ma porte. Ne provoque donc pas mon courroux davantage, quand je suis dans le deuil. Sans quoi, vieillard, je pourrais bien ne pas t'épargner dans ma baraque, tout suppliant que tu es, et violer l'ordre de Zeus. »

Il dit, et le vieux, à sa voix, prend peur et obéit. Cependant le fils de Pélée bondit, comme un lion, hors de son logis. Il n'est pas seul; deux écuyers l'accompagnent, le héros Automédon et Alcime, qu'il chérit entre tous les siens après Patrocle mort. Ils détellent du joug les chevaux et les mules ; ils font entrer le héraut, le bon crieur du vieillard, et l'installent sur un siège. Du chariot aux bonnes roues ils enlèvent l'immense rançon prévue pour la tête d'Hector. Ils laissent toutefois deux pièces de lin, ainsi qu'une tunique bien tissée : Achille en veut envelopper le mort, au moment où il le rendra, pour qu'on le ramène chez lui. Il appelle les captives, il leur donne ordre de le laver et de l'oindre. Mais d'abord il l'emporte à l'écart : il ne faut pas que Priam voie son fils ; dans son cœur affligé, il pourrait ne plus dominer sa colère, à la vue de son enfant, et Achille en son âme pourrait alors s'irriter et le tuer, violant ainsi l'ordre de Zeus. Lorsque les captives l'ont lavé et oint d'huile, qu'elles l'ont enveloppé, en plus de la tunique, d'une belle pièce de lin, Achille en personne le soulève et le dépose sur un lit, que ses camarades ensuite portent sur le chariot poli. Et Achille sanglote ; il invoque son ami :

« Ne sois pas fâché contre moi, Patrocle, si, au fond de l'Hadès, tu apprends que j'ai rendu le divin Hector à son père, qui m'en a offert une honorable rançon. De celle-là, à toi aussi, je te donnerai la part qui convient. »

Ainsi dit le divin Achille et, revenant à sa baraque, il s'assied sur le siège artistement ouvré, contre le mur de fond, d'où il s'était levé, et il dit à Priam :

« Ton fils t'est rendu, vieillard, ainsi que tu le demandes. Il est étendu sur un lit. Quand luira l'aube, tu le verras, en l'emmenant. A cette heure, songeons au repas du soir. Niobé elle-même, Niobé aux beaux cheveux a songé à manger, elle qui, en sa maison, avait vu périr douze enfants, six filles, six fils en pleine jeunesse. Les fils, c'est Apollon qui les lui tua de son arc d'argent, courroucé contre Niobé ; les filles, c'est Artémis la Sagittaire, parce que Niobé se prétendait l'égale de Létô la jolie : Létô, disait-elle, avait eu deux enfants : elle en avait, elle, une multitude ! Ces deux-là cependant les lui tuèrent tous ! Et, pendant neuf jours, ils gisaient à terre, sanglants, personne n'étant là pour les ensevelir : le fils de Cronos avait changé les gens en pierre. Ce furent les dieux, fils de Ciel, qui, le dixième jour, les ensevelirent eux-mêmes. Et Niobé alors songea à manger : elle avait assez de pleurer. Et maintenant, dans les rochers, au milieu des pics solitaires, sur le Sipyle, où l'on dit que gîtent les nymphes divines qui s'ébattent aux bords de l'Achélôos, muée en pierre par le vouloir des dieux, Niobé rumine ses chagrins. Eh bien ! nous aussi, ô divin vieillard, songeons à manger ; tu pourras plus tard pleurer ton enfant, une fois que tu l'auras ramené à Ilion. Il te vaudra assez de pleurs ! »

Ainsi dit le rapide Achille. Vivement, il se lève, il égorge une brebis blanche. Ses compagnons la dépouillent, la parent suivant les règles. On la débite en morceaux savamment ; on enfile ensuite ceux-ci sur des broches ; on les rôtit avec grand soin ; on les tire enfin tous du feu. Et tandis qu'Automédon, prenant le pain, le répartit sur la table, avec de belles corbeilles, Achille partage la viande. Lors, vers les parts de choix préparées et servies, ils tendent, tous, les mains. Et, lorsqu'ils ont chassé la soif et l'appétit, le fils de Dardanos, Priam, admire Achille : qu'il est grand et beau ! à le voir, on dirait un dieu. De son côté, Achille admire Priam, fils de Dardanos ; il contemple son noble aspect, il écoute sa voix. Puis, quand ils se sont longuement complu à se regarder, le vieux Priam pareil aux dieux, le premier, prend la parole :

« Donne-moi maintenant un lit au plus tôt, nourrisson de Zeus, afin qu'endormis, nous goûtions vite, tous deux, le charme d'un doux sommeil. Mes paupières sur mes yeux ne se sont pas encore closes depuis le jour où mon fils a perdu la vie sous ton bras. Sans cesse je gémis et rumine mille chagrins ; je me roule dans la fange au milieu de l'enclos de ma cour. Ce n'est qu'aujourd'hui que j'ai pris quelque nourriture et laissé passer à travers ma gorge un vin aux sombres feux : jusque-là, je n'avais goûté à rien. »

Il dit, et Achille aussitôt ordonne à ses compagnons ainsi qu'aux captives de mettre un lit sous le porche, d'y déposer de belles couvertures de pourpre, d'étendre des tapis dessus et de mettre sur le tout des manteaux de haute laine dont on puisse s'envelopper. Les captives sortent de la salle, une torche dans les mains, et, en hâte, s'emploient à étendre deux lits. Et Achille aux pieds rapides, d'un ton railleur, dit à Priam :

« Tu coucheras dehors, cher vieillard. J'ai peur qu'ici ne vienne un de ces Achéens qui ont voix au Conseil et qui, chez moi, sans cesse entrent s'asseoir et consulter, ainsi qu'il est normal. S'il t'apercevait à travers la rapide nuit noire, il irait aussitôt le dire à Agamemnon, pasteur d'hommes, et ce serait un retard pour la délivrance du mort. Mais, voyons, réponds-moi, dis-moi tout franchement : combien de jours désires-tu pour les funérailles du divin Hector ? Je veux, tout ce temps-là, rester tranquille et retenir l'armée. »

Le vieux Priam pareil aux dieux répond :

« Si tu consens que j'achève les funérailles du divin Hector, tu m'obligerais, Achille, en faisant ainsi. Tu sais que nous sommes bloqués dans la ville, et que le bois est loin, à amener de la montagne, et que les Troyens ont grand-peur. Il nous faudrait neuf jours pour le pleurer dans le palais, le dixième jour, nous l'ensevelirions ; après quoi, notre peuple s'assiérait au banquet funèbre. Au onzième jour, nous élèverions sur lui un tombeau. Le douzième, nous serions prêts à nous battre, s'il le faut. »

Le divin Achille aux pieds infatigables alors lui répond :

« Il en sera fait comme tu le demandes, vieux Priam : je suspendrai la bataille aussi longtemps que tu m'en pries. »

Cela dit, il prend au poignet la main du vieillard, afin que celui-ci n'ait plus peur en son âme. Bientôt, dans le vestibule, dorment, sans bouger, Priam et son héraut, qui n'ont au cœur que de sages pensers. Achille dort tout au fond de sa baraque solide, où la jolie Briséis vient de s'étendre à ses côtés.

Dieux et hommes aux bons chars de guerre ainsi dorment toute la nuit ; ils cèdent à un mol assoupissement. Seul, Hermès Bienfaisant n'est pas la proie du sommeil. En son cœur il médite : comment conduira-t-il le roi Priam loin des nefs, en échappant aux yeux des gardes sacrés ? Il se dresse donc au-dessus du front de Priam et dit :

« Vieillard, le danger ne t'inquiète guère, à voir comment tu dors au milieu d'ennemis, depuis qu'Achille t'a

fait grâce. Tu as, à cette heure, racheté ton fils, et tu l'as
payé assez cher. Mais, toi-même, qu'on te prenne vivant,
et c'est une rançon au moins trois fois plus forte
qu'auraient à payer ceux de tes fils restés derrière toi, si
l'Atride Agamemnon savait seulement la chose, et si tous
les Achéens l'apprenaient. »

Il dit, le vieux prend peur, et il fait lever son héraut.
Hermès leur attelle leurs chevaux et leurs mules ; en hâte,
il les conduit lui-même à travers le camp, et personne ne
les reconnaît.

Dès qu'ils ont atteint le gué du beau fleuve, du Xanthe
tourbillonnant, dont le père est Zeus immortel, Hermès
s'en retourne vers le haut Olympe, et, tandis qu'Aurore en
robe de safran s'épand sur toute la terre, ils dirigent leurs
chevaux vers la ville, en gémissant, en sanglotant ; les
mules, elles, portent le corps. Nul homme, nulle femme à
la belle ceinture alors ne les reconnaît — sauf une,
Cassandre, pareille à l'Aphrodite d'or. Elle est montée à
l'acropole ; elle aperçoit son père, debout sur son char, et
le héraut, le bon crieur de la cité, et Hector, étendu sur le
lit que portent les mules. Elle gémit et clame par toute la
ville :

« Venez, Troyens, Troyennes, venez voir Hector.
Venez, si vous avez jamais été joyeux de le voir rentrer
vivant du combat, lui qui fut la grande joie de sa cité, de
tout son peuple. »

Elle dit, et dès lors il n'est plus homme ni femme qui
reste dans la ville : une douleur intolérable a pénétré tous
les Troyens. Ils rencontrent près des portes celui qui
ramène le corps. L'épouse et la digne mère sont là, les
premières ; elles s'arrachent les cheveux, elles se jettent sur
le chariot aux bonnes roues, elles touchent la tête du mort.
Une foule en pleurs les entoure. Alors, toute la journée et
jusqu'au coucher du soleil, ils eussent là pleuré Hector et
sangloté devant les portes, si, du haut de son char, le
vieillard n'eût dit aux gens :   ·

« Laissez-moi donc passer les mules. Vous aurez loisir
de pleurer, quand je l'aurai ramené dans sa maison. »

Il dit ; tous s'écartent et font place au chariot. Ils
ramènent Hector dans sa noble demeure, ils l'y déposent

sur un lit ajouré. A ses côtés, ils placent des chanteurs, chanteurs experts à entonner le thrène, qu'ils chantent eux-mêmes en accents plaintifs, tandis que les femmes leur répondent par des sanglots. Puis c'est Andromaque aux bras blancs qui, aux femmes, à son tour, donne le signal des plaintes funèbres. Elle tient entre ses mains la tête d'Hector meurtrier :

« Époux, tu quittes la vie et péris bien jeune, me laissant veuve en ta maison. Et il est bien petit encore, le fils que toi et moi, nous avons mis au monde, malheureux que nous sommes ! et je doute qu'il atteigne à l'adolescence : notre ville sera bien avant détruite de fond en comble, maintenant que tu es mort, toi, son défenseur, toi qui la protégeais, qui lui gardais ses nobles épouses, ses jeunes enfants. Bientôt elles seront emmenées sur les nefs creuses, et moi avec elles. Et toi aussi, mon petit, ou bien tu me suivras pour vaquer avec moi à des corvées serviles et peiner sous les yeux d'un maître inclément, ou bien quelque Achéen, te prenant par la main, t'ira — horrible fin ! — précipiter du haut de nos remparts, en haine d'Hector, qui lui aura tué un frère, un père, un fils — il est tant d'Achéens qui, sous les coups d'Hector, ont mordu la terre immense ! Ah ! il n'était pas tendre ton père, au cours de l'affreuse bataille ! Et c'est pourquoi nos gens le pleurent par la ville — tandis qu'à tes parents, Hector, tu auras coûté des sanglots et un deuil abominables, tandis qu'à moi surtout rien ne restera plus que d'affreuses douleurs. Tu n'auras pas de ton lit tendu vers moi tes bras mourants ! tu ne m'auras pas dit un mot chargé de sens, que je puisse me rappeler, jour et nuit, en versant des larmes ! »

Ainsi dit-elle, pleurante, et les femmes lui répondent par des sanglots. Et Hécube à son tour donne le signal d'une longue plainte :

« Hector, toi, de tous mes enfants le plus cher, de beaucoup, à mon cœur ! vivant, je le sais, tu étais chéri des dieux : même venue la mort fatale, ils s'inquiètent encore de toi. Tous mes autres enfants, Achille aux pieds rapides, quand il les avait pris, les allait vendre ensuite au-delà de la mer immense, à Samos, à Imbros, à Lemnos la

Fumante. Pour toi, une fois qu'il t'eut pris la vie de son bronze au long tranchant, il t'a cent fois traîné autour de la tombe de Patrocle, son ami — celui que tu lui as tué et qu'il n'a pas ressuscité pour autant. Et te voilà là aujourd'hui, étendu dans ta maison, le teint frais, comme si la vie venait seulement de t'abandonner, pareil à ceux qu'Apollon à l'arc d'argent est venu frapper de ses douces flèches ! »

Ainsi dit-elle, pleurante, et elle provoque des plaintes sans fin. La troisième, à son tour, Hélène donne le signal des plaintes :

« Hector, de tous mes beaux-frères tu étais, de beau-coup, le plus cher à mon cœur. Je n'oublie pas que mon époux est Alexandre pareil aux dieux, qui m'a emmenée à Troie — que ne suis-je pas morte avant ! Voici vingt ans déjà que je suis partie de là-bas et que j'ai quitté mon pays, et de toi jamais je n'entendis mot méchant ni amer. Au contraire, si quelque autre dans le palais me critiquait, de mes beaux-frères ou de leurs sœurs, ou de leurs femmes aux beaux voiles, ou encore ma belle-mère — mon beau-père, lui, était envers moi aussi doux qu'un père — c'était toi qui les retenais, les persuadant par tes avis, ta douceur, tes mots apaisants. Je pleure donc sur moi, malheureuse, autant que sur toi, d'un cœur désolé. Nul désormais dans la vaste Troade qui me témoigne quelque douceur et amitié : tous n'ont pour moi que de l'horreur. »

Ainsi dit-elle, pleurante ; et la foule immense gémit. Lors le vieux Priam tient aux gens ce langage :

« Vous allez maintenant, Troyens, amener du bois dans la ville. Et ne craignez pas dans vos cœurs quelque habile aguet dû aux Argiens. En me congédiant des nefs noires, Achille m'a donné avis qu'il ne nous ferait aucun mal, avant que revienne la douzième aurore. »

Il dit, et aux chariots ils attellent des bœufs, des mules ; puis, sans retard, ils s'assemblent devant la ville. Pendant neuf jours, ils amènent du bois en masse. Mais quand, pour la dixième fois, l'aurore apparaît, qui brille aux yeux des mortels, ils procèdent au convoi de l'intrépide Hector, en versant des pleurs. Au sommet du bûcher ils déposent le mort; ils y mettent le feu.

Et quand, au matin, paraît Aurore aux doigts de rose, le peuple s'assemble autour du bûcher de l'illustre Hector. Lors donc qu'ils sont tous là, formés en assemblée, avec du vin aux sombres feux, ils commencent par éteindre le bûcher, partout où a régné la fougue de la flamme. Puis frères et amis recueillent les blancs ossements. Tous pleurent, et ce sont de grosses larmes qui alors inondent leurs joues. Ils prennent ces ossements, les déposent dans un coffret d'or, qu'ils cachent ensuite sous de molles pièces de pourpre. Après quoi, sans retard, ils les mettent au fond d'une fosse, et, par-dessus, étendent un lit serré de larges pierres. En grand-hâte, ils répandent la terre d'un tombeau et, tout autour, placent des gardes, de crainte que les Achéens aux bonnes jambières n'y donnent assaut auparavant. Et quand la terre répandue a formé un tombeau, ils retournent en ville, où, rassemblés comme il convient, ils s'assoient à un banquet glorieux dans la demeure de Priam, leur roi issu de Zeus.

C'est ainsi qu'ils célèbrent les funérailles d'Hector, dompteur de cavales.

TABLE

« L'*Iliade* sans travesti », *préface de Pierre Vidal-Naquet.*

ILIADE

L'ANTIQUITÉ
DANS *FOLIO CLASSIQUE*

Bérard. *Traduction de Victor Bérard.*

HOMÈRE. ODYSSÉE. *Nouvelle édition de Philippe Brunet. Traduction de Victor Bérard.*

HOMÈRE. ILIADE. *Préface de Pierre Vidal-Naquet. Traduction de Paul Mazon.*

LONGUS. DAPHNIS ET CHLOÉ, suivie d'HISTOIRE VÉRITABLE de LUCIEN. *Préface de Kostas Papaïoannou. Traduction de Pierre Grimal.*

OVIDE. L'ART D'AIMER, suivi des REMÈDES À L'AMOUR et des PRODUITS DE BEAUTÉ POUR LE VISAGE DE LA FEMME. *Préface d'Hubert Juin. Traduction d'Henri Bonnecq.*

OVIDE. LES MÉTAMORPHOSES. *Préface et notes de Jean-Pierre Néraudau. Traduction de Georges Lafaye.*

OVIDE. LETTRES D'AMOUR (LES HÉROÏDES). *Édition de Jean-Pierre Néraudau. Traduction de Théophile Baudement.*

PÉTRONE. LE SATIRICON. *Préface d'Henry de Montherlant. Traduction de Pierre Grimal.*

PLAUTE. THÉÂTRE COMPLET (2 volumes). *Préface et traduction de Pierre Grimal.*

Tome I : AMPHITRYON. LA COMÉDIE DES ÂNES. LA COMÉDIE DE LA MARMITE. LES BACCHIS. LES PRISONNIERS. CASINA ou LES TIREURS DE SORT. LA COMÉDIE DE LA CORBEILLE. CHARANÇON. ÉPIDICUS. LES MÉNECHMES. LE MARCHAND.

Tome II : LE SOLDAT FANFARON. LA COMÉDIE DU FANTÔME. LE PERSE. LE CARTHAGINOIS. L'IMPOSTEUR. LE CORDAGE. STICHUS. LES TROIS ÉCUS. LE BRUTAL.

PLINE L'ANCIEN. HISTOIRE NATURELLE. *Édition et choix d'Hubert Zehnacker.*

QUINTE-CURCE : HISTOIRE D'ALEXANDRE. *Préface de Claude Mossé. Édition et traduction nouvelles d'Annette Flobert.*

SOPHOCLE. TRAGÉDIES COMPLÈTES : LES TRACHINIENNES. ANTIGONE. AJAX. ŒDIPE ROI. ÉLECTRE. PHILOCTÈTE. ŒDIPE À COLONE. *Préface de Pierre Vidal-Naquet. Traduction de Paul Mazon.*

SUÉTONE. VIES DES DOUZE CÉSARS. *Préface de Marcel Benabou. Traduction d'Henri Ailloud.*

TACITE. HISTOIRES. *Préface d'Emmanuel Berl. Postface de Pierre Grimal. Traduction d'Henri Goelzer.*

TACITE. ANNALES. *Préface et traduction de Pierre Grimal.*

TÉRENCE. THÉÂTRE COMPLET. *Préface et traduction de Pierre Grimal.*

Impression Maury-Eurolivres
45300 Manchecourt
le 29 janvier 2007.
Dépôt légal : janvier 2007.
1ᵉʳ dépôt légal dans la collection : décembre 1975.
Numéro d'imprimeur : 127076.
ISBN 2-07-036700-2. / Imprimé en France.

149956